D1695322

Lutherinszenierung
und Reformationserinnerung

Schriften der Stiftung Luthergedenkstätten
in Sachsen-Anhalt, Bd. 2

Stiftung Luthergedenkstätten in Sachsen-Anhalt

Lutherinszenierung und Reformationserinnerung

Herausgegeben von Stefan Laube und Karl-Heinz Fix

im Auftrag der Stiftung Luthergedenkstätten

in Sachsen-Anhalt

Evangelische Verlagsanstalt · Leipzig

Die Deutsche Bibliothek – CIP-Einheitsaufnahme

Lutherinszenierung und Reformationserinnerung / Hrsg.: Stefan Laube ; Karl-Heinz Fix. - Leipzig : Evang. Verl.-Anst., 2002
(Schriften der Stiftung Luthergedenkstätten in Sachsen-Anhalt ; Bd. 2)
ISBN 3-374-01999-4

© 2002 by Evangelische Verlagsanstalt, Leipzig
Printed in Germany · H 6790
Alle Rechte vorbehalten
Umschlagabbildung: Feldpostkarte aus dem Ersten Weltkrieg
Umschlag / Layout / Satz: Kai-Michael Gustmann
Druck und Binden: Hubert & Co, Göttingen

ISBN 3-374-01999-4

Inhalt

Luther, „die Lutherin", das Lutherhaus – erinnert und inszeniert

11   STEFAN LAUBE, Der Kult um die Dinge an einem evangelischen Erinnerungsort

35   ARMIN KOHNLE, Luther vor Karl V.
Die Wormser Szene in Text und Bild des 19. Jahrhunderts

63   ANGELIKA DÖRFLER-DIERKEN, Katharina von Bora –
„ihres Mannes Krone" oder „eine Frau weiß, was sie will"

Regionaler Lutherkult

85   MARTIN TREU, „… ihr steht auf heiliger Erde."
Lutherverehrung im Mansfelder Land des 19. Jahrhunderts

97   UDO WENNEMUTH, Luthererinnerung in Baden 1883

127   WOLFGANG FLÜGEL, Reformationsgedenken im Zeichen des Vormärz –
Die Konflikte um das Confessio Augustana-Jubiläum in Leipzig 1830

145   MARKUS HEIN, Lutherrezeption in den Predigten und Ansprachen
bei den Reformationsfeierlichkeiten in Sachsen im 19. Jahrhundert

Geteilte Erinnerungen zwischen den Konfessionen

165   CHRISTIAN WIESE, Überwinder des Mittelalters?
Ahnherr des Nationalsozialismus?
Zur Vielstimmigkeit und Tragik der jüdischen Lutherrezeption
im wilhelminischen Deutschland und in der Weimarer Republik

199   MARTIN SCHULZE WESSEL, „Die tschechische Nation ist tatsächlich
die Nation Hussens". Der tschechische Huskult im Vergleich zum deutschen
Lutherkult

211 CHRISTOPH STROHM, Calvinerinnerung am Beginn des
20. Jahrhunderts. Beobachtungen am Beispiel des Genfer Reformationsdenkmals

Das Museum als Kultstätte und Erinnerungsort

229 ROSMARIE BEIER-DE HAAN, Erinnerung und Religion im Museum

241 KARL-HEINZ FIX, Lutherhaus – Reformationshalle – Lutherhalle.
Zur Namensgeschichte des Wittenberger reformationsgeschichtlichen Museums

265 STEFAN LAUBE, Lutherbrief an den Kaiser, Kaiserbrief an die Lutherhalle

Materialisierte Lutherverehrung

287 ANNEMARIE NESER, Vom Klosterhaus zum Baudenkmal.
Erste Begegnungen Friedrich August Stülers mit dem Wittenberger Lutherhaus

317 MARTIN STEFFENS, Die Lutherstube auf der Wartburg.
Von der Gefängniszelle zum Geschichtsmuseum

343 UTA KORNMEIER, Luther in effigie, oder: Das „Schreckgespenst von Halle"

Luthererinnerung und totalitäre Geschichtspolitik

373 HORST DÄHN, Martin Luther und die Reformation in der
Geschichtswissenschaft der DDR

391 SIEGFRIED BRÄUER, Die Lutherfestwoche vom 19. bis 27. August 1933
in Eisleben: Ein Fallbeispiel en detail

Anhang

455 ORTS- UND PERSONENREGISTER

467 ABBILDUNGSVERZEICHNIS

Vorwort

„Lutherinszenierung und Reformationserinnerung": Über dieses Themenfeld eine Tagung zu veranstalten und einen Sammelband herauszugeben, ist für die Stiftung Luthergedenkstätten mit ihren vier reformationsgeschichtlichen Museen (Lutherhaus und Melanchthonhaus in Wittenberg, Luthers Geburts- und Sterbehaus in Eisleben) nicht nur ein fachwissenschaftlicher Beitrag zur Erforschung der Wirkungsgeschichte der Reformation, sondern auch Anlass und Chance der historischen Verortung und der Selbstreflexion. Denn so wie die Erinnerung nicht naturwüchsig ist, so ist auch ein Museum nicht die bloße Ansammlung übriggebliebener Relikte. Beide sind kulturelle Schöpfungen, sind gesellschaftliche Konstruktionen. „Die Tradition besteht nicht aus Relikten, sondern aus Testaten und Legaten." Dieser Satz Hans Blumenbergs verweist auf das Ziel von Tradition, im Sinne eines Versicherungssystems gegen den Verlust Vorkehrungen zu treffen, um eine Kontinuität zu erzeugen und zu stabilisieren, die von sich aus keineswegs gegeben ist. Zeitresistenz sucht die Erinnerung in Materialisationen wie Museum, Denkmal, Archiv. Für das Archiv hat Aleida Assmann in ihrem Buch über ‚Erinnerungsräume. Formen und Wandlungen des kulturellen Gedächtnisses' ausgeführt, was übertragen auch für andere Erinnerungsräume gelten kann: „Das Archiv ist nicht nur ein Ort, wo Dokumente aus der Vergangenheit aufbewahrt werden, sondern auch ein Ort, wo Vergangenheit konstruiert, produziert wird. Diese Konstruktion ist nicht nur abhängig von gesellschaftlichen, politischen und kulturellen Interessen, sondern auch wesentlich mitbestimmt von herrschenden Kommunikationsmedien und Aufzeichnungstechniken".

Dass die Memoria Lutheri besonderer Erinnerungsarbeit bedurfte (und bedarf), kann angesichts der prekären fama Luthers zwischen Reformator von Kirche, Gesellschaft und Kultur einerseits und Zerstörer der kirchlichen und damit auch politischen Katholizität andererseits nicht erstaunen. Zentrale Etappen der deutschen Erinnerungskultur sind deshalb gewiss nicht zufällig mit seinem Namen verknüpft. Um zwei Beispiele des materialisierten Gedenkens herauszugreifen: 1693 wurde in Luthers Geburtshaus in Eisleben das erste bürgerschaftlich initiierte Geschichtsmuseum eingerichtet. Und 1821 enthüllte man auf dem Wittenberger Marktplatz mit Schadows Lutherdenkmal das erste einem Bürgerlichen gewidmete öffentliche Standbild.

Welcher Ort eignete sich – und eignet sich, etwa als Tagungsort, bis heute – als Erinnerungsort, als „lieu de memoire" (Pierre Nora), um die memoria Lutheri zu inszenieren? Ohne Zweifel die Lutherstadt Wittenberg, denn in dieser Stadt hinterließ der Reformator von 1508 bis zu seinem Tod 1546 eine Vielzahl sichtbarer Spuren, von der Schlosskirche (Thesentür und Grab) über die Stadtkirche (Predigtkirche) bis hin zum Lutherhaus mit dem Höhepunkt der die Jahrhunderte überdauernden authentischen Lutherstube. Überdies lag Wittenberg seit 1815 auf preußischem Gebiet und konnte so Teil der Geschichtspolitik der Hohenzollern werden: als Legitimationsort der kleindeutschen Lösung auf protestantischem Fundament, kulminierend in der Neugestaltung der Wittenberger Schloßkirche und in der Einrichtung eines Chorgestühls mit Kaiserthron und Fürstenbänken als Symbol der Einheit (des protestantischen) Deutschlands. Luther wurde ein wichtiger Baustein der preußischen Geschichtspolitik, in vielzähligen Festreden, Denkmalsenthüllungen, universitären Festakten und Predigten wortreich verkündet mit der Emphase des deutsch-nationalen Lutherbildes als gemeinsamem (kulturprotestantischem) Fundament für Herrscherhaus und Bürgertum. Gerade in ihren Visualisierungen (Museen, Denkmäler, Schulen, Kirchenbauten etc.) wird die memoria Lutheri zu einem Medium der Konstruktion kultureller und nationaler Identität.

Die Tagung, deren Ergebnisse in dem vorliegenden Sammelband dokumentiert und durch einige Beiträge erweitert werden, fand 1. – 3. Oktober 2001 in Wittenberg statt. Von 2000 bis 2002 konnte die Stiftung Luthergedenkstätten durch eine großzügige Förderung der Fritz Thyssen-Stiftung ein Forschungsprojekt durchführen, das sich der preußischen Rezeption der Wittenberger Reformation am Beispiel der Sammlungs- und Museumsgeschichte der Lutherhalle Wittenberg widmete. Teil dieses Forschungsprojekts war die Tagung „Lutherinszenierung und Reformationserinnerung", die sich im besonderen auf die Luther-Memoria des 19. Jahrhunderts konzentrierte, aber auch den Bogen in die Geschichtspolitik des 20. Jahrhunderts und zu Kontrast- und zugleich Parallelfiguren wie Hus und Calvin spannte und mit einem solchen Panorama als theologie-, sozial- und politikgeschichtlichem Hintergrund den Blick auf die Geschichte der Lutherhalle zu schärfen vermochte.

Dass das Nachdenken über die Visualisierungen, Instrumentalisierungen, Inszenierungen, Musealisierungen etc. Luthers wiederum selbst materialisiert vor Augen liegt, dafür sei den Autoren und den beiden Herausgebern, die auch für die Konzeption und Durchführung der Tagung verantwortlich zeichneten, sehr herzlich gedankt.

Stefan Rhein *Lutherstadt Wittenberg, im September 2002*

Luther, „die Lutherin", das Lutherhaus – erinnert und inszeniert

Stefan Laube

Der Kult um die Dinge an einem evangelischen Erinnerungsort

1) Schaulust statt „sola scriptura"

Schon immer beflügelte Luthers Vita die kollektive Phantasie der Nachlebenden, besonders an den lutherischen Erinnerungsorten Worms, Coburg, der Wartburg und nicht zuletzt in Wittenberg, wo sich seit Jahrhunderten Lutherpilger im „Heiligtum" der Lutherstube versammeln und „protestantische Reliquien" bewundern. Folgender Beitrag beschäftigt sich mit populären Luthergeschichten, soweit sie sich in Dingen verdichtet haben. Die daraus erwachsenen, mit der historischen Wahrheit nicht immer konformen Geschichtskulissen verdienen wissenschaftliche Aufmerksamkeit, da an ihnen Illusionen entlarvt und Strategien der politischen Instrumentalisierung offengelegt werden können.

Inszenierungen der Reformation zum Zwecke der Erinnerung sind eine ambivalente Angelegenheit. Permanent sind sie dem Spannungsverhältnis zwischen Kunst, Bild und musealer Präsentation auf der einen Seite und der von Worten dominierten evangelischen Gottesdienstpraxis auf der anderen Seite ausgesetzt. Konfessionelle Identität manifestierte sich nicht nur in theologischen Diskursen und liturgischen Ordnungen, sondern war besonders in breiteren sozialen Kreisen auf die Vermittlungsleistung von traditionsbildenden Dingen angewiesen. In der nachreformatorischen Zeit entwickelten sich Orte und Gegenstände verstärkt zu Medien, Ereignisse und Taten einer ruhmwürdigen Vergangenheit zu bezeugen. Schon Luther selbst war diese Mentalität nicht fremd. Im März 1532 beklagte er sich über Festungsbauarbeiten am Lutherhaus, die sein Turmzimmer im Kloster gefährdeten und tat damit ein frühzeitiges, auf Dinge gerichtetes, von einer historischen Zäsur geprägtes Denkmalbewusstsein kund: „Lebe ich noch ein jar, so muß mein armes Stublin hinweg, daraus ich doch das bapstum gesturmet habe propter quam causam dignum esset perpetua memoria."[1] Auch das 1655 erstmals literarisch belegte *Museum Lutheri* in Wittenberg, gab es gewiss schon früher, spätestens nachdem die Zeitzeugen der Reformation verstorben waren, d.h. als die lebendige Überlieferung einem „mediengestützten Gedächtnis, das sich auf materielle Träger stützt",[2] wich, womit in Wittenberg

---

[1] Weimarer Gesamtausgabe der Werke Luthers (künftig WA), Tischreden, Bd. 2, S. 509.
[2] Aleida Assmann, Erinnerungsräume. Formen und Wandlungen des kulturellen Gedächtnisses, München 1999, S. 15; vgl. zu diesen „modi memorandi" auch Jan Assmann, Das kulturelle Gedächtnis. Schrift, Erinnerung und politische Identität in frühen Hochkulturen, München 1992, S. 48 ff.

vornehmlich Lutherkanzel, Lutherstube oder Thesentür, aber auch ganz banale Gegenstände gemeint waren.³ Ebenso wie nach dem 11. September eine auf dem Trümmerberg von *Ground Zero* in New York City gefundene Tasse mit Kaffeeflecken oder eine verbogene Jalousie Geschichte schreiben, wenn sie nur authentisch sind,⁴ riefen auch die Lutherdinge Interesse hervor, weil sie einzigartig waren und ein bestimmtes Ereignis bezeugten, das das bisherige Vorstellungsvermögen gesprengt hatte.

Im weiteren Sinne stellen nicht nur besondere Dinge, sondern auch einzelne Gebäude, eine bestimmte Stadt und die gesamte Landschaft identitätsstiftende Objektivierungen dar. Bekanntlich hat die *UNESCO* im Jahre 1997 die Luthergedenkstätten in Sachsen-Anhalt in ihre *World Heritage List* aufgenommen. Allein die Besucherstatistik ihres Herzstücks, der Lutherhalle, belegt, dass historische Reformationserfahrung schon seit langem in originalen Ensembles von Gebäudekomplexen und übrig gebliebenen Dingen aufgesucht wird. Den direkten Draht zur verlorenen Zeit, die Gegenwart des Vergangenen glaubt man in der kompakten Erscheinung wahrnehmbarer Objekte zu finden. Ohne sie können Formen der Luthererinnerung nicht greifen.⁵

Im Gegensatz zu dieser eben skizzierten Geschichtsbetrachtung, die von den Objekten ausgeht,⁶ gehört es zum Selbstverständnis des reformatorischen Erbes, den Dingen ihre religiöse Aussagekraft zu nehmen und den Buchstaben wie nie zuvor zu monopolisieren. „Denn auff den worten stehet alle unser grund, schutz und wehre widder alle yrthumb und verfuhrung."⁷ Reden, Hören und Lesen stiegen zu den zentralen Wahrnehmungsformen auf, wohingegen Schauen und Anfassen diskreditiert erschienen. Eine Predigt Luthers aus dem Jahre 1545 brachte den Sieg des Wortes über die Anschauung auf den Punkt: „Uns ist Christi Reich ein hör Reich, nicht eine sehe Reich."⁸ Wenn auch Luther nur das Kultbild und die damit verbundene Werkgerechtigkeit ausschloss und das Bild als Gedenkbild sowie zur Illustration von biblischen Geschichten begrüßte,⁹ bleibt der Gegensatz zwischen

---

3   Hinter jedem materialisierten Erinnerungsort verbirgt sich ein Maß an Entfremdung gegenüber dem, an das erinnert wird. Es gibt „lieux de mémoire" weil es keine „milieu de mémoire" mehr gibt bei PIERRE NORA, Zwischen Geschichte und Gedächtnis, Frankfurt 1998 (frz. Original 1984), S. 11.

4   Ein US-Senator beantragte bereits fünf Millionen Dollar für das *Smithsonian National Museum for American History* in Washington, damit dort historisch bedeutsame Gegenstände mit Bezug zum 11. September aufbewahrt werden können. Salzburger Nachrichten, 29. 12. 2001.

5   Vgl. Gérald Chaix, Reformation, in: Etienne François / Hagen Schulze (Hg.), Deutsche Erinnerungsorte, Bd. 2, München 2001, S. 9-28. Man hat im 19. Jahrhundert 105 Lutherdenkmäler gezählt, 77 Lutherbüsten, 66 Gedenktafeln, ebensoviele Gedenksteine und allein 547 Lutherbäume, nach OSKAR THULIN, Luther in den Darstellungen der Künste, in: Luther-Jahrbuch 32 (1965), S. 9-27, hier S. 21 f.

6   „Wir müssen bei dem ansetzen, was sich unseren Augen darbietet." (Krzysztof Pomian) nach Ulrich Raulff, Die Museumsmaschine. Krzysztof Pomian spricht über Semiophoren und Mediatoren, in: Frankfurter Allgemeine Zeitung, Nr. 228, 30. 9. 1992.

7   Luther im Großen Katechismus (1529); WA, Bd. 30/1, S. 224.

8   Predigt (1545), in Merseburg gehalten, „Von dem Reich Christi aus dem achten Psalmen"; WA, Bd. 51, S. 11.

„sola scriptura" und Schaulust in der evangelischen Kirche strukturbildend.[10] Seit 1883 spiegelt sich in enger Wittenberger Nachbarschaft diese Divergenz im Umgang mit der reformatorischen Tradition besonders prägnant in den Wirkungsfeldern von Evangelischem Predigerseminar und reformationsgeschichtlichem Museum der Lutherhalle. Während es im Museum darauf ankommt, Luthers Lebenswerk via Bild und Objekt auch kirchenfernen Kreisen anschaulich nahe zu bringen, richtet sich das Seminar an einen eingeweihten, glaubensfesten Kreis und stellt Luthers Gedankengut in den Dienst der gegenwärtigen Seelsorge.

Zentrales Thema sind meist aus dem alltäglichen Gebrauch stammende Objekte, die mit Martin Luthers Leben im Zusammenhang stehen und deren Funktion es war, nicht nur angeschaut, sondern auch verehrt zu werden; und das nicht irgendwo, sondern in Wittenberg, wo Luther 38 Jahre seines Lebens verbringen sollte, ein Ort, der wie ein mehrfach potenziertes Museum erscheint: von den einzelnen Gegenständen über die Lutherstube und das Lutherhaus bis zur gesamten Stadtanlage von Wittenberg.[11] Die von Wittenberg überlieferten Stadtansichten aus dem 17. und 18. Jahrhundert erfährt mit geringen Veränderungen der von Leipzig kommende Bahnreisende auch noch heutzutage. In Sekundenschnelle rauscht er an den zentralen Wirkungsstätten Luthers vorbei, zunächst am Schloss, wo Luther angeblich seine 95 Thesen anschlagen hatte und wo er begraben liegt, dann an der Stadtpfarrkirche, wo er gepredigt und schließlich am weniger auffälligen Lutherhaus, wo er gelebt und gelehrt hatte.[12]

Der sich in Wittenberg deutlich abzeichnende Wandel von der Bild- zur Schriftverehrung war immer auch von Dingkulten begleitet. Dabei wird jeder Blick, jeder Zugriff

---

[9] „begehren wyr doch nicht mehr, denn das man uns eyn crucifix odder heyligen bilde lasse zum ansehen, zum zeugnis, zum gedechtnis, zum zeychen, wie des selben keysers bilde war". Luther, Wider die himmlischen Propheten, von Bildern und Sakrament (1525); WA, Bd. 18, S. 80.

[10] Siehe dazu in Vertretung zahlreicher anderer Studien PETER BLICKLE / ANDRÉ HOLENSTEIN / HEINRICH RICHARD SCHMIDT / FRANZ-JOSEF SLADECZEK (Hg.), Macht und Ohnmacht der Bilder. Reformatorischer Bildersturm im Kontext der europäischen Geschichte, München 2002 (Historische Zeitschrift, Beihefte 33); GÜNTHER WARTENBERG, Bilder in den Kirchen der Wittenberger Reformation, in: JOHANN MICHAEL FRITZ (Hg.), Die bewahrende Kraft des Luthertums. Mittelalterliche Kunstwerke in evangelischen Kirchen, Regensburg 1997, S. 19-33; HANS BELTING, Bild und Kult: eine Geschichte des Bildes vor dem Zeitalter der Kunst, München 1993, S. 510-523; ELFRIEDE STARKE, Luthers Beziehungen zu Kunst und Künstlern, in: Leben und Werk Martin Luthers von 1526 bis 1546. Festgabe zu seinem 500. Geburtstag, hg. von HELMAR JUNGHANS im Auftrag des Theologischen Arbeitskreises für Reformationsgeschichtliche Forschung, Berlin 1985 (2. A.), S. 531-548; S. 905-916; WERNER HOFMANN (Hg.), Luther und die Folgen für die Kunst. (Hamburger Kunsthalle, Ausstellung 11. 11. 1983 – 8. 1. 1984), München 1983.

[11] Siehe zum Ausbau Wittenbergs zu einer Gedenkstätte der Reformation HELMAR JUNGHANS, Wittenberg als Lutherstadt, Berlin 1996, S. 156-192.

[12] Siehe GOTTFRIED KRÜGER (Hg.), Die Lutherstadt Wittenberg im Wandel der Jahrhunderte. In zeitgenössischen Bildern, Wittenberg 1939; BORIS GROYS, Die Stadt auf der Durchreise, in: DERS., Logik der Sammlung. Zum Ende des musealen Zeitalters, München 1997, S. 92-108.

auf die Objekte von einer Ordnung bestimmt. Bestimmte Auswahlregeln, Verweissysteme und andere Kriterien des Zusammenstellens bestimmen darüber, wie symbolträchtige Gegenstände zueinander stehen. Wie diese Ordnung der Dinge in Wittenberg aussah, wird an drei epochalen Beispielen zu verdeutlichen versucht, am Reliquienkult im Rahmen der Heiltumsweisung am Anfang des 16. Jahrhundert, an den gezeigten Lutherraritäten im Museumsquartier des *Collegium Augusteum* im 17. und 18. Jahrhundert sowie an den Ausstellungsobjekten der seit 1883 bestehenden Lutherhalle.

2) Vom Umgang mit Reliquien in seinen konfessionellen Versionen

Die Reformation entzündete sich an den Auswüchsen der Reliquienverehrung in Wittenberg. Luthers Thesenanschlag fand am Vorabend von Allerheiligen, einem der Hauptfesttage der Kirche statt, als gerade Tausende von Reliquien für die Ausstellung am nächsten Tage aufgebaut wurden.[13] Während für Luther, der die Vorbildhaftigkeit von Glaubenszeugen pries, aber die Heiligenfürbitte ablehnte, Reliquien „alles tod Ding"[14] waren, wiesen katholische Kritiker auf die Übereinstimmung zwischen Lutherverehrung und dem Reliquienkult hin, ein katholischer Topos seit den Beobachtungen des päpstlichen Nuntius Hieronymus Aleander (1480-1542) auf dem Wormser Reichstag von 1521.[15] In der Tat waren schon zu Beginn des Lutherkults zentrale Aspekte der alten, von Luther selbst entschieden abgelehnten Heiligenverehrung vorhanden.[16] Wie ein Heiliger stieg auch Luther posthum zu einem maßstabsetzenden Vorbild auf und hatte in Jan Hus (ca. 1370-1415) einen Vorläufer, dem er sich metaphorisch als Schwan annäherte. Zudem hielt sich in der protestantischen Volksfrömmigkeit zumindest in Ansätzen die magische Besetzung der mit dem

---

[13] Gerade in den Jahren vor und auch nach Luthers Thesenanschlag war die Menge der Reliquien stark gestiegen. Nach Spalatins Verzeichnissen betrug die Zahl der heiligen Partikel im Jahre 1520 19.013 Stück, siehe Paul Flemming, Zur Geschichte der Reliquiensammlung der Wittenberger Schloßkirche unter Friedrich dem Weisen, in: Zeitschrift des Vereins für Kirchengeschichte der Provinz Sachsen 14 (1917), S. 87-92, hier S. 87.
[14] Luther im Großen Katechismus (1529); WA, Bd. 30/1, S. 145.
[15] Siehe Paul Kalkoff, Die Depeschen des Nuntius Aleander vom Wormser Reichstag 1521, Halle 1886 (Verein für Reformationsgeschichte, 17), S. 58 f.
[16] Siehe u. a. Wolfgang Brückner, Volkserzählung und Reformation. Ein Handbuch zur Tradierung und Funktion von Erzählstoffen und Erzählliteratur im Protestantismus, Berlin 1974; Martin Scharfe, Doktor Luther: Heiliger oder Held? Zur Kulturgeschichte der Luther-„Verehrung". Eine Nachlese zum Lutherjahr 1983, in: Zeitschrift für Volkskunde 80 (1984), S. 40-58; ders., Nach-Luther. Zu Form und Bedeutung der Luther-Verehrung im 19. Jahrhundert, in: Hardy Eidam/Gerhard Seib (Hg.), „Er fühlt der Zeiten ungeheuren Druck und fest umklammert er sein Bibelbuch ...." Zum Lutherkult im 19. Jahrhundert, Berlin 1996, S. 11-23; Volkmar Joestel, Daniel oder Luzifer? – Martin Luther zwischen Lüge und Legende, in: Schriftenreihe der Staatlichen Lutherhalle Wittenberg 2 (1986), S. 7-15.

Reformator in Verbindung gebrachten Gegenstände. So sollten Splitter von Luthermöbeln, wie zum Beispiel die Holzspäne eines Bettgestelles in Eisleben, vor Zahnweh und anderen Gebrechen geholfen haben.¹⁷ Während sich die katholische Reliquienpraxis auf Körperteile und Kleidungsstücke konzentrierte, d. h. mit Objekten auseinandersetzte, die sehr eng zur verehrten Person gehört hatten, ging der protestantische Dingkult so weit, auch außermenschliche Faktoren zu personifizieren, wenn z. B. Stühle aus dem Holz einer Buche bei Altenstein, die Luthers fingierte Entführung „miterlebte", in die Verehrung einbezogen wurden.¹⁸ Inwieweit sich darin Reste eines germanisch-heidnischen Wald- und Bodenkults verbergen, muss hier offen bleiben.

Während in anderen Sprachen, wie im Englischen zum Beispiel, auf das auch „Relikt" oder „Überrest" bedeutende „relic" zurückgegriffen werden muss, wenn man „Reliquie" meint, ist man im deutschen Sprachraum in dieser Hinsicht differenzierter. Hier drängten sich, wenn man „Reliquie" sagt, sofort konfessionelle Konnotationen auf. Auffällig ist, dass die Protestanten nicht nur in konfessionspolemischer Absicht von Reliquien sprachen, sondern auch dann, wenn sie ihre eigenen Traditionsgegenstände bezeichneten.¹⁹ Lange Zeit konnte alles – außerhalb von Druckschrift, Handschrift und Bild – zur Reliquie aufsteigen.²⁰ Erst mit den Aufschwung der Autographensammlungen scheint sich der Reli-

---

¹⁷ Siehe JOHANN GEORG KEYSSLER, Neueste Reise durch Teutschland, Böhmen, Ungarn, die Schweitz, Italien und Lothringen: worin der Zustand und das merckwuerdigste dieser Länder beschrieben und vermittelst der Natur-Gelehrten, und Politischen Geschichte, der Mechanick, Mahler-, Bau- und Bildhauer-Kunst, Muentzen und Alterthümer erläutert wird, Hannover 1740-1742, S. 1117 f.; GEORG HENRICH GOETZE, De reliquiis Lutheri, diversis in locis asservatis, singularia, Leipzig 1703.

¹⁸ Die Buche war 1841 von einem Orkan dahingerafft worden. JOHANN CONRAD ORTMANN, Möhra, der Stammort Martin Luthers und die Lutherbuche bei Altenstein und Steinbach. ein Beitrag zur Lebensgeschichte Dr. Martin Luthrers und seiner Verwandten, 1844, S. 271-273; vgl. auch BÄRBEL KLEINDORFER-MARX, Der „Lutherstuhl" – Zur Popularisierung eines Möbeltyps im 19. Jahrhundert, in: EIDAM/ SEIB (wie Anm. 16), S. 11-23.

¹⁹ Vgl. in loser Auswahl CHRISTIAN JUNCKER, Das Guldene und Silberne Ehren-Gedächtniß Des Theuren Gottes-Lehrers D. Martini Lutheri: In Welchem dessen Leben, Tod, Familie und Reliquien. Benebst Den Vornehmsten Geschichten Der Evangelischen Reformation, Wie auch Der Evangelischen Jubel-Feyern, umständlich beschrieben, und auf eine sonderbar anmuthige Art, aus mehr als Zwey hundert Medaillen oder Schau-Müntzen und Bildnissen von rarer Curiosität, mit Auserlesenen Anmerckungen, erkläret werden, Frankfurt, Leipzig 1706; EDUARD A. DOLESCHALL, Eine aufgefundene Luther-Reliquie. Nach dem im Generalarchive der evangelischen Kirche in Ungarn befindlichen Original in Druck gelegt, Budapest 1887; ERNST KROKER, Reliquien Luthers und seiner Frau Käthe in Leipzig, in: Leipziger Kalender. Illustriertes Jahrbuch und Chronik 4 (1907), S. 197-218.

²⁰ Spezialausstellung von Luther-Reliquien – Becher, Medaillen, Ringe – im Grünen Gewölbe im November 1883, aus: Zeitschrift für Museologie und Antiquitätenkunde sowie für verwandte Wissenschaften, 6. Jg., Nr. 23, Mitte Dezember 1883, S. 181.

quienbegriff auch auf Handschriften erweitert zu haben, wie das Ordnungssystem der Augustinischen Sammlung belegt.[21]

Die Motive des evangelischen Wortgebrauchs variierten. Für viele bedeutete er bestimmt nicht mehr als Überrest oder Relikt eines bemerkenswerten Menschen, gerade in einer Zeit, als sich dieser ursprünglich religiös besetzte Begriff in säkulare Kontexte auszubreiten begann, wie in die Museumslehre[22] oder in den Dichterkult.[23] Nach der Begriffsunterscheidung des Lehrers und Philologen Johann Gottlob Samuel Schwabe (1746-1835) war eine Reliquie einfach nur ein relativ handlicher Überrest, eine absichtslose Überlieferung meist banaler Dinge von bedeutenden Personen.[24] Auch Luthers Dasein hinterließ Spuren, seine Leiche in der Schlosskirche, seine Alltagsgegenstände sowie all das, was sonst noch übrig blieb.[25] Statt mit Magie behaftet, wie in katholischen Regionen verbreitet, stellten sie hier ausschließlich Medien der Erinnerung dar. In dem Sinne einer alltäglichen Memorabilie verstand ihn auch Karl Dunkmann (1868-1932), der die Lutherhalle von 1907 bis 1911 leitete: „Das dann folgende Zimmer ist ausgestattet mit Reliquien von Luther, nicht solchen, die wir abergläubisch verehren, aber solchen, die uns in seine Zeit zurück-

---

[21] Siehe Beschreibung der für die Lutherhalle zentralen Luthersammlung des Halberstädter Oberdompredigers Christian Friedrich Bernhard Augustin (1771-1856) durch seinen Sohn, Oberlandesgerichtsrat Augustin, Potsdam, an das Evangelische Predigeseminar in Wittenberg, Schmieder, 6. 2. 1859, Geheimes Staatsarchiv Preussischer Kulturbesitz, I. HA. Rep. 76 Ve, Sekt. 9, Abt. VI, Nr. 10, Bd. 2, Bl. 81-82.

[22] Siehe dazu die am Ende stehende Passage des Anfang des 18. Jahrhunderts erschienenen *Kompendiums Musaeum Musei Museum* von Michael Bernhard Valentini, dass „die brühmtesten Reliquien Christi und Mariae (Dornenkrone, hl. Rock) … einträglich mit dem Schwert des Hussiten Žižka" ausgestellt waren, zit. nach JULIUS VON SCHLOSSER, Die Kunst- und Wunderkammern der Spätrenaissance. Ein Beitrag zur Geschichte des Sammelwesens, Wien 1923 (2. A.), S. 214.

[23] Siehe besonders ausgeprägt beim Shakespearehaus in Stratford oder Goethehaus in Weimar; vgl. u. a. SILVIA MERGENTHAL, Disiecta membra poetarum: Über das Sammeln von Dichterreliquien, in: ALEIDA ASSMANN / MONIKA GOMILLE / GABRIELE RIPPL (Hg.), Sammler – Bibliophile – Exzentriker, Tübingen 1998, S. 87-97. In katholischen Gegenden scheint für bedeutungsvolle, kultbesetzte Dinge im weltlichen Kontext eher der Begriff der Kleinodie verbreitet gewesen zu sein.

[24] Ein „Moniment" hingegen war eine absichtsvolle Überlieferung, nicht unbedingt mobil, dafür repräsentativ, wie ein Epitaph zum Beispiel. JOHANN GOTTLOB SAMUEL SCHWABE, Historische Nachricht von den zahlreichen im Großherzogthum Sachsen-Weimar-Eisenach befindlichen Monimenten und Reliquien D. Martin Luthers. Nebst Nachrichten von dem Anfang und Fortgang der Reformation aus Kirchenbüchern, Akten und zuverlässigen Quellen gezogen. Vorausgeschickt sind Familien-Nachrichten und häusliche Verhältnisse, ingleichen die Jugendgeschichte D. Martin Luthers, Weimar 1817.

[25] Luther erhielt immer wieder von Freunden und Verehrern Gefäße und Becher; siehe zahlreiche Belegstellen aus der Gesamtausgabe Martin Luthers bei ANTJE HELING, Dokumentation zur Bau- und Nutzungsgeschichte des Lutherhauses in Wittenberg zu Luthers Lebzeiten, 2001 [unveröffentlichtes Manuskript in der Bibliothek der Stiftung Luthergedenkstätten], S. 24-28, vgl. die im Testament erwähnten Gold- und Silbergegenstände, Kelche, Becher usw. bei TIBOR FABINY, Martin Luthers letzter Wille. Das Testament des Reformators und seine Geschichte, Bielefeld 1983, S. 39.

versetzen und seine Person uns näherbringen."²⁶ Die an Dingen verknüpfte Sündenvergebung meinte man damit nicht, sondern vielmehr die von ihnen ausstrahlende historische Bedeutsamkeit, die als pars pro toto ein großes Zeitalter abzubilden in der Lage war. Es überrascht keineswegs, dass sich gerade auch an diesen Gegenständen Verehrungspotential entfalten konnte, denn: „Groß ist uns von ihm dem großen Manne das kleinste."²⁷ Dennoch blieben sich die meisten Protestanten, die den Begriff der Reliquie zur eigenen Traditionsbildung verwandten, über seine konfessionelle Brisanz im Klaren. Äußerungen zur Rechtfertigung sind Legion, um den Anschein abzuwehren, in der evangelischen Kirche gediehten Formen der Heiligenverehrung.²⁸ Vielleicht griff man deswegen auf diesen katholisch besetzten Begriff zurück, weil man den konfessionellen Konkurrenten nicht das Monopol auf die Tradition allein überlassen wollte.²⁹

Nach der Religionsphänomenologie sind Reliquien als sterbliche Überreste der Heiligen machterfüllte Gegenstände, die mit Tabus belegt sind und Gegenreaktionen des Menschen herausfordern.³⁰ Seit dem Hochmittelalter war es üblich geworden, sie an bestimmten Festtagen aufzustellen und den Pilgern zu zeigen und Wittenberg war bis zur Reformation der Ort einer besonders reichhaltigen liturgischen Präsentation gewesen: „Im ersten Gang zeigt man den Kopf einer Statue des heiligen Königs und Märtyrers Sigismund. Hier ist ein großer Teil vom Leichnam dieses heiligen Königs aufbewahrt und zu sehen. (…) Im zweiten Gang wird ein goldenes Kreuz, das mit sehr wertvollen Juwelen verziert ist, ausgestellt. Der Kirche schenkte es der berühmte Fürst und Herr, Herr Friedrich. Es enthält Partikel von der Leinwand, mit der Christus bekleidet war, als er seinen Jüngern die Füße

---

26 KARL DUNKMANN, Das Lutherhaus in Wittenberg. Zum Reformationsfest am 31. Oktober 1911, in: Daheim. Ein deutsches Familienblatt 48, Nr. 4, 28. 10. 1911.
27 Besuchereintrag eines Theologiestudenten namens Curtius, 1. August 1823, EinschreibeBuch für die Lutherstube vom 14. Juli 1822 bis Juli 1825, No. 3., Stiftung Luthergedenkstätten in Sachsen-Anhalt (Aktenbestand/Wittenberg).
28 Siehe dazu nur einige wenige Beispiele bei FRIEDRICH KEYSER, Reformations-Almanach für Luthers Verehrer auf das evangelische Jubeljahr 1817, Erfurt 1817, S. 75 f.; LUDWIG SCHNELLER, Lutherstätten. Ein Gang durch Luthers Leben an Hand der Schauplätze seines Wirkens, Leipzig 1917, S. 200; OSKAR THULIN, Die Lutherhalle ruft! Illustrirte Festausgabe zum „Wittenberger Tageblatt" anläßlich der Luther-Festtage, 9.-13. September 1933, Lutherstadt Wittenberg. In der vom Kulturkampf geprägten Entstehungsphase der Lutherhalle seit 1877 war es den Initiatoren ein Anliegen, zu betonen, dass die Museumsgründung nichts mit einer katholischen Reliquiensammlung zu tun habe; siehe Magdeburgische Zeitung, Nr. 129, 17. März 1877.
29 In Wittenberg sprachen die Protestanten zur Bezeichnung von Luthers Wohnhaus gerne vom „Kloster", verbanden damit aber eine Ablehnung des Klosterwesens, zugleich sprachen sie von „Reliquien", ohne damit den katholischen Bedeutungszusammenhang zu bejahen.
30 Vgl. u. a. GERARD VAN DER LEEUW, Phänomenologie der Religion, Tübingen 1977, § 3.1-5, § 4.1, § 30.1 und § 69,3.

wusch, (…) Im vierten Gang wird zuerst eine vergoldete Monstranz in Form eines Königs gezeigt. Sie enthält ein wirklich echten Dorn von der Krone des Heilandes, die auf sein Haupt gepreßt wurde. Er ist vom großmächtigen König Rudolph dem Älteren, Herzog von Sachsen, für sein vielen Verdienste geschenkt worden, zusammen mit einem auserlesen schönen Echtheitsnachweis. (…) Also. Ein Straußenei mit der Figur der seligen Barbara oben darauf, mit Reliquien des heiligen Clemens und des heiligen Eustachius (…) Also: Eine Greifenklaue, sie enthält Reliquien vom heiligen Valentin, (…)"[31]

Was der damalige Magister Andreas Meinhardi († 1524/25) im Jahre 1507 in seiner Laudatio auf die Stadt Wittenberg ausführlich beschreibt, stellte eine prunkvolle Materialisierung der christlichen Heilsgeschichte in Reliquiare, Monstranzen, Kruzifixe und andere Gerätschaften dar, bei der kaum ein Protagonist fehlte. Stroh aus der Krippe in Bethlehem fehlte ebenso wenig, wie der Körper eines Kindes aus der Mordnacht des König Herodes. Motive erinnerungspolitischer, wirtschaftlicher, volksreligiöser und dynastischer Natur waren bei dieser Veranstaltung immer miteinander verquickt. Zwischen den bei Protestanten verbreiteten identitätsstiftenden Partikeln als Träger einer schon säkularen Erinnerung und diesen herkömmlichen Reliquien als Medien der biblischen Heilsgeschichte bestehen aus museologischer Sicht signifikante Parallelen. Ausstellungsraum war die Schlosskirche, wo neben den Heiligenpartikeln auch Dürerbilder und eine Reisetafel, die die Pilgerreise des Kurfürsten nach Jerusalem anschaulich fixierte, aufgehängt waren und sich eine Nachbildung des heiligen Grabes befand.[32] Im Unterschied zum musealen Ausstellungsobjekt begnügten sich die Gläubigen allerdings nicht damit, den Reliquienschrein zu betrachten, vielmehr berührten sie ihn, manche küssten ihn sogar, um so der Wunderwirkung der Reliquie teilhaftig zu werden.[33]

---

[31] „Siebentes Kapitel, in dem die ehrwürdigen Reliquien den jungen Männern der Reihe nach vorgelesen und gezeigt werden, in derselben Ordnung, wie sie sonst einmal im Jahr, am Sonntag Misericordias Domini, dem frommen Volk vorgeführt werden", in: ANDREAS MEINHARDI, Über die Lage, die Schönheit und den Ruhm der hochberühmten, herrlichen Stadt Albioris, gemeinhin Wittenberg genannt. Ein Dialog, herausgegeben für diejenigen, die ihre Lehrzeit in den edlen Wissenschaften beginnen, herausgegeben und übersetzt von MARTIN TREU, Leipzig 1986, S. 119-139.

[32] Vgl. GOTTLIEB STIER, Wittenberg im Mittelalter. Übersicht der Geschichte der Stadt von ihrem Ursprunge bis zum Tode Friedrichs des Weisen. Ein Beitrag zur Heimathkunde. Nebst einem Verzeichnisse der Denkmäler aus vorreformatorischer Zeit, Wittenberg 1855, S. 38 f.; vgl. zu Kirchen als Museen des Mittelalters schon GUSTAV KLEMM, Zur Geschichte der Sammlungen und Kunst in Deutschland, Zerbst 1838 (2. A.), S. 135-143; siehe zur Musealisierung dieser Kirche im 19. Jahrhundert MARTIN STEFFENS/INSA CHRISTIANE HENNEN (Hg.), Von der Kapelle zum Nationaldenkmal. Die Wittenberger Schloßkirche, Wittenberg 1998; die Schloßkirche als „Sanctuarium der ganzen evangelischen Christenheit" im Vorwort bei THEODOR SCHILD, Denkwürdigkeiten Wittenbergs. Ein Führer durch die Lutherstadt, Wittenberg 1892 (3. A.).

[33] Siehe dazu KRZYSZTOF POMIAN, Der Ursprung des Museums. Vom Sammeln, Berlin 1998 (frz. Orig. 1987); S. 34, GEORG FRIEDRICH KOCH, Die Kunstausstellung. Ihre Geschichte von den Anfängen bis zum Ausgang des 18. Jahrhunderts, Berlin 1967, S. 30-43.

Das Herrschaftsinteresse bei dieser Veranstaltung ist nicht hoch genug einzuschätzen.[34] Der ernestinische Zweig der Wettiner, die 1422 das askanische Erbe übernommen hatten, nutzten nach der Landesteilung von 1485 die reich ausgestattete, nur der Landesherrschaft unterstehende Kapelle in der auserkorenen Wittenberger Residenz, wo die Kurwürde beiheimatet war, zum Konstrukt eines heilsgeschichtlichen Landespatriotismus. Gerade hier konnte die Erinnerung an die askanischen Kurfürsten gepflegt werden, ebenso die postulierte Abstammung vom sächsisch-ottonischen Königshaus.[35] Was *San Marco* für Venedig bedeutete oder die *Sainte Chapelle* für Paris, stellte für Wittenberg das *Kollegiatstift Allerheiligen* dar.[36] Das 1340 von Rudolf I. (Herzog seit 1298-1356) gegründete Allerheiligenstift in der Wittenberger Burg bedeutete für die herzoglich-sächsische Residenzbildung die entscheidende Ingredienz. Diese Kirche bezeugte mit ihren kostbaren Reliquien die Verbindung des Askaniers zu Kaiser Karl IV. (1316-1378), dem Stifter der *Goldenen Bulle* und dem Erneuerer des Kurfürstenamts.[37] Schon damals hatte sich die große Politik in den Dingen gespiegelt, als Herzog Rudolf I. im Jahre 1342 für sein Engagement in der Reichspolitik vom luxemburgischen Kaiser mit Reliquien des heiligen Wenzel (903-929) und wenig später seine profranzösische Politik vom französischen König Philipp VI. (1293-1350) mit dem Dorn aus der Krone Christi belohnt worden war. Dieser Dorn sollte sich später zum zentralen Ausgangstück der immer mehr ausgreifenden Reliquiensammlung entpuppen.[38]

---

[34] Der Besitz von Reliquien verlieh der Herrscherautorität die entscheidende Legitimation. Die von Friedrich dem Weisen in der Schlosskirche zu Wittenberg oder auch von Albrecht von Mainz in seinem Stift Halle zusammengetragenen Reliquien waren mit Ablässen von Millionen Jahren verbunden, womit eine heilsindustrielle Gedächtnisarbeit umgesetzt werden konnte; siehe dazu A. Assmann, (wie Anm. 2); Arnold Angenendt, Heilige und Reliquien. Die Geschichte ihres Kultes vom frühen Christentum bis zur Gegenwart, München 1997, S. 236-241.

[35] Im Jahre 1346 erhielt der Askanierherzog Rudolf I. vom Papst Clemens VI. drei wichtige Privilegien, die die Existenz eines Kollegiatstifts in der Schlosskirche bestätigten. Der Bischof von Brandenburg blieb ohne Einfluss. Der Landesherr war es, der die Domherrnstellen besetzte. Das in Wittenberg existierende Domkapitel ohne residierenden Bischof stellte somit ein Beispiel wirkungsvoller Landeskirchenpolitik dar; siehe Lorenz Friedrich Beck, Herrschaft und Territorium der Herzöge von Sachsen-Wittenberg (1212-1422), Potsdam 2000 (Bibliothek der Brandenburgischen und Preußischen Geschichte, 6), S. 235 f.

[36] Siehe Gottfried Wentz, Das Kollegiatstift Allerheiligen in Wittenberg, in: Germania Sacra, Erste Abteilung: Die Bistümer der Kirchenprovinz Magdeburg, Dritter Band: Das Bistum Brandenburg, Zweiter Teil, Berlin 1941, S. 75-161.

[37] Es ist davon auszugehen, dass sich der oft in Prag weilende Herzog Rudolf von der von Karl IV. gegründeten Allerheiligenkapelle auf der Prager Burg inspirieren ließ; vgl. Beck (wie Anm. 35), S. 235.

[38] Von museologischem Interesse ist, dass bei der Zeigung dieses Objekts auch die Provenienzgeschichte verkündet wurde. So wurde hervorgehoben, dass Karl der Große die Dornenkrone vom Patriarchen in Jerusalem erhalten hatte: „Darnach uber dreihundert jar ungeferlich, da Herzog Rudolf zu Sachsen, der Elder gnant, dem konig Philipp zu Frankreich in einem Krieg treulich und ritterlich gedient het, erwarb er ... diesen Dorn." Die Schilderung führt weiter aus, dass der Herzog diesen Dorn mit nach Wittenberg nahm, um dort mit dessen

150 Jahre später, als sich bei anderen europäischen Höfen schon modernere inhaltliche Maximen der Sammlungspolitik und Herrscherlegitimation durchzusetzen begannen und in Italien zum Beispiel schon längst neue Kunstideale des Quattrocento etabliert waren, fand Friedrich der Weise (1463-1525) ähnlich wie seine ottonischen Vorbilder ein halbes Jahrtausend zuvor[39] in den mobilen heilsgeschichtlichen Erinnerungspartikeln den geeigneten Gegenstand, eine weitgehend geschichtsarme Region aufzuwerten und sich dabei in Szene zu setzen.[40] Die religiöse Prägung der deutschen Geschichte zeigt sich auch darin, dass sich der politische Geltungsdrang Friedrichs des Weisen sowie dessen Kunstinteresse in einem immer reichhaltiger, mit immer kostbareren Kleinoden ausgestatteten Reliquienschatz ausdrückte. Bis ins ferne Ausland richtete der Kurfürst seine Gesuche, ihm zur Erwerbung von Reliquien behilflich zu sein.[41] Er holte so nicht nur gleichsam die biblische Heilsgeschichte, sondern auch die europäischen Heiligenviten in sein Land.

Aus dynastischem Interesse begann unter Friedrich dem Weisen die Heiltumsweisung mit einem Glas der mit den Herrscherhäusern *Wettin* und *Brabant* verwandten heiligen Elisabeth (1207-1231). Der wettinische Kurfürst stellte sich bewusst in die Tradition dieser populären deutschen, schon 1235 heiliggesprochenen Frau. Ausgeprägte Andacht beim Gebet für das Seelenheil der Stifter der Kirche und damit für die kurfürstliche Familie war auch bei den Kreuzespartikeln sowie beim Dorn der Dornenkrone gefragt, die die Passion und damit letztlich die gesamte christliche Heilsgeschichte zu vergegenwärtigen in der Lage waren.

Es war üblich, während der Zeigung aus den Heiligenlegenden zu erzählen und – wie schon angedeutet – über die Herkunft der Reliquien zu berichten. Weitergehende Fragen zur Ausstellungstechnik und Inszenierung lassen sich nicht mehr eindeutig beantworten.[42] Immerhin geben die überlieferten Heiltumsregister die Ordnung an, nach der die Klein-

---

legitimatorischer Kraft ein Allerheiligenstift zu errichten, siehe PAUL KALKOFF, Ablaß und Reliquienverehrung an der Schloßkirche zu Wittenberg unter Friedrich dem Weisen, Gotha 1907, S. 63.

[39] Siehe HANS K. SCHULZE, Sachsen als ottonische Königslandschaft, in: MATTHIAS PUHLE (Hg.), Otto der Große. Magdeburg und Europa. Eine Ausstellung im Kulturhistorischen Museum Magdeburg vom 27. August – 2. Dezember 2001, Mainz 2001, S. 30-53, hier S. 50.

[40] Vgl. v. a. ROBERT BRUCK, Friedrich der Weise als Förderer der Kunst, Strassburg 1933 (Studien zur deutschen Kunstgeschichte, 45); JULIUS KÖSTLIN, Friedrich der Weise und die Schloßkirche zu Wittenberg, Wittenberg 1892; vgl. zu den kunsthistorischen Rahmenbedingungen THOMAS DACOSTA KAUFMANN, Höfe, Klöster und Städte: Kunst und Kultur in Mitteleuropa 1450-1800, Köln 1998 (engl. Orig. 1995).

[41] Als Sammlungsbeauftragter fungierte vornehmlich der Beichtvater des Kurfürsten, der Franziskaner Jakob Vogt, daneben auch der Kanzler Degenhardt und Spalatin. Man fühlt sich an den Museumsaufruf von 1877 erinnert, KALKOFF (wie Anm. 38), S. 64; FLEMMING (wie Anm. 13) S. 88 f.

[42] Siehe Die Denkmale der Lutherstadt Wittenberg. Bearbeitet von FRITZ BELLMANN, MARIE-LUISE HARKSEN, ROLAND WERNER. Mit Beiträgen von PETER FINDEISEN u. a., Weimar 1979, S. 260, vgl. auch KERSTIN MERKEL, Die Reliquien von Halle und Wittenberg; ihre Heiltumsbücher und Inszenierung, in: Cranach. Meisterwerke auf Vorrat, hg. von ANDREAS TACKE, München 1994, S. 37-50.

ode vorgeführt wurden. Fest steht, dass statt einer amphitheatralischen Gestaltung, die kostbaren Stücke in Gängen aufgestellt waren. Als Meinhardi das Heiltum im Jahre 1507 besichtigte, zählt man sechs Gänge, die bald auf sieben, acht (1509), neun und spätestens 1515 auf zwölf Gänge anwuchs, entsprechend der sprunghaft angestiegenen Partikelzahl von 5 262 im Jahre 1513 auf annähernd 19 000 Stücke im Jahre 1520.[43] Etwa der hundertste Teil des gesamten Bestandes an Partikeln war in besonderen Reliquienbehälter, den sogenannten Kleinoden, d. h. in Figuren, Gefäßen, Montranzen, Ostensorien, Kreuzen, Straußeneiern, Pacificalen usw. meist sichtbar eingeschlossen.

Bei der Aufstellung der Reliquien handelte es sich um eine populäre Darstellung der Heilsgeschichte, um einen frommen Anschauungsunterricht, der in seiner spätestens seit 1509 feststellbaren Dramaturgie stringente Momente der Bibelorientierung in sich barg. In den ersten beiden Gängen konnte der Besucher Reliquien der heiligen Witwen, Jungfrauen, Märtyrerinnen bewundern, im dritten die Teile der heiligen Ursula und ihrer 11 000 Jungfrauen, im vierten und fünften die Überreste der heiligen Bekenner und Bischöfe, im sechsten bis neunten die der heiligen Märtyrer, im zehnten diejenigen der Apostel und Evangelisten, wobei jedem Apostel ein Kleinod gewidmet war. Im elften Gang zeigte man Partikel der heiligen Patriarchen, Propheten und der Freunde Christi, im zwölften schließlich Reliquien der Leiden Christi. Höhe- und Schlusspunkt der Exposition waren demnach diejenigen Reliquien, die sich auf das Alte und Neue Testament bezogen, die Erinnerung an die zwölf Apostel und die Evangelisten bildeten den Übergang, womit sich trotz des ausufernden Heiligenkults ein systematischer biblischer Schwerpunkt kundtat, an den die Reformatoren dann mit Worten anknüpfen sollten.[44]

Dazu gab es als Vorform des illustrierten Sammlungs- und Ausstellungskatalogs einen Reliquienführer. Das Wittenberger Heiltumsbuch, „gleichsam ein Reliquienbaedeker durch die Schloßkirche",[45] mit seinen 119 auf 88 Seiten gedruckten Holzschnitten von Lucas Cranach d. Ä. (1472-1553), stellte für – allerdings nur wohlhabende Pilger – ein willkommenes Mitbringsel dar, das sich moderner Attribute bediente.[46] Statt religiöser Symbole wird die Bilderserie von einer relativ exakten Ansicht des Aufbewahrungsorts der Wittenberger Stiftskirche eröffnet. Der Text beginnt mit einem Exkurs zur Sammlungs-

---

[43] Spalatin hatte spätestens schon für das Reliquienfest von 1515 eine neue Einteilung in zwölf Gänge ausgearbeitet, in dem dazugehörigen Register von 1518 waren am Ende jedes Ganges die Zahl der Partikel und die Höhe des Ablasses verzeichnet; KALKOFF (wie Anm. 38), S. 64; FLEMMING (wie Anm. 13), S. 8 f.; WENTZ (wie Anm. 36), S. 105.

[44] Ebd., S. 106 f.

[45] OSKAR THULIN, Bilder der Reformation. Aus den Sammlungen der Lutherhalle in Wittenberg, Berlin 1953, S. 20.

[46] Vgl. dazu LIVIA CÁRDENAS, Friedrich der Weise und das Wittenberger Heiltumsbuch. Mediale Repräsentation zwischen Mittelalter und Neuzeit, Berlin 2002; JUTTA STREHLE / ARMIN KUNZ, Druckgraphiken Lucas Cranachs d. Ä. Im Dienst von Macht und Glauben, Wittenberg 1998, S. 76-95.

geschichte und verzichtet auf die sonst üblichen Gebete, Fürbitten oder Anweisungen für die Wallfahrer.

Der Reliquienausstellung gegenüber blieb der Reformator Martin Luther weitgehend indifferent. Vielmehr provozierte ihn die reiche Ausstattung der sie beherbergenden Kirche mit päpstlichen Privilegien und Ablässen.[47] „Über die Aufstellung der Reliquien denke ich so: man hat sie freilich leider bereits übergenug vorgezeigt, gar sehr damit geprahlt und sie der ganzen Welt zur Schau gestellt. Doch mag man es so einrichten, daß sie mitten im Chor öffentlich ausgelegt werden, so dass sie alle auf einem Tisch zu sehen sind, während alle anderen Zeremonien nach dem Brauch beibehalten werden."[48] Einige Mitglieder des Stiftskapitels wie der Propst Justus Jonas (1493-1555) oder Nikolaus von Amsdorf (1483-1565) wollten weitergehen und die Aufstellung ganz verbieten.[49] 1522 einigten sich evangelische und altgläubige Stiftsherrn auf einen Kompromiss: Die Reliquien und ihre kostbaren Einfassungen wurden nur noch ohne Ablassverkündung gezeigt,[50] bevor sie dann Jahre später – vermutlich in den vierziger Jahren – im Vorfeld der drohenden konfessionellen Kriege von Kurfürst Johann Friedrich (1503-1554) eingeschmolzen wurden.[51]

3) Gezeigte Raritätenvielfalt im Museumsquartier

Die Skizzierung konfessioneller Varianten im Umgang mit Reliquien bliebe dem deutschen und kirchenpolitischen Blickwinkel verhaftet, wenn sie nicht noch zusätzlich in den Diskurs über Raritäten und Montrositäten, Kunstschränke und Schatzkammern in Verbindung gebracht werden würde.[52] Denn sowohl die herkömmlichen Reliquien der Kirche als auch die von Protestanten so bezeichneten Reliquien Luthers hatten nicht

---

[47] Meinhardi stellte in seinem Dialog die Vorrechte der Wittenberger Schlosskirche mit denen der Kirchen von Rom und Assisi auf eine Stufe. MEINHARDI (wie Anm. 31), S. 142.

[48] Luther an Spalatin, 24. April 1522, in: Martin Luther. Die Briefe, aus: Luther Deutsch. Die Werke Luthers in neuer Auswahl für die Gegenwart, hg. von KURT ALAND, Bd. 10, Göttingen 1983, S. 120.

[49] BRUCK (wie Anm. 40), S. 211.

[50] Im Jahre 1523 setzte man am Ablassmontag nur noch die Hauptreliquien auf den Hauptaltar, das übrige Heiligtum wurde aber im Gewölbe zur Besichtigung bereitgehalten. Der Kurfürst ließ Wachen aufstellen, um Tumulten vorzubeugen; siehe urkundliche Beilage aus KALKOFF (wie Anm. 38), S. 117.

[51] Denkmale der Lutherstadt (wie Anm. 42), S. 260. Die anderen musealen Gegenstände, wie die Dürerbilder zum Beispiel, sind entweder in die Museen gekommen oder haben den Siebenjährigen Krieg nicht überstanden.

[52] Siehe dazu grundlegend SCHLOSSER (wie Anm. 22); RUDOLF BERLINER, Zur älteren Geschichte der allgemeinen Museumslehre in Deutschland, in: Münchner Jahrbuch der bildenden Künsten NF 5 (1928), S. 327-352; HORST BREDEKAMP, Antikensehnsucht und Maschinenglauben. Die Geschichte der Kunstkammer und die Zukunft der Kunstgeschichte, Berlin 1993.

zuletzt die Funktion, Neugierde zu wecken.⁵³ Dazu passend ist bisher wenig beachtet geblieben, dass der Dingkult um Luther in der vielfältigen Museumslandschaft des *Collegium Augusteum* eingebettet war, in der unmittelbaren Nachbarschaft von seltenen Pflanzen und anatomischen Präparaten.⁵⁴ Die auf Luther bezogenen Räume und Dinge waren Bestandteil einer dichten Abfolge anderer Raritätenkammern.⁵⁵ Die Lutherstube und der Hörsaal befanden sich im Umfeld des Fürstensaals, des Anatomischen Museum bzw. Anatomischen Theaters, der Universitätsbibliothek, der Ungarischen Bibliothek sowie des Botanischen Gartens.⁵⁶

Das Lutherhaus ist ein dreistöckiger, langgestreckter, mit einem Wendelstein vor der Mitte der Nordseite versehener Bau, der 1504 als einziger südlicher Trakt des mit der Universität verbundenen Augustiner-Eremitenklosters entstanden war. Mit dem nördlichen, parallel gelegenen, 1586 fertiggestellten *Collegium Augusteum* und seinem kurz zuvor errichteten Westflügel bildete es eine repräsentative dreiflügelige Anlage um einen Gartenhof. Dort war seit dem 17. Jahrhundert der Botanische Garten untergebracht, der als „hortus medicus" in erster Linie von Medizinern zur Beobachtung der Arzneipflanzen genutzt wurde.⁵⁷ Zweimal im Jahr fand für die Studenten unter der Anleitung eines Professors das

---

53 Manche Überreste von Heiligen in der Wittenberger Schlosskirche verbargen sich in einem Straussenei oder in einer Greifenklaue, siehe Konkordanz auf der Grundlage des Heiltumbuches und des handschriftlichen Verzeichnisses mit 168 Kleinoden, aus: Denkmale der Lutherstadt Wittenberg (wie Anm. 42) S. 261-264; siehe zur Anziehungskraft der Lutherreliquien Julius Jordan, Zur Geschichte des Lutherhauses nach 1564. II. Literarisch bezeugte Erinnerungen an Luther, die Reformation und die Universität, in: Luther-Jahrbuch 4 (1922), S. 99-126, hier S. 107 f.

54 Aus der 1502 mit Mitteln des Allerheiligenstifts gegründeten Universität sollte sich im 17. Jahrhundert wieder ein vielfältiger Museumsort entwickeln, diesmal nicht in der Schlosskirche, sondern im Collegium Augusteum am anderen Ende der Stadt. Siehe dazu auch die von Elke Saßmann-Schnepel erstellten Schautafeln der Ausstellung „Academia Iubilans: ‚Verbum Domini manet in Aeternum'" von 2002.

55 Vgl. zum Begriff Leonhard Christoph Sturm, Die geöffnete Raritäten- und Naturalien-Kammer, worinnen der galanten Jugend, anderen Curieusen und Reisenden gewiesen wird, wie sie Galerien, Kunst- und Raritäten-Kammern mit Nutzen besehen und davon raisoniren sollen, wobey eine Anleitung, wie ein vollständiges Raritäten-Hauß anzuordnen und einzurichten sey, Hamburg 1707; siehe zu den immer wieder auftretenden begrifflichen Schwankungen: „Die Teutschen haben auch unterschiedene Namen erdacht, womit sie ihre Curiositäten-Behältnisse zu benennen pflegen, als: Eine Schatz-Raritäten-Naturalien-Kunst-Vernunfftkammer, Zimmer oder Gemach." Caspar Friedrich Neickel, Museographia oder Anleitung zum rechten Begriff und nützlichen Anlegung der Museorum, oder Raritätenkammern, Leipzig 1727 [Reprint: Museums and their Developpment. The European Tradition 1700-1900, ed. and introduced by Susan M. Pearce, vol. 2, London 2000], S. 409.

56 Siehe „Inventarium aller undt jeder Sache", 1620 – über alles in den beiden Gebäuden des Augusteums befindliche, Universitätsarchiv Halle, Rep. I, 5203; vgl. zu dieser Museumslandschaft noch die heute vorhandenen Inschriften, aus: Denkmale der Lutherstadt (wie Anm. 42) S. 66; vgl. über Wittenberg auch Neickel (wie Anm. 55), S. 131-133.

57 Vgl. Theodor Wotschke, Der erste botanische Garten in Wittenberg, in: Heimatkalender für den Kreis und die Stadt Wittenberg auf das Jahr 1922, S. 65-66.

„Herbatum gehen" statt. Der von Johann Heinrich Heucher (1677-1747) erstellte Katalog der Pflanzenarten wies unter anderem auf die kostbaren Tulpen hin, wobei die von Holland im Jahre 1637 ausgehende „Tulipomania" mit der Unbeständigkeit religiöser Glaubenshaltungen analogisiert wurde.[58] Die im Seitengebäude untergebrachte Ungarische Bibliothek war zugleich Schauplatz einer Münzsammlung und eines Schiffsmodells.[59] In dem im Vordergebäude des Augusteums errichteten Fürstensaal, hingen Porträts sächsischer Kurfürsten und – ein besonderer Anziehungspunkt für Besucher – die Bildnisse der Reformatoren: „Die Zierde dieses Saals machen die Gemählde Luthers und Melanchthons aus, die zu Ende desselben einander gegenüber an zwey Bücherschränken aufgestellt gesehen werden. ... Diese zwey Gemählde waren es vorzüglich, die uns immer an diesen Ort hinlockten; hier standen wir öfters aufs heftigste gerührt und von den stärksten Gefühlen durchschüttert."[60]

Besonderes Interesse erregte in Wittenberg das aus Schenkungen Kurfürst August des Starken (1670-1733) hervorgegangene, für die längste Zeit im *Collegium Augusteum*, ab Ende des 18. Jahrhundert im Turm der Schlosskirche untergebrachte Anatomische Theater und das dazugehörige Anatomische Museum: „Den Grund dazu legte jene ansehnliche zweite Sammlung Ruyschischer Präperate, die dieser berühmte Anatom, nachdem sein ersteres anatomisches Kabinett von Peter dem Großen um 30 000 Thlr. ihm abgekauft worden war, auf's neue sich verfertigt hatte, und die dann in's Dresdner Museum gekommen, und von da vom König August III. der Universität geschenkt worden war. Eine Beschreibung finden wir in dem von Abraham Vater edirten Catalogo universali Musei anatomici Augustei, Vtmeb. 1736."[61] Der Arzt Abraham Vater (1684-1751), der auf seinen Reisen zahlreiche Museen und Sammlungen besichtigte, erwähnt in diesem Verzeichnis zahlreiche Merkwürdigkeiten, wie „eine menschliche Mißgeburt mit 2 Köpfen, 4 Füßen und 4 Händen, ein ungeheurer ‚Hydrocephalus' eines 7-jährigen Mädchens, ein eben so ungeheurer ‚Hydrops feroti et penis' und 2 künstliche Pariser Präperate, ein Mädchen und ein Knabe, an denen Körper, Knochen, Muskeln, Gefäße und Eingeweide der Natur sehr ähnlich nachgebildet sind."[62] Auch der überdimensionierte Magen eines Menschen namens Kahle,

---

[58] Novi Proventus horti medici. Academiae vitembergensis curante Jo. Henrico Heuchero, Wittenberg 1711.
[59] Nach dem Vermächtnis von Georg Michael Cassai hatte jeder ungarische Student vor dem Verlassen der Universität dieser Einrichtung ein Buch zu schenken; JORDAN (wie Anm. 53), S. III.
[60] SAMUEL PFIK SCHALSCHELETH [Johann Gottlieb Heynig], Historisch-geographische Beschreibung Wittenbergs und seiner Universität nebst ihrem gegenwärtigem Zustande, Leipzig 1795, S. 203.
[61] JOHANN CHRISTIAN AUGUST GROHMANN, Annalen der Universität zu Wittenberg, Dritter Theil, Meissen 1802, S. 151. Als Peter der Große 1712 Wittenberg besuchte, bekundete er auch Interesse für das anatomische Kabinett des Mediziners Abraham Vater, siehe MICHAEL SCHIPPAN, Zar Peter I. von Rußland und Wittenberg, in: 700 Jahre Wittenberg. Stadt Universität Reformation. Im Auftrag der Lutherstadt Wittenberg herausgegeben von STEFAN OEHMIG, Weimar 1995, S. 535-544, hier S. 539.
[62] GROHMANN (wie Anm. 61), S. 152.

des sogenannten *Fresskahle* gehört hierher. In einem ebenfalls von Vater im Jahre 1746 verfassten Anhang sind weitere neu hinzugekommene Sammlungsbestände aufgelistet, wie die große Insekten-, Mineralien- und Samensammlung nebst dem Kretzschmar'schen „Herbarium vivum" sowie filigran erstellte Vogelskelete. Eben für solche Sammlungen scheint Samuel Quicchebergs (1529-1567) Entwurf einer Museumsanordnung geschaffen worden zu sein.[63] Im Tagebuch des schwedischen Studenten Andreas Bolinus aus dem 17. Jahrhundert heißt es: „Ein Anatomiesaal ist nahe dabei, so Skelette von allerhand Tieren hängen."[64] Aus einer späteren Beschreibung erfährt man, dass die gesamte Sammlung aus neun Hauptabteilungen bestand und systematisch in sieben Doppelschränken aufgestellt war, wobei in der fünften Abteilung auch eine Kunstabteilung, u. a. mit einer Siegel-, Kupferstichporträtsammlung untergebracht war.[65] Präziser kann die Innenausstattung des *Königlichen Anatomischen Museums* mit Hilfe eines Kupferstichs aus dem Vater'schen Katalog von 1736 nachvollzogen werden. In dem zweifenstrigen, keineswegs vollgestellten Raum waren die Objekte übersichtlich in gläsernen Wandschränken sichtbar verschlossen. Aufrechtstehende Menschenskelette mit Lanzen in der Hand sind ebenso zu erkennen wie Neugeborene mit übergroßen Köpfen in separaten Vitrinen.[66]

In einer Zeit, als in Basel 1661 mit dem *Amerbach-Kabinett* und zwanzig Jahre später mit dem *Ashmolean Museum* in Oxford erste der Öffentlichkeit zugängliche Museen nördlich der Alpen entstanden, etablierte sich in Wittenberg im Augusteum ein abwechslungsreiches Museumsquartier. Um enzyklopädisch angelegte Kunstkammern, um Wunderkammern und Kuriositätenkabinette im Sinne fürstlicher Sammelleidenschaft, die sich anscheinend wahllos alles einverleibten, was denkwürdig sein konnte, handelt es sich in Wittenberg nicht, sondern um ein Wissenschaftsmuseum, wo sich schon frühzeitig der Universität entsprechend eine wissenschaftliche Arbeitsteilung spiegelte. Sie stellten Studiensammlungen für Bildungszwecke, „Wunderkammern des Wissens"[67] dar, wie dies kon-

---

[63] Der Anfang der Museumslehre in Deutschland. Der Traktat „Inscriptiones vel Titulii Theatri Amplissimi" von SAMUEL QUICCHEBERG. Lateinisch-Deutsch. Hg. und kommentiert von HARRIET ROTH, Berlin 2000; vgl. dazu BERLINER (wie Anm. 52).

[64] ILSE MEYER-LÜNE, Aus dem Tagebuche eines schwedischen Studenten in Wittenberg 1667-1670, in: Thüringisch-Sächsische Zeitschrift für Geschichte und Kunst 6 (1916), S. 178-188, hier S. 184.

[65] CHRISTIAN AUGUST LANGGUTH, Beschreibung der naturhistorischen, öconomischen, physischen und medicinischen Sammlungen des jetzigen Prof. der Physik und Naturgeschichte, aus: Anhang. Ueber den gegenwärtigen wissenschaftlichen Zustand unserer Universität, bei GROHMANN (wie Anm. 61), S. 154-175.

[66] Kupferstich von J. G. Schumann nach einer Zeichnung des Universitätsmalers M. A. Siebenhaars; vgl. zur Bedeutung von Ausstellungsschränken in Naturalienkabinetten ANKE TE HEESEN, Geschlossene und transparente Ordnungen. Sammlungsmöbel und ihre Wahrnehmung in der Aufklärungszeit, in: Wahrnehmung der Natur. Natur der Wahrnehmung. Studien zur Geschichte visueller Kultur um 1800. Herausgegeben von GABRIELE DÜRBECK / BETTINA GOCKEL u. a., Dresden 2001, S. 19-35.

[67] Siehe dazu HORST BREDEKAMP u. a. (Hg.), Theater der Natur und Kunst: Wunderkammern des Wissens, eine Ausstellung der Humboldt-Universität zu Berlin, 10. 12. 2000 – 4. 3. 2001, (2 Teile: Katalog und Essays) Berlin 2001.

fessionenübergreifend bei den mit globalen Kontakten versehenen Halleschen Pietisten oder Prager Jesuiten verbreitet gewesen war.[68] In erster Linie für universitäre Zwecke eingerichtet, standen sie auf Anfrage auch anderen Interessenten offen. Der Besucher schaute sich eine seltene Handschrift an, eine exotische Pflanze, ein Präparat eines missgebildeten Menschen sowie den von Peter dem Großen (1682-1725) zertrümmerten Pokal Luthers. In der ebenfalls im Gebäudekomplex untergebrachten Bibliothek, bestand die Möglichkeit, die Schauerlebnisse literarisch zu vertiefen. „Denn einen großen Hauffen Raritäten zu besitzen, und davon keinen Begriff zu haben, ist nur mühsam und bringet mehr Beschwerde als Lust."[69]

Wie die frühen Wittenberger Topographien hervorheben, bildete der lutherische Ding- bzw. Raumkult nur einen Strang dieser musealen Blüte. Er bestand vornehmlich in der seit Mitte des 16. Jahrhundert nicht mehr genutzten Lutherstube sowie im 1697 repräsentativ umgestalteten Hörsaal. „Noch zeigt man hier seinen Lehrsaal und daneben seine Stube, deren Wände mit den Namen und Denksprüchen Unzähliger, die sie besuchten, so voll geschrieben sind, daß man jetzt ein Buch dazu hält. Auch Peter I. schrieb 1712 sich Russisch an die Wand, worüber in der Folge ein Glastäfelchen gezogen wurde."[70] Neben dieser Lutherstube wurde immer wieder sein „ehmaliger Lehrsaal" hervorgehoben, „der recht geräumig und schön ist, mit einem alten Catheder" …, wo auch 28 Bildnisse von uralten Professoren zu Wittenberg aufgehängt sind."[71] Meist besichtigte man nicht nur das *Museum Lutheri*, bestehend aus dem „auditorium theologicum" und der Lutherstube, sondern ergänzend auch noch den Festsaal und die Bibliothek im gegenüberliegenden Augusteum, wie dies z. B. im Jahre 1677 der sächsische Kurfürst Johann Georg II. (1656-1680)

---

[68] Siehe LUBOMIR SRŠEN, Selection of Exhibits from the former Mathematical Museum at Clementinum, Prague, in: VÍT VLNAS (Hg.), The Glory of the Baroque in Bohemia. Art, Culture and Society in the 17th and 18th centuries, Praha 2001, (Exhibition, Prague April 27 – October 28, 2001); THOMAS J. MÜLLER-BAHLKE, Die Wunderkammer. Die Kunst- und Naturalienkammer der Franckeschen Stiftungen zu Halle (Saale), Halle 1998.

[69] NEICKEL (wie Anm. 55) nach CHRISTOPH BECKER, Vom Raritäten-Kabinett zur Sammlung als Institution: Sammeln und Ordnen im Zeitalter der Aufklärung, Frankfurt 1996 (Deutsche Hochschulschriften, 1103), S. 93.

[70] DANKEGOTT IMMANUEL MERKELS Erdbeschreibung von Kursachsen und den ietzt dazu gehörenden Ländern, dritte, durchaus verbesserte und vermehrte Auflage. Nach dem Tode des Verfassers größtentheils aus handschriftlichen Nachrichten bearbeitet von KARL AUGUST ENGELHARDT, Bd. 6, Dresden / Leipzig 1807, S. 223; siehe auch ANDREAS CHARITIUS, Cap. IV. Von denen Geistlichen Gebäuden in Wittenberg. Nr. 1, Das Augustiner Kloster, aus der ungedruckten Chronik zwischen 1720 und 1730 angefertigt, von MAX SENF in Druck gegeben für die Gäste der neueröffneten Lutherhalle am 17. 7. 1916, S. 5-7; FRIEDRICH HEINRICH LUDWIG LEOPOLD, Wittenberg und die umliegende Umgegend. Ein historisch-topographisch-statistischer Abriß zur dritten Säcularfeyer der Universitätsstiftung, Meissen 1802, S. 97.

[71] SCHALSCHELETH (wie Anm. 60), S.211. Im Sommer wurden jeden Samstagvormittag in diesem Saal die Stipendiatenübungen abgehalten, siehe ausführliche Schilderung ebd., S. 211-228.

zusammen mit Herzog Carl Wilhelm von Anhalt-Zerbst (1667-1718) praktizierte.[72] Ein Student namens Patrick aus Straßburg vermerkte in seinem Tagebuch 1775, dass die Bücher hier „alle mit hölzernen Gitterthüren verschlossen" seien, ein Schrank mit Glastüren die seltensten Bücher enthalte und ein anderer unter anderem Lutherreliquien unter Verschluss bewahre.[73] Darin zeigte der Pedell dem Studenten „1) 3 Manuscriptos codices von Lycophron (griechischer Tragödiendichter) … 2) Ein Buch von einem frommen Frauenzimmer (…) 3) der Lorbeer Cranz, womit im 17ten Seculo (meine ich) Taubmann zum Poeten gekrönt wurde in Wittenberg 4) verschiedene kleine teutsche Münzen aus dem 30-Jährigen Krieg, 5) der Rosenkranz Lutheri … mit dem dazugehörigen Creutze und einem doppelten Bildnisse, beides von Messing 6) Luther sehr schön gestickt von seiner Frau Catharina von Bora nebst dem Leiden Christi, auch von ihr gestickt 7) Ein großes zerbrochenes Glas in Form eines Kelchs, woraus Luther unter seinen Freunden getrunken hat 8) Ein Brief von eigner Hand Lutheri nebst einigen eigenhändigen Briefen von Melanchthon;"[74]

Daneben muss es bis zu seiner Zerstörung im Siebenjährigen Krieg mit dem sogenannten Turmstübchen im Lutherhaus noch eine weitere Lutherattraktion gegeben haben. Dort, von wo man nach Süden und Osten weit über die Elbe hinaus blicken konnte, war ein die politischen Zeitläufte reflektierendes Luthergraffiti zu sehen mit einer schützenden Tafel, die der Besucher wegschieben konnte.[75] Die Wortdominanz, die Luther hier mit seiner Angewohnheit, seine Gedanken schriftlich zu fixieren, dokumentierte und der Schau-

---

[72] Siehe: Neue Beiträge von alten und neuen theologischen Sachen (1756), S. 229 ff.

[73] Th. Renaud, Das Tagebuch des cand. theol. Magisters Philipp Heinrich Patrick aus Straßburg über seinen Aufenthalt an deutschen Universitäten 1774 und 1775, in: Jahrbuch für Geschichte, Sprache und Literatur Elsass-Lothringens 22 (1906), S. 107-203, hier S. 149 f.; vgl. dazu die ausgestellten Zimilien in München bei Franz Georg Kaltwasser, Die Bibliothek als Museum. Von der Renaissance bis heute, dargestellt am Beispiel der Bayerischen Staatsbibliothek, Wiesbaden 1999 (= Beiträge zum Buch- und Bibliothekswesen, 38); siehe zur sakralen Bedeutung eines Sammlungsschranks Stephen Bann, Shrines, Curiosities, and the Rhetoric of Display, in: Lynn Cooke / Peter Wollen (Hg.), Visual Display. Culture beyond Appearances, Seattle 1995, S. 14-29.

[74] Ähnlichkeiten zur Ausstellungskonzeption der Naturalien- und Kunstkammer im ehemaligen Schlafsaal der Franckeschen Anstalten drängen sich auf, die zwischen 1734 und 1739 durch den Altenburger Kunstmaler und Kupferstecher Gottfried August Gründler nach den damals modernsten museumskundlichen Erkenntnissen umgestaltet worden war. Die Vielfalt der Dinge war auf sechzehn Sammlungsschränke verteilt, auch eigenhändige Briefe von Luther und Melanchthon sowie ein Reliefporträt Martin Luthers wurden gezeigt. Müller-Bahlke (wie Anm. 68), S. 43, S. 108.

[75] Der lutherische Autograph lautet: „Millesimo Sexcentesimo veniet Turcus Totam Germaniam devastaturus." Damit prophezeite Luther, dass Ende des 16. Jahrhunderts die Türken ganz Deutschland verwüsten würden; siehe dazu gehörige Information aus dem Jahre 1593 auf der Innenseite des Buchdeckels des fünften Bandes der Wittenberger Ausgabe der Werke Luthers, nach Johannes Ficker, Eine Inschrift Luthers im Lutherhaus, in: Theologische Studien und Kritiken 107 (1936), S. 65-68, hier S. 68.

wert, die die besichtigenden Pilgertouristen diesen Buchstaben beimaßen, waren keine Gegensätze, sondern gehörten zusammen.

4) Das ausgestellte Objekt im Spezialmuseum

„Dazu kommt, daß Wittenberg zu den liebenswürdigen Orten zählt, welche nicht zerstreuen, sondern das Gemüth sammeln. Außer den Erinnerungen an Luther und die Reformation hat die Stadt keine erhebliche Bedeutung, die Erinnerungen aber erfüllen sie und man begegnet denselben fast auf Schritt und Tritt."[76] Spätestens seit 1817 – mit der Verlegung der Universität und der Einrichtung des Predigerseminars – dominieren in Wittenberg die Luthererinnerungen. Mit den ihnen eigentümlichen Mitteln verwandelten staatliche und kirchliche Behörden bis zur höchsten Ebene die Stadt Wittenberg in eine von Lutherspuren weihevoll umgebene theologische Ausbildungsstätte. Die Sammlung des Gemüts auf Luther ersetzte nun die vielfältige Zerstreuung mit überraschenden Einsichten, wie dies noch im Museumsquartier des *Collegium Augusteum* möglich gewesen war.

Zentrale Medien dieser lutherischen Monokultur stellte seit 1883 ein offizielles Museum mit seinen ausgestellten Objekten zur Verfügung.[77] Die Lutherhalle im Lutherhaus ist fast ein Unikum der deutschen Museumslandschaft.[78] Mit seinem breiten kulturhistorischen, die gesamte Reformation umfassenden Ansatz ist es mit der Gattung der kulturhistorischen Museen, wie dem Germanischen Nationalmuseum in Nürnberg oder dem Märkischen Provinzialmuseum in Berlin verwandt. In ihr steckte aber auch schon von Anfang an ein zeitspezifisches und topolatrisches Moment, das die Entwicklung in Richtung eines Persönlichkeits- und Epochenmuseums wies. Die Lutherhalle war sinnigerweise in den für museale Zwecke besonders geeigneten Räumlichkeiten eines ehemaligen Klosters, das zu Luthers Lebzeiten in sein Wohnhaus und das erste evangelische Pfarrhaus mutierte, untergebracht. Auf die Lutherhalle passt der Begriff des Museumsklosters.[79]

---

[76] Die Wittenberger Festtage, Neue Preußische Zeitung, Nr. 211, 11. 9. 1883 (Beilage).

[77] Nur wenigen, wie dem zwischen 1912 und 1924 amtierenden Kurator Julius Jordan blieben epochenübergreifende Museumskontinuitäten bewusst: „Wir rechnen es uns aber zum Verdienst an, daß wir unsere Kostbarkeiten nicht, wie es sonst Gebrauch ist, sorgfältig hinter Schloß und Riegel verbergen, sondern daß wir sie der allgemeinen Besichtigung zugänglich gemacht haben. Wir sind, ohne es zu wissen, dem Vorbild der altehrwürdigen Leucorea gefolgt, die schon damals ihre Schätze fremden Besuchern in mehreren Glasschränken gezeigt hat." JORDAN (wie Anm. 53), S. 112.

[78] Lutherhalle als „eigentümliches Gebilde" bei HARTMUT BOOCKMANN, Die Lutherhalle in Wittenberg heute. Probleme einer historischen Ausstellung, in: Archiv für Reformationsgeschichte 85 (1994), S. 287-302, hier S. 287.

Sammlungspolitisch ging es im 19. Jahrhundert nur noch darum, spezialisierenden Perspektiven aus Wissenschaft und Historismus zu folgen, nachdem man in Renaissance und Barock noch angestrebt hatte, einen vollständigen Mikrokosmos innerhalb einer Sammlung zu kreieren.[80] Die Valenz einer historisch selbstständigen Epoche, wie der Reformation, konnte sich erst im Zeitalter des religiös grundierten Historismus entwickeln, der man sich in der zweiten Hälfte des 19. Jahrhunderts auch museal anzunähern versuchte. Der Kult um die Dinge blieb bestehen, wenn auch unter veränderten Vorzeichen. „Verehrungs- und Dokumentationsbedürfnisse",[81] Momente der „Aufklärung und Verklärung"[82] gehen im Lutherhaus immer ineinander über. Längste Zeit seiner Geschichte war die Lutherhalle beides: Lernort und Ruhmestempel. Mit den in der Lutherhalle ausgestellten Objekten kann stets Wissen über die Reformationsgeschichte abgerufen werden, deren Relevanz in der vom Kulturkampf geprägten Entstehungszeit unmittelbar in das politische Tagesgeschäft heranreichte. Doch fast noch mehr bot sich damals die Gelegenheit, mit Hilfe musealer Präsentation den Glauben an eine neue säkulare Geschichtsreligion zu fundamentieren.[83] In der Erinnerung an die von Luthers Thesenanschlag bis zur deutschen Reichseinigung gespannte Erfolgsgeschichte mussten sich zwangsläufig auch die einzelnen Objekte monumentalisieren bzw. resakralisieren.[84]

---

[79] Über die Schlosskirche als Ausstellungsraum liturgischer Dinge wurde ausführlich berichtet. Auf der anderen Seite entstanden im 19. Jahrhundert Museen in profanisierten Klöstern und Kirchen. Schon während der Französischen Revolution hatte Alexandre Lenoir die Kunstobjekte aus den Kirchen in einem ehemaligen Augustinerkloster deponiert und dann im umbenannten *Musée des Monuments Français* ausgestellt. In Nürnberg war das *Germanische Nationalmuseum* seit 1857 in einem ehemaligen Kartäuserkloster aus der zweiten Hälfte des 13. Jh. untergebracht, siehe FRANCIS HASKELL, Die Geschichte und ihre Bilder. Die Kunst und die Deutung der Vergangenheit, München 1995 (engl. Orig. 1993), S. 256-274, S. 303-310; GUDRUN CALOV, Museumskirche, in: Festschrift. Dr. h. c. Eduard Trautscholdt zum siebzigsten Geburtstag am 13. Januar 1963, Hamburg 1965, S. 20-38, hier S. 20.

[80] Vgl. u. a. MICHAEL FEHR, Understanding Museums. Ein Vorschlag: Das Museum als autopoetisches System, in: DERS. / CLEMENS KRÜMMEL / MARKUS MÜLLER (Hg.), Platons Höhle. Das Museum und die elektronischen Medien, Köln 1995, S. 11-21, hier S. 17 f.

[81] BOOCKMANN (wie Anm. 78), S. 287.

[82] MICHAEL FEHR, Aufklärung oder Verklärung, in: JÖRN RÜSEN / WOLFGANG ERNST / HEINRICH THEODOR GRÜTTER (Hg.), Geschichte sehen. Beiträge zur Geschichte historischer Museen, Pfaffenweiler 1988, S. 110-124.

[83] Vgl. über Museen als Zielpunkte politischer Instrumentalisierung im Kaiserreich THOMAS W. GAEHTGENS, Die Berliner Museumsinsel im Deutschen Kaiserreich. Zur Kulturpolitik der Museen in der wilhelminischen Epoche, Berlin 1992.

[84] Ähnliche Tendenzen sind beim seit 1901 bestehenden Museum des Pathologischen Institutes von Rudolf Virchow zu beobachten, siehe ANGELA MATYSSEK, Die Wissenschaft als Religion, das Präparat als Reliquie. Rudolf Virchow und das Pathologische Museum der Friedrich-Wilhelms-Universität zu Berlin, in: ANKE TE HEESEN / EMMA C. SPRAY. (Hg.), Sammeln als Wissen. Das Sammeln und seine wissenschaftsgeschichtliche Bedeutung, Göttingen 2001, S. 142-169.

Leitfaden der Objektauswahl der Lutherhalle blieb die Geschichte der Reformation, die Gestalt und das Werk Luthers und nicht Kategorien der Kunstgattung oder Stilkunde.[85] Die Objekte konnten verschieden sein, wenn sie nur in der Lage waren, die Reformationsgeschichte zu illustrieren.[86] In der Sammlungspraxis war damit aber eine besondere Einseitigkeit verbunden. Denn das Erbe der Reformation besteht hauptsächlich aus bedrucktem oder beschriebenem Papier, handgreifliche Dinge gibt es hingegen nur selten. Im Unterschied zu den schon früher eingerichteten Diözesanmuseen, die über ein großes Sortiment unterschiedlicher Dinge, wie Bischofsgewänder, Altarsteine, Schnitzwerke und Schwerter aus Spätgotik und Frührenaissance verfügten,[87] blieb die Spannung zwischen musealer Kultur und protestantischer Frömmigkeit auch in der Lutherhalle bestehen.[88] Die geflügelte Diktion, dass derjenige, der Bibliotheken besucht, zu lesen, jeder, der Museen besucht, zu sehen weiß,[89] trifft für die Lutherhalle kaum zu. Hier mußte der Besucher vor allem lesen können. Herübergebeugt über Tisch- und Wandvitrinen entzifferte er umständlich lange Titel von Flugschriften oder Autographen. Ebenso wie bei der jüdischen Geschichte scheint man auch im Falle der Reformationsgeschichte, die im Kern keine visuelle Geschichte, sondern die Geschichte einer Schriftkultur ist, vor dem Grundsatzproblem ihrer Ausstellbarkeit zu stehen.[90] Hinzu kommen bei einer textorientierten Annähe-

---

[85] Siehe v. a. OSKAR THULIN, Das wissenschaftliche Prinzip der Lutherhalle in Wittenberg, (Antrittsvorlesung des Direktors der Lutherhalle und Privatdozent an der Universität Halle-Wittenberg, 13. 5. 1933), in: Luther-Jahrbuch 15 (1933), S. 176-199, hier S. 181 f.

[86] „Ein Gemälde Lukas Cranachs hängt nicht deswegen hier, weil es ein exzeptionelles Kunstwerk wäre – das kann es auch sein – sondern weil es von Luthers Freund stammt und den Reformator darstellt." MARTIN TREU, Danksagung, in: „Neues Altes". Erwerbungen der Lutherhalle Wittenberg seit 1983. Ausstellung in der Lutherhalle Wittenberg vom 20. April bis zum 31. Dezember 1995, S. 4.

[87] Siehe zur schon Mitte des 19. Jahrhunderts einsetzenden Musealisierung im Katholizismus CHRISTOPH STEGEMANN, Das Diözesanmuseum in Geschichte und Gegenwart, in: DERS., Diözesanmuseum Paderborn 1913-1993. Erzbischöfliches Diözesanmuseum und Domschatzkammer. Festschrift aus Anlaß der Wiedereröffnung am 18. Juni 1993, Paderborn 1994, S. 47-87; PETER RUMMEL (Hg.), Das Diözesanmuseen St. Afra in Augsburg, Augsburg 2000, S. 9-55.

[88] Wenn die Lutherhalle über abwechslungsreichere Gegenstände verfügte, wurde sogleich konfessionelle Inferiorität artikuliert: „Die Auslagen zeigen doch in charakteristischer Weise, wie eifrig gerade auch in protestantischen Ländern und an protestantischen Höfen das Kunstgewerbe gepflegt worden ist. Es ist doch nicht so ohne weiteres an dem, daß Reformation und Kunst und Kunstgwerbe feindliche Brüder seien." Jordan-Festrede, aus JULIUS JORDAN, Feier im Lutherhause, aus: Die Reformationsfeier zu Wittenberg 1917, Wittenberg 1918, S. 88-102, hier S. 96

[89] NELSON GOODMAN, The End of the Museum?, in: DERS., Of Mind and Other Matters, Cambridge 1984, S. 174-187, hier S. 175.

[90] Die Unsichtbarkeit vor den letzten Dingen. Interview vor der Eröffnung des Jüdischen Museums von Libeskind zwischen Lothar Müller / Ulrich Raulff und Reinhard Rürup, in: Süddeutsche Zeitung, Nr. 205, 6. 9. 2001, S. 18. Thulin sah in diesem museologischen Intellektualismus einen Irrweg und suchte, den reformationshistorischen Quellenbegriff zu erweitern; siehe THULIN, (wie Anm. 85).

rung gegenüber religiösen Erscheinungen noch andere Vorbehalte. Schriftliche, aber auch visuelle Ausstellungsobjekte haben die Angewohnheit, Zusammenhänge aufzuklären, sie zu rationalisieren, was letztendlich ein Geheimnis bleiben sollte. Wie stellt man etwas dar, was sich systematisch der Darstellbarkeit entzieht? Denn Kreuze, Buddhaskulpturen, mittelalterliche Ablassbriefe werden nicht adäquat verstanden, wenn man in ihnen nur das Ding sieht.[91]

Als Bedeutungsträger, Sinnzeichen oder *Semiophoren* (Krzysztof Pomian) haben die Ausstellungsobjekte im musealen System ihre praktischen Funktionen abgestreift und erscheinen nur noch als ästhetische, d. h. in diesem kulturgeschichtlichen Fall als erinnerungsgeladene Reformationsgegenstände. Genauso wie Lokomotiven und Waggons, die in einem Eisenbahnmuseum stehen, keine Reisenden und Güter mehr transportieren und die in einem Armeemuseum ausgelegten Schwerter und Kanonen nicht mehr im Krieg benutzt werden, dienen die in der Lutherhalle ausgestellten Flugschriften und Bibeln nicht mehr der öffentlichen Kontroverse oder liturgischen Zwecken, sondern allenfalls der Erinnerung daran, die sich am genius loci des Lutherhauses besonders aufdrängen musste.[92]

Die in der Museumshistoriographie meist plakativ vorgetragene Entwicklungslinie, dass mit der Säkularisierung der Kunst die Authentizität und Ausstellungswert an die Stelle des ursprünglich mit Ritualen verbundenen Kultwerts getreten sei, dass sich die Kunstobjekte von ihrer sakralen Funktion über ihre profane Bedeutung bis zu ihrer ästhetischen Eigenexistenz gewandelt hätten, war im Falle der meisten Objekte der Lutherhalle nie in dieser Eindeutigkeit gegeben.[93] Denn in der Lutherhalle waren stets authentische Traditionen präsent, weit präsenter jedenfalls, als es einem Gemälde in einem Kunstmuseum gegeben war.[94] Ähnlich wie die fürstlichen Sammlungen in einem Schloss bildeten die Gegenstände im Lutherhaus schnell eine organische Einheit, da die Objekte eng mit der

---

[91] Vgl. Ronald L. Grimes, Sacred objects in museums spaces, in: Studies in Religion/Sciences Religieuses 21 (1992), S. 419-431; Françoise Lautman, Objets de religion, objets de musée, in: Muséologie et ethnologie, Paris 1987 (Notes et documents des musées de France, 16), S. 174-186; Crispin Paine (Hg.), Godly Things. Museum Objects and Religion, London 1999 (Leicester Museum Studies).

[92] Siehe u. a. Uwe Fleckner, „Der Leidschatz der Menschheit wird humaner Besitz" Sarkis, Warburg und das soziale Gedächtnis der Kunst, in: Ders. (Hg.), Schatzkammern der Mnemosyne. Ein Lesebuch mit Texten zur Gedächtnistheorie von Platon bis Derrida, Dresden 1995, S. 10-20.

[93] Schon die Sixtinische Madonna in Dresden schwankt stets zwischen den beiden Rezeptionsarten des Kult- und Ausstellungswerts hin und her. Vgl. u. a. Walter Benjamin, Das Kunstwerk im Zeitalter seiner technischen Reproduzierbarkeit, Frankfurt 1977 (zuerst 1936), S. 18.

[94] Gerade wenn die Kunstobjekte akkurat nach Größe, Schule und Zeitalter nebeneinader ausgestellt sind, verlieren sie gegenüber ihrem ehemaligen Standort in Kirche oder Palast an organischer Einheit; siehe Boris Groys, Sammeln und gesammelt werden, in: Ders., Logik der Sammlung, München 1997, S. 46-63, hier S. 48.

Geschichte des Hauses verbunden waren.⁹⁵ In diesem Umfeld bestanden schon immer Möglichkeiten natürlicher Inszenierung, die den Eifer der künstlichen bremsten, was schon vom späteren Reichskunstwart Edwin Redslob (1884-1973) geschätzt wurde: „Sieht man von diesen Zeugnissen leidenschaftlichen Streites weg in den Garten, so empfindet man ein Stück von dem Doppelleben in Luthers reger Natur: zwischen Haus und Stadtmauer liegt da ein behaglicher Raum, der viel von Luthers zartem Wesen weiß. Solche Stimmungen gehören – man denke an den Blick in Goethes Hausgarten – zu den Möglichkeiten eines an historischer Stätte begründeten Museums."⁹⁶

Die von Ausstellern gesetzten Akzente, ihr Spielen mit Brüchen in der Aneinanderreihung von Gegenständen und historischen Kulissen, das Arbeiten mit Kontrasten und Wiederholungen⁹⁷ spiegelt sich in der Lutherhalle nur sehr dezent und schien mit der authentischen Lutherstube und dem in historistischen Formen wieder erstandenen Großen Hörsaal immer schon gesättigt zu sein. Seit 1916 bis zum Zweiten Weltkrieg wurde den Besuchern noch zusätzlich die besonders repräsentative Luthergedenkhalle ans Herz gelegt. Ähnlich wie der Dorn der Dornenkrone bei der Reliquienausstellung folgten auch der dort prominent ausgestellte Thesendruck Luthers von 1517 und Kaiserbrief von Luther an Karl V. von 1521 dem rhetorischen Prinzip des pars pro toto, da mit ihnen fast die gesamte Reformationsgeschichte assoziiert werden konnte.

Die Verehrung von Dingen war keine traditionale Erscheinung, wie allein schon der Kult um den Kaiserbrief belegt, die Inszenierung von Ausstellungen kein modernes Phänomen, sondern wurde schon von Friedrich dem Weisen in der Schlosskirche praktiziert. Seit dem Hochmittelalter kamen Besucher nach Wittenberg, um sich Dinge anzuschauen, aus Frömmigkeit gewiss, aber ebenso aus Neugierde und aus Vergnügen. Angefangen von der Reliquienausstellung in der Wittenberger Schlosskirche über die seit 1564 ungenutzte Lutherstube und das Lutherdenkmal von 1821, die Restaurationsprojekte von Lutherhaus und Schlosskirche sowie die seit 1883 bestehende Lutherhalle bis zur Erklärung zum *UNESCO-Weltkulturerbe* im Jahre 1997 spannte sich das Spektrum der stets auf Dinge und Räume angewiesenen Musealität Wittenbergs. In ambivalenter Beziehung dazu stand die in Wittenberg lange Zeit von der lutherischen Orthodoxie gepflegte, auf den heiligen

---

⁹⁵ In Anlehnung von Malraux' museologischer Weisheit in seinem *Imaginären Museum*, dass ein romanischer Kruzifixus ursprünglich ebensowenig eine Skulptur wie Duccios Madonna ein Bild darstelle, kann man nur mit Einschränkung für die Lutherhalle sagen, dass die dort ausgestellten Bibeln wie Bücher erscheinen. ANDRÉ MALRAUX, Psychologie der Kunst. Das imaginäre Museum, Hamburg 1957 (frz. Orig. 1947), S. 7.
⁹⁶ EDWIN REDSLOB, Die Lutherhalle in Wittenberg, in: Museumskunde 13 (1917), S. 153-156, hier S. 155.
⁹⁷ WOLFGANG ERNST, Entstellung der Historie? – Museale Spuren(t)sicherung zwischen déjà vu und Wahrnehmungsschock, in: JÖRN RÜSEN u.a. (Hg.), Geschichte sehen, Beiträge zur Ästhetik historischer Museen, Pfaffenweiler 1988, S. 21-34, hier S. 26.

Augustin (354-430) zurückgehende theologische Abwertung der Welt, die sich gerade auf die „curiositas" und die Freude am Sehen erstreckte („concupiscentia oculorum").

Wenn als „Wesenmerkmal des Museums" die „Befriedigung des auf schaubare Objekte bezogenen Bildungsbedürfnisses in seiner Universalität"[98] bezeichnet werden kann und die Kirche Luthers „eine Kirche des Wortes, des gelesenen, gesprochenen, gedruckten, gesungenen Wortes, nicht eine Kirche der Sakramente und der Liturgie"[99] darstellt, dann scheint tatsächlich zwischen theologischem Diskurs und musealer Präsentation ein Gegensatz konstituierend zu sein. Weit verbreitet ist die Ansicht in Wissenschaft und Lebenswelt, dass die Präsentation von Objekten im Raum keineswegs protestantischen Gepflogenheiten entsprochen, die Kunst- und Wunderkammern vielmehr Ausstellungspraktiken übernommen hätten, wie sie in der katholischen Liturgie bei Heiltumsweisungen grundgelegt gewesen wären. Der Katholizismus habe auf die Macht der Bilder, auf theatralische Anlässe und Inszenierungen gesetzt, während der Protestantismus Bilder mit Untertiteln versehen habe, um alles das, was die Phantasie hätte anregen können, begrifflich einzuzäunen.[100] Auch in der Museumsgeschichte sind konfessionelle Kategorien präsent, aber anders als es diese plakative Sicht vermuten lässt. Wenn auch die Reformation mit der Tradition brach, war sie doch zugleich bemüht, neue Herkunftsgeschichten zu konstruieren, wobei sie sich der Authentizität des Objekts zu bedienen hatte.[101] Protestanten hatten nie die Absicht, auf die den Reliquienpartikeln innewohnende sündenerlösende Kraft hinzuweisen, die sich erst

---

[98] BERLINER (wie Anm. 53), S. 327.
[99] THOMAS NIPPERDEY, Luther und die moderne Welt, in: DERS. (Hg.), Nachdenken über die deutsche Geschichte. Essays, München 1986, S. 31-44, hier S. 37.
[100] Siehe KARL-JOSEF PAZZINI, Inszenierung der Abwesenheit und des Unsichtbaren im Museum, in: GUDRUN KRÄMER / FRANK JÜRGENSEN (Hg.), Reproduzierte Zeiten. Besuch im inszenierten Museum. Aufsatzband mit überarbeiteten Beiträgen und Erweiterungen der Museumspädagogischen Fachtagung „Reproduzierte Zeiten", Hamburg, Dezember 1991, Unna 1994, S. 85-89; STEFAN RHEIN, Reformationsgeschichtliche Museen. Vor-Ort-Anmerkungen zum Thema „Religion und Museum", in: Museumsblatt. Mitteilungen aus dem Museumswesen Baden-Württembergs 5 (August 1991), S. 16-20. Dass es sich bei der Aufbewahrung und Präsentation geschichtsträchtiger Gegenstände keineswegs um ein katholisches oder evangelisches Monopol handelt, belegt der Umgang mit Zwinglis Helm, Schwert und Streitaxt, die seit dem 17. Jahrhundert zunächst als Kriegstrophäen – Ausrüstung des „Erzketzers Zwingli" – im Zeughaus des katholischen Luzern ausgestellt waren und erst 1848 mit ganz anderen Wertakzenten als Objekte der Heroisierung nach Zürich kommen sollten; siehe REA ROTHER, Zwinglis Helm und andere Reliquien, in: Huldrych Zwingli von a über wurst bis z, 2001 (http://www.zwingli.ch/a-z).
[101] „Wo keine Legate und Testate mehr zu holen waren, traten die Relikte in den Vordergrund." A. ASSMANN, Erinnerungsräume (wie Anm. 2), S.53. Eine ähnliche Wirkung übte die Revolution in Frankreich aus; siehe Wilhelm von Humboldt nach seinem Besuch des Musée des Petits Augustins von Alexandre Lenoir in Paris: „Die Einbildungskraft heftet sich an ihnen [den Objekten] fest, (…) man lernt besser zu verstehen und verständig zusammenfügen was der todte Buchstabe der Geschichte nur unvollkommen und einzeln zu liefern vermag." WILHELM VON HUMBOLDT, Musée des Petits Augustins (1799), in: DERS., Schriften zur Anthropologie und Geschichte, Werke in fünf Bänden, Bd. 1, Darmstadt 1980, S. 519-552, hier S. 519 f.

infolge der liturgischen Handlung der Schaustellung offenbart. Die davon entkleideten Bilder und Dinge wurden stattdessen wieder frei für einen neuen, diesmal nicht liturgisch besetzten Kult, der zunächst auf Neugierde beruhte und später im 19. Jahrhundert, in der Epoche der von Preussen initiierten Reichseinigung von den kontinuitätspolitischen Zwängen einer säkularen Geschichtsreligion beschwert gewesen ist.

Welche politische Aura von Lutherreliquien bis weit ins 19. Jahrhundert ausgehen konnte, belegt der Festakt von 1892 aus Anlass der nach einem stringenten geschichtspolitischen Programm restaurierten Schlosskirche im Lutherhaus, mit der sich die Hohenzollerndynastie ganz bewußt die Luthertradition aneignete. In Analogie zum Abendmahl Jesu Christi trank Kaiser Wilhelm II. (1859-1941) aus dem lutherischen Mundbecher: „Dieser Pokal aber, den einst Luthers Lippen berührten, soll Mir dazu dienen, das Wohl Meiner durchlauchtigsten Gäste daraus zu trinken. Deutschlands evangelische Fürsten und die Regierungen der deutschen freien Städte – sie leben hoch!"[102] Ähnlich wie beim Elisabethglas der ernestinischen Wettiner stellten sich die preußischen Hohenzollern mit diesem Lutherpokal in eine sakrale, weit in die Vergangenheit zurückreichende Dimension.

---

[102] Ludwig Pietsch, Festbericht über die Feier des 31. Oktober 1892 in Wittenberg. Mit sämtlichen Predigten nach den Original-Manuskripten, Wittenberg 1892, S. 51.

Armin Kohnle

Luther vor Karl V.
Die Wormser Szene in Text und Bild des 19. Jahrhunderts[1]

Komplexe historische Vorgänge und Zusammenhänge oder auch ganze historische Epochen und Bewegungen leben in der Erinnerung der Nachwelt oftmals weiter in einer einzelnen Person, in einem herausragenden Ereignis oder in einem einzigen Satz. Geschichte wird auf diese Weise gleichsam auf den Punkt gebracht und damit für die Nachwelt verfügbar. Der Auftritt Martin Luthers vor Kaiser Karl V. und den in Worms versammelten Reichsständen am 17. und 18. April 1521, seine Bitte um Bedenkzeit am ersten, die Ablehnung des Widerrufs seiner Lehre mit der bekannten Schlussformel: „Hier stehe ich, ich kann nicht anders, Gott helfe mir. Amen" am zweiten Verhörtag,[2] war zweifellos eine solche Szene, in der sich das Wesen der Reformation für das bürgerlich-protestantische Geschichtsbild und Selbstverständnis des 19. Jahrhunderts in besonderer Weise verdichtete. Gleichwohl nahm das Jahr 1521 im protestantischen Festkalender nie den Stellenwert der Daten 1517, 1530, 1555 oder der Geburts- und Todesjahre Martin Luthers ein. Der Wormser Luther war als Stich oder billiger Druck massenhaft verbreitet, sein Auftritt vor Kaiser und Reich wurde in wissenschaftlichen und populären Arbeiten unzählige Male geschildert und abgebildet oder als Bühnenstück aufgeführt. Worms, wo Luther nur wenige Tage seines Lebens zugebracht hat, wurde spätestens mit Ernst Rietschels 1868 fertig

---

[1] Die am 2. Oktober 2001 vorgetragene Fassung wurde für den folgenden Beitrag überarbeitet und erweitert. Für Hilfe bei der Materialsuche danke ich Frau Eskea Wegner und Herrn Jan-Hendrik Oberhoff. Der Lutherhalle Wittenberg danke ich für Hilfe bei der Beschaffung von Bildmaterial.

[2] Die Vorgänge in Worms im April 1521 werden im folgenden als bekannt vorausgesetzt. Das einschlägige Quellenmaterial ist enthalten in: Deutsche Reichstagsakten. Jüngere Reihe Bd. 2, bearb. von ADOLF WREDE, Gotha 1896, Abschnitt VII; D. Martin Luthers Werke. Kritische Gesamtausgabe, Schriften Bd. 7, Weimar 1897, S. 814-887; 1521-1971. Luther in Worms. Ein Quellenbuch, hrsg. von JOACHIM ROGGE, Witten 1971. Der Forschungsstand des 19. Jahrhunderts ist zusammengefasst bei HANS VON SCHUBERT, Quellen und Forschungen über Luther auf dem Reichstag von Worms, in: Theologische Rundschau 2 (1899), S. 369-381; 401-411. An neueren Arbeiten zum Wormser Reichstag und zu Luthers Auftreten in Worms vgl.: Der Reichstag zu Worms von 1521. Reichspolitik und Luthersache, hrsg. von FRITZ REUTER, Köln-Wien 2. Aufl. 1981 (zuerst 1971); MARTIN BRECHT, Martin Luther Bd. 1: Sein Weg zur Reformation 1483-1521, Stuttgart 1981, 3. Aufl. 1990, S. 413-453; Armin KOHNLE, Reichstag und Reformation. Kaiserliche und ständische Religionspolitik von den Anfängen der Causa Lutheri bis zum Nürnberger Religionsfrieden, Gütersloh 2001 (= Quellen und Forschungen zur Reformationsgeschichte, 72), besonders S. 85-104.

gestelltem Lutherdenkmal[3] zu einer Stätte der Lutherverehrung. Für Anselm Feuerbach manifestierte sich im Wormser Luther geradezu der zeitgenössische Historienkult: „Deutsche Historie! Luther in Worms? Fort damit!".[4]

In Luthers Wormser Verhör lassen sich deshalb, wenngleich auf einem begrenzten Beobachtungsfeld, das Lutherbild des 19. Jahrhunderts einfangen und seine Transformationen verfolgen. Von „Lutherbild" ist hier im wörtlichen wie auch im übertragenen Sinne die Rede. Denn in Texten und Bildern des 19. Jahrhunderts begegnet niemals nur der „historische" Luther von 1521, sondern immer ein Typus, ein interpretierter Luther. Es geht nicht darum, das umfangreiche Material lediglich auszubreiten, vielmehr sollen – nach einem Blick auf die Bildtradition seit dem 16. Jahrhundert – in einem ersten Schritt der Stellenwert der Wormser Szene für das Lutherbild zunächst des früheren 19. Jahrhunderts untersucht, in einem zweiten Schritt das einschlägige Schrifttum bis zum Erscheinungsjahr 1917[5] ausgewertet, schließlich die Versuche einer künstlerischen Umsetzung der Wormser Reichstagsszene an ausgewählten Beispielen aus der 2. Hälfte des 19. Jahrhunderts vorgeführt werden. Bei der Erfassung des reichen, bisher nicht systematisch gesammelten Materials wurde zwar versucht, alles Einschlägige heranzuziehen und neben wissenschaftlichen Arbeiten auch Populäres zu berücksichtigen, Vollständigkeit wurde aber weder bei Texten noch bei Bildern erreicht. Am Ende sollen folgende Fragen beantwortet werden:

1. Welchen Stellenwert hatte Luthers Verhör in Worms für das Lutherbild des 19. Jahrhunderts?

2. Welche Interpretationsmuster lassen sich unterscheiden und wie verändern sich diese im Laufe des untersuchten Zeitraums?

3. Wird der Wormser Luther aktualisiert und angewandt auf beziehungsweise angepasst an die jeweilige Gegenwartssituation?

4. Wie verhalten sich Texte und Bilder zueinander?

---

[3] Vgl. dazu CHRISTIANE THEISELMANN, Das Wormser Lutherdenkmal Ernst Rietschels (1856-1868) im Rahmen der Lutherrezeption des 19. Jahrhunderts, Frankfurt/M. u. a. 1992.

[4] Zitiert nach JOACHIM KRUSE, Einführung, in: DERS./MINNI MAEDEBACH, Luthers Leben in Illustrationen des 18. und 19. Jahrhunderts, Kunstsammlungen der Veste Coburg, 23. April bis 5. Oktober 1980, S. 8-20, hier: S. 20.

[5] 1917 als obere Grenze zu wählen, lag nahe, weil der Lutherkult des 19. Jahrhunderts im Jubiläumsjahr einen Kulminationspunkt erreichte.

1. Bildliche Darstellungen der Wormser Szene vor 1800

Martin Luthers Auftritt vor Kaiser und Reich am 17. und 18. April 1521 im Bischofshof zu Worms wurde schon in zeitgenössischen Flugschriften im Bild festgehalten. Es handelt sich um das früheste bildlich dokumentierte Ereignis der Reformationsgeschichte überhaupt,[6] freilich zum Zweck der Illustration, nicht der historisch korrekten Rekonstruktion. Andere Ereignisse aus der Geschichte des „jungen Luther"[7] wie das Augsburger Verhör vor Kardinal Cajetan 1518, die Leipziger Disputation 1519 oder die Verbrennung der Bannandrohungsbulle 1520 sind erst mit erheblichem zeitlichem Abstand ins Bild gesetzt worden und meist erst in dem 1552 in Straßburg erstmals erschienenen Werk von Ludwig Rabus zu greifen[8] (Abb. 4). Die Holzschnitte der Flugschriften zu den Wormser Ereignissen reduzieren die Szene auf das Wesentliche: Eine einzeln stehende Gestalt, an Kutte und Tonsur als Mönch zu erkennen, steht in einem Augsburger Druck (Abb. 1) einer Personengruppe gegenüber, deren Tracht sie als Kaiser, Kardinal und Fürsten ausweist.[9] Eine Ähnlichkeit der Gesichtszüge mit den historischen Persönlichkeiten – das erste von Lukas Cranach gestochene Portrait Luthers war erst 1520 entstanden[10] – ist weder im Falle von Kaiser und Fürsten noch bei Luther selbst gegeben. Die Identität des mit Tonsur und Kutte dargestellten Mönchs mit dem Wittenberger Augustiner ist durch den begleitenden Text und die gezeigte Situation für den Betrachter aber unmittelbar erkennbar. Geöffnete, dem

---

[6] Unter den bei Johannes Ficker, Die Bildnisse Luthers aus der Zeit seines Lebens, in: Luther-Jahrbuch 16 (1934), S. 103-161, hier: S. 118 f., aufgelisteten „Szenenbildern" lässt sich wohl kein weiteres einem konkreten historischen Ereignis zuordnen.

[7] „Jung" hier im Sinne von Heinrich Böhmer, Der junge Luther. Mit einem Nachwort hrsg. von Heinrich Bornkamm, 3. Aufl. Leipzig 1939 (zuerst Gotha 1925 erschienen). Der „junge" Luther reicht bei Böhmer bis zum Wartburgaufenthalt, an dessen Ende er fast 40 Jahre alt war.

[8] Benutzt wurde die Ausgabe Straßburg 1557/58: Ludovicus Rabus, Historien der Heyligen, Außerwölten Gottes Zeugen, Bekennern und Martyrern …, 8 Tle. in 4 Bänden, Straßburg 1557-1558. Luther wird im 4. Teil behandelt, die als Abb. 4 beigegebene Verhörszene auf Bl. LXXb; auch in: Joachim Rogge, Martin Luther. Sein Leben, seine Zeit, seine Wirkung, Berlin 1982, S. 170 Nr. 160. Der 4. Teil enthält außerdem auf Bl. LXXIIa eine Reichstagsszene ohne Luther und Bl. LXXIIIb einen weiteren Holzschnitt, der allerdings auf Bl. VIIIa schon für die Darstellung des Verhörs vor Kardinal Cajetan in Augsburg 1518 verwendet worden war und möglicherweise wegen der Ähnlichkeit der Verhörsituation für die Darstellung der Wormser Ereignisse wiederholt wurde. An Illustrationen zu Luthers Leben enthält Rabus außer den erwähnten Szenen eine Darstellung der Leipziger Disputation (Bl. XLIIIa) und der Verbrennung der Bannandrohungsbulle (Bl. LIIb).

[9] „Doctor Martini Luthers offentliche verher zu worms…" (Straßburg: Jörg Nadler, 1521). Das Blatt ist abgebildet als Titelbild zu: Martin Luther auf dem Reichstag zu Worms. 12 Flugschriften, zusammengestellt und mit einem Nachwort von Eva-Maria Stelzer, Leipzig 1983 (Abb. 1); auch in: Im Morgenrot der Reformation, hrsg. von Julius von Pflugk-Hartung, 4. Aufl. Basel 1922, S. 437.

[10] Vgl. Oskar Thulin, Luther in den Darstellungen der Künste, in: Luther-Jahrbuch 32 (1965), S. 9-27, hier: S. 12.

Gesprächspartner entgegengestreckte Hände[11] deuten ein Streitgespräch zwischen Luther und dem Kaiser an. Auf die Kulisse eines Reichstags wird völlig verzichtet, die Begegnung findet auf freiem Feld statt.

Ein Straßburger Druck[12] (Abb. 2) entfernt sich von der Reichstagskulisse noch weiter, indem er Luther nicht dem Kaiser und den Ständen gegenüber treten lässt, sondern, ebenfalls auf freiem Feld, dem Papst und einer Gruppe von Geistlichen (Kardinal, Bischof, Mönch), also den Vertretern der Kirche. Wieder steht Luther einzeln, eine geöffnete Bibel in der Hand, ein später im Zusammenhang mit Worms vielfach wiederholtes Motiv. Ursprünglich gehörte der Holzstock zu einer anderen Flugschrift, in der der Papst und sein Gefolge vom Teufel einen Belobungsbrief für ihre Dienste überreicht bekommen.[13] Durch Ersetzung des Teufels durch Luther kann der Belobungsbrief, den der Papst in der Hand hält, als Exemplar der Bannandrohungsbulle interpretiert werden; die Wormser Verhörsituation wäre damit auf den Konflikt zwischen Schriftautorität und päpstlicher Lehrgewalt zugespitzt. Wie schon die Entstehungsgeschichte des Holzschnitts deutlich macht, geht es dem Künstler nicht um historisch exakte Rekonstruktion der Wormser Ereignisse.

---

11 Nach Kruse (wie Anm. 4), S. 12 sind sie „feindlich gespreizt".
12 „Ain anzaigung wie D. Martinus Luther zuo Wurms auff dem Reichstag eingefaren durch K. M. Jn aygner person verhoert vnd mit jm darauff gehandelt" (Augsburg: Melchior Ramminger, 1521); Abb. in: Oskar Thulin, Martin Luther. Sein Leben in Bildern und Zeitdokumenten, München-Berlin 1958, S. 53; auch in: Karl Schottenloher, Denkwürdige Reformationsdrucke mit dem Bilde Luthers, in: Zeitschrift für Bücherfreunde NF 4/2 (1913), S. 221-231, hier: S. 226; Rogge (wie Anm. 8), S. 171 Nr. 161.
13 Vgl. Schottenloher (wie Anm. 12), S. 226. Den ursprünglichen Holzschnitt mit dem Teufel und dem Papst vgl. ebd. S. 227.

Abb. 1: „Doctor Martini Luthers offentliche verher zu worms ..." (1521)

Abb. 2: „Ain anzaigung wie D. Martinus Luther zuo Wurms auff dem Reichstag eingefaren durch K. M. Jn aygner person verhoert vnd mit jm darauff gehandelt" (1521)

Abb. 3: „Doctor Martini Luthers offenliche Verhör zuo Worms im Reichstag Red Vnd Widerred ..." (1521)

Für den Betrachter deutbar bleibt das Dargestellte lediglich durch Titel und Text der Flugschrift. Ein dritter Holzschnitt von 1521[14] (Abb. 3) bleibt näher an der Szenerie des Reichstags: Im Hintergrund thronen der Kaiser, zu seiner Linken und Rechten die geistlichen und weltlichen Kurfürsten. Im Vordergrund verhandeln vor einem aufmerksamen Publikum der Trierer Offizial Johann von der Ecken und Martin Luther mit energischen Gesten, zwischen ihnen ist ein Stapel mit Schriften Luthers aufgetürmt. Obwohl auch in diesem Fall auf Portraitähnlichkeit kein Wert gelegt wird, liegt der Unterschied zu den vorher erwähnten Illustrationen in der Bemühung um historisch annähernd korrekte Rekonstruktion des Ereignisses.

Die Zahl der für das Wormser Verhör in Frage kommenden Abbildungen ist bis zum Ende des 18. Jahrhunderts vergleichsweise gering geblieben.[15] Ein fester Kanon derjenigen Szenen, die für die Darstellung von Luthers Leben unverzichtbar sind, hat sich noch nicht herausgebildet. Ein um 1700 entstandenes anonymes Blatt,[16] das 16 Szenen aus Luthers Leben zeigt, enthält zwar eine Darstellung von Luthers Verhör vor Cajetan und der Verbrennung der Bannandrohungsbulle, der Auftritt vor dem Kaiser in Worms wird jedoch nicht abgebildet, sondern die Ereignisse von 1521 sind repräsentiert durch die Darstellung Luthers mit der Ladung zum Reichstag und auf der Reise nach Worms. Auch zwei antireformatorische Blätter des früheren 18. Jahrhunderts[17] übergehen das Wormser Verhör.

---

[14] Wiedergegeben in REUTER (wie Anm. 2), Abb. 12; auch bei SCHOTTENLOHER (wie Anm. 12), S. 225.
[15] Als Materialsammlung grundlegend für das folgende ist der reich bebilderte Ausstellungskatalog von KRUSE (wie Anm. 4), der sich auf Darstellungen aus dem Zeitraum 1700 bis 1850 beschränkt (vgl. ebd. S. 5), das Bildmaterial der 2. Hälfte des 19. Jahrhunderts also nicht enthält.
[16] Vgl. ebd. S. 26 f. Nr. 1.

Abb. 4: Ludwig Rabus (1557/58)   Abb. 5: Elias Baeck (1730)

Daneben finden sich jedoch die ersten Blätter mit der Bildfolge: Luther und Tetzel, Luther vor Cajetan, Luther vor Karl V.[18] beziehungsweise eine Serie von Kupferstichen mit Luther vor Cajetan, Leipziger Disputation, Luther in Worms, Luther auf der Wartburg.

In einem 1730 von Johann Michael Roth in Augsburg herausgebrachten Band mit Kupferstichen[19] ist die Wormser Szene erstmals als voll ausgestaltete Reichstagsszene mit großem Publikum und dem in den Quellen erwähnten Tisch mit den Lutherschriften dargestellt. Die links und rechts hinter dem thronenden, lediglich beobachtenden Kaiser die Wand zierenden Gemälde liefern die Deutung des Vorgangs: Links Psalm 199,46: „Ich rede von deinen Zeugnissen vor Königen und schäme mich nicht". Rechts Apg 9,15, die Bekehrung des Paulus: „Der Herr sprach zu ihm: Gehe hin; denn dieser ist mir ein auserwähltes Rüstzeug, daß er meinen Namen trage vor Heiden und vor Könige und vor das Volk Israel". Der Stich lieferte das Vorbild für das monumentale, von Ludwig Seekatz in den 1730er Jahren für die neue Wormser Dreifaltigkeitskirche geschaffene Gemälde, in dem die das Geschehen interpretierenden Wandgemälde aber weggelassen sind.[20]

In einer 15 Bilder umfassenden Lutherlebenfolge des Elias Baeck von 1730[21] ist die Auswahl der dargestellten Szenen erstmals in einer Weise getroffen, wie sie auch im 19. Jahr-

---

[17] Vgl. ebd. S. 28-31 Nr. 3 f.; die Blätter stammen von 1700 bzw. 1730.
[18] So im Erinnerungsblatt von Johann August Corvinus von 1717: vgl. ebd. S. 32 Nr. 5.
[19] Vgl. ebd. S. 34-37 Nr. 7a. 1., 7a. 2., 7a. 4., 7a. 5.
[20] Es ist 1945 verbrannt und lediglich als Aquarell von 1817 überliefert; abgebildet als Titelbild zu OTTO KAMMER/FRITZ REUTER, Auf den Spuren Luthers in Worms, hrsg. vom Evangelischen Dekanat Worms 1983, 2. Aufl. 1988. Das moderne Mosaikbild, das sich heute in der wiederaufgebauten Kirche an der Stelle des Gemäldes befindet, ist abgebildet in GÜNTER E. TH. BEZZENBERGER/KARL DIENST (Hrsg.), Luther in Hessen, Kassel/Frankfurt/M. 1983, S. 45.

hundert vielfach begegnet: Luthers Geburt, Luther als Schüler, das Gewitter bei Stotternheim, der Thesenanschlag, das Verhör durch Cajetan, die Verbrennung der Bannandrohungsbulle, Luther vor Karl V., die Entführung auf die Wartburg. Die Nach-Wartburg-Zeit ist mit fünf Abbildungen, darunter Luthers Heirat und sein Tod, unterrepräsentiert. Jeder Szene ist eine emblematische Darstellung mit Devise und Zweizeiler gegenübergestellt, im Falle von Worms ein Nadelbaum im Gewitter (Abb. 5). Devise („Et aestu et frigore constans" – in Hitze und Kälte beständig) und Zweizeiler („Es wittere wie es will, in Hitze und in Kält / Er seine Farb und Krafft, doch unversehrt behält")[22] deuten Luthers Auftritt als Beweis seiner Glaubensfestigkeit. Unverzichtbar ist das Wormser Verhör in den Lutherlebensserien dieser Zeit jedoch noch nicht,[23] auch wenn es um 1800 als Motiv offenbar populärer wurde[24] und nun auch die Legenden, die sich um den Wormser Auftritt rankten, in Bilder gefasst wurden. Die vor dem Verhör angeblich an Luther gerichteten Worte des Landsknechtsführers Frundsberg, er gehe einen Gang, wie er selbst und mancher Oberster ihn in keiner Schlacht gegangen seien, kam ebenso zur Abbildung[25] wie die Legende von Luthers Einladung an die Tafel des Kurfürsten Richard von Trier, wo Luthers Glas zersprang, als er den vergifteten Wein trinken wollte.[26]

2. Die Wormser Szene in bildlichen Darstellungen der 1. Hälfte des 19. Jahrhunderts

Auch wenn die Popularität der Wormser Vorgänge gegen Ende des 18. Jahrhunderts zuzunehmen scheint, wird Luthers Auftritt vor Kaiser und Reich doch erst im früheren 19. Jahrhundert zu einem unverzichtbaren Bestandteil jeder Lutherlebenfolge. Die Verfestigung eines Bilderkanons erfolgte, seit Leopold von Klenze 1805 ein Relieffries für ein Lutherdenkmal entwarf, auf dem Luthers Leben dargestellt werden sollte.[27] Folgende Szenen waren vorgesehen: Luthers Geburt, Entscheidung für das Theologiestudium, Berufung nach Wittenberg, Thesenanschlag, Verhör durch Cajetan, Verbrennung der Bannandrohungs-

---

[21] Kruse (wie Anm. 4), S. 40-45 Nr. 8.
[22] Ebd. S. 43 Nr. 8. 9.
[23] In Johann David Schuberts sechs Zeichnungen für das Pantheon der Deutschen, 1794 ff. in drei Bänden erschienen, findet sich die Wormser Szene nicht; vgl. ebd. S. 47-52 Nr. 11.
[24] Als Einzelblatt von Conrad Krüger erschien die Wormser Szene gegen Ende des 18. Jahrhunderts (vgl. ebd. S. 54 Nr. 14) und 1799 als Radierung Johann Michael Mettenleiters im Historischen Calender für 1800 von Lorenz Westenrieder (vgl. ebd. S. 54 Nr. 15. 1.).
[25] Vgl. ebd. S. 46 Nr. 10; S. 55 Nr. 16.
[26] Vgl. ebd. S. 49 Nr. 11.3., S. 50 Nr. 11. 9.
[27] Vgl. ebd. S. 55 f. Nr. 17.

Abb. 6:
Johann Erdmann Hummel,
D. Martin Luthers Verherrlichung (1806)

bulle, Verhör in Worms, Entführung auf die Wartburg, Stillung der Wittenberger Unruhen, Heirat, Marburger Disputation, Verlesung der Confessio Augustana, Ausbreitung der evangelischen Lehre, Tod. Zum Wormser Verhör führte Klenze aus, dass man den Moment festhalten müsse, in dem Luther die berühmten Schlussworte spreche. „Der Kaiser und die ganze Versammlung drucken ihre Verwunderung über die Standhaftigkeit des Mannes aus".[28]

Seit Johann Erdmann Hummels Blatt „D. Martin Luthers Verherrlichung" von 1806[29] (Abb. 6) fehlt das Wormser Verhör in keiner der bekannten Serien, die sich bis weit in das 19. Jahrhundert hinein großer Beliebtheit erfreuten und in der Regel folgende fünf Szenen enthielten: Das Erlebnis bei Stotternheim, den Thesenanschlag, das Verhör vor Cajetan, die Verbrennung der Bannandrohungsbulle, Luthers Auftritt in Worms, seine Entführung auf die Wartburg. Diese Zentralszenen werden häufig ergänzt durch die Darstellung von Luthers Geburt, den Kurrendesänger in Eisenach, das Verhör vor Cajetan und Luther als Bibelübersetzer auf der Wartburg. An die spätere Zeit erinnern üblicherweise lediglich die Darstellungen der Hochzeit und die Sterbeszene. Entsprechend der zeittypischen Personalisierung des reformatorischen Prozesses begegnen, wie auf Georg Paul Buchners Gedächt-

[28] Vgl. ebd. S. 56 zu Nr. 17. 7.
[29] Vgl. ebd. S. 57-69 Nr. 18.

Abb. 7:
Georg Paul
Buchner (1817)

nistafel von 1817[30] (Abb. 7), Szenen der allgemeinen Reformationsgeschichte wie die Verlesung der CA 1530 oder die Gründung des Schmalkaldischen Bundes[31] eher selten. Schon in den Arbeiten zum Reformationsjubiläum von 1817 dominiert Luther die Reformationserinnerung, und Luther ist vor allem der junge Luther: In der Erinnerungs-Tafel Friedrich Campes von 1817[32] wird vom Bibelübersetzer auf der Wartburg sofort zum Sterbebett gesprungen. In einem Blatt aus den dreißiger oder vierziger Jahren[33] sind von 18 Szenen lediglich fünf[34] chronologisch eindeutig der Zeit nach dem Wartburgaufenthalt, also nicht dem frühen Luther zuzuweisen. In einer weiteren Arbeit[35] ist der ältere Luther lediglich mit Hochzeit, Marburger Disputation und Sterbeszene berücksichtigt.

Betrachtet man die Reichstagsszenen im Einzelnen, so lassen sich interpretatorische Unterschiede kaum feststellen. In Hummels Erläuterungen heißt es zu 1521, man sehe „den unerschütterlichen Helden in dem erhabenen Augenblick, wo er vor dem Kaiser, und den

---

[30] Vgl. ebd. 78-81 Nr. 25.
[31] Die beiden vorletzten Felder in der untersten Reihe.
[32] Vgl. ebd. S. 81-83 Nr. 26.
[33] Zeichner ist A. Frauenfeld; vgl. ebd. S. 133-135 Nr. 41.
[34] Luthers Hochzeit, Familienleben, Tod, Leichenzug, Karl V. an Luthers Grab. Eine ähnliche Motivauswahl im Blatt des Philipp Peter Schömbs, ebenfalls aus den 30er oder 40er Jahren; vgl. ebd. S. 136-139 Nr. 42.
[35] Des Schweizers J. Jäger aus Rorschach; vgl. ebd. S. 140 f. Nr. 43.

versammelten Fürsten des Reichs, zu Worms seine Sätze mit dem Geiste eines Gottbeseelten vertheidigt".[36] Luther ist der unerschütterliche Glaubensheld, sein Heldentum manifestiert sich im standhaften Festhalten an der Wahrheit. Luthers Schlussworte „Hier stehe ich …" werden als Ausdruck dieser Standhaftigkeit in den Bildunterschriften regelmäßig zitiert.[37] In den Mitteln der künstlerischen Darstellung bewegt sich das frühere 19. Jahrhundert noch weitgehend im Rahmen des von der Bildtradition vorgegebenen. Die meist kleinformatigen Illustrationen zeigen einen unter einem Baldachin thronenden Kaiser, der in der Regel nicht die geringste Ähnlichkeit mit Karl V. aufweist und nicht als der junge Mann von 21 Jahren erscheint, der Karl V. in Worms gewesen ist. Luther ist als Mönch oder anachronistisch mit dem Predigertalar bekleidet und ohne Tonsur dargestellt,[38] das heißt als der Cranachsche Luther-Typus der späteren Jahre.[39] Kuriositäten wie in einer Radierung von Otto Warmholz von 1817/18[40] der winkende Franz von Sickingen, der Luthers Anhängern im Falle der Gefahr seine Hilfe signalisiert, bleiben ebenso die Ausnahme wie die Verlegung des Zusammentreffens von Karl V. und Luther auf den Platz vor dem Reichstagssaal wie bei Heinrich Anton Dähling 1807[41] im Anschluss an den 3. Akt von Zacharias Werners Drama „Martin Luther, oder die Weihe der Kraft" aus demselben Jahr.[42]

Am Beginn der Massenherstellung und -verbreitung von Darstellungen zu Luthers Leben steht die nach 1827 entstandene und später vielfach variierte Folge des Barons Wilhelm von Löwenstern.[43] Elf der 16 Szenen sind wieder dem frühen Luther bis zum Wartburgaufenthalt gewidmet. Worms ist mit drei Darstellungen: Luthers Einzug, Verhör, Giftglasmirakel vertreten. Allein von der Verhörszene existieren fünf Varianten[44] (Abb. 8). Grundsätzlich neue Darstellungsmittel sind hier ebensowenig verwendet wie in den ungefähr gleichzeitigen Einzelbättern von Peter Wilhelm App[45] und Martin Disteli.[46] Durch deutsche, englische und niederländische Beschriftung als Exportartikel erkennbar ist die zwischen 1856 und 1863 zu datierende Reichstagsszene von Eduard Gustav May.[47]

---

[36] Hummels Erläuterungen vgl. ebd. S. 61.
[37] Etwa bei Buchner (vgl. ebd. S. 80 zu Nr. 25. 11.); bei Campe (S. 82 zu Nr. 26. 5.; S. 92 zu Nr. 33. 5.).
[38] So etwa bei CAMPE (wie Anm. 37).
[39] Vgl. zu diesem Typus HEINRICH BÖHMER, Luther im Lichte der neueren Forschung. Ein kritischer Bericht, 2. Aufl. Leipzig 1910 (1. Aufl. 1907), S. 6.
[40] Vgl. KRUSE (wie Anm. 4), S. 77 Nr. 24. 3.
[41] Vgl. ebd. S. 71 Nr. 19. 4.
[42] Zu Zacharias Werners Lutherdrama vgl. weiter unten bei Anm. 59, S. 101 f.
[43] Vgl. KRUSE (wie Anm. 4), S. 95-120 Nr. 34. Zu Löwenstern vgl. auch DERS., Drei graphische Folgen von Lutherlebenbildern des 19. Jahrhunderts, in: HARDY EIDAM/GERHARD SEIB (Hrsg.), „Er fühlt der Zeiten ungeheuren Bruch und fest umklammert er sein Bibelbuch …". Zum Lutherkult im 19. Jahrhundert, Berlin 1996, S. 40-53.
[44] Vgl. KRUSE (wie Anm. 4), Nr. 34. 7.1.-34. 7.5.
[45] Vgl. ebd. S. 148 Nr. 54; das Blatt entstand 1829.
[46] Vgl. ebd. S. 149 Nr. 55, entstanden zwischen 1828 und 1832.

Luther vor Karl V.

Abb. 8: Baron Wilhelm von Löwenstern (nach 1827)

Der mit 48 Szenen größte, in den vierziger Jahren entstandene Zyklus von Gustav König schließlich markiert den Höhepunkt der als Bilderserie konzipierten Lutherlebenillustrationen des 19. Jahrhunderts.[48] Die Fülle der Szenen, in denen neben den Sternstunden aus Luthers Leben auch seltener dargestellte Motive etwa aus der Klosterzeit oder Luthers Wirksamkeit für Schule, Musik und Liturgie berücksichtigt werden, machten Königs Zyklus vorzüglich geeignet als Illustration zu einer Lutherbiographie. Königs Folge ist auf diese Weise 1851 zusammen mit einer Darstellung des Historikers Heinrich Gelzer verbreitet worden,[49] später auch selbstständig nur mit eigenen Erläuterungen.[50] Angeregt durch Rankes Reformationsgeschichte,[51] bereitete König, der sich fast ausschließlich mit

---

[47] Vgl. ebd. S. 144 Nr. 48.
[48] Zu König vgl. KRUSE (wie Anm. 4), S. 176-234 Nr. 62 f.; DERS., in: EIDAM/SEIB (wie Anm. 43), S. 4 ff.
[49] Dr. Martin Luther, der deutsche Reformator. In bildlichen Darstellungen von Gustav König. In geschichtlichen Umrissen von Heinrich Gelzer, Hamburg / Gotha 1851.
[50] Dr. Martin Luther, der deutsche Reformator. In bildlichen Darstellungen von GUSTAV KÖNIG. Neue durchgesehene Auflage mit einem Vorwort von JULIUS KÖSTLIN, Berlin [1883]. Bei KRUSE (wie Anm. 4), S. 182 werden weitere englische und deutsche Ausgaben genannt.
[51] Vgl. den ebd. S. 180 zitierten Brief Königs an Ranke von 1843.

Abb. 9:
Gustav König
(vierziger Jahre des
19. Jahrhunderts)

Themen der Reformationszeit beschäftigte und deshalb „Luther-König" genannt wurde,[52] seine Darstellungen durch intensives Quellenstudium vor. An Dynamik übertraf er seine Vorgänger bei weitem. Worms ist in Königs Zyklus durch Luthers Einzug, das Zusammentreffen mit Frundsberg und die Verhörszene vertreten (Abb. 9). Der erläuternde Text deutet Luthers Widerrufsverweigerung als Ringen zwischen der „Macht des Gewissens" und anderen Rücksichten,[53] wobei die Macht des Gewissens stärker war.

Für die Lutherlebenzyklen der 1. Hälfte des 19. Jahrhunderts, durchweg Arbeiten wenig prominenter Künstler, gilt insgesamt, dass die Reichstagsszene unverzichtbar wird. Nimmt man die Einzeldarstellungen hinzu, wird man wohl von der populärsten Szene aus Luthers Leben überhaupt sprechen dürfen; die Szenenauswahl dürfte durch den Publikumsgeschmack und damit durch die Absatzchancen diktiert sein. Auf historisch korrekte Darstellung der Szene wird wenig Wert gelegt. Luther ist der Glaubensheld, der in Worms die Probe seiner Standhaftigkeit abgab. Die Auffassung, bis zur Mitte des 19. Jahrhunderts habe im Reformationsgedächtnis die Reformation selbst und nicht der Reformator im Vordergrund gestanden und erst das spätere 19. Jahrhundert habe eine zunehmende Perso-

---

[52] Vgl. HOFMANN (wie unten Anm. 135), S. 512.
[53] KÖNIG (wie Anm. 49), Erläuterung zu Abb. XXII.

nalisierung und Heroisierung erbracht,[54] lässt sich an den Bildquellen jedenfalls nicht verifizieren. Hier dominierte schon im früheren 19. Jahrhundert die Person, und ihre Heroisierung war bereits angelegt. Mit diesem Befund sind nun die Texte zu vergleichen.

3. Die Wormser Szene in den Texten des 19. Jahrhunderts

Was Heinrich Böhmer vor hundert Jahren für das Lutherbild im Allgemeinen festgestellt hat: „es gibt so viele Luthers, als es Lutherbücher gibt",[55] gilt für den Wormser Luther in der Literatur des 19. Jahrhunderts im Besonderen. Auf eine eingehende Darlegung des Forschungsgangs zur Geschichte des Wormser Reichstags kann hier verzichtet werden. Die fortschreitende Forschung – die großen Quelleneditionen standen erst am Ende des Jahrhunderts zur Verfügung[56] – hat auf die Darstellung der Wormser Szene an mehreren Stellen eingewirkt. Ungesichertes wie das Wormser „Gebet" Luthers[57] oder seine Begegnung mit Frundsberg wurden zwar lange mitgeschleppt,[58] verschwanden dann aber allmählich aus den Darstellungen. Vor allem in Bühnenstücken hielt sich hartnäckig die Vorstellung, das Lutherlied „Ein feste Burg" habe seine Wurzeln in den Wormser Vorgängen.[59] Die Streitfrage, ob Luthers Verhör im Rathaus oder im Bischofshof stattfand,

---

[54] So Martin Scharfe, Nach-Luther. Zu Form und Bedeutung der Luther-Verehrung im 19. Jahrhundert, in: Eidam/Seib (wie Anm. 43), S. 11-21, hier: S. 12 ff.
[55] Vgl. Böhmer (wie Anm. 39), S. 7.
[56] Vgl. oben Anm. 2.
[57] Geht zurück auf das Flugblatt „Ware Contrafactur Herren Martin Luthers, wie er zu Wurms auff dem Reichstag gewesen, vnd was Er gebetet habe"; Abb. in: Paul Schreckenbach/Franz Neubert, Martin Luther. Ein Bild seines Lebens und Wirkens. Mit 384 Abbildungen, vorwiegend nach alten Quellen, Leipzig 2. Aufl. 1918, S. 101.
[58] Ohne Zweifel an der Glaubwürdigkeit noch wiedergegeben etwa bei Moritz Meurer, Luther's Leben aus den Quellen erzählt, 3. Aufl. Leipzig 1870, S. 238 ff. (die 1. Aufl. erschien 1843-1846 in 3 Bänden, 1848 in englischer Übersetzung). Frundsberg-Anekdote und „Gebet" finden sich noch in der populären Darstellung von Carl Burk, Martin Luther, Stuttgart 1883, S. 154, 157; die Frundsberg-Geschichte auch bei Hans Preuss, Unser Luther. Eine Jubiläumsgabe der Allgemeinen Evangelisch-Lutherischen Konferenz, 121.-125. Auflage, Leipzig 1917, S. 45.
[59] Schon in Zacharias Werners Stück von 1806 ziehen Luther und Melanchthon unter Absingen des Lutherliedes in Worms ein; Zacharias Werner, Martin Luther oder die Weihe der Kraft, hrsg. von Julian Schmidt, Leipzig 1876 (Bibliothek der deutschen Nationalliteratur des achtzehnten und neunzehnten Jahrhunderts), S. 114 ff. Auch August Trümpelmann, Luther und seine Zeit. Dramatische Dichtung, Gotha 1869, S. 172, spielt im Zusammenhang mit Worms auf den Text des Lutherlieds an. Bei Hans Herrig, Luther. Ein kirchliches Festspiel zur Feier des 400-jährigen Geburtstages Martin Luthers in Worms, Berlin 1883, S. 55 ff., wird der Text zwischen Luther, Landgraf Philipp von Hessen und Kurfürst Friedrich von Sachsen zunächst dialogisch aufgeteilt, um dann auf „Das Reich muß uns doch bleiben" in eine Art protestantischem Rütlischwur zu

durfte seit den 1860er Jahren als entschieden gelten.⁶⁰ Wichtiger ist die Frage des Wortlauts von Luthers Rede am Ende des 2. Verhörs. Das frühere 19. Jahrhundert ging von dem tradierten „Hier stehe ich, ich kann nicht anders. Gott helfe mir. Amen" noch selbstverständlich aus. Ranke etwa weist erst in der 4. Auflage seiner 1839 zuerst erschienenen Reformationsgeschichte auf die problematische Überlieferung des Wortes hin.⁶¹ Bis zum Ersten Weltkrieg wird die Frage immer wieder thematisiert, denn es lag trotz gegenteiliger Versicherungen etwas daran, weil Luthers Standhaftigkeit in Worms, die ihn als Helden maßgeblich konstituierte, in seinen Schlussworten besonders zum Ausdruck kam.

Konkurrierte in diesem Fall die fortschreitende Quellenkritik mit der Suggestivität eines tradierten Geschichtsbildes, hat der Forschungsfortschritt in einem anderen Punkt keine endgültige Klärung gebracht: Die Rede ist von Luthers angeblich befangenem Auftreten während des ersten Verhörs am 17. April und seiner Bitte um Bedenkzeit. War dies Ausdruck seiner Überraschung, seiner Unsicherheit, gar der Angst oder lediglich taktisches Kalkül? Für das Bild des Lutherhelden von Worms lauerte hier eine Gefahr, weil ein Held nicht wanken darf. Quellenmäßig sind Luthers Motive zwar nicht zu klären, doch war eine Bitte um Bedenkzeit im Ketzerprozess keineswegs etwas Ungewöhnliches.⁶² Die protestantische Interpretation möchte einen Schachzug annehmen. Luther habe sich Raum zur Darlegung seines Standpunkts verschaffen wollen.⁶³ Gelegentlich wurde sogar behauptet, nach Luthers Sinn sei die Bitte um Bedenkzeit nicht gewesen: „Er hätte am liebsten ein festes Nein zur Antwort gegeben".⁶⁴ Die katholische Forschung verstand diese offene Flanke der protestantischen Lutherheroisierung zu nutzen.⁶⁵

Diese Heroisierung betrifft nicht nur Luther als Person, sondern die Wormser Vorgänge insgesamt. Unter protestantischen Autoren besteht weitgehende Einigkeit darin, dass

---

münden, bei dem die Fürsten an ihre Schwerter fassen, während die Melodie in wachsender Lautstärke hinzugespielt wird. Noch 1917 brachte PREUSS (wie Anm. 58), S. 44 f., das Lied mit Luthers Zug nach Worms in Verbindung. Tatsächlich steht das Lied in keinem Zusammenhang mit dem Wormser Reichstag, sondern es entstand wohl nicht vor 1527; vgl. MARTIN BRECHT, Zum Verständnis von Luthers Lied „Ein feste Burg", in: DERS., Ausgewählte Aufsätze Bd. 1: Reformation, Stuttgart 1995, S. 105-119.

60 J. HOHENREUTER, Rathaus oder Bischofshof? Zur Erledigung der historischen Streitfrage, in welcher dieser beiden Räumlichkeiten Luther zu Worms vor Kaiser und Reich gestanden hat, Frankfurt/M. 1862, plädierte zwar noch einmal für die „Kaiserstube" auf dem Rathaus, setzte sich damit aber nicht durch. Vgl. FRITZ REUTER, Worms um 1521, in: DERS. (Hrsg.), Reichstag (wie Anm. 2), S. 48 f.

61 Vgl. LEOPOLD VON RANKE, Deutsche Geschichte im Zeitalter der Reformation Bd. 1, historisch-kritisch hrsg. von PAUL JOACHIMSEN, Meersburg/Leipzig 1933 (zuerst 1839 erschienen), hier: S. 283 Anm. 2.

62 Für entsprechende Hinweise danke ich Herrn Prof. Dr. Jürgen Miethke, Heidelberg.

63 Vgl. ADOLF HAUSRATH, Aleander und Luther auf dem Reichstage zu Worms, Berlin 1897, S. 248 ff.; DERS., Luthers Leben, Berlin 1904, S. 426 ff.

64 M. WARTBURGER, Martin Luther. Lebensgeschichte des Reformators. Mit 24 Bildern der Luther-Galerie gemalt von Wilhelm Weimar, Berlin 1905, S. 27.

65 Zur katholischen Interpretation vgl. unten Anm. 127 ff.

Luthers Auftreten in Worms ein „welthistorischer Moment"[66] oder ein „Wendepunkt in der Weltgeschichte"[67] war, jedenfalls „der hervorragendste Höhepunkt in Luthers Heldenlaufbahn".[68] Das weltgeschichtlich Bedeutsame wird regelmäßig in Luthers Antwort am zweiten Verhörstag gesehen, die damit zur „weltgeschichtlich bedeutsamen Antwort"[69] wird. Eine von diesem Normalbild abweichende Meinung wie die, das Wormser Verhör habe weder für Luthers innere Entwicklung noch für den Fortschritt seiner Sache einen wesentlichen Einschnitt bedeutet, wie Heinrich Hermelink meinte,[70] bleibt singulär. Von der Mehrzahl der Autoren wird Luthers Standhaftigkeit selbst als das entscheidende Moment betrachtet, wobei Sachfragen hinter der Heroisierung der Person und ihres Verhaltens weitgehend zurücktreten. Differenziertere Analysen der Wormser Vorgänge wie die, es sei im Grunde um einen Konflikt zwischen Schriftwahrheit und kirchlicher Autorität gegangen und eben nicht nur um eine Feuerprobe für Luther, so Julius Köstlin,[71] bleiben die Ausnahme.

Ist die Heroisierung des Wormser Luther bei protestantischen Autoren zwar gängig, ist ihre Begründung doch nicht einheitlich. Zu unterscheiden sind zwei Interpretationslinien, die im Folgenden getrennt voneinander behandeln werden, auch wenn sie in den Texten nicht selten in einer Gemengelage erscheinen. Die Rede ist zunächst vom Wormser Luther als dem Glaubenshelden, in einem zweiten Schritt vom Nationalhelden.

a) Der Glaubensheld

Das Motiv des Glaubenshelden ist das ältere; dieses Verständnis der Wormser Szene hat seine Wurzeln im 16. Jahrhundert und scheint bis in das 20. Jahrhundert hinein ungebrochen zu bleiben. Das Motiv erfährt allerdings eine Intensivierung. Ranke stellte 1839 die Wormser Szene noch ohne jedes Pathos dar, die Bezeichnung „Held" begegnet bei ihm

---

[66] Ebd. S. 28; vgl. auch Arnold E. Berger, Martin Luther in kulturgeschichtlicher Darstellung, Tl. 1: 1483-1525, Berlin 1895 (Geisteshelden [Führende Geister]. Eine Sammlung von Biographieen, hrsg. von Anton Bettelheim, 16/17), S. 390-397, hier: S. 392.
[67] Theodor Brieger, Die Reformation. Ein Stück aus Deutschlands Weltgeschichte, Berlin 1914, S. 146. Von einem „Wendepunkt in der Geschichte der Welt" spricht Georg Buchwald, Geschichte der deutschen Reformation. Eine Gabe für das Reformationsjubiläum 1917, Halle 1917, S. 56.
[68] Julius Köstlin, Martin Luther, der deutsche Reformator, Halle 1884 (Neujahrsblätter, hrsg. von der Historischen Kommission der Provinz Sachsen, 8), S. 38.
[69] Ders., Doktor Martin Luther. Ein Lebensbild für das deutsche Haus, Leipzig/Berlin 1902, S. 215.
[70] Heinrich Hermelink, Reformation und Gegenreformation, in: Handbuch der Kirchengeschichte für Studierende, hrsg. von Gustav Krüger, Bd. 3, Tübingen 1911, S. 75.
[71] Vgl. Julius Köstlin, Martin Luther, 1. Aufl. Elberfeld 1875, S. 453; Ders., Luther, in: Allgemeine Deutsche Biographie, Bd. 19 (1884), S. 660-692, hier: S. 672.

nicht.⁷² Karl Hagen sagt wenig später immerhin, Luther habe sich „heldenmüthig" verteidigt, was jedoch noch primär auf das Verhalten, nicht auf die Person zielte.⁷³ Später werden die Bezeichnungen dann massiver: „Held" wird zur üblichen Titulatur Luthers für seinen Auftritt vor Kaiser und Reich. Neben die Helden-Phraseologie tritt der Vergleich mit einem Propheten: Luther spricht Worte von „prophetischer Hoheit";⁷⁴ „wie ein Prophet des alten Bundes sprach er zu dem Fürsten seines Volkes"; er handelt im „Bewußtsein einer göttlichen Mission".⁷⁵ Der Wormser Luther erscheint als Werkzeug Gottes, wenn Georg Buchwald formuliert: „Gläubig vernimmt sein Innerstes das Amen göttlicher Erhörung, müßte auch die eigne Person kämpfend darüber zu Grunde gehen".⁷⁶ Als Heiliger wird der Wormser Luther zwar nicht ausdrücklich bezeichnet, weit entfernt sind wir davon aber nicht mehr.

Der Wormser Glaubensheld wird üblicherweise durch folgende drei Motive charakterisiert:

1. *Standhaftigkeit und Mut:* Luther ist „der kühne Zeuge";⁷⁷ seine Rede ist „ruhig, fest und frei … laut, stolz und klar",⁷⁸ seine Worte sind „überzeugungsmutig", seine Gesinnung ist „überzeugungstreu";⁷⁹ verbreitet ist die Metapher vom harten Felsen,⁸⁰ vom Felsen in der Brandung⁸¹ oder von Luthers felsenfester Überzeugung;⁸² Luther ist ausgezeichnet durch unerschrockenen Mut, ein reines Gewissen und Gottvertrauen. Seine „männliche Überzeugungstreue" rechnet und erwägt nicht, „sondern handelt in dem Gefühl, daß ihr die Zukunft gehöre".⁸³ Standhaftigkeit und Mut Luthers sind letztlich auch Ausdruck seiner Männlichkeit: Luthers Schlussworte sind Worte eines festen „Mannes".⁸⁴
2. *Bescheidenheit und Schlichtheit:* Luthers „Auftreten vor dem Reichstag war das des wahren Helden, dem alles Theatralische weltenfern liegt und der nie an den Eindruck sei-

---

72 Vgl. RANKE (wie Anm. 61), S. 281 ff.
73 KARL HAGEN, Deutschlands literarische und religiöse Verhältnisse, Bd. 2, Erlangen 1843, S. 150.
74 BERGER (wie Anm. 66), S. 393.
75 FRIEDRICH VON BEZOLD, Geschichte der deutschen Reformation, Berlin 1890, S. 344 (für beide Zitate).
76 BUCHWALD (wie Anm. 67), S. 56.
77 W. [CHRISTIAN WILHELM ADOLF] REDENBACHER, Kurze Reformations-Geschichte erzählt für Schulen und Familien, Neuauflage Calw/Stuttgart 1883, S. 25.
78 BERGER (wie Anm. 66), S. 392.
79 GEORG WINTER, in: Handbuch der deutschen Geschichte, hrsg. von BRUNO GEBHARDT, Bd. 2: Von der Reformation bis zum Frankfurter Frieden, 1. Aufl. Stuttgart/Berlin/Leipzig 1892, S. 14; „Überzeugungstreue, Gottvertrauen" bei GEORG WEBER, Allgemeine Weltgeschichte, Bd. 10, Leipzig 2. Aufl. 1886, S. 172.
80 BEZOLD (wie Anm. 75), S. 344.
81 BRIEGER (wie Anm. 67), S. 146 f.
82 THEODOR KOLDE, Luther und der Reichstag zu Worms, Halle 1883 (Schriften des Vereins für Reformationsgeschichte 1), S. 60; wortgleich DERS., Martin Luther. Eine Biographie, Bd. 1, Gotha 1884, S. 336.
83 LUDWIG HÄUSSER, Geschichte des Zeitalters der Reformation 1517-1648, Berlin 1868, S. 51.
84 KÖSTLIN (wie Anm. 71), S. 452.

ner Person denkt".[85] Seine Antwort im 2. Verhör wird als „freimütig, aber bescheiden" charakterisiert,[86] er sprach „in unerschrockener Haltung, mit lauter Stimme, und doch einfach, schlicht, bescheiden";[87] Luther antwortete „ohne rhetorisches Pathos und theatralischen Effekt, aber sicher und bestimmt, als einer, der den Kopf hinzugeben bereit ist".[88] Man dürfe sich, so wird einmal gesagt,[89] Luther nicht wie den Luther des Wormser Lutherdenkmals vorstellen, also nach oben blickend, empor geworfenen Hauptes, mit einem Schlag auf die offene Schrift, sondern einfach. Die Schlichtheit des Auftretens Luthers in Worms spricht für einen Autoren[90] sogar gegen die Authentizität der Schlussworte „Hier stehe ich ...", weil diese Worte die eigene Person mehr als es Luther gewöhnlich getan habe in den Vordergrund rückten.

3. *Einsamkeit, einer gegen die Macht:* Luther steht in Worms allein, verlassen, allein mit dem Evangelium gegen die versammelte „Macht der Erde". War er, so wird gefragt, „nicht ganz einsam, ein Fremdling gleichsam in diesem wirren Treiben?"[91] Nur von Gott ist Luther nicht verlassen. An Gott wendet er sich mit seinem „Gebet": Hier stehe ich, ich kann nicht anders! Gott helfe mir, Amen!

Was kennzeichnet den von Luther in Worms standhaft, bescheiden und einsam verteidigten Glauben? Der Wormser Luther steht für die Mehrzahl der Autoren für ein Gewissenschristentum: „Einzig und allein seinem Gewissen folgend tritt Luther der ganzen Welt, Kaiser und Papst, entgegen".[92] Er beruft sich in Worms „vor Allem auf sein Gewissen als den obersten Gerichtshof, den er in der eigenen Brust trug".[93] Der Wormser Luther steht für evangelische Innerlichkeit und Geistesfreiheit. An dieser Stelle wird die wichtige Funktion des Einsamkeitsmotivs noch einmal deutlich: Der allein mit seinem in der Heiligen Schrift gefangenen Gewissen vor dem Kaiser stehende Luther ist das Urbild des evangelischen Christen.

---

[85] ADOLF VON HARNACK, Martin Luther und die Grundlegung der Reformation. Festschrift der Stadt Berlin zum 31. Oktober 1917, Berlin 1917, S. 32.
[86] REDENBACHER (wie Anm. 77), S. 28.
[87] MARTIN RADE (Paul Martin), Doktor Martin Luthers Leben, Thaten und Meinungen auf Grund reichlicher Mitteilungen aus seinen Briefen und Schriften dem Volke erzählt, Bd. 2, Neusalza i. S. 1883, Tübingen/Leipzig 1901, S. 139.
[88] KÖSTLIN (wie Anm. 71), S. 454; vgl. auch DERS., Luther, der deutsche Reformator (wie Anm. 68), S. 37: „Vor dem Reichstage erschien er am 17. April bescheiden, ja schüchtern, ohne Pathos und Heldenmiene".
[89] Vgl. HAUSRATH, Aleander (wie Anm. 63), S. 265; DERS., Luthers Leben (wie Anm. 63), S. 434.
[90] DANIEL SCHENKEL, Luther in Worms und in Wittenberg und die Erneuerung der Kirche in der Gegenwart, Elberfeld 1870, S. 125 f.
[91] BERGER (wie Anm. 66), S. 397 f., auch für das folgende Zitat.
[92] GEORG BUCHWALD, Doktor Martin Luther. Ein Lebensbild für das deutsche Haus, Leipzig/Berlin 1902, S. 219; DERS. (wie Anm. 67), S. 56.
[93] SCHENKEL (wie Anm. 90), S. 129.

Unter den Wormser Gegnern des Glaubenshelden werden immer wieder genannt: Aleander, der päpstliche Legat in Worms, „der Welsche, den der Kaiser zu seinem Mundstück gemacht hatte";[94] der Kaiser selbst, Karl V., „der aus Überzeugung sich zum Pfaffendiener macht",[95] schließlich die Spanier, die Luther verlachen und bedrohen. Das Verhalten dieser Verteidiger des alten Glaubens kontrastiert aufs Deutlichste mit Luthers männlicher Überzeugungstreue, an der ihre Berechnung und ihr politisches Kalkül zerbrechen,[96] und seiner Bescheidenheit und Schlichtheit. Zu Luthers evangelischer Lehre haben die Gegner allesamt keinen Zugang, seinem auf dem Gewissen beruhenden Wormser Bekenntnis haben sie nur die „ultramontane Gebundenheit des Geistes" entgegenzusetzen.[97]

b) Der Nationalheld

Neben den Glaubenshelden Luther tritt zunehmend der Nationalheld.[98] Als Anknüpfungspunkt dient vielen Autoren Luthers Aussage am zweiten Verhörstag, er habe seine Antwort so geben müssen, weil er seinem Deutschland diesen Dienst nicht habe versagen wollen.[99] Auch der Nationalheld hatte seine Wurzeln im 16. Jahrhundert, im gegen Papstkirche und Scholastiker kämpfenden Hercules Germanicus;[100] doch das 19. Jahrhundert löste das nationale Motiv zunehmend aus seinem historischen Kontext. Schon 1806 legte Zacharias Werner in seinem einflussreichen, die historische Situation von 1521 aber vielfach verzerrenden Bühnenstück Luther die Worte in den Mund: „Ich kämpfe nicht für mich – für Gott und Deutschland".[101] Und den Erzbischof von Mainz lässt er im Anschluss an das Lutherverhör sagen:[102] „Wir sind die freien Deutschen, Freiheit ist / Des Rechtes Tochter;

---

[94] BRIEGER (wie Anm. 67), S. 148.
[95] Ebd. S. 149. HARTMUT LEHMANN, Martin Luther als deutscher Nationalheld im 19. Jahrhundert, in: Luther. Zeitschrift der Luther-Gesellschaft 55 (1984), S. 53-65, hier: S. 56, glaubt zu beobachten, „ein jugendlicher Held hätte damals [d. h. in Worms] einem griesgrämigen ältlichen Kaiser den Respekt versagt". Es scheint vielmehr auffällig, dass auf den Altersunterschied zwischen dem 38-jährigen Luther und dem erst 21-jährigen Kaiser niemals explizit eingegangen wird.
[96] Vgl. HÄUSSER (wie Anm. 83), S. 51.
[97] PAUL KALKOFF, Luther und die Entscheidungsjahre der Reformation. Von den Ablaßthesen bis zum Wormser Edikt, München / Leipzig 1917, S. 239.
[98] Vgl. zum Folgenden auch LEHMANN (wie Anm. 95).
[99] Vgl. Deutsche Reichstagsakten. Jüngere Reihe Bd. 2 (wie Anm. 2), S. 555,5 ff.
[100] Abb. des undatierten Flugblatts Luther als Hercules Germanicus etwa in SCHRECKENBACH / NEUBERT (wie Anm. 57), S. 80.
[101] WERNER (wie Anm. 59), S. 120.
[102] Ebd., S. 130.

darum flieht das Unrecht! / Nicht Scheiterhaufen, eine Säule baut / Dem Luther, der euch lehret Deutsche sein! Besonnen, kräftig, stolz und einig wart/ Ihr Deutsche: bleibt's! Ihr könnet viel: seid eins!"

Der Wormser Luther als Lehrer der deutschen Freiheit und Einigkeit – diese nur aus der Sehnsucht von 1806 heraus verständliche Interpretation zeigt immerhin, dass der Nationalheld keine Erfindung des späteren 19. Jahrhunderts war, wenngleich das Motiv nach dem Ende der napoleonischen Zeit und nach dem Wartburgfest von 1817[103] länger nicht mehr begegnet und erst im letzten Drittel des Jahrhunderts weiter verbreitet wird. Es war Heinrich von Treitschke, der mit seinem Vortrag „Luther und die deutsche Nation" von 1883[104] gleichsam zum Vater der nationalen Interpretation im Kaiserreich wurde: Luther stand in Worms „als der Führer der Nation, heldenhaft wie ihr Volksheiliger" vor Kaiser und Reich.[105] Dass damals nicht alles römische Wesen aus Staat und Kirche weggeschwemmt wurde, lag nach Treitschke daran, dass ein „Fremdling" unsere Krone trug, der sich „dem Ruf der Nation" versagte. Die nationale Interpretation der Wormser Szene wird nach der Jahrhundertwende dann immer häufiger: Luther ist jetzt „ein deutscher Held",[106] nicht nur der größte Deutsche, sondern das „Urbild eines Deutschen",[107] „der geistige Befreier Deutschlands, der Held der (deutschen) Nation";[108] der „große deutsche Herkules".[109]

Luthers auf dem Evangelium beruhendes Gewissenschristentum wird ohne weiteres national vereinnahmt als die einzige dem deutschen Wesen angemessene Form des Glaubens: Luthers Theologie ist „mit dem deutschen Gewissen zuvor in Einklang gebracht worden".[110] Der „bescheidene Mönch" wurde durch Worms zum siegreichen Vorkämpfer „deutscher Art", zum „Ritter evangelischer Lehre und zum großen Befreier des menschlichen Geistes".[111] Lutherisch und deutsch sind fast zu Synonymen geworden.

Luther stand nicht nur für sich selbst vor Kaiser und Reich: „Im feierlichsten Augenblick seines Lebens trat neben die Pflicht gegen Gott auch die Pflicht gegen das Vaterland vor die Seele des Reformators".[112] „Das war im Namen der Christenheit gesprochen, zugleich aber für die Christenheit im Namen der deutschen Nation: in diesem Bekenntnis

---

[103] Vgl. zur Luther-Interpretation auf dem Wartburgfest KARIN LUYS, Die Anfänge der deutschen Nationalbewegung von 1815 bis 1819, Münster 1992, S. 218 ff.
[104] HEINRICH VON TREITSCHKE, Luther und die deutsche Nation. Vortrag, gehalten in Darmstadt am 7. November 1883, in: DERS., Ausgewählte Schriften, Bd. 1, 4. Aufl. Leipzig 1908, S. 136-158.
[105] Ebd. S. 138 auch für die folgenden Zitate.
[106] WARTBURGER (wie Anm. 64), S. 28.
[107] HERMANN MELTZER, Luther als deutscher Mann, Tübingen 1905, S. 1.
[108] BRIEGER (wie Anm. 67), S. 148; BUCHWALD (wie Anm. 67), S. 57.
[109] KARL DUNKMANN, Martin Luther und sein Werk. Themata und Texte zur 400-jährigen Reformations-Feier, Herborn 1917, S. 39.
[110] Ebd.
[111] KALKOFF (wie Anm. 97), S. 240.
[112] BEZOLD (wie Anm. 75), S. 344.

zog Luther die Summe seines reformatorischen Entwicklungsganges, auf dessen erstem Zielpunkt er sich jetzt stehen fühlte als den Sprecher Deutschlands".[113] Luther ist demnach auch für das ausgehende 19. Jahrhundert nicht ausschließlich Nationalheld, sondern er bleibt immer auch Glaubensheld. Für Georg Buchwald geht 1917 die Identifizierung des Wormser Luther mit der Nation so weit, dass ihm die Angriffe der Gegner Luthers von 1521 zugleich Angriffe auf das deutsche Volk bedeuten: „Kaiser und Papst gegen das deutsche Volk! Feuer und Schwert gegen den Geist!"[114]

Die meisten Autoren lassen offen, was sie unter „deutsch" verstehen wollen; das deutsche Gewissen, die deutsche Art werden nicht mit Inhalt gefüllt beziehungsweise die Verfasser gehen davon aus, dass die Leserschaft schon wissen wird, was gemeint ist. Selten erhält man eine so klare Definition wie von Erich Brandenburg im Jahr 1917:[115] „Auch sein Auftreten in Worms war deutsch. Bescheiden und schlicht, ohne überflüssige Worte, ernst und gesammelt, unzugänglich für äußere Vorteile und Nachteile, für alles Geschäftemachen und Handeln auf Kosten hoher Dinge". Demzufolge war Luthers Auftreten in Worms in einem doppelten Sinne „deutsch": Er verhielt sich wie ein Deutscher, das heißt bescheiden, schlicht, unbestechlich, und er verteidigte einen Glauben, der dem deutschen Wesen angemessen ist. Entsprechend fällt bei den Autoren der Jahre vor und nach 1900 das Gegenbild aus. Die Gegner Luthers waren „Romanen",[116] die Luthers deutsche Schlichtheit für Unbeholfenheit hielten und denen Luthers Glaubensernst verschlossen blieb. Zu den Romanen sind auch Aleander und der Kaiser zu rechnen, „der ja auch ein Romane mit wenigen Tropfen deutschen Blutes war". Aleander und der Kaiser verkannten Luther, „weil ihnen als Romanen das Verständnis für deutsche Art abging. Der geistige Inhalt von Luthers Worten, der Mut und die Schlichtheit seines Auftretens, seine unerschütterliche Überzeugungstreue, – alles das lässt sie kalt. Was die Deutschen hinreißt und begeistert …, das gleitet an diesen Fremden wirkungslos ab. Sie sehen nur die Ungewandtheit der Form, den Mangel an wohltönender Rhetorik, die Plumpheit in der Verhandlung, und spotten oder ärgern sich darüber".[117] Vielfach wird bedauert, dass der Kaiser kein Deutscher gewesen sei.[118] Selbst Karls V. Biograph Hermann Baumgarten[119] urteilt, in

---

[113] BERGER (wie Anm. 66), S. 39.
[114] BUCHWALD (wie Anm. 67), S. 57.
[115] ERICH BRANDENBURG, Martin Luther als Vorkämpfer deutschen Geistes. Eine Rede zur 400-jährigen Jubelfeier der Reformation, Leipzig 1917, S. 17.
[116] Vgl. etwa BERGER (wie Anm. 66), S. 390; BEZOLD (wie Anm. 75), S. 344.
[117] BRANDENBURG (wie Anm. 115), S. 17.
[118] „Der Kaiser war kein Deutscher, und seine Politik keine deutsche, namentlich keine ehrliche und darum eine unheilvolle für ihn selbst und für unser Vaterland. Ohne des Kaisers falsche Politik hätte es in Deutschland keine Spaltung in der Nation und Religion, keinen dreißigjährigen Krieg und keine Franzosenherrschaft, keine Ausländerei und keinen „Kulturkampf" gegeben; wäre Karl ein Deutscher gewesen, unser Volk wäre ein einiges und deutsches geblieben und ein evangelisches geworden"; ALBRECHT THOMA, Dr. Luthers Leben. Fürs deutsche Haus, Berlin 1883, S. 112.

Worms „begegneten sich zwei Welten, die kein Verständnis für einander haben konnten". In Äußerlichkeiten wie auch im Glauben war eine Verständigung nicht möglich; die im 19. Jahrhundert konstruierte Dichotomie von romanischer und germanischer Welt wird in die Wormser Ereignisse hineingelesen.

Das nationale Motiv erfährt in den Jahren des Ersten Weltkriegs eine dramatische Steigerung und kulminiert im Jubiläumsjahr 1917.[120] Der Glaubensheld Luther verschmilzt mit dem Nationalhelden. Dass diese Entwicklung selbst im Werk eines einzelnen Autors verfolgt werden kann, kann am Beispiel des Heidelberger Kirchenhistorikers Hans von Schubert gezeigt werden. In seiner Rede „Reich und Reformation" von 1910[121] hatte er die welthistorische Bedeutung des Wormser Verhörs nicht darin gesehen, dass Luther die Feuerprobe bestand, sondern in der Entscheidung, „dass wer in den Bann fiel, deshalb noch nicht ipso facto auch in die Acht zu fallen brauchte: die Berufung Luthers vor Kaiser und Reich ist das Dokument der definitiven Auflösung jenes gegenseitigen Unterstützungsverhältnisses, jener alten Einheit von Staat und Kirche. Und zweitens, weil die Instanz, die sich hier zwischen Bann und Acht schob, um sich über die Gerechtigkeit des ersteren zu vergewissern, eine politische Nationalversammlung war, die zu einem grossen Teil aus Laien bestand. In dieser Hinsicht ist die Berufung ein Dokument für die Aufhebung der Kluft, die fast seit Anfang der Kirche Klerus und Laien schied, der Säkularisierung der Kirche". 1917 analysierte von Schubert die Wormser Szene dann nicht mehr differenziert als Rechtsproblem, sondern schwenkte, wohl in volkspädagogischer Absicht,[122] ein in die breite Bahn der nationalen Interpretation.[123] Jetzt sah er den Grund dafür, dass man sich an Luthers Bild in Worms ewig erinnern werde, darin, dass er, „der eine Mann, mit seinem Gewissen der glänzendsten Vertretung der Christenheit gegenüberstand und fest blieb". Luther habe das „Schicksal der deutschen Seele auf den Lippen"

---

119 Hermann Baumgarten, Geschichte Karls V., Bd. 1, Stuttgart 1885, S. 456.
120 Zur Lutherfeier und zur Lutherliteratur des Jahres 1917 vgl. Gottfried Maron, Luther 1917. Beobachtungen zur Literatur des 400. Reformationsjubiläums, in: Zeitschrift für Kirchengeschichte 93 (1982), S. 177-221. Eine eingehende Würdigung der Jubiläums-Literatur aus katholischer Sicht bietet Hartmann Grisar, Die Literatur des Lutherjubiläums 1917, ein Bild des heutigen Protestantismus, in: Zeitschrift für katholische Theologie 42 (1918), S. 591-628, 785-814.
121 Vgl. Hans von Schubert, Reich und Reformation. Akademische Rede zur Erinnerung an den zweiten Gründer der Universität, Karl Friedrich Grossherzog von Baden, Heidelberg 1910, S. 15 f.
122 Dass Hans von Schubert solche Motive während des Ersten Weltkriegs nicht fern lagen, ist vielfach zu belegen; vgl. etwa Folker Reichert, Wissenschaft und „Heimatfront". Heidelberger Hochschullehrer im Ersten Weltkrieg, in: Armin Kohnle/Frank Engehausen (Hg.), Zwischen Wissenschaft und Politik. Studien zur deutschen Universitätsgeschichte. Festschrift für Eike Wolgast zum 65. Geburtstag, Stuttgart 2001, S. 494-520. Zu von Schubert im Ersten Weltkrieg vgl. auch Karl-Heinz Fix, Universitätstheologie und Politik. Die Heidelberger Theologische Fakultät in der Weimarer Republik, Heidelberg 1994, S. 54-58.
123 Vgl. Hans von Schubert, Luther und seine lieben Deutschen. Eine Volksschrift zur Reformationsfeier, Stuttgart/Berlin 1917, S. 84.

getragen, und sein „Glaubensbekenntnis sei zugleich ein Bekenntnis zu seinem Vaterland" geworden. Luthers Verhalten könne allen „einsamen und angefochtenen Gewissen" ein Trost sein. „Wir wissen heute, was durchhalten heißt. Er hatte für uns alle durchgehalten". Mit der Ablehnung des Kaisers habe sich dann „das beste im deutschen Geiste vom deutschen Kaisertum" getrennt.

Auch im Kriegsjahr 1917 wird die nationale Inanspruchnahme Luthers nicht von allen Autoren nachvollzogen, wobei sich vom „deutschen Luther" am ehesten die Liberalen distanzierten.[124] Adolf von Harnack[125] etwa sieht Luther in Worms gerade vor der Alternative, entweder für das Erstarken der deutschen Nation und später dann für die Reformation und Glaubenslehre einzutreten. Die nationale Pflicht sei mit der Glaubens- und Gewissenspflicht in Widerstreit getreten: „Man kann nicht alles auf einmal haben: *erst* will ich der Führer des deutschen Volkes sein, *dann* Christus und sein Wort auf den Leuchter stellen! Auch hier wieder die härteste Versuchung: Nationale Pflicht, deren Erfolg schon gesichert schien, oder Glaubens- und Gewissenspflicht, die nach menschlichem Ermessen zum Tode und zum Verluste alles dessen führen musste, was schon errungen war! Nicht der Teufel, wohl aber das teure Vaterland trat in diesen Monaten vor Luther hin und sprach: ‚Du kannst mich retten und wirst mein Held sein, wenn du zu Worms nicht an den Glauben denkst, sondern nur an mich!'" Luther habe aber der „Versuchung" durch das Vaterland widerstanden. Aus dem inneren Ringen zwischen Nationalheld und *Glaubensheld*, das den Kämpfen im Kloster vergleichbar gewesen sei, ging der Glaubensheld siegreich hervor: „Weil er in Worms die Probe als Glaubensheld und nicht nur als Feind des Papstes und als deutscher Mann abgelegt hatte, so brachte er das deutsche Volk nun zu der Erkenntnis, daß es sich in seinem Wirken um eine *Neugestaltung des Glaubens und der Kirche* handle. Fortan steht auf der Fahne seiner Anhänger das Wort ‚Predigt des Evangeliums'. Diese Klarheit schuf der Tag von Worms. Er ist der Geburtstag der evangelischen Reformation in Deutschland. Was sonst nur der Tod des Helden bewirkt, das bewirkte hier das todesbereite Zeugnis! Es weckte die Gewissen in der Tiefe, und es schied die Geister".

c) Exkurs: Die katholische Interpretation

Die katholische Interpretation der Wormser Szene war durchgängig, wenn auch in unterschiedlicher polemischer Schärfe, als Abgrenzung gegen das protestantische Lutherbild angelegt.[126] Die katholische Perspektive ist diejenige des päpstlichen Gesandten Aleander

---

[124] Vgl. MARON (wie Anm. 12), S. 202.
[125] Vgl. HARNACK, (wie Anm. 85), S. 32 ff.
[126] Die eingehendste Auseinandersetzung mit dem protestantischen Bild des Wormser Luther legte HARTMANN GRISAR 1921 vor: Luther zu Worms und die jüngsten drei Jahrhundertfeste der Reformation, Freiburg i. Br. 1921.

oder anderer altgläubiger Beobachter in Worms. Die in der evangelischen Konstruktion des Glaubenshelden vorgetragenen Motive werden in ihr Gegenteil verkehrt: Gegen Luthers Heldentum selbst wird vorgebracht, dass die Bitte um Bedenkzeit am ersten Verhörstag eine „feige Ausflucht" gewesen sei.[127] Luthers Auftreten war nicht bescheiden und schlicht, sondern „keck"[128] und lieferte den Beweis für die „Hoffart seines Herzens".[129] Nicht mit dem lieben Gott stand Luther in Verbindung, sondern mit dem Satan.[130] Das Einsamkeitsmotiv des evangelischen Bildes wird durch den Hinweis destruiert, Luther, der „Agitator", habe mit dem Adel in Verbindung gestanden. Damit wird Luthers Standhaftigkeit in Worms in ein grundsätzlich anderes Licht gerückt, weil Luther, wie mit Thomas Müntzer festgestellt wird, vom deutschen Adel ermordet worden wäre, wenn er in Worms widerrufen hätte.[131] In dieser Perspektive kommt es zu einer Verkehrung des protestantischen Bildes, wonach in Worms ein einsamer Mönch mit seinem Gewissen gegen die Macht der Welt gestanden habe; hinter Luther stand die „revolutionäre Reichsritterschaft",[132] und nicht Luther, sondern Kaiser und Stände waren „eingeschüchtert durch die häufigen Drohungen von Außen".[133] Eine nationale Dimension wird den Wormser Ereignissen in der katholischen Interpretation selbstverständlich nicht zuerkannt, und 1917 wurde Einspruch gegen die Gleichsetzung von Deutschtum und Protestantismus erhoben.[134]

---

[127] GEORG G. EVERS, Martin Luther. Lebens- und Charakterbild von ihm selbst gezeichnet in seinen eigenen Schriften und Correspondenzen, Bd. 4, Mainz 1886, S. 721. Nach einem Vermerk auf dem Titelblatt war Evers „früher lutherischer Pastor".

[128] HARTMANN GRISAR, Luther, Bd. 1: Luthers Werden, Grundlegung der Spaltung bis 1530, Freiburg i. Br. 1911, S. 380.

[129] EVERS (wie Anm. 127), S. 710.

[130] Vgl. ebd.

[131] Vgl. JOHANNES JANSSEN, Geschichte des deutschen Volkes seit dem Ausgang des Mittelalters, Bd. 2, Freiburg i. Br. 1886, S. 162 ff., der Hinweis auf Müntzer S. 165. Dies wiederum hat die protestantische Apologetik auf den Plan gerufen; vgl. JULIUS KÖSTLIN, Luther und J. Janssen, der deutsche Reformator und ein ultramontaner Historiker, Halle 1883, S. 19 f.

[132] JANSSEN (wie Anm. 131), S. 167.

[133] Ebd. S. 164.

[134] Vgl. MARON (wie Anm. 120), S. 212.

4. Der Luther-Held im Bild

Die Wormser Szene blieb auch in der 2. Hälfte des 19. Jahrhunderts ein beliebtes historisches Motiv und begegnete weiterhin als Teil einer Lutherlebenfolge,[135] als einfache Buchillustration[136] oder – im Zeichen der seit den 1850er Jahren aufblühenden Historienmalerei – immer öfter auch als selbstständiges großformatiges Gemälde. Im Folgenden geht es nicht darum, das umfangreiche Bildmaterial im Einzelnen vorzustellen,[137] sondern es soll an drei ausgewählten Beispielen nach dem künstlerischen Niederschlag des zeitgenössischen Lutherkults gefragt werden.

Hermann Freihold Plüddemanns Gemälde „Luther vor dem Reichstag zu Worms" von 1864[138] (Abb. 10), das auf Initiative Kaiser Wilhelms I. in den 1880er Jahren als Öldruck reproduziert und in allen Schulen Preußens aufgehängt wurde,[139] spiegelt den zeitgenössischen Historismus in zahlreichen Details. Wie Gustav König[140] ließ auch Plüddemann sich anregen durch Rankes Reformationsgeschichte und bemühte sich im Unterschied zu den

---

[135] Wilhelm von Kaulbach, Luther auf dem Reichstag zu Worms am 17. April 1521 (50er Jahre); Abb. in: Luther und die Folgen für die Kunst (Ausstellungskatalog: Hamburger Kunsthalle 11. Nov. – 8. Jan. 1984), hrsg. von WERNER HOFMANN, München 1983, S. 511 Nr. 387 B, zur Datierung S. 512. Die drei anderen Blätter zeigen im Mittelfeld den Thesenanschlag, die Entführung auf die Wartburg und Luthers Tod. Die Mittelszenen sind jeweils umrahmt von weiteren Szenen, das Reichstagsblatt von Bibel, Kelch, Oblatenbecher und einem Schriftband „Eine feste Burg ist unser Gott" (oben), Leipziger Disputation (links), Luther und Frundsberg (rechts), Luthers Einzug in Worms (unten).

[136] Zu nennen sind hier die Illustrationen zu REDENBACHER (wie Anm. 77) von 1883; EMIL FROMMEL, Bilder aus Dr. Martin Luthers Leben. Zur Erinnerung an das 400-jährige Luther-Jubiläum 10. November 1883 für das evangelische Volk, Bielefeld / Leipzig 1883 (S. 19: Luther auf dem Reichstage in Worms) und die „Luther-Galerie" von Wilhelm Weimar als Illustration zu WARTBURGER (wie Anm. 64).

[137] Folgende Darstellungen der Wormser Szene werden hier nicht näher behandelt: Emil Jacobs, Luther auf dem Reichstag zu Worms (um 1850); Abb. des nach dem Gemälde angefertigten Kupferstichs in: BERNHARD ROGGE, Das Evangelium in der Verfolgung. Bilder aus den Zeiten der Gegenreformation. Mit Abbildungen im Text und Kunstbeilagen, 9. Aufl. Köln 1921 (zuerst 1910), vor dem Titelblatt. – Carl A. Schwerdgeburth, Luther vor dem Reichstag zu Worms (1857); Abb. in: HANS MAYER, Martin Luther. Leben und Glauben, Gütersloh 1982, S. 93. – Julius Veit Hans Schorr von Carolsfeld, Luther vor Kaiser und Reich (1860-1869); Abb. in: FRIEDRICH GROSS, Jesus, Luther und der Papst im Bilderkampf 1871 bis 1918. Zur Malereigeschichte der Kaiserzeit, Marburg 1989, S. 364 Nr. 484. – Paul Thumann, Luther auf dem Reichstage zu Worms (1872); Abb. in: GROSS, S. 368 Nr. 489. – Wilhelm Beckmann, Luther nach seiner Rede auf dem Reichstag zu Worms (um 1885/1886); Abb. in: GROSS, S. 107 Nr. 104. – Hermann Wislicenus, Luther auf dem Reichstag zu Worms 1521 (1894-um 1896); Abb. in: GROSS, S. 47 Nr. 49b. – Felix Schwormstädt, Luther vor Kaiser und Reich (1917); Abb. in: ROGGE (wie Anm. 8), S. 171 Nr. 162.

[138] Original im Besitz der Lutherhalle Wittenberg; schwarz-weiß Abb. in: HANS JOACHIM NEIDHARDT, Deutsche Malerei des 19. Jahrhunderts, Leipzig 1997, S. 169 Nr. 102.

[139] Vgl. ebd. S. 169.

[140] Vgl. oben bei Anm. 48 ff.

LUTHER VOR KARL V.

Abb. 10: Hermann Freihold Plüddemann, Luther vor dem Reichstag zu Worms (1864)

eher schematischen Darstellungen des früheren 19. Jahrhunderts um echte historische Rekonstruktion. Vorausgegangene Architektur- und Kostümstudien und das Bemühen um eine porträtgetreue Wiedergabe der Beteiligten schaffen einen Eindruck von historischer Authentizität. Die Szenerie gleicht auf den ersten Blick den früheren Darstellungen: Ein mit Menschen überfüllter Raum, der Kaiser unter einem Baldachin thronend, Luther als Mönch in der Mitte stehend, aufgenommen offenbar in dem Augenblick seiner Schlussrede. Die darstellerischen Mittel sind differenzierter als bei den Vorgängern. Licht und Schatten sind so eingesetzt, dass Luther von links oben erhellt wird, während der Kaiser im Schatten sitzt. Das von Luther wiedergebrachte Licht des Evangeliums ist im Hintergrund noch einmal angedeutet durch die Entzündung von Kerzen.[141] Luthers theatralische Geste, den Blick nach oben gerichtet, die linke Hand auf einer seiner Schriften, die rechte emporgehoben, steht in einem gewissen Gegensatz zu den in den Texten immer wieder hervorgehobenen Schlichtheit und Bescheidenheit seines Auftretens. Plüddemanns Aussageabsicht ist allerdings klar: Luther ist der standhafte Glaubensheld, sein rechter Arm lenkt den Blick des Betrachters auf den Gekreuzigten im Hintergrund.

---

[141] Die Quellen sprechen zwar davon, dass Luther am zweiten Verhörstag so lange warten musste, dass es zu dämmern begann, als er in den Saal geführt wurde, doch wird man in der Entzündung der Kerzen mehr sehen dürfen als nur die Wiedergabe dieser Situation.

Armin Kohnle

Abb. 11: Anton von Werner (1877)

Auch in Anton von Werners Reichstagsszene von 1877[142] (Abb. 11) und in Woldemar Friedrichs Wandgemälde für das Wittenberger Melanchthon-Gymnasium von 1898[143] (Abb. 12) spielt das Licht eine wichtige Rolle. In Friedrichs an Barockmalerei erinnernder Arbeit fällt es auf Luther, der mit vor der Brust gefalteten Händen – also mit bescheidenerer Geste als bei Plüddemann – dem Kaiser gegenübertritt; Engel schweben über der Szene. Karl V. sitzt nicht als distanzierter Beobachter, sondern steht in Luthers unmittelbarer Nähe, zwischen ihnen eine kräftige Männergestalt, in der man vielleicht Kurfürst Friedrich den Weisen erkennen darf, der Luther die Hand auf die Schulter legt. Um möglichst exakte Rekonstruktion des historischen Vorgangs geht es Friedrich nicht. Im Unterschied zu anderen Darstellungen ist die Szene merkwürdig aufgelöst, weil das Publikum überwiegend steht, sich teilweise sogar abwendet von den Hauptpersonen. Hier wie in anderen Darstellungen erscheint Luther als der Glaubensheld, das nationale Motiv, das in den Texten erscheint, begegnet in den Bildquellen nicht.

---

[142] Abb. in: PFLUGK-HARTTUNG (wie Anm. 9), nach S. 440.
[143] Abgebildet etwa in: HELMAR JUNGHANS, Wittenberg als Lutherstadt, Berlin 1979, S. 103; HEINRICH KÜHNE / PETER KÜHN, Lutherstadt Wittenberg, Bindlach 1995, S. 82.

Abb. 12:
Woldemar Friedrich,
Wandgemälde für das
Wittenberger
Melanchthon-Gymnasium
(1898)

5. Ergebnisse

Im Blick auf die eingangs gestellten Fragen seien die Ergebnisse in vier Punkten zusammengefasst:
1. Der Wormser Luther hatte für den Lutherkult des 19. Jahrhunderts zentrale Bedeutung. In Luthers Auftritt vor Kaiser Karl V. verdichtete sich, was im bürgerlich-protestantische Verständnis einen zentralen Aspekt der Reformation ausmachte und was den Protestantismus von der alten Kirche abhob: Die im Gewissen des Einzelnen wurzelnde christliche Freiheit.
2. Die Personalisierung der Reformation und ihre Fokusierung auf die Person vor allem des „jungen" Luther ist im Ansatz schon zu Beginn des 19. Jahrhunderts gegeben und trägt Züge einer protestantischen Heiligenverehrung. Die Heroisierung erfährt im Verlauf des 19. Jahrhunderts eine Steigerung und qualitative Veränderung: An die Seite des Glaubenshelden tritt zunehmend der Nationalheld, der den Glaubenshelden freilich nie völlig verdrängt.
3. In der Behandlung der Wormser Szene in Text und Bild ist ein antikatholisches Moment von vornherein enthalten. Es war jedoch nicht zu beobachten, dass dieser Impetus etwa in den Jahren des Kulturkampfes verstärkt worden wäre. Dagegen hat der Weltkrieg einen deutlichen Einfluss auf die Interpretation im Sinne der Verstärkung der

nationalen Interpretationslinie gehabt. Eine unmittelbare Aktualisierung im Sinne der Durchhalteparole Hans von Schuberts bleibt jedoch die Ausnahme.
4. Texte und Bilder liegen nicht durchweg auf einer Linie. Zwar wird die Heroisierung Luthers auch in der Kunst durch den Einsatz verfeinerter Stilmittel gesteigert, doch bleibt Luther während des gesamten 19. Jahrhunderts in den bildlichen Darstellungen der Glaubensheld. Insofern können die Bilder die Texte für den Historiker zwar ergänzen, sie aber nicht ersetzen.

Angelika Dörfler-Dierken

Katharina von Bora – „ihres Mannes Krone" oder „eine Frau weiß, was sie will"

In Biographien der Katharina von Bora aus dem 19. Jahrhundert überwiege der Gartenlaubenton, und die dichterische Phantasie kenne keine Grenzen. Es handele sich eher um religiöse Trivialliteratur als um seriöse wissenschaftliche Untersuchung. Man sei „wenig weiter gekommen" als der gemäßigt-orthodox lutherische Kirchengeschichtler Christian Wilhelm Franz Walch[1] (1726-1784) im Jahre 1751. Solche ‚Würdigungen'[2] übersehen, dass Walchs Katharinenbiographie einen Zweck hatte, der sich von den Zwecken der Autoren des 19. wie auch des 20. Jahrhunderts unterschied: Walch wollte die Schmähungen römisch-katholischer Schriftsteller bezüglich der sittlichen Verkommenheit Katharinas und Martins zurückweisen. Deshalb bemühte er sich, „die Blöße ihrer Feinde [also der Feinde des Ehepaars Luther, die Verf.] zu entdecken: die Wahrheit in ihrer Schönheit darzustellen und die Pflicht zu erfüllen, die ih[m] die Gesetze der Natur und der Religion auflegen, das gesegnete Andenken [sein]er hochverdienten Lehrer zu vertheidigen."[3] Im 19. Jahrhundert lag das Ziel der Darstellung dagegen nicht mehr in der Apologie des Andenkens der Akteure. Es ging auch weniger um das evangelische Pfarrhaus und seine Bedeutung für die deutsche Geistes-, Kultur und Sozialgeschichte[4] als um den „vorbildge-

---

[1] Wahrhaftige Geschichte der seligen Frau Catharina von Bora, D. Martin Luthers Ehegattin wieder Eusebii Engelhards Morgenstern zu Wittenberg, Halle 1751.
[2] SIEGFRIED BRÄUER, Die Lutherin im Urteil der Zeit, in: Mönchshure und Morgenstern. Eine Frau weiss, was sie will, hrsg. von PETER FREYBE, Wittenberg 1999 (= Wittenberger Sonntagsvorlesungen), S. 9-35, hier: S. 27. Das Urteil berührt sich mit dem über Lutherbiographien des Germanisten WALTHER KILLY, Luther in der trivialen Erzählung, in: Luther in der Neuzeit. Wissenschaftliches Symposion des Vereins für Reformationsgeschichte, hrsg. von BERND MOELLER, Gütersloh 1983 (= Schriften des Vereins für Reformationsgeschichte, 192), S. 284-298. Die literarischen Katharinendarstellungen des 20. Jahrhunderts untersuchte mit ironischem Blick MARITA RÖDSZUS-HECKER, Ist es die da? Die da? Oder die da? Das Bild der Katharina von Bora in der Belletristik des 20. Jahrhunderts, in: Katharina von Bora, die Lutherin. Aufsätze anläßlich ihres 500. Geburtstages, hrsg. von MARTIN TREU im Auftrag der Stiftung Luthergedenkstätten in Sachsen-Anhalt, Wittenberg 1999, S. 306-317.
[3] Wie Anm. 1, Vorrede, S. 16.
[4] Unzweifelhaft war das Wittenberger Pfarrhaus der Luthers auch prägend für die Geschichte des protestantischen Pfarrhauses. Aber die im 19. und 20. Jahrhundert besonders wirkmächtigen Darstellungen betonen, dass die Strahlkraft Katharinas weit über das Pfarrhaus hinausgeht. Damit wird die Bedeutung des

benden Charakter"⁵ der Ehe Martins und Katharinas für die bürgerliche Familie.⁶ Das Zusammenleben der Adligen mit dem Reformator wird als Modell für eine jede christliche Ehe zu ihrer Zeit dargestellt. Das Gelingen jener Ehe bestätigt die lutherische Sozialethik, denn die historische Erscheinung drückt der Idee gleichsam das Siegel der Wahrheit auf.⁷ Entsprechend wird dann behauptet, Luther habe vor allem deshalb geheiratet, weil er „von dem heilsamen Einflusse seiner Verehelichung auf das allgemeine sittli-

---

protestantischen Pfarrhauses für die deutsche Geistes- und Kulturgeschichte nicht relativiert, sondern vielmehr unterstrichen: Ein Pfarrhaus wird zum Modell des Bürgerhauses. Vgl. zur kulturellen Bedeutung des Pfarrhauses die Aufsätze in: Das evangelische Pfarrhaus. Eine Kultur- und Sozialgeschichte, hrsg. von MARTIN GREIFFENHAGEN, Stuttgart 1984. Vgl. zum Verhalten des Pfarrers als Bürger im Unterschied zu Bürgern aus anderen Berufsgruppen OLIVER JANZ, Bürger besonderer Art. Evangelische Pfarrer in Preußen 1850-1914, Berlin 1994 (= Veröffentlichungen der Historischen Kommission zu Berlin, 87). Janz beobachtet, dass Pfarrer sich erst gegen Ende des 19. Jahrhunderts von anderen bürgerlichen Berufsgruppen unterscheiden; jetzt agieren sie jeweils ‚konservativer' als jene.

⁵ LUISE SCHORN-SCHÜTTE, Evangelische Geistlichkeit in der Frühneuzeit. Deren Anteil an der Entfaltung frühmoderner Staatlichkeit und Gesellschaft. Dargestellt am Beispiel des Fürstentums Braunschweig-Wolfenbüttel, der Landgrafschaft Hessen-Kassel und der Stadt Braunschweig, Gütersloh 1996, S. 288. Pathetisch herausgestrichen wird die Vorbildhaftigkeit der Katharina Lutherin beispielsweise von ANNA KATTERFELD, Katharina von Bora. Der Morgenstern von Wittenberg, Lahr-Dinglingen 1952, S. 8: „Ja, Frau Käthe, wollen wir lernen, was es um Wesen und Dienst einer echten Mutter und Hausfrau ist, so müssen wir bei Dir in die Schule gehen." Das Zitat signalisiert, dass die Funktion der Katharinenbiographien sich von derjenigen der Lebensdarstellungen ihres Mannes unterscheidet. Letztere dienten im Kulturkampf – insbesondere in Zusammenhang mit der Vierhundertjahr-Feier von Martins Geburt im Jahre 1883 – der damaligen kirchlichen und politischen Auseinandersetzung. Katharinenbiographien dienten dagegen in der zweiten Hälfte des 19. wie im 20. Jahrhundert der Einbindung der Frau ins Haus und unter die Geschlechtsvormundschaft ihres Eheherrn. Im Kulturkampf wurde der Akzent nur geringfügig verschoben, insofern die Bedeutung des von dem Lutherschen Pfarrhaus ausgehenden Segens für die Häuser des deutschen Volkes unterstrichen wurde.

⁶ Hinweis darauf bei SCHORN-SCHÜTTE (wie Anm. 5), S. 288. Vgl. dies., Gefährtin und Mitregentin. Die Rolle der Pfarrfrau vom 16. bis 18. Jahrhundert, in: Frauen mischen sich ein, hrsg. von PETER FREYBE, Wittenberg 1995 (= Wittenberger Sonntagsvorlesungen), S. 8-23. Zur bürgerlichen Familie des 18. Jh. vgl. REINHARD SIEDER, Sozialgeschichte der Familie, Frankfurt/M. 1987, S. 125-140. Die Dreiteilung der meisten Biographien könnte dagegen sprechen, dass in Katharinenbiographien vor allem die bürgerliche Ehefrau gewürdigt wird, weil schließlich Jungfrauenstand und Witwenstand den Ehestand rahmen. Tatsächlich aber wird auf diese beiden Zeiten ihres Lebens weit weniger Gewicht gelegt als auf die Zeit der Ehe, was sich jeweils in der Seitenzahl ausdrückt.

⁷ WILHELM BESTE, Die Geschichte Catharina's von Bora. Nach den Quellen bearb., Halle 1843, S. V f. Beste war Lehrer an der Bezirksschule zu Braunschweig und ordentliches Mitglied der Historisch-theologischen Gesellschaft zu Leipzig. Vgl. auch HEINRICH MERZ, Christliche Frauenbilder. Zur inneren Mission gesammelt. T. 1, Stuttgart 1852, S. 132: Katharina musste dem Überwinder des katholischen Werkdienstes „zur Seite treten" als ein weibliches Wesen, „das dazu geschaffen und geführt war, in ihrem Theile die verletzte Ordnung Gottes wieder zu Ehren zu bringen und den nächsten, höchsten, schönsten Beruf des Weibes zu aller Zeit unsterblich darzustellen." Vgl. S. 163: „Wäre Katharina dieser reformatorischen Rolle [dem Bibelwort durch die That zu seiner Ehre zu verhelfen] nicht gewachsen gewesen, wie hätte diese Verbindung des Mönches und der Nonne

che Leben überzeugt"⁸ war. Der äußerst populäre nationalliberale Schriftsteller Gustav Freytag (1816-1895) dankt in seinen „Bilder[n] aus der deutschen Vergangenheit"⁹ Luther nicht nur für die Lehre, sondern auch dafür, dass er als „der Gatte, der Vater, der Bürger auch Reformator des häuslichen Lebens seiner Nation"¹⁰ geworden ist.

Auch der als Herausgeber der Tischreden Luthers bekannte Reformationshistoriker und Leipziger Stadtbibliothekar Ernst Kroker (1859-1927) sieht in seinem 1906 erstmals veröffentlichten Lebensbild der Bora deren „echte und rechte Ehe" wegen „ihre[r] Reinheit und Gemütsinnigkeit" als eine „für uns [...] vorbildliche Ehe" an.¹¹ Seine Ehe sei die Voraussetzung für das Zustandekommen der Tischreden gewesen; indem Käthe ihm eine behagliche Häuslichkeit geschaffen habe, habe sie den Deutschen Luther als Menschen beschert.

Meine ausgiebige Lektüre nicht nur von Biographien der Ehefrau des Reformators,¹² sondern auch von Lutherbiographien,¹³ von Anthologien christlicher Frauen-Biographien,¹⁴ Pfarrerspiegeln,¹⁵ Pfarrhausgeschichten,¹⁶ Lexikaartikeln,¹⁷ Studien zur Ehelehre

---

verderblich auf das evangelische Volk wirken müssen! So aber sah alle ehrliche Welt in Luthers ‚ehrlicher Hausfrauen' und deren trefflicher Haushaltung, treuer Gattenliebe und christlicher Kinderzucht den Beweis tatsächlich geführt, wie nicht das Kloster, sondern die Ehe Gottes Ordnung für Mann und Frau sei, und die Tausende, die reisend oder studierend Wittenberg besuchten, trugen ein liebliches Bild und Vorbild häuslicher Liebe und Sitte in alle Gauen des Vaterlandes mit heim."

8   Beste (wie Anm. 7), S. 44.
9   Gustav Freytag, Bilder aus der deutschen Vergangenheit. Mit einem Geleitwort von Arnold Reimann. Vollständige Ausgabe in 1 Bd. nach der 5. Aufl. 1888 (EA 1887), Berlin o. J., S. 824-868.
10 Wie Anm. 9, S. 854.
11 Ernst Kroker, Katharina von Bora. Ein Lebens- und Charakterbild, 11. Aufl., hrsg. im Einvernehmen mit der Ev.-Luth. Freikirche (EA 1906), Berlin 1970, S. 9.
12 Eine Bibliographie der Literatur zu Katharina von Bora, die vor dem 31. Dezember 1998 veröffentlicht wurde, bietet Petra Wittig unter Mitarb. von Jeanette C. Smith in: Katharina von Bora (wie Anm. 2), S. 337-355. Wittig gliedert in Schriften, die vor 1845 und andere, die danach veröffentlicht wurden.
13 Genannt seien beispielhaft für die ältere Literatur Julius Köstlin, Martin Luther. Sein Leben und seine Schriften. 5., neubearbeitete Aufl. von Gustav Kawerau (EA 1863), Bd. 1-2, Berlin 1903, Bd. 1, S. 728-739 und Bd. 2, S. 162-177; Adolf Hausrath, Luthers Leben, 3. Aufl. (EA 1904), Bd. 1-2, Berlin 1913 f., hier: Bd. 2, S. 168-187, unter dem bezeichenden Titel, der die Blickrichtung markiert: Das evangelische Pfarrhaus. Beispielhaft für die neuere Literatur sind zu nennen Martin Brecht, Martin Luther. Ordnung und Abgrenzung der Reformation, Berlin 1989, S. 194-209; Helmar Junghans, Luther in Wittenberg, in: Leben und Werk Martin Luthers von 1526 bis 1546. Festgabe zu seinem 500. Geburtstag. Im Auftrag des Theologischen Arbeitskreises für Reformationsgeschichtliche Forschung, hrsg. von dems. 2. Aufl. (EA 1983), Berlin 1985, Bd. 1, S. 12-18, Anm. Bd. 2, S. 724 f., Nr. 3-90.
14 Beispielhaft seien genannt Merz (wie Anm. 7), S. 132-165; Lisbeth Haase, Katharina von Bora und andere Frauen in 2000 Jahren Kirchengeschichte, Hannover 1999, S. 71-82; Julie Kavanagh, Frauen der Christenheit. Vorbilder der Frömmigkeit und Menschenliebe, Hamburg 1851; Helene Stökl, Im Dienste des Herrn. Lebensbilder christlicher Frauen für Deutschlands Töchter dargestellt, Leipzig 1901.
15 Beispielhaft sei genannt Johann Christian Friedrich Burk, Evangelische Pastoraltheologie in Beispielen. Aus den Erfahrungen treuer Diener Gottes, Bd. 1-2, Stuttgart 1838 f., hier: Bd. 2, S. 718-720. Unter

Luthers[18] und last but not least Romanen ergab,[19] dass der Unterschied zwischen Untersuchungen mit wissenschaftlichem Anspruch und populären Darstellungen nicht allzu groß ist. Das gilt zumindest für die vor 1995 veröffentlichten Arbeiten. Damit will ich kein letztes Urteil über eine jede der wissenschaftlichen Darstellungen gesprochen – im einzelnen finden sich hier zahlreiche wichtige Hinweise –, sondern einen Trend bezeichnet haben. Einschränkend ist überdies zu betonen, dass im folgenden nicht alle eingesehenen Schriften zitiert werden können; schließlich geht es nicht um bibliographische Vollständigkeit, sondern um die Darstellung einer Entwicklung. Das Studium dieser Elaborate zeigte, dass die Begeisterung für Luthers Käthe in den gehobenen Schichten der protestantischen Gesellschaft des 19. Jahrhunderts enorm gewesen sein muss; heute scheint sie jedoch noch größer zu sein. Fanden sich im 19. Jahrhundert in Kupferstichsammlungen Darstellungen Katharinas und des Familienlebens der Luthers,[20] so wurde letztes Jahr ein Flusskreuzer auf

---

dem Thema „Private Lebensführung" wird zur Frage der Gestaltung ehelicher Verhältnisse aus Luthers Schriften zitiert. Vgl. A. MERTZ, Pfarrfrauen, Pastorentöchter, Alte Jungfern, Heilbronn 1887 (= Zeitfragen des christlichen Volkslebens, H. 86), S. 221-268, hier: S. 223: „[E]s geht die gemeine Rede um, der Pastor hat Tausend erschlagen – die FRAU Pastorin aber Zehntausend." Die Verfasserin will in ihrer Schrift die Verweltlichung der Pfarrhäuser geißeln. Unter den Gründen für den gegenwärtigen Verfall wird „die mangelnde Unterwerfung unter des Mannes Wunsch und Willen" (S. 229) angeführt.

[16] FRANZ BLANCKMEISTER, Vierhundert Jahre sächsisches Pfarrhaus, Dresden 1929 (= Studien zur Geschichte des evangelischen Pfarrerstandes, 4); HERMANN WERDERMANN, Käthe Luther und ihre Bedeutung für das evangelische Pfarrhaus, Berlin 1939; HANS JÜRGEN SCHULTZ, Luthers Käthe, die erste Pfarrfrau, Stuttgart 1952.

[17] Katharina von Bora-Artikel zeigen dieselbe Bewegung, die in dieser Untersuchung herausgearbeitet wird: Während beispielsweise GERHARD UHLHORN, Bora, Katharina von, in: RE, 3. Aufl., Bd. 3, 1897, S. 321-325, herausstellt, dass Martin Luther der Lenker und Leiter von Katharina war und ihr die Ehre gebührt, seine Vorgaben sorgfältig ausgeführt zu haben, unterstreicht ANNELIESE BIEBER, Bora, Katharina von, in: Personenlexikon, hrsg. von MARTIN GRESCHAT, Göttingen 1998, S. 59, Katharinas Selbstständigkeit und ihre ökonomischen Fähigkeiten. Ein Artikel zu Katharina von Bora fehlt in der TRE, der entsprechende Band wurde 1981 veröffentlicht. Im Artikel von MARTIN BRECHT zu Luthers Leben, in: TRE 21, 1991, S. 514-529, hier: S. 520 f., finden sich zu Katharina knappe Bemerkungen. WALTER MOSTERT, Luther III. Wirkungsgeschichtlich, in: TRE 21, 1991, S. 567-585, gibt keinen Hinweis auf das Weiterleben des Bildes von Luther als Hausvater und von seiner vorbildlichen Ehe.

[18] GOTTFRIED MARON, Vom Hindernis zur Hilfe. Die Frau in der Sicht Martin Luthers, in: Ders., Die ganze Christenheit auf Erden. Martin Luther und seine ökumenische Bedeutung. Zum 65. Geburtstag des Verfassers hrsg. von GERHARD MÜLLER u. GOTTFRIED SEEBASS, Göttingen 1993, S. 95-105.

[19] Vgl. beispielsweise ARMIN STEIN, Katharina von Bora, 5. Aufl. (EA 1879), Halle 1924; HERMANN MOSAPP, Der Morgenstern von Wittenberg. Das Leben der Frau Doktor Luther dem deutschen evangelischen Volk erzählt, Stuttgart 1922; AGNES BARTSCHERER, Frau Käthe Luther in Torgau, Torgau 1925. Auf neuere Romane gehe ich unten ausführlicher ein.

[20] Vgl. die Abbildungen in: „Lieber Herr Käthe" – Katharina von Bora, Die Lutherin. Rundgang durch die Ausstellung. Lutherhalle Wittenberg 25. März bis 14. November 1999, hrsg. von MARTIN TREU, Wittenberg 1999. Vgl. JOACHIM KRUSE, Katharina von Bora in Bildern, in: Katharina von Bora (wie Anm. 2), S. 217-302. Hier finden sich (S. 263 f.) Abbildungen verschiedener Stahlstiche zum Familienleben der Luthers, beispiels-

ihren Namen getauft, in Wittenberg kann man essen, was Katharina auf den Tisch bringen würde, eine Ausstellung wurde zu ihren Ehren veranstaltet und sogar ein Gedenk-Haus soll eröffnet werden. Eine der besonders auffälligen Merkwürdigkeiten der gegenwärtigen Bora-Rezeption besteht darin, dass das im Geist des 19. Jahrhunderts abgefasste Lebensbild Krokers inzwischen seine 17. Auflage erlebt hat, bezeichnenderweise in der Reihe „Schrifttum der Vereinigung selbständiger evangelisch-lutherischer Kirchen".[21] Bevor ich frage, woher das wohl kommen mag, dass einer Frau des beginnenden 16. Jahrhunderts von Wissenschaft und Gesellschaft derart große Aufmerksamkeit zuteil wurde und wird, beschreibe ich die Grundzüge der vor 1995 veröffentlichten Katharinenleben, frage nach deren religiös-theologischen Leitbildern und würdige sie in Bezug auf die Geschichte des Familien- und Frauenrechts.

1) Grundzüge der Katharina-Darstellungen

„Die nahende Nacht legt den letzten Rest des Abendrots in die dunkle Wolkentruhe. Der Frühlingswind fegt über die Felder und erprobt seine stürmische Kraft an den Mauern des neu erbauten Zisterzienserklosters Marienthron in Nimbschen, einem weltabgeschiedenen Ort im Sächsischen […]."[22] Mit solchen und ähnlichen, gezwungen poetischen Bildern, die in ihrer Ruhe einer untergründigen Dramatik nicht entbehren, beginnen viele Biographien der Lutherin. Zitiert habe ich hier aus derjenigen des 1906 geborenen Fritz Schmidt-

---

weise von Carl August Schwerdgeburth aus dem Jahr 1843 sowie von Gustav König aus dem Jahr 1851. Auch die Weihnachtsfeier im Lutherhaus wurde von den beiden genannten Künstlern sowie von Bernhard Plockhorst dargestellt. Zur Entstehung des Weihnachtsfestes vgl. INGEBORG WEBER-KELLERMANN: Exkurs. Die deutsche Bürgerfamilie und ihre weihnachtlichen Verhaltensmuster. In: Dies.: Die Familie. 2. Aufl. (EA 1976), Frankfurt/M. 1990, S. 300-311.

[21] Dieser explizit neulutherisch-konfessionelle Rezeptionsstrang beginnt wohl mit der Biographie von MORITZ MEURER, Katharina Luther, geborne von Bora. Mit einem Titelbilde nach Prof. Richter [Katharina bringt ihrem krank darniederliegenden Mann das Söhnchen Hans ans Bett, 1537], 2. Aufl. (EA 1854), Dresden 1873. Meurer war Hauslehrer bei dem Wittenberger Predigerseminarsdirektor Heinrich Leonhard Heubner, einem der ,Drahtzieher' der erwecklich-konfessionellen Szene in Preußen, später dann Herausgeber des „Pilger aus Sachsen" sowie des „Sächsischen Kirchen- und Schulblattes". Derselben theologisch-kirchlichen Richtung gehören auch die folgenden Arbeiten aus dem 20. Jahrhundert an: E. JANE MALL, Kitty, My Rib, St. Louis Ill. 1959; WILLIAM DALLMANN, Kate Luther, Milwaukee 1941; CLARA LOUISE DENTLER, Katherine Luther of the Wittenberg Personage, Philadelphia 1924.

[22] FRITZ SCHMIDT-KÖNIG, Käthe Luther. Die Weggenossin des Reformators, 5. Aufl. 22.-26. Tsd. (EA 1957), Lahr-Dinglingen 1983 (= Telos Taschenbuch, Nr. 329), S. 5. Ursprünglich war diese Schrift unter dem Titel: Frau Käthe Luther. Die Weggenossin des Reformators, Gießen, Basel 1957 (= Zeugen des gegenwärtigen Gottes, 125) erschienen.

König, der bis vor etwa 30 Jahren Berliner Kreispfarrer, Vorsteher eines Diakonissenhauses und 1. Vorsitzender der Christoffel-Blindenmission war. Seine erstmals 1982, jetzt in 7. Auflage verbreitete Biographie[23] fußt auf dem eben erwähnten „Lebens- und Charakterbild" Krokers. Wegen ihrer immensen Materialfülle durch die umfassende Auswertung der Tischreden Luthers gilt diese Schrift immer noch als grundlegend. Kroker hat allerdings seine Studie bewusst nicht als ‚Lebensgeschichte' oder ‚Biographie' bezeichnet, weil die Quellenlage nur die Gestaltung eines „Mosaiks" erlaube, wobei „die zahlreichen kleinen Steinchen an der rechten Stelle einzufügen und die Umrisse des Bildes klar und bestimmt hervorzuheben seien."[24] Krokers Lebensbild zeichnet sich durch eine grundlegende Gemeinsamkeit mit seinen Vorläufern und Nachfolgern aus: Sämtliche Autoren betrachten Katharina mit den Augen ihres Ehemannes. Weil nämlich Martin sie als gute Ehefrau und Mutter gerühmt hat, besteht der Hauptteil der Darstellung jeweils darin, Katharinas Lebensgeschichte aus den Äußerungen Luthers über das Wesen der Ehe, über seine Ehe und über seine Frau zu rekonstruieren. Es leuchtet unmittelbar ein, dass damit ein Problem markiert ist: Im Mittelpunkt der Darstellung steht Luther, nicht Katharina. Gerechtfertigt wird dieses methodische Vorgehen mit folgendem Spruch: „Das ist das wahre Lob, gelobt zu werden von gelobten Männern."[25] Deutlich bringt das schon der Titel von Friedrich Gottlob Hofmanns[26] (1820-1895) Biographie zum Ausdruck: „Katharina von Bora oder Dr. Martin Luther als Gatte und Vater." Hofmann unterscheidet zwischen dem in der Öffentlichkeit stehenden Reformator und dem Familienmenschen. Entsprechend betont er: „Luther führte mit Katharina eine äußerst zufriedene und glückliche Ehe. Denn ganz falsch würde man Luther'n beurtheilen, und ihn in die Zahl gemeiner Menschen versetzen, wollte man von seinem öffentlichen Charakter auf sein eheliches und häusliches Benehmen schließen. Hier fand sich keine Spur jenes Starrsinnes und Aufbrausens, die nur in dem oft noch auffallenderen Betragen seiner Widersacher, in dem damaligen Zeitgeiste, vor allem aber in dem brennenden Eifer für Gottes Ehre und die Wahrheit des Evangeliums eine Entschuldigung finden können. Nein! im Kreise seiner Familie war er liebreicher Gatte und zärtlicher Vater; menschlich und herablassend gegen seine Untergebenen und wohlthätig gegen Bedürftige."[27]

Welche Rolle fällt nun Katharina zu in dieser vorbildlichen Ehe? Sie trägt, so ist zu beobachten, die Verantwortung für deren Gelingen, indem sie als nimmermüde Hausfrau für das leiblich-seelische Wohl ihres Mannes sorgt: Sie kocht seine Lieblingsspeisen, lüftet

---

[23] Wie Anm. 22.
[24] KROKER (wie Anm. 11), S. V.
[25] BESTE (wie Anm. 7), S. 91. Vgl. auch KROKER (wie Anm. 11), S. 99: „Das beste Zeugnis für ihre häuslichen Tugenden ist die rückhaltlose Anerkennung ihres Gatten."
[26] Der Untertitel lautet: Ein Beitrag zur Geschichte der Priesterehe sowie des ehelichen und häuslichen Lebens des großen Reformators nach den Quellen bearbeitet, Leipzig 1845.
[27] Wie Anm. 26, S. 72.

seinen Strohsack, pflegt und stärkt ihn aufopferungsvoll bei seinen zahlreichen körperlichen und seelischen Gebrechen. Damit schafft sie diejenige „behagliche Häuslichkeit", deren Luther bedurfte, denn „[s]ein sonniger Humor und die ganze Tiefe und Innigkeit seines Gemüts entfalteten sich erst in seinem Familienleben."[28] Inbild dieses Glücks ist die Darstellung der um den die Laute schlagenden Vater versammelten Luther-Familie. Die Ehe von Katharina und Martin wird dargestellt als eine gemütvolle Liebesehe, wobei die Frau als „etwas Neues, bereichernd und verschönernd, ja veredelnd"[29] in sein Leben tritt. Zwischen beiden waltet ungleiche Gleichheit. Während der Reformator zwei Leben hat, ein öffentliches und ein familiäres, beschränkt sich Katharinas Wirkungskreis auf den privaten Bereich. Und keine dieser Darstellungen vergisst zu erwähnen, dass Luther selbst seine Frau lobte, wenn er bekannte, sie habe ihm „wie eine Magd gedient."[30]

Die Botschaft der eher dünnen Lebensgeschichten ist an Frauen gerichtet; sie erblicken eine vorbildliche Frau durch die Augen eines Mannes. Auf diese Weise erläutern die Autoren ihren Leserinnen, was Männer von ihren Frauen erwarten. Dass die Autoren tatsächlich vor allem für Frauen schrieben, zeigt sich nicht zuletzt darin, dass selbst Kroker als der ausgewiesenste Historiker unter ihnen darauf verzichtet, in Fußnoten die üblichen Belege für die Darlegungen beizubringen. Frauen soll man mit einem wissenschaftlichen Apparat nicht verwirren. In volkstümlichen Erzählungen, krampfhaft in altertümelndes Deutsch gekleidet, wird potentiellen Ehefrauen eingebläut, dass sie gelehrter Bildung nicht bedürfen. Auch das wird als Luthers Überzeugung ausgegeben. Als der nämlich seinen Freunden und späteren Trauzeugen eröffnete, dass ihm Gott geboten habe, Katharina zu freien, wird das Thema diskutiert: „Doktor Apel hatte in Nachdenken versunken dagesessen. Jetzt hob er mit verlegenem Lächeln den Kopf und wendete sich zu Luther hin. ‚Meine Seele ist voll Lust und Freude, wie der andern, eines jedoch leget sich als ein Schatten darüber, nämlich dieses, ob auch die Katharina, bei aller Vortrefflichkeit des Herzens und Gemüts, Eurer Geistesgröße gewachsen sei und Euch auf die Länge genügen möchte? Denn nicht allzuviel Wissen und Gelehrsamkeit hat sie aus dem Kloster mitgebracht. Verzeiht mir, daß ich solches Bedenken geäußert!' Luthers Augen leuchteten in heiligem Feuer auf. ‚Ei, liebster Apel, was ist es denn, das dem Magister Philippus Melanchthon sein Weib so gar lieb und sein Haus zu einem Tempel des Glücks machet? Siehe, auch er hat nicht nach einem gelehrten Weib gehaschet, sondern allein das Herz angesehen. Ist doch ein gelehrtes Weib gleich einer Stechfliege, so da glänzet und nur darauf aus ist, zu reizen und zu stacheln. Was dem Mann gefällt und ihm die Ehe zum Paradiese machet, das ist ein Weib mit sittsamem, frommem Gemüt, mit einer stillen demütigen Seele, mit einem Herzen voll Liebe und Sanftmut und mit einer treuen, geschickten Hand, so dem Hauswesen wohl fürste-

---

[28] KROKER (wie Anm. 11), S. 127.
[29] Ebd.
[30] HOFMANN (wie Anm. 26), S. 80.

hen mag.' Ein dankbarer Blick aus Barbaras Augen [gemeint ist die Ehefrau Cranachs, die Verf.] lohnte den Doktor für dieses Wort."[31]

Kein Wunder, dass die Lebensbildner angesichts mancher Quelle ein Problem haben, die historische Katharina als eine solche ungebildete Magd zu zeichnen. Sie müssen die zeitgenössischen Äußerungen über ihren Stolz und ihren Einfluss auf den Reformator so interpretieren, dass sie das Gesamtbild möglichst wenig stören. Deshalb postulieren sie einfach, Katharina habe „in der Liebe zu ihm [Martin Luther, die Verf.] die Kraft [gefunden, die] üble Charaktereigenschaft [Stolz] wenigstens ihm gegenüber zu unterdrücken."[32] Nur in dem Maße, wie es einer guten Frau geziemt, habe sie sich der Sorgen ihres Mannes angenommen und „gelegentlich, gefragt oder ungefragt, ihre Meinung"[33] geäußert; dabei sei aber nie das rechte innereheliche Ordnungsgefüge ins Wanken gekommen. „Sache des Mannes ist es, die Entscheidung in seiner Hand zu halten. Darin ließ sich Luther auch von seiner Käthe nicht beeinflussen."[34]

Die hier vorgestellten Grundzüge der älteren wie der neueren Lebensgeschichten der Lutherin treten einmal mehr, einmal weniger scharf hervor; im ausgehenden 20. Jahrhundert wird die Unterordnung unter den Eheherrn nicht mehr so kräftig herausgestrichen wie im 19., aber das Bild von der durch Anpassung um die Aufrechterhaltung des ehelichen und häuslichen Friedens bedachten Frau ist auch in der Gegenwart von immensem Einfluss. Daneben wird derzeit Katharinas Arbeitsleistung stärker gewürdigt als früher. Ihre Herrschaft erstreckte sich nicht nur über ‚Küche und Kinder‘, „sondern über einen Haushalt, in dem sie nicht nur mit Mann und Kindern, sondern fast täglich mit einer nie abreißenden Schar von Gästen, Freunden, Besuchern zu tun hatte, und vor allem über einen Haushalt, für den ausreichend Nahrung und Kleidung beschafft werden musste. Und siehe, auf diesem Felde kamen in Käthe Luther die bisher schlummernden Tugenden einer umsichtigen Landedelfrau heraus […]."[35]

Der größte Unterschied zwischen den älteren und den neueren Biographien sozial-konservativen Zuschnitts betrifft Katharinas voreheliches Liebesleben. Ihre Beziehung zu Hieronymus Baumgärtner, dem Nürnberger Patrizier, den sie bekanntlich gern geheiratet hätte, wird selbst in patriarchalisch orientierten neueren Darstellungen zum Anlass genommen, die 25-jährige als dummes Gänschen bei ihrer ersten Verliebtheit vorzuführen,[36] – so von der in Mähren 1920 geborenen Marianne Wintersteiner. Ihr wurde wegen ihrer „fraulich[n] Erzählkunst" 1979 der Kulturpreis für Literatur der sudetendeutschen Lands-

---

[31] Armin Stein (H. Nietschmann), Katharina von Bora. Luthers Ehegemahl. Ein Lebensbild, 2. Aufl. (EA 1879), Halle a. d. S. 1882, S. 67.
[32] Kroker (wie Anm. 11), S. 274.
[33] Ebd., S. 284.
[34] Ebd., S. 284.
[35] Erwin Mülhaupt, Sieben kleine Kapitel über die Lebenswege Luthers und Käthes, in: Luther. Zeitschrift der Luthergesellschaft 57, 1986, S. 1-18, hier: S. 10.

Abb. 1 – 2: Aus: Das Lob des Tugendsamen Weibes. Sprüche Salomonis 31, Vers 10-31.

mannschaft verliehen. Sie beansprucht, nicht nur „mit großer Einfühlsamkeit", sondern auch mit „historischer Genauigkeit" ihre erzählende Biographie der Ehefrau des Reformators abgefasst zu haben. In dem immerhin dreimal aufgelegten Büchlein vermeint sie zu wissen, dass Katharina heimlich nach Nürnberg zu ihrem Geliebten reisen wollte.[37] Herausgehoben habe ich diese Szenen, weil sich vergleichbare Bemühungen, Erotik in der Lebensgeschichte Katharinas unterzubringen, in Bezug auf Martin nicht finden lassen. Statt sinnlicher Anziehungskraft schildert die Literatur vorbildliche Gattenliebe.[38] Und das bedeutet eben bei den konservativ-patriarchalisch ausgerichteten Autoren, ein „fromme[s], willige[s], gehorsame[s] Weib"[39] zu zeichnen.

---

[36] MARIANNE WINTERSTEINER, Luthers Frau. Katharina von Bora, Mühlacker-Irdning/Steiermark 1983, S. 72 f. Vgl. auch SCHMIDT-KÖNIG (wie Anm. 22), S. 14 f. Die feministisch orientierte Literatur geht weiter, vgl. unten Anm. 38.

[37] WINTERSTEINER (wie Anm. 36), S. 80.

[38] Eine Ausnahme bildet ASTA SCHEIB, Kinder des Ungehorsams. Die Liebesgeschichte des Martin Luther und der Katharina von Bora, 5. Aufl. (EA 1985), München 1990 (= Knaur Taschenbücher, 2872). Scheib rekonstruiert sogar aus den Geburten einen Kalender der fruchtbaren Tage der Heldin bis zur Menopause. Damit hat sie ihren LeserInnen ein Gefühl von Peinlichkeit nicht erspart.

[39] SCHMIDT-KÖNIG (wie Anm. 22), S. 23.

Zusammenfassend ist festzuhalten: Die wenigen erhaltenen Quellen werden vom „Lob der tüchtigen Hausfrau" (Spr. 31, 10-31) her interpretiert. Dieser alttestamentliche Text wurde als Frauenspiegel interpretiert. Seine Bedeutung für die seinerzeit aktuelle Wahrnehmung und Deutung des Geschlechterverhältnisses ersieht man daraus, dass er in einer mit 30 Darstellungen des Historienmalers Ludwig von Kramer geschmückten Prachtausgabe veröffentlicht wurde.[40] Man stelle sich nur, beliebig herausgegriffen, ‚altdeutsch' inspirierte Illustrationen vor zu den Versen 12 und 13: „Sie thut ihm Liebes und kein Leides sein Lebenlang. Sie gehet mit Wolle und Flachs um, und arbeitet gern mit den Händen." So wird Katharina zum Urbild der guten Ehefrau, die bekanntlich „ihres Mannes Krone [... und nicht] Eiter in seinem Gebein" (Spr. 12, 4) ist.

2) Der theologische Hintergrund

Das an Katharina exemplifizierte evangelische Eheideal ist zeitbedingt, wie ein Blick in einschlägige Ethiken schnell ausweist: Aus der Gemeinsamkeit des Glaubens und der Gleichheit von Mann und Frau vor Gott folge keine Gleichberechtigung in der Ehe, sondern die Herrschaft des Mannes über die Frau, die in ihrem Wesen nicht Gewalt, sondern Liebe sei.[41] Auf den zeitgenössischen Abbildungen tritt Katharina hinter ihren Mann zurück und blickt ihm über die Schulter. Die dem Mann untergebene Frau soll geduldig sein und im Kleinen wirken, wozu sie eine natürliche Disposition habe. Bei dem bekannten Bonner Ethiker Albrecht Ritschl (1822-1889) heißt es, die „geistige Art" der Frau fordere es, „dem Manne als dem Vertreter der beiderseitigen Gemeinschaft sich unterzuordnen."[42] Solche Wesensverschiedenheit von Mann und Frau, die sich in einer unterschiedlichen Stellung in Haus und Gesellschaft niederschlägt, wird übrigens auch noch in den Ethiken des 20. Jahrhunderts postuliert.[43]

---

[40] Das Lob des Tugendsamen Weibes. Sprüche Salomonis 31, Vers 10-31. 30 Compositionen von Ludwig von Kramer. Ausgeführt in 8 Heliogravuren und 22 Tondruckbildern. Mit poetischer Einleitung von Karl Gerok. 2. Aufl. (EA 1977) Fotomechanischer Nachdruck der 2. Aufl. München 1885, Dortmund 1977 (= Die bibliophilen Taschenbücher, 7), S. 22 f.

[41] Theodor Haering, Das christliche Leben. Ethik, 3. Aufl. (EA 1906) Calw, Stuttgart 1914, S. 380: „Nur schließt diese grundsätzliche Gleichberechtigung in allen Stücken wegen der Naturverschiedenheit der Geschlechter nicht aus, sondern ein, dass der Mann Haupt des Weibes und des Hauses ist. Aber diese Herrschaft ist das Gegenteil von Gewalt, selbst Liebe.

[42] Unterricht in der christlichen Religion, 2. Aufl. (EA 1875), Bonn 1883, S. 56. Dass sich hier ein neulutherisches Ordnungsdenken spiegelt, ist evident. Historisch angemessener wäre es, vom Regiment der Hausväter und der Hausmütter im Sinne von Ämtern zu sprechen. Vgl. dazu Schorn-Schütte (wie Anm. 5), S. 289.

[43] Vgl. die ideologiekritische Untersuchung von Ina Praetorius, Anthropologie und Frauenbild in der

Gerade in der zweiten Hälfte des 19. Jahrhunderts unterstrich die lutherische Ethik die Forderung, dass die Frau ins Haus und unter die Geschlechtsvormundschaft des Mannes gehöre. Nach der Revolution von 1848, in der die Männer und die Frauen in einem bis dahin ungekannten Maße gemeinsam in der Öffentlichkeit agiert hatten, verstärkte sich die konservative Gegenbewegung, die durch die feste Bindung der Ehefrauen in das von der Welt scharf separierte Haus die Gesellschaft erneuern wollte.[44] „Wo die Treue der monogamen Sitte ist, wirkt sie auf die Treue und Beständigkeit überhaupt zurück, und es ist daher charakteristisch, daß sich umwälzende Bestrebungen gegen dies stabile Element der Sitte zu kehren pflegen."[45] So formuliert der neulutherische Leipziger Theologe Christoph Ernst Luthardt (1823-1902). Er führt uns in seinem weitverbreiteten, von Theologiestudenten noch nach 1945 zur Examensvorbereitung benutzten „Kompendium der theologischen Ethik"[46] ein wenig weiter auf dieser Spur: Weil „die Familiengemeinschaft sachlich wie geschichtlich die vorderste aller natürlichen Lebensgemeinschaften und die Grundlage alles bürgerlichen und nationalen Lebens"[47] sei, weil das Volkschristentum auf dem christlichen Haus, und insbesondere auf dem Traditionalismus der Frauen ruhe, müsse die Bedeutung der christlichen Ehe für die Gesellschaft herausgestellt und das Haus instand gesetzt werden, den Stürmen der Zeit zu trotzen. Die Reformation hat nach Luthardt die Bedeutung der Familie ins volle Licht gestellt und darum war Luthers Eheschließung „eine Tat von weittragendster reformatorischer Bedeutung für die gesamte bürgerliche Gesellschaft."[48] „Die Geschichte lehrt also, daß, wie ‚vom christlich gewordenen Haus' die Erneuerung der Völker der alten Kulturwelt ausgegangen ist, so auch die des nationalen Lebens unsrer Tage von ihm ausgehen müsse."[49] Wenn Frauen am Herd walten und Hüterinnen der Sitte sind, dann wird die Gesellschaft stabilisiert gegen „umwälzende Bestrebungen".[50] Zur Befestigung und Vertiefung seiner Ansichten nennt Luthardt eine große Anzahl von Autoren, deren Namen und Schriften heute völlig unbekannt sind: Der Parchimer Gymnasiallehrer und Volkskundler Albert Freybe (1835-1911) prägte beispielsweise 1873 in „Altdeutsches Frauenlob",[51] 1878 in „Altdeutsches Leben"[52] und 1910 in „Das

---

deutschsprachigen protestantischen Ethik seit 1949, Gütersloh 1993, zu den Ethiken von Althaus, Thielicke, Trillhaas, Schweitzer, Rendtorff.

44 Zum öffentlichen Auftreten von Frauen in Zusammenhang mit der Revolution und zur Bedeutung des Weiblichen in der Selbstinszenierung der Revolutionäre vgl. Carola Lipp, Das Private im Öffentlichen, Geschlechterbeziehung im symbolischen Diskurs der Revolution 1848/49, in: Frauengeschichte – Geschlechtergeschichte, hrsg. von Karin Hausen und Heide Wunder, Frankfurt/M. u. a. 1992 (= Geschichte und Geschlechter, 1), S. 99-116.

45 3. Aufl. (EA 1896) Leipzig 1921, S. 336.
46 Ebd.
47 Wie Anm. 45, S. 321.
48 Wie Anm. 45, S. 322.
49 Wie Anm. 45, S. 323.
50 Wie Anm. 45, S. 336.

deutsche Haus und seine Sitte"[53] seinen Lesern als die höchsten Tugenden der Frau Gehorsam, Furcht und Einfalt ein;[54] der entschieden sittenstrenge Theologe Heinrich Wilhelm Josias Thiersch (1817-1885), der als Irvingianer seiner Marburger Professur entsetzt wurde, lehrte in seiner 1854 erstmals veröffentlichten Schrift „Über christliches Familienleben" (die siebte Auflage kam 1876 heraus) nichts anderes.[55]

Hervorzuheben unter den von Luthardt angeführten Autoren ist vor allem der sozialpolitisch und volkskundlich interessierte Schriftsteller Wilhelm Heinrich Riehl (1823-1894), der in seiner großangelegten „Naturgeschichte des Volkes als Grundlage einer deutschen Social-Politik" der Familie einen eigenen Band widmete.[56] Das Ziel seiner sehr populären Darlegungen besteht im „Wiederaufbau des Hauses",[57] der vor allem dadurch erfolgen soll, dass die Frauen ihren „natürlichen Geschlechtsberuf des Beharrens und Bewahrens"[58] übernehmen.[59] Zahlreiche Darstellungen zur Geschichte der Frauen beschreiben ausführlich, wie sich diese Theorien im bürgerlichen Frauenleben praktisch auswirkten. Das Eingesperrtwerden in ein Wohnzimmer (für die Küche und die Kinder waren ‚Mädchen' zuständig) führte zu dessen überbordender Verschönerung mit selbstgefertigten feinen Handarbeiten.[60] Auch Katharina wird in dieser Weise dargestellt: im inneren Bereich des Hauses über eine feine Stickerei gebeugt, während im Vordergrund ihr Mann mit Melanchthon im eigentlichen Sinne des Wortes ‚arbeitet'.[61]

---

51 Untertitel: Züge deutscher Sitte und Gesinnung aus dem Frauenleben, Leipzig 1873, S. 283: „Und in der Tat, wenn noch eine Hoffnung da ist, unseres Volkes mannigfaches, vielgestaltiges Weh zu heilen, dann ists der christliche Ehestand, der heiligste Orden, das deutsche Gotteshaus, aus dem sich ein göttlicher Gnadenborn still, aber kräftig für der Völker Weh ergießt."

52 Untertitel: Stoffe und Entwürfe zur Darstellung deutscher Volksart, Bd. 1, Gütersloh 1878, beschränkt sich auf heidnische Gestalten, postuliert aber dieselben Werte.

53 Gütersloh 1892. Der Verfasser lobt ausführlich die angeblich alte und angeblich deutsche Tradition von Herd, Haus, Hausvater, Hauspriester.

54 „Der inwendige Mensch des Herzens" soll sich, sofern er weiblichen Geschlechts ist, durch „Gehorsam (S. 73), durch „keusche[n] Wandel in der Furcht" (S. 91), durch „sanfte[n] und stille[n] Geist in d[er] Einfalt im Wandel ohne Wort" (S. 123) auszeichnen.

55 Frankfurt/M. 1864.

56 Die Familie, 5. Abdr. (EA 1855), Stuttgart 1858 (= Naturgeschichte des Volkes als Grundlage einer deutschen Social-Politik, 3).

57 Überschrift von Kapitel 6.

58 Wie Anm. 56, S. 76. Vgl. auch S. 81: „Herrschen soll die Frau, indem sie dient, den Mann aus seiner Beschränkung herausreißen, indem sie sich selbst beschränkt, Einflüsse üben, wo sie nur Einflüsse zu empfangen scheint."

59 Vgl. zur Bedeutung Riehls DIETER SCHWAB, Familie, in: Geschichtliche Grundbegriffe, Bd. 2, Stuttgart 1975, S. 290 f.

60 BONNIE S. ANDERSON, JUDITH P. ZINSSER, Eine eigene Geschichte. Frauen in Europa, Bd. 2: Aufbruch. Vom Absolutismus zur Gegenwart, Zürich 1993 (EST: A History of Their Own, 1988), S. 159-202 u. ö.

61 Gustav König, Öl auf Leinwand, um 1850, abgebildet in: „Lieber Herr Käthe" (wie Anm. 20), S. 97.

3) Der juristische Hintergrund

Diese Äußerungen seinerzeit bekannter Theologen und Literaten wirken aus der heutigen Perspektive so, als seien sie schon zu ihrer Zeit antiquiert gewesen. Aber dieser Eindruck trügt. Die Geschichte des Frauenrechts im 19. Jahrhundert zeigt, dass „die Ehe als ein Vertrag zwischen eigentlich gleichberechtigten Individuen zu einer Lebensgemeinschaft [verstanden wurde], wobei sich die Frau freiwillig der Oberherrschaft des Mannes unterwirft."[62] Die Darstellungen der Katharina aus dem 19. Jahrhundert zeigen eine immer jüngere Frau, fast ein halbwüchsiges Mädchen. Es scheint mir, als ob auf diese Weise bildlich ausgedrückt werden soll, dass ihr Mann für sie verantwortlich sein muss. Begründet wurde die Geschlechtsvormundschaft biologisch, also mit Hinweis auf die angebliche natürliche Überlegenheit des Mannes, oder traditionalistisch, schließlich habe die Frau durch die freie Annahme des Ehevertrages in „dasjenige, was die Gewohnheit mitbringt, stillschweigend einwilliget"[63] oder ökonomisch. Badisches Landrecht (1809) und Code civil (1804) stimmen bis in die Formulierung hinein überein: „Der Mann ist seiner Frau zu Schutz, und die Frau ihrem Mann zu Gehorsam verbunden."[64] Noch im BGB von 1900 heißt es, „[d]em Manne steht die Entscheidung in allen das gemeinschaftliche eheliche Leben betreffenden Angelegenheiten zu" (§ 1354); der Frau steht die Schlüsselgewalt, die Besorgung der Geschäfte im Rahmen der Haushaltsführung zu. Verboten war die Beteiligung von Frauen an politischen Vereinen, ausgeschlossen waren sie vom Studium.[65] Wenn Frauen schon arbeiten mussten oder wollten, dann sollten sie das nur in möglichst hausnahen Bereichen wie etwa der Krankenpflege tun.[66] Die Möglichkeit zur Ehescheidung (im Allge-

---

62 BARBARA DÖLEMEYER, Frau und Familie im Privatrecht des 19. Jahrhunderts, in: Frauen in der Geschichte des Rechts. Von der Frühen Neuzeit bis zur Gegenwart, hrsg. von UTE GERHARD, München 1997, S. 633-658, hier: S. 637. Die folgenden Beispiele entstammen dieser Untersuchung oder derjenigen von UTE GERHARD, Die Rechtsstellung der Frau in der bürgerlichen Gesellschaft des 19. Jahrhunderts. Frankreich und Deutschland im Vergleich, in: Bürgertum im 19. Jahrhundert. Deutschland im europäischen Vergleich, hrsg. von JÜRGEN KOCKA unter Mitarbeit von UTE FREVERT, München 1988, S. 439-468.
63 GERHARD (wie Anm. 62), S. 449.
64 Nach DÖLEMEYER (wie Anm. 62), S. 641.
65 CLAUDIA HUERKAMP, Frauen, Universitäten und Bildungsbürgertum. Zur Lage studierender Frauen 1900-1930, in: Bürgerliche Berufe. Zur Sozialgeschichte der freien und akademischen Berufe im internationalen Vergleich, hrsg. von HANNES SIEGRIST. Mit einem Vorwort von Jürgen Kocka, Göttingen 1988 (= Kritische Studien zur Geschichtswissenschaft, 80), S. 200-222. Seit 1896 ließen die meisten deutschen Universitäten Frauen generell als Gasthörerinnen zu, als normale Studierende immatrikulieren konnten sich Frauen beispielsweise in Preußen erst ab 1908. Abiturprüfungen konnten Frauen nur als Externe an Jungengymnasien ablegen, meist nach privater Vorbereitung.
66 CLAUDIA BISCHOFF, Frauen in der Krankenpflege. Zur Entwicklung von Frauenrolle und Frauenberufstätigkeit im 19. und 20. Jahrhundert, überarbeitete und erweiterte Neuausgabe (EA 1992), Frankfurt/M. 1994.

meinen Landrecht für die Preußischen Staaten erst wenige Jahrzehnte zuvor eingeräumt) wurde in der zweiten Hälfte des 19. Jahrhundert eingeschränkt. Lutheraner wie Luthardt forderten Pfarrer auf, Geschiedenen eine neuerliche Trauung zu verweigern. Gestärkt wurde zudem in der zweiten Hälfte des 19. Jahrhunderts die väterliche Gewalt über die Kinder: Bei Meinungsverschiedenheit der Eltern hatte er die Entscheidungsbefugnis;[67] der Vater hatte sogar das Recht, die über vier Jahre alten Kinder in ein Findelhaus zu bringen oder zur Adoption freizugeben – auch gegen den Willen der Mutter. Die patriarchale Reaktion setzte in Deutschland rechtspraktisch und politisch nach der Jahrhundertmitte ein, also bezeichnenderweise nach der Revolution von 1848 und dem ersten Aufbruch einer Frauenbewegung.[68]

Dieses geistige Klima macht verständlich, warum die Biographen der zweiten Jahrhunderthälfte Katharina zur untertänigen Idealfrau des Bürgertums stilisierten. Wie es das Recht in der zweiten Jahrhunderthälfte forderte, hat Luther sich – das werden die Biographen nicht müde zu betonen – „das Recht der Oberaufsicht"[69] über die Haushaltsfüh-

---

[67] Sächsisches BGB § 1802, nach DÖLEMEYER (wie Anm. 62), S. 651.
[68] GERHARD (wie Anm. 62), S. 467. Vgl. auch die Aufsätze in dem Sammelband: Weiblichkeit in geschichtlicher Perspektive. Fallstudien und Reflexionen zu Grundproblemen der historischen Frauenforschung, hrsg. von URSULA BECHER und JÖRN RÜSEN. Frankfurt/M. 1988; URSULA BAUMANN, Protestantismus und Frauenemanzipation in Deutschland 1850 bis 1920, Frankfurt/M. 1992.
[69] MERZ (wie Anm. 7), S. 151. Vgl. auch HOFMANN (wie Anm. 26), S. 92 f.: „Bloß eine Art von Oberaufsicht war es, die er sich vorbehielt, um von Zeit zu Zeit Katharinens Verfahren beobachten zu können. Nur durch Handhabung dieser Maßregel konnten die Störer des häuslichen Friedens – herrischer Despotismus von Seiten des einen, und knechtische Furcht von Seiten des andern Theiles – vollkommen wirkungslos gemacht werden." Vgl. auch BESTE (wie Anm. 7), S. 63: „Ergiebt sich hieraus für die Frau, als Vorsteherin eines eigenen Wirkungskreises, eine gewisse Gleichheit mit dem Manne (,er sollt's beim Gleichen bleiben lassen'), so bleibt diesem doch das allgemeine Hausregiment, sofern dasselbe nur ein Theil des ihm eigenthümlichen ,weltlichen Regimentes' ist und selbst die Haushaltung, deren einzelne Geschäfte die Frau frei besorgt, gleichwohl in ihrem Princip sich nach dem allgemeinen Regimente des Mannes bestimmen muss. Das richtige Verhältnis ist nach Luther's Ansicht also dieses, dass die Frau in der Beschaffung der Haushaltung nach den Grundsätzen des dem Manne zustehenden Hausregimentes frei und selbständig zu verfahren habe. Hiemit stimmt auch Luthers Wort (TR Fol 322) überein: ,Das Weib hat das Regiment im Hause, doch des Mannes Recht und Gerechtigkeit ohne Schaden. Der Weiber Regiment hat vom Anfang der Welt nie nichts Gutes ausgerichtet, wie man pfleget zu sagen: Weiber Regiment nimmt selten ein gut End. Da Gott Adam zum Herrn über alle Creaturen gesetzt hatte, da stund es Alles noch wohl und recht, und Alles ward auf das Beste regiert. Aber da das Weib kam und wollte die Hand auch mit im Sack haben, und klug sein, da fiel es Alles dahin und ward eine wüste Unordnung.' Dass aber Catharina sich gegen diese rechte Ordnung nicht gesträubt, mithin der Herrschsucht nicht beschuldigt werden kann, beweist hinlänglich Luther's Zufriedenheit mit ihr." Das hier gebotene Lutherzitat spielt in der neueren Forschung wie in den ,moderneren' Katharinenleben keine Rolle mehr. Das ist eigentlich schade, denn erst in der Aufnahme solcher der eigenen Deutung entgegenstehender Momente würden sich die neueren Darstellung dem Vorwurf des Ideologieverdachts entziehen können. Das Verhältnis von Innovation und Tradition in Luthers Ehelehre sowie in seinem faktischen Verhalten seiner Frau gegenüber ist noch nicht abschließend bestimmt.

rung vorbehalten. Dazu passt, dass David Koch in seinem Lutherschauspiel Cranach Katharina an Luther übergeben und ihn dabei die Worte sprechen lässt: „Dein Eigentum."[70] Katharina spricht zu Martin – und das gleich mehrfach: „Herr, mir ist bange", während der Held sie beruhigt: „Sei nit bang, Du hast ein holdes Amt."[71] Man beachte, wie tief Katharina auf den Darstellungen ihrer Eheschließung aus dem 19. Jahrhundert das holde Köpfchen neigt.

Wenn die Quellen den irritierenden Eindruck erwecken, dass Katharina mit einem größeren Maß an Selbständigkeit handelte, als es ihr nach den zeitgenössischen Ansichten eigentlich zukommen sollte, relativieren das zahlreiche Autoren mit Hinweis auf Luthers Humor. „In liebreichem Scherze" habe er sie als „[s]einen freundlichen lieben Herrn" angesprochen.[72] Weil sie voraussetzungsgemäß als ungebildet oder zumindest ungelehrt darzustellen war, werden ihre Gesprächsbeiträge als Einstreuungen „naive[r] Einfälle" bezeichnet. So konnte dann behauptet werden, dass „irgend ein an sich gleichgültiges Wort aus ihrem Munde dazu dienen [sollte], den Gatten zu seiner Erfrischung auf sie aufmerksam zu machen. Luther hat darüber nie gezürnt, sondern nur über so angenehme, obwohl dem Neuverehelichten wunderbar vorkommende, Störungen gescherzt."[73]

4) Die neuesten Biographien der Katharina von Bora

An den Biographien aus dem 19. Jahrhundert war zu beobachten, dass in der Gegenwart wünschenswert erscheinendes weibliches Verhalten als Ideal in die Vergangenheit zurückprojiziert wurde. Möglich war das deshalb, weil Katharina ein Sonderfall biographischer Forschung ist: es steht kaum Quellenmaterial zur Verfügung.[74] Schlagartig deutlich wird diese ‚konservative' Funktion der Katharinenliteratur auch, wenn man an Henrik Ibsens (1828-1906) Drama „Nora oder Ein Puppenheim" von 1879 denkt, wenn man die ehe- und

---

70 Luther. Ein deutsches Schauspiel in fünf Akten. Stuttgart o. J. [1917], 9. Szene, 5. Bild, S. 166.
71 9. Szene, 8. Bild, S. 169. Dass diese Darstellung tatsächlich dazu dienen soll, Frauen zu erziehen, wird deutlich ausgesprochen. So spricht eine Fürstin zu Katharina, 10. Bild, S. 175: „Glückselig Weib! Von deinem Brautkranz soll / Ein holder Duft in deutsche Frauenherzen wehen." Sogar ein Musikdrama ist verfasst worden: ALBAN SCHNABEL, Katharina von Bora. Dramatische Dichtung zu einem volkstümlichen ‚Musikalischen Bühnenspiel' in drei Aufzügen, Stollberg 1917.
72 BESTE (wie Anm. 7), S. 53. Ähnlich auch HOFMANN, (wie Anm. 26), S. 91: Er stellte sich so, „als ob er sich selbst vor seiner Gattin fürchtete […]. Wer wird aber dieß wohl so deuten, als habe Luther seine Gattin wirklich für seinen Herrn erkannt?"
73 BESTE (wie Anm. 7), S. 54.
74 WOLFGANG LIEBEHENSCHEL, Der langsame Aufstieg des Morgensterns von Wittenberg. Eine Studie und eine Erzählung über die Herkunft der Katharina von Bora, Oschersleben 1999, hat neue Informationen zur Abstammung der Katharina von Bora zusammengetragen, die bisher nicht breiter diskutiert wurden.

familienkritischen Schriften früher Feministinnen wie der Louise Dittmar zur Kenntnis nimmt: „Wider das verkochte und verbügelte Leben der Frauen",[75] und sich an die frühsozialistischen Utopien von freier Liebe[76] erinnert. Katharina von Bora soll ein Gegenbild abgeben zum Aufbruch der Frauen. Sie soll dem weiblichen Geschlecht helfen, Erfüllung im Haus zu finden.[77]

In Zusammenhang mit ihrem 500. Geburtstag und vor dem Hintergrund der Neuorientierung des Ehe- und Familienrechts[78] sind Lebensbilder der Lutherin entstanden, die sich von den älteren wie der Tag von der Nacht unterscheiden; den Umschlagpunkt möchte ich mit Martin Treus Biographie aus dem Jahr 1995 ansetzen, die inzwischen in dritter Auflage vorliegt.[79] Der Neuansatz zeigt sich auch in den populären Lebensbildern. Sie halten Katharina für eine „großartige Frauengestalt, die uns überraschend nahe ist."[80] Die Schriftstellerin Eva Zeller betont, dass die Lutherin den ersten Schritt tat zur Vermählung und fragt nach dem Maß ihrer Selbstüberwindung, nach ihrem Übermut, welche sie zu ihrer Äußerung Amsdorf gegenüber veranlasste, nur ihn oder Luther wollte sie zum Manne nehmen.[81] Die Bonner Journalistin Ingelore M. Winter kündigt Katharinas Leben als

---

[75] Vgl. die Kapitelüberschrift aus: Dies., Das Wesen der Ehe (1849). Auszugsweise abgedruckt in: Frauenemanzipation im deutschen Vormärz. Texte und Dokumente, hrsg. von RENATE MÖHRMANN, Stuttgart 1978 (= Reclams Universal-Bibliothek, 9903), S. 55. Über diese in ihrer Theoriebildung von Feuerbach beeinflusste, im Raum Mannheim tätige Autorin ist kein biographisches Material zu ermitteln.

[76] UTE DANIEL, Die Liebe, das Klima und der Kosmos. Das revolutionäre Potential des Privatlebens in der Utopie des Frühsozialisten Charles Fourier, in: Frauengeschichte (wie Anm. 44), S. 89-98.

[77] HAERING (wie Anm. 41), S. 397 f.

[78] DÖLEMEYER (wie Anm. 62), S. 658. Bemerkenswert ist, dass in dem neuesten Sammelband zum Thema, Deutsche Frauen der Frühen Neuzeit. Dichterinnen, Malerinnen, Mäzeninnen, hrsg. von KERSTIN MERKEL und HEIDE WUNDER, Darmstadt 2000, keine Biographie der Katharina von Bora oder einer anderen der Reformatorengattinnen sich findet.

[79] MARTIN TREU, Katharina von Bora, 3. Aufl. (EA 1995), Wittenberg 1999 (= Biographien zur Reformation). Hier ist das Pathos der Paränese gedämpft und der historische Hintergrund genauer ausgearbeitet. Vertieft wurde der neue methodische Zugriff, Katharina nicht von den Äußerungen ihres Mannes über sie, sondern aus den Milieus ihrer Zeit zu begreifen. Vor allem die Vorträge zu der anlässlich ihres 500. Geburtstages veranstalteten Ausstellung in der Lutherhalle Wittenberg, veröffentlicht unter dem Titel „Lieber Herr Käthe" (wie Anm. 20), sind hier zu nennen. Nicht in den Kreis dieser neueren Darstellungen gehört diejenige von GÜNTER LUTHER, Katharina von Bora. Luthers Eheweib, Berlin 1992.

[80] EVA ZELLER, Die Lutherin. Spurensuche nach Katharina von Bora, 2. Aufl. (EA 1996), Stuttgart 1996. Für programmatisch halte ich diese Erzählung der 1923 in Eberswalde geborenen, heute in Heidelberg lebenden Schriftstellerin insofern, als sie nicht beansprucht, eine Biographie oder ein Lebensbild zu liefern, sondern sich beschränkt auf die Zusammenstellung von Splittern und Impressionen. Mit dem Diktiergerät suchte sie die Stätten des Lebens Katharinas auf und sammelte Eindrücke. Diese verband sie mit ihren eigenen Erfahrungen als Darstellerin der Bora in einem Schülertheater. So wird deutlich, dass Katharina in der phantasierenden Projektion ‚lebt'.

[81] Wie Anm. 80, S. 61.

„eine der ungewöhnlichsten Biographien deutscher Frauen"[82] an und verherrlicht es als „ein Symbol für einen freien Menschen [...], der über sein Leben selbst entscheidet. Um ein freies Leben zu führen, war sie aus dem Kloster Marienthron [...] geflohen und hatte sich 1525 den Mann zum Ehemann auserwählt, der ihr gefiel und den sie haben wollte."[83] Und im Geleitwort von Christiane Herzog, der Gattin des damaligen Bundespräsidenten, heißt es zu der „Frau an Luthers Seite"[84]: „,Herr Käthe' [...] ist ein Vorbild auch für die Frauen in der gegenwärtigen Gesellschaft. Klug, tatkräftig und umsichtig, war die selbstbewusste ehemalige Zisterziensernonne durchaus emanzipiert. [...] Sie besaß Mut, Stolz und Durchsetzungskraft."[85] Die neue Würdigung der vorbildlichen emanzipierten Frau, die Ehe-, Haus- und Mutterpflichten bravourös erfüllt und daneben ein mittelständisches landwirtschaftliches Unternehmen aufbaut, spiegelt sich auch im Untertitel der vor zwei Jahren abgehaltenen Wittenberger Sonntagsvorlesungen: „Eine Frau weiß, was sie will".[86]

In methodischer Hinsicht wird jetzt Neuland betreten: Katharinas Biographie wird nicht mehr aus Äußerungen ihres Ehemannes sondern aus den Milieus erschlossen, in denen sie sich bewegte. Von Bedeutung für deren Rekonstruktion sind einerseits Untersuchungen zu spätmittelalterlichen Frauenklöstern, andererseits zum Adel. Weil Klöster Frauen Bildungs- und Selbstverwirklichungsmöglichkeiten eröffnet haben, wird betont, dass die Nonne Katharina durchaus gebildet war. Sie habe im Kloster nicht nur lesen und schreiben sondern auch eine dem adligen Stand entsprechende Lebensführung gelernt. Deshalb war sie mit den Notwendigkeiten der Verwaltung einer Gutsherrschaft vertraut und wusste beispielsweise auch, wie Prunkessen veranstaltet werden.[87] Katharinas, von den Autoren des 19. Jahrhunderts mit Missbilligung betrachtete, ‚Eigenwilligkeit' wird derzeit mit Hinweis auf die „Konfrontation unterschiedlicher sozialer Sphären und Milieus"[88] erklärt: „Es war [...] die Konfrontation mit dem adligen Milieu, seinem von Standesbewusstsein, Largesse und zuvorderst einem bestimmten Ehrbegriff (der den Anspruch autonomen Handelns einschloss) geprägten Lebenszuschnitt, was Katharina in den Augen der krittelnden Zeitgenossen so provokant erscheinen ließ. Damals nicht, aber heute können wir das verstehen. Und so verwundert auch nicht die Grabplatte, die eine vornehme adlige Frau zeigt, erkennbar sowohl an ihrer Kleidung, ihrem Wappen über der rechten

---

[82] Katharina von Bora. Ein Leben mit Martin Luther. Mit Briefen an die ‚liebe Herrin', Düsseldorf 1990, S. 11.
[83] Ebd.
[84] Hrsg. von UDO HAHN und MARLIES MÜGGE, Stuttgart 1999.
[85] Wie Anm. 84, S. 7.
[86] Mönchshure (wie Anm. 2).
[87] ANDREAS RANFT, Katharina von Bora, die Lutherin – eine Frau von Adel, in: Mönchshure (wie Anm. 2), S. 58-74, hier: S. 69. Vgl. auch, die Forschungen zum Bildungsstand in Frauenklöstern zusammenfassend und auf Katharina von Bora applizierend: ANTJE RÜTTGARDT, Katharina von Bora, die Lutherin – als Nonne, in: Mönchshure (wie Anm. 2), S. 36-57.
[88] RANFT (wie Anm. 87), S. 63.

Schulter (Luthers Wappen über der linken Schulter) als auch abzulesen in der Umschrift."[89]

Das damalige wie das derzeitige Interesse an Person und Tätigkeit der Bora erklärt sich aus dem ‚Geschlechterkampf'. Trotz aller seiner Problematik wird dieser Begriff hier verwendet, weil er wie kein anderer die Interessengebundenheit der aus historischer Forschung erwachsenen Biographien wie der Lebensbilder mit literarischem Anspruch zum Ausdruck bringt. Im 19. Jahrhundert war die Front der Männer weitgehend geschlossen: Die Frau gehört ins Haus! Das forderten alle, die sich für die Gattin Luthers interessierten. Heute gehen die Meinungen über Wesen und Aufgabe der Frau auseinander. Entsprechend sehen die einen Autoren Katharina tüchtig im Haus wirken, die anderen stellen sie als erfolgreiche Unternehmerin vor. Die ‚alte' wie die ‚neue' Katharina weisen eine grundlegende Gemeinsamkeit auf: sie sollen Vorbild sein. „Wohl der Frau, die in ihren Fußstapfen geht,"[90] so formulieren auch die ‚modernsten' Biographen mehr oder minder laut, und sie fordern damit von den Frauen berufliche wie familiäre Tüchtigkeit. Beide Typen von Biographien spiegeln auf je ihre Weise das Zusammenwirken von gesellschaftlichen Entwicklungen, Überzeugungen der Autoren und Bedürfnissen der Leserschaft. So stellen die neuesten Lebensbilder Katharinas die für die Situation vieler heutiger Frauen typische Doppelbelastung in Familie und Büro als eine Aufgabe dar, die sich bewältigen lässt: Wenn Katharina es geschafft hat, Studentenwohnheim, Hotel, Hospital und Kinderhort zu unterhalten, wenn sie nebenbei noch Gutsverwalterin war, Hühner, Ziegen, Kühe und Pferde versorgt, Getreide und Pfirsiche angebaut und obendrein ein kulturelles Zentrum mit überregionaler Ausstrahlung geschaffen hat, warum sollte sich dann die Frau von heute mit Waschmaschine und Fertiggerichten zufrieden geben? Natürlich ist es völlig legitim, wenn Geschichte zur Vergewisserung in der Gegenwart dient. Und es ist ebenso verständlich, wenn Katharinas Ehering, mit dem sie das zu ihren Ehren anlässlich ihres 500. Geburtstages errichtete Standbild in Wittenberg zeigt, schon bald nach dessen Aufstellung blankgewienert war wegen der vielen – wohl zumeist weiblichen – Finger, die ihn berührt haben. Diese Beobachtung illustriert auf ihre Weise, wie unsicher Frauen sich gegenwärtig fühlen, wie bedroht Ehe- und Familie sind. Da vergewissert frau sich gerne bei einer erfahrenen ‚Eheheiligen' und bittet für das Gelingen des eigenen Ehelebens.

Aufmerksam machen können diese Überlegungen aber auch darauf, dass man im 19. Jahrhundert allein von der Ehefrau Anpassung, Fürsorge und Rücksichtnahme erwar-

---

[89] Ebd., S. 72. Wahrscheinlich zeichnet das Zitat den Gegensatz zwischen dem akademischen Milieu und der Lebensweise des verarmten Adels etwas zu pointiert. Zu Recht macht Ranft aber aufmerksam auf die unterschiedlichen Ehrbegriffe und Lebensentwürfe, die wohl – wie bewusst artikuliert und ausgelebt auch immer – im Hintergrund des Handelns des Doktors der Theologie und der Adligen stehen.
Die Inschrift der Grabplatte lautete: „Anno 1552 den 20 Decembr: Ist in Gott Selig entschlaffen alhier zu Torgau Herrn D Martin Luthers seligen Hinterlassene wittbe Katharina von Bora".
[90] MERZ (wie Anm. 7), S. 164.

tete. Im 20. Jahrhundert wird zwar immer noch gefordert, dass die moderne Frau ihrem Mann eine so liebenswerte Gefährtin sein soll, wie es Katharina dem Martin war.[91] Aber es wird doch deutlicher als ehedem gesehen, dass zum Gelingen einer Ehe Zwei beitragen müssen. Deshalb möchte ich schließen mit einem Luther-Zitat, das der bekannte amerikanische Reformationshistoriker Roland H. Bainton am Ende seiner zehn Frauen-Porträts aus der Reformationszeit anführt: „Liebe Tochter, (ver)halte dich so gegen deinen Mann, daß er fröhlich wird, wenn er auf dem Heimweg des Hauses Spitze sieht. Und (recht ist es,) wenn der Mann so mit seiner Frau lebt, daß sie ihn nicht gerne sieht wegziehen und fröhlich wird, so er heimkommt."[92]

---

[91] Frau Herzog fügt in ihrem Vorwort noch einen Gedanken dazu: Die Frau soll sich nötigenfalls zufrieden im Hintergrund halten und ihrem Mann den großen Auftritt lassen.
[92] Zitiert wird hier die modernisierte Bearbeitung von WA.TR 6320 nach ROLAND BAINTON, Frauen der Reformation. Von Katharina von Bora bis Anna Zwingli. Zehn Porträts. Aus dem Engl. übersetzt und bearbeitet von Marion Obitz, 3. Aufl., Gütersloh 1996 (EST: Women of the Reformation in Germany and Italy, 1971), S. 17-39, hier: S. 39.

REGIONALER LUTHERKULT

Martin Treu

„... ihr steht auf heiliger Erde."[1]
Lutherverehrung im Mansfelder Land des 19. Jahrhunderts

Der erfolgreiche Kupfer- und Silberbergbau im Mansfelder Land erwies sich für das dortige Grafengeschlecht als Fluch und Segen zugleich. Schon zu Lebzeiten Martin Luthers kam es zu mehreren Teilungen innerhalb des Mansfelder Grafenhaus. 1570 mussten sich die Grafen wegen ihrer überhöhten Schulden der Sequestration unterwerfen. Drei Fünftel erhielten die sächsischen Kurfürsten, die übrigen zwei Fünftel gingen an das Erzbistum Magdeburg, das 1680 im Ergebnis des Westfälischen Friedens unter Brandenburger Hoheit gelangte. So standen sich für Jahrhunderte im Mansfelder Land sächsische und preußische Untertanen gegenüber.

Nach der vernichtenden Niederlage bei Jena und Auerstädt wurde die Gebiete vereinigt, nun aber unter französischer Herrschaft im Königreich Westfalen. Eine weit reichende neue Lösung schuf der Wiener Kongress. Sachsen, das in der Völkerschlacht bis zuletzt auf Seiten Napoleons gekämpft hatte, musste seine nördlichen Territorien an Brandenburg-Preußen abtreten. 1816 führten die neuen Herren eine Reorganisation der ehemaligen Mansfelder Grafschaft durch, es entstanden der Seekreis mit Eisleben und der Gebirgskreis mit der Stadt Mansfeld.[2]

Überraschenderweise scheinen diese politischen Turbulenzen nur geringe Auswirkung auf die Mentalität und das Zusammengehörigkeitsgefühl der Bevölkerung gehabt zu haben. Man fühlte sich als Mansfelder und brachte dies auch zum Ausdruck. Für diese mentale und kulturelle Stabilität können verschiedene Gründe maßgeblich gemacht werden. Ein bedeutender dürfte in der spezifischen Kultur des Bergbaus zu finden sein, der das wirtschaftliche Leben prägte und politische Grenzen transzendierte. Ein weiterer Faktor, die Erinnerung an eine gemeinsame Geschichte, genauer an Person und Werk Martin Luthers, soll im Folgenden näher betrachtet werden. Der Begriff des Luthergedenkens wird dabei in weitestem Sinne verwendet. Untersuchungsgegenstände bilden neben

---

[1] JOHANN CHRISTIAN LUDWIG GROSCHE, Rede am zweiten Tage des Reformations-Jubelfestes vor einem zahlreichen Bergmanns-Corps und vielen anderen Zuhörern zu Eisleben gehalten, Halle 1817, S. 5.

[2] Zur politischen Geschichte Mansfelds vgl. LUDWIG ROMMEL, Brandenburg-Preußen, Kursachsen und die Verwaltungsgeschichte des Mansfelder Landes bis zur Entstehung des See- und des Gebirgskreise, in: ROSE-MARIE KNAPE, MARTIN TREU, MARTIN STEFFENS (Hg.), Preußische Lutherverehrung im Mansfelder Land, Leipzig 2001 (Katalog der Stiftung Luthergedenkstätten in Sachsen-Anhalt, Bd. 8), S. 9-24.

den Denkmälern und den Luthermuseen auch Jubiläumsfeste, Gedenkgottesdienste und Festzüge.

Bemerkenswert ist die Quantität der gedruckten Dokumentationen zu den einzelnen Anlässen. Offenbar bestand ein Bedürfnis bei den Bewohnern des Mansfelder Landes auch über den Tag hinaus, ein Andenken an das jeweilige Fest zu besitzen. Erst nach 1883 erheben solche Publikationen auch einen überregionalen Anspruch.[3]

1. Der Beginn der preussischen Zeit: Fest und Denkmal

„Sprach und schrieb in den letzt vergangenen Jahren alles von dem deutschen Helden Blücher: so sind in diesem Jahr alle Schriften ... voll von dem großen deutschen Manne Luther, der ebenfalls ein tapferer Streiter für Wahrheit, Freiheit und Recht war."[4] Auch im Mansfeldischen ist ein Aufblühen der Lutherverehrung im Zusammenhang mit den Befreiungskriegen zu beobachten. Allerdings enthält das Zitat eine seinen Eislebener Lesern wohl bekannte Pointe. Blücher war Pommer und nicht Preuße. Unter seiner Führung zog das Mansfeldische Pionierbattalion am 7. Juli 1815 siegreich in Paris ein.[5]

Das Mansfelder Pionierbattalion, das auf Anregung Friedrich Wilhelm Werner von Veltheims, der selbst lange Jahre französischer Untertan war, im Frühjahr 1815 von König Friedrich Wilhelm III. gegründet wurde, bestand aus 491 Berg- und Hüttenleuten, die allerdings nicht alle aus der Grafschaft stammten. Es wurde am 27. März 1816 wieder aufgelöst. Seine Größe und militärische Bedeutung stehen im merkwürdigen Gegensatz zu der intensiven Behandlung in der regionalgeschichtlichen Literatur des Mansfelder Kreises. Auch dies dürfte als Indiz für eine eigenständige Haltung gegenüber Preußen gelten.

Zumindest die Stadt Eisleben selbst konnte auf eine längere Geschichte der Lutherverehrung in ihren Mauern zurück blicken. Seit 1689 befand sich das Haus in der Langen Gasse 24 in städtischem Besitz, wo der Überlieferung nach Martin Luther am 10. November 1483 geboren wurde. Durch einen Stadtbrand beschädigt, wurde es mit Hilfe einer überörtlichen Kollekte wieder aufgebaut und 1693 feierlich eingeweiht und in der Folge als Armenschule und Museum zugleich benutzt. Diese Doppelung sollte für die Spezifik der Eislebener Lutherverehrung Folgen haben. Der große Saal im ersten Obergeschoss mit seinen lebensgroßen Gemälden der Reformatoren und der sächsischen Kurfürsten gehört zu den ältesten bürgerlichen musealen Einrichtungen in Deutschland überhaupt.[6]

---

[3] Der Untersuchung liegen 39 solcher gedruckten Dokumentation zugrunde.

[4] Vorläufige Anzeige und Ordnung der Feierlichkeiten die bei der Feier des dritten Jubelfestes der evangelischen Kirche in Eisleben Statt finden werden, Eisleben o.J. (1817), S. 3.

[5] Horst Bringezu, Franz Wilhelm Werner von Veltheim und Friedrich von Hardenberg genannt Novalis – Persönlichkeiten des Mansfelder Bergbaus, in: Preußische Lutherverehrung (wie Anm. 2), S. 239-254, hier S. 243.

Allerdings befand sich das Gebäude 1815 in einem schlechten Zustand, und die Armenschule darin war völlig unterfinanziert. Der Rat erwog sogar den Verkauf des Hauses. Zwar bildete sich in Eisleben eine Bürgerinitiative unter dem Superintendenten Christian Gottlieb Berger zur Erhaltung von Schule und Museum, aber eine dauerhafte Lösung wurde erst mit der königlichen Kabinettsorder vom 27. Februar 1817 gefunden, wonach die Erhaltung von Bau und die Lehranstalt durch den Staat zu gewährleisten sei.[7]

Der König ging sogar noch einen Schritt weiter. Durch die Stiftung von schließlich 5 000 Talern konnte im Hofraum des Geburtshauses ein Neubau errichtet werden, der die wachsende Zahl der Schüler aufnahm. Allerdings fand die Einweihung erst am 31. Oktober 1819 statt.[8]

Trotz des Neubaus musste eine Klasse weiterhin im Erdgeschoss des Lutherhauses unterrichtet werden, da inzwischen 250 Kinder offensichtlich in Familien lebten, die auch das verhältnismäßig geringe reguläre Schulgeld nicht aufzubringen vermochten. In der Doppelnutzung, die als lästig galt, weil Besucher des Museums den Unterricht störten, sahen die Zeitgenossen allerdings kein prinzipielles Problem, berief sich doch Berger auf Luther als „dem großen Stifter der deutschen Volksschulen".[9]

Im Oktober 1817 entstand eine Mischung aus traditionellen und innovativen Feststrukturen, die die Eislebener Lutherfeierlichkeiten bis ins 20. Jahrhundert prägen sollten. Zu den traditionellen Elementen gehören vor allem die karitativen, die nach der Jahrhundertmitte an Bedeutung verloren. Neben Kleidergaben an die Freischüler erinnern auch die demonstrative Armenspeisung auf dem Rathaus und die Verteilung von Geldgeschenken an Überreste ständisch-frühneuzeitlicher Rituale.

Aus der städtischen Ordnung für den Kirchgang sollte sich der prachtvolle, säkulare Festzug entwickeln. Ein neues Element schließlich, wenn auch vorerst in bescheidenen Anfängen, stellte die Anbringung von illuminierten Bildern nicht nur an öffentlichen sondern auch an privaten Gebäuden dar. Auf dem Markt prangte ein 16 Meter hoher Obelisk, der von tausend Öllampen erleuchtet wurde, am Sterbehaus sah man Melanchthon, wie er Luthers „Todenurne" bekränzte.[10] Zum Jubiläum erschien eine Anzahl von Gelegenheitsschriften mit Predigten und Gesängen, meist von großer Schlichtheit. In Eisleben hatte

---

6   Vgl. CARL RÜHLEMANN, Luthers Geburtshaus bis zum Reformationsjahr, Eisleben 1917. Interessanterweise gibt es in den Quellen keinerlei Hinweise auf Pläne, nach 1817 die Präsentation der sächsischen Herrscher im Schönen Saal zu verändern oder die preußischen Könige hinzuzufügen.

7   Vgl. MARTIN STEFFENS, Die Gestaltung und Musealisierung der Eisleber Lutherhäuser im 19. Jahrhundert, in: Preußische Lutherverehrung (wie Anm. 2), S. 55-95. hier S. 61-63.

8   Vgl. CHRISTIAN GOTTLIEB BERGER, Einweihungsfeier der neuen Lutherschen Armenfreischule in Eisleben am 31. Oktober 1819. Nebst den dabei gehaltenen Reden. Vorgedruckt ist eine kurze actenmäßige Nachricht über die Entstehung, die Schicksale und die jetzige Beschaffenheit der Lutherschule, Merseburg 1819.

9   Ebd., S. 8.

10 Vorläufige Anzeige (wie Anm. 4), S. 19.

man in eigener Initiative und unter Mithilfe des preußischen Königs eine angemessene Form der Lutherehrung gefunden.

Das traf aber nicht für das gesamte Mansfelder Land zu. 1801 wurde die Vaterländisch-literarische Gesellschaft der Grafschaft Mansfeld durch Gottfried Heinrich Schnee, Prediger in Großörner bei Mansfeld, gegründet, der auch ihr langfristiger und einflussreicher Direktor werden sollte. Im Dezember 1803 trat die Gesellschaft erstmals mit einem Plan an die Öffentlichkeit, Luther ein Denkmal errichten zu wollen. Dieser Vorschlag löste eine erhebliche literarische Debatte aus. Zum einen ging es um die Legitimität eines solchen Planes an sich, zum anderen wurde die Form eines solchen Denkmals intensiv diskutiert.[11] 1805 konnten eingereichte Entwürfe von der Gesellschaft erstmals veröffentlicht werden.[12] Neben allerhand Obelisken, Pyramiden und Kapellen fanden sich durchaus auch grundsätzliche Anfragen, ob Luthers Anliegen nicht sachgemäßer durch eine Bildungs- oder Wohltätigkeitsstiftung zu ehren sei. Die Gesellschaft nahm diesen Vorschlag, den der preußische König entschieden ablehnte, wenigstens zusatzweise in ihr Projekt auf, hielt aber an der Denkmalidee fest.

Der Vaterländisch-literarischen Gesellschaft gehörten bereits bei ihrer Gründung preußische und sächsische Untertanen an. Aus der Bitte Schnees an König Friedrich Wilhelm III., um die Gewährung von Beihilfen, hat man auf eine genuin preußische Ausrichtung der Gesellschaft schließen wollen. Jedoch wäre die Alternative der katholische Kurfürst und spätere König von Sachsen in Dresden gewesen, was wenig Aussicht auf Erfolg bot.[13] Schnee hatte allerdings dem König auch die Verfügungsgewalt über die eingesammelten Spenden versprochen, wobei er davon ausging, dass das Denkmal im preußischen Teil des Mansfelder Landes aufgestellt werden würde.

Wie immer man die nachfolgenden Vorgänge betrachten mag, es ist sicher, dass die Gesellschaft eine Aufstellung des geplanten Denkmals in Eisleben nie in Betracht gezogen hat. Die Gesellschaft besaß überhaupt keine Mitglieder aus Eisleben. Insofern ist die verstärkt seit 1869 in der heimatgeschichtlichen Literatur zu findende Idee, dass das Wittenberger Lutherdenkmal eigentlich nach Eisleben gehöre, eine Legende.

1809 erläuterte Schnee die Vorgeschichte des Denkmalprojektes dem französischen Präfekten und legte die inzwischen gesammelte Spendensumme in Anleihen des Königreichs Westfalen an, was nach dem Ende der Befreiungskriege dazu führte, dass durch die Abwertung das Geld als verloren gelten musste. Jedoch ersetzte es der preußische König

---

[11] Vgl. MARTIN STEFFENS, „Dem wahrhaft großen Dr. Martin Luther ein Ehrendenkmal zu errichten" – Zwei Denkmalprojekte im Mansfelder Land (1801-1821 und 1869-1883), in: Preußische Lutherverehrung (wie Anm. 2), S. 113-185, hier S. 113-148.

[12] D. Martin Luthers Denkmal oder Beiträge zur richtigen Beurteilung des Unternehmens diesem großen Mann ein würdiges Denkmal zu setzen, Halle o. J. (1805), sowie Dr. Martin Luthers Denkmal oder Entwürfe, Ideen und Vorschläge zu demselben, Eisleben 1805 mit 14 großformatigen Kupfertafeln.

[13] STEFFENS (wie Anm. 11), S. 116-118.

auf dem Gnadenwege, was allerdings dem Ansehen der Vaterländisch-literarischen Gesellschaft kaum gedient haben dürfte. Friedrich Wilhelm III. dagegen sah sich in seinem Verfügungsrecht über das Geld bestärkt.

Neben Leo von Klenze, Johann Wolfgang von Goethe und anderen, reichte Gottfried Schadow einen Entwurf ein, für den sich die Gesellschaft überraschend bereits im Sommer 1805 entschied, ohne das Votum der Berliner Akademie der Künste abzuwarten, wie es eigentlich abgesprochen war. Entgegen der architektonischen Gestaltung der anderen Entwürfe sah Schadows Plan nur die Aufstellung einer großen Einzelfigur auf hohem Sockel vor. Das Beispiel sollte Schule machen. Bis zur Ausführung 1817 verging aber noch längere Zeit. Auf Vorschlag seines Innenministers von Schuckmann bestimmte Friedrich Wilhelm III. am 18. Oktober 1817 Wittenberg und nicht eine Stadt im Mansfelder Land zum Aufstellungsort. Allerdings vergaß man die Mansfelder Vaterländisch-literarische Gesellschaft davon zu informieren und auch zur Grundsteinlegung am 1. November 1817 war kein Vertreter geladen. Trotz des bösen Anscheins legen die Quellen keine bewusste Brüskierung der Mansfelder Gesellschaft nahe, vielmehr scheint es sich um ein Versehen gehandelt zu haben Die Gesellschaft löste sich trotzdem 1823 auf.

Die bleibende Bedeutung der Vorgeschichte dieses ersten Denkmals für Martin Luther in Deutschland liegt in der Entwicklung von Formen eines öffentlichen Wettbewerbes, auch wenn dies ursprünglich so nicht geplant war. Zwischen dem bürgerlichen Verein, den Künstlern und dem Souverän entstand eine Form der Kooperation, die bei späteren Denkmalen als normierend empfunden wurde.[14]

2. Reformationsfeierlichkeiten in der Mitte des 19. Jahrhunderts

Das Eislebener Geburtshaus Luthers erlebt in den Jahren nach 1817 als Museum einen starken Aufschwung.[15] Neben Autographen und Druckschriften Luthers wurden Reliquien wie ein Stück seines Mantels und sein ledernes Käppchen gezeigt. 1830 brachte den 300. Jahrestag der Confessio Augustana und gleichzeitig die erste obrigkeitlich angeordnete und reglementierte Feier, deren Inhalt die preußische Kirchenunion darstellte.[16]

---

[14] Vgl. dazu CHRISTIANE THEISELMANN, Das Wormser Lutherdenkmal Ernst Rietschels (1856-1868) im Rahmen der Lutherrezeption des 19. Jahrhunderts, Frankfurt 1992 (= Europäische Hochschulschriften XXVII, 135), S. 16-24. Allerdings fehlt bei Theiselmann ein Hinweis auf die Eislebener Vorgänge.

[15] 1827 erschien eine zweite Auflage von BERGERS „Merkwürdigkeiten" (siehe Anm. 2) im Umfang von 264 Seiten, die erste hatte gerade 68 Seiten.

[16] Zum folgenden vgl. KARL ADOLF LINDEMANN, Die dritte Jubelfeier der Augsburgischen Confession zu Eisleben. Oder: Ausführliche Beschreibung aller Festlichkeiten, die am 20. 24. 25. 26. Und 27. Junius 1830 zu Eisleben Statt gefunden haben, Eisleben 1830.

Es stellt schon eine geschichtliche Ironie dar, wenn die Feier der „Gründungsurkunde des lutherischen Kirchentums", so jedenfalls erschien die Confessio Augustana den lutherischen Konfessionalisten, Anlass für eine ausführliche Würdigung der 1817 auf direkten Wunsch König Friedrich Wilhelm III. eingeführten Union zwischen Lutheranern und Reformierten wurde. Das brandenburg-preußische Königshaus gehörte seit 1613 der reformierten Konfession an, jedoch hatte dies bei den Untertanen keine Resonanz gefunden. In Eisleben selbst gab es keine reformierte Gemeinde. Allerdings ist es nicht auszuschließen, dass sich einige Offiziere der dortigen Garnison zum Calvininismus bekannten.

Auf ausdrücklichen Wunsch des Königs wurde den örtlichen Geistlichen durch den zuständigen Generalsuperintendenten mitgeteilt, dass das Abendmahl anlässlich der Feier nach uniertem Ritus zu begehen sei und die Gemeinden sich zukünftig evangelisch und nicht mehr lutherisch nennen sollten. Die Resonanz auf den Aufruf blieb ebenso gering wie die Zahl der Kommunikanten, obwohl zu den Feierlichkeiten selbst mehr als 12 000 Besucher in die Stadt kamen.[17] Deren Interesse galt offensichtlich mehr dem Festzug, zu dem sich der geordnete Kirchgang entwickelt hatte, und der Illumination der Stadt. Von den ausführlich geschilderten, beleuchteten Gemälden haben sich nur Beschreibungen erhalten. Als neuartiges Medium scheinen sie aber einen tiefen Eindruck hinterlassen zu haben. An den Türmen der Andreaskirche war ein Transparent mit den Bildern von Luther und Melanchthon aufgespannt, dass 4,50 × 2 Meter maß und von 810 Lampen erleuchtet wurde. Es werden fünfzehn Bürgerhäuser erwähnt, die ebenfalls Illuminationen trugen, wobei die Tatsache herausgehoben wird, dass auch „Katholiken und israelitische Glaubensgenossen" ihre Häuser zu Ehren Luthers schmückten. Gekrönt wurde das Fest durch ein Feuerwerk, bei dem die Figur Johann Tetzels, des Luthergegners und Ablassverkäufers „unter Krachen von den Flammen verzehrt" wurde.[18] Von Bildern Zwinglis oder Calvins ist nirgends die Rede. Offensichtlich fanden sich die Eislebener Bürger nicht bereit, ihre Lutherfeier durch königliche Wünsche stören zu lassen. Ebenfalls sind keine deutsch-patriotischen oder gar explizit preußischen Aussagen überliefert, sieht man von dem Namenszug des Königs ab, der am Kirchturm angebracht war. Vielmehr findet sich ein ausdrücklicher Rückbezug zur Aufklärung. Auf dem Transparent eines Fleischermeister hieß es: „Du hast sie wieder aufgeklärt, des Heilands schöne Lehre, Drum guter Luther brennen hier, die Lämpchen dir zur Ehre."[19]

Den selben Geist einer popularen Spätaufklärung atmen auch die Einweihungsrede des Lehrers Carl Clingenstein für das neue Seminargebäude von 1842, sowie eine Predigt zum Reformationstag aus dem selben Jahr von Friedrich Wilhelm Prange.[20] Prange wandte sich

---

[17] Ebd., S. 21, S. 31.
[18] Ebd., S. 56.
[19] Ebd., S. 53.
[20] CARL CLINGENSTEIN, Beschreibung der Einweihungsfeier des neuen Seminargebäudes und einer neuen Klasse der Dr. Lutherschule in Eisleben am 25. November 1842 nebst den dabei gehaltenen Reden und einem

dabei nicht nur gegen Rationalisten sondern auch ausdrücklich gegen die Konservativen. Nötig schien ihm der „Geist freier Forschung...edle Freimüthigkeit und dabei Duldung und Milde..."[21] Mit Blick auf den erstarkenden protestantischen Konfessionalismus im Deutschland des Vormärz scheint der Zeitgeist an Eisleben vorbei gegangen zu sein, was sich sehr bald ändern sollte.

Vorerst bekam Eisleben jedoch eine weitere Luthergedenkstätte. 1861 stand das Haus Andreaskirchplatz 6 zum Verkauf, in dem Luther der Überlieferung nach am 18. Februar 1546 gestorben sein soll. Gegen die Einwendungen seines Finanzministers erwarb König Wilhelm I. auf Bitten des Oberpräsidenten der Provinz Sachsen – nicht der Eislebener Bürgerschaft – das Gebäude aus Mitteln seines Dispositionsfonds.[22] Der Eislebener Magistrat zeigte sich hoch erfreut, erwies sich aber als wenig hilfreich bei der Frage einer nachfolgenden Finanzierung. Es wurde nämlich bald offenkundig, dass das mehrfach veränderte Haus für eine offizielle Nutzung als Seminar oder Gericht nicht zu gebrauchen war. So erhielt der Geheime Regierungsbaurat Friedrich August Ritter in Merseburg den Auftrag, eine denkmalgerechte Sanierung des Hauses zu planen, obwohl zu diesem Zeitpunkt von einem Museum noch nicht die Rede war. Entgegen seinen eigenen Intentionen veränderte Ritter die Bausubstanz erheblich und schuf so im Inneren ein völlig neues Gebäude mit Wohn- und Schlafzimmer Luthers, sowie einem Konferenzsaal. 1868 wurden diese Räume, die noch leer standen, der Öffentlichkeit zugänglich gemacht. Der städtische Altertumsverein brachte hier sein Depot und Besprechungsräume unter.

3. Die Eislebener Lutherfeiern von 1883

Zum 400. Geburtstag Luthers erhielt Eisleben eine eigene Lutherstatue auf dem Markt, die mit einem bedeutenden Festzug eingeweiht wurde. Beiden Unternehmungen ging eine längere Vorgeschichte voraus. Auf Initiative der Eislebener Lehrerschaft und unter dem Eindruck der Einweihung des Wormser Lutherdenkmals von 1868 kam es schon 1869 zur Gründung eines Vereins, der die Errichtung eines Lutherdenkmals zum Ziel hatte. Als Motiv nannte der Gründungsaufruf ausdrücklich der Kampf gegen Katholizismus, Jesuitismus und Ultramontanismus.[23] Der Kulturkampf hatte auch in Eisleben begonnen.

300 Personen traten dem Verein schon am Gründungstage bei. Zur Unterstützung bildete sich bald darauf auch ein Verein im Mansfelder Land, sowie 1873 ein Hilfskomittee in

---

kurzen Vorbericht, Eisleben o. J. (1842), sowie FRIEDRICH WILHELM PRANGE, Predigt gehalten am Reformationsfest 1842 in der Kirche zu St. Petri und Pauli in Eisleben, Eisleben 1842.
21 Ebd., S. 16.
22 Zu den Vorgängen vgl. ausführlich STEFFENS, Musealisierung (wie Anm. 7), S. 66-71.
23 STEFFENS, Denkmal (wie Anm. 11), S. 150.

Berlin aus namhaften Persönlichkeiten, wie den Bildhauern Drake und Begas und den Industriellen Borsig und Siemens. Dem Eislebener Verein gehörten dagegen unter der Führung lokaler Eliten vor allem klein- aber unterbürgerliche Schichten an. Ziel aller Vereine war die Finanzierung des Denkmalprojektes bei Kosten von etwa 70 000 Mark. Die preußischen Herrscher hielten sich mit der Unterstützung zurück. König Wilhelm I. stellte ein Gnadengeschenk in Höhe von 3000 Mark in Aussicht, zahlbar aber erst nach dem Zusammenkommen der Gesamtsumme. Der Kronprinz Friedrich Wilhelm, nachmals Kaiser Friedrich III. lehnte eine ihm angetragene Schirmherrschaft freundlich aber deutlich ab. Offensichtlich beschränkten die Hohenzollern ihr Interesse an Luther weitgehend auf Wittenberg, wo Friedrich III. vor allem das Projekt der Wiedererrichtung der Schlosskirche vorantrieb, sich aber auch für die 1883 eröffnete Lutherhalle engagierte. Insofern darf das Eislebener Lutherdenkmal als Resultat bürgerschaftlicher Bestrebungen verstanden werden, die sich allerdings in Übereinstimmung mit der obrigkeitlich gewünschten Gesinnung wussten. Unter dem Eindruck der Reichsgründung von 1872 wurden die antikatholischen und deutschnationalen Töne zur Begründung des Projektes schriller.

Bei der Durchführung des Planes verstärkte sich der Einfluss aus Berlin. In Eisleben hatte man beschlossen, die Ausführung des Denkmals dem Bildhauer Fritz Schaper zu übertragen mit der schönen Begründung, dass er aus dem Mansfelder Land stamme.[24] Den dringenden Wünschen aus Berlin nach einem Wettbewerb konnte man sich letztlich jedoch nicht verschließen, und so wurden neben Schaper auch Rudolf Siemering und Carl Keil eingeladen. 1875 waren die drei Modelle zur Besichtigung fertig. Die Wahl fiel nach einiger Diskussion auf Siemering, wobei er sein Modell nach den Wünschen der Auslober des Wettbewerbes ändern musste, denen ein älterer Luther nach dem Vorbild Schadows lieber war. Kaiser Wilhelm I. hatte eine Einladung zur Eröffnung des Denkmals am 10. 11. 1883 abgelehnt, auch der als Ersatz vorgesehene Kronprinz konnte nicht kommen.

Statt dessen feierten sich die Einwohner lieber selbst. Auf dem Markt wurde ein mittelalterliches Stadttor nach gebaut. Die Bürger illuminierten ihre Häuser, zum Teil mit den Transparenten von 1830.[25] Der feierlichen Denkmalsweihe, die um zwölf Uhr statt fand, folgte der große Festzug, der die Einholung Luthers durch die Mansfelder Grafen im Februar 1546 darstellte. Etwa 1 000 Teilnehmer verliehen dem Aufzug seinen monumentalen Charakter. Luther und Justus Jonas wurden von professionellen Schauspielern dargestellt, während die Mansfelder Grafen und andere historische Persönlichkeiten durch Honoratioren der Umgebung verkörpert wurden. Die Vorbereitungen für den Festzug gingen bis auf das Jahr 1870 zurück. Nach längeren Disputen über die Finanzierbarkeit einig-

---

[24] Einen ähnlichen Vorgang hatte es auch 1886 in Worms gegeben, vgl. THEISELMANN (wie Anm. 14), S. 21.
[25] KARL STORCH, Das Eislebener Lutherjubiläum am 10. November 1883, Zweite verbesserte Auflage, Eisleben o.J.(1883), S. 72.

te sich der Magistrat auf den Historienmaler Wilhelm Beckmann als Regisseur, der sich mit historischen Festzügen in Köln und Düsseldorf einen Namen gemacht hatte.[26]

Der Kölner Festzug hatte 140 000 Taler gekostet. Für Eisleben lassen sich keine Zahlenangaben finden, jedoch dürfte selbst ein Bruchteil dieser Summe die Stadtkasse gehörig belastet haben. Bezeichnenderweise finden sich im weiteren Verlauf der Jahrestage keinerlei Ansätze zu einer Wiederholung oder Neuauflage. Vor allem der Festwagen, in dem Luther und Jonas saßen, fand viel Beifall, ebenso jedoch die historische Kostümierung der Handwerker und Adligen, der Falkoniere und Soldaten.

Die Quellen berichten von 30 000 Besuchern, die vor allem mit der Eisenbahn angereist, mit den etwa 20 000 Einheimischen feierten. Aus Eislebener Sicht erschien der Zug als ein voller Erfolg, verging doch den auswärtigen Zuschauern „das ironische Großstadt-Lächeln", wie der Berichterstatter zufrieden bemerkt.[27] Schwieriger war für den Redner bei der Denkmalsweihe, Bürgermeister Martins, der Umgang mit der Eislebener Geschichte. Die Verantwortung für die Standortwahl des Lutherdenkmals in Wittenberg erhielt nun König Jérôme von Westfalen und nicht Friedrich Wilhelm III. Dass dieses Denkmal nie für Eisleben bestimmt war, überging der Redner mit Stillschweigen, vielleicht war ihm diese Tatsache auch nicht mehr bewusst.

Genetisch entstand der Festzug aus dem geordneten Kirchgang der früheren Jubiläen. Allerdings fehlte ihm nun ein Ziel. Obsolet war auch die öffentliche Armenspeisung. Statt dessen strömten die Teilnehmer nach dem Ende des Festzuges in das Wiesenhaus, um dort ein ausgiebiges Mahl einzunehmen.

Schlaglichtartig verdeutlicht der Vergleich der Speisekarte des Mahles mit der der königlichen Frühstückstafel anlässlich der Einweihung der Schlosskirche 1892 in Wittenberg den grundsätzlichen Unterschied im Charakter der Feiern. Während im großen Hörsaal des Wittenberger Lutherhauses für einen kleinen erlesenen Kreis Delikatessen aufgetischt wurden, speisten in Eisleben 300 Bürger ein gutbürgerliches Festmahl zu einem vorher zu entrichtenden Preis von 12 Mark.[28]

Während 1803 die Initiative zur Lutherehrung aus dem Mansfelder Gebirgskreis stammte, entwickelte sich im Lauf des Jahrhunderts die Lutherverehrung zu einer weitgehend in Eisleben beheimateten Angelegenheit. Scheinbar ohne große Resonanz versuchte in der Stadt Mansfeld eine Vereinigung mittels einer Lotterie Gelder für die Sanierung des dortigen Lutherhauses zu sammeln.[29] Ein eigenes Lutherdenkmal erhielt Mansfeld erst 1912.

---

[26] WOLFGANG HARTMANN, Der historische Festzug. Seine Entstehung und Entwicklung im 19. und 20. Jahrhundert, München 1976, S. 34.

[27] STORCH (wie Anm. 25), S. 14.

[28] Programm zur Hauptfeier am 10. November, die Speisekarte ist abgebildet in MARTIN TREU, Lutherfeiern in Eisleben im 19. Jahrhundert, in: Preußisches Luthergedenken (wie Anm. 2), S. 46.

1887 bildete sich ein weiterer Verein in Eisleben, um eine museale Nutzung des sanierten, aber weitgehend leer stehenden Sterbehauses Luthers voran zu treiben. Offensichtlich verspürte man einen Konkurrenzdruck durch die 1883 eröffnete Lutherhalle in Wittenberg. Um Gelder einzuwerben führte man das Lutherstück von Hans Herrig auf.[30] Als Reinerlös kamen 5 000 Mark zusammen. Nach einer intensiven Diskussion entschloss sich der Magistrat den Nürnberger Professor an der Kunstgewerbeschule Friedrich Wanderer mit einer historisierenden Ausgestaltung der Räume des Sterbehauses zu beauftragen. 1894 konnte dann das Museum eröffnet werden.[31] Wanderer besaß Erfahrung auf diesem Gebiet durch das – heute verlorene – Interieur des Nürnberger Dürerhauses. Angeregt durch die historischen Quellen zu Luthers Tod in Eisleben schuf er eine Ausstattung mit Möbeln und Gebrauchsgegenständen im Stil des 16. Jahrhunderts. Als wichtiges Originalexponat konnte Luthers Bahrtuch erworben werden.[32]

Die Aufführung eines Lutherstückes durch Laien, der im Verein beteiligten Bürger, wiederholte sich in ähnlicher Form 1896 bei den Feierlichkeiten zu Luthers 450. Todestag. Nun wurden Szenen aus Otto Devrients sehr erfolgreichem Stück *Luther* durch Gymnasiasten vorgetragen.[33] Träger der Feierlichkeiten war der erst 1895 gegründete Evangelischer Bund, zu dessen Gründungsmitgliedern auch Devrient zählte. Der Evangelische Bund repräsentierte vor allem Pastoren und Lehrer und verstand sich als Bollwerk gegen die erstarkende Sozialdemokratie und den politischen Katholizismus. Zwar fand ein Teil der Feierlichkeiten in der Öffentlichkeit des Marktes und der Andreaskirche statt, aber den Kernpunkt bildete eine geschlossene Veranstaltung im Eislebener Wiesenhaus. Die Aufzüge und Reden blieben geprägt durch die städtischen und kirchlichen Eliten, die Verantwortung lag jedoch ausdrücklich bei einem privaten Verein. Dies dürfte auch Auswirkungen auf die Mitwirkungsmöglichkeiten breiterer Schichten der Eislebener Bevölkerung gehabt haben.

---

[29] Zeitschrift für die Grafschaft Mansfeld, Nr. 268 vom 18. November 1883, S. 4. Da die Anzeige mehrfach wiederholt wurde, scheint ihr kein großer Erfolg beschieden gewesen zu sein. Das Los sollte 1 Mark kosten, zu gewinnen gab es 200 Alben mit „Kabinets-Fotographien" der Lutherstätten in Eisleben, Wittenberg und Mansfeld.

[30] Zu Herrig vgl. STEFAN LAUBE, Fest, Religion und Erinnerung. Konfessionelles Gedächtnis in Bayern von 1804 bis 1917, München 1999 (Schriftenreihe zur bayerischen Landesgeschichte, 118), S. 369.

[31] STEFFENS, Musealisierung (wie Anm. 7), S. 75-80.

[32] Die Ausstattung des Sterbehauses ist nur fragmentarisch erhalten. Schon 1907 kam es zu einer ersten Veränderung, als ein großes Ölgemälde im Sterbezimmer Aufnahme fand. Lohnend wäre eine vergleichende Untersuchung mit den fast parallel laufenden Vorgängen um die Neueinrichtung des Studier- und Sterbezimmers im Melanchthonhaus in Wittenberg durch Friedrich Otto Kuhn, Lehrer am Königlichen Kunstgewerbemuseum in Berlin. Ein gravierender Unterschied lag bei den Auftraggebern. In Wittenberg wurde der Evangelische Oberkirchenrat aktiv, in Eisleben der Magistrat und ein Verein, vgl. Ad Fontes! Zu den Quellen! Katalog zur Dauerausstellung im Melanchthonhaus, Wittenberg 1997, S. 105-109.

[33] Die Lutherfeier in Eisleben am 18. Februar 1896. Vorbericht und Ansprachen, Zweite Auflage, Eisleben, Zweigverein des Evangelischen Bundes o. J., (1896) S. 8.

Als im Juni 1900 das 700-jährige Jubiläum des Mansfelder Kupferschieferbergbaus begangen wurde, kam es zu einer Lutherfeier der unerwarteten Art. Für eine Stunde konnten die Eislebener Kaiser Wilhelm II. auf dem Markt begrüßen, wo man ihm einen Satteltrunk in einem Becher aus dem angeblichen Besitz Martin Luthers reichte.[34] Der Kaiser dankte mit dem ebenso markigen wie nichtssagenden Satz: „Je größer die Schwierigkeiten, desto fester das Ziel ins Auge gefasst!" Aus dem Zusammenhang geht hervor, dass Wilhelm II. den Ausspruch für ein Lutherzitat hielt. Die eingangs postulierte Zusammengehörigkeit von Bergbau- und Luthertradition spiegelt sich auch in diesem Vorgang wider.

Einen gewissen Abschluss der Lutherfeierlichkeiten wird man in der Neueröffnung des Museums in Luthers Geburtshaus am 10. November 1917 sehen dürfen.[35] Die Ausstellung verfügte über immerhin 200 Drucke, darunter 148 von Luther, sowie 34 Gedenkmünzen. Hinzu kamen umfangreiche Leihgaben. Erstaunlich ist, dass trotz des dritten Kriegsjahres die Neugestaltung zustande kam und eine Eröffnung, wenn auch in bescheidenem Maßstab, stattfand. Der eingeladene Kaiser vertröstete die Eislebener mit der Ankündigung seines Besuches nach einem siegreichen Frieden.[36]

Blickt man zurück auf die Lutherehrungen im Mansfelder Land des 19. Jahrhunderts, so fallen strukturelle Gemeinsamkeiten mit anderen wie etwa in Wittenberg und Erfurt auf, aber auch eine gewisse Spezifik.

Gemeinsam ist den preußischen Territorien 1817 der Rückbezug auf die Befreiungskriege als Urdatum einer historischen Verbindung zwischen der Gegenwart und der Reformation. Allerdings lässt sich schon hier mit der Betonung des Mansfelder Pionierbataillons eine Sonderstellung der Region ausmachen. Gleiches gilt für die obrigkeitlich angeordneten Feiern zur Union von 1830, die von einer popularen Spätaufklärung geprägt erscheinen, die zwar romantische Elemente der Gefühlsbetontheit enthält, aber noch jeder deutsch-nationalen Gestimmtheit entbehrt. Katholiken und Mitglieder der israelitischen Gemeinde beteiligen sich fraglos an diesen Lutherfeiern.

Vermutungsweise war es die gescheiterte Revolution von 1848, die in Eisleben die Stimmung umschlagen ließ. Schon 1847 war es zu Hungerempörungen gekommen, bei denen die in der Stadt stationierten Husaren angegriffen wurden. Die Unruhen erregten den Zorn der Hohenzollern, so dass Wilhelm II. 1900 denn auch tatsächlich keinen Fuß auf Eislebener Boden setzte, sondern auf seinem Pferd auf dem Markt sitzen blieb. Aller-

---

[34] Bericht über die 700-jährige Jubelfeier des Mansfelder Kupferschiefer-Bergbaues am 12. und 13. Juni 1900, Eisleben 1900, S. 26-28.
[35] CARL RÜHLEMANN, Luthers Geburtshaus bis zum Reformationsjubeljahr 1917. Ein Beitrag zur Erinnerung an die Eröffnung des Luthermuseums 1917, Eisleben 1917.
[36] Telegramm im Besitz der Stiftung Luthergedenkstätten in Sachsen-Anhalt, Luthers Geburtshaus Eisleben. Ein vergleichbarer Vorgang ereignete sich zur selben Zeit in der Wittenberger Lutherhalle, wo ebenfalls die Ausstellungsfläche erweitert werden konnte. Auch hier entschuldigte der Kaiser seine Abwesenheit mit Hinweis auf den zu erwartenden Endsieg.

dings besteht eine Forschungslücke, inwieweit die nach 1848 einsetzende Reaktion die Eislebener Bürgerschaft beeinflusste. Fassbar wird die neue patriotisch-chauvinistische Stimmung zuerst im Aufruf des Lehrers Baumann 1869 für das Lutherdenkmal, was kein Zufall sein dürfte. Das der Lutherschule angeschlossene Lehrerseminar, brachte zumindest seit 1838 Absolventen hervor, die im Gegensatz zu den akademisch ausgebildeten Gymnasiallehrern ihren Aufstieg aus dem Kleinbürgertum allein der Loyalität zum preußischen Staat verdankten. Die Zentralisierung der Ausbildung der Volksschullehrer in Preußen beförderte auch in Eisleben eine einflussreiche Schicht von Untertanen, denen regionale Bodenhaftung weniger wichtig als eine nationaldeutsche Gesinnung schien.

Umgekehrt dürfte die im Mansfelder Land stark empfundene Bevorzugung von Wittenberg als dem preußischen Luthergedenkort der Hohenzollern, die man als eine Brüskierung Eislebens verstand, dazu beigetragen haben, dass eigenständige Traditionen fortlebten. In der Tat hatte nur Friedrich Wilhelm III. 1817 sich durch die Bewahrung von Geburtshaus und Armenschule energisch für Eisleben eingesetzt. Die Geldspende Kaiser Wilhelm I. besaß 1880 eher symbolischen Wert. Die Schwierigkeiten im Konzert der Lutherstädte einen angemessenen Part spielen zu können, schwingt gerade auch in der triumphalen Berichterstattung zum Eislebener Lutherjubiläum von 1883 mit.

Aus der Gründung des Reiches 1871 folgten auch für Eisleben zwei Konsequenzen: Zum einen bot die französische Kriegsentschädigung die Mittel im größeren Umfang Denkmals- und Musealisierungsplänen nachzugehen. Zum anderen lässt sich eine Homogenisierung der preußischen Untertanen wahrscheinlich machen. Eisleben verlor seine auf Luther und dem Bergbau gründenden Traditionen nicht, aber sie traten nicht mehr so deutlich hervor, wie zu Beginn des Jahrhunderts. Mit dieser Einschränkung wird man die weiter wirkende Gültigkeit des Titelzitates als legitimen Ausdruck Mansfelder Selbstverständnisses anerkennen dürfen: „… ihr steht auf heiliger Erde."

Udo Wennemuth

Luthererinnerung in Baden 1883

Im Juli 1821 schlossen sich die reformierten und die lutherischen Kirchen des im wesentlichen zwischen 1803 und 1806 neugebildeten Großherzogtums Badens zu einer unierten Landeskirche zusammen.[1] Es handelt sich hier um einen der seltenen Fälle einer Bekenntnisunion, in der die Confessio Augustana, Luthers Kleiner Katechismus und der Heidelberger Katechismus als gleichberechtigte Bekenntnisschriften zugrunde gelegt wurden. Innerhalb einer Generation war aus einem mehrheitlich lutherischen Kleinstaat ein Mittelstaat mit drei Konfessionen geworden, in dem etwa zwei Drittel der Bevölkerung katholisch waren. Überwiegend katholisch waren die Gebiete der Markgrafschaft Baden-Baden, des ehemaligen Vorderösterreich (um Freiburg), der ehemaligen Hochstifte Mainz, Speyer, Straßburg, Würzburg und Konstanz, das Fürstentum Fürstenberg, Geroldseck und der Klettgau sowie einige alte Reichsstädte. Die Evangelischen wiesen eine beachtliche Vielfalt unterschiedlichster theologischer und konfessioneller Traditionen auf. Da waren die gemäßigt lutherischen Gebiete der alten Markgrafschaft[2] und einiger Reichsstädte, in

---

[1] Grundlegend zur Entstehung der unierten Landeskirche noch immer GUSTAV ADOLF BENRATH, Die Entstehung der vereinigten evangelisch-protestantischen Landeskirche in Baden (1821), in: Vereinigte Evangelische Landeskirche in Baden 1821-1971. Dokumente und Aufsätze, im Auftrag des Oberkirchenrats hrsg. von HERMANN ERBACHER, Karlsruhe 1971, S. 49-113. Vgl. auch JOHANNES EHMANN, Union und Konstitution. Die Anfänge des kirchlichen Liberalismus in Baden im Zusammenhang der Unionsgeschichte (1797-1834), Karlsruhe 1994 (= Veröffentlichungen des Vereins für Kirchengeschichte in der Evangelischen Landeskirche in Baden [künftig abgekürzt: VVKGB], 50). Zur Entstehung des Großherzogtums Baden vgl. LOTHAR GALL, Gründung und politische Entwicklung des Großherzogtums bis 1848, in: Badische Geschichte. Vom Großherzogtum bis zur Gegenwart, hrsg. von der Landeszentrale für politische Bildung Baden-Württemberg, Stuttgart 1979, S. 11-36; HANS-PETER ULLMANN, Die Entstehung des modernen Baden an der Wende vom 18. zum 19. Jahrhundert, in: Zeitschrift für die Geschichte des Oberrheins 140 (1992), S. 287-301; WOLFGANG HUG, Geschichte Badens, Stuttgart 1992, S. 194-208.

[2] Zu Baden vgl. WOLFGANG HUG, Geschichte Badens (wie Anm. 1), S. 127-202; DIETER STIEVERMANN, Von den Markgrafschaften zum Großherzogtum. Baden in der letzten Epoche des Alten Reiches 1648-1806, in: HANSMARTIN SCHWARZMAIER u. a., Geschichte Badens in Bildern 1100-1918, Stuttgart 1993, S. 115-210; VOLKER PRESS, Baden und badische Kondominate, in: ANTON SCHINDLING/WILHELM ZIEGLER (Hrsg.), Die Territorien des Reichs im Zeitalter der Reformation und Konfessionalisierung. Land und Konfession 1500-1650, Bd. 5: Südwesten, Münster 1993 (= Katholisches Leben und Kirchenreform im Zeitalter der Glaubensspaltung, 53),

denen sich hier und da auch oberdeutsche Einflüsse bewahrt hatten; lutherisch war auch die Grafschaft Wertheim,³ die infolge der Aufklärung in konfessioneller Hinsicht eine eher indifferente Haltung eingenommen hatte, der Kraichgau und Hanau-Lichtenberg. Dem gegenüber stand die reformierte Prägung der Kurpfalz,⁴ die sich im 18. Jahrhundert aber zunehmend von erstarkenden lutherischen Gemeinden und vor allem von der vom Hof geförderten katholischen Konfession bedrängt sah. Der Geist der Aufklärung hatte freilich seit dem ausgehenden 18. Jahrhundert in den gemischt konfessionellen Gemeinden der Kurpfalz eine Minderung des konfessionellen Denkens und den Wunsch nach gemeinsamen evangelischen Gottesdiensten hervorgebracht. So verwundert es nicht, dass nach mehreren gescheiterten Versuchen, eine Union über den Verwaltungsweg einzuführen, das

---

S. 124-166. Eine neuere Geschichte der evangelischen Kirche in der Markgrafschaft Baden gibt es nicht. Zu verweisen ist hierfür noch immer auf KARL FRIEDRICH VIERORDT, Geschichte der evangelischen Kirche in dem Großherzogthum Baden, 2 Bde., Karlsruhe 1847-1856. Zusammenfassend vgl. GUSTAV ADOLF BENRATH, Art. Baden, in: Religion in Geschichte und Gegenwart, 4., völlig neu bearbeitete Aufl., Bd. 1, Tübingen 1998, Sp. 1055-1058. Vgl. auch Die Kirchenordnungen von 1556 in der Kurpfalz und in der Markgrafschaft Baden-Durlach, hrsg. von FRITZ HAUSS und HANS GEORG ZIER, Karlsruhe 1956 (= VVKGB, 16) und zuletzt Reformierte Spuren in Baden, hrsg. von UDO WENNEMUTH, Karlsruhe 2001 (= VVKGB, 57).

³ Zu Wertheim vgl. HERMANN EHMER, Geschichte der Grafschaft Wertheim, Buchheim 1989; THOMAS WEHNER, Wertheim, in: Die Territorien des Reichs im Zeitalter der Reformation und Konfessionalisierung. Land und Konfession 1500-1650, Bd. 4: Mittleres Deutschland, Münster 1992, S. 214-232 (= Katholisches Leben und Kirchenreform im Zeitalter der Glaubensspaltung, 52). Zu den indifferenten Strömungen, die in den Erklärungen zur „Wertheimer Bibel" ihren Ausdruck fanden, vgl. HERMANN EHMER, Die Wertheimer Bibel. Der Versuch einer rationalistischen Bibelübersetzung, in: Jahrbuch der Hessischen Kirchengeschichtlichen Vereinigung 43 (1992), S. 289-312.

⁴ Vgl. allg. zur Kurpfalz: MEINRAD SCHAAB, Geschichte der Kurpfalz, Bd. 2: Neuzeit, Stuttgart 1992; ANTON SCHINDLING/WILHELM ZIEGLER, Kurpfalz, Rheinische Pfalz und Oberpfalz, in: Die Territorien des Reichs im Zeitalter der Reformation und Konfessionalisierung. Land und Konfession 1500-1650, Bd. 5: Der Südwesten, Münster 1993, S. 9-50 (= Katholisches Leben und Kirchenreform im Zeitalter der Glaubensspaltung, 53). Zur Kirchengeschichte vgl. EIKE WOLGAST, Reformierte Konfession und Politik im 16. Jahrhundert. Studien zur Geschichte der Kurpfalz im Reformationszeitalter, Heidelberg 1998 (= Schriften der Phil.-hist. Klasse der Heidelberger Akademie der Wissenschaften 10, 1998); UDO WENNEMUTH, Religion und Politik in der Kurpfalz im 16. Jahrhundert, in: Kostbarkeiten gesammelter Geschichte. Heidelberg und die Pfalz in Zeugnissen der Universitätsbibliothek, hrsg. von ARMIN SCHLECHTER, 1999, S. 39-57 (= Schriften der Universitätsbibliothek Heidelberg, 1). Zum 17. und 18. Jahrhundert vgl. EIKE WOLGAST, Religion und Politik in der Kurpfalz im 17. Jahrhundert, in: Mannheimer Geschichtsblätter N. F. 6 (1999), S. 189-208; ALBRECHT ERNST, Die reformierte Kirche der Kurpfalz nach dem Dreißigjährigen Krieg (1648-1685), Stuttgart 1996 (= Veröffentlichungen der Kommission für geschichtliche Landeskunde in Baden-Württemberg, B 133); CHRISTOPH FLEGEL, Die lutherische Kirche in der Kurpfalz von 1648-1716, Mainz 1999 (= Veröffentlichungen des Instituts für Europäische Geschichte Mainz Abteilung Abendländische Religionsgeschichte, 175); MARKUS A. MAESEL, Der Kurpfälzische Reformierte Kirchenrat im 18. Jahrhundert unter besonderer Berücksichtigung der zentralen Konflikte in der zweiten Jahrhunderthälfte, Heidelberg 1997 (= Heidelberger Abhandlungen zur Mittleren und Neueren Geschichte, N. F. 10).

Reformationsjubiläum des Jahres 1817 den entscheidenden Anstoß des Prozesses zur Bekenntnisunion gab.⁵

Ein zentrales Bemühen der Union war es, eine Majorisierung der kleineren reformierten Gruppe zu vermeiden. Das ermöglichte in der Glaubenspraxis in den Gemeinden noch über Jahrzehnte die Pflege spezieller Traditionen und Formen und zwang alle Beteiligten zur Zurückhaltung in konfessionellen Fragen. Das heißt nicht, dass es nicht auch in Baden Unzufriedene und Eiferer gab. Der pietistisch geprägten Erweckungsbewegung war der reformierte „Liberalismus" ebenso obsolet, wie die ehemals Reformierten immer wieder das Überhandnehmen lutherischer Formen und Praktiken im Gottesdienst beklagten. Umso mehr war die Kirchenpolitik von den Prämissen des Ausgleichs geprägt, die konfessionelle Überspitzungen zu vermeiden gedachte. Das führte zu einer entsprechend zurückhaltenden Einstellung sowohl zur Säkularfeier zu Luthers 300. Todestag 1846 als auch zur 300-Jahrfeier der Einführung der Reformation in Baden und der Kurpfalz 1856. Von größeren Reformationsfeiern wissen wir nichts. Vielmehr wurde die „Feier des Reformationsfestes" als eine „interne" „kirchliche Gedächtnisfeier" behandelt, die Momente miteinander verbinden sollte, „welche in den verschiedenen, jetzt zum Großherzogthume gehörigen Landesteilen im Jahre 1556 für die Reformation entscheidend waren". Die Feier fand am 29. Juni im Anschluss an den Vormittagsgottesdienst statt. Am Vormittag wurde über Eph 2,9-22 gepredigt, am Nachmittag über Offenb 3,11;⁶ „zur Herstellung wünschenswerther Einheit im Gottesdienst" war allen Gemeinden die entsprechende Gottesdienstordnung mit den angesetzten Liedern und Gebeten zugestellt worden.⁷ Dass das Reformationsjubiläum dennoch einen – an der Kirchenleitung vorbei gelenkten – weiter reichenden Anstrich gehabt zu haben scheint, zeigt aber nicht nur ein die lutherische Tradition betonendes Gedenkblatt,⁸ sondern auch ein an die evangelische Kirche in Baden gerichtetes „Denkblatt zur Jubelfeier" des positiv-erwecklich geprägten Pfarrers Karl Mann.⁹

---

⁵ Zum Reformationsjubiläum allgemein vgl. WICHMANN VON MEDING, Kirchenverbesserung. Die deutschen Reformationspredigten des Jahres 1817, Bielefeld 1986 (= Unio und Confessio, 11); zu Baden vgl. Landeskirchliches Archiv Karlsruhe [LKA] GA 276; als spezielles Zeugnis vgl. Zur Feier des Säkularfestes der Reformation bei den Evang. Gemeinden in Mannheim, Mannheim 1817 (Archiv der Evang. Kirchengemeinde Mannheim im Stadtarchiv Mannheim, Zugang 29/2000, Nr. 155).

⁶ Vgl. Erlass des Oberkirchenrats vom 30. April 1856, in: Sammlung von Gesetzen und Verordnungen über das evangelisch-protestantische Kirchen-, Schul-, Ehe- und Armenwesen im Großherzogthum Baden, hrsg. von JAKOB HEINRICH RIEGER, fortgesetzt von K. S. SCHMIDT, Neunter Theil, Lahr 1857, S. 404 f.

⁷ Erlass vom 6. Juni 1856, in: Sammlung von Gesetzen (wie Anm. 6), Neunter Theil, S. 415-422. Vgl. dazu auch LKA GA 265.

⁸ Zum Gedenkblatt vgl. GERHARD SCHWINGE, Lutherisches Traditionsbewusstsein im unierten Baden im Jubiläumsjahr 1856. Zu einem wieder entdeckten Reformationsgedenkblatt, in: Die Union. Korrespondenzblatt des Vereins für Kirchengeschichte in der Evangelischen Landeskirche in Baden 9 (2001), S. 109-112; Schwinges Überlegungen, warum die gleichzeitige Reformation in der Kurpfalz völlig in den Hintergrund gedrängt wurde (ebd. S. 112), überzeugen indessen nicht.

Bezeichnend war bereits die Argumentation des Evangelischen Oberkirchenrats (EOK) anlässlich der Säkularfeier zu Luthers Todestag gewesen: „Die Säkularfeier des Todestages Dr. Martin Luthers, welche in einigen deutschen Landeskirchen stattfindet, ist auch bei uns von verschiedenen Seiten her angeregt worden. Die oberste Kirchenbehörde verkennt keineswegs die Bedeutung dieses Tages; so sehr sie aber auch wünscht, daß das Andenken an den großen Reformator stets wach erhalten werde, so mußte sie doch Anstand nehmen, eine solche Todesfeier […] in allen evangelischen Kirchen des Landes förmlich anzuordnen, da unsere Landeskirche eine unirte ist." Damit wollte die Landeskirche Gedächtnisfeiern nicht unterbinden, sie wollte es vielmehr den einzelnen Gemeinden anheim stellen, ob und wie Luthers Todestag begangen würde. Freilich wird deutlich, dass die Landeskirche es am liebsten sähe, wenn die Säkularfeier in den Sonntagsgottesdienst nach dem 18. Februar integriert werden könnte. Die Behörde vergaß auch nicht die Warnung vor jeglichem konfessionellen Eifer, das heißt, dass „alles vermieden [werde], was sich mit der brüderlichen Liebe gegen unsere katholische Schwesterkirche nicht verträgt, oder gar den konfessionellen Frieden stören, und die Gemüter statt zu erbauen und in evangelischer Glaubenstreue zu befestigen[,] aufregen könnte".[10] 1860 wurde für den 22. April nur eine allgemeine kirchliche Feier zum 300. Todestag Melanchthons angeordnet, während besondere Feiern in den Schulen untersagt wurden, sodass die Geistlichen nur im Religionsunterricht den Jugendlichen die „Verdienste Melanchthons" erläutern konnten. Auch des 300. Todestages Calvins sollte am 29. Mai 1864 nur im Religionsunterricht und in der Predigt im Sonntagsgottesdienst gedacht werden.[11]

---

[9] Vgl. Karl Mann, Kurze Geschichte der Reformation in Baden. Als Jubeldenkmal (…) der evangelischen Kirche Badens gewidmet, Karlsruhe 1856.

[10] Erlass des EOK vom 14. Februar 1846, Nr. 3372 (Sammlung von Gesetzen und Verordnungen über das evangelisch-protestantische Kirchen-, Schul-, Ehe- und Armenwesen im Großherzogthum Baden, hrsg. von Jakob Heinrich Rieger, Achter Theil, Offenburg 1847, S. 49-50). Das „Programm für die Feier des Reformations-Festes zu Heidelberg am 4. Januar 1846" in LKA GA 265.

[11] Vgl. dazu den Vortrag des Prälaten Doll vom 7. September 1883 (LKA GA 6328). Während im Landeskirchlichen Archiv sowohl Akten zu den Gedächtnisfeiern für Calvin 1864 (GA 6161) als auch für Zwingli 1884 (GA 6949) vorliegen, hat das Melanchthongedenken im Jahre 1897 keinen Niederschlag in den Akten des Oberkirchenrats gefunden; zum Calvin-Jubiläum 1909 vgl. jetzt auch Hans-Georg Ulrichs, „Der erste Anbruch einer Neuschätzung des reformierten Bekenntnisses und Kirchenwesens". Das Calvin-Jubiläum 1909 und die Reformierten in Deutschland, in: Harm Klueting/Jan Rohls (Hrsg.), Reformierte Retrospektiven. Vorträge der zweiten Emder Tagung zur Geschichte des reformierten Protestantismus, Wuppertal 2001, S. 231-265 (= Emder Beiträge zum reformierten Protestantismus, 4).

I. Luthergedenkfeiern 1883

Hatte sich fast vier Jahrzehnte später – immerhin hatte es beträchtliche Umwälzungen im Reich (1871) und in der Kirche (1860/61) gegeben – die Einstellung der Landeskirche zum offiziellen Luthergedenken gewandelt?

Veranlasst durch eine Flugschrift des Berliner Pfarrers Wilhelm Bauer, befasste sich der Evangelische Oberkirchenrat in Karlsruhe überhaupt erstmals am 16. Januar 1883 mit Luthers vierhundertjährigem Geburtstag am 10. November 1883. Es sei „in Erwägung zu ziehen, ob nicht die Behandlung der Lebensgeschichte Luthers in den Christenlehren für nächsten Sommer […] zu empfehlen sein wird",[12] lautete die noch sehr unbestimmte Vorstellung, wie man mit dem Ereignis in Baden umgehen sollte. Aber bereits wenige Tage später ging ein Vorschlag der Pfarrkonferenz des Kirchenbezirks Mosbach ein, innerhalb des Oberkirchenrats zu erwägen, „ob es nicht zweckdienlich u. von bleibendem Segen wäre, bei der Lutherfeier dem Volk auch ein Lutherbüchlein in die Hand zu geben", das neben einem Lebensbild die wichtigsten Schriften des Reformators enthalten sollte. Es ging den Pfarrern darum, die Luthergedenkfeiern zu nutzen, um Luther im Volk – „der gemeine Mann kennt […] von Luther selbst sehr wenig" – wieder bekannt zu machen, die Feiern also zu einer dauerhaften Verbesserung der Kenntnisse über Luther und die Reformation einzusetzen. Dabei war der Konferenz bewusst, dass aus Kostengründen nur ausgewählte Kreise solch ein Lutherbüchlein als Geschenk erhalten könnten, nämlich die Schüler und Konfirmanden. Der an sich vernünftige Vorschlag, sich mit anderen Landeskirchen zusammenzutun, um ein Büchlein in möglichst hoher Auflage in Auftrag geben zu können, wurde vom Oberkirchenrat an die Gemeinden zurück verwiesen: Es sei eine Fülle von „litterarischen Erscheinungen" zum Jubiläum zu erwarten, aus denen die Pfarrer die für ihre Gemeinden passende Schrift auf eigene Verantwortung auswählen sollten.[13] In seiner Sitzung am 27. März 1883 formulierte der Oberkirchenrat seine Vorstellungen, die im Kirchlichen Gesetz- und Verordnungsblatt veröffentlicht wurden: Die Feier von Luthers 400-jährigem Geburtstag sei mit dem Reformationsfest zu verbinden. Bereits in den vorangehenden Monaten solle die Gemeinde in Nebengottesdiensten und in der Christenlehre „in die geschichtlichen Ereignisse eingeführt werden, durch welche die Bedeutung des großen deutschen Reformators begründet ist", um so die Gemeindeglieder „auf das Walten des göttlichen Geistes in der Entstehung und ersten Entwickelung unsrer evang. Kirche" aufmerksam zu machen. Aber auch hier wird vor einer konfessionalistischen Verengung und Instrumentalisierung der Lutherfeiern ausdrücklich gewarnt. Zum

---

[12] LKA GA 6328.
[13] Antrag der Diözesansynode vom 15. Januar 1883 (Eingangsvermerk am 19. Januar) und Rekurs des EOK vom 23. Januar 1883 (ebd.).

einen werden die Geistlichen ermahnt, in ihren „Mitteilungen und Betrachtungen den Boden der Union" nicht zu verlassen, zum anderen daran erinnert, „sich ungeeigneter Polemik gegen die katholische Schwesterkirche [zu] enthalten".[14]

Erst nach der Sommerpause, am 7. September 1883, wurden durch einen Vortrag des Prälaten Doll, des ranghöchsten Geistlichen der Landeskirche, die Weichen für die Lutherfeiern gestellt. Unzweifelhaft war nun, dass die Luthersäkularfeiern ein größeres Gewicht erhalten sollten als alle vorausgegangenen Gedenkfeiern. Doll schlug zum einen, dem Vorbild anderer Landeskirchen folgend, für den Samstag, den 10. November, dem Geburtstag Luthers, gesonderte Schulfeiern vor, während für die kirchliche Feier der folgende Sonntag, der 11. November, der Tauftag Luthers, vorgesehen war. Das Reformationsfest sollte, wie bereits früher mitgeteilt, entsprechend um eine Woche auf diesen Tag verschoben werden. Die Schulfeiern sollten für alle evangelischen Schüler in allen Schulen stattfinden. Dabei sollte die Feier in vorwiegend evangelischen Gebieten den regulären Unterricht ersetzen, während an Schulen mit verhältnismäßig geringer Zahl evangelischer Schüler diese schulfrei erhalten sollten zur Teilnahme an den Feiern. In seinem ersten Entwurf bevorzugte Doll als Stätte für die alle Schulklassen zusammen führende Feier einen Schulsaal oder ersatzweise den Rathaussaal, doch war später unstrittig, dass die Kirche für diese Feiern auch der angemessene Ort sei. In den Volksschulen lag die Verantwortung für die Durchführung der Feier beim jeweiligen Ortsgeistlichen, in den höheren Lehranstalten bei den evangelischen Religionslehrern. Dass die Schulfeiern einen hoch offiziellen Charakter hatten, zeigt sich nicht nur darin, dass nicht nur sämtliche evangelischen Lehrer, sondern auch die Schulvorstände und örtlichen Schulbehörden eingeladen wurden. Die Schulfeiern selbst sollten durch (Gedicht-) Vorträge (der Schüler), religiöse Gesänge, Ansprachen der Lehrer oder Geistlichen, „alles unter Bezugnahme auf Luther", gestaltet werden. Bei der Feier sollte allen Schülern und Schülerinnen als Andenken ein „Lutherbüchlein"[15] überreicht werden.[16]

Die kirchliche Feier sollte am Vorabend eingeläutet werden.[17] Der Hauptgottesdienst am Sonntag selbst wurde als kirchlicher Festtag begangen. Person und Werk Luthers sowie

---

[14] Erlass vom 11. April 1883, in: Gesetzes- und Verordnungsblatt für die vereinigte evangelisch-protestantische Kirche im Großherzogtum Baden [künftig: GVOBl] für das Jahr 1883, Nr. 8 vom 19. April 1883, S. 53.

[15] Besonders empfohlen wurden die Schrift „Dr. Martin Luther" von Chr. G. Hottinger und das „Lutherbüchlein für Schule und Haus" von Pfarrer K. Mayer. Auf Hottingers kleine Schrift hatte der Großherzog persönlich die Kirchenleitung hingewiesen (vgl. Schreiben des Geheimen Cabinets vom 12. September 1883, LKA GA 6328). In Mannheim wurden neben den Schriften Mayers und Hottingers auch Lutherschriften von Körber, Frommel, Disselhoff, Redenbacher u. a. verteilt (vgl. Kirchen-Kalender [wie Anm. 31], S. 18). Vgl. auch ALBRECHT THOMA, Die Lutherfeier in der Schule, Karlsruhe 1883, S. 7.

[16] Vortrag Dolls vom 7. Sept. 1883 (GA 6328) und Erlass des Großherzoglichen Oberschulrats Nr. 14265 vom 19. September 1883 (GVOBl Nr. 17, 1883, S. 123).

[17] Vgl. Vortrag Dolls vom 7. September 1883 (GA 6328) und Erlass des EOK vom 21. September 1883 (GVOBl Nr. 17, 1883, S. 120-122).

der Segen der Reformation für die Gemeinden sollten dabei zur Sprache kommen. Predigttext und Altarlektion waren den Geistlichen zwar frei gestellt, doch sollten selbstverständlich die für das Reformationsfest vorgesehenen Vorschläge berücksichtigt werden. In das Hauptgebet beim Vormittagsgottesdienst der Lutherfeier wurde freilich ein besonderer Text eingefügt: „Insbesondere danken wir dir an dem heutigen Feste, daß du uns in Dr. Martin Luther einen Propheten und Apostel nach deinem Herzen erweckt, ihn mit Geist und Kraft aus der Höhe gesalbt und uns durch ihn, dein auserwähltes Werk- und Rüstzeug, zu der Kirche geführt hast, welche auf dem Grund- und Eckstein Jesus Christus erbaut, uns in diesem, deinem lieben Sohne, dem einigen, ewigen Hohenpriester, den freien Zugang zu dir, unserm Vater, eröffnet, in deinem Worte die Quelle ihres Glaubens und die Richtschnur ihres Lebens verehrt und in der seligen Freiheit deiner Kinder ihr Ziel hat. Du hast Großes an uns gethan; des sind wir fröhlich. Herr der Herrlichkeit, schütze unsre Kirche, erhalte uns das schwer errungene Kleinod und laß uns durch deine Gnade die Feier des 400. Geburtstages des großen, teuren Glaubenshelden dazu dienen, daß wir ihm in der, dir und deinem heiligen Worte bewiesenen Treue nachfolgen, ebenso fest, freimütig und standhaft, wie er, für das Evangelium kämpfen und es, nach seinem Vorbild, durch Wort und That, im Leben und Sterben getrost und freudig bekennen, dir zur Ehre, uns zum Heil, deinem Reich zum Sieg!"[18] Am Festgottesdienst sollten nach Möglichkeit auch „Singchöre" „zur Erhöhung und Verschönerung der Feier" mitwirken. Am Sonntagnachmittag sollten entweder Predigtgottesdienste mit Bezug auf Luthers Leben und Wirken (diese Themenstellung galt auch für die „Christenlehre") oder als liturgischer Gottesdienst gehalten werden, wobei neben Bibelstellen, Gebeten und „Reformationsliedern in geeigneter Auswahl" auch Auszüge aus Luthers Werken und Erzählungen aus Luthers Leben vorgeschlagen wurden.[19]

---

[18] Abgedruckt als Beilage zu GVOBl Nr. XVII, 1883; vgl. auch das Konzept in GA 6328.
[19] Wie Gottesdienst am Sonntagvormittag und „liturgischer" Gottesdienst am Sonntagnachmittag ablaufen konnten, zeigen uns zwei Programmentwürfe, die leider nicht genau zu lokalisieren sind.
Eine Synode zu Kirchheim hatte bereits am 19. September folgendes Festprogramm vorgeschlagen: Als Eingangsgesang der Gemeinde „Jehova, Jehova, Jehova, deinem Namen sei Ehre, Macht und Ruhm" (Nr. 46 des neuen Gesangbuchs), sodann Gebet, Hauptgesang durch den Kirchenchor (Nr. 167: „Wach auf, du Geist der ersten Zeugen"), Kollekte, Lektion (Psalm 118, 14-29), Hauptgesang der Gemeinde (Nr. 161: „Ein feste Burg ist unser Gott", Str. 1-2), Predigt, Gesang nach der Predigt durch den Kirchenchor (Nr. 191: „Herr, dein Wort, die edle Gabe"), Hauptgebet mit Vater unser, Schlussgesang der Gemeinde (Nr. 161, Str. 4) und Segen. Der Sonntagnachmittagsgottesdienst war damals noch als Schulfeier geplant mit Festzug und einer Predigt, die an passenden Stellen von Deklamationen von Schülern auf die Reformation und Luthers Leben unterbrochen werden sollte. Die älteren Schüler sollten mit einer Festschrift bedacht werden, alle Schüler sollten nach dem Gottesdienst eine Brezel erhalten (vgl. Mitteilung der Diözesan-Synode vom 19. September 1883, LKA GA 6328). Ein zweiter Vorschlag sah für den Festgottesdienst vor: Orgelvorspiel, Kirchenchor und Gemeinde im Wechsel (Lobe den Herrn, den mächtigen König), Gebet, Kirchenchor (Psalm 149), Kollektengebet, Kirchenchor (Wunderbarer König), Bibellektion (Psalm 118, 14.29), Kirchenchor und Gemeinde im Wechsel (Ein Feste

Luther wurde hier als der „fromme", „geistgesalbte", „heldenmütige" Mann geschildert, „der von Gott berufen worden ist, die Kirche Christi von menschlichen Irrtümern u. Mißbräuchen zu reformieren, das Wort Gottes dem Verständnis u. Gemüt seiner lieben deutschen Volksgenossen zu vermitteln u. es als Grund u. Quelle des christlichen Glaubens wieder in der Kirche zur Geltung zu bringen". Das Kirchenvolk sollte sich durch das „Gedächtnis an die Persönlichkeit u. das Verdienst" Luthers nicht nur an „die Segnungen der Reformation mit besonderer Dankbarkeit" erinnern, sondern daraus auch eigene Glaubensstärke ableiten. Letztlich waren die Gemeinden aufgerufen, „Gott zu preisen für die geistlichen Güter u. Kräfte, womit er auch uns durch die Erweckung jenes Rüstzeuges begnadigt hat". Das Beispiel des „frommen deutschen Glaubenshelden" soll die Gemeinden zur „bußfertigen Prüfung ihres religiös-sittlichen Lebens" veranlassen. Der Schuljugend sollte darüber hinaus Luthers Bedeutung für die geistige und religiöse Bildung der Jugend ins Bewusstsein gerückt werden. Luther wurde als Vorbild an Frömmigkeit und Vaterlandsliebe der Schuljugend anempfohlen.[20]

Zeigen sich hier nicht deutliche Zeichen für eine Instrumentalisierung des Lutherbildes auch für nationale Ziele, mit denen sich die Kirche selbstverständlich identifiziert, wenn man Luthers „deutsche Gesinnung" als vorbildlich rühmt? – Zwar wird mit Luther „einer der größten und bedeutendsten Männer, welche Deutschland geboren hat", gefeiert, doch geht es der Kirche vor allem darum, den rechten reformatorischen Prozess für die Gegenwart zu verdeutlichen, der sich in Luthers Person widerspiegelt: „aus bußfertiger Sündenerkenntnis zum rechtfertigenden Glauben, aus schweren Anfechtungen zum unerschütterlichen Gottvertrauen, aus der Knechtschaft menschlicher Satzungen zur Freiheit eines Gotteskindes". Luther wurde in diesem Sinne auch zu einem „bleibenden Vorbild der Geistesfreiheit" und „Glaubensinnigkeit"; Luthers „Heldenmut" wurde ausdrücklich auf das Christliche, seinen Glauben, bezogen. Es ging vor allem darum, die reformatorische Botschaft für die Gegenwart neu bewusst zu machen. So wird in aller Deutlichkeit und unmissverständlich zum Ausdruck gebracht, dass die Lutherfeiern „weder zur ungebührlichen Verherrlichung eines Menschen" missbraucht, „noch auf Kosten der geschichtlichen Wahrheit" gestaltet werden dürften. Die Haltung der Kirchenbehörde und der Gemein-

---

Burg), Predigt, Kirchenchor (Jauchzet Gott, alle Lande), Hauptgebet und Vater unser, Kirchenchor (Das ist ein köstlich Ding), Verkündigungen, Kirchenchor und Gemeinde im Wechsel (Fahre fort, fahre fort, Zion fahre fort im Licht), Segen und Orgelnachspiel. Die Schulfeier am Nachmittag sollte eingeleitet werden durch Orgelspiel und Kinderchor (Dir, dir Jehova); nach Psalm, Gebet und Gemeindelied (Es ist das Heil) war eine „Ansprache mit Declamationen von auf die Reformation bezüglichen Festgedichten durch die Schulkinder" vorgesehen, bevor die Festschriften verteilt und die Feier durch Gebet, Gemeindegesang (Erhalt uns, Herr, bei deinem Wort) und Segen abgeschlossen werden sollte (vgl. LKA GA 6328). Was von diesen Ideen dann schließlich in den konkreten Ablauf des Luthertages einging, ist völlig offen, zumal sie sich nicht in allen Punkten mit den Vorgaben der Kirchenleitung deckten.

[20] Vortrag Dolls vom 7. September 1883 und Erlass des Großherzogs vom 14. September 1883 (LKA GA 6328).

den bestimmt Dankbarkeit gegen Gott für die Reformation, die Erneuerung der Kirche, Luther erscheint hier als das Werkzeug Gottes, als der rechte Mann zur rechten Zeit, von Gott berufen und begabt. Die Lutherfeiern sollen daher im Kirchenvolk eine ernsthafte Prüfung des eigenen religiös-sittlichen Lebens bewirken und den auf Christus gründenden Glauben an Gott stärken und befestigen, „damit wir uns nicht vor anderen der Gnade überheben, die uns der Herr geschenkt hat, sondern den Frieden und die Einigkeit im Geist bewahren und des Ruhms teilhaftig werden, der vor Gott gilt". Allein zur Ehre Gottes und zur Erbauung der Gemeinden: hierin liegen Ziel und Berechtigung, aber auch die Chancen der Lutherfeiern.[21] Wie wohltuend anders sprechen hier Kirchenleitung und Geistliche zu den Gemeinden als nur wenige Jahrzehnte später, als Luther als Zeuge und Beweis der Auserwähltheit gerade des deutschen Volkes herhalten musste und im nationalistischen und völkischen Getöse seine Botschaft der Rechtfertigung des Sünders allein aus dem Glauben verfälscht und verleugnet wurde.

Die Feiern in den Gemeinden wurden im wesentlichen nach den Vorgaben des Oberkirchenrats durchgeführt.[22] An zwei Beispielen soll kurz skizziert werden, wie die Gedenkfeiern dann vor Ort konkret durchgeführt wurden. In Karlsruhe[23] sah das vom Kirchengemeinderat beschlossene Festprogramm am Samstagvormittag „Einzelfeiern" für die evangelischen Schüler der verschiedenen Schulen unter der Regie der einzelnen Schulen und ihrer Religionslehrer vor. Erst für den Nachmittag war eine große „Gesamtfeier" für alle evangelischen Schüler und Schülerinnen von der 6. Klasse an geplant. Für diese Veranstaltung hatte der Stadtrat die große Festhalle zur Verfügung gestellt, sodass auch Angehörige der Schüler an der Feier teilnehmen konnten. Neben Gesängen und Vorträgen bildeten zwei kurze Ansprachen von Stadtpfarrer Schmidt und Hofprediger Helbing den Höhepunkt der Feier. Am Sonntagvormittag fanden Festgottesdienste in den verschiedenen Kirchen (Betsaal im Bahnhofsstadtteil, Kleine Kirche, Stadtkirche, Schlosskirche, Pfründnerhaus) zu den gewöhnlichen Gottesdienstzeiten statt. Nur in der Stadtkirche, in der Dekan Emil Zittel predigte, war die Mitwirkung eines Chores vorgesehen, des „Vereins für evangelische Kirchenmusik". Nachmittags folgte ein liturgischer Gottesdienst in der Stadtkirche mit Stadtpfarrer Längin und am Abend ein liturgischer Gottesdienst in der Schlosskirche mit Hofprediger Helbing. In der Stadtkirche wirkte abermals der „Verein für evangelische Kirchenmusik" mit, in der Schlosskirche der Hofkirchenchor. „Der Entwicklungsgang der Persönlichkeit Luthers in seiner maßgebenden und vorbildlichen Bedeu-

---

[21] Vgl. Erlass des EOK vom 21. September 1883, GVOBl Nr. XVII, 1883, S. 122.
[22] Außer den beiden Beispiel Karlsruhe und Mannheim sei auch auf Lörrach verwiesen (vgl. dazu Programm und Ablauf in LKA GA 6328).
[23] Zu Karlsruhe vgl. allg. Karlsruhe. Die Stadtgeschichte, hrsg. von der Stadt Karlsruhe, Red. ERNST OTTO BRÄUNCHE, SUSANNE ASCHE u. a., Karlsruhe 1998; zur Kirchengeschichte vgl. Suchet der Stadt Bestes. Festschrift der Evangelischen Kirchengemeinde Karlsruhe zum Stadtjubiläum 1715-1965, im Auftrage des Evangelischen Kirchengemeinderates hrsg. von HERMANN ERBACHER, Karlsruhe 1965.

tung für die evangelische Kirche" sollte bei diesen liturgischen Gottesdiensten vornehmlich „zur Darstellung gelangen".[24] Im Kirchenblatt der evangelischen Stadtgemeinde Karlsruhe wurde festgehalten, dass „in sämmtlichen Kirchen und Betsälen sich die Festgottesdienste würdevoll, der hohen Bedeutung des Tages entsprechend und unter ungewöhnlicher Theilnahme der Bevölkerung vollzogen haben". Nicht nur waren die Gotteshäuser bei den Veranstaltungen überfüllt, auch der tiefe Eindruck, den die Feiern bei den Menschen hinterließen, wurde lobend hervorgehoben. Besonders beeindruckend war jedoch die gemeinsame Schulfeier in der Festhalle, der u. a. der gesamte Oberkirchenrat, die gesamte evangelische Geistlichkeit der Stadt, der evangelische Kirchengemeinderat sowie Vertreter staatlicher und städtischer Behörden und der verschiedenen Lehranstalten beiwohnten. Auf dem Podium war eine neu angefertigte Kollossalbüste Luthers zwischen den Büsten Großherzog Friedrichs I. und der Großherzogin Luise (einer preußischen Prinzessin) aufgestellt worden. Über diesem Bild erstrahlte ein mächtiges, von Gasflammen gebildetes Kreuz, das den kirchlichen Charakter der Feier widerspiegeln sollte und Bewunderung und Andacht erweckte. Der Gesang der Festversammlung wurde durch die Militärmusik begleitet. „Wunderbar schön und tief ergreifend wurden die Chorgesänge von Schülern und Schülerinnen vorgetragen. Die zwischen die Gesänge und Festreden sinnig eingeflochtenen poetischen Vorträge der Zöglinge verschiedener Schulen vervollständigten als köstliche Blüthen den dem großen Reformator geflochtenen Ehrenkranz". Während Hofprediger Helbing die Bedeutung der Gedächtnisfeier erläuterte, hielt der „positive" Stadtpfarrer Schmidt eine Rede an die Schuljugend, in der er sie aufrief, „dereinst in Luthers Geist Großes und Edles zu wirken, [...] nach seinem erhabenen Vorbilde gleichfalls in christlichem Sinne und deutscher Treue allezeit auszuharren".[25] Zwar wurden auch in der konservativen lutherischen Presse einzelne Programmteile vornehmlich positiver Geistlicher gelobt, doch meinte man erkennen zu können, dass „man doch in vielen liberalen Kreisen Karlsruhes eine recht kühle Haltung beim Lutherfest eingenommen" habe. Gewürdigt wurde immerhin ein Wandel des Lutherbildes: vom Verfechter einer bloßen Wissenschaftsfreiheit und eines Antipapismus zum deutschen Glaubenshelden.[26] Im Grunde folgte die Schulfeier ziemlich genau den Vorgaben der Kirchenleitung, doch sind die besonderen Nuancen in der Darbietung bemerkenswert. Es verdient in diesem Zusammenhang Beachtung, dass Prof. Albrecht Thoma, Religionslehrer am Karlsruher Lehrerseminar, für die Lutherfeier in der Schule eine besondere Handreichung verfasst hatte, die neben kurzen Texten zu Leben und Person des Reformators auch Liedstrophen Luthers enthielt, die von der „Schulgemeinde" vorgetragen werden sollten. In den Vordergrund

---

[24] Vgl. die Ankündigung der Lutherfeier in: Kirchenblatt für die evangelische Stadtgemeinde Karlsruhe, Nr. 10 vom 28. Oktober 1883, S. 43 f.
[25] Kirchenblatt für Karlsruhe (wie Anm. 24), Nr. 11 vom 25. November 1883, S. 48.
[26] So das Resümee der Allgemeinen Evangelisch-lutherischen Kirchenzeitung 16 (1883), Sp. 1098 f.

drängen sich jedoch Luthergedichte überwiegend des 19. Jahrhunderts, die Episoden aus Luthers Leben in bewegende Verse fassten. Den Abschluss bilden Empfehlungen zur „Inszenierung": zum Schmuck des Raumes (mit Luthers Bild), zu den Mitwirkenden (der Lehrer spricht die verbindenden Texte, die Schüler die Gedichte), zu möglichen Ergänzungen und Änderungen sowie zur Verteilung geeigneter Lutherbücher.[27] Thoma hat auch für die Vesper und die liturgische Andacht am Lutherfest, also für Erwachsene, einen entsprechenden Leitfaden veröffentlicht[28] und eine volkstümliche Lutherbiografie geschrieben.[29]

In Mannheim[30] wurden die schlichten Vorgaben der Kirchenbehörde zu einem umfangreichen Festprogramm ausgestaltet.[31] Der Samstag begann morgens um 7 Uhr mit einem Festgeläute von beiden Kirchen. Die jüngeren Schüler hatten ihre Schulfeier in der (ehemals reformierten) Konkordienkirche; Hauptlehrer Seelig erzählte die wichtigsten Ereignisse aus dem Leben des Reformators, „schicklich abwechselnd mit dem Vortrag von Sprüchen und Liedversen durch einzelne Schüler". Die älteren Schüler versammelten sich in der (ehemals lutherischen) Trinitatiskirche, jeweils unter Leitung eines der Religionslehrer. Auch in der Trinitatiskirche wurde das Leben Luthers „in seinen Hauptmomenten" vorgestellt; nach jedem Abschnitt folgten Vorträge und Gesänge der Schüler, auch wirkte ein von Lehrern gebildetes Quartett mit; die Feier wurde durch eine „eindringliche" Schlussansprache abgeschlossen. In beiden Kirchen konnten aus Platzmangel neben den Schülern nur die Lehrer an der Feier teilnehmen. Festschriften über Luther und die Reformation wurden an sämtliche Schüler und Schülerinnen später in ihren Lehranstalten ausgeteilt. Planung und Durchführung dieses Programmteils orientierte sich ziemlich genau an den Vorgaben des behördlichen Erlasses. Eine besondere Note erhielt der Festtag durch die Grundsteinlegung für die neue Kirche in der Neckarvorstadt, die den Namen Lutherkirche erhalten sollte. Obgleich der Bau der Kirchen unabhängig von der Lutherfeier geplant war, wurde die Grundsteinlegung bewusst in die „Fest-Ordnung" integriert, zeigt sich darin doch die dem Ereignis angemessene Aufbruchbereitschaft, das Wachsen und Gedeihen der Gemeinde. Erneutes Festgeläute beschloss am Abend den ersten Feiertag und leitete zugleich zum kirchlichen Hauptfeiertag am Sonntag über, der in aller Frühe wiederum durch die Glocken feierlich eingeläutet wurde. Anschließend bliesen die Posaunen vom Turm der Konkordienkirche feierliche Choräle. Die Kirchen waren beflaggt

---

[27] Thoma, Lutherfeier (wie Anm. 15).
[28] Albrecht Thoma, Vesper oder Liturgische Andacht am Lutherfest, Karlsruhe 1883.
[29] Albrecht Thoma, Dr. Luthers Leben. Fürs deutsche Haus, Berlin 1883. Vgl. dazu unten S. 93.
[30] Zur Geschichte der Mannheimer Gemeinde vgl. Udo Wennemuth, Geschichte der evangelischen Kirche in Mannheim, Sigmaringen 1996 (= Quellen und Darstellungen zur Mannheimer Stadtgeschichte, 4), hier S. 117-263.
[31] Die Fest-Ordnung befindet sich in LKA Plakatsammlung Nr. 2001/105. Der Bericht über die Feierlichkeiten in: Kirchen-Kalender für die evangelisch-protestantische Gemeinde in Mannheim auf das Jahr Christi 1884, 41. Jg., Mannheim 1884, S. 18 f. (die Zitate ebd.).

und „im Innern auf's schönste mit Laubgewinden geschmückt". Am Vormittag fanden in den beiden Kirchen drei Festgottesdienste statt, die allerdings dadurch eine unterschiedliche Gewichtung erhielten, dass der früheste, um 8.30 von Stadtvikar Arnold gehaltene Gottesdienst auf jegliche besondere Ausgestaltung verzichtete. Die vier Stadtpfarrer teilten unter sich die repräsentativen Veranstaltungen auf. An den Festgottesdiensten am späteren Vormittag mit Stadtpfarrer Ruckhaber bzw. Stadtpfarrer Greiner beteiligten sich auch Chöre, der „Verein für classische Kirchenmusik" in der Trinitatiskirche und der „Mannheimer Singverein"[32] in der Konkordienkirche. In Trinitatis fand zudem eine Feier des Heiligen Abendmahls statt. Ein vierter Festgottesdienst wurde am Abend durch Stadtpfarrer Ahles in der Konkordienkirche gehalten. Die Kollekte dieses Tages war für die Arbeit in der evangelischen Diaspora bestimmt.

In Mannheim wurde das Festprogramm jedoch noch durch eine weitere Veranstaltung am Montag, dem 12. November, ergänzt. Es war dies eine Feier, die sich an das gebildete Bürgertum wandte und das geistliche Anliegen mit weltlichen Komponenten bürgerlicher Festgestaltung verband. Ort dieser Schlussfeier war diesmal nicht eine der Kirchen, sondern der große Saalbau, in dem vor der Errichtung des Rosengartens die Mannheimer Großveranstaltungen stattfanden. Stadtpfarrer Hitzig hielt einen Vortrag über Luthers nationale Bedeutung. Eingerahmt wurde dieser offizielle Teil des Abends durch „erhebende Gesänge" des „Vereins für classische Kirchenmusik". Daran schloss sich eine gesellige Feier mit Militärmusik, Chorgesängen und Solovorträgen an, wobei „in entsprechender Weise auch des Kaisers und Großherzogs, des deutschen Volkes, sowie der zum Feste Mitwirkenden gedacht wurde". Der Kirchenkalender weiß zu berichten, „die Betheiligung an allen 3 Festtagen war eine außerordentliche; die Festfreude wurde durch keinen Mißton getrübt und wir haben im Hinblick auf die begeisterte Liebe, mit welcher unser Volk an seinem Luther hängt, wieder neue Zuversicht geschöpft und neue Hoffnung gewonnen auf das Erstarken evangel. Glaubens und prot. Gesinnung!"

Gewiss ist Luther ein Leitbild und Vorbild des (national-)liberalen Bürgertum in Baden, das mit nationalen und „deutschen" Attributen versehen wird. Die geforderte Konsequenz dieses Lutherbildes ist aber (vordergründig) keine Verherrlichung der deutschen Nation oder eine Instrumentalisierung des „Glaubenshelden" für das Reich und seine Politik, sondern eine Mahnung im religiösen Bereich zu mehr „Glaubenstreue", zu einem tieferen evangelischen Bewusstsein zu gelangen, das in seiner übersteigerten Erscheinungsform Ausdruck fand in einer „protestantischen Gesinnung", die auch konfessionalistische Züge gewinnen konnte. Es ist nicht uninteressant, dass das einflussreiche und die Mannheimer Kirchenpolitik bestimmende liberale Bildungs- und Besitzbürgertum die Lutherfeiern auch als einen Akt protestantischer Selbstdarstellung nutzte, wie es dies dann noch

---

[32] Zur Kirchenmusik in Mannheim vgl. KARL-HERMANN SCHLAGE, Evangelische Kirchenmusik in Mannheim. Ihre Entwicklung vom 19. zum 20. Jahrhundert, Mannheim 2000, hier bes. S. 34 ff., S. 43.

ein letztes Mal beim Bau der Mannheimer Christuskirche (eingeweiht 1911), dem „Dom" des protestantischen Mannheim, demonstrierte.[33] Die Feierlichkeiten zu Luthers 400. Geburtstag erforderten insgesamt einen gewaltigen Betrag von 3 500 Mark, der ausschließlich aus freiwilligen Beiträgen der Gemeindeglieder bestritten wurde. Auch wenn ein Teil dieser Summe für den Ankauf der Lutherbücher für die Schulen verwendet wurde, so zeigt sich doch auch hierin, dass die Gemeinde einen beträchtlichen nach außen wirkenden, repräsentativen Aufwand in diese Feiern legte.[34] Es wäre somit falsch, die Lutherfeiern allein als kirchliche Veranstaltungen zu sehen. Sie dienten auch der Selbstinszenierung eines kulturbeflissenen Bildungsbürgertums, wie dies prinzipiell auch in den Goethe- oder Schillergedenkfeiern der Zeit zu beobachten ist. Die Luthergedenkfeiern waren Bestandteil der bürgerlich-nationalen Festkultur.[35]

Insgesamt jedoch ist auffällig, dass sich in Baden die Säkularfeiern zu Luthers 400. Geburtstag, abgesehen von Vortragsveranstaltungen, im wesentlichen auf Schulfeiern und Festgottesdienste beschränkten. Hier gab es keine Illuminationen, keine Einweihungen von Lutherdenkmälern und auch keine Festumzüge, Fackelzüge oder historische Aufführungen wie in Eisleben, Wittenberg oder Berlin. Nur ein Ort in Baden konnte auf eine unmittelbare geschichtliche Erinnerung an Luthers persönliches Wirken verweisen: In Heidelberg verteidigte Luther am 26. April 1518 seine Thesen.[36] Es fehlte Baden also an der Nähe zur Person Luthers und zu den unmittelbaren Entscheidungen der Reformation. Als in Baden 1556 die Reformation eingeführt wurde, konnte keine enge Bindung an Luther

---

[33] Zur Stellung der Christuskirche im evangelischen Mannheim vgl. WENNEMUTH (wie Anm. 30), S. 181-186.

[34] Zu den Lutherfeiern in anderen Orten vgl. Die Lutherfeier in Lörrach am 10. und 11. November 1883, Lörrach 1883.

[35] Zur Schillergedenkfeier in Mannheim im Jahre 1905 vgl. BARBARA BECKER, Schillerfeier am 9. Mai 1905, in: Mannheim Archiv Nr. 04300 (1998). Dass diese Festkultur nicht auf das protestantische Bürgertum beschränkt war, zeigt ERIK LINDNER, Deutsche Juden und die bürgerlich-nationale Festkultur: Die Schiller- und Fichtefeiern von 1859 und 1862, in: Juden, Bürger, Deutsche, hrsg. von ANDREAS GOTZMANN, RAINER LIEDTKE und TILL VAN RAHDEN, Tübingen 2001 (= Schriftenreihe wissenschaftlicher Abhandlungen des Leo Baeck Instituts, 63), S. 171-191.

[36] Zu Luthers Heidelberger Disputation vgl. HEINZ SCHEIBLE, Luther und die Anfänge der Reformation am Oberrhein, in: Luther und die Reformation am Oberrhein. Eine Ausstellung der Badischen Landesbibliothek und der Evangelischen Landeskirche in Baden in Zusammenarbeit mit dem Generallandesarchiv Karlsruhe und dem Melanchthonverein Bretten, Red.: GERHARD RÖMER und GERHARD SCHWINGE, Karlsruhe 1983, S. 15-39, hier bes. S. 16-19; HEINZ SCHEIBLE, Die Universität Heidelberg und Luthers Disputation, in: Zeitschrift für die Geschichte des Oberrheins 131 (1983), S. 309-332. – Anfang des 19. Jahrhunderts erscheint in der Literatur der Hinweis, Luther habe 1521 auf der Reise zum Wormser Reichstag, bzw. – als diese Angabe nicht haltbar war – am Abend vor seinem Einzug in Heidelberg 1518 in Heidelberg-Neuenheim übernachtet. Diese Angaben sind jedoch aus den Quellen nicht zu belegen. Bezeichnender Weise wurde das sogenannte Lutherhaus in Neuenheim im August des Lutherjahres 1883 abgebrochen (vgl. hierzu HEINRICH SCHMITH, Neuenheim. Vergangenheit einer Pfälzer Dorfgemeinde in Verbindung mit der Geschichte der Heimat, Heidelberg 1928, S. 126-128).

mehr hergestellt werden, zumal auch andere Einflüsse als die Luthers bei der späten Hinwendung zur Reformation zu berücksichtigen waren. In der Situation der 1880er Jahre kam ein weiteres hinzu, das auch in den Verlautbarungen des Oberkirchenrats immer wieder deutlich durchgedrungen war: Baden war kein rein evangelisches Land. Deutlich mehr als die Hälfte der Bevölkerung war katholisch, und selbst in den alten protestantischen Zentren Mannheim, Karlsruhe und Heidelberg hatten sich starke katholische Gemeinden gebildet, deren Gefühle man nicht verletzen durfte. An einem erneuten Aufbrechen eines „Kulturkampfes" war in Baden vom Großherzog bis zur Kirchenleitung niemandem gelegen.[37] Als ein vielleicht nicht unbezeichnender Hinweis für die Relativierung der Bedeutung Luthers in der kirchlichen Tradition nicht nur im ehemals reformiert geprägten Norden Badens mag ein „Confirmationsschein" aus Heidelberg aus dem Jahr 1882 gelten: Es zeigt einträchtig nebeneinander die Porträts von Luther und Melanchthon sowie von Calvin und Zwingli. Im Zentrum steht allerdings unter Kreuz, Anker, Schrift und Kelch die „Union", in der man im liberalen Baden alle protestantischen Differenzen von erheblicher Bedeutung aufgehoben sah.[38] Die „melanchthonisch" gemäßigte badische Haltung fand freilich nicht überall Verständnis. So sind die badischen Lutherfeiern von der lutherisch-konfessionalistischen Presse z. T. polemisch abgefertigt worden: Man vermisste ein verbreitetes, echtes „evangelisches Glaubensbewußtsein" ebenso wie eine „bewußte protestantische Opposition gegen den Romanismus".[39] Für die interkonfessionellen Ausgleichsbemühungen, gleichsam eine Voraussetzung des badischen Staatswesens, zeigte man im orthodox-lutherischen Lager kein Verständnis, man hoffte im Gegenteil auf eine Demonstration der Stärke des kämpferischen konservativen Protestantismus.

Es war die kirchenpolitische Dominanz des liberalen, aufgeklärten Bürgertums, die in Baden den pathetischen und nationalen Überschwang etwa der norddeutschen Lutherfeiern nicht zur Geltung kommen ließ. In Mannheim und Karlsruhe gehörten von den jeweils vier Stadtpfarrern zu dieser Zeit jeweils nur einer der positiven Richtung an. Dennoch trugen die Lutherfeiern letztlich auch zu einer „Emotionalisierung" auch der evangelischen Kirche in Baden bei. Die Erinnerung an Luther und die Heroisierung seiner Gestalt stärkten vor allem die „orthodoxe" und „positive" Richtung innerhalb der Landeskirche. Das konservative und erweckliche Lager, das sich im Gegensatz zur Kirchenleitung sah und von dieser in ihrem diakonischen und seelsorgerlichen Engagement tatsächlich oft auch behindert wurde, gewann Auftrieb, indem es Luther als Symbol und

---

[37] Zur Einschätzung der Lage vgl. die bemerkenswerten Einsichten in: Kirchenblatt für Karlsruhe (wie Anm. 24), Nr. 11 vom 25. November 1883, S. 47; zum Kulturkampf in Baden vgl. ERNST RUDOLF HUBER/ WOLFGANG HUBER, Staat und Kirche im 19. und 20. Jahrhundert. Dokumente zur Geschichte des deutschen Staatskirchenrechts, Bd. II: Staat und Kirche im Zeitalter des Hochkonstitutionalismus und des Kulturkampfs 1848-1890, Berlin 1976, hier S. 202-271.
[38] Der Konfirmationsschein, lithographiert in der Druckanstalt E. Kaufmann, Lahr, in: LKA PA 6282.
[39] So die Allgemeine Evangelisch-Lutherische Kirchenzeitung 16 (1883), Sp. 1098.

Vorbild auch in Baden auf den Schild hob. Die hochrangigen Lutherfeiern machten vor allem die Relativierung explizit lutherischer Positionen in der Glaubenspraxis obsolet. Hier konnten die Positiven in ihrer negativen Einstellung zu den Kirchen- und Lehrbüchern der Landeskirche[40] propagandistisch Punkte sammeln. In seiner Verbindung mit dem preußisch-deutschen Nationalismus wurde der kämpferische lutherische Konservatismus bald auch in den Kreisen des gehobenen Bürgertums hoffähig. Hierin eine „Spätfolge" auch der Lutherfeiern und des Luthergedenkens zu sehen, besteht aller Anlass. Die Lutherrenaissance fügte sich in den erstarkenden Nationalismus ein, verbündete sich mit ihm und veränderte nach der Jahrhundertwende auch das Gesicht der badischen Landeskirche grundlegend.

II. Wiederentdeckung der Lutherlieder im Gesangbuch?

Wenn in einer Landeskirche in einem Luthergedenkjahr ein neues Gesangbuch erscheint und es vielerorts im Festgottesdienst am 11. November offiziell eingeführt und „in alleinigen Gebrauch" genommen wurde:[41] Sollte sich dann nicht auch im aufgenommenen Liedgut ein Reflex dieses Ereignisses zeigen?[42] Das 1836 erschienene „rationalistische" Gesangbuch[43] hatte nur drei Lutherlieder enthalten (Ein feste Burg ist unser Gott; Erhalt uns, Herr, bei deinem Wort; Aus tiefer Not schrei ich zu dir), aber nur eines in seiner ursprünglichen Form. Inzwischen schien sich jedoch ein deutlicher Wandel in der Frömmigkeit und im religiösen Empfinden angebahnt zu haben. Ein Bedürfnis nach „altreformatorischen" Liedern bekundete sich etwa in den 150 Kernliedern, die 1853 im „Eisenacher Entwurf" vorgelegt wurden. Doch in Baden wirkten sich diese Tendenzen fühlbar nicht aus. Das neue, 1883 erschienene Gesangbuch[44] enthielt nur fünf Lutherlieder: Gelobet seist du, Jesu Christ; Ach Gott vom Himmel sieh darein; Ein feste Burg ist unser Gott; Erhalt uns Herr, bei deinem Wort; Aus tiefer Not schrei ich zu dir. In dem Bestreben, von dem

---

[40] Vgl. dazu etwa die Ausführungen über den Agendenstreit 1858-60 in: Geschichte der badischen evangelischen Kirche seit der Union 1821 in Quellen, hrsg. vom Vorstand des Vereins für Kirchengeschichte in der Evangelischen Landeskirche in Baden zum Kirchenjubiläum 1996, Karlsruhe 1996, S. 156-174.
[41] So in der Residenz Karlsruhe; vgl. Kirchenblatt für Karlsruhe (wie Anm. 24), Nr. 10 vom 28. Oktober 1883, S. 43.
[42] Zur badischen Gesangbuchgeschichte seit der Union vgl. Hermann Erbacher, Zur Geschichte der Gesang- und Choralbücher der badischen Landeskirche, in: Vereinigte Evangelische Landeskirche (wie Anm. 1), S. 329-358, hier bes. S. 340 f. und S. 345-348.
[43] Christliches Gesangbuch zur Beförderung der öffentlichen und häuslichen Andacht für die evangelisch-protestantische Kirche im Großherzogthum Baden […], Karlsruhe 1836.
[44] Gesangbuch für die evangelisch-protestantische Kirche des Großherzogtums Baden, Lahr 1883.

Gesangbuch alles fernzuhalten, was den Gemeinden als „unnützer und fremdartiger Ballast" erscheinen könnte, wurden stattdessen gegenüber dem Entwurf auch acht Lutherlieder gestrichen.[45] Es ist nur allzu deutlich, dass die Generalsynode bei ihrer Entscheidung nicht im Blick hatte, dass einerseits die Luthersäkularfeiern einen größeren Bedarf an Lutherliedern[46] hervorrufen würden und dass zum anderen die Lutherfeiern angesichts der nationalen und religiösen Empfindungen der Menschen eine Lutherrenaissance einleiten könnten (es sei denn, dies war gerade nicht Absicht der Gesangbuch-Kommission und der Synode!). Das Defizit an Lutherliedern offenbarte sich jedenfalls bereits im Erscheinungsjahr des Gesangbuchs selbst. Die Folge waren Sonderausgaben oder Anhänge mit Lutherliedern zu den verschiedenen Gelegenheiten: 1917 zum Reformations-Gedenkjahr wurde ein Liedanhang mit acht Lutherliedern veröffentlicht.[47] Aus dem gleichen Anlass veröffentlichte die Michelfelder Pfarrfrau Elise Braun eine Sammlung von 14 Lutherliedern, die für dreistimmigen Chor gesetzt waren.[48] Noch im Vorfeld des Luthertages 1933 sah sich der Evangelische Kirchengesangverein für Baden wegen des Mangels an Lutherliedern und der allgemeinen Unkenntnis vieler Lutherlieder aufgerufen, „Choralsingeblätter" mit acht Luther zugeschriebenen Chorälen mit den „ursprünglichen Weisen der alten Kernlieder" herauszugeben und Singestunden zum Üben der Choräle in den Gemeinden anzuregen.[49]

III. Die Lutherstiftung in Baden

In einem anderen Bereich zeigten die liberalen Geistlichen jedoch weit weniger „Berührungsängste" gegenüber der Gestalt Luthers, als die Konservativen argwöhnten. Das wird besonders deutlich bei der Gründung und Entwicklung der Lutherstiftung in Baden.

Im Lutherjahr 1883 hatte in Leipzig am 31. Oktober „ein Kreis von Männern" die Idee, durch eine besondere Tat „das Gedächtnis von Luthers 400-jährigem Geburtstag würdig zu ehren und damit, wenn es sein könnte, zu verewigen". Gedacht war an eine „Gabe",

---

[45] Herr Gott, dich loben wir; Vater unser im Himmelreich; Christ ist erstanden; Komm, heiliger Geist, Herre Gott; Nun freut euch, lieben Christen gmein; Verleih uns Frieden; Mitten wir im Leben; Mit Fried und Freud. Vgl. Erbacher, Gesang- und Choralbücher (wie Anm. 41), S. 347.
[46] Allerdings ist zu bedenken, dass die Gemeinden in dieser Zeit im Gottesdienst kaum sangen.
[47] Luther-Lieder. Reformations-Gedenkjahr 1917. Anhang zum Gesangbuch für die evangelische Kirche in Baden, Karlsruhe [1917]. Obgleich die Lieder mit den fortlaufenden Nummern 538-545 versehen wurden, wurden sie nicht in die späteren Auflagen des Gesangbuchs integriert.
[48] Elise Braun, Vierzehn Lutherlieder zum Reformationsjubelfest 1917. Für dreistimmige Chöre in Musik gesetzt, Lahr 1917.
[49] Vgl. Udo Wennemuth, Luthertag und Maiumzug. Kirchliche Feiern im Nationalsozialismus am Beispiel Mannheims 1933/34, in: IAH-Bulletin 2002 (im Druck).

ganz aus Luthers Sinn und Geist heraus zur Ehre der evangelischen Kirche als eine „gemeinsame, bekennende, dankende und opfernde Tat". Das Ergebnis war ein Aufruf zur Gründung einer „Lutherstiftung" zur Unterstützung der (schlecht bezahlten) Pfarrer und Lehrer insbesondere auf dem Lande, die ihre ganze Kraft in den Dienst der evangelischen Erziehung der Jugend und des Volkes stellten, um ihnen nun die Sorge für die Erziehung und Ausbildung ihrer eigenen Kinder zu nehmen. Die Lutherstiftung sollte also Erziehungsbeihilfen gewähren durch Stipendien und Vermittlung von Ausbildungsplätzen und so die Berufsaussichten optimieren und sicherlich zugleich auch die Nachwuchsfrage für den Pfarrer- und Lehrerstand beeinflussen.[50]

Die Initiative zur Gründung einer badischen Sektion der Lutherstiftung ging im Dezember 1883 wiederum von Prälat Dr. K. W. Doll, des badischen Mitglieds im Zentralvorstand der Deutschen Lutherstiftung, aus. Er wandte sich an Vertrauenspersonen, überwiegend geistliche Würdenträger, aber auch Bürgermeister und Universitätsprofessoren, mit der Bitte, seinen Aufruf zur Gründung einer Lutherstiftung in Baden zu unterstützen und mit zu unterzeichnen.[51] In einem weiteren Schreiben von Januar 1884 an die Bürgermeister des Landes, in dem er sie um Spenden für die Lutherstiftung anging, bezeichnete er das Unternehmen als frei von jeglichem Parteiinteresse, als ein „allgemeines Liebeswerk, an dem sich alle beteiligen können, welche den Wert der Bibel und der Geistesfreiheit für unser Volk zu schätzen wissen". Dankbare Anerkennung der großen Männer der Geschichte und Sorge für die Zukunft durch die „Heranbildung tüchtiger Männer und Frauen" zum Wohle des ganzen Volkes erscheinen als Motive für die Stiftung.

Im Januar 1884 ging dann ein weiteres „Flugblatt" hinaus, das den eigentlich Aufruf zur Teilnahme an der allgemeinen Luther-Stiftung enthielt. Ziel war die Gründung eines Hauptvereins in Baden und zahlreicher Zweigvereine in den Bezirken (Dekanaten), um das nötige Grundkapital für die Erfüllung der Vereinszwecke anzusammeln. „Es handelt sich darum, ein bleibendes Denkmal dafür zu stiften, daß die großartige und erhebende Luther-Feier des Jahres 1883 dem deutschen evangelischen Volke ins Herz gedrungen ist und die reformatorischen Errungenschaften von neuem wert und lieb gemacht hat. Wie könnten wir den Mann, der seinem deutschen Volke den offenen Zugang zu der Gnade Gottes im Glauben bezeugt, die Freiheit des Gewissens und der Forschung errungen, die Bibel verdeutscht, das Kirchenlied vorgesungen, das Pfarrhaus und die Volksschule gestiftet hat, angemessener ehren, als durch ein gemeinsames Liebeswerk, welches den in Kirche und Schule vorzugsweise zur Hütung und Pflege der Lebensgüter der Reformation berufenen Familien ein Opfer des Dankes darbringt".[52] Unterzeichnet war dieser Aufruf u. a.

---

[50] Vgl. Die Deutsche Lutherstiftung 1883-1917. Ein Rückblick und Ausblick; Satzungen des Badischen Hauptvereins der Deutschen Lutherstiftung (LKA Lutherstiftung 11).
[51] Vgl. LKA Lutherstiftung 13 (Korrespondenzen).
[52] LKA Lutherstiftung 10.

von den Dekanen fast aller Kirchenbezirke (24 von 26) als den wichtigsten Multiplikatoren besonders im ländlichen Raum, aber auch von örtlichen Honoratioren, Bürgermeistern, Richtern, Amtsvorständen in der Schul- und Ministerialbürokratie, Persönlichkeiten aus dem Wirtschaftsleben, auch Ober- und Hauptlehrer und einige Stadtpfarrer, insgesamt 80 Personen, die in ihren Amtsbereichen und in ihrer Umgebung Ansehen und Einfluss genossen in Kirche, Staat und Kommunen.

Aufgrund des Aufrufs konnte am 8. Mai 1884 der Badische Hauptverein der Lutherstiftung gegründet werden. Die Statuten definierten den Badischen Hauptverein als ein Glied des Zentralvereins der Deutschen Lutherstiftung in Berlin, dessen Satzungen als bindend anerkannt wurden. Die Mitglieder des Hauptvereins verpflichteten sich zur Zahlung eines einmaligen Betrags von 20 Mark oder eines jährlichen Beitrags von mindestens 1 Mark. In dem Aufruf war zudem der Hoffnung Ausdruck verliehen worden, dass Gemeinden, Genossenschaften und Privatpersonen durch Geschenke zur Bildung eines soliden Grundkapitals beitragen würden, „daß der Bestand und die Zweckserfüllung der Stiftung in einer ihres Namens und ihrer Bedeutung würdigen Weise gesichert erscheint". Es wurde festgelegt, dass alle bis zum 1. September 1884 eingehenden Beiträge und Spenden für die Grundstocksbildung verwendet werden sollten. Die danach anfallenden Zinsen und Beiträge sollten zu einem Fünftel bzw. zur Hälfte dem Grundstock zugeschlagen werden. Zur Verwendung für Stipendien standen so grundsätzlich die Hälfte der eingehenden Beiträge und vier Fünftel der Zinserträge bereit. Von den zur Verfügung stehenden Mitteln sollten neun Zehntel in der eigenen Landeskirche verwendet werden, ein Zehntel an den Zentralverein abgeführt werden, der mit seinen Mitteln (im Sinne eines Ausgleichsfonds) einzelne bedürftige Landesvereine ergänzend unterstützte. Jeder Kirchenbezirk schickte auf die Dauer von sechs Jahren einen Vertreter in den Verwaltungsrat der Stiftung, der die Jahresrechnungen prüfte und genehmigte sowie über die Verwendung der zur Verfügung stehenden Mittel, also insbesondere über die Vergabe von Stipendien, entschied. Ein fünfköpfiger geschäftsführender Ausschuss wurde aus dem Kreis der in Karlsruhe wohnenden Mitglieder von der Mitgliederversammlung auf sechs Jahre gewählt; er führte die laufenden Geschäfte, regelte den Verkehr mit dem Zentralvorstand, verwaltete die Mittel, warb für die Ausbreitung des Vereins und unterstützte die Gründung neuer Zweigvereine, organisierte Spendenaktionen und bereitete die Verwaltungs- und Mitgliederversammlungen vor.[53] Die Gründungsversammlung wählte Prälat Doll zum Vorsitzenden, Sekretär Bujard zum Schriftführer und den Privatier O. Bartning zum Verrechner des geschäftsführenden Ausschusses der Stiftung.[54]

---

[53] Vgl. Aufruf vom Januar 1884 und Satzungen des Badischen Hauptvereins der deutschen Lutherstiftung (LKA Lutherstiftung 10).
[54] Vgl. Rundschreiben Dolls an die Erstunterzeichner des Aufrufs, 12. Juni 1884 (ebd.).

Bei der Gründung des Hauptvereins waren bereits Spenden und Beiträge von über 4 200 Mark eingegangen, wovon durch Willenserklärung der Geber ca. ein Drittel dem Zentralverein zufielen.[55] Die politischen Gemeinden hatten die ihnen angetragene Bitte um Unterstützung der Lutherstiftung weitgehend abgelehnt, in aller Regel unter Hinweis auf die paritätische Besetzung der Gemeindegremien und weil sie konfessionelle Stellungnahmen vermeiden wollten.[56] Auch wenn sich der Fonds des badischen Hauptvereins Ende Mai mit 3 200 Mark recht bescheiden ausnimmt gegenüber dem Kapitalvermögen des Zentralvereins von über 200 000 Mark, so zeigte man sich in Baden mit der Entwicklung der Stiftung doch sehr zufrieden. Im Sommer wurde dann auf das Votum der Erstunterzeichner des Aufrufs aus jeder Diözese ein Vertrauensmann benannt, die gemeinsam mit dem geschäftsführenden Ausschuss die Wahlen der Vertreter der Diözese in den Verwaltungsrat vorbereiten sollten. Zum anderen wurden diese Verbindungsmänner dringend gebeten, in ihren Heimatbezirken weiter für die Stiftung zu werben und die Überweisung der Jahresbeiträge zu veranlassen. Nur durch eine leistungsfähige Stiftung könne das Ziel, die „Heranbildung tüchtiger u. in mancherlei Berufskreisen segensreich wirkender Männer und Frauen aus dem Schoß evangelischer Pfarrers- und Lehrersfamilien in ausgiebiger Weise" zu unterstützen, erreicht werden. Die Lutherstiftung wird als ein „Nationaldenkmal protestantischen deutschen Geistes" verstanden, das in den evangelischen Gemeinden und Familien des Landes seine Wirkung erzielen sollte.[57] Einer Mitteilung des Hauptvereins zufolge belief sich das Vereinsvermögen im Sommer 1885 auf 6 000 Mark. Daraus ergab sich ein fester Ertrag, der für die Stiftungszwecke vergeben werden konnte. In seiner Sitzung am 28. September 1885 konnte der Verwaltungsrat erstmals sechs Stipendien in Höhe von insgesamt 550 Mark vergeben, je drei an Pfarrer und Lehrer. Weitere sechs Gesuche wurden an den Zentralverein zur Berücksichtigung weitergeleitet und empfohlen. Alle Empfänger wohnten im ländlichen Raum: Kirnbach, Niklashausen, Bobstadt, Neckarmühlbach, Schollbrunn, Hohensachsen. Bemerkenswert ist hier die geografische Konzentration auf den Norden des Landes. Die Stipendien wurden jeweils am 10. November, an Luthers Geburtstag, erstmals am 10. November 1885, ausgezahlt.[58]

Die Entwicklung des Badischen Hauptvereins ging in kleinen Schritten voran. Mit staatsministerieller Entschließung erhielt die Stiftung am 10. Februar 1886 die Körperschaftsrechte. Bis zum 31. Dezember 1889 betrug das Kapitalvermögen des Badischen Hauptvereins 11 100 Mark. Von 1885 bis 1889 konnte er damit Stipendien in Höhe von insgesamt 3 250 Mark an 19 Pfarrer und 14 Lehrer vergeben. Wie bescheiden bei allem Bemü-

---

[55] Vgl. Bericht des Verrechners der Deutschen Lutherstiftung, Otto Bartning, erstattet in der Versammlung am 8. Mai 1884 (ebd.).
[56] Vgl. LKA Lutherstiftung 13.
[57] Vgl. Rundschreiben Dolls an die Erstunterzeichner des Aufrufs, 12. Juni 1884 (LKA Lutherstiftung 10).
[58] Vgl. Rundschreiben an die Mitglieder des Verwaltungsrats vom 23. Oktober 1885 (ebd.).

hen diese Eigenleistung ist, wird deutlich, wenn man berücksichtigt, dass der Zentralverein im gleichen Zeitraum 21 Pfarrer und 33 Lehrer in Baden mit zusammen 5 000 Mark unterstützte.[59] Baden war also einer der Landesverbände, die am Tropf der Gesamtorganisation hingen. Erst ab 1891 konnten mit einer deutlich stärkeren badischen Eigenleistung die Beiträge des Zentralvereins drastisch vermindert werden.[60] Das lag nicht an einer Zunahme der Mitglieder, sondern vorwiegend an den gestiegenen Kapitalzinsen (1894: 758,30 Mark) und dem jährlichen „Gnadengeschenk" des Großherzogs von 500 Mark, das mehr als die Hälfte der Mitgliedsbeiträge (1894: 960,54 Mark) ausmachte; die Mitgliedsbeiträge waren gegenüber 1889 sogar zurück gegangen. Wie schwierig es war, die Begeisterung für die Lutherstiftung auf die Diözesen zu übertragen, zeigt die Tatsache, dass noch im August 1885 längst nicht alle Diözesen ihre Vertreter in den Verwaltungsrat gewählt hatten.[61] In einzelnen Bezirken hielten sich die Pfarrer und Lehrer in ihrem Engagement für die Stiftung lange zurück. Andererseits gab es in den ländlichen Gebieten viele Bezirke, in denen fast jeder Geistliche Mitglied war, in denen aber außer Geistlichen und Lehrern kaum ein anderer Personenkreis von der Lutherstiftung Kenntnis nahm. 1889 waren 272 Pfarrer und 275 Lehrer, 1894 283 Pfarrer und 268 Lehrer Mitglied des Badischen Hauptvereins der Lutherstiftung. Damit waren etwa zwei Drittel der Pfarrerschaft in die Stiftung eingebunden. Unter den Mitgliedern stellten die Pfarrer und die Lehrer mit jeweils etwa 30% die größten Gruppen. In den städtischen und mehr industrialisierten Gebieten war der Anteil der interessierten Bürger deutlich höher als der Anteil der potentiellen Empfänger einer Gabe, so in den Bezirken Emmendingen, Eppingen, Karlsruhe-Stadt, Müllheim, Neckarbischofsheim, Pforzheim, weniger deutlich auch in Mannheim-Heidelberg, Freiburg und Ladenburg-Weinheim. Spitzenreiter sowohl nach der Anzahl der Mitglieder als auch nach der Höhe des Beitrags war der Bezirk Pforzheim, der bei doppelt so vielen Mitgliedern das Dreifache der Beitragssumme der Residenzstadt Karlsruhe aufbrachte. Die stärkste Unterstützung fand die Lutherstiftung also in den alten gefestigten lutherischen Gebieten der Markgrafschaft Baden-Durlach und den ritterschaftlichen Gebieten des Kraichgaus. Daneben vermochte das aufgeklärte nationalliberale Bürgertum der städtischen Regionen dem Bildungsziel der Lutherstiftung mehr Sinn und Berechtigung abzugewinnen als der ländliche Raum. Es wird ferner deutlich, dass die Bezirke mit einem überwiegenden Anteil an Pfarrern und Lehrern unter den Mitgliedern nur den Minimalbeitrag leisten konnten. Es waren der Kirche nahestehende Fabrikanten, aber auch Mitglieder des regierenden Hauses Baden und Inhaber hoher Staatsämter, die sich durch großzügige Beiträge für die Lutherstiftung hervortaten. Mit Blick auf die Geistlichen ist festzustellen, dass die Lutherstiftung nicht vorzugsweise von den positiven Kräften ange-

---

[59] Vgl. Flugblatt des Badischen Hauptvereins über die Jahresrechnung 1888/89 von Mai 1890 (ebd.).
[60] Vgl. (Drittes) Flugblatt vom Februar 1895 (ebd.).
[61] Vgl. Rundschreiben von August 1885 (ebd.).

nommen und entsprechend von den liberalen abgelehnt wurde. Hier waren alle Richtungen in ihrem Bemühen um Unterstützung bedürftiger Kollegen vereint. Anders sieht es möglicherweise bei den „Laien" aus. Hier lässt sich besonders bei den freigiebigen Fabrikanten des südbadischen Raumes, aber auch in Pforzheim eine Beeinflussung durch den Geist der Erweckungsbewegung vermuten. Auffallend ist jedenfalls die relative Zurückhaltung der liberalen bürgerlichen und universitären Kreise in Mannheim und Heidelberg.[62] Im ganzen gesehen muss man feststellen, dass die Lutherstiftung mit Blick auf die Mitgliederzahlen und Beiträge seit etwa 1890 stagnierte. Zwar hatte sich noch einmal in einer Diözese (Konstanz) ein schwacher Zweigverein gebildet, doch waren in einer Reihe ländlicher Diözesen rückgängige Mitgliederzahlen zu verzeichnen. Die Lutherstiftung hat bis zum Ersten Weltkrieg dennoch ihre Wirkung entfaltet. In den ersten 10 Jahren ihres Bestehens in Baden kamen immerhin 82 Pfarrfamilien und 98 Lehrerfamilien in den Genuss eines Stipendiums.

IV. Lutherkirchen und Lutherdenkmäler in Baden

Lutherkirchen und Luthergemeinden in Baden gibt es nur eine kleine Anzahl, die zudem meist erst nach dem Zweiten Weltkrieg ihren Namen erhielten, teils durch Neubildung von Pfarreien, teils durch Umbenennung älterer Pfarreien. Wenn ich recht sehe, verdankt nur eine einzige Kirche unmittelbar den Lutherfeiern ihren Namen.

Seit 1875, als in Mannheim mit Albrecht Thoma ein eigener Vikar für die sog. Neckargärten, das ist der neu entstehende Arbeitervorort „jenseits" des Neckars, eingesetzt wurde und damit ein Prozess der Gemeindebildung in Gang gesetzt worden war, machte sich das Fehlen eines geeigneten Gottesdienstraumes nachteilig bemerkbar.[63] So bemühte sich schließlich 1880 der Kirchengemeinderat in Mannheim um die Errichtung eines „Betsaals" in der „Neckarstadt" (immerhin hatte die katholische Kirche hier bereits 1878 ihre Kirche eingeweiht). Ein Jahr später wurde ein Bauplatz erworben. Doch verzögerten die Schwierigkeiten, die notwendigen Gelder für den Bau aufzubringen, immer wieder den Beginn der Arbeiten. Dass für den Kirchbau schließlich am 10. November 1883 der Grundstein gelegt wurde, war lange Zeit so nicht geplant. Doch war das Festereignis ein willkommener Anlass, der Grundsteinlegung den denkbar würdigsten Rahmen zu verleihen. Die städtischen Behörden waren selbstverständlich zu diesem Ereignis eingeladen. Stadtpfarrer Greiner und der Geistliche der „Neckargärten", Stadtvikar Braunstein, hielten Ansprachen. Der Gesang wurde durch Militärmusik „geleitet". Die Verknüpfung von Kirchenbau

---

[62] Vgl. hierzu die Mitgliederverzeichnisse der Diözesen von 1885 (z. T. fortgeschrieben bis 1887), die u. a. für Mannheim-Heidelberg leider keine Angaben enthält (ebd.).
[63] Vgl. hierzu und zum folgenden WENNEMUTH (wie Anm. 30), S. 156-167, hier bes. S. 162-164.

und Lutherfeier entfaltete dann freilich ihre eigene Symbolik und Dynamik. Von einer Lutherkirche war bis zur Grundsteinlegung nie die Rede, doch wurde es selbstverständlich, die Koinzidenz der Ereignisse miteinander zu verbinden. Durch die Grundsteinlegung an Luthers Geburtstag blieb der Name Luthers gewissermaßen von selbst an dem bescheidenen Bauwerk haften. So hieß es im Kirchenkalender im Bericht über die Grundsteinlegung lapidar: „Die zum Gedächtnis des Tages ‚Lutherkirche' heißen soll".[64] Ob dies schon vor der Grundsteinlegung so gesehen oder erst im Nachhinein so gedeutet wurde, ist unklar. Die Identifizierung der neuen Kirche mit dem „Glaubenshelden" Luther wurde bei den Evangelischen Mannheims jedenfalls rasch zur Tatsache. So verwundert es nicht, dass man die Einweihung der Kirche genau ein Jahr später wiederum auf Luthers Geburtstag am 10. November legte. In der Einladung zur Einweihungsfeier am 13. Oktober 1884 sprechen dann auch die Akten erstmals von der „Lutherkirche".[65] Der Bericht über die Einweihung nennt zwar noch einmal deutlich den Zusammenhang der Grundsteinlegung mit dem 400-jährigen Geburtstagsfest Luthers, geht aber nicht weiter auf die Hintergründe der Namensgebung ein.[66]

War das Zusammenfallen von Grundsteinlegung und Lutherfeier der eigentliche Grund für die Benennung der Kirche als „Lutherkirche", so war damit gewissermaßen ein Präzedenzfall geschaffen – die Mannheimer Lutherkirche ist die erste badische Kirche, die diesen Namen trägt. Zum einen war der Name Luthers für die Benennung von Kirchen auch durch die historische und politische Anerkennung Luthers als einer der überragenden Deutschen nun wirklich hoffähig geworden, zum anderen verlangte das Wachstum der Städte und die damit verbundene Entstehung neuer Gemeinden und Kirchen auch eine Differenzierung in der Benennung. Dass man hier bevorzugt auf Luther zurückgriff, kann dennoch für Baden kaum behauptet werden. Erst 1900 wurde in Baden wieder eine Luthergemeinde in Karlsruhe errichtet, Freiburg folgte 1909, 1910 benannte man in Konstanz eine ältere Pfarrei nach Luther. 1937 wurden dann noch einmal in Heidelberg und Emmendingen schon länger bestehende Pfarreien nach Luther benannt. Die Fülle (nämlich 12) der Lutherpfarreien und -kirchen wurde jedoch erst nach dem Zweiten Weltkrieg mit diesem Namen versehen.[67]

Luther gehörte also in Baden nicht zu den besonders bevorzugten (jedoch auch nicht gemiedenen) Patronen für die Namensgebung von Gemeinden und Kirchen. Das entspricht dem allgemeinen Befund, der die badische Haltung zu Luther bestimmt. Wohl wird er verehrt und seine Bedeutung für die Reformation gewürdigt, für eine breite

---

[64] Kirchenkalender 1884 (wie Anm. 31), S. 18. Der Bericht über die Grundsteinlegung ist erst mehrere Wochen nach dem Ereignis im Kirchenkalender erschienen.
[65] Pfarrer Greiner an EOK, 13. Okt. 1884 (LKA SpA 6954).
[66] Vgl. Kirchenkalender 1885 (wie Anm. 31), S. 19.
[67] Vgl. HERMANN ERBACHER (Bearb.), Die rechtliche Struktur und Pastoration der Gemeinden von der Reformation bis zur Gegenwart, Karlsruhe 1994.

Lutherbewegung war eine Mehrheit der Evangelischen in Baden vor 1914 jedoch nicht zu begeistern. Bezeichnend ist, dass eine Initiative, zum Reformationsjubiläum 1917 „als besonderen Höhepunkt geschichtlicher Erinnerung" in Heidelberg ein Lutherdenkmal zu errichten, nicht verwirklicht werden konnte.[68] Der Breisgauer Pfarrer Glock forderte Anfang 1911, Baden müsse dem württembergischen Beispiel folgen und an dem einzigen Ort in Baden, der durch Luthers Anwesenheit geweiht sei, in Heidelberg, „als leuchtendes Wahrzeichen des evangelischen Bekenntnisses" ein „Gedächtnismal" zu errichten. Dass dieser Aufruf irgendeine Resonanz hatte, ist nicht zu belegen. Bismarck wurde im nationalliberalen Bürgertum Luther eindeutig vorgezogen. In Heidelberg wurde erst 1983 eine Gedenktafel, die an Luthers Heidelberger Disputation 1518 erinnert, auf dem Universitätsplatz in den Boden eingelassen.[69]

V. Luther(fest-)spiele und populäre Lutherliteratur

An der reichhaltigen (populären) Lutherliteratur des Jahres 1883 waren badische Autoren in überraschendem Maße beteiligt.[70] Der bereits erwähnte Religionslehrer Albrecht Thoma verfasste eine größere – auch von positiven Kreisen als „objektiv" anerkannte – Darstellung zu Luthers Leben,[71] die im Erscheinungsjahr 1883 bereits in einer zweiten Auflage erschien. Der Großherzog selbst würdigte diese Schrift, indem er 500 Exemplare zur Verteilung an verschiedene Einrichtungen bestellte. Das Buch erzählt im wahren Sinne des Wortes die Geschichte von Luthers Leben verständlich gerade für einfache Menschen, eben „fürs deutsche Haus". Er bringt den Menschen Luther nahe und vermag das Besondere seines Lebens und Wirkens durch seine zahlreichen Vergleiche mit Bildern und Szenen aus der Bibel anschaulich darzustellen. Der ebenfalls dem liberalen Lager zuzuordnende Karlsruher Dekan Emil Zittel fügte einem bereits früher erschienenen Lutherbuch[72] 1883 weitere hinzu: So besorgte er eine Ausgabe von Luthers Schrift „An den christlichen Adel deutscher Nation"[73] und eine Biografie des jungen Luther. Zittel wandte sich mit seinen

---

68 Vgl. den Aufruf „Ein Lutherdenkmal in Heidelberg, errichtet durch das dankbare evangelische Volk Badens – ein Vorschlag zum Reformationsjubiläum im Jahre 1917" von Pfarrer J. Ph. Glock vom 11. Februar 1911 in LKA GA 6328.
69 Vgl. Ruperto Carola. Heidelberger Universitätshefte 69 (1983), S. 20 f.
70 Vgl. hierzu auch: Kirchenblatt für Karlsruhe (wie Anm. 24), Nr. 11 vom 25. November 1883, S. 48 f.
71 Albrecht Thoma, Dr. Luthers Leben. Fürs deutsche Haus, Berlin 1883.
72 Emil Zittel, Dr. Martin Luther, der deutsche Reformator, Karlsruhe 1872.
73 Martin Luther, An den Christlichen Adel deutscher Nation von des Christlichen Standes Besserung. Zum Lutherjubiläum des Jahres 1883 dem deutschen Volke in verkürzter und verdeutschter Gestalt auf's neue vorgelegt von Emil Zittel, Karlsruhe 1883.

Lutherbüchern also gleichfalls ans „Volk". Das zeigt deutlich auch sein Lutherbüchlein, das er als „Beitrag zu einem wirklichen Volksbuche" verstand.[74] Es enthält in vier chronologisch angeordneten Kapiteln nach einer kurzen Einleitung Textauszüge aus Luthers Werken und Reden zu den Themen Kindererziehung, Wert der Wissenschaften, Klosterleben, schließlich die „deutsche" Theologie. Zittel endigt seine Sammlung mit dem Durchbruch der Reformation 1517/18. Auch sein anlässlich der Lutherfeier des XIV. deutschen Protestantentags am 17. Mai 1883 in Neustadt a. d. H. gehaltener Vortrag über „Luthers Reformationsvermächtnis an uns und unsere Zeit" wurde umgehend veröffentlicht.[75] Zittel gab darin seiner Hoffnung Ausdruck, die bevorstehende Jubelfeier werde „allen deutschen Protestanten wieder einmal das Gefühl unserer Zusammengehörigkeit aufwecken und an das gemeinsame heilige Erbe unserer deutschen Reformation erinnern" (S. 3). Er beklagte also einerseits die Zerrissenheit des Protestantismus (wenn etwa die Partei des „bekenntnistreuen" Protestantismus gegen die liberalen Protestanten opponiert und intrigiert), andererseits die Kluft zwischen protestantischem und katholischem Glauben. Unheimlich ist aber dem liberalen, national denkenden Mann die geheime und offene Macht Roms in der deutschen Politik (ein Reflex des Kulturkampfes). Wie vertragen sich Sätze wie: die katholische Kirche habe „nie eine so stolze[,], ja höhnende Sprache geredet, so hohe Forderungen gestellt, so rührig und keck, so ungestört und ungestraft den Fanatismus des niedern Volkes geschürt" mit den Erwartungen der Landeskirche bzw. der Kirchenleitung nach einem einträglichen Nebeneinander der Konfessionen?[76] Auch und gerade im liberalen Bürgertum verbinden sich religiöse mit politischen Dimensionen, protestantische mit „deutschen" Idealen: „Ja theurer Held, vor dem wir uns heute demüthig beugen und dem wir auch freudig zujubeln als einem echten deutschen Bruder und Mann des Volkes, dein Leben und dein Wort soll uns unvergessen sein, und wir wollen dir geloben, wie du es selbst gethan[,] deutsch zu denken, deutsch zu reden und deutsch zu handeln! Das walte Gott!" (S. 31). Bereits in zweiter und dritter Auflage erschien 1883 das umfangreiche Lutherbuch des erwecklichen Pfarrers K. F. Ledderhose, bewusst kein gelehrtes Buch, sondern „ein zur Erbauung für das Volk bestimmtes Werk", das gleichwohl aus den Quellen gearbeitet war und ein „wahres Bild des Reformators" zu zeichnen bean-

---

[74] EMIL ZITTEL, Dr. Martin Luther von 1483-1517. Ein Beitrag zu einem wirklichen Volksbuche, Karlsruhe 1883.
[75] EMIL ZITTEL, Luther's Reformations-Vermächtniß an uns und unsere Zeit, Berlin 1883.
[76] Zu den Hintergründen protestantisch-liberaler Geisteshaltungen vgl. CLAUDIA LEPP, Protestantisch-liberaler Aufbruch in die Moderne. Der deutsche Protestantenverein in der Zeit der Reichsgründung und des Kulturkampfes. Gütersloh 1996 (= Religiöse Kulturen der Moderne, 3); zu Baden vgl. auch FRANK-MICHAEL KUHLEMANN, Bürgerlichkeit und Religion. Zur Sozial- und Mentalitätsgeschichte der evangelischen Pfarrer in Baden 1860-1914, Göttingen und Karlsruhe 2001 (= Bürgertum. Beiträge zur europäischen Gesellschaftsgeschichte, 20; VVKGB, 58).

spruchte.⁷⁷ Aus dem gleichen konservativen und erwecklichen Geist schrieb auch der Mückenlocher Pfarrer K. Th. Kalchschmidt sein Lutherbuch.⁷⁸ Es ist ein Buch der Lutherverehrung, das – zumindest in der öffentlichen Darstellung – keinen Makel an seinem Helden duldet. „Das deutsche Land feiert in Luther nicht nur den Reformator, sondern auch den deutschen Mann, eines Hauptes länger denn alles Volk". So ist es für Kalchschmidt selbstverständlich, dass die Lutherfeiern patriotische Veranstaltungen sein müssen (S. 3). Und so stellt er Luthers Lebensbeschreibung unter die Überschrift „der deutsche Apostel". In Luther sei Deutschland ein neuer Paulus geworden, Luther, der christlichste Deutsche und deutscheste Christ (S. 54). Erwähnt werden müssen auch die Arbeiten von Pfarrer Mayer über Luthers Leben, die bei vielen Schulfeiern verteilt wurde, sowie die schmalen Hefte der Pfarrer Körber und W. Glock (über Luthers Predigtweise). Der Heidelberger Kirchenhistoriker Adolf Hausrath veröffentlichte eine kleine Studie über „Luther und Käthe".⁷⁹ Die größte Bekanntheit erzielte wohl das monumentale Luther-Festspiel des ehemaligen Karlsruher Bürgers Otto Devrient,⁸⁰ das ihm das Ehrenbürgerrecht der Stadt Jena und die Doktorwürde der dortigen Philosophischen Fakultät einbrachte. Auch der ehemalige Karlsruher Stadtpfarrer und nunmehriger Hofprediger in Berlin, Emil Frommel, hat ein Lutherbüchlein veröffentlicht.⁸¹

Der wissenschaftliche Ertrag dieser z. T. doch recht zufälligen und rasch zusammengestellten Veröffentlichungen des Jahres 1883 war sicherlich sehr gering, doch darf man ihre Langzeitwirkung nicht unterschätzen. Besonders die Begegnung mit den zahlreichen volkstümlichen Luthergedichten und Lutherspielen prägte neben den volkstümlichen Darstellungen in den Kirchenzeitungen das Lutherbild. Bedenklich ist, dass im Grunde alle die beliebten Lutherdramen als Streitschriften gelten müssen; sie betonen die Gegensätze. In kirchlicher Hinsicht sollte das Lutherspiel zwei Funktionen erfüllen: als „ein Weckruf den Schläfern und ein Feldzeichen den Kämpfenden". – „Da gilt es, das protestantische Ägisschild hochzuhalten, in allen Evangelischen das Gefühl zu erwecken: wir haben einen Helden, vor dem die Feinde zittern! Aber nun heißt's auch, ihm in den Kampf zu folgen und an seiner Seite stehen, treu und unentwegt, und zu diesem Zweck ist es gut, dem Volk zu zeigen, was und wie Luther war, ihm zu zeigen, wie er kämpfte und siegte, was er erstreb-

---

77 K. F. Ledderhose, D. Martin Luther nach seinem äußern und innern Leben dargestellt. Zum 400-jährigen Geburtstage Luthers. 2. verbesserte und stark vermehrte Auflage, Karlsruhe 1883 (und 3. Aufl., Karlsruhe 1883), Zitate S. V, S. VI.
78 K. Th. Kalchschmidt, Martin Luther in seiner Bedeutung für das deutsche Volk, Karlsruhe 1883.
79 Vgl. Kircheblatt für Karlsruhe (wie Anm. 24), Nr. 11 vom 25. November 1883, S. 48 f.
80 Otto Devrient, Luther. Historisches Charakterbild in 7 Abteilungen, Leipzig 1883 (3. Auflage Leipzig 1884); vgl. dazu Gustav Adolf Erdmann, Die Lutherfestspiele. Geschichtliche Entwicklung, Zweck und Bedeutung derselben für die Bühne. Litterarhistorisch-kritische Studien, Wittenberg 1888, S. 102-133.
81 Vgl. Emil Frommel, Doktor Martin Luther. Bilder aus seinem Leben. Neu hrsg. von Otto H. Frommel, Schwerin 1917.

te, und was er erreichte. Und er wollte nicht allein kirchliche, er wollte auch menschliche Freiheit […] im Kampf gegen Rom […] im Interesse des freien Geistes, des freien Wortes, des freien Kulturfortschrittes". Gegen diesen Konfessionalismus im Gewand des Kulturprotestantismus war die Zurückhaltung in „hochkirchlichen" Kreisen relativ machtlos.[82] Durch den Erfolg der Lutherspiele fasziniert und wohl auch beunruhigt, sahen sich Persönlichkeiten wie Albrecht Thoma veranlasst,[83] rechtzeitig vor vergleichbaren Jubiläen selbst zur Feder zu greifen und eigene Stücke zu verfassen. Die Feiern zu Melanchthons 400. Geburtstag 1897 boten hier eine vorzügliche Gelegenheit zur Profilierung. Diese Schauspiele trugen nicht unwesentlich zur Popularisierung Melanchthons am nördlichen Oberrhein bei.[84]

Lutherfestspiele, wie sie seit dem Jahre 1883 an vielen Orten aufblühten,[85] konnte sich in Baden zunächst aber nicht durchsetzen. Doch 1891 fanden sowohl in Karlsruhe als auch in Mannheim erfolgreich Lutherfestspiele statt.[86] Zur Aufführung in Mannheim gelangte das Lutherfestspiel von Otto Devrient, dem man den Vorzug vor dem ebenfalls sehr verbreiteten Lutherschauspiel von Hans Herrig[87] gab. Was die Mannheimer an Devrients Stück faszinierte, war die „das ganze äußere und innere Leben des Reformators umfassende, treu historische, auf gediegene Geschichtsstudien gegründete Darstellung der Person und Zeit Luthers", die in umfassender Weise die innere Entwicklung Luthers in ihren wesentlichen Zügen und alle wichtigen Ereignisse schilderte, ohne jemals ermüdend zu wirken. Denn auch wenn Devrient, der „seinen Helden fast durchweg mit geschichtlich bezeugten Worten reden" lässt, bloß vordergründige Bühneneffekte vermied, so waren insbesondere die Massenszenen – sei es der Thesenanschlag an der Wittenberger Schloss-

---

[82] ERDMANN (wie Anm. 79), S. 134-136, Zitate S. 136, 135 f.
[83] Dass Thoma sich intensiv mit den Lutherspielen des Jahres 1883 befasst hat, zeigt seine (verdammende) Besprechung des Lutherdramas des Hannoveraners C. Lange in der Protestantischen Kirchenzeitung (Nr. 44, 1883); zu Lange vgl. auch ERDMANN (wie Anm. 79), S. 81 f.
[84] ALBRECHT THOMA, Melanchthon-Spiel. Mit Bildern und Spielanweisungen, Karlsruhe 1896. Vgl. hierzu insbesondere MARITA RÖDSZUS-HECKER, Melanchthon – Faustens glücklicher Bruder. Melanchthon in der popularbelletristischen und populärwissenschaftlichen Darstellung badischer Pfarrer zur 400-Jahrfeier 1897, in: Erinnerung an Melanchthon. Beiträge zum Melanchthonjahr 1997 aus Baden, Karlsruhe 1998 (= VVKGB, 55), S. 125-135. Vgl. auch ARMIN STEIN, Luther im Odenwald, o. O., o. J. (um 1910); Albrecht Thoma veröffentlichte 1909 auch ein Stück über „Junker Jörg" und 1900 über Katharina von Bora sowie 1904 über Gustav Adolf. Thoma wurde u. a. von Nikolaus Müller als Verfasser einer populärwissenschaftlichen Melanchthon-Biografie (Philipp Melanchthons Leben. Dem deutschen Volk erzählt, Karlsruhe 1897) gewürdigt.
[85] Vgl. ERDMANN (wie Anm. 79), S. III.
[86] Zum Folgenden vgl. die Zeitungsberichte im Generalanzeiger Mannheim zwischen dem 28. März 1891 und dem 25. Juli 1891 (StadtA Mannheim, Zeitgeschichtliche Sammlung S 2/1532). Ich danke Herrn Michael Caroli für die Bereitstellung der Unterlagen.
[87] HANS HERRIG, Luther. Ein kirchliches Festspiel zur Feier des 400-jährigen Geburtstages Martin Luthers in Worms, Berlin 1883.

kirche oder die Szene vor dem Kaiser in Worms – doch sehr eindrücklich gestaltet, und man war überzeugt, der dramaturgische Aufbau des Stückes müsse dem „religiös veranlagten Herz" eine „ganz gewaltige Steigerung der Theilnahme" erwecken.[88] Der Aufwand, den die Aufführung dieses Stückes verlangte, war beträchtlich. Zwar übernahm der Dichter selbst die Rolle Luthers, und auch für die Rolle der Katharina von Bora brachte Devrient mit seiner ehemaligen Schülerin Fräulein Kuhlmann eine professionelle Schauspielerin mit, doch mussten mehr als 100 Rollen „im Vertrauen auf die gute Schulung ihrer Bevölkerung" mit Laien aus der Mannheimer Gemeinde selbst besetzt werden. So wandte sich ein Komitee, dem 30 Herren aus den verschiedensten Berufszweigen angehörten, am 28. März 1891 erstmals an die Öffentlichkeit und warb um Mitwirkende an dem „reformatorischen Volksschauspiele" unter den Mitgliedern der gesamten evangelisch-protestantischen Gemeinde. Es meldeten sich letztlich fast 500 Interessierte. Die weiteren Hauptdarsteller wählte Devrient nach Lese- und Sprechproben selbst aus, die übrigen Mitspieler wurden von einer „Bühnenkommission" dem Meister, der auch die Einstudierung und Leitung der Aufführung übernommen hatte, in einer Vorauswahl vorgeschlagen. Viele Rollen wurden doppelt besetzt, um möglichst viele Mitspieler berücksichtigen zu können. Die Koordination der Vorbereitungen war einer Kommission anvertraut worden, die aus den Ehefrauen der Pfarrer Ahles und Ruckhaber, der Direktoren Schrader und Haug sowie des Majors Seubert, ferner aus Hauptlehrer Egel, den Herren Schindele und Schwentzke und Stadtpfarrer Simon bestand. Auch wenn man fest davon überzeugt war, mit den Lutherspielen einen Gewinn zu Gunsten der Kirchengemeinde einzuspielen, wurde zur Absicherung des großen Unternehmens ein Garantiefonds eingerichtet, in den das Mannheimer bildungs- und theaterbeflissene evangelische Bürgertum eine stattliche Summe (Ende März waren es bereits über 4 800 Mark) einzahlte.[89]

Nach der Auswahl der Schauspieler war der Mai den Proben der Laiendarsteller vorbehalten, die Hauptprobe wurde auf den 23. Mai, die Premiere auf den 31. Mai angesetzt. Eine Delegation, bestehend aus Albrecht Hänlein und Rohrhurst, wurde nach Bremen entsandt, um von den dortigen Lutherfestspielen noch Anregungen mitzubringen. Der große Erfolg von Devrients Lutherspiel in Bremen hatte allerdings zur Folge, dass die Mannheimer Erstaufführung um einige Tage auf den 4. Juni verschoben werden musste.[90] Die Aufführungen des Lutherfestspiels fanden im Saalbau statt; zwischen den einzelnen Akten spielte Albrecht Hänlein verbindende Lutherchoräle in der „Harmonisierung" von Johann Sebastian Bach. Das Spiel selbst war angereichert durch Musik aus der Feder des Musikdirektors Machl aus Jena für Frauen- und Männerchöre sowie Gesangssolisten.[91]

---

[88] Generalanzeiger Mannheim Nr. 126 vom 9. Mai 1891 (StadtA Mannheim S 2/1532).
[89] Vgl. Generalanzeiger Nr. 86 vom 28. März 1891 und Nr. 124 vom 6. Mai 1891 (StadtA Mannheim S 2/1532).
[90] Vgl. Generalanzeiger Nr. 124 vom 6. Mai und Nr. 140 vom 24. Mai 1891 (StadtA Mannheim S 2/1532).
[91] Vgl. Generalanzeiger Nr. 150 vom 4. Juni 1891 (StadtA Mannheim S 2/1532).

Den Aufführungen war ein durchschlagender Erfolg beschieden,[92] das Publikum sparte nicht mit „lebhaften Äußerungen uneingeschränkter Anerkennung". Besonders hervorgehoben wurde auch die Leistung der „Freiwilligen der Schauspielkunst". Bei den lebhaften Darstellungen der Volksszenen griff der ganze große Apparat äußerst präzis ineinander, womit sich Mannheim – wie erwartet – nicht nur als Stätte der von Bürgern konsumierten, sondern auch der praktizierten Schauspielkunst hervortat. Die Aufführungen wurden im übrigen auch von zahlreichen auswärtigen Besuchern von der Pfalz bis an die Bergstraße besucht.[93] Am 10. Juni wurden die Lutherfestspiele durch eine große Festveranstaltung mit allen Beteiligten beendet; für die musikalische Umrahmung sorgten neben Albrecht Hänlein auch der „Verein für classische Kirchenmusik", ein Damen-Gesangsquartett und mehrere Solisten. Humoristische Beiträge lockerten die Folge der zahlreichen Ansprachen auf. Die beiden Hauptdarsteller wurden so mit Worten und Geschenken geehrt, ehe die Festlichkeit „erst in später Mitternachtstunde" ein Ende fand.[94]

Stand auch im Vordergrund der Lutherfestspiele der Wunsch, der Gemeinde die Persönlichkeit Luthers und seines Werkes wieder vor Augen zu führen, so wurde dieses Bemühen auch durch einen schönen Überschuss von 3 000 Mark belohnt, der der Ausschmückung der Konkordienkirche zugute kommen sollte. Das große Publikumsinteresse hatte dem Unternehmen immerhin Einnahmen von 16 000 Mark gebracht.[95] Wegen des enormen Aufwandes war es jedoch nicht möglich, derartige Lutherspiele regelmäßig durchzuführen. Wir wissen durch die Einladung zur Eröffnung am 31. Oktober, dass noch einmal 1906 in Mannheim mehrtägige Lutherfestspiele statt fanden. Doch mangels Quellen kennen wir weder das Programm, noch können wir feststellen, wie die Festspiele durchgeführt wurden und welcher Erfolg ihnen beschieden war.[96]

In der Lutherliteratur waren die nationalen und konfessionellen Töne sehr viel stärker und deutlicher vernehmbar als in den kirchenamtlichen Erlassen oder den Feiern selbst. Luther, der Deutsche, dessen Geist sich auf die Gegenwart übertragen soll, ist auferstanden. Starker Wille, klarer Blick, furchtlose Mannhaftigkeit und kindlicher Glaube sind die Tugenden, die „im unerquicklichen Gezänk der Gegenwart" wieder so dringend nötig erscheinen. Wenn Luthers Geist also wieder über Deutschland kommen soll, so scheint die Erinnerung an das „Wehen der Pfingsten" nahe zu liegen; doch dies als Mahnung, dass

---

[92] Vgl. Generalanzeiger Nr. 152 vom 6. Juni 1891 (StadtA Mannheim S 2/1532).
[93] Vgl. Generalanzeiger Nr. 150 vom 4. Juni und Nr. 152 vom 6. Juni, besonders jedoch den Bericht zur zweiten Aufführung, ebd. Nr. 154 vom 8. Juni 1891 (StadtA Mannheim S 2/1532).
[94] Vgl. Generalanzeiger Nr. 156 vom 10. Juni 1891 (StadtA Mannheim S 2/1532).
[95] Vgl. Generalanzeiger Nr. 201 vom 25. Juli 1891 (StadtA Mannheim S 2/1532).
[96] Vgl. die Einladung des „Geschäftsführenden Ausschusses des Luther-Festspiels in Mannheim" zu den Festspielen an den Präsidenten des Oberkirchenrats vom 27. Oktober 1906 (LKA GA 6328).

auch Luther nur ein „Werkzeug der Gnade gewesen ist zum Bau Seiner Kirche".[97] Alle diese Schriften leitet ein starker volkspädagogischer Drang, zur Erziehung zur Tugend, um der Reformation des deutschen Volkes und Gemeinwesens, so wie sie sie verstanden, erneut zum Durchbruch zu verhelfen.

VI. Zusammenfassung

Luther genoss bei den verschiedenen kirchlichen Richtungen einen sehr unterschiedlichen Stellenwert in der Erinnerungskultur. So war das umfangreiche Lutherbuch eines Pfarrers der Erweckungsbewegung auch ein eindeutiges Bekenntnis zur Confessio Augustana und gegen „rationalistische" Tendenzen in der badischen Unionskirche. War Luther für die Positiven der makellose Glaubensheld, so war er für die in Baden seit 1860 dominierenden, wissenschaftlich von Richard Rothe geprägten Liberalen ein Kronzeuge für die Wissenschaftsfreiheit auch in der Theologie. Die Liberalen brauchten den Anstoß der Lutherfeiern 1883, um ihr Lutherbild neu zu überdenken und in Luther auch die theologische und nationale Dimension deutlicher herauszustellen und zu thematisieren.

Es gab keine längerfristige Vorbereitung der Luthererinnerung. Im Grunde wurde erst im September 1883 festgelegt, was stattfinden sollte. Dieser enge Blick erklärt auch das Ausblenden des Lutherjubiläums bei der Liedauswahl für das 1883 eingeführte neue Gesangbuch.

Die Veranstaltungen zum Luthergedenken vermieden weitgehend den Schritt in den öffentlichen Raum. Es gab keine Festumzüge und keine Einweihungen von Lutherdenkmälern oder -gedenkstätten. Die Luthererinnerung wurde als binnenkirchliches Ereignis gefeiert, auch wenn sie mit Elementen der bürgerlichen Festkultur begangen und ausgestattet wurde. Es ging nicht um eine Stärkung der protestantischen Gesinnung nach außen gegenüber den konfessionellen Gegnern, sondern viel mehr um Selbstvergewisserung und die Aktivierung der bindenden Kräfte im Protestantismus selbst. Die Zurückhaltung in Baden erklärt sich auch aus den Vorgaben der Kirchenleitung, sich an den Normen der unierten Kirche zu orientieren und eine Verletzung der Gefühle anderer konfessioneller Richtungen zu vermeiden.

Die Integration der Luthererinnerung in die bürgerliche Festkultur ist ein Hinweis darauf, dass das Luthergedenken 1883 in seiner Planung und Ausrichtung fast ausschließlich eine Angelegenheit des gebildeten städtischen Bürgertums war. Die Masse der evangelischen Bevölkerung war auf das Ereignis weder geistig noch organisatorisch vorbereitet.

---

[97] Kalchschmidt (wie Anm. 77), S. 4.

Dennoch ist das „Erwachen" der Masse der evangelischen Bevölkerung eine der wesentlichen Folgen des Luthergedenkens. Auf die von Luther weitgehend unberührte evangelische Bevölkerung zielt die bewusste Nutzung der Luthererinnerung für volkspädagogische Maßnahmen zur sittlichen Selbstbesinnung und protestantischen Bewusstseinsbildung. Die Luthererinnerung stärkte so das konfessionalistische Element und trug langfristig auch zur Polarisierung in der evangelischen Kirche in Baden bei. Erst in seinen Folgewirkungen erwies sich die Lutherfeier als Ereignis zur Stärkung des Glaubens ebenso wie der protestantischen Gesinnung.

Luther war wegen der disparaten theologischen und kirchlichen Traditionen bis 1883 keine der zentralen Figuren historischer Erinnerungskultur in Baden, doch sollte sich dies durch die 1883 eingeleiteten Prozesse in der bürgerlichen Bewusstseinsbildung gründlich ändern und ihn zur bestimmenden national-protestantischen Leitfigur des Bürgertums erheben. Luther wurde damit gewissermaßen zum „Rammbock" für die Unzufriedenen gegen die offizielle badische Kirchenpolitik und gegen den Einfluss der Liberalen in der Kirche. Wir haben es in Baden also mit einem Sonderfall zu tun. Deutlich zu unterscheiden sind zwei Ebenen sowohl im Denken als auch im Handeln. Während die kirchenleitende Ebene versuchte, konfessionelle Gegensätze zu beschwichtigen, wurden im kirchenpublizistischen Bereich die kirchlichen und religiösen Emotionen geschürt. In gemischtkonfessionellen Gebieten (der Diaspora oder mit einer reformierten Tradition) stieß das Argument der Achtung des konfessionellen Gegenübers wohl auf Verständnis, auch um regionale Traditionen zu bewahren, insgesamt erwies sich dieser „Toleranzgedanke" jedoch als Bekenntnis einer Minderheit.

Wolfgang Flügel

Reformationsgedenken im Zeichen des Vormärz – Die Konflikte um das Confessio Augustana-Jubiläum in Leipzig 1830

I.

„Wach auf, vom Höllenjubel der Papisten! [...]
Und höre denn! Im Land wo Du geboren,
Wo Du gelebt, gewirkt, geschätzet worden,
Ehrt man durch Willkür Dich, feiert Dich durch Morden,
Ging Menschenlieb' in Sectenhaß verloren!
Geopfert ward der Höll' ein Menschenleben."[1]

Diese fiktiv an Luther gerichtete, höchst polemische Aufforderung scheint einem jener zahlreichen Flugblätter entnommen zu sein, mit denen die Protestanten im frühen 17. Jahrhundert den eigenen Parteigängern ein abschreckendes Bild der katholischen Kirche entgegenhielten. Doch der erste Eindruck trügt, denn jene Verse entstanden erst im Juli 1830. Auch beziehen sie sich nicht auf längst vergangene Ereignisse, sondern interpretieren ein zeitgenössisches Geschehen, das in seiner Dramatik in der langen Kette der lutherischen Jubiläumskultur einmalig ist: Während des dritten Jubiläums der Übergabe der Confessio Augustana brachen am Abend des 25. Juni 1830 im sächsischen Leipzig schwere Krawalle aus, deren Folgen weit über die Grenzen der Stadt hinaus wahrgenommen wurden.

Jedoch verdienen diese Ereignisse nicht nur wegen ihrer Singularität ein besonderes Interesse. Sie markieren vielmehr einen Sonderfall, der der Intention einer Jubiläumsfeier diametral entgegengesetzt ist. Der zentrale Sinn einer jeden öffentlichen Feier zielt auf die Stabilisierung von kollektiven Identitäten.[2] Beim historischen Jubiläum geschieht das

---

[1] Mitternachtszeitung für gebildete Stände, Braunschweig Nr. 140 vom 20. 7. 1830.
[2] Allgemein zur Funktion von öffentlichen Feiern im 19. Jahrhundert vgl.: Öffentliche Festkultur. Politische Feste in Deutschland von der Aufklärung bis zum Ersten Weltkrieg, hg. von DIETER DÜDING, PETER FRIEDEMANN, PAUL MÜNCH, Reinbek 1988, sowie: Bürgerliche Feste. Symbolische Formen politischen Handelns im 19. Jahrhundert, hg. von MANFRED HETTLING, PAUL NOLTE, Göttingen 1993; vgl. dazu auch: EMIL BRIX, Kontinuität und Wandel im öffentlichen Gedenken in den Staaten Mitteleuropas, in: Der Kampf um das Gedächtnis. Öffentliche Gedenktage in Mitteleuropa, hg. von EMIL BRIX, HANNES STEKL, Wien 1997, S. 13-21, besonders S. 13-16, vgl. zum ganz anders verlaufenen Augustana-Jubiläum in Bayern STEFAN LAUBE, Fest,

durch das Bewusstmachen von gemeinsamen kulturellen Traditionen. Dieser Vorgang vollzieht sich im Erinnern, im symbolischen Vergegenwärtigen jener Ereignisse, die wegen ihrer grundlegenden Bedeutung für das Gruppenbewusstsein im „kulturellen Gedächtnis"³ besagter Gruppe gespeichert werden. Mit dem so erfolgten Verweis auf die gemeinsame Vergangenheit soll auch eine emotionale Identifikation der an der Jubiläumsfeier teilnehmenden Personen mit der veranstaltenden Organisation im Sinne eines Wir-Gefühls erreicht werden. Eine im Vergleich zu anderen Gedächtnisfeiern zusätzliche Sinnaufladung erfährt das Jubiläumsgedenken dadurch, dass die Erinnerung in einem jubiläumstypischen, ritualisierten Zeitrhythmus geschieht. Damit wird nicht nur das Ereignis selbst vergegenwärtigt, sondern gleichzeitig die seitdem vergangene Zeitdauer verdeutlicht. Dieser Verweis auf die Eigengeschichte der feiernden Institution unterstreicht gleichermaßen deren Geltungsanspruch und suggeriert Zukunftsfähigkeit.⁴ Die ordnungs- und stabilitätsgenerierende Funktion des Jubiläums ist unübersehbar.

Damit zwingend verbunden ist die Frage, warum das Confessio Augustana-Jubiläum 1830 eben nicht wie vorgesehen als „einer der höchsten" Feiertage⁵ zur „kirchlichen Erinnerung"⁶ begangen wurde, sondern in Aufruhr endete. Gelten die Unmutsäußerungen

---

Religion und Erinnerung. Konfessionelles Gedächtnis in Bayern (1804-1917), München 1999 (=Schriftenreihe zur bayerischen Landesgeschichte, 118), S. 62-164 passim.

3   JAN ASSMANN, Kollektives Gedächtnis und kulturelle Identität, in: Kultur und Gedächtnis, hg. von JAN ASSMANN, TONIO HÖLSCHER, Frankfurt am Main 1988, S. 9-19. In diesem Zusammenhang ist auch auf die Bedeutung der „Gedächtnisorte" (= „lieux de memoire") hinzuweisen; vgl. PIERRE NORA, Zwischen Geschichte und Gedächtnis, Berlin 1990.

4   Zum historischen Jubiläum ausführlich das Forschungsprogramm des Teilprojektes R: „Das historische Jubiläum. Genese, Ordnungsleistung und Inszenierungsgeschichte eines institutionellen Mechanismus." im DFG-Sonderforschungsbereich 537: „Institutionalität und Geschichtlichkeit" an der Technischen Universität Dresden. Vgl.: rcswww.urz.tu-dresden.de/˜Isge/index.htm. Weiterhin zur Entstehung des Jubiläumszyklus etwa: Refomationsjubiläen, hg. von GEORG SCHWAIGER, in: Zeitschrift für Kirchengeschichte 93 (1982) [Themenheft]; JOHANNES BURKHARDT, Reformations- und Lutherfeiern. Die Verbürgerlichung der reformatorischen Jubiläumskultur, in: DÜDING (wie Anm. 2), S. 212-236; MICHAEL MITTERAUER, Anniversarium und Jubiläum. Zur Entstehung und Entwicklung öffentlicher Gedenktage, in: BRIX (wie Anm. 2), S. 23-90; WINFRIED MÜLLER, Erinnern an die Gründung. Universitätsjubiläen, Universitätsgeschichte und die Entstehung der Jubiläumskultur in der frühen Neuzeit, in: Berichte zur Wissenschaftsgeschichte 21(1998), S. 79-102.

5   So im dritten Punkt der „Anordnung der dreitägigen kirchlichen Feier des dritten Jubilaei der am 25. Juni 1530 erfolgten Uebergabe der Augburgischen Confession in den Königl. Saechsischen Landen im Jahre 1830" vom 5. 4. 1830; publiziert bei: FRIEDRICH WILHELM PHILIPP V. AMMON, Denkmal der dritten Saecularfeier der Uebergabe der Augsburger Confession in den deutschen Bundesstaaten, Erlangen 1831, S. 21-27. Enthalten sind in dieser Anordnung alle wichtigen Eckpunkte des geplanten Ablaufes. Dazu zählen etwa das Einläuten der Feier am Vorabend und am Morgen des Hauptfeiertages (25. Juni), besondere Vor- und Nachmittagsgottesdienste am ersten und dritten Feiertag einschließlich der hier auszulegenden biblischen Texte sowie die für den zweiten Feiertag vorgesehenen Festakte an den Schulen und an der Universität Leipzig. Außerdem sind verschiedene Verhaltensnormen enthalten, etwa der Hinweis, sich jeglicher antikatholischer Äußerungen zu enthalten. Hinweise auf weltliche Feierelemente fehlen dagegen.

ausschließlich der Jubiläumsfeier oder sind hierfür noch weitere Ursachen zu bestimmen und welche Rückschlüsse ermöglicht die Diskrepanz zwischen Intention und Scheitern der Feier auf die Wirkungsweise des Jubiläums? Und schließlich stellt sich die Frage, warum man nur wenige Monate später, am Reformationstag des Jahres 1830, ein Ersatzjubiläum auf das feierlichste begehen konnte?

II.

Die am Beispiel des Augustana-Jubiläums sichtbar werdende Konfliktlage steht in einem besonderen Zusammenhang mit der allgemeinen politischen und konfessionellen Situation, die sich im Sommer 1830 bedrohlich zuspitzte. Damit markiert dieses Jahr einen Einschnitt in der Epoche des Vormärz. Ausgehend von der Pariser Julirevolution kam es in verschiedenen deutschen Staaten zu Volkserhebungen, die auch das Königreich Sachsen erfassten. Dort war die Lage besonders prekär. Das Land befand sich in einem Zustand innerer Gärung: Das politische System war verkrustet und gegenüber anderen Ländern rückständig. Längst fällige Reformen wurden auch nach dem Regierungsantritt des greisen Königs Anton im Jahre 1827 immer wieder verhindert. Erst die im September 1830 von Leipzig ausgehenden Erhebungen leiteten einen Prozess ein, der das politische System modernisierte. Volksaufstände brachen noch im gleichen Monat die Macht der alten Magistrate, erzwangen den Sturz des ultrakonservativen Kabinettsministers Detlef von Einsiedel, dem Hauptprotagonisten sächsischer Politik, und lenkten somit auf den Weg, der schließlich zur konstitutionellen Monarchie und zur ersten sächsischen Verfassung vom 4. September 1831 führte.[7]

Doch die Zustände, die zum Scheitern der Jubiläumsfeier führten, fußen nicht allein auf der politischen Situation. Eine ebenso große Bedeutung kommt dabei der angespannten konfessionellen Situation zu: Einerseits war die Identität als Mutterland der Reformation tief im öffentlichen Selbstverständnis verwurzelt, der übergroße Teil der sächsischen Bevölkerung gehörte dem lutherischen Bekenntnis an.[8] Andererseits verlief seit der Kon-

---

[6] „Ankündigung, welche am 2ten Sonntage nach dem Dreieinigkeitsfest nach geendigter Predigt und nach der Verlesung der allgemeinen und besonderen Gebete deutlich und vernehmlich abzulesen ist"; vgl. AMMON (wie Anm. 5), S. 23 f.

[7] Zur Situation in Sachsen ausführlich: MICHAEL HAMMER, Volksbewegung und Obrigkeiten. Revolution in Sachsen 1830/31, Weimar, Köln, Wien 1997 (= Geschichte und Politik in Sachsen, Bd. 3), S. 27-58, speziell für Leipzig S. 123 f.

[8] Sichere Zahlen zur konfessionellen Verteilung in Leipzig liefert eine Zählung vom 3. 12. 1858. Danach besaß die Stadt 74 097 Einwohner, von denen 69 792 der evangelisch-lutherischen Konfession angehörten; vgl. CARL WEIDINGER, Leipzig. Ein Führer durch die Stadt und ihre Umgebung, Leipzig 1860, S. 164.

version Kurfürst Friedrich Augusts I. zum Katholizismus ein konfessioneller Riss zwischen Bevölkerung und Herrscherhaus. Nicht zuletzt daraus resultierte das latente Gefühl der konfessionellen Bedrohung, das in dem Moment akut wurde, als seit 1807 verschiedene Religionsmandate die Katholiken und die Reformierten den Protestanten hinsichtlich der bürgerlichen und politischen Rechte gleichstellten.[9]

Zusätzliches Gewicht erhielten die genannten Spannungen, als vor dem Hintergrund zahlreicher Divergenzen innerhalb der lutherischen Theologie[10] die katholischen Kirche in der Öffentlichkeit eine zunehmend selbstbewusste Präsenz zeigte. Diese äußerte sich z. B. darin, dass in Dresden der apostolische Vikar in Sachsen, der (Titular-)bischof Ignatz Bernhard Mauermann, anlässlich des katholischen Jubeljahres 1825 in einem öffentlichen Aushang zum Gebet gegen die Ketzerei aufforderte. Dies werteten die sächsischen Protestanten als Angriff auf ihre Konfession.[11] So verwundert es nicht, dass sich bei der evangelischen Bevölkerung die Überzeugung verfestigte, dass „die Anmaßungen der katholischen Geistlichkeit immer kühner und ungescheuter" hervortraten und die „katholische Kirche […] mit der Parität sich nicht begnügt, sondern sofort nach Superiorität und, wenn irgend möglich, nach Alleinherrschaft strebt."[12]

---

[9] „An den äußeren Gränzen unserer Kirche aber waffnet sich der alte böse Feind von neuem mit Schnauben und Fluch"; CARL CHRISTIAN CARUS GRETSCHEL, Beschreibung der Feierlichkeiten, mit welchem das dritte Säcularfest der Einführung der Kirchenreformation am Pfingstfeste (den 19. Mai) des Jahres 1839 in Leipzig und am 21. Mai in Zuckelhausen, Holzhausen und Eicha begangen wurde, Leipzig 1839, S. 55. Zum Gefühl konfessioneller Bedrohung am Beispiel der Reformationsjubiläen des 18. Jahrhunderts vgl. SIEGFRIED HOYER, Reformationsjubiläen im 17. und 18. Jahrhundert, in: Feste und Feiern. Zum Wandel städtischer Festkultur in Leipzig, hg. von KATRIN KELLER, Leipzig 1994, S. 36-48, hier S. 42 u. 45. Vgl. zu den zunehmenden Vorbehalten der sächsischen Protestanten gegen die Katholiken, vgl. HAMMER (wie Anm. 7), S. 40 f.

[10] Die Tiefe der innerprotestantischen Streitigkeiten wird darin deutlich, daß der sächsische Oberhofprediger Ammon die Rechtfertigung durch den Glauben als „unheilvolle dogmatische Extravaganz" ablehnt; vgl. ALFRED GALLEY, Die Jahrhundertfeiern der Augsburgischen Konfession von 1630, 1730 und 1830. Ein Gedenkblatt zur 400-jährigen Augustana-Feier von 1930, Leipzig 1930, S. 102. Demgegenüber stehen Theologen, die eben diese Auffassung als eine „antichristliche Vorstellung von religiöser Aufklärung" als neue Gefahr im Innern des Luthertums ausmachen; vgl. GRETSCHEL (wie Anm. 9), S. 55. Einen Überblick über die verschiedenen Strömungen innerhalb der lutherischen Theologie geben: KURT NOWAK, Geschichte des Christentums in Deutschland. Religion, Politik und Gesellschaft vom Ende der Aufklärung bis zur Mitte des 20. Jahrhunderts, München 1995, S. 94-111, sowie EMANUEL HIRSCH, Geschichte der neueren evangelischen Theologie im Zusammenhang mit den allgemeinen Bewegungen des europäischen Denkens, 5. Band, Neudruck Münster 1984, S. 6-23, weiterhin: GALLEY, S. 95-100.

[11] Vgl. Beschreibung der Feierlichkeiten welche am dritten Jubelfeste der Augsburger Confession den 25., 26. und 27. Juni 1830 im Königreich Sachsen stattgefunden haben. Nebst einigen Jubelpredigten und Angabe der zu diesem Feste in Sachsen erschienenen Schriften, Leipzig 1830, S. 7.

[12] Bedenken und Wünsche eines Protestanten in Beziehung auf das Verhältnis der evangelischen Kirche zu der römisch-katholischen im Königreich Sachsen mit besonderer Rücksicht auf die Mandate vom 19. und 20. Februar 1827, Stadtarchiv Leipzig (im folgenden StAL) Tit. VII B. 140 c: Varia, die Katholiken und ihr

Zu einer Verknüpfung des politischen und des religiösen Spannungsfeldes konnte es schließlich kommen, weil die Konfessionen bereits seit dem ausgehenden 18. Jahrhundert eine zunehmende Politisierung erfuhren.[13] Große Popularität besaßen etwa die Ideengebäude der Leipziger Protestantismustheoretiker Heinrich Gottlieb Tzschirner und Wilhelm Traugott Krug. Deren Thesen besagen, dass der Protestantismus mit dem Fortschrittsgedanken, mit dem Geist der Wahrheit und der bürgerlichen sowie geistigen Freiheit in Zusammenhang zu setzen sei, der Katholizismus dagegen für Finsternis und Knechtschaft stehe.[14] Im Königreich Sachsen realisierte sich dieses Negativbild der katholischen Konfession an der ultrakonservativen Politik des katholischen Landesherren, ohne dass jedoch darüber reflektiert wurde, ob und in welchem Maß sich dessen Konfession und Politik wechselseitig bedingen.[15]

Eingebettet in diese Spannungsfelder fand nur wenige Wochen vor der Pariser Julirevolution und ihren bis nach Deutschland reichenden Auswirkungen das Jubiläumsgedenken der Confessio Augustana im Juni 1830 statt.

III.

Die Anlässe, die zu dem Tumult führen, erscheinen auf den ersten Blick banal.[16] Sie erwuchsen aus einem Konflikt zwischen der Studentenschaft der Universität mit dem Polizeipräsidenten der Stadt Leipzig, Freiherrn Karl Heinrich Konstantin von Ende. Dieser hatte den Studenten, die zusammen mit der Universitätsleitung und eingeladenen Rats-

---

Verhältniß zu den Protestanten betr. 1790-1827, Bl. 24. Tatsächlich lassen sich in den Jahren um 1830 wieder verstärkte Bestrebungen erkennen, das Papsttum als einzig legitimierten geistigen Führer der christlichen Welt darzustellen; vgl. Handbuch der Kirchengeschichte, hg. von Hubert Jedin, Bd.VI: Die Kirche in der Gegenwart, 1. Halbbd.: Roger Aubert, Johannes Beckmann, Patrick J. Corish, Rudolf Lill, Die Kirche zwischen Revolution und Restauration, Sonderausgabe Freiburg, Basel, Wien 1985, S. 129-136. Demgegenüber warfen die Katholiken den Protestanten vor, „den alten tief eingewurzelten Haß, der seit 1817 durch das Reformationsjubiläum aufgeregt war, noch mehr anzufachen." Vgl. dazu: Die reine katholische Lehre dargestellt in einer freymüthigen Beleuchtung der Schrift des Herrn Direktor [des Schullehrerseminars Friedrichstadt, Christian Traugott] Otto „Der Katholik und Protestant, Dresden 1824", Dresden 1825, S. IV.

[13] Nowak (wie Anm. 10), S. 64-79.
[14] Ebd., S. 65.
[15] Differenzen zwischen König Anton und der Bevölkerung wegen konfessioneller Belange sind nicht fassbar, da der Monarch seine Konfession als Privatangelegenheit aufgefasst hatte und er in Kirchenangelegenheiten von den Evangelischen Wirklichen Geheimen Räten vertreten wurde; vgl. Hammer (wie Anm. 7), S. 39.
[16] Auf eine breite Schilderung der Tumulte kann an dieser Stelle verzichtet werden, da mehrere ausführliche Darstellungen vorliegen, zuletzt im Sinne einer Ouvertüre zu den Septemberunruhen des Jahres 1830 die diesem Abschnitt zugrundeliegende Darstellung bei: Hammer (wie Anm. 7), S. 123-125. Keine Erwähnung finden

mitgliedern an einer feierlichen Universitätsprozession[17] teilnehmen sollten, das Tragen von Uniformen strikt untersagt. Sein erst am Vortag der Jubiläumsfeier ausgesprochenes Verbot widersprach jedoch der ausdrücklichen Erlaubnis des Universitätsrektors Wilhelm Traugott Krug.

Daraufhin boykottierte die verärgerte akademische Jugend den Festzug. Dieser fiel nun, da die mit Abstand größte Teilnehmergruppe fernblieb, „freilich sehr kleinlich und sehr demüthig aus"[18] und verlor sich fast in der Masse der Zuschauer. Die Studenten zogen stattdessen in ihrer gewöhnlichen Kleidung protestierend durch die Straßen. Dabei hatte einer von ihnen „ein seidenes Tafeltuch, welches an einen Stock gebunden, und worauf ein Kamel abgebildet war ... als Fahne getragen",[19] andere drehten einer toten Ente den Kopf um oder streichelten einen Krug.

Auch am Abend versagten die Studierenden einem geplanten Fackelzug die Teilnahme. Dafür zogen sie vor die Wohnungen des Universitätsrektors und des Polizeipräsidenten, um dort lautstark dem erstgenannten ihre Sympathie und letzterem ihre Antipathie zu bekunden. Dabei erhielten sie Zulauf von zahlreichen Leipzigern.[20] Deren Stimmung war bereits seit den Morgenstunden angespannt, weil der Rat und die geistlichen Behörden einen zurückhaltenden äußeren Rahmen der Feier festlegten,[21] anstatt bei der Umsetzung der landesherrlichen Jubiläumsanordnung die vorhandenen Spielräume auszuschöpfen. Verschärfend kam hinzu, dass sich die Bevölkerung „in der Erwartung eines grossen und

---

die Leipziger Tumulte bei Groß, der nur knapp die vergleichsweise harmlosen Dresdener Ereignisse beschreibt; vgl. REINER GROSS, Geschichte Sachsens, Leipzig 2001, S. 200. In der Residenzstadt wurden Polizeieinheiten gegen Bürger eingesetzt, die sich lautstark empörten über das laut-fröhliche Verhalten einer privaten Festgesellschaft, das dem ernsten Charakter des Feiertages nicht angemessen erschien und sich dabei insbesondere aufregten über das Violinenspiel eines bei der Feier anwesenden Mitgliedes der Königlichen Kapelle, das sie als Verunglimpfung der lutherischen Konfession interpretierten; vgl. Bericht des Polizeikollegiums Dresden, 29. 6. 1830, Sächsisches Hauptstaatsarchiv Dresden (im folgenden HStA) Loc. 30919, Die Jubelfeier der Uibergabe der Augsburgischen Confession im Jahre 1830 und die dabei vorgefallenen Störungen betr., Bl. 71-74 sowie: Entwurf Vortrag Landesregierung bei König Anton, undatiert, Bl. 85 f.

[17] Allgemein zur großen Bedeutung der Festzüge als repräsentativer Bestandteil der Festkultur: MANFRED HETTLING, PAUL NOLTE, Bürgerliche Feste als symbolische Politik im 19. Jahrhundert, in: HETTLING (wie Anm. 2), S. 7-36, hier S. 11-13.

[18] Bericht des akademischen Senats an König Anton, 29.6. 1830, HStA Loc. 1783, Acta, die bey der Jubelfeier der Uibergabe der Augsburgischen Confession in Leipzig vorgefallenen Excesse betr., Bl. 7.

[19] Mitternachtszeitung (wie Anm. 1).

[20] Folgt man den verschiedenen Quellen, dann handelte es sich um Bürger „besonders der undern Classe"; vgl. z. B. Universitätsgericht an König Anton, 26. 6. 1830, HStA Loc. 1783, Bl. 1.

[21] Sowohl der Stadtrat als auch die Superintendenten bekamen die Anordnung von den vorgesetzten Behörden zugeschickt; vgl. Consistorium Leipzig an Superintendent Christian Gottlob Leberecht Großmann, 17. 4. 1830, StAL Tit. XLVII.31: Acta die wegen Übergabe der Augsburgischen Confession im Jahre 1830 veranstaltete dritte Jubelfeyer betr., Bl. 2. Während die Geistlichen für den gottesdienstlichen Rahmen der Feier verantwortlich zeichneten und darüber hinaus nicht in der Öffentlichkeit der Feier in Erscheinung traten,

die Gemüther ergreifenden Aufzuges getäuscht sah."[22] Die Situation eskalierte schlagartig in dem Augenblick, als man begann, vor der Wohnung des Polizeipräsidenten das Straßenpflaster aufzureißen und mit den Steinen die Fenster einzuwerfen. Die daraufhin eingesetzten Polizei- und Militäreinheiten versuchten, mit brutaler Härte die Menschenmenge zu zerstreuen und die Ruhe wieder herzustellen. Bei der sich daraus entwickelnden Verfolgungsjagd durch die Stadt wurden neben zahlreichen anderen unbeteiligten Personen der Universitätsrichter und sogar ein von der Polizei gerufener Arzt verhaftet.[23] Darüber hinaus wurde ein Handlungsgehilfe von der Polizei mit Schlägen tödlich verletzt und dann auf der Straße liegen gelassen – das eingangs zitierte Gedicht weist darauf hin.[24]

IV.

Fragt man nach den Ursachen der Eskalation, dann wird deutlich, dass hierbei den Uniformen und deren Verbot eine wichtige Bedeutung zukommt. Die Verwendung dieser Bekleidung im studentischen Brauchtum reicht zurück bis in die Napoleonische Zeit.[25] Sie erfuhr eine Politisierung spätestens im Jahr 1817, als überwiegend uniformierte Studenten am Wartburgfest teilnahmen. Da sich auf diesem Fest das Nationalgefühl der Burschenschafter in engster Verbindung mit dem Bekenntnis zum Luthertum artikulierte, wurden in der Folgezeit die Uniformen und ihre Farben zum allgemeinen Symbol eines bürgerlichen Selbstbewusstseins, das an die Tradition der Befreiungskriege anknüpfte. Die restaurative Politik des Vormärz verbot jedoch die Burschenschaften und deren Symbole.

---

oblag die Organisation des Gesamtablaufes dem Rat. Zur Koordination der Veranstaltungen wurden zumindest bei einigen Beratungen sowohl der Superintendent Großmann als auch Vertreter der Schulinspektion und Schuldirektoren hinzugezogen; vgl. Berathung über die Einrichtung der Feyerlichkeiten, 21. 5. 1830, StAL Tit. XLVII.31, Bl. 15-18.

[22] Bericht des akademischen Senats der Universität Leipzig an König Anton, 29. 6. 1830, HStA Loc. 1783, Bl.7.
[23] Ebd., Bl. 8.
[24] Der Tod des Handlungsgehilfen Friedrich Gottschalch sollte zunächst vertuscht werden, indem ein Unfalltod unter Alkoholeinfluss behauptet wurde; vgl. Bericht des Polizeiamtes Leipzig an Landesregierung, 29. 6. 1830, HStA 31153, Die bei dem Jubelfest der Uibergabe der Augsburgischen Confession am 25. Juny 1830 [...] in Leipzig entstandenen Unruhen, Bl. 5. Zahlreiche Augenzeugen erklärten jedoch, dass Gottschalch an den Randalen unbeteiligt war und hinterrücks niedergeschlagen wurde; vgl. Bericht des Kriminalamtes Leipzig an König König Anton, 5. 7. 1830, HStA 31153, Bl. 8-11. Aus diesem Grund musste schließlich ein Verschulden der Polizei zugegeben werden; vgl. Entwurf eines Vortrags, Hofrat Petschke bei König Anton, 10. 8. 1830, HStA 31153, Bl. 82.
[25] Bereits anlässlich des Jubiläums der Universität Leipzig im Jahre 1809 trugen die Studenten Uniformen; vgl. Die Biene. Wöchentliche Mittheilungen für Sachsen und angrenzende Länder, 4. Jahrgang, 25. 7. 1830, Nr. 30, S. 237.

In diesen Kontext fügt sich das durch den Polizeipräsidenten Freiherrn von Ende ausgesprochene Verbot ein. Der Beamte rechtfertigte sein Verhalten mit dem angeblich umlaufenden Gerücht, wonach die Studenten Uniformen der verbotenen Burschenschaften tragen wollten.[26] Tatsächlich erscheint es als denkbar, dass studentische Gruppen die Öffentlichkeit des Reformationsjubiläums nutzen wollten, um ihr Bekenntnis zu den Idealen des Jahres 1817 darzustellen. Auch wenn sich die Unterstützung seitens der Leipziger nicht allein mit dem politischen Symbolgehalt der Uniformen erklären lässt, so verweist sie dennoch darauf, dass diese Symbole Studenten und Bürger verbanden. Andererseits verdeutlicht das repressive Vorgehen des Polizeipräsidenten, dass diese liberal-nationale Symbolik auch 1830 in der politischen Öffentlichkeit des Königreiches Sachsen nicht erwünscht war. Das Verbot selbst erhielt seine Brisanz aufgrund der Vorbehalte, die sowohl auf studentischer als auch auf bürgerlicher Seite gegenüber der restaurativen Politik des Staates, als dessen Verkörperung der Polizeipräsident in Leipzig galt, existierten.

Ein zusätzliches Gewicht erhält das Uniformverbot angesichts des tiefen Strukturkonfliktes, der bereits seit einigen Jahren zwischen der Universität Leipzig und dem Freiherrn von Ende schwelte. Der Letztgenannte bemühte sich als ‚Königlicher Beauftragter an der Universität', die zahlreichen Privilegien und Sonderrechte der noch mittelalterlich organisierten Alma Mater zu nivellieren, um diese der staatlichen Rechtshoheit verbindlich unterzuordnen. Die Spannungen erreichten am 3. März 1830 mit der Reorganisation der Landesuniversität durch das Kabinett einen vorläufigen Höhepunkt, worauf die Universität in einer Petition an den König ihre „tiefe Bekümmernis" ausdrückte und um die Wiederherstellung der alten ehrenvollen Stellung des Rektors und der Universität bat.[27]

---

[26] Den Beweis für diese Behauptung blieb der Polizeipräsident jedoch schuldig; vgl. Bericht v. Ende an König Anton, 3. 8. 1830, HStA Loc. 1783, Bl. 30. Dem gegenüber stellte der Universitätsrektor Wilhelm Traugott Krug seinerseits wiederholt die unwidersprochen gebliebene Behauptung auf, das Uniformverbot sei explizit nur für den Vormittag ausgesprochen worden, jedoch nicht für den geplanten Fackelzug am Abend des 25. Juni 1830. Damit widerspreche es der Logik und sei daher hinfällig. Außerdem hätte man selbst in dem Fall, dass die Uniformen tatsächlich unzulässig seien, zwischen dem kleineren Übel (= Uniformen) und dem größeren (= die im Falle des Verbotes zu erwartende Enttäuschung, die leicht in Unruhe umschlagen könnte) abwägen müssen; vgl. Bericht des akademischen Senats der Universität Leipzig an König Anton, 29. 6. 1830, HStA Loc 1783, Bl. 6 u. 9.

[27] Der zumindest im Ansatz realisierte Aufbau der staatlichen Aufsicht über die Universität setzte mit der Umsetzung der Karlsbader Beschlüsse von 1819 ein. Ein wichtige Rolle kam dabei dem Königlichen Beauftragten zu. Er war verpflichtet, über die Vollziehung der Gesetze zu wachen, die Professoren und Studenten zu beobachten und zu beeinflussen sowie ggf. deren Entfernung von der Universität herbeiführen; vgl. KARLHEINZ BLASCHKE, Die Universität Leipzig im Wandel von Ancien Régime zum bürgerlichen Staat, in: Wissenschafts- und Universitätsgeschichte in Sachsen im 18. und 19. Jahrhundert (=Abhandlungen der Akademie der Wissenschaften Leipzig. Phil.-hist. Klasse, Bd. 71, H. 3) Leipzig 1987, S. 133-154, Petition in HStA, Ministerium für Volksbildung Nr. 10.004/8 Verfassung der Universität Leipzig 1831, Bl. 19, siehe ebenfalls HARTMUT ZWAHR, Die Universität Leipzig am Beginn der bürgerlichen Umwälzung in Sachsen, in: Sächsische Heimatblätter 29 (1983), S. 30-34.

Angesichts dieser Situation erschien auch dem Leipziger Kriminalamt ein universitärer Protest gegen die Staatsmacht als durchaus denkbar: Man ging davon aus, dass bei den Studenten und ebenso bei den Professoren die Auffassung bestehe, wonach „es jetzt an der Zeit sey, die Wiederherstellung der academischen Freiheit und ihrer vermeintlichen Rechte zu erlangen. Denn obwohl die Studierenden dermalen ruhig sind, so sind sie es doch nur in Erwartung eines für sie eintretenden günstigen Ereignisses."[28]

Inwieweit die Universitätsprozessionen tatsächlich als Medium des studentischen Protestes dienen konnten, geht aus der Haltung des Polizeipräsidenten hervor. Er erblickte in allen akademischen Umzügen die Überreste der alten universitären Selbständigkeit und wollte sie deshalb prinzipiell verbieten.[29] In diesem Zusammenhang diente auch sein Verbot dem Versuch, die Universität der staatlichen Kontrolle zu unterstellen, indem es die Kompetenzen des Rektors desavouierte, die universitäre Selbständigkeit einschränkte und dadurch auf die Intention einer strikten Kontrolle des Festverlaufs im Interesse einer Wahrung der obrigkeitlichen Inszenierungshoheit verwies.

Darüber hinaus eröffnet sich im Zusammenhang mit der Uniformfrage ein zweites Spannungsfeld, das auf die personale Ebene zielt: Auf den Einwand, dass die Studenten anlässlich der Leipziger Huldigungsfeier für König Anton am 23. Oktober 1827 ebenfalls in Uniform vor dem Landesherrn erschienen und damit einen positiven Eindruck hinterließen,[30] entgegnete von Ende, dass er bereits damals in der Uniformfrage zu kurzfristig informiert, also überrascht und hintergangen worden sei. Genau diesen Vorwurf wiederholte der Polizeipräsident auch.[31] Anders als bei der Huldigungsfeier setzte er nun jedoch trotz unklarer Rechtslage das Uniformverbot offensichtlich im Interesse seiner Autorität durch.[32]

Die bereits erwähnte Unterstützung des studentischen Protestes gegen Freiherrn von Ende durch die Bewohner Leipzigs erklärt sich mit deren starken Vorbehalten gegen diesen Beamten. Er galt als verantwortlich für das harte, keinerlei kommunaler Kontrolle unterworfene Polizeiregiment, das in der Stadt herrschte. Diesen Sachverhalt verdeutlichen sowohl verschiedene Beschwerdeschriften, die die zahlreichen Willkürakte der Polizei illu-

---

[28] Bericht des Kriminalamtes Leipzig an König Anton, 17. 7. 1830, HStA 31153, Bl. 34.
[29] Mit Hinweis auf die negative Signalwirkung wies jedoch das Oberkonsistorium dieses Ansinnen zurück; vgl. Oberkonsistorium an den Geheimen Rat, 16. 8. 1830, HStA Loc 1783, Einlage ohne Zählung.
[30] Ebd. Die Uniformen waren mit denen von 1827 identisch; vgl. Die Biene (wie Anm. 25), S. 237.
[31] Krug hatte erst am 18. 6. der Polizeibehörde ein allgemeines Programm der Universitätsfeier übergeben; vgl. Bericht v. Ende an König Anton, 3. 8. 1830, HStA Loc 1783, Bl. 30.
[32] Mit Hinweisen darauf, dass die Feier von allerhöchster Stelle genehmigt wurde, dass der Umzug nicht von den Studenten, sondern von der Universität geplant worden sei und schließlich, dass dem Rektor keinerlei Berichterstattung über die Modalitäten einer universitären Feier, etwa über die studentische Kleidung, vorgeschrieben war, wurde die Rechtmäßigkeit des Verhaltens des Polizeipräsidenten v. Ende angezweifelt; vgl. Bericht des Oberkonsistoriums an den Geheimen Rat, 16. 8. 1830, HStA Loc 1783, Einlage ohne Zählung.

strieren,³³ als auch der Umstand, dass bei den Unruhen im September 1830 die Wohnung des Freiherrn erneut verwüstet und er selbst zum Rücktritt gezwungen wurde.

Diese allgemeine politische Unzufriedenheit wurde zusätzlich verstärkt durch mehrfach enttäuschte Erwartungen bezüglich des Jubiläumsablaufs. Gemessen an ihrer Wirkung sind es eigentlich nur Kleinigkeiten, die moniert wurden. So führt eine zeitgenössische Schilderung des Jubiläums aus: „Zwei Häuser, in denen illuminiert war, wurden mit lautem, anhaltenden Bravorufen von der vorbeiströmenden Menge begrüßt. [...] Von einer Ausschmückung der Kirchen, einer Erleuchtung von deren Thürmen, wie in Dresden z. B., kurz von irgend einer in die Augen fallenden Schmückung des Festes in dieser Art von Seiten der hiesigen verschiedenen Behörden war nichts zu sehen!"³⁴ Die Erwartungshaltung, die dem Jubiläum entgegengebracht wurde, tritt hier klar zutage.

In diesen Kontext fügen sich auch verschiedene Bürgerbeschwerden ein. So klagte ein Leipziger, man habe in „den vergangenen drei Jahrzehnten gezwungen und freiwillig illuminiert für einen Waffenhelden, der längst wieder verschwunden, [Napoleon] nicht aber für den großen Glaubenshelden Martin Luther."³⁵ In dieser Gegenüberstellung des Reformators und Napoleons wird eine Politisierung der Figur Luthers und damit der eigenen Konfession aktiviert, die in ihren Wurzeln auf die Befreiungskriege zurückgeht. Ein anderer Bürger bemerkte, Leipzig sei diesmal nicht beleuchtet, obwohl es sich sonst diesbezüglich bei jeder wichtigen Feier, z. B. der Huldigungsfeier beim Regierungsantritt König Antons im Jahre 1827, gegenüber anderen Städten ausgezeichnet hätte.³⁶ Hieraus wird

---

33 Die Polizeikräfte haben „schon früher [...] nicht etwa gegen Tumultanten, sondern wider einzelne, ganz unschuldige [...] Bürger hiesiger Stadt die größten Ungerechtigkeiten zu Schaden kommen, ja einzeln selbst angesehene Leute auf eine gewaltsame Weise insubtirt"; Bericht Polizeiamt Leipzig an König Anton, 5. 7. 1830, HStA 31153, Bl. 10 f. Vgl. dazu auch: Hartmut Zwahr, Vom feudalen Stadtregiment zur bürgerlichen Kommunalpolitik. Eine historisch-soziologische Studie zum Beginn der bürgerlichen Umwälzung in Sachsen 1830/31, in: Ders., Revolutionen in Sachsen. Beiträge zur Sozial- und Kulturgeschichte, Weimar, Köln, Wien 1996 (= Geschichte und Politik in Sachsen, Bd. 1), S. 57 und S. 63. Darüber hinaus betreffen weitere Beschwerden das willkürliche Agieren des Stadtrates, was durch ein Privileg vom 23. 9. 1701 ermöglicht wurde; vgl. Christian Heinrich Ferdinand Hartmann, Die Leipziger Unruhen, ihre Ursachen, Schrecknisse und Folgen, Gera 1830 (3. Auflage), S. 2-5, das Privileg abgedruckt S. 11-15.

34 Beschreibung (wie Anm. 11), S. 718.

35 In diesem Sinne wollte ein Leipziger mit einem Zeitungsaufruf im Leipziger Tageblatt dazu auffordern, am Abend des 27. 6. „ohne Ausnahme, zum Beweis unserer tieffsten Dankbarkeit ein Lämpchen zum ewigen Gedächtniß anzünden." Allerdings fiel dieser Aufruf der Zensur zum Opfer, vgl.: Der Eremit. Blicke in das Leben, die Journalistik und Literatur der Zeit, hg. von Friedrich Gleich, 5 (1830), 84, Sp. 667-671.

36 Beschreibung (wie Anm. 11) S. 442. Die hohe Außenwirkung der Beleuchtung zeigte sich im Jahre 1839, als ein Reisender in Lützen die erleuchteten Leipziger Türme gesehen und dadurch von der Jubiläumsfeier erfahren hatte, worauf er sich sofort nach Leipzig begab; vgl. Gretschel (wie Anm. 9), S. 71. Zur Stadtillumination anlässlich der Huldigungsfeier vgl. u. a.: Die Feier der Huldigung Ihrer Königl. Majestät zu Sachsen Anton Clemens Theodor in Leipzig oder Beschreibung aller Festlichkeiten welche zu Ehren Ihrer Majestät des Königs den 23., 24. und 25. October 1827 in Leipzig stattfanden, Leipzig 1827, S. 19-34.

deutlich, dass sich in den vergangenen Jahren die Erwartung bezüglich der Ausgestaltung öffentlicher Feiern gewandelt hatte:[37] Man wollte die Festillumination, die ursprünglich als Privileg den weltlichen Feiern der Obrigkeiten vorbehalten blieb, aber inzwischen allgemein als „eine Krone der gesamten Festlichkeiten"[38] galt, nun auch für die Verherrlichung der eigenen Religion und der eigenen Bürgergemeinde nutzen.

In die gleiche Richtung zielt auch der Vorwurf, dass der Leipziger Rat, anders als bisher üblich, keine eigene Prozession vom Rathaus in die Kirche organisierte, sondern sich mit der Universitätsprozession vereinigt hatte.[39] Diese Verbindung der Züge erschien vor allem deshalb als problematisch, weil das Scheitern der Universitätsprozession nicht nur den Verlust eines eindrucksvollen Moments im Festablauf bedeutete, sondern gleichzeitig auch das Fehlen einer repräsentativen Ratsprozession zur Folge hatte. Deshalb zielt die Beschwerde dahin, dass der Rat mit dem Verzicht auf eine eigene Prozession die Belange des lutherischen Bürgertums in der Öffentlichkeit nicht ausreichend vertreten habe.

Bei der Gestaltung der Jubiläumsfeier werden fundamentale Diskrepanzen zwischen den Wünschen der Bürger und den Vorstellungen der die landesherrliche Anordnung umsetzenden lokalen Behörden sichtbar. Letztere zielten auf eine Gedenkfeier, die auf den kirchlichen Raum beschränkt war und die ohne „allerley äußeres Gepränge, das […] dem Hauptzwecke einer religiösen Feier vielleicht mehr schädlich als nützlich sein dürfte", begangen werden sollte.[40] Gemäß dieser Auffassung bestimmten die traditionellen Elemente eines hohen kirchlichen Feiertages die Stadt: der feierliche Einzug des Magistrates in die Kirche, Glockengeläut, das Singen von Chorälen und dergleichen mehr. Demgegenüber erwarteten die Leipziger Bürger einen Feierablauf, der mit den repräsentativen Elementen einer weltlichen Feier das gemeinsame lutherische Bekenntnis würdigte und damit auch den städtischen Raum erfasste.

---

[37] Allgemein zum Funktionswandel von Festen und Feiern im 19. Jahrhundert vgl. HETTLING (wie Anm. 2), S. 18-26.

[38] GRETSCHEL (wie Anm. 9), S. 71.

[39] Das war nur infolge der Verlegung der Universitätsprozession vom zweiten auf den ersten Jubiläumstag möglich geworden. Diese Änderung geschah auf Wunsch der Universität, die befürchtete, der Marktbetrieb während des zweiten Feiertages, der als halber Feiertag ohne Einstellung des bürgerlichen Gewerbes begangen werde sollte, hätte die geplante Prozession stören können; vgl. Berichtsentwurf des akademischen Senats an Kirchenrat, undatiert, Universitätsarchiv Leipzig Rep. II/V 65: Acta die Feyer des dritten Jubiläums der Übergabe der Augsburgischen Confession betr. 1830, Vol. 1, Bl. 19. Diese Verschiebung der Prozession hatte jedoch zur Folge, dass der Rat und die städtischen Honoratioren anders als 1817 geschlossen an der Universitätsprozession teilnahmen und so auf einen eigenen Festzug verzichteten; vgl. Protokoll des Oberstadtschreibers Gottlieb Wilhelm Werner, 27. 10. 1817, StAL Tit. VII.B.47: Acta das Reformationsjubilaeum im Jahre 1817 betr., fol. 18 f.

[40] Diese Einstellung ist schon vor dem Jahre 1830 bemerkbar; vgl. Bericht des Oberkonsistoriums an Geheimen Rat, 18. 10. 1817, HStA 1891, Acta, die im Jahre 1817 zu begehende Feyer des dritten Reformations Jubilaei, Vol. I, Bl. 2.

Inwieweit diese beiden diametral entgegengesetzten Vorstellungen auch unter den Theologen ihre Anhängerschaft fanden, illustrieren folgende Aussagen: „Wenn in Leipzig der Schaulust weniger sinnliche Unterhaltung, als der Andacht geistigen Genuß in Predigten, Reden, Schriften und Anstalten gewährten, so darf man bei Vergleichung mit anderen Orten nicht vergessen, auf welcher Stufe geistiger Cultur Leipzig steht, und die Würde und der Ernst des Festes forderte [...] und wie ungeheuchelte und unverstellte Empfindungen frommer Freude und Gesinnung ächter Danckbarkeit sich, auch ohne äußern Prunk aussprechen konnte und aussprachen".[41] Ganz andere Töne klingen dagegen im Motto der Festschrift an, die der Pfarrer des Ortes Kaditz verfasst hatte: „Es sollte mehr für heitere Volksfeste gethan werden, als dafür gethan wird. Die Menschen würden dann fröhlicher, mit ihrem Schicksal zufriedener, gesitteter und besser seyn, als sie es so seyn könnten".[42] Dass es sich bei den Anhängern der verschiedenen Auffassungen oft um Angehörige unterschiedlicher Generationen gehandelt haben könnte, legt eine Bemerkung nahe, wonach in einem Ort die älteren Pastoren das Fest geistlicher feierten, während „die jüngeren an äußerer Pracht wetteiferten."[43] Ungeachtet der Generationenfrage stehen diese verschiedenen Aktualisierungen des Luther- und Reformationsgedenkens jedoch im Kontext mit den bereits angesprochenen Divergenzen innerhalb der protestantischen Theologie der ersten Hälfte des 19. Jahrhunderts.

Jenseits der Ebene der theologischen Diskussion verdeutlichen die Auseinandersetzungen um den Ablauf der Feier fundamentale Differenzen zwischen den am Jubiläum teilnehmenden Gruppierungen. Der noch 1817 bestehende allgemeine Konsens darüber, wie ein für die protestantische Konfession hochwichtiges Jubiläum angemessen zu feiern sei, war endgültig zerbrochen. Angesichts der gewandelten Erwartungshaltung der Bürger konnten nun traditionelle Verlaufsformen der Jubiläumsfeier, wie sie der Rat und Teile der Theologen im Sinne hatten, kaum auf Akzeptanz treffen. Die durch den Verzicht auf die Stadtillumination hervorgerufenen Meinungsäußerungen der Bürger haben diesen Sachverhalt verdeutlicht.

Doch gerade der Entschluss des Rates, von einer aufwendigen Ausschmückung und einer Beleuchtung des städtischen Raumes abzusehen, ist beispielhaft für den Rückgriff auf das Vorbild vorangegangener Jubiläen.[44] Mit ihrer Orientierung an dem störungsfrei abgelaufenen Confessio-Augustana-Jubiläum 1730 und vor allem an dem als positiv erinnerten

---

[41] So der Theologe und Philosoph Friedrich Wilhelm Philip v. AMMON, (wie Anm. 5), S. 32.
[42] Vgl. FRIEDRICH AUGUST GEHE, Beschreibung der Feier des Augsburgischen Confessions-Jubiläums am 25ten, 26ten und 27ten Juni 1830 in dem Kirchspiele von Kaditz bei Dresden, Dresden 1830, Titelseite. Dem Volksfestcharakter der Kaditzer Feier trug u.a. ein Vogelschießen am letzten Feiertag Rechnung.
[43] So geschehen in Pegau; vgl. Beschreibung (wie Anm. 11), S. 215.
[44] Wiederholt äußerten sich die Evangelischen Wirklichen Geheimen Räte (unter Zustimmung des Königs) dahingehend, dass das Jubiläum 1830 zu feiern sei „nach den Vorgängern, und mit besonderer Rücksicht auf dasjenige, was wegen des Reformations-Jubiläi im Jahre 1817 eingeleitet worden ist ..."; vgl. z. B. Vortrag Graf

Reformationsjubiläum 1817 folgte den Behörden der generellen Überlegung, dass eigentlich „unbedeutende Änderungen [im Ablauf der Feierlichkeiten], wenigstens bey der niederen Volksklasse, Mißverständnisse und Mißdeutungen, und auch […] laute Äußerungen von Unzufriedenheit zur Folge haben könnten."[45] Aus diesem Grund war der Leipziger Stadtrat gewillt, auch 1830 am traditionellen Jubiläumsablauf festzuhalten. Allerdings musste er nach umfangreichen, jedoch ergebnislos verlaufenden Archivrecherchen zu der Ansicht gelangen, „daß [1730] vom Magistrat wenig oder gar nichts geschehen. Etwas werde aber […] geschehen müssen und werde nun in Erwähnung gebracht, was bey dem Reformations-Jubelfeste im Jahre 1817 vom Magistrate veranstaltet worden."[46] Besagtes Jubiläum kannten die meisten Ratsmitglieder aus eigenem Erleben.

Da durch die Behörden eine Wiederholung des Feierablaufes von 1817 explizit erwogen wurde, darf aus dem Verzicht auf eine Illumination 1830 auf deren Fehlen bei jenem Reformationsjubiläum geschlossen werden. Diese Vermutung wird verstärkt, weil weder in den Archivalien noch in der gedruckten Festliteratur Hinweise auf eine Stadtbeleuchtung existieren. Das Vorgehen des Rates bei der Planung des Jubiläums 1830 belegt eindeutig, dass durch den Rückgriff auf das Paradigma früherer Feiern eine stabilisierende Wirkung erreicht werden sollte. Es verweist damit auf die ordnungsgenerierende Funktion der im Jubiläum institutionalisierten Form des Gedenkens insgesamt.

Doch gerade am Scheitern dieser Absicht zeigt sich, dass die stabilisierende Wirkung untrennbar an den Konsens der beteiligten Öffentlichkeit gebunden ist: Die Bevölkerung, für die das Vorbild der Gedenkfeier 1817 nicht mehr normativ war, interpretierte den Verzicht auf eine repräsentative Ausgestaltung als ein offenkundiges Zeichen dafür, dass „der evangelisch-protestantische Magistrat […] nichts wissen [wolle] vom Glaubensjubelfeste

---

v. Hohental bei König Friedrich August I., 5. 4. 1830, HStA 2530, Acta Die Feyer des dritten ReformationsJubilaei betr. Ao 1817 Ingl. das Jubilaeum wegen Uibergabe der Augsburgischen Confeßion betr. Ao 1829sq Bl. 1.

[45] Bericht Oberkonsistorium an Geheimen Rat, 18. 10. 1816, HStA 1891, Vol. I, Bl. 2. Wie sehr man sich der von der jüngeren Forschung bestätigten Erkenntnis, dass Festen und Feiern als nichtalltäglichen sozialen Daseinsformen immer auch die potentielle Gefahr sozialer Unruhen immanent ist, bewusst war, wird deutlich am Beispiel der Planung der Leipziger Huldigungsfeiern von 1769 und 1827; vgl. KATRIN KELLER, Machttheater? Landesherrliche Huldigungen im 16. bis 19. Jahrhundert, in: DIES. (wie Anm. 9), S. 17-36, S. 34.

[46] Protokoll des Oberstadtschreibers Gottleb Wilhelm Werner, 7. 6. 1830, StAL: Tit. XLVII.31, Bl. 24. Bereits 1817 sah sich der Rat der Schwierigkeit ausgesetzt, keine umfangreichen Nachrichten über die Feier von 1717 zu besitzen. Laut einer nicht weiter benannten Chronik habe der Magistrat in jenem Jahr keine besonderen Feierlichkeiten abgehalten. Allerdings war man sich 1817 der Tatsache bewusst, welchen schlechten Eindruck es machen würde, wenn Leipzig im Gegensatz zu vielen kleineren Orten keine Feier durchführen würde. Auch eine Orientierung an Dresden half nicht weiter: Es war in Leipzig nur bekannt, dort werde „nicht mehr geschehen als vor 100. und 200. Jahren"; Protokoll des Oberstadtschreibers Gottleb Wilhelm Werner 19. 10. 1817, StAL Tit. VII.B.47, Bl. 12.

der evangelischen Protestanten.[47] Noch schärfer formuliert: die Unterlassung dieser Veranstaltungen sei in Folge höherer Befehle erfolgt.[48] Auch das Uniformverbot wurde in diesen Kontext gesetzt: Es erfolgte in „höherer Anweisung [seitens des Königs] eine für jene Kirche so wichtige Jubelfeier stören zu wollen sowie aus geheimer Antipathie gegen die protestantische Kirche".[49] Für die Richtigkeit dieser Behauptung gibt es weder in den für das gesamte Königreich Sachsen gültigen landesherrlichen Anordnungen noch in den diese Vorschriften umsetzenden Vorbereitungen des Leipziger Magistrates Beweise.[50] Vielmehr ist im Gegenteil deutlich geworden, dass andere Intentionen für die Ablaufplanung ausschlaggebend waren. Wenn die Vorgänge dennoch in diesem Sinne interpretiert wurden, so ist das ein Verweis auf die Bereitwilligkeit, mit der Bürger ihre Unzufriedenheit auf das konfessionelle Spannungsfeld projizierten – eine Konsequenz der konfessionellen und politischen Lage in Sachsen.

Die Ruhe, die nach dem Jubiläum in Leipzig und in Dresden wieder Einzug hielt, war nur eine trügerische. Hatte im Juni 1830 ein Polizeieinsatz den Aufruhr noch niederzuschlagen vermocht, so zeigte sich bereits wenige Wochen später, dass der Konflikt damit keineswegs beendet war. Als am Abend des 2. September 1830 die Leipziger Polizei gegen die lärmende Festgesellschaft eines Polterabends einschritt, wurde dies zum Ausgangspunkt einer das ganze Land erfassenden Volksbewegung.[51] Die Septemberunruhen über-

---

[47] Beschreibung (wie Anm. 11), S. 44, ähnlich: „Die üble Meinung des Publikums [sei] dadurch entstanden, daß nach seiner Meinung wegen des Säcularfestes Seitens der Stadtbehörde dasjenige nicht veranstaltet worden sey, was die Feyer eines solchen Festes erfordert"; Kriminalamt Leipzig an König Anton, 17. 7. 1830, HStA 31153, Bl. 31.

[48] Ebd.

[49] Beides im Bericht des akademischen Senates der Universität Leipzig an König Anton, 29. 6. 1830, HStA Loc 1783, Bl. 7.

[50] Kein geringerer als der jeglicher Symphathie für v. Ende unverdächtige Universitätsrektor wies darauf hin, dass auch der Polizeipräsident weder aus persönlichen Befindlichkeiten noch aufgrund erhaltener Anweisungen das Jubiläum stören wollte; vgl. WILHELM TRAUGOTT KRUG, Leipziger Freuden und Leiden im Jahre 1830. Oder das merkwürdigste Jahr meines Lebens. Ein Nachtrag zur Lebensreise, Leipzig 1831, S. 19. Entgegen diesen Befunden fand die These von einer bewussten Störung Eingang in die Historiographie: „Tumulte in Dresden und Leipzig bei der 300-Jahrfeier der Augsburgischen Konfession brechen aus, weil man in den Stadtverwaltungen zu wenig Rücksicht auf das protestantische Empfinden des Volkes und zu viel auf das katholische Bekenntnis des Hofes gelegt hat."; vgl. RUDOLF KÖTZSCHKE, HELLMUT KRETZSCHMAR, Sächsische Geschichte, Nachdruck Augsburg 1995, S. 321. Ähnlich jüngst auch: GROß (wie Anm. 16), S. 200. Wesentlich zurückhaltender: „Auch in Sachsen, wo ein altständisches System mehr schlecht als recht funktionierte, kam es im Sommer 1830 zu Unruhen. Dabei spielten sowohl lutherisch konfessionelle und antikatholische Momente eine Rolle wie soziale Spannungen …"; vgl. THOMAS NIPPERDEY, Deutsche Geschichte 1800-1866. Bürgerwelt und starker Staat, Sonderausgabe München 1998, S. 368.

[51] Vgl. HAMMER (wie Anm. 7), S. 98 sowie ausführlich S. 129-146. Hinweise darauf, dass die Konfliktparteien während der Septemberunruhen Luther oder die Reformation instrumentalisierten, sind nicht vorhanden. Lediglich ein Zeitgenosse kommentierte, dass die Unruhen „bestimmt nicht stattgefunden hätten, wenn die

trafen in ihrer eruptiven Gewalt die Ereignisse im Juni 1830 bei weitem. Sie richteten sich jetzt in umfassender Weise gegen Symbole staatlicher Gewalt und erzwangen auf kommunal- und staatspolitischer Verwaltungsebene wesentliche Veränderungen.

V.

Unter diesen gewandelten politischen Bedingungen begingen „die sämmtlichen Bewohner Leipzigs, ohne Unterschied des Standes",[52] am 31. Oktober 1830 den Reformationstag auf eine „so ausgezeichnete Weise [...], als es wohl nie gefeiert worden."[53] Besonders auffallend ist der Umstand, dass die Feier im großen Umfang in der städtischen Öffentlichkeit stattfand. Zwar wurde der Reformationstag als kirchlicher Gedenktag seit 1667 jährlich angeordnet, seine größere Feier war jedoch nur in Hundertjahresabständen vorgesehen und zuletzt im Jahr 1817 begangen worden. 1830 wich man hiervon signifikant ab, die Feier gewann den Charakter eines Ersatzjubiläums für die gestörte Feier im Juni.[54] Der Forderung nach einer staatlichen Anerkennung des lutherischen Bekenntnisses als der gesellschaftstragenden Konfession wurde damit erneut implizit Rechnung getragen.

Eine wichtige Veränderung im Vergleich zu allen vorangegangenen Jubiläen betrifft die Organisation und die Träger der Feier. Lag die Anordnungskompetenz aller Reformationsjubiläen von 1617 bis 1830 beim Landesherren bzw. den höchsten Kirchenbehörden, so änderte sich dieser Sachverhalt. Der Wunsch, den 31. Oktober 1830 in besonderer Weise zu begehen, ging von den Bürgern Leipzigs aus und wurde von den weltlichen und geistlichen Behörden lediglich aufgegriffen. Damit hatten sich die Initiatoren der Feier geändert. Auch trugen die Bürger stärker als jemals zuvor zum Gelingen der Feierlichkeit bei.[55] Aus dem passiven Teilnehmer wurde ein Akteur: So bildete sich ein vermutlich vor allem aus Ratsmitgliedern und sonstigen Honoratioren bestehender Bürgerverein, dessen Vorschläge zum Feierablauf weitestgehend in die Anordnung des Rates einflossen.[56] Anstelle der noch im Juni durch die obersten Landes- und Kirchenbehörden gesteuerten Feier wurde nun

---

Behörden im Geiste eines protestantischen Volkes gehandelt und mit gutem Beispiel vorangegangen wären"; vgl. Freimüthige Beurtheilung der Unruhen welche im Juni und September 1830 zu Dresden stattgefunden haben. Aus der Feder eines Vaterlandsfreundes, Nürnberg 1830, S. 36.
52 Ausführliche Schilderung in: Beschreibung (wie Anm. 11), S. 455-482, hier S. 455 f.
53 Vgl. KRUG (wie Anm. 50), S. 34.
54 So explizit in: Beschreibung (wie Anm. 11), S. 456.
55 Vgl. etwa Darstellung der bei den dritten Reformations-Jubelfeste 1817 in Dresden stattgefundenen Feierlichkeiten. Aus authentischenn Quellen gesammelt, Dresden 1817.
56 Zur Aktivität des Vereins vgl. Notiz Oberstadtschreiber Gottlieb Wilhelm Werner, undatiert, StAL: Tit.: XLVII. 32a: Acta, die bey dem bevorstehenden Reformations-Feste, den 31ten October 1830, beabsichtigten

eine städtische Feier „nicht bloß als ein kirchliches, sondern auch als ein bürgerliches [...] Fest" begangen.[57]

Dem Wechsel bei der Anordnungskompetenz entsprachen auch entscheidende Veränderungen im Ablauf der Feier. Dabei erfuhren besonders die Punkte, an denen sich im Juni 1830 die Kritik entzündet hatte, eine Änderung. Die Universität organisierte wieder einen eigenen Festzug, bei welchem die Studenten mit königlicher Erlaubnis die Uniformen des 1809 begangenen Universitätsjubiläums trugen. Weiterhin wurde dem von den Innungen erstmals geäußerten Wunsch, an der feierlichen Prozession teilzunehmen, stattgegeben.[58] Dabei wandelte sich die letztgenannte endgültig vom feierlichen Kircheneinzug der Honoratioren zum aufwendig und höchst eindrucksvoll inszenierten Zug der gesamten Bürgerschaft. An verschiedenen Stellen der Stadt bildeten sich kleinere Züge, die sich dann auf vorgeschriebenen Wegen zum Markt bewegten. Erst hier formierten sich die eigentlichen Festzüge zu den drei Hauptkirchen. Nach zeitgleich erfolgtem Abschluss der Gottesdienste zogen die Leipziger in gleicher Ordnung erneut zum Marktplatz, wo sie der Universität in einem feierlichen Akt für die Hilfe bei der Niederschlagung der Septemberunruhen dankten, indem sie ihr eine bestickte Fahne sowie einen Ehrenpokal übergaben. Damit bildeten Festzug und Festakt formal und inhaltlich tatsächlich einen Mittelpunkt des Tages.

Auch dem Wunsch nach einer umfassenden Stadtbeleuchtung wurde nun entsprochen. Damit bekamen die Bürger die Teilhabe an repräsentativen Symbolen, die ehemals den Obrigkeiten vorbehalten waren und nun dem kanonisierten Ablauf eines Reformationsjubiläums eingefügt wurden. Beides sind zudem Feierelemente, die gleichzeitig die Feier vom Kirchenraum auf den ganzen bürgerlichen Stadtraum ausdehnten. Diesem Vorbild folgten dann auch die Reformationsjubiläen von 1839 und 1855.[59]

Diese wesentlichen formalen Veränderungen korrespondierten selbstverständlich auch mit erweiterten Inhalten: Galt noch im Juni der landesherrlichen Anordnung zufolge das Jubiläum zuvorderst dem Gedenken des reformatorischen Ereignisses, das „überall zum Preise Gottes [...] und zum Segen der Kirche feierlich begangen werden"[60] sollte, erhielt es im Oktober zusätzlich eine politische Komponente als „Feier des Dankes für die in unserem Lande wiederhergestellte Ordnung".[61] bei der „sich die bürgerliche Freiheit und die

---

Feyerlichkeiten betr., Bl. 4-6. Auch bei späteren Jubiläen wirkten neben den von Rat und Stadtverordneten gebildeten Kommissionen Bürgervereine bei der Organisation mit.

[57] Vgl. Krug (wie Anm. 50), S. 34 f.
[58] Stadtmagistrat Leipzig, 11.10.1830, StAL, Tit. XLVII.32b: Acta, die bey dem bevorstehenden Reformations-Feste, den 31ten October 1830, beabsichtigten Feyerlichkeiten betr., Bl. 1.
[59] Vgl. z. B. Sächsische Constitutionelle Zeitung Nr. 222, 25.9., S. 882, 887.
[60] Anordnung (wie Anm. 5), Abschlusssatz.
[61] Beschreibung (wie Anm. 11), S. 455.

Religion schwesterlich die Hand reichen".[62] Durch die hier vollzogene Gleichstellung von bürgerlicher Freiheit als politischer Größe und lutherischer Konfession wurden außerdem beide aufeinander bezogen und erschienen in ihrer Einheit wichtig für die Selbstsicht der Feiernden und die Übereinstimmung zwischen Akteuren und Anordnung.[63]

In den kommenden Jahrzehnten wurden die Juniereignisse mit Schweigen übergangen, während die Feier des Reformationstages zum Paradigma für eine gelungene Feier aufstieg und selbst eine Tradition begründete.

Es ist deutlich geworden, dass ungeachtet der ihm immanenten affirmativen, auf Stabilität abzielenden Intentionen ein erfolgreicher Verlauf der Jubiläumsfeier keine Selbstverständlichkeit ist. Damit sie diesen Geltungsanspruch einlösen kann, bedarf es vielmehr der Akzeptanz seiner gesamten Inhalte und Ausdrucksformen durch alle Beteiligten. Das Beispiel des analysierten Augustana-Gedenkens hat gezeigt, dass hier zwar ein Konsens über die Jubiläumswürdigkeit des erinnerten Ereignisses zwischen der Feiergemeinde und den Inhabern der Anordnungshoheit existierte, jedoch beide Gruppen tiefgreifende Diskrepanzen bezüglich der Inszenierung, durch deren Symbolik sich nicht mehr alle Teilnehmerkreise repräsentiert fühlten, trennten. Diese Unstimmigkeiten mussten ausgeräumt werden. Erst eine Neujustierung der Inszenierungsformen konnte den Konsens aller Beteiligten wieder herstellen und damit deren Zustimmung zur neubegründeten Ordnung sichern. In diesem Kontext ist es zu sehen, dass beim Ersatzjubiläum im Oktober die Leipziger Einwohner aktive Teilhabe an verschiedenen Inszenierungsformen (etwa den Festprozessionen) erhielten und zugleich das Gedenken selbst eine symbolische Aufwertung (etwa durch die Stadtbeleuchtung) erfuhr.

---

[62] Leipziger Tageblatt, Nr. 125, 2. 11. 1830, S. 1274, ähnlich auch der Leipziger Universitätsrektor KRUG (wie Anm. 50), S. 34 f. Hier zeigt sich erneut die zeitgenössische Politisierung der Konfessionen, wonach dem Luthertum der Geist der bürgerlichen Freiheit immanent ist.

[63] Ein deutliches Signal ging diesbezüglich von Dresden aus: am Reformationstag wurden auf dem Altmarkt die infolge des Septemberaufstandes als Gegengewicht zum Rat neugeschaffenen Stadtverordneten feierlich in ihr Amt eingeführt, vgl. HAMMER (wie Anm. 7), S. 155.

Markus Hein

Lutherrezeption in den Predigten und Ansprachen bei den Reformationsfeierlichkeiten in Sachsen im 19. Jahrhundert

Das 18. und beginnende 19. Jahrhundert ist bekannt als Zeitalter des Rationalismus und der Erweckungsbewegung – um diese beiden Schlagwörter für die Charakterisierung der Zeit zu nennen – und nicht als die Zeit des Ineinsgehens von Kirche und territorialer Identität. Als der Vortrag in den Tagungsplan aufgenommen wurde, bestand noch die Vermutung, dass sich die veränderte Situation Sachsens nach dem Wiener Kongress in irgendeiner Weise auch bei den verschiedenen Jubelfesten und Predigten an den Festtagen, die im Zusammenhang mit den Jahrestagen der Reformation begangen wurden, widerspiegeln müsse.

Preußen hatte sich auf dem Wiener Kongress nicht durchsetzen können mit dem Ansinnen, Sachsen als eigenständiges Territorium von der Landkarte des Deutschen Reiches verschwinden zu lassen. Erreicht wurde aber, dass König Friedrich August I.,[1] der sich zu spät von Napoleon losgesagt hatte, nun die volle Last der Kriegsniederlage verspüren sollte. Mehr als die Hälfte der Fläche seines Landes (57,5%) verlor er und mit ihr 42,2% der Bevölkerung. Sachsen schrumpfte auf die Größe, wie wir sie heute kennen. Die Provinz Sachsen entstand, heute noch rudimentär in der Bezeichnung Sachsen-Anhalt enthalten.

Die Frage, ob und wie sich ein Wechsel des Identitätsbewusstseins in den alten sächsischen, nun preußischen Gebieten vollzog, kann hier nicht geklärt werden. Hingen irgendwann bewusst nicht mehr die Bilder des sächsischen Königs an den Wänden in den Stuben? Seit wann nahmen die Bewohner der Provinz Sachsen innerlich nicht mehr Anteil an dem Geschehen in Sachsen und um das sächsische Königshaus? Stellte sich statt dessen eine „preußische Identität" bei den zunächst sich als „Musspreußen" Fühlenden ein? Dies alles bildete den Hintergrund der ursprünglichen Fragestellung für die Tagung. Hier soll es aber nur um das Lutherbild in den Predigten und Ansprachen anlässlich der Reformationsfeierlichkeiten in Sachsen im 19. Jahrhundert gehen.

Zu Beginn des 19. Jahrhunderts ist Sachsen konfessionell-lutherisch geprägt. Dies allerdings nicht im Gegenüber zu den Reformierten, sondern im Hinblick auf die katholische

---

[1] Herzog Friedrich August III. von Sachsen (1750 Dresden – 1827 Dresden) (der Gerechte), hatte 1793 die polnische Königskrone abgelehnt und 1806 von Napoleon für seinen Beitritt zum Rheinbund als König Friedrich August I. die Königskrone für Sachsen erhalten. Seither gibt es sächsische Könige.

Seite; musste man sich doch seit dem Übertritt des sächsischen Kurfürsten Friedrich August I.² zur römisch-katholischen Kirche 1697 in Sachsen mit der Tatsache auseinandersetzen, dass ein katholisches Herrscherhaus an der Spitze eines durch und durch protestantischen Landes stand. Hinzu kam, dass es wie eine Verpflichtung wirkte, im Kernland der Reformation die lutherische Fahne hochzuhalten. Im Hinblick auf die Frage der Union allerdings ist festzuhalten, dass die Masse der Pfarrer theologisch keinesfalls konfessionell-lutherisch, sondern wohl eher auf Seiten einer Union zu finden war; und es lag daher an der Tatsache, dass es in Sachsen kaum Reformierte gab, mit denen einen Union eingegangen werden konnte, dass es zu keiner solchen kam. Das Verhältnis zur reformierten Kirche war zunächst überhaupt kein Thema, wenn, dann wurde gegen den Katholizismus polemisiert. Dies änderte sich erst mit den Unionsplänen Preußens, die, allerdings nicht aus theologischen, bekenntnisorientierten Gründen, abgelehnt wurden. Ein vielleicht etwas zu scharfes, aber in der Tendenz durchaus richtiges Urteil des strengen Lutheraners Hermann Sasse von 1936 lautet: „Die Kirche von Sachsen wäre noch in den 30er Jahren, in der Gründungszeit des Gustav Adolf-Vereins – in Sachsen hat das Licht der Aufklärung länger gestrahlt als anderswo – zur Union übergegangen, aber es gab nicht genug Reformierte."³ Er gibt in diesem Satz auch gleich die Begründung: Das Licht der Aufklärung, er meint wohl den Rationalismus, hätte hier lange noch nachgestrahlt.

Auf die Frage nach Unterschieden zwischen den preußischen sächsischen Landen und den sächsisch gebliebenen Gebieten kann vor diesem Hintergrund im wesentlichen nur eine negative Antwort gefunden werden. Bei Betrachtung der einzelnen Feste, lassen sich kaum Unterschiede feststellen. Deshalb geschieht hier eine Beschränkung auf die Entwicklung im albertinischen Sachsen, also in den sächsisch gebliebenen Gebieten.

Mindestens vier Gelegenheiten waren es, bei denen im 19. Jahrhundert mehr oder weniger deutschlandweit, also vergleichbar, Luthers gedacht wurde: 1817, 1830, 1846, 1883. Dazu kam in Sachsen 1839 das 300-jährige Jubiläum der Einführung der Reformation.

I. 1817

Für 1817 gibt es die ausführliche Untersuchung Wichmann von Medings, der deutschlandweit die Predigten zum Jubiläum untersuchte.⁴ Dabei kommt er zu der Erkenntnis, dass weniger Luther als Luthers Geist oder das, was man 1817 dafür hielt, gefeiert wurde:

---

² Kurfürst Friedrich August I. von Sachsen (1670 Dresden – 1733 Warschau) trat, um als August II. (der Starke) die polnische Königskrone erhalten zu können, zur römisch-katholischen Kirche über. Vgl. zu ihm KARL CZOK, August der Starke und Kursachsen, 2. Aufl. Leipzig / München 1989.
³ HERMANN SASSE, Union und Bekenntnis, München 1936, S. 39.

Reformation verstanden als Kirchenverbesserung. Dies war, mit gewissen Abstufungen und Besonderheiten, in allen deutschen Landen so. Er urteilt: „Luthers Werk steht eigenartig quer zur Reformation, wie sie 1817 verstanden wurde: er schuf die Voraussetzung, die durch die Verwirklichung der Reformation überflüssig geworden ist."[5] Eine Geläufigkeit mit den Schriften Luthers über die Bekenntnisschriften hinaus und damit ein theologisches Vertrautsein mit Luther gab es damals – durchgängig in allen Landeskirchen – kaum.

Im Hinblick auf die sächsische Problematik kann man darüber hinaus feststellen: In keiner Predigt findet sich 1817 mehr als ein nichtssagender Hinweis auf die sächsische Katastrophe von 1815, auf das schlimme Ergebnis der Allianz mit Napoleon. Allerdings lässt sich ein ungebrochenes Verbundensein in der neuen preußischen Provinz Sachsen mit Sachsen konstatieren. Verwunderlich, wenn es anders wäre. Es ist dort nach wie vor von Sachsen als von „unserm Vaterland"[6] die Rede und es ist damit das ganze Sachsen, sowohl das Königreich als auch die preußische Provinz, gemeint. Eine ganze Reihe der Pfarrer, die nun preußische Beamte waren, übertrat die Amtspflicht und predigte über die im sächsischen Königreich verordneten Texte anstelle der preußischen.

II. 1830

Das Wissen um die Verbundenheit der Reformation mit Sachsen ist vorhanden. Noch deutlicher geschah dies dann 1830 – wenn auch nicht an allen Orten. Besonders eifrig war in dieser Beziehung der Dresdner Pfarrer Moritz Ferdinand Schmaltz,[7] der 1830 zum Reformationsfest eine wahrhaft vaterländische Predigt hielt. Vaterland, fast völlig ohne deutsche Konnotation, war hier Sachsen. „Wir maßen in Wahrheit nicht zu viel uns an, wenn wir das Fest der Kirchenverbesserung für ein Sächsisches Vaterlandsfest erklären. Denn indem wir es andächtig begehen, feiern wir das Andenken ehrwürdiger vaterländischer Namen, – großartiger vaterländischer Erhebung, – und unsterblicher vaterländischer Verdienste."[8] So setzte er ein und führte dann den historischen Beweis, wie sehr „sächsisch" die Reformation wäre und wie groß der Anspruch gerade Sachsens darauf, es als *sein* vater-

---

[4] WICHMANN VON MEDING, Kirchenverbesserung. Die deutschen Reformationspredigten des Jahres 1817, Bielefeld 1986.
[5] MEDING (wie Anm. 4), S. 157.
[6] MEDING (wie Anm. 4), S. 46.
[7] D. Moritz Ferdinand Schmaltz (1785 Stolpen – 1860 Hamburg): 1814 Pfarrer Wehlen; 1816 Prediger an der lutherischen Kirche in Wien; 1818 Pfarrer Dresden Neustadt Dreikönigskirche; Dr. theol. 1830; 1833 Hauptpastor St. Jakobi Hamburg; 1855 Senior.
[8] MORITZ FERDINAND SCHMALTZ, Das Fest der Kirchenverbesserung – ein vaterländisches Fest. Predigt, Dresden 1830, S. 13.

ländisches Fest zu begreifen. Es war ganz Sachsen, auch die nun abgespalteten Gebiete gemeint, wenn er aufzählte: „einem Manne *unsers* Landes und Volkes war es beschieden es [das Gotteswerk, MH] zu beginnen. Wo ein protestantisches Herz warm für das Evangelium schlägt, da wird *Luthers* Name mit Ehrfurcht genannt und dankbarer Liebe; wir dürfen mit edlem Stolze *unsern* Luther ihn nennen. […] in jener denkwürdigen vaterländischen Stadt fand er seinen Melanchthon. […] Der *Sächsische* Churfürst bedeckte sie [die Flamme des neu entzündeten evangelischen Lichtes, MH] mit der Hand seiner Weisheit […] Männer von Sächsischem Adel retteten […] den ehrwürdigen Glaubenshelden aus den Gefahren der Reichsacht; von erleuchteten Männern *unserer* Nation war der fromme und entschlossene *Johann*, den die Geschichte den *Beständigen*[9] nennet, berathen, auf jenem entscheidenden Reichstage zu Augsburg, und der Pinsel eines *Sächsischen* Meisters hat uns die Theuren Züge der verdienstvollen Glaubenshelden überliefert. […] Zu ihrer [der evangelischen Kirche, MH] Rettung [vor dem Untergange durch Kaiser Karls Macht, MH] eilte ein *Sächsischer* Fürst herbei, mit der Tapferkeit eines Helden erkämpfte ihr Moritz den Frieden."[10] Ohne auf die Dezimierung des sächsischen Landes einzugehen, bleibt Schmaltz in der ganzen Predigt dabei, die sächsischen Nation hervorzuheben. Am Schluss wird die Linie bis in die Gegenwart gezogen, wenn er den gerade von seinem Onkel König Anton als Mitregent in die sächsische Regierung einbezogenen Friedrich August,[11] an den sich große Hoffnungen knüpften, in eine Reihe mit Friedrich dem Weisen,[12] Heinrich dem Frommen[13] und Moritz[14] stellt: „Nein, ein solches Volk kann auf der Bahn der Vollkommenheit niemals zurückbleiben. In seinem Fürstengeschlecht fließet

---

[9] Kurfürst Johann von Sachsen (der Beständige) (1468, 1525-1532), regierte seit 1468 gemeinsam mit seinem Bruder Friedrich dem Weisen im ernestinischen Sachsen. Nach dessen Tod 1525 war er unumstrittener Führer der Protestanten im Reich.

[10] SCHMALTZ (wie Anm. 8), S. 14 f.

[11] König Friedrich August II. von Sachsen (1797, 1836-1854), seit 1830 überließ ihm König Anton (Clemens Theodor) (1755, 1827-1836) die Regierungsgeschäfte anstelle des unbeliebten Graf Detlev von Einsiedel (1773-1861), was seine Popularität steigerte und große Hoffnungen weckte.

[12] Kurfürst Friedrich III., der Weise, Herzog von Sachsen (1463, 1486-1525) gilt als Beschützer der Reformation. Er gab den Freiraum, dass die Wittenberger Reformation im ernestinischen Sachsen und darüber hinaus seine Wirkung entfalten konnte.

[13] Herzog Heinrich der Fromme von Sachsen (1473, 1539-1541) führte 1539, als er nach dem Tode Herzog Georgs des Bärtigen (1471, 1500-1539) unerwartet Herzog des albertinischen Sachsen wurde, dort die Reformation ein.

[14] Kurfürst Moritz von Sachsen (1521 Freiberg, 1541 – 1551 Sievershausen), führte in Sachsen den modernen Territorialstaat aus und die begonnene Reformation konsequent weiter. Die Säkularisierung nutzte er zur Ausstattung (Universität Leipzig) und Neugründung (Meißen, Pforta, Grimma) von Bildungsstätten in Sachsen. Erfolgreich leitete er die Fürstenopposition gegen den Kaiser und nahm im Passauer Vertrag 1552 mit König Ferdinand den Augsburger Religionsfrieden von 1555 vorweg. Vgl. zu ihm u. a. GÜNTHER WARTENBERG, Landesherrschaft und Reformation. Moritz von Sachsen und die albertinische Kirchenpolitik bis 1546, Gütersloh 1988 (= Quellen und Forschungen zur Reformationsgeschichte, 55).

noch das Blut eines Heinrich und Moritz; und wie die Sächsische Vorzeit ihren weisen Friedrich und ihren beständigen Johann hatte:[15] so wird die kommende Geschichte des Vaterlandes einen Friedrich zu nennen wissen, der mit diesen Tugenden zugleich die Liebe eines väterlichen Regenten in sich vereinigt."[16] Das Reformationsjubiläum wurde für Schmaltz der Anlass über die Vorzüge seiner durch die Ereignisse der Reformation so hervorgehobenen Nation nachzudenken. In diese Gedankengänge ordnete sich auch die Gestalt Luthers ein, ragte aber als solche kaum hervor. Fast kann man bei ihm als Fazit sagen: Erst die guten sächsischen Verhältnisse und Persönlichkeiten führten zum Sieg des Evangeliums, zum Sieg und zur Durchsetzung der Reformation.

Das Jubelfest der Reformation, der Übergabe der Confessio Augustana (CA) 1530, war in Sachsen im Frühsommer 1830 alles andere als ein Fest der Besinnung auf Luther oder auch nur auf die CA gewesen. Hatte es schon 1817 Schwierigkeiten und Unruhen gegeben, so befürchtete man 1830 von Regierungsseite her erst recht Schwierigkeiten. Hintergrund war ein latent über allem schwebendes Misstrauen gegenüber der „katholischen" Regierung, weniger gegenüber dem König als den Behörden. Das hatte 1826 zu einer überhitzten und auch nicht ganz sachlich geführten Schreibschlacht geführt, als der Bautzner römisch-katholische Pfarrer, Ignatz Bernard Mauermann,[17] apostolischer Vikar von Sachsen, mit einem öffentlichen Schreiben alle katholischen Christen zum Ablass in Anlehnung an den Römische Jubiläumsablass von 1825 aufrief. Die Wogen konnten damals nur auf Befehl von oben und durch privates Zurechtrufen der Parteien – z. B. Schmaltz' in Dresden – geglättet werden. Um ein erneutes Aufflammen zu verhindern, hatten die Behörden vor allem in Dresden und Leipzig zu großer Zurückhaltung gemahnt. Der 25., 26. und 27. Juni waren zu Festtagen erklärt; das Schloss und Rathaus in Dresden standen allerdings stumm und dunkel zwischen den vom Festjubel und Licht bestimmten Bürgerhäusern. In Leipzig wiederum führte die Ängstlichkeit des Polizeipräsidenten Karl Heinrich Konstantin von Ende[18] dazu, dass er kurzfristig den Studenten das burschenschaftsgemäße Auftreten beim Festumzug untersagte. Damit annullierte er eine vom Rektor der Universität, Wilhelm Traugott Krug,[19] gegebene Erlaubnis. Das Ergebnis war,

---

[15] Anspielung auf die zumindest im Anschluss an den Gottesdienst anwesenden Prinzen Johann (1801, 1854-1873) und Friedrich August (vgl. Anm. 11).
[16] SCHMALTZ (wie Anm. 8), S. 28 f.
[17] Ignatz Bernard Mauermann (1786 Neuzelle / Niederlausitz – 1841 Schirgiswalde), seit 1831 Domdechant von Bautzen, war zunächst Schuldirektor in Leipzig, dann Dresden gewesen und Beichtvater der königlichen Familie. 1831 wurde er in Dresden zum Bischof geweiht. Mauermann sorgte für die Errichtung römisch-katholischer Kirchen und Schulen in Zwickau, Pirna, Chemnitz und Freiberg.
[18] Karl Heinrich Konstantin von Ende (1784 Merseburg – 1845 Potschappel), war seit 1824 Präsident des vereinigten Kriminal- und Polizeiamtes Leipzig, zugleich Oberhofrichter und Direktor des Konsistoriums, außerordentlicher Bevollmächtigter bei der Universität und adliger Inspektor der Landesschule Grimma. Er legte nach den Unruhen seine Ämter nieder, zog sich nach Dresden zurück und wurde zum Geheimrat und Mitglied des Staatsrates ernannt.

dass sich, wie Hermann Gustav Hasse[20] in seinem „Abriß der meißnisch-albertinisch-sächsischen Kirchengeschichte" schreibt: „das am Morgen in den geschmückten Kirchen und von den Kirchthürmen erschollene Lutherlied: ‚Ein feste Burg ist unser Gott' am Abend des 25. Juni unsers Wissens zum ersten Male in Heinrichs des Frommen Lande zum Straßengesang eines tumultuirenden Haufens entweiht"[21] wurde.

Durch staatliche Unbedachtheit führten die Ereignisse bei der Reformationsfeierlichkeit zur Einführung der Reformation zu einer Instrumentalisierung der Reformationsgedanken und damit auch Luthers, längst fällige Reformen im Staate anzumahnen. Das Argument der „nichtlutherischen" Regierung und ihrer Behörden musste als Gegenpol herhalten. Dies alles führte zur Eskalation bis hin zu einem erschossenen Handwerksgesellen in Leipzig.[22]

Die Feiern des Reformationstages vier Monate später standen dann auch ganz unter einem versöhnlichen Stern, allerdings immer noch ohne eine besonders akzentuierte Besinnung auf den theologischen Inhalt der Reformation oder auf einzelne Personen wie Luther.[23] 1839 sollte es anders sein.[24]

Das, was man mit einer Bewusstwerdung der lutherischen Tradition umschreiben könnte, dem dann eine wirkliche „Lutherinszenierung" nachfolgen könnte, kommt in Sachsen erst nach 1831, nachdem am 13. Januar in der Verordnung über Fest- und Feiertage der 31. Oktober als ein ganzer Feiertag für das gesamte Land festgelegt wurde,[25] zum tragen. Franz Blanckmeister,[26] Berichterstatter der sächsischen Kirchengeschichte, schrieb darüber: „Sie [die Verordnung, MH] hat das Evangelische Bewußtsein im Volk mächtig geweckt und die große Gestalt Luthers wieder näher gerückt."[27] Als die Vorreiter dieser

---

[19] Wilhelm Traugott Krug (1770-1842), seit 1805 Nachfolger Kants in Königsberg, lehrte von 1809-1834 als Professor der Philosophie an der Universität Leipzig, zu deren Rektor er 1813 und 1830 gewählt wurde.

[20] Lic. theol. Dr. phil Hermann Gustav Hasse (1811 Oberblauenthal [Wolfsgrün] – 1892 Kühren): 1845 Pfarrer Leulitz; 1860 Pfarrer Mügeln; 1865 Superintendent Frauenstein; 1883 em.

[21] HERMANN GUSTAV HASSE, Abriß der meißnisch-albertinisch-sächsischen Kirchengeschichte. Zweite Hälfte: Seit Einführung der Reformation, Leipzig 1846, S. 346.

[22] Vgl. hierzu JOHANN FRIEDRICH GLÜCK, Beschreibung der Feierlichkeiten, welche am dritten Jubelfeste der Augsburgischen Confession den 25., 26. und 27. Juni 1830 im Königreich Sachsen stattgefunden haben …, Leipzig 1830.

[23] Vgl. in diesem Beitag oben S. 148.

[24] Vgl. ebd. S. 153 f.

[25] In einigen Städten, wie zum Beispiel in Leipzig, war er auch schon vorher als ganzer Feiertag gefeiert worden, in Dresden aufgrund einer von Oberlehrer Gotthelf August Anton (1783 Pratau – 1848 Dresden) von der Freischule zu Rath und That, dem späteren Direktor der dortigen Annenschule (1579-2002), initiierten Bittschrift seit 1823, vgl. Neues Sächsisches Kirchenblatt (NSKBl) 3 (1896), S. 677.

[26] Franz Blanckmeister (1858 Plauen – 1936 Laubegast): 1881 Pfarrer Schönberg; 1884 Schneeberg; 1889 Dresden Friedrichstadt; 1897 Dresden Trinitatis; 1928 em.

[27] NSKBl 3 (1896), S. 678.

Veränderung nennt er Heinrich Gottlieb Tzschirner[28] und Christian Gottlob Leberecht Großmann[29] in Leipzig, eben jenen, der 1830 eine konfessionell indifferente Feier organisierte, und in Dresden den ehemaligen Oberhofprediger Franz Volkmar Reinhard[30] und Schmaltz, der 1830 zwar auf die Bedeutung und Größe Sachsens hinwies, aber noch keine Anzeichen einer besonderen Lutherverehrung zeigte.

Es spricht auch nicht für eine explizite Besinnung auf Luther, wenn es bei den Beschreibungen der Reformationsfeierlichkeiten 1830 in Leipzig, die man nach dem Desaster im Juni nun in aller Würde in Frieden begehen wollte, heißt: „Sr. Hochwürden, Herr Superintendent Prof. Dr. Großmann hatte, gewiß höchst lobenswerth, es so geordnet, dass die Vertreter der verschiedenen Religionsbekenntnisse nach der Folge deren geschichtlicher Entstehung auf einander folgten, und so walleten in brüderlichem geistlichem Frieden Alle dahin: zwei Rabbi der Israeliten mit der aufgeschlagenen Thorah voran, ihm folgten der Archimandrit der griechischen und die Patres der hiesigen katholischen Kirche; sodann kamen die Geistlichen der evangelisch-protestantischen Kirche, voran der Diakonus an der Nikolaikirche, Herr Dr. Rüdel;[31] mit dem, auf einem kostbaren weißseidenen Kissen stehenden goldenen Kelche, – und die Pastoren der reformirten Kirche. Wohl wurde das Herz so manches Edeln dadurch entzückt und gerührt; wohl floß aus dem Auge so mancher Guten eine Thräne der himmlischen Freude, als die würdigen Diener des Vaters im Himmel so vereint, Alle von gleichen Gesinnungen beseelt, dahinwalleten, wodurch sich unverkennbar an den Tag legte, dass sie von dem großen Gebote Jesu durchdrungen: ‚daran wird Jedermann erkennen, daß Ihr meine Jünger seid, so Ihr Liebe unter einander habt', es auch durch die That erfüllten. Wird erst unter den Lehrern der verschiedenen Glaubensbekenntnisse die Erfüllung dieses Gebotes immer sichtbarer, dann wird es auch unmaaßgeblich besser werden."[32]

Keine Spur von einem Bewusstsein, das in konfessionelle Richtungen geht, wie wir es später haben, es ist dieselbe Hoffnung, die schon Friedrich Samuel Gottfried Sack in seiner Beigabe zu der 1796 erschienenen Predigt des Oberhofpredigers Reinhard formulierte: „So, wie die Sachen jetzt stehen, sollte die Rede gar nicht mehr von lutherisch oder refor-

---

[28] Heinrich Gottlieb Tzschirner (1778 Mittweida – 1828 Leipzig): 1805 Professor der Theologie in Wittenberg; 1809 Leipzig; 1815 zugleich Pfarrer und Superintendent Thomaskirche, vgl. zu ihm CHRISTIANE SCHULZ, Spätaufklärung und Protestantismus – Heinrich Gottlieb Tzschirner (1778-1828). Studien zu Leben und Werk, Leipzig 1999 (= Arbeiten zur Kirchen- und Theologiegeschichte, 4).
[29] Christian Gottlob Leberecht Großmann (1783 Prießnitz – 1857 Leipzig): 1822 Lehrer und Diakon Schulpforta; 1823 Generalsuperintendent Altenburg; 1829 Pfarrer und Superintendent Leipzig Thomaskirche, zugleich Professor der Theologie.
[30] Franz Volkmar Reinhard (1753 Vohenstrauß – 1812 Dresden): 1784 Propst Schlosskirche Wittenberg; 1792 Oberhofprediger Dresden.
[31] Karl Ernst Gottlieb Rüdel (1769 Auma – 1843 Leipzig): 1799 Nachmittagsprediger St. Pauli Leipzig; 1801 Pfarrsubstitut St. Johannis; 1805 Subdiakon Leipzig Nikolai; 1816 Diakon, 1830 Dr. theol.
[32] GLÜCK (wie Anm. 22), S. 466 f.

mirt seyn, sondern die Geistlichkeit von beiden Kirchen sich vielmehr eifrigst bemühen, allen noch zurückgebliebenen *antichristlichen Sauerteig* vollends auszufegen, die ihrer Führung anvertrauten Seelen auf die Bibel, und nicht auf menschliche Satzungen zu weisen, am wenigsten aber in das Schulgezänke theologisher Spitzfindigkeiten einzuflechten, und dadurch ihren Verstand zu verwirren, und in das Herz das so schwer auszujätende und schädliche Unkraut der Sektiererei zu streuen".[33] Die allgemeine Liebe Gottes, das Begriffspaar „ein Hirt und eine Heerde" sind das, was im Mittelpunkt steht und dem auch die Erinnerung an Luther diente.

Zu der Festverordnung kam aber noch ein entscheidendes Moment hinzu, das in der Folge auch konfessionell und theologisch fassbare Unterscheidungen zwischen den ehemals gemeinsamen sächsischen Gebieten bringen sollte: die preußische Union. Es war nicht die Entwicklung in Sachsen aus sich heraus, die hier zu einem konfessionellen Luthertum (auch in Abgrenzung gegenüber dem Reformiertentum) führen sollte. Anstoß gaben Ausländer. Bekannt sind die Schwierigkeiten, die der preußische König mit der Einführung der Union in Schlesien hatte.[34] Das Ergebnis, die Altlutheraner, ist bekannt. 1841 musste der König einlenken und die Altlutheraner als eigene religiöse Gemeinschaft zunächst dulden und dann anerkennen. Vorausgegangen war ein Streit, in dessen Folge Johann Gottfried Scheibel,[35] der konsequente Gegner der Union aus Breslau, aus Preußen ausgewiesen wurde (23. April 1832). Seine neue Heimat fand er zunächst in Sachsen. Hier konnte er zwar nicht lange bleiben – er wurde schon 1839 wieder ausgewiesen – doch gab seine Anwesenheit und Wirksamkeit dem sich entwickelnden auch theologischen Luthertum in Sachsen einen entscheidenden Schub.

Hinzu kam die Bewegung um Martin Stephan,[36] den ehemaligen Prediger der Böhmischen Gemeinde in Dresden, der vor allem auf dem Hintergrund einer Kritik des Rationalismus zu einer erneuten und pietistisch gefärbten Lutherrezeption führte. Die Befürch-

---

[33] Abgedruckt zur Polemik in DER KATHOLIK. Eine religiöse Zeitschrift zur Belehrung und Warnung 2 (1822), S. 109 f. – Friedrich Samuel Gottfried Sack (1738 Magdeburg – 1817 Berlin), 1769 reformiertes Pfarramt Magdeburg; 1777 Hof- und Domprediger Berlin; 1816 Bischof (vom König verliehen).

[34] Vgl. hierzu GERHARD BESIER, Das Luthertum innerhalb der Preußischen Union (1808-1918). Ein Überblick, in: Das deutsche Luthertum und die Unionsproblematik im 19. Jahrhundert, hrsg. von Wolf-Dieter Hauschild, Gütersloh 1991, S. 131-152. bes. S. 131-138 (= Die lutherische Kirche. Geschichte und Gestalten, 13), dort auch Lit.

[35] Johann Gottfried Scheibel (1783 Breslau – 1843 Nürnberg): 1816 Professor der Theologie in Breslau; Archidiakon der St.Elisabeth-Gemeinde Breslau; 1830 suspendiert.

[36] Martin Stephan (1777 Stramberg/Mähren – 1846 Perry County/Illinois): 1820 Pfarrer der Böhmischen Gemeinde Dresden; 1838 Auswanderung in die USA, Bischof der Auswanderer; 1839 abgesetzt und aus der Gemeinde ausgeschlossen, vgl. zur obersächsischen Erweckungsbewegung: MARTIN SCHMIDT, Das Ringen um die lutherische Einheit in der Erweckungsbewegung, in: Wege und Einheit der Kirche im Luthertum, hrsg. von Wilhelm Kahle u. a., Gütersloh 1976 (= Die lutherische Kirche. Geschichte und Gestalten, 1), S. 71-156, hier: S. 74-106.

tung einer Verbindung zwischen Scheibel und der Stephanschen Bewegung war es, die die sächsische Regierung schließlich bewog, Scheibel auszuweisen. Hans Georg von Carlowitz,[37] Mitglied des Geheimen Rates, hielt allerdings explizit fest, dass es nicht konfessionelle oder im Zusammenhang mit der Union stehende Gründe waren, sondern das unterstellte gestörte Verständnis Scheibels für die Obrigkeit.[38] Zunächst geschah eine Ausweisung aus Dresden; schließlich wechselte Scheibel, als die preußische Regierung die sächsische Regierung bat, ihm keine Aufenthaltsgenehmigung nahe der preußischen Grenze zu geben, nach Glauchau. Dort fand er Unterkunft und Aufnahme bei einem weiteren Ausländer, der in viel stärkerer Weise für die lutherische Ausprägung Sachsen entscheidend werden sollte: Andreas Gottlob Rudelbach,[39] seit 1829 Superintendent im Schönburgischen Glauchau, der mit seiner 1831 gegründeten Muldenthaler Pfarrer-Konferenz[40] zum Kristallisationspunkt eines tatsächlichen Luthertums in Sachen werden sollte, ehe er 1845 Sachsen wieder verließ und in seiner dänischen Heimat Propst von Slagelse wurde.

III. 1839

In Erinnerung an die Geschehnisse 1830 und auf dem Hintergrund des nun gesetzlich verankerten Reformationsfeiertages bereitete man die Feierlichkeiten 1839, beim 300-jährigen Jubiläum der Einführung der Reformation in Sachsen, ganz anders vor. Die Perikopen sollten beibehalten und auf ihrer Grundlage überall das Reformationsfest unter dem Thema der Einführung der Reformation gefeiert werden. Einhundert Jahre zuvor war dies, um Unruhen zu vermeiden, ganz klein gehalten worden. In Leipzig z. B. durften 1739 die Lieder „Ein feste Burg" und „Erhalt und Herr bei deinem Wort" beim Gottesdienst nicht gesungen werden, so dass die Menschen am ersten Pfingsttage nach dem Vespergottesdienst noch in der Kirche blieben und diese Lieder danach anstimmten.[41] Jetzt gab es die Anordnung, wenn der Termin der Einführung der Reformation oder der ersten evangeli-

---

[37] Hans Georg von Carlowitz (1772 Großhartmannsdorf – 1840 Dresden) war maßgeblich beteiligt an der Ausarbeitung der sächsischen Verfassung von 1831; gleichzeitig wurde er sächsischer Minister.

[38] Vgl. zu Scheibels Aufenthalt in Sachsen REGINA VON BRÜCK, Die Beurteilung der preußischen Union im lutherischen Sachsen in den Jahren 1817-1840, Berlin 1981, S. 95-121.

[39] Andreas Gottlob Rudelbach (1792 Kopenhagen – 1862 Slagelse): 1825 PD Kopenhagen; 1829 Superintendent Glauchau; 1845 Propst Slagelse. Rudelbach war auf Empfehlung des zunächst für diese Stelle ernannten Wilhem Hengstenberg (1802-1869) nach Glauchau gekommen.

[40] Die Muldentaler Konferenz wurde von Rudelbach und dem Waldenburger Superintendenten (1. Pfarrer) D. Konrad Benjamin Meißner (1860 Lichtenstein – 1855 Leipzig) gegründet; letzterer trat schon 1832 wegen Uneinigkeit in der Frage um das Verständnis von Gesetz und Evangelium wieder aus. 1843 wandelte sich die Muldentaler in die Allgemeine evangelisch-lutherische Konferenz.

schen Predigt bekannt sei, so solle man an diesem Tag feiern, die Genehmigung würde bei Beantragung schnell erteilt. Hingewiesen wurde allerdings: „Hierbei ist, wie Man überdies von der umsichtigen Beurtheilung der evangelischen Geistlichkeit zu erwarten hat, in Predigten bei Erwähnung der geschichtlichen Thatsachen sich aller störenden Polemik, welche die christliche Andacht nicht fördert, sondern den Geist der Unduldsamkeit nährt, zu enthalten, überhaupt aber der Grundsatz christlicher Liebe, Duldung und Einigkeit vorwalten zu lassen, in welchem zu allen Zeiten, besonders aber auch in der gegenwärtigen, eine wahrhaft evangelische Denkweise sich am unzweideutigsten offenbart".[42]

Ausdruck eines neuen und sich mehr und mehr in den Vordergrund schiebenden Lutherbewusstseins ist es z. B., wenn nun auch Großmann in seiner Predigt verkündet: „Nicht ein fremdes, sondern ein vaterländisches, ein heimisches Gewächs ist das reine Evangelium Jesu Christi. Ein Deutscher, ein Sachse, ein Mann des Volks und aus dem Volke hat zuerst dafür seine Stimme erhoben, wie eine Posaune des großen Gerichtstags. Und die ersten Lutheraner der evangelischen Lehre, sie glichen vollkommen den ersten Christen, wie Paulus sie schildert ‚Nicht viel Weise nach dem Fleisch', Gelehrte vom Fach und Wortführer der herrschenden Schulweisheit, nicht viel Gewaltige an den Höfen der Fürsten, nicht viel Edle, Beamten und Obrigkeiten, die ihre äußere Stellung in Rücksichten befangen hielt, waren berufen, sondern schlichte, gerade, unbefangene Bürger, Männer aus dem frischen, kräftigen Kern der Nation, Männer aus dem Mittelstande waren die Führer des heiligen Chores, auf daß zum zweiten Male erfüllt würde das Wort des Paulus".[43] Aber auch hier kommt er nicht zu einer theologischen Lutherbesinnung. Ein ebensolcher Ausdruck dieses Prozesses ist das Leipziger Lutherdenkmal, das 1839 in Angriff genommen wurde.[44]

Im Hinblick auf die abgetrennten Gebiete wird das Bewusstsein einer Endgültigkeit, zumindest auf „altsächsischer" Seite deutlich, wenn der Berichterstatter Carl Buhle über die Dresdner Feierlichkeiten vermerkt: „Beim Festzug waren Fremde unter den Geistlichen, sämtlich aus der Provinz Sachsen: Superintendent Dr. Hasenritter aus Merseburg,[45]

---

[41] Jubelchronik der dritten kirchlichen Säcularfeier der Einführung der Reformation in Sachsen: zur Erinnerung für das kommende Geschlecht auf das Jubeljahr 1839, hrsg. von FRANZ OTTO STICHERT, Grimma 1841, S. 10.

[42] STICHERT (wie Anm. 41), S. 11.

[43] Zitiert nach: C[ARL] C[HRISTIAN] C[ARUS] GRETSCHEL, Beschreibung der Feierlichkeiten mit welchen das dritte Säcularfest der Einführung der Kirchen-Reformation am Pfingstfeste (den 19. Mai) des Jahres 1839 in Leipzig und am 21. Mai in Zuckelhausen, Holzhausen und Eicha begangen wurde, Leipzig 1839, S. 52.

[44] Vgl. hierzu in diesem Beitrag S. 158 f.

[45] Johann August Martin Haasenritter (1775 Freybung/Unstrut – 1843 Merseburg): 1804 Superintendent Burgwerben; 1813 Pfarrer; 1823 1. Schloss- und Domprediger, Superintendent und KR in Merseburg. – Für die Information aus der Datenbank des Pfarrerbuches der KPS danke ich Herrn Heinrich Löber.

Propst Dr. Zerrener[46] aus Magdeburg, Archidiakonus Seelfisch[47] aus Wittenberg".[48] Jetzt werden Gäste aus den ehemals zu Sachsen gehörenden Gebieten schon mit unter die „Fremden" gezählt.

IV. 1846

Als sich 1846 der Todestag Luthers zum 300. Mal jährte, ließ sich nun schon ganz deutlich das Bewusstsein einer Differenzierung bei den Stimmen, die sich in Sachsen erhoben, bemerken. Moritz Meurer,[49] seit 1841 Pfarrer in Callenberg, zum Schönburgischen gehörend, veröffentlichte 1846 sein Werk über Luther: „Luthers Leben, aus den Quellen erzählt".[50] Anlässlich des Todestages gab der Schüler Rudelbachs ein kleines Bändchen heraus: „Luther's letzte Lebenstage, Tod und Begräbniß: aus den Quellen", in dem er im wesentlichen einen Auszug aus dem größeren Werk wiedergab und im Vorwort seine Intention dabei erläuterte. Sie ist aufschlussreich. Es ist sein Bemühen, zu zeigen, dass Luther zwar vor dreihundert Jahren gestorben, aber deswegen doch längst nicht tot sei. Er wollte mit dem Bändchen deutlich machen, „daß die Liebe, welche wir dem Andenken Luthers zollen, nichts gemein habe mit dem Heiligendienst im römischen und dem Cultus des Genius im modernen Babylon. Uns tuts auch nicht wehe, sondern wohl, daß Luthers Büste in der bayrischen Wallhalla fehlt. Mag's auch ganz anders gemeint seyn, es ist ihm offenbar zur Ehre ausgeschlagen."[51] Nicht Denkmäler brauche Luther, sondern lebendige

---

[46] Karl Christoph Gottlieb Zerrener (1780 Beiendorf – 1851 Magdeburg): 1802 Lehrer am Kloster U.L. Frau in Magdeburg; 1805 2. Prediger Heiliggeist Kirche Magdeburg; 1816 preußischer Konsistorial- und Schulrat; seit 1819 beteiligt an der Reorganisation des gesamten provinzsächsischen kommunalen Unterrichtswesens; 1823 Aufgabe des Pfarramtes, Direktor des neugegründeten Schullehrerseminars; 1833 Propst; 1833-1844 Leiter des Klosters U.L. Frau; 1846 Austritt aus dem Konsistorium.

[47] D. Johann Samuel Seelfisch (1788 Wittenberg – 1874 Wittenberg): 1815 4. Diakon Wittenberg; 1833 Archidiakon; 1867 em.; 1817-1870 Lehrer am Predigerseminar. – Für die Information aus der Datenbank des Pfarrerbuches der KPS danke ich Herrn Heinrich Löber.

[48] CARL BUHLE, Kurzgefaßte kirchliche Geschichte Dresdens seit der Einführung der Reformation unter Herzog Heinrich dem Frommen im Jahre 1539 bis auf die neueste Zeit. Nebst einer Beschreibung der am 6. Juli 1839 stattgehabten Feierlichkeiten des dreihundertjährigen Jubelfestes, Dresden 1839, S. 80.

[49] Moritz Meurer (1806 Pretzsch / Provinz Sachsen – 1877 Callenberg): 1833 Seminarleiter Weißenfels; 1834 Diakon 1835 Archidiakon Waldenburg; 1841 Pfarrer Callenberg.

[50] MORITZ MEURER, Luthers Leben. Aus den Quellen erzählt. 3 Bde., Leipzig 1843-1846.

[51] MORITZ MEURER, Luther's letzte Lebenstage, Tod und Begräbniß: aus den Quellen, Dresden, 1846, S. VIII. Hervorhebung im Original. – Die Büste, 1831 von Johannes Rietschel (1804-1861) geschaffen, wurde später doch noch aufgenommen. Die Beschreibung von Walhalla nennt Luther den „Begründer des Protestantismus".

Erinnerung. Im Hinblick auf das Wittenberger Denkmal, das 1817 errichtet wurde, kann er sich nicht enthalten, darauf hinzuweisen, dass es etwas an den Bau von Prophetengräbern erinnere. Er fährt fort, und das ist für uns interessant: „Haben nicht selbst die Hände, welche den Grundstein zu diesem Denkmal legten – sie ruhen in Frieden! – an dem Grundstein der lutherischen Kirche bedenklich gerüttelt?"[52] Hier wird seine Kritik daran deutlich, dass trotz aller Luthergedenken und -ehrungen, Luther zu den Akten, sprich zu den Denkmälern gelegt, bzw. gestellt wurde.

Meurer brachte deshalb sein Büchlein heraus und erklärte: „Wichtiger jedenfalls, als alle Bilder von Erz und Stein ist es, daß man das Glaubensbild unsers Lehrers dem deutschen Volke recht klar und wahr vorhalte."[53] Er befürchtete, dass zwar viele aufstehen würden und Luther lobreden, dies jedoch nach dem Motto geschehen würde: „Sit licet divus, dummodo non vivus!" – „Soll er ruhig ein Gott sein, Hauptsache er ist tot!"

Anhaltspunkte für seine Befürchtung hatte er genug, genug schon von 1817, als sich die Stimmen für eine Union und damit eine stillschweigende Revidierung verschiedener Meinungen Luthers häuften, aber auch genug noch 1830, als es darum ging, das Werk Luthers vor allem aber über ihn hinaus weiterzuführen.

Daneben ist aber 1846 auch eine weitere Instrumentalisierung der Person Luthers festzustellen. In Sachsen war für den Todestag Luthers, den 18. Februar, keine Festveranstaltung von Staats wegen vorgesehen. In der königlichen Verordnung dazu hieß es: „je entschiedener der sel[ige] Luther bei mehren Gelegenheiten sich gegen jede Mehrung der Feier- und Ruhetage erklärt habe, um so mehr habe es dem Sinne desselben entsprechend, erschienen, von Veranstaltung einer allgemeinen kirchlichen Feier am Todestage selbst abzusehen."[54] Die Feier sollte am 15. Februar, dem vorangehenden Sonntag stattfinden, wiederum unter Beibehaltung der Perikopen (Predigttext Hebr. 13,7: „Gedenkt an Eure Lehrer, die Euch das Wort Gottes gesagt haben: welcher Ende schauet an und folget ihrem Glauben nach").

Durch unermüdliches Zusammentragen der einzelnen Nachrichten und letztlich eigene Finanzierung – es wollte sich kein Geldgeber für den Band finden – hat der Pfarrer des osterzgebirgischen Jöhstadt, Franz Otto Stichert (Stichart),[55] eine recht anschauliche und ausführliche Darlegung der Feierlichkeiten des Jahres 1846 in Sachsen hinterlassen. Ähnlich wie in seiner Stadt stellte sich die Situation in vielen Orten dar. Nachdem die königliche

---

[52] MEURER (wie Anm. 50), S. IX.
[53] MEURER (wie Anm. 50), S. IX.
[54] FRANZ OTTO STICHERT, Sachsen's Todtenfeier zu Dr. Martin Luther's Gedächtnis im Februar 1846: Schilderung der bei der 3. Säkularfeier von Luther's Tode im Königreich Sachsen Statt gefundenen Kirchen-, Schul- und sonstigen Feierlichkeiten, nebst den bezüglichen theils skizzirten, Theils vollständigen Predigten, Reden, Gedichten etc. mit historisch-literarischer Einleitung und einem Anhange. Annaberg 1847, S. 27
[55] Franz Otto Stichert (Stichart) (1810 Werdau – 1883 Dresden): 1832 Oberlehrer Werdau; 1844 Pfarrer Jöhstadt; 1882 Reinhardtsgrimma; em. 1875.

Verordnung einer Feier quasi eine Absage erteilt hatte, regte sich überall Widerspruch, der deutlich macht, wie sehr im allgemeinen und öffentlichen Bewusstsein inzwischen die Person Luthers verankert war. Als untragbar erschien es, einen solch personenbezogenen Feiertag verstreichen zu lassen. Auch in Jöhstadt kam es deshalb zu einem Gesuch der Mehrzahl der Stadtverordneten und des Stadtrates „worin um Abhaltung eines Festgottesdienstes mit Predigt am 18. Februar in der bereits beschlossenen Weise nachgesucht ward."[56] In diesem Gesuch wies man darauf hin, dass „die lebhaftesten Besorgnisse für den Protestantismus selbst erweckt" worden seien, „daß die kath. Grenznachbarn Böhmen's, von der auf den 18. Februar bestimmten Feier bereits unterrichtet, in der Unterlassung derselben einen Rückschritt zu Gunsten des Katholicismus erblicken und an diesfallsigem Spotte es schwerlich würden fehlen lassen; daß ferner keineswegs zu fürchten sei, man werde durch die beabsichtigte Feier bei den katholischen Glaubensbrüdern anstoßen, da diese uns gewiß nicht zumuthen würden, aus purer Toleranz das Andenken, dem ohnehin nur von einem Jahrhunderte zum anderen einige wenige Stunden gewidmet würden (Hindeutung auf das Lojolafest in Dresden); daß man sich auch und zunächst aus Dankbarkeit verpflichtet fühlte, die historische Bedeutung des Sterbetages unsers unvergeßlichen Luther nicht untersinken zu lassen, weil es jetzt mehr als je an der Zeit sei, die gute Sache nach Kräften zu unterstützen, zumal wir als Bewohner des Landes, das die Geschichte als die Wiege der Reformation bezeichnet habe, besonders darauf sehen müssen, daß uns die von unsern Vorältern mit Blut erworbenen Rechte, beziehendlich des Glaubens nicht geschmälert würden, vorausgesetzt, daß wir ihre würdigen Enkel sein wollten; daß man endlich auch den protestantischen Glaubensbrüdern im Königreich Preußen nicht nachstehen möchte, wo der 18. Februar von der Regierung zu einem Fest- und Trauertag erhoben worden sei."[57] Aufgrund der eingehenden Beschwerden und sicher in Erinnerung an die Vorkommnisse vor knapp 20 Jahren sah sich die Regierung deshalb veranlasst, am 9. Februar nun doch die Gedächtnisfeier für den 18. Februar oder den 22. Februar, dem Begräbnistage Luthers, zu genehmigen. Nicht alle Gemeinden waren in der Lage, sich darauf noch umzustellen oder auch die Verordnung rechtzeitig bekanntzugeben, da ja nun am Sonntag vorher, dem 8. Februar, die für den 15. angeordnete Feier schon von den Kanzeln verkündet worden war.[58]

War 1830 Luther noch Vehikel bei den Auseinandersetzungen am Reformationsjubiläum zwischen der Regierung und ihren Vertretern auf der einen Seite und dem Volk auf der anderen Seite gewesen, so stand Luther bei den Forderungen 1846 im Vordergrund. Das Bewusstsein der Verbundenheit mit dieser Person und der Verpflichtung eines sächsi-

---

[56] STICHERT (wie Anm. 53), S. 31.
[57] STICHERT (wie Anm. 53), S. 31.
[58] Warum der 22. Februar nicht von vornherein als Feiertag vorgesehen wurde, ließ sich nicht eruieren. Damals wurde vermutet, dass dies aus Rücksicht auf die Katholiken geschah, die an diesem Tag den römisch-katholischen Feiertag der Kathedra Petri begingen.

schen lutherischen Erbes war nun auch auf den theologischen und konfessionellen Bereich übergegangen. Dies geschah allerdings nicht flächendeckend, so wie Sachsen auch in der Folgezeit (bis heute) nicht flächendeckend eine Landeskirche war, deren Pfarrer und Mitglieder sich konfessionell abgrenzend lutherisch verstanden und verstehen. Es ist das Erstarken des sog. Neuluthertums, verbunden auch mit den akademischen Namen eines Adolph von Harleß (1806-1879), Karl Friedrich August Kahnis (1814-1888) und Franz Delitzsch (1813-1890) sowie mit denen von Pfarrern wie Rudelbach und Meurer, das hier sichtbar wird.

Die Ereignisse der nächsten Jahre allerdings wiesen auch in der Kirche dieser Neuorientierung und Neufindung Luthers eine Richtung, die vor allem von Einseitigkeit und weitgehender Unkenntnis Luthers und seiner Schriften zeugte und zur vollendeten Instrumentalisierung führen sollte. Bei Großmann, der nur bedingt mit dem direkten theologischen Erbe Luthers zu verbinden ist, deutete sich in seiner Predigt zum Gedächtnis an den Tod Luthers auch in Sachsen schon an, wo es hinführen sollte: Nur durch die Verbindung des christlichen Geistes mit dem deutschen Charakter Luthers war die Reformation möglich geworden.[59] Aber: Die „so wünschenswerte und wichtige Vereinigung mit den Schweizern scheiterte" in den Augen Großmanns nicht an theologischen Differenzen, sondern an der „Abneigung" Luthers: „Wahr ists, daß Luther von Mängeln nicht frei, daß er kein Heiliger war, daß sie [die Vereinigung, MH] an seiner entschiedenen Abneigung, abgesehen von seinem strengen Festhalten am Buchstaben der Schrift […] scheiterte."[60]

V. 1883

Wir wollen nur noch ein Fest betrachten und auch hier ausschnittweise Einblick gewinnen. Leider gibt es auch für 1883 keine vergleichbare Untersuchung wie für 1817 durch von Meding.

In seiner Ansprache bei der Enthüllung des Leipziger Reformationsdenkmales am 10. November 1883 erinnerte Oberbürgermeister Otto Robert Georgi[61] an den Beginn der Aktion. 1839, zur 300-jährigen Jubelfeier der Einführung der Reformation in Leipzig, war

---

[59] „Die Grundlage seines Charakters war deutscher Sinn, […]; aber sein deutscher Geist war geläutert, veredelt, geweiht durch den christlichen Geist", CHRISTIAN GOTTLOB LEBERECHT GROSSMANN, Die Macht des Evangeliums in ihrer Bewährung an seinen treuen Zeugen. Predigt zur dreihundertjährigen Gedächtnisfeier von Dr. Martin Luther's Tode am Sonntag Sexagesimae 1846, Leipzig 1846, S. 10.

[60] GROSSMANN (wie Anm. 58), S. 13.

[61] Otto Robert Georgi (1831 Mylau/Vogtl. – 1918 Leipzig): seit 1859 Rechtsanwalt in Leipzig; 1871-1876 Mitglied des Reichstages; 1874 zweiter Bürgermeister von Leipzig; 1876-1899 Oberbürgermeister, vgl. zu ihm: Sächsische Lebensbilder, Bd. 1, hrsg. von der Sächsischen Kommission für Geschichte, Dresden 1930, S. 78-86.

der Aufruf zur Errichtung eines „plastischen Denkmal[s] in Leipzig" erlassen worden. In „einem erhabenen und des Gegenstandes würdigen Stile" sollte das Denkmal entstehen, „auf einem freien Platze aufgeführt, verkünde es der Mit- und Nachwelt die hohen Verdienste der Reformationshelden und ihrer Beschützer",[62] die Georgi im Folgenden alle aufzählte. Dieser Aufruf war jedoch auf keinen fruchtbaren Boden gefallen und es hatte noch einmal fast fünfzig Jahre gedauert, bis das geplante Denkmal enthüllt werden konnte. Keiner der Initiatoren von 1839 erlebte dies. Auch die nun stattfindende Errichtung war nur durch „einige materielle Beihülfe der Gemeinde" Leipzig möglich geworden.[63]

Zwei Tage lang wurde der 400. Geburtstag Luthers in Leipzig mit vielen Veranstaltungen gefeiert, die alle von den Leipziger Bürgern sehr gut besucht waren.[64] Dabei war der Tenor der, dass Luther der Grund der jetzigen Zeit sei. Konsistorialrat Gustav Adolf Fricke[65] konnte deshalb – auch im Hinblick auf Melanchthon – in seiner Festrede am 10. November 1883 sagen: „Ohne einen Luther und die Reformation – und sie können des Melanchthon nicht entbehren! – wäre keine evangelische Zeit, wäre unsere Zeit nicht da, keine evangelische Kunst und Wissenschaft, kein Shakespeare, kein Goethe und Schiller. [...] Nicht eine neue Epoche: eine neue Periode der Weltgeschichte hat mit ihnen begonnen."[66] Es ist nun auch in Sachsen nicht mehr eine Reformation der Kirche, nicht mehr das Moment der glücklich zum Ziel gekommenen Suche des Glaubenszweiflers; es ist keine theologische Besinnung mehr auf Luther, wenn „der christliche, sittliche, nationale Aufbau seines durch Rom verwahrlosten Volkes" als „das Ziel seiner Bestrebungen"[67] beschrieben wird.

---

[62] OTTO ROBERT GOBERT, Ansprache, in: Reden zur Feier das 400. Geburtsfestes Luthers: gehalten bei der Enthüllung des Reformations-Denkmals zu Leipzig von den Herren Oberbürgermeister Dr. Georgi ..., Leipzig 1883, S. 7-9, hier S. 7. – Vgl. zu dem Aufruf GRETSCHEL (wie Anm. 43), S. 14-19. Das Buch selbst ist „zum Besten des beabsichtigten Reformations-Denkmals" herausgegeben, wie es auf dem Titelblatt heißt.

[63] Georgi hob noch die Bedeutung hervor, dass derselbe Künstler, der auch das nationale Denkmal bei Rüdesheim, das Niederwalddenkmal, geschaffen hatte, der Dresdner Johannes Schilling, auch das Leipziger Reformations-Denkmal schuf – eine Hervorhebung, die bei den Feierlichkeiten noch mehrfach erfolgen sollte. Vgl. zum Niederwalddenkmal: LUTZ TITTEL, Das Niederwalddenkmal 1871-1883, Hildesheim 1979.

[64] VORWORT DER HAHN'SCHEN VERLAGSBUCHHANDLUNG, in: Reden zur Feier das 400. Geburtsfestes Luthers: gehalten bei der Enthüllung des Reformations-Denkmals zu Leipzig von den Herren Oberbürgermeister Dr. Georgi ..., Leipzig 1883, S. 3.

[65] Gustav Adolf Fricke (1822 Leipzig – 1908 Leipzig): 1846 Privatdozent Leipzig; 1849 a. o. Professor der Theologie; 1851-1865 Professor der Theologie Kiel; 1865 Prediger und Oberkatechet Leipzig Petri, 1876 Pfarrer; gleichzeitig seit 1867 Professor an der Universität Leipzig.

[66] GUSTAV ADOLF FRICKE, Festrede, in: Reden zur Feier das 400. Geburtsfestes Luthers... (wie Anm. 61), S. 10-16, hier S. 14.

[67] KARL WILHELM FERDINAND EVERS, Luther der deutsche Prophet: Festrede, in: Reden zur Feier das 400. Geburtsfestes Luthers... (wie Anm. 61), S. 17-20, hier S. 18.

Hermann Ferdinand von Criegern[68] von der Thomaskirche, um ein letztes Zitat zu bringen, schließt seine Ansprache über Luther und sein Fürstenhaus bezeichnend: „Gott gebe, daß auch wir dies Zeugnis [Ferdinands über die Lutheraner, die zwei gute Eigenschaften haben: freudig Jesus Christus bekennen und Gottes Ordnung am Stand der Obrigkeit aufweisen und diese nicht schlecht zu beurteilen, MH] verdienen, daß wir den Vätern unseres Glaubens, insbesondere unserem Luther, ähnlich werden in treuem, auf persönlicher Liebe beruhendem Unterthanengehorsam, der im Worte Gottes seinen Grund beziehungsweise sein Maß hat, und daß wir unserem Fürstenhause, das am Werk der Reformation einen so hervorragenden Antheil gehabt hat, treue Anhänglichkeit heute am Lutherfeste von Neuem geloben und immer bewahren. Das walte Gott!"[69] Augenfälliger kann man die Instrumentalisierung Luthers wohl kaum beschreiben, die zutage tritt und die zum vollendeten Zerrbild des Luthertums im 20. Jahrhundert führen sollte.

VI. Schluss.

Versuchen wir, aus diesen kurzen Ausführungen ein Resümee zu ziehen, so ist zu wiederholen, dass es in dem zu untersuchenden Zeitraum nicht ein versus bei der Betrachtung der Luthererinnerung zwischen Sachsen und preußischem Sachsen gibt. Allenfalls im zweiten Drittel des 19. Jahrhunderts kann man in Sachsen, übrigens ebenso wie in Preußen,[70] ein allgemeines Bewusstwerden von konfessionellen Überzeugungen konstatieren und dadurch vielleicht Unterschiede festmachen. Betrachtet man die Gelegenheiten der Luthererinnerung in Sachsen 1817, 1830, 1839, 1846 und 1883, so lassen sich in Sachsen zwei Entwicklungslinien beschreiben, die einerseits von der von der Persönlichkeit absehenden Aufnahme der historischen Gestalt Luthers über den Sachsen hin zum Deutschen führt, andererseits vom Beginner der Reformation, die dann andere, z. B. Melanchthon forttrugen, zum Garanten derselben – vom toten, verehrungswürdigen Initiator zum, wenn auch in verschiedenen Abstufungen, noch immer lebendigen und aktuellen Bezugspunkt.

In der Lutherrezeption spiegelt sich die Entwicklung in Sachsen vom Wiener Frieden hin zum Deutschen Kaiserreich wieder. Der Sachse Luther hat nur eine kurze Phase und

---

[68] Hermann Ferdinand von Criegern (1841 Laas – 1936 Leipzig): 1863 Lehrer 3. Bürgerschule Leipzig und Thomasschule; 1865 Katechet und Nachmittagsprediger Peterskirche Leipzig; 1870 Pfarrer Reichenbach/Vogtl.; 1873 Pfarrer Georgenkapelle Leipzig; 1875 Subdiakon Thomaskirche; 1885 Divisionspfarrer; 1898 Archidiakon Thomaskirche; 1913 em.
[69] Hermann Ferdinand von Criegern, Luther und sein Fürstenhaus. Ansprache, in: Reden zur Feier das 400. Geburtsfestes Luthers… (wie Anm. 61), S. 21-30, hier S. 30.
[70] Vgl. hierzu Besier (wie Anm. 34).

wird von Anfang an vom Deutschen überschattet. Dabei geht eine breite theologische Reflexion offenbar verloren oder bleibt in Ansätzen stecken.

Die Problematik der preußischen sächsischen Provinz selbst spielt als Bezugspunkt nur selten eine Rolle, wenn auch das Bewusstsein der Zusammengehörigkeit nicht verlorengeht, so geht dieses am Ende in dem Bewusstsein der Zusammengehörigkeit als Deutsche auf. Der Volksbegriff scheint sich vom sächsischen Volk zum deutschen Volk zu wandeln. Unbenommen bleibt das Wissen um die besondere Gunst der Verknüpfung der Reformation mit Sachsen und der besonderen Rolle Sachsens als konfessionell lutherischer Landeskirche, deren Sonderrolle durch die Spezifik eines katholischen Herrscherhauses eher noch unterstrichen wird; letzteres sicher ein entscheidendes Moment der lutherischen Prägung in Sachsen.

Geteilte Erinnerungen zwischen den Konfessionen

Christian Wiese

Überwinder des Mittelalters?
Ahnherr des Nationalsozialismus?
Zur Vielstimmigkeit und Tragik der jüdischen Lutherrezeption im wilhelminischen Deutschland und in der Weimarer Republik

I. Streit um Luther – Eine amerikanisch-jüdische Momentaufnahme 1883

1883 löste Emil Gustav Hirsch, Rabbiner der Reformgemeinde *Sinai* in Chicago und eine der prägenden Gestalten des modernen, sozial engagierten liberalen amerikanischen Judentums Ende des 19. Jahrhunderts,[1] in der jüdischen Öffentlichkeit der USA einen handfesten Skandal aus. Hirsch war – ein in Deutschland unvorstellbarer Vorgang – als Rabbiner die Ehre zuteil geworden, in der Chicagoer *Central Music Hall* die Festrede anlässlich des Gedenkens an Luthers 400. Geburtstag zu halten – ein Zeichen für die guten Beziehungen zwischen der Reformgemeinde und den deutschen Lutheranern in der Stadt. Zwei Tage später entwarf er auch in einer Predigt vor seiner Gemeinde ein ungewöhnlich positives Bild des Reformators, pries seine Bibelübersetzung als „Eckstein der modernen deutschen Literatur", als „überragendes, ewiges Monument des deutschen Geistes" und rief dazu auf, sich bei der Modernisierung der jüdischen Religion am Vorbild Luthers zu orientieren.[2] Der unmittelbare Auslöser des Skandals mag zunächst gewesen sein, dass Hirsch einen seiner jüdischen Gegner, den Gründer des Hebrew Union College in Cincinnati, Isaac Meyer Wise, polemisch mit dem Ablassprediger Johannes Tetzel verglich und sich damit selbst implizit als eine Art jüdischer Luther stilisierte. Die Diskussion verlagerte sich jedoch rasch darauf, dass Hirsch Luthers Rolle im Bauernkrieg verteidigt, vor allem aber die Bedeutung der späten antijüdischen Schriften des Reformators heruntergespielt hatte. Der Sturz des „einstigen Freundes der Juden […] von der Höhe der Toleranz in das Tal des Fanatismus" war aus Hirschs Sicht im wesentlichen auf Luthers Enttäuschung darüber zurückzuführen, dass die Juden seiner Zeit trotz der reformatorischen Reinigung des Christentums hartnäckig an ihrer jüdischen Identität festhielten. Man dürfe diese zeitbedingte Haltung nicht überbewerten, sondern müsse vor allem die Größe und

---

[1] Emil G. Hirsch, Sohn des 1866 nach Amerika ausgewanderten Rabbiners und Religionsphilosophen Samuel Hirsch, war seit 1880 Rabbiner in Chicago und seit 1892 Professor für rabbinische Studien an der Universität Chicago; als Vertreter einer radikalen Reform des Judentums im Sinne der ethischen Lehren der Propheten, wurde er zu einer zentralen Gestalt der klassischen amerikanischen Reformbewegung.

[2] Vgl. den Bericht im Chicago Occident vom 26. 10. 1883. Ich danke Dr. Tobias Brinkmann vom *Simon Dubnow Institut* in Leipzig für den wertvollen Hinweis auf diesen Vorgang.

Originalität Luthers würdigen, ohne den die Moderne mit ihren auch für die soziale Stellung der Juden grundlegenden Veränderungen nicht denkbar gewesen sei.³

Diese auf den ersten Blick überraschend positive Einschätzung, mit der Hirsch jedoch, wie noch zu zeigen sein wird, Tendenzen der jüdischen Lutherrezeption auch in Deutschland aufgriff, blieb immerhin nicht unwidersprochen. Vor allem der Schriftsteller und Sozialpolitiker Felix Adler, Professor für politische und soziale Ethik an der Columbia University und Gründer der *Society for Ethical Culture*, die es sich zur Aufgabe gemacht hatte, durch Predigten, vorbildliches Leben und Sozialarbeit eine ethische Durchdringung des praktischen Alltagslebens anzubahnen,⁴ wandte sich in einer Rede in New York scharf gegen Hirschs positive Lutherdeutung und hob statt dessen die Schattenseiten des Reformators hervor: „Glauben Sie mir, Martin Luther ist aus meiner Sicht nicht das Ideal eines Mannes. Er war ein engstirniger, selbstgerechter Mensch, ganz erfüllt von den Vorurteilen seiner Zeit. Er konnte sich niemals von dem Glauben an einen persönlichen Teufel befreien. Das gute Werk bedeutete ihm nichts, der blinde Glaube alles. Er verdammte die Juden, die doch ohnehin schon verfolgt wurden, und hetzte die Völker gegen sie auf. Auch trat er nicht nur für die Sklaverei der Bauern ein, sondern bemühte sich sogar, sie als göttliche Ordnung zu rechtfertigen."⁵

Der Skandal im Blätterwald der amerikanisch-jüdischen Presse, der Hirsch immerhin zwang, sich öffentlich von seiner Predigt zu distanzieren, lässt erkennen, dass bei der Frage nach der jüdischen Wahrnehmung der Gestalt und Wirkung Martin Luthers im 19. und zu Beginn des 20. Jahrhunderts nicht mit einheitlichen, sondern – je nach zeitgeschichtlichem und kulturellem Kontext – mit einander widersprechenden Deutungen zu rechnen ist. Nach diesen Interpretationen und ihren Motiven zu fragen, ist angesichts der historisch so belasteten und umstrittenen Thematik des Verhältnisses Luthers und des Luthertums gegenüber Juden und Judentum in besonderer Weise wichtig. Anstatt zum wiederholten Male en detail nach den Ursachen und der Wirkungsgeschichte der Judenfeindschaft Luthers zu fragen,⁶ geht es im Folgenden darum, die jüdische Perspektive zur Sprache zu bringen, einmal um lutherische Rede vom Judentum von ihrer Wirkung her kritisch zu

---

3   Chicago Occident vom 26. 10. 1883. Zu I. M. Wise vgl. SEFTON D. TEMKIN, Creating American Reform Judaism. The Life and Times of Isaac Meyer Wise, Oxford 1992.

4   Vgl. BENNY KRAUT, From Reform Judaism to Ethical Culture. The Religious Evolution of Felix Adler, Cincinnati 1979.

5   Chicago Occident vom 26. 10. 1883.

6   Zum Thema „Luther und die Juden" vgl. u. a. HEINZ KREMERS et al. (Hg.), Die Juden und Martin Luther. Martin Luther und die Juden. Geschichte – Wirkungsgeschichte – Herausforderung, Neukirchen-Vluyn ²1987; zur Wirkungsgeschichte der Judenfeindschaft Luthers vgl. jetzt CHRISTIAN WIESE, „Unheilsspuren". Zur Rezeption von Martin Luthers „Judenschriften" im Kontext antisemitischen Denkens vor der Schoah, in: PETER VON DER OSTEN-SACKEN (Hg.), Das mißbrauchte Evangelium. Studien zu Theologie und Praxis der Thüringer Deutschen Christen, Berlin 2002, S. 91-135.

erhellen, vor allem aber auch, um Juden und Judentum nicht nur als Objekt christlicher Fremdwahrnehmung, sondern auf Grund der eigenen Quellen und Interpretationen in den Blick zu bekommen. Die bisherige kirchenhistorische Forschung – auch zum Thema „Luther und die Juden" – ist einseitig an der Haltung der christlichen Gemeinschaft orientiert, an der Frage nach ihren Bildern von Juden und Judentum und nach ihrer theologischen Verhältnisbestimmung von Christentum und Judentum, nach ihren praktisch-politischen Optionen im Umgang mit der jüdischen Minderheit.[7] Gerade die Kommunikation zwischen Kirchengeschichte und jüdischer Historiographie, zwischen Theologie und Judaistik, ist dadurch nicht unerheblich beeinträchtigt worden. Die folgenden Ausführungen versuchen daher zunächst, Grundzüge der vielstimmigen jüdischen Lutherrezeption, deren Anfänge im Deutschland des 19. Jahrhundert liegen, aufzuzeigen und fragen nach ihren Motiven sowie ihrer spezifisch jüdischen Prägung im Unterschied zur nichtjüdischen Lutherdeutung der Zeit. Im Spiegel der jüdischen Wahrnehmung Luthers wird man dann allerdings der Frage nach der beschämenden Wirkung vor allem der berüchtigten späten „Judenschriften" des Reformators im Zusammenfließen antijüdischer Theologien und des modernen Antisemitismus spätestens Ende des 19. Jahrhunderts nicht ausweichen können. Am Schluss stehen daher Reflexionen über die Tragik der vielfach überraschend positiven jüdischen Bezugnahmen auf Luther als Vorläufer der Aufklärung und als Judentum und Protestantismus verbindende monumentale Figur deutscher Geschichte und Kultur, die im nichtjüdischen Kontext kaum einen Widerhall fanden.

---

[7] So hat LEONORE SIEGELE-WENSCHKEWITZ, Josel von Rosheim. Juden und Christen im Zeitalter der Reformation, in: Kirche und Israel 6 (1991), S. 3-16 mit Blick auf die Erforschung des Verhältnisses von Juden und Christen in der Reformationszeit exemplarisch herausgearbeitet, dass sich in der vielfach mangelnden Berücksichtigung der jüdischen Perspektive bei der Quellenerschließung die Minderheitsposition der jüdischen Gemeinschaft widerspiegelt – mit der Folge, dass jüdische Menschen, ihre Lebenswirklichkeit und ihre religiös-kulturelle Tradition in der nichtjüdischen Geschichtsschreibung vorwiegend als Objekte von Geschichte betrachtet werden. Vgl. DIES., Theologie nach Auschwitz als Theologie der Befreiung, in: LUISE SCHOTTROFF/ WILLY SCHOTTROFF (Hg.), Wer ist unser Gott? Beiträge zu einer Befreiungstheologie im Kontext der „ersten" Welt, München 1986, S. 78-86, bes. S. 80f: „Es hat sich in der Art und Weise, wie christliche Theologie betrieben worden ist, unmittelbar niedergeschlagen, dass den Juden so lange die politische und religiöse Gleichberechtigung und Eigenständigkeit verwehrt und aberkannt worden ist. Nun, da christliche Theologie ernst damit machen will, die Juden im christlich-jüdischen Gespräch als Partner anzunehmen, ist dafür die unabdingbare Voraussetzung, dass sie die Juden als eigenständig Glaubende und eigenständig Handelnde zu sehen lernt. Jüdische Menschen, jüdische Historiker haben ihre Geschichte in der Regel ganz anders erlebt und mit einem anderen Interesse dargestellt als christliche. Christen sollten sich dieser ganz anderen jüdischen Wahrnehmung und Beurteilung nicht länger verschließen; sie sollten, wenn sie über die Geschichte der christlich-jüdischen Beziehungen arbeiten, […] die christlich-deutsche Geschichte in der Wahrnehmung der jüdischen Zeugen sehen lernen."

II. „Geist der Freiheit" oder „Geist der Dogmatik"?
Unterschiedliche Akzente jüdischer Interpretationen der historischen Bedeutung Martin Luthers

Jüdisches Interesse an Martin Luther ist, sieht man von der Reformationszeit ab, in der es innerhalb des zeitgenössischen Judentums gleichermaßen zu teilweise geradezu messianischen Hoffnungen auf eine fundamentale Veränderung des Verhältnisses von Judentum und Christentum und zu einer tiefen Desillusionierung angesichts der immer erkennbarer juden- und judentumsfeindlichen Theologie des Reformators kam,[8] im wesentlichen ein Phänomen des 19. Jahrhunderts. Die jüdische Lutherrezeption dieser Zeit war generell durch mehrere zusammenwirkende Faktoren bedingt, die vorwegnehmend kurz skizziert seien, bevor im Folgenden insbesondere zwei konträre jüdische Interpretationen in der Zeit des Deutschen Kaiserreichs und der Weimarer Republik sowie die Frage nach der Auseinandersetzung der damaligen jüdischen Historiographie mit Luthers Judenfeindschaft eingehender analysiert werden.

1) Die Entstehung einer jüdischen Geschichtsschreibung im Rahmen der neuen Tradition der Wissenschaft des Judentums ermöglichte erstmals einen eigenen historischen Zugang zum Zeitalter der Reformation.[9] Von Isaak Markus Jost über Abraham Geiger, Heinrich Graetz, Martin Philippson und Simon Dubnow bis zu Ismar Elbogen reichen die Darstellungen der jüdischen Geschichte, in denen auch der Reformation als einem für die Grundlagen der Neuzeit bedeutsamen Kapitel Abschnitte gewidmet sind, die sich zwar nicht mit Luthers Theologie, aber mit seiner Haltung gegenüber den Juden seiner Zeit beschäftigen. Luthers Schriften über das Judentum, die im 19. Jahrhundert durch ein neues Interesse am Werk des Reformators auch im nichtjüdischen Bereich neu ins Bewusstsein gerückt wurden und im Zuge des Aufkommens der antisemitischen Bewegung zunehmende Relevanz gewannen, mussten für jüdische Historiker zwangsläufig in dem Maße zu einer Herausforderung werden, in dem sie, wie zu zeigen sein wird, die Deutung des Re-

---

[8] Vgl. etwa CARL COHEN, Luther and his Jewish Contemporaries, in: Jewish Social Studies 25 (1963), S. 195-204; HAIM HILLEL BEN-SASSON, Jewish-Christian Disputation in the Setting of Humanism and Reformation in the German Empire, in: Harvard Theological Review 59 (1966), S. 369-390; DERS., The Reformation in Contemporary Jewish Eyes, in: The Israel Academy of Science and Humanities Proceedings, Bd. IV, Nr. 12 (1970), S. 239-326; STEFAN SCHREINER, Jüdische Reaktionen auf die Reformation – einige Anmerkungen, in: Judaica 39 (1983), S. 150-165.

[9] Zur Entstehung einer jüdischen Historiographie im Gespräch mit der nichtjüdischen Geschichtswissenschaft vgl. RICHARD SCHAEFFLER, Die Wissenschaft des Judentums in ihrer Beziehung zur allgemeinen Geistesgeschichte im Deutschland des 19. Jahrhunderts, in: JULIUS CARLEBACH (Hg.), Chochmat Jisrael – Wissenschaft des Judentums. Anfänge der Judaistik in Europa, Darmstadt 1992, S. 113-131. Vgl. auch ISMAR SCHORSCH, Das erste Jahrhundert der Wissenschaft des Judentums (1818-1919), in: MICHAEL BRENNER/STEFAN ROHRBACHER (Hg.), Wissenschaft vom Judentum. Annäherungen nach dem Holocaust, Göttingen 2000, S. 11-24.

formators als einer prägenden Gestalt des „deutschen Geistes" teilten und durch gesellschaftliche wie kulturelle Integration an diesem Geist teilhaben wollten.

2) Die Entfaltung eines Reformjudentums, das seit Beginn des 19. Jahrhunderts im Zuge des Prozesses der Emanzipation und Akkulturation versuchte, jüdische Überlieferung und Kultur mit der Moderne ins Gespräch zu bringen, und sich dabei vielfach an der Ästhetik der protestantischen Mehrheitskultur orientierte,[10] rückte den Reformator Luther als mögliches Vorbild in den Blick. Der jüdische Aufklärer und Kantianer Saul Ascher etwa stellte sich bereits 1792 in dem ersten großen Entwurf einer Reform der jüdischen Religion, der Schrift *Leviathan oder Über Religion in Rücksicht des Judentums*, in der er Kaiser Friedrich Wilhelm II. gegenüber, der eine Modernisierung des Judentums für wenig wünschenswert hielt, das Recht auf eine Reform des Judentums im Namen der Haskala, der jüdischen Aufklärung, begründete, ausdrücklich in die Tradition des Protestantismus und berief sich auf Luther: Als „positiver Reformer" habe dieser das Glaubenssystem des Christentum nicht grundsätzlich angetastet, sondern vor allem äußere Missstände beseitigt, ihr eine „neue Constitution gegeben und ein neues Verhältnis zwischen ihr und der Gesellschaft festgesetzt";[11] ähnlich sollte auch eine Reform der jüdischen Religion nicht – im Sinne einer „negativen Reformation" ihr „Wesen", sondern ihre „Konstitution" verändern, das heißt vor allem das Judentum vom vormodernen Ballast halachischer Traditionen befreien und so seine Isolation von der umgebenden Gesellschaft und Kultur überwinden. Solange das System der Zeremonialgesetzgebung jüdischen Glauben bestimme und eine Überschreitung als „gänzlicher Abfall vom Judenthume" gelte, weil noch keine andere Konzeption vom Wesentlichen der jüdischen Tradition vorliege, entfernten sich gerade die intellektuellen und modernen Juden vom Judentum. Es gelte daher, „die alte Constitution um[zu]stoßen" und eine neue zu entwerfen, „die uns beim Glauben unserer Väter erhalte, uns das eigentliche Wesen des Judenthums lehre, uns seinen Zweck lebhaft darstelle, und uns auf den Weg leite, wo wir zugleich gute Menschen und gute Bürger sein können."[12] Aschers Versuch, in Auseinandersetzung mit dem System Immanuel Kants das Judentum als Vernunftreligion der wahren Autonomie des Willens zu erweisen und die Heteronomie der rabbinisch-orthodoxen Halacha historisch-philosophisch zu entwerten, kulminiert in der Forderung nach einer jüdischen „Reformation", welche die Emanzipationswürdigkeit der Juden begründen soll, und im Postulat eines „Wesens des Judentums", das in 14 Glaubensartikeln zusammengefasst wird – darunter etwa die Existenz Gottes, die Offenbarung der Tora am Sinai, die Vorsehung, die Vergeltung aller guten und bösen

---

[10] Zur Entstehung sowie zum intellektuellen und sozialen Profil der jüdischen Reformbewegung in Deutschland vgl. MICHAEL A. MEYER, Von Moses Mendelssohn zu Leopold Zunz. Jüdische Identität in Deutschland 1749-1824, München 1994; DERS., Antwort auf die Moderne. Geschichte der Reformbewegung im Judentum, Wien/Köln/Weimar 2000.

[11] SAUL ASCHER, Leviathan oder Über Religion in Rücksicht des Judentums, Berlin 1792, S. 213.

[12] ASCHER (wie Anm. 11), S. 227 f.

Taten nach dem Tod, den Messias, die Auferstehung der Toten, auch die Beschneidung, den Sabbat und die jüdischen Feste, nicht aber zeremonielle Gebote wie die Kaschrut oder das Verbot der Mischehe.[13] 1818 – in seiner Schrift *Die Wartburgs-Feier. Mit Hinsicht auf Deutschlands religiöse und politische Stimmung* – modifizierte Ascher, der zu den scharfzüngigsten Kritikern des entstehenden deutschen Nationalismus zählte, allerdings angesichts romantisch-nationalistischer Deutungen Luthers als des Vaters des Deutschtums[14] seine Auffassung, die Reformation habe lediglich einen äußerlichen Wandel vollzogen: Der mystisch-intoleranten Inanspruchnahme des Reformators für ein exklusives Deutschtum setzte er das Bild eines Kämpfers für die Freiheit des Geistes gegenüber, dem es vor allem darum ging, das Christentum mit Vernunft und Toleranz zu versöhnen und somit tatsächlich radikal auf eine neue Basis zu stellen[15] – auch dies galt nun als Vorbild für die jüdische Reform. Luther wurde hier also – wie später bei Emil G. Hirsch – zur Symbolgestalt einer radikalen Reform, deren auch das Judentum bedürfe.

3) Aufgrund der zunehmenden Orientierung des liberalen Judentums an der biblisch-prophetischen im Gegensatz zur rabbinischen Tradition, die mit starkem Interesse an der protestantischen Bibelwissenschaft einherging, wurde Luther als Übersetzer und Ausleger der hebräischen Bibel große Aufmerksamkeit zuteil. Von Moses Mendelssohn[16] über Abraham Geiger, aus dessen Sicht die Lutherbibel Zeugnis dafür ablegt, dass der Reformator „seine Erfrischung der Kirche mit den Mitteln des Judenthums vollbracht" habe,[17] bis zu Franz Rosenzweig, der den Reformator 1826 in *Die Schrift und Luther* als religiöses Genie und großartigen Übersetzer würdigte, weil dieser seinen deutschen Lesern zuweilen zumute, „der hebräischen Sprache Raum zu lassen und die deutsche Sprache auszuweiten, bis sie sich der hebräischen Worte gewöhne",[18] reicht die Reihe jüdischer Gelehrter, die Luthers

---

[13] ASCHER (wie Anm. 11), S. 237 f. Zu Ascher im Kontext der Haskala vgl. CHRISTOPH SCHULTE, Die jüdische Aufklärung. Philosophie, Religion, Geschichte, München 2002, S. 68-72, 105 ff., 190-195.

[14] Vgl. dazu LUTZ WINCKLER, Martin Luther als Bürger und Patriot. Das Reformationsjubiläum von 1817 und der politische Protestantismus des Wartburgfestes, Lübeck/Hamburg 1969.

[15] SAUL ASCHER, Die Wartburgs-Feier. Mit Hinsicht auf Deutschlands religiöse und politische Stimmung, Berlin 1818, S. 3-7. Zu seiner Ablehnung des romantisch-nationalistischen Denkens vgl. DERS., Eisenmenger der Zweite. Nebst einem vorangesetzten Sendschreiben an Herrn Professor Fichte in Jena, Berlin ²1794; DERS., Die Germanomanie. Skizze zu einem Zeitgemälde, Berlin 1815 (letzteres Buch wurde 1817 auf dem „Wartburgfest" verbrannt).

[16] MOSES MENDELSSOHN, Moses Mendelssohns Gesammelte Schriften, hrsg. v. G. Mendelssohn, Bd. VI, Leipzig 1844, S. 130.

[17] ABRAHAM GEIGER, Das Judenthum und seine Geschichte, Bd. 3, Breslau 1871, S. 141.

[18] FRANZ ROSENZWEIG, Die Schrift und Luther, in: DERS., Zweistromland. Kleinere Schriften zu Glauben und Denken (Gesammelte Schriften Bd. 3), Dordrecht/Boston/Lancaster 1984, S. 749-772, Zitat S. 761. Ganz im Gegensatz zu der damals typischen Akzentuierung des „deutschen" Charakters der Lutherbibel kritisierte Rosenzweig jedoch, in welchem Maße diese aus der christlichen Perspektive vollzogene Übersetzung der Bibel in die theologische Sprache des Protestantismus zum „nationalen Besitz" geworden war und so ihre Lebendig-

Bibelübersetzung welthistorische Geltung und kulturprägende Kraft beimaßen. Man wird nicht fehlgehen, dahinter auch den Einfluss des nichtjüdischen Diskurses über die Bedeutung der Lutherbibel für die Entstehung einer deutschen Nationalsprache zu vermuten.[19] Kritische Distanz gegenüber der starken Beeinflussung der Lutherübersetzung durch seine christologische Deutung war dadurch nicht ausgeschlossen – und gerade in Geigers Deutung kommt der herausfordernde Gedanke zum Ausdruck, das Christentum müsse statt dessen zu seinen jüdischen Wurzeln und Elementen zurückfinden, und Luthers Bibelübersetzung sei allenfalls ein Schritt in diese Richtung. Diese Interpretation hängt mit Geigers kritischer Auseinandersetzung gegenüber der zeitgenössischen protestantischen Theologie und seinem Bild des Christentums als einer im Vergleich zum Judentum als der ursprünglichen, wahren Religion und der jüdisch-pharisäischen Theologie Jesu durch seine heidnisch-philosophisch inspirierte Dogmatik defizitären, wenn auch weltgeschichtlich erfolgreichen Religion zusammen, die – so ist es implizit zu verstehen – ihr eigentliches Wesen lediglich durch eine Rückwendung zu ihren jüdischen Wurzeln zurückgewinnen könne.[20]

4) Je stärker Juden sich im Zuge des komplexen, langwierigen Prozesses der Emanzipation und Akkulturation seit der Aufklärung mit der deutschen Kultur auseinandersetzten und identifizierten, desto stärker teilten sie das Interesse der nichtjüdischen Deutschen an Luther als einer Gestalt von Bedeutung für die nationale Entwicklung Deutschlands. Calvin und Zwingli etwa interessierten jüdische Gelehrte kaum, so dass man vermuten kann, dass die Aufmerksamkeit, die Luther gewidmet wurde, in erster Linie damit zu tun hatte, dass er innerhalb der Kultur, in die sich die jüdische Gemeinschaft integrieren woll-

---

keit und Fremdheit verstellt habe, und begründete, weshalb er gemeinsam mit Martin Buber eine jüdische „Verdeutschung" der Schrift in Angriff nahm. Eindringlich brachte Rosenzweig darüber in diesem Kontext die Einsicht der Lebendigkeit und Unverfügbarkeit der biblischen Texte zur Sprache: „Denn die Stimme dieses Buches darf sich in keinen Raum einschließen lassen, nicht in den geheiligten Innenraum einer Kirche, nicht in das Sprachheiligtum eines Volks, nicht in den Kreis der himmlischen Bilder, die über eines Landes Himmel ziehen. Sie will immer wieder von draußen schallen, von jenseits dieser Kirche, von jenseits dieses Volks, von jenseits dieses Himmels. Sie verwehrt nicht, dass ihr Schall sich echohaft in Räume verfängt, aber sie selber will frei bleiben. Wenn sie irgendwo vertraut, gewohnt, Besitz geworden ist, dann muss sie immer wieder aufs neue als fremder, unvertrauter Laut von draußen die zufriedene Gesättigtheit des vermeintlichen Besitzers aufstören. Dieses Buch, es allein unter allen Büchern der Menschheit, darf nicht im Schatzhaus ihres Kulturbesitzes sein Ende finden" (S. 758). Zur Buber/Rosenzweig'schen „Verdeutschung" vgl. WERNER LICHARZ/JACOBUS SCHONEVELD (Hg.), Neu auf die Bibel hören. Die Bibelverdeutschung von Buber/Rosenzweig – heute, Gerlingen 1996.

[19] Vgl. Hegel, der betonte, Luthers Bibelübersetzung sei von „unschätzbarem Werte für das deutsche Volk gewesen"; GEORG WILHELM FRIEDRICH HEGEL, Vorlesungen über die Philosophie der Geschichte (1837), in: DERS., Sämtliche Werke. Jubiläumsausgabe, Bd. 11, Stuttgart/Bad Cannstatt 1927, S. 519 ff., Zitat S. 521. Zu Hegels Lutherdeutung vgl. HEINRICH BORNKAMM, Luther im Spiegel der deutschen Geistesgeschichte, Heidelberg 1955, S. 143-155.

[20] Vgl. dazu die ausgezeichnete Interpretation von SUSANNAH HESCHEL, Der jüdische Jesus und das Christentum. Abraham Geigers Herausforderung an die christliche Theologie, Berlin 2001.

te, mit seiner Bedeutung als nationaler historischer Gestalt zusammenhing. Die politisch-kulturellen Machtverhältnisse und der jüdische Wunsch nach gleichberechtigter Anerkennung im preußisch-protestantisch dominierten Deutschlands erklären dabei nicht nur, weshalb sich mit wenigen Ausnahmen selbst die kritischsten Historiker auffallend mit antilutherischer Polemik zurückhielten; damit dürfte zugleich zusammenhängen, dass die jüdische Wahrnehmung Luthers im 19. Jahrhundert auffällig wenig eigene, spezifisch jüdische Akzente aufwies, sondern in hohem Maße vom Lutherbild des zeitgenössischen Protestantismus bestimmt blieb. Zudem beruhte sie in der Regel nicht auf eigenständiger Auseinandersetzung mit den Quellen der Reformationszeit und den Charakteristika lutherischer Theologie, sondern lebte von der Rezeption unterschiedlicher Perspektiven des nichtjüdischen Diskurses, in dem Luther vielfach als als „Symbol" der Freiheit des Geistes sowie der Entfaltung des deutschen Geistes oder des deutschen Charakters fungierte. Eine genaue Analyse der zahlreichen jüdischen Bezugnahmen auf Luther, deren Zielrichtung hier allenfalls angedeutet werden kann,[21] stößt auf eine Fülle geistiger Einflüsse – angefangen von Johann Salomo Semler, der als erster Historiker Luther als Vorläufer der aufklärerischen Tradition politischer und geistiger Freiheit darstellte,[22] über Johann Gottfried Herder, der Luther nicht mehr nur als religiösen Genius, sondern als Helden des deutschen Volkes, als deutschen Charakter verstand,[23] Rankes *Deutsche Geschichte im Zeitalter der Reformation*, die Luther erstmals als wirklichen Menschen in menschlichen Glaubenskämpfen und Konflikten beschrieb,[24] der Deutung Luthers als eines Vorläufers des deutschen Idealismus[25] bis hin zur seiner Darstellung als Befreier des Denkens von den Fesseln der Religion beim französischen Freidenker Jules Michelet,[26] oder aber der romantischen

---

[21] Vgl. demnächst meinen Beitrag zur jüdischen Lutherrezeption im 19. Jahrhundert, in: PEER SCHMIDT/ HANS MEDICK (Hg.), Luther zwischen den Kulturen, Göttingen 2003 – dort auch zur Lutherdeutung von Moses Hess, Ludwig Börne und Heinrich Heine.

[22] Vgl. ERNST W. ZEEDEN, Studien zum Selbstverständnis des lutherischen Protestantismus von Luthers Tode bis zum Beginn der Goethezeit, Bd. 1, Freiburg 1952, S. 227-262; BORNKAMM (wie Anm. 19), S. 31-34.

[23] ZEEDEN (wie Anm. 22), S. 170 ff.; BORNKAMM (wie Anm. 19), S. 20-22 und S. 123-133.

[24] BORNKAMM (wie Anm. 19), S. 37-45 und S. 167-176.

[25] Die Philosophie des Idealismus zog immer wieder eine direkte Verbindung zwischen dem Wittenberger Reformator und Kant und nahm ihn auf diese Weise als Vater der modernen deutschen Philosophie in Anspruch – bei Fichte etwa figurieren Jesus, Luther und Kant als die drei „heiligen Schutzgeister der Freiheit" (JOHANN GOTTLOB FICHTE, Schriften zur Französischen Revolution, Leipzig 1988, S. 101; vgl. BORNKAMM (wie Anm. 19), S. 138-143). Angesichts der Nähe vieler jüdischer Aufklärer sowie der Reformbewegung zur Philosophie Kants rückte dadurch auch Luther stärker in den Horizont jüdischer Wahrnehmung. Zur Affinität der Haskala und der Reformbewegung zur kantischen Philosophie vgl. etwa JULIUS GUTTMANN, Kant und das Judentum, Leipzig 1908; NATHAN ROTENSTREICH, Jews and German Philosophy. The Polemics of Emancipation, New York 1984; zu Kants zwiespältiger Haltung gegenüber dem Judentum vgl. MICHA BRUMLIK, Deutscher Geist und Judenhaß. Das Verhältnis des philosophischen Idealismus zum Judentum, München 2000, S. 27-74.

[26] BORNKAMM (wie Anm. 19), S. 237. Vgl. ROLAND BARTHES, Michelet, Frankfurt a. M. 1980.

Kritik an der Reformation als Zerstörung der christlich-europäischen Tradition und Ursprung des Rationalismus bei Novalis oder Friedrich Schlegel.[27]

Trotz vielfach geäußerter Kritik an der engen Verbindung zwischen Reformation und politischer Macht – man vergleiche Gabriel Riessers Urteil, die Reformation sei, indem sie in die Gewalt der Territorialherren geriet, Ausdruck derselben Kräfte von Ausschließlichkeit und Intoleranz geworden, gegen die die Reformer ursprünglich gekämpft hätten[28] – wurde Luther auch in jüdischer Wahrnehmung vielfach geradezu beschwörend als Symbol und Vorläufer der Freiheit des Geistes angeführt, die zur Grundlage der noch immer unvollendeten politischen Emanzipation der Juden geworden sei. Leopold Zunz, einer der Gründer und bedeutendsten Vertreter der Wissenschaft des Judentums im 19. Jahrhundert, sah Luther als Überwinder des Mittelalters, der seiner Zeit weit voraus war und dessen Wahrheiten, insbesondere die Gedanken- und Gewissensfreiheit, in der Gegenwart überhaupt erst eingeholt werden müssten.[29] Salomon Ludwig Steinheim, der in seinem Werk *Die Offenbarung nach dem Lehrbegriffe der Synagoge* den Versuch einer philosophischen Rechtfertigung des Judentums als dem Christentum überlegene Offenbarung vorlegte, formulierte diese Überzeugung 1863 in hymnischer Sprache: „Ehre dem Helden des sechzehnten Jahrhunderts, dem großen, herrlichen Deutschen, der das Panier der Denkfreiheit in der höchsten und reinsten Region des menschlichen Denkens, des Denkens von und über Gott, aus dem Seelenkerker der Inquisition mit starkem Arme befreit, und es der Menschheit zu Ehren, wieder hoch auf der Warte des Geistes entfaltet hat! Gesegnet sei das Andenken Luthers trotz allem und allem, was er in Wort und That geirrt und gefehl haben mag! Auch uns sei sein Andenken heilig!"[30]

Einige jüdische Reformer dieser Zeit zählten zu Luthers Errungenschaften auch die Anbahnung einer Verbesserung des Verhältnisses zwischen reformatorischem Christentum und Judentum. Am weitesten ging darin sicher Sigismund Stern, einer der Mitbegründer der radikalen Berliner Reformgemeinde, der mit seiner außerordentlich positiven Lutherdeutung erkennbar auf eine Verbesserung der Stellung der jüdischen Gemeinschaft im protestantisch dominierten preußischen Staat zielte und letzteren auf den „höchste(n) Grundsatz des Protestantismus" – die Tradition der Gewissensfreiheit – ansprach.[31] Für die

---

[27] Vgl. BORNKAMM (wie Anm. 19), S. 31-36 und S. 155-164.
[28] GABRIEL RIESSER, Über die Stellung der Bekenner des Mosaischen Glaubens in Deutschland. An die Deutschen aller Confessionen, in: Gabriel Riessers Gesammelte Schriften, hrsg. v. M. Isler, Frankfurt a. M./Leipzig 1867, Bd. 2, S. 89. Ähnlich MARTIN PHILIPPSON, Geschichte der neueren Zeit, Bd. 1, Berlin 1886, S. 59.
[29] LEOPOLD ZUNZ, Die synagogale Poesie des Mittelalters, Bd. 1, Frankfurt a. M. 1920, S. 334.
[30] SALOMON LUDWIG STEINHEIM, Die Offenbarung nach dem Lehrbegriffe der Synagoge (Dritter Theil: Die Polemik. Der Kampf der Offenbarung mit dem Heidenthume, ihre Synthese und Analyse), Leipzig 1863, S. 246. Zu Steinheim vgl. MEYER (wie Anm. 10), S. 108-111.
[31] SIGISMUND STERN, Das Judenthum und der Jude im christlichen Staat, Berlin 1845, S. 28. Vgl. DERS., Geschichte des Judenthums von Mendelssohn bis auf die Gegenwart nebst einer einleitenden Überschau der

Juden bedeutete die Reformation, wie Stern idealisierend hervorhob, nicht nur eine Verminderung „der Last des Hasses und der Verachtung, von welcher der Jude niedergebeugt wurde",[32] sondern auch die Hoffnung auf eine Wiederannäherung des Christentums an das Judentum. Zwar habe Luther an den zentralen Dogmen festgehalten, aber durch die Wendung gegen „jene letzte Konsequenz der [heidnisch inspirierten] Verehrung Gottes im Menschen, gegen die Hierarchie und das Papsttum" den „wahren Geist des Christenthums" wieder zur Erscheinung gebracht.[33] Stern erblickte darin Ansätze zu einer Rückkehr des Christentums zu seinen jüdischen Wurzeln, die Hoffnung auf eine gemeinsame Vollendung der „religiösen Aufgabe der Menschheit" wecke. Am bedeutendsten erschien ihm die Reformation auf Grund ihres auch für die Reform des Judentums in der Gegenwart bedeutsamen „Prinzips der Selbstbefreiung der Religion von der Autorität der Überlieferung", das zuletzt zur Anerkennung der menschlichen Vernunft als Maßstab der Wahrheit des Glaubens führen müsse. „Wir sind auch als Juden zur dankbaren Anerkennung der Reformation verpflichtet, nicht nur weil sie uns das Christenthum wieder näher gebracht, und offenbar auch die günstige Veränderung herbeigerufen hat, welche für unsere äußere Stellung innerhalb desselben eingetreten, sondern vorzüglich darum, weil sie den Sieg ihres Prinzips nicht nur für ihr eigenes Gebiet, sondern auch für das Judenthum errungen hat, und dadurch auch diesem die Richtung vorzeichnete, in welcher es seiner neuen Entwicklung entgegenstreben soll."[34] Dieser These, Luthers Werk stehe nicht nur am Anfang der Judenemanzipation, sondern könne als richtungsweisend für das Judentum der Gegenwart gelten, widersprach Abraham Geiger 1871 in seiner Schrift *Das Judenthum und seine Geschichte* entschieden: Luther erscheint dort als äußerst zwiespältige Gestalt – als Mann, „der mit dem Hammer seines Geistes die alte Form zertrümmert, die geistliche Bevormundung beseitigt hat" und dem daher ein „Platz in der Ehrenhalle des deutschen Volkes und der Menschheit" gebühre, zugleich aber als tendenziell reaktionäre Gestalt, die an den Dogmen des Christentums festgehalten und die „freisinnigeren Richtungen" mit solcher Heftigkeit verfolgt habe, „dass fast das ganze Reformationswerk dadurch erschüttert" worden sei. Zwar habe Luther durch die Lehre vom Priestertum aller Gläubigen „den Geist von der priesterlichen Macht befreit", eine Errungenschaft, die im Judentum allerdings „bereits vor ihm der alte Pharisäismus gegenüber dem priesterlichen Sadducäismus vollzogen" habe, doch insgesamt biete seine „sehr eng(e) und beengend(e) reformatorische Lehre" mit ihren „dogmatischen Spitzfindigkeiten" kaum Anknüpfungspunkte für ein Gespräch mit dem Judentum, weil seine Rechtfertigungslehre auf den dogmatischen Lehren

---

älteren Religions- und Kulturgeschichte, Frankfurt a. M. 1857, S. 50 (Stern redet hier vom „Geist der Humanität und der Denkfreiheit" und betont, ohne auf Luthers Judenfeindschaft einzugehen, dieser habe „gegen die Hasser des Judenthums manch schönes Wort gesprochen").

[32] DERS., Die Aufgabe des Judenthums und des Juden in der Gegenwart, Berlin ²1853, S. 28.
[33] STERN (wie Anm. 32), S. 64.
[34] DERS. (wie Anm. 32), S. 64 f.

des Sühnetodes Jesu und der Trinitätslehre beruhe: „Zu der Höhe des hebräischen Prophetentums vermochte er sich nicht zu erheben; jene selige, innere Befriedigung in dem thatkräftigen reinen Willen, verbunden mit der Erkenntnis des alleinigen Gottes [...] kamen in ihm nicht zur Klarheit. Er verharrte auf dem alten kirchlichen Standpunkte."[35]

Die pointierteste Fortschreibung dieser aus einer theologischen Auseinandersetzung mit dem Christentum resultierenden kritischen Perspektive auf Luther und Luthertum stammt aus der Feder des liberalen Rabbiners Leo Baecks, der auch sonst stark auf Abraham Geigers Versuch zurückgriff, eine wirksame „Gegengeschichte" gegen die christliche Sicht des Judentums als einer überholten, „toten" Religion zu entwerfen und auf diese Weise die Fortexistenz und Überlegenheit des Judentums als einer religiös wie ethisch relevanten kulturellen Kraft der Moderne intellektuell zu begründen.[36] Die Grundlagen für die selbstbewusste Behauptung, dass das Judentum nicht nur legitimer Teil der westlichen Kultur, sondern zudem die „Religion der Zukunft" sei, legte Baeck 1905 in seinem Buch über *Das Wesen des Judentums*, einer glänzenden Apologie der jüdischen Religion, die der jüdisch-christlichen Debatte gerade deshalb neue Eindringlichkeit verlieh, weil sie – als Reaktion auf Adolf von Harnacks berühmte Vorlesungen über das *Wesen des Christentums* – den kulturhegemonialen Ansprüchen des liberalen Protestantismus und der religionsgeschichtlichen Herabwürdigung des antiken (implizit auch des verschwiegenen zeitgenössischen) Judentums mit dem Postulat der religiösen und ethischen Überlegenheit der jüdischen Tradition begegnete. Obwohl methodisch, in dem Prinzip, das nach dem eigenen theologischen Verständnis gewonnene „Wesen" der eigenen Religion mit den normativen Quellen zu vermitteln, aber auch inhaltlich, in der Betonung der ethischen im Gegensatz zur dogmatischen Dimension des Glaubens, Harnack auffällig nahe,[37] vertrat er eine diametral gegensätzliche Interpretation des Judentums: Das „Wesen" des Judentums, begründet im „ethischen Monotheismus" der biblischen Propheten, erscheint, anders als in Harnacks Verdikt, nicht als partikulare „Gesetzesreligion", sondern als zukunftsweisender, zutiefst universaler Glaube, in dem Religion und Humanität unauflöslich miteinander verbunden sind.[38] Zentrale Aspekte des Baeck'schen Verständnisses des jüdisch-christlichen

---

[35] GEIGER (wie Anm. 17), S. 140 f.
[36] Vgl. CHRISTIAN WIESE, Counterhistory, the „Religion of the Future" and the Emancipation of Jewish Studies: The Conflict between Wissenschaft des Judentums and Liberal Protestantism 1900 to 1933, in: Jewish Studies Quarterly 7 (2000), S. 367-398; DERS., Ein unerhörtes Gesprächsangebot. Leo Baeck, die Wissenschaft des Judentums und das Judentumsbild des liberalen Protestantismus, in: GEORG HEUGENBERGER/FRITZ BACKHAUS (Hg.), Leo Baeck 1873-1956. ‚Mi gesa rabbanim' – Aus dem Stamme von Rabbinern, Frankfurt a. M. 2001, S. 147-171. Als Gesamtinterpretation des historischen und wissenschaftsgeschichtlichen Kontextes vgl. DERS., Wissenschaft des Judentums und Protestantische Theologie im wilhelminischen Deutschland. Ein ‚Schrei ins Leere?', Tübingen 1999.
[37] Zur theologischen Nähe beider Denker vgl. HANS LIEBESCHÜTZ, Von Georg Simmel zu Franz Rosenzweig. Studien zum jüdischen Denken im deutschen Kulturbereich, Tübingen 1970, S. 64 ff.
[38] LEO BAECK, Das Wesen des Judentums, Berlin 1905, bes. S. 1-58.

Verhältnisses, die sein gesamtes späteres Werk durchziehen und in der Unterscheidung zwischen dem Judentum als dogmenloser „klassischer" Religion der ethischen Hingabe an den einen Gott und dem Christentum als der „romantischen", durch die Einflüsse der griechischen Philosophie verdunkelten Religion des trinitarisch-christologischen Dogmas gipfeln, sind hier erstmals systematisch entfaltet.[39] Aufschlussreich ist in diesem Zusammenhang vor allem, dass bei Baeck, wie in der liberalen Strömung der Wissenschaft des Judentums überhaupt, die Prophetie mit ihrer universalen, sozial geprägten Botschaft, die auch die protestantische Bibelforschung zur normativen Mitte der Hebräischen Bibel und zur Grundlage der Botschaft Jesu erhoben hatte, zum Kern einer Neuinterpretation jüdisch-liberaler Identität wurde. Indem er das Judentum in seinem Wesen als Religion des „ethischen Monotheismus", des Glaubens an den einen Gott und seinen Anspruch auf die menschliche Verwirklichung seines heiligen Willens, definierte, wandte Baeck die protestantische Bibelkritik kritisch gegen das Christentum selbst und erhob das Judentum als Schöpfer und wichtigster Träger der biblischen Wahrheit zum Maßstab für die Treue der christlichen Religion gegenüber der Lehre ihres Stifters, des pharisäischen Juden Jesus von Nazareth. Im Zusammenhang mit der Kennzeichnung des Judentums als einer der Prophetie verpflichteten Religion der Tat begegnen erste lutherkritische Akzente: Zwar habe die Reformation in ihrer Kritik des Priestertums eine „Rückkehr zu der alten Anschauung des Judentums" vollzogen,[40] mit dem Akzent auf dem „Wort" und dem lehrhaften Bekenntnis aber eine gefährliche „Anlehnung an die staatliche Gewalt" als Garantin der „Rechtgläubigkeit" gesucht[41] und zudem das wortreiche Bekennen an Stelle des ethischen Handelns gesetzt.[42] In der starken ethischen Orientierung des modernen Kulturprotestan-

---

[39] Als kritische Analyse von Baecks Auseinandersetzung mit dem Christentum vgl. u. a. ALBERT FRIEDLÄNDER, Leo Baeck. Leben und Lehre, München 1990, S. 107-142; OTTO MERK, Judentum und Christentum bei Leo Baeck, in: BERNT JASPERT/Rudolf Mohr (Hg.), Traditio, Krisis, Renovatio aus theologischer Sicht, Festschrift Winfried Zeller, Marburg 1976, S. 513-528; J. LOUIS MARTYN, Einleitung, in: FRITZ A. ROTHSCHILD (Hg.), Christentum aus jüdischer Sicht. Fünf jüdische Denker des 20. Jahrhunderts über das Christentum und sein Verhältnis zum Judentum, Berlin/Düsseldorf 1998, S. 33-54.

[40] BAECK (wie Anm. 38), S. 32.

[41] Vgl. BAECK (wie Anm. 38), S. 34: „Im protestantischen Staat und im staatlichen Protestantismus ist viel von dem rein religiösen Charakter verloren gegangen, ohne den die Religion ihre unerläßliche Selbständigkeit und ihr unangreifbares Daseinsrecht einbüßt. Religion kann Sache des Volkes sein, aber sie darf nie Sache des Staates werden, wenn anders sie in Wahrheit Religion heißen will."

[42] Vgl. die polemische Passage bei BAECK (wie Anm. 38), S. 35: In der lutherischen Kirche finde sich „nicht selten eine Wortreligion, die Herrschaft der gottesfürchtigen Redensart, die sich bald in schwulstreicher Deklamation mit dem eigenen Salbungstonfall [...] kund tut, bald in virtuoser Fähigkeit, hinter klingenden Ausdrücken die unbestimmten und unbestimmbaren Gedanken verstecken. Und zu der Kunstfertigkeit der stets bereiten Glaubenssprache tritt leicht die Selbstgerechtigkeit der Habenden. In der religiösen Tat liegt ein Ideal, das man nie völlig verwirklicht haben kann, aber das Wort und zumal das Bekenntnis kann man bald meinen ganz zu besitzen. Die Wortkünstler der Frömmigkeit werden rasch zu versicherten Erbpächtern der Religion."

tismus erblickte Baeck hingegen eine Luther und der Reformation widersprechende Tendenz, in der er mit Recht eine Affinität von liberalem Judentum und liberalem Protestantismus erkannte.

Als wirkungsvoller Weg, die Legitimität der Existenz des Judentums in der Moderne nachzuweisen, bot sich Baeck auf diesem Hintergrund eine Verbindung zwischen der traditionellen jüdisch-liberalen Vorstellung von der „Mission" des Judentums im Sinne der Bewahrung des reinen, vernunftgemäßen „ethischen Monotheismus" und der Reflexion über diese Nähe zwischen den beiden liberalen Strömungen an. Gerade die Affinität ihres theologischen Denkens ermöglichte die These, der liberale Protestantismus vollziehe in der Konzentration auf die Ethik und in der kritischen Revision des dogmatischen Bekenntnisses eine Abkehr von ursprünglich heidnisch inspirierten Ideen und somit eine „Umkehr zum Judentum". Diese Denkfigur, die Baeck erstmals 1909 in einem Aufsatz entfaltete, setzte genau dort an, wo protestantisch-liberale Identität von der Existenzverneinung des Judentums abhing, und forderte diese an einem zentralen Punkt heraus. Baecks zentrale These lautete, in den gegenwärtigen liberalen Tendenzen innerhalb des Protestantismus, der Orientierung an Jesus anstatt an Paulus, einem Vorgang, der genauso gut mit der Parole „Fort vom christlichen Dogma, zurück zur Lehre des Judentums!" umschrieben werden könne, seien in der Gotteslehre, in der Ethik wie in der Kritik der Christologie wesentliche Annäherungen an das Judentum greifbar. Dies sei jedoch zugleich die tiefere Ursache dafür, dass ihre Repräsentanten – „im Gegensatz zu Männern der positiven Richtung, die, des eigenen Glaubensbesitzes gewiß, die Religion Israels eher zu begreifen bereit sind" – die religiöse Bedeutung des Judentums beharrlich totschwiegen, denn: „Man spricht nicht gern von dem Weg, den man zurückgehen soll." Den Kern der „Umkehr zum Judentum" erblickte Baeck in der ganz unlutherischen Ethisierung der Religion. Trotz aller Entgegensetzung von Rechtfertigungslehre und jüdischer „Gesetzlichkeit" hätten liberale Theologen in Wirklichkeit den Akzent auf das aus dem freien Willen entspringende ethische Handeln des Menschen verlegt.[43] Das war zweifellos ein polemisches Argument, das darauf zielte, unter Hinweis auf die Verdunkelung der Wahrheit der ursprünglichen jüdischen, pharisäischen Lehre Jesu durch das Christentum ganz im Sinne Abraham Geigers die historische Priorität, wenn nicht bleibende Überlegenheit des Judentums als der „messianische(n) Weltreligion" zu erweisen.

In ihrer reifen Gestalt begegnet Baecks Lutherkritik in seinen Essays über „Romantische Religion" (1922) sowie „Das Judentum in der Kirche" (1925), in denen der Reformator mit seinem „sola fide" – im Gefolge des Paulus, der Jesu authentische jüdische Botschaft christologisch verwässert habe, sowie des Augustinus mit seiner Sünden- und Gnadenlehre – als Exponent einer amoralischen, „romantischen" Religion erscheint, die

---

[43] Leo Baeck, Die Umkehr zum Judentum, in: Korrespondenz-Blatt des Verbandes der Deutschen Juden, Nr. 5, Juli 1909 (Apologetische Sondernummer), S. 1-5, Zitate S. 1 f. und 4.

den Menschen zum – mit Schleiermacher gesprochen – „schlechthinnig abhängigen", passiven, sentimentalen und auf das eigene Seelenheil fixierten Geschöpf der göttlichen Gnade reduziere.[44] Das Judentum erscheint dagegen als Verkörperung des Typus der „klassischen" Religion, die den Menschen als Subjekt seines eigenen sittlichen Handelns versteht und in die Verantwortung für die Gerechtigkeit der Welt stellt. Während Baeck den Calvinismus, der ihm biographisch aus seiner Geburtstadt Lissa vertraut war, auf Grund seines stärkeren Willens zur ethischen Weltgestaltung und seiner Betonung der hebräischen Bibel zum Zeugen der fortdauernden Bedeutung des jüdischen Erbes in der modernen Welt erhob,[45] erblickte er die „unjüdische Art der Religion Luthers" darin, dass sie infolge ihres radikalen Paulinismus ethisches Handeln zum bloßen Appendix des Glaubens mache und statt dessen den Staat zum „Gebieter und Meister über die Sittlichkeit" erhebe.[46] In seinem Vortrag *Heimgegangene des Krieges*, den er 1918 an der *Lehranstalt für die Wissenschaft des Judentums* in Berlin hielt, beleuchtete Baeck die Kehrseite der lutherischen „Zwei-Reiche-Lehre", die seiner Überzeugung gemäß Gottes allmächtiger Herrschaft über alles Seiende widersprach und sozialen wie politischen Stillstand zur Folge hatte und in der engen Verquickung von Kirche und Staat mündete, wie er sie vor 1918 in Preußen erlebt hatte. Unter dem Einfluss von Ernst Troeltsch, der die Reformation für das allzu enge Bündnis von Thron und Altar verantwortlich gemacht hatte, formulierte Baeck herausfordernd, der „alles bevormundende Polizeistaat" sei „in gerader Linie aus dem Luthertum hervorgegangen." Die von der Revolution von 1918 erschütterte „preußische Religion" war demnach von einem mit der christlichen Weltanschauung verbundenen „starren Autoritäts- und Untertanenbegriff" gekennzeichnet, während das Ethische allein der Sphäre des Privaten

---

[44] LEO BAECK, Romantische Religion, in: DERS., Aus drei Jahrtausenden – Das Evangelium als Urkunde der jüdischen Glaubensgeschichte (Werke Bd. 4), Gütersloh 2000, S. 59-120, bes. S. 61 und 88. Die Konstruktion der Ahnenreihe Paulus – Augustinus – Luther begegnet im 19. Jahrhundert genau mit der gleichen Zielrichtung bereits bei Samuel Hirsch, aus dessen Sicht Jesus die höchste Verkörperung des Judentums darstellte, während Paulus dessen Lehren mit der „heidnischen" Vorstellung der Erbsünde infiziert habe. In dieser Tradition stehend, geriet Luther in den Bann des Paulinismus und machte die Reformation unwirksam und stürzte den Protestantismus in eine ständige Krise; die wahre Reformation erkennt Hirsch in der „Negation des paulinischen Christenthums" und der Erkenntnis, es sei „das eigentliche Wesen des Menschen, sich mit Gott zu versöhnen und diese Versöhnung selbst, d. h. als sein Eigenthum, zu vollbringen." Es scheint, als habe Hirsch eine Verwirklichung dieser „wahren Reformation" erst in der Aufklärung gesehen. Vgl. SAMUEL HIRSCH, Die Religionsphilosophie der Juden oder das Prinzip der jüdischen Religionsanschauung und sein Verhältnis zum Heidentum, Christentum und zur absoluten Philosophie (1842), Hildesheim 1986, S. 786-832 (bes. S. 786-791), Zitate S. 786. Kritik am „Paulinismus" Luthers begegnet auch bei HEINRICH GRAETZ, Geschichte der Juden. Von den ältesten Zeiten bis auf die Gegenwart, Bd. 9, (⁴1907), Darmstadt 1998, S. 172. Zum Paulusbild der Wissenschaft des Judentums vgl. u. a. WOLFGANG WIEFEL, Paulus in jüdischer Sicht, in: Judaica 31 (1975), S. 109-115; 151-172.

[45] LEO BAECK, Judentum in der Kirche, in: DERS. (wie Anm. 44), S. 130-147, bes. S. 143 f.

[46] BAECK (wie Anm. 45), bes. S. 141-143, Zitate S. 143.

überlassen blieb. Baecks Hoffnung richtete sich darauf, dass nach der Revolution Luthers „unprotestantische" Haltung, die das Luthertum weit vom Judentum entfernt hatte – „So jüdisch Luther begonnen hatte, so fernab von allem Jüdischen hatte ihn sein weiterer Weg geführt" – durch das dem Judentum weit nähere calvinistische Element, vor allem aber durch die endgültige Durchsetzung des mit dem „jüdischen Geiste" innig verwandten „Geistes der Aufklärung" überwunden werden und in Deutschland eine neue, der jüdischen Gemeinschaft und dem Gespräch zwischen Judentum und Christentum zuträglichere Kultur wachsen könne.[47]

Eine differenzierte Bewertung des vielfach sehr schematischen Luther- und Luthertumsbildes Baecks, das als Element der Verteidigung des Judentums gegen das Konzept einer dominierenden, exklusiv protestantischen deutschen Kultur zu verstehen ist, ist sicher notwendig;[48] seine Arbeiten verkörpern jedoch am eindrücklichsten eine gegenüber der vielfach vom protestantischen Mehrheitsdiskurs bestimmten jüdischen Wahrnehmung Luthers eigenständige kritische theologisch-politische Auseinandersetzung mit Geschichte und Wirkungsgeschichte der lutherischen Reformation. Spannend ist vor allem, dass Baeck damit implizit einen entschiedenen Kontrapunkt gegen ihre philosophisch-symbolische Interpretation bei seinem Lehrer Hermann Cohen setzte. Der mit namhaften Vertretern des liberalen Kulturprotestantismus – wie Martin Rade und Wilhelm Herrmann – befreundete Marburger Neukantianer,[49] in dessen Geschichtsbild Reformation und Protestantismus nicht nur ein Element des geistig-sozialen Fortschritts Europas, sondern zugleich ein Bindeglied zwischen jüdischer Überlieferung und deutscher Kultur darstellten,

---

[47] LEO BAECK, Heimgegangene des Krieges, in: DERS., Wege im Judentum. Aufsätze und Reden, Gütersloh 1997, S. 285-296, Zitate S. 287 ff. Zu Troeltschs Bild Luthers und der Reformation vgl. ERNST TROELTSCH, Die Bedeutung des Protestantismus für die Entstehung der modernen Welt, München 1911; BORNKAMM (wie Anm. 19), S. 71 f. und S. 272-281.

[48] Vgl. etwa die Ansätze zu einer Kritik von WALTER HOMOLKA, Jüdische Identität in der modernen Welt. Leo Baeck und der deutsche Protestantismus, Gütersloh 1994, S. 106-132. Homolka ist sicher zuzustimmen, wenn er fragt, ob Baeck Luther historisch und theologisch gerecht wurde, zumal seine Lutherkritik im wesentlichen Teil seiner Auseinandersetzung mit dem zeitgenössischen Protestantismus war (S. 121). Den Kernpunkt der Differenz sieht Homolka mit Recht in der Frage der Erbsünden- und Rechtfertigungslehre, die Baeck als den eigentlich „unjüdischen" Aspekt der lutherischen Theologie betrachtet – ob letzterer daraus allerdings eine zutreffende und hinreichend differenzierte Darstellung lutherischer Ethik entwickelt, ist in der Tat fraglich (S. 132).

[49] Aus der zahlreichen Literatur zu Cohen als bedeutender Gestalt deutsch-jüdischer Geistesgeschichte und zu seiner Beziehung zum Protestantismus vgl. vor allem WENDELL S. DIETRICH, Cohen and Troeltsch. Ethical Monotheistic Religion and Theory of Culture (Brown Judaic Studies 120), Atlanta / Georgia 1986; WILLIAM KLUBACK, Friendship without Communication: Wilhelm Herrmann and Hermann Cohen, in: Leo Baeck Institute Yearbook 31 (1986), S. 317-338; DERS., The Idea of Humanity. Hermann Cohen's Legacy to Philosophy and Theology, Lanham / London 1987; STEPHANE MOSES / HARTWIG WIEDEBACH (Hg.), Hermann Cohen's Philosophy of Religion, Hildesheim 1997; HELMUT HOLZHEY, „Religion der Vernunft aus den Quellen des Judentums". Tradition und Ursprungsdenken in Hermann Cohens Spätwerk, Hildesheim 2000.

hatte zu Beginn des 20. Jahrhunderts die wohl positivste Lutherdeutung aus der Feder eines jüdischen Gelehrten vorgelegt.[50] Die Affinität Cohens zum Kulturprotestantismus seiner Zeit ist bekannt: Jüngst hat David Myers mit Blick auf seine Deutung des Judentums zugespitzt sogar von einem „jüdischen Kulturprotestantismus" oder von einer Gestalt „protestantischen Judentums" gesprochen, in dessen philosophischem Pantheon Luther eine herausragende Stellung einnahm.[51] Cohens Interpretation des geistigen Beitrags Luthers, geprägt von den theoretischen Köpfen der radikalen Bewegung nach der Julirevolution von 1830, erfuhr durch den Niedergang des politischen Liberalismus und die Entstehung des modernen Antisemitismus in Deutschland Ende des 19. Jahrhunderts keinen Abbruch. Der Protestantismus blieb aus seiner Sicht eine fortschrittliche Kraft, die grundsätzlich als Bundesgenossin des Judentums gelten konnte.[52] In seinem gegen Heinrich von Treitschkes antisemitisches Pamphlet von 1880 gerichteten Aufsatz *Ein Bekenntnis in der Judenfrage* – er markiert den Zeitpunkt, von dem an das Judentum in der Reflexion des Philosophen immer stärker in den Vordergrund trat –, rechtfertigte Cohen auf der Suche nach einer Versöhnung der jüdischen und der deutsch-protestantischen Kultur die Forderung nach gleichberechtigter Integration der deutschen Juden damit, dass diese sich „in ihren religiösen Bewegungen der protestantischen Art religiöser Kultur auf das unverkennbarste angeschlossen" hätten[53] – „in allen geistigen Fragen der Religion denken und fühlen wir im protestantischen Geist."[54] Vom Reformator sprach er mit höchster Verehrung und nannte ihn auf Grund der „religiösen Befreiung", die er ins Werk gesetzt habe, „Martin Luther gesegneten Angedenkens" – eine Formulierung, mit der fromme Juden von ihrem rabbinischen Lehrer zu reden pflegen.[55] Die Judenfeindschaft Luthers findet mit

---

[50] Vgl. ROBERT RAPHAEL GEIS, Hermann Cohen und die deutsche Reformation, in: DERS., Gottes Minorität. Beiträge zur jüdischen Theologie und zur Geschichte der Juden in Deutschland, München 1971, S. 136-151; RISTO SAARINEN, Wandlungen des Lutherbildes zwischen Liberalismus und Antisemitismus. Zum Verhältnis von Judentum und Luthertum bei Hermann Cohen und Erich Vogelsang, in: REIJO HEINONEN et al. (Hg.), Religionsunterricht zwischen Judentum und Christentum, Åbo 1988, S. 27-43.

[51] DAVID N. MYERS, Hermann Cohen and the Quest for Protestant Judaism, in: Leo Baeck Institute Yearbook 46 (2001), S. 195-214, bes. S. 198 f. Bereits JACQUES DERRIDA, Interpretation at War: Kant, the Jew, the German, in: New Literary History 22 (1991), S. 54 bezeichnete Cohen als „Judeo-Protestant".

[52] Vgl. ähnliche Ergebnisse am Beispiel konfessioneller Erinnerungskulturen bei STEFAN LAUBE, Konfessionsspaltung in der nationalen Heldengalerie. Jüdische, katholische und evangelische Erinnerungsgemeinschaften im Kaiserreich, in: Dieter Langewiesche / Heinz-Gerhard Haupt (Hg.), Nation und Religion in der deutschen Geschichte, Frankfurt 2001, S. 293-333.

[53] HERMANN COHEN, Ein Bekenntnis in der Judenfrage, in: DERS., Jüdische Schriften, Bd. 2, Berlin 1924, S. 73-94, Zitat S. 79.

[54] DERS. (wie Anm. 53), S. 93. Im Gegensatz zu Baeck hebt Cohen gerade die protestantische „Innerlichkeit" hervor und betont ihren sittlichen Charakter: „Es ist die Innerlichkeit des sittlichen Selbstbewußtseins, in aller Scheu und Ehrfurcht, aber auch in aller Zuversicht und allem Frohmut sittlicher Gewißheit, welche hier ihre Schwingen hebt"; vgl. DERS., Ethik des reinen Willens, Berlin ²1907, S. 300 f.

[55] DERS. (wie Anm. 54), S. 93.

keinem Wort Erwähnung. Statt dessen forderte Cohen die Juden in Deutschland zum Respekt vor Luther auf, ohne dessen befreienden Geist weder die politische Emanzipation noch die religiöse Blüte des deutschen Judentums im 19. Jahrhundert möglich gewesen wäre, und hob hervor, die religiöse Entwicklung eines modernen, liberalen, der zukünftigen gesellschaftlichen Befreiung der Menschheit verpflichteten Judentums liege „in der geschichtlichen Tendenz des deutschen Protestantismus".[56]

Die weiteren Grundzüge seiner Lutherdeutung entfaltete Cohen später in seiner *Ethik des reinen Willens*, in seiner 1915 entstandenen Kriegsschrift *Deutschtum und Judentum* und seinem Essay *Zu Martin Luthers Gedächtnis*, den er 1917 in den *Neuen Jüdischen Monatsheften* veröffentlichte – „als deutscher Jude", wie er schrieb, „der, als Bekenner des Judentums, sich der Pietät bewußt ist, die ihn auch für seine Religion, nicht nur für seine Kultur, mit dem Deutschtum verknüpft." Zu den „gewaltigsten Schöpfern des Deutschtums" aber, so Cohen, gehörte „Luther, der die providentielle Richtung des deutschen Geistes in diejenigen Bahnen gelenkt hat, welche die späteren Klassiker zum Ziele des deutschen Humanismus geführt haben."[57] Luther wird bei Cohen, wie schon bei Moritz Lazarus,[58] zum Symbol der geistigen Überwindung des Mittelalters, das historisch recht naiv als „finsteres Zeitalter" der Unfreiheit firmiert,[59] während von Luthers Ideen, etwa dem Gedanken des allgemeinen Priestertums aller Gläubigen, die „Freiheit des sittlichen Denkens und Gewissens" ausging.[60] Lob erfährt auch der „politische Geist" Luthers, der die geistige Kultur von der Herrschaft der Kirche befreit und der weltlichen Obrigkeit anvertraut habe – die Kehrseite des lutherischen Obrigkeitsdenkens findet, anders als bei Baeck, keine Erwähnung, im Gegenteil – die „protestantishe Staatsidee" findet höchste Zustimmung.[61] Von großer Bedeutung war auch für Cohen Luthers Bibelübersetzung, mit der dieser den jüdischen Geist in der abendländischen Kultur wirksam und die hebräische Bibel „zum Lebensbaum" gemacht habe „für alles moderne Geistesleben, zur Wurzel, aus der alle Kräfte der neueren Völker entsprossen und genährt worden sind."[62] Aus Luthers Wertschätzung des „Alten Testaments" schloss Cohen, der Reformator habe die wichtigsten Glaubenswahrheiten weniger aus den Evangelien oder von Paulus, sondern aus den Psalmen und Propheten gewonnen, und erblickte darin den Anknüpfungspunkt für eine gemeinsame religiöse Grundlage des deutschen Nationalstaats, als deren gleichberechtigte Träger

---

[56] Ders. (wie Anm. 54), S. 78.
[57] Ders., Zu Martin Luthers Gedächtnis, in: Neue jüdische Monatshefte 2 (1917-18), S. 45-49, Zitate S. 46.
[58] Moritz Lazarus, Aus meiner Jugend. Autobiographie, Frankfurt a. M. 1913, S. 114; Ders., Treu und Frei. Gesammelte Reden und Vorträge über Juden und Judenthum, Leipzig 1887, S. 74-76.
[59] Cohen (wie Anm. 53), S. 93. Vgl. dazu kritisch Geis (wie Anm. 50), S. 140 f.
[60] Ders., Schriften zur Philosophie und Zeitgeschichte, Berlin 1928, Bd. 1, S. 547.
[61] Ders., (wie Anm. 54), S. 307.
[62] Ders. (wie Anm. 57), S. 46.

Juden und Christen gelten müssten.⁶³ Theologisch ging er von einer tiefen Verwandtschaft zwischen Luthers Glauben an den gnädigen Gott und dem jüdischen Glauben an Gott als Versöhner und Erlöser des Menschen aus und deutete – ein Widerhall der Schule Albrecht Ritschls – die Rechtfertigungslehre im Sinne einer Befreiung zur selbstverantwortlichen Sittlichkeit, die auch das Wesen jüdischer Ethik ausmache.⁶⁴ Natürlich war sich der Marburger Philosoph der tiefgreifenden Glaubensunterschiede zwischen Judentum und Christentum, die er in anderen Zusammenhängen durchaus polemisch zur Geltung bringen konnte,⁶⁵ vollkommen bewusst, setzte seine Hoffnung jedoch auf eine allmähliche Annäherung des modernen Kulturprotestantismus an die Prinzipien des jüdischen „sittlichen Monotheismus".⁶⁶

Dass zahlreiche Züge der historischen Gestalt Luthers und der Reformation seiner idealisierten liberalen Interpretation widersprachen, war Cohen bewusst. Er begegnete dieser Schwierigkeit jedoch mit einer methodologischen Überlegung, mit der er auch sonst seine Auffassung religionsgeschichtlicher Erscheinungen, etwa das Postulat einer jüdischen Vernunft- und Sittlichkeitsreligion, zu verteidigen pflegte: Nicht das Leben in Wittenberg während des 16. Jahrhunderts, nicht alle Gedanken und Handlungen Luthers, der Kind seiner Zeit war, sondern die „Idee" der Reformation, der Antrieb, den sie der Entwicklung des deutschen Denkens gab, sei entscheidend. Mit Hilfe dieser symbolischen Abstraktion war es Cohen möglich, Luther und die Reformation als wichtiges Element der geistigen Entwicklung von der biblisch-prophetischen Tradition über Plato, Maimonides, Luther und Kant bis zu seiner neukantianischen Interpretation des Judentums in Anspruch zu nehmen, die ihm als Garantin der Relevanz des Judentums für den „deutschen Geist" erschien.⁶⁷ Darin wird ein Charakteristikum eines einflussreichen Strangs der deutsch-jüdischen Lutherrezeption vor dem 1. Weltkrieg überhaupt sichtbar: Die geistige Befreiung, die von einem idealisierten Luther und der Reformation auszugehen schien, war aus der Sicht vieler Interpreten die Voraussetzung für eine Vollendung von Emanzipation und kultureller Integration durch eine Synthese deutschen und jüdischen Wesens. Das Ziel dieser Konstruktion, das Cohen selbst treffend definierte, wenn er davon sprach, es gehe darum, das „Schreckgespenst" zu bannen, „als ob [der Jude] ein Fremdling wäre in der christlichen

---

63 DERS., Der Jude in der christlichen Kultur, in: ders., Jüdische Schriften, Bd. 2, S. 193-209, bes. S. 209.
64 DERS. (wie Anm. 57), S. 46 f.
65 Vgl. DERS., Die Bedeutung des Judentums für den religiösen Fortschritt der Menschheit, in: MAX FISCHER / FRIEDRICH MICHAEL SCHIELE (Hg.), Fünfter Weltkongreß für freies Christentum und religiösen Fortschritt, Bd. 2, Berlin 1910, S. 563-577.
66 DERS., Deutschtum und Judentum, in: DERS., Jüdische Schriften, Bd. 2, S. 237-291, bes. S. 256.
67 Vgl. LIEBESCHÜTZ (wie Anm. 37), S. 23 ff. Umgekehrt konnte Cohen diesen idealisierten Protestantismus in die jüdische Tradition zurückprojizieren, wenn er etwa Maimonides und seine rationalistische Philosophie zum „Wahrzeichen des Protestantismus im mittelalterlichen Judentum" bezeichnete und so die Tendenz der Reformation bereits in der mittelalterlichen jüdischen Philosophie verankerte; vgl. COHEN (wie Anm. 66), S. 244.

Kultur und gar in der deutschen protestantischen",⁶⁸ wäre allerdings nur dann realistisch gewesen, wenn ihr von deutsch-protestantischer Seite aus eine Antwort im Sinne der Achtung des Judentums als Teil der deutschen Kultur entsprochen hätte. Dass diese Antwort weitgehend ausblieb, lässt sich ausgerechnet am Ringen deutsch-jüdischer Gelehrter um die Wirkungsgeschichte „Judenschriften" Martin Luthers vor der Schoa aufzeigen.

III. Würde und Scheitern einer Idealisierung: Jüdische Deutungen der Haltung Luthers gegenüber Juden und Judentum im Kontext des Kampfes gegen den Antisemitismus

In der zwischen 1901 und 1906 in New York erschienenen berühmten *Jewish Encyclopedia* urteilte der jüdische Gelehrte Gotthard Deutsch am Schluss seines Artikels über Martin Luther, der im übrigen allein die Frage nach Luthers Stellung zum Judentum behandelte, folgendermaßen: „Die völlig unterschiedlichen Einstellungen, die Luther zu verschiedenen Zeiten gegenüber den Juden an den Tag legte, machten ihn während der Kontroversen um den Antisemitismus Ende des 19. Jahrhunderts zu einer von Freunden und Feinden der Juden gleichermaßen zitierten Autorität."⁶⁹ Dieses Urteil spiegelt sich in der damaligen jüdischen Forschung ebenso wider wie in der gegenwärtigen Lutherforschung. Die historische Interpretation der Haltung Luthers gegenüber Juden und Judentum ist, zumal im Zusammenhang einer selbstkritischen Reflexion über ihre Wirkungsgeschichte bis in den mörderischen Antisemitismus des 20. Jahrhunderts hinein nach wie vor umstritten.⁷⁰ Kontrovers wird vor allem diskutiert, ob man die Judenfeindschaft, die im Leben und Werk des Reformators immer sichtbarer wurde, von seiner Theologie als zeitbedingte antijüdische Entgleisung abheben darf oder ob sie in den Grundlinien seines theologischen Denkens verwurzelt ist. Es ist bekannt, dass in verschiedenen Phasen des Lebens Luthers auffällig unterschiedliche Stellungnahmen zum Umgang mit der jüdischen Minderheit begegnen. Mit Blick auf die Frage nach der Kontinuität oder Diskontinuität des Denkens Luthers geht eine Interpretationslinie davon aus, er habe einen dramatischen Wandel von

---

⁶⁸ Ders. (wie Anm. 63), S. 209.
⁶⁹ Gotthard Deutsch, Artikel Luther, Martin, in: The Jewish Encyclopedia, Bd. 8, New York/London ⁴1916, Sp. 213-215. Deutsch war Professor für jüdische Geschichte am Hebrew Union College in Cincinnati/Ohio.
⁷⁰ Als Überblick über die Deutungsgeschichte bis in die siebziger Jahre vgl. vor allem Johannes Brosseder, Luthers Stellung zu den Juden im Spiegel seiner Interpreten. Interpretation und Rezeption von Luthers Schriften und Äußerungen zum Judentum im 19. und 20. Jahrhundert vor allem im deutschsprachigen Raum, München 1972; vgl. auch Johannes Wallmann, The Reception of Luther's Writings on the Jews from the Reformation to the End of the 19th Century, in: Lutheran Quarterly 1 (1987), S. 72-97.

der Judenfreundschaft zur -feindschaft durchgemacht: Gesellschaftliche Entwicklungen, die Enttäuschung seiner Missionshoffnungen, persönliche Erlebnisse, das eigene Studium jüdischer Schriften und eine allgemeine Verhärtung des „alten" Luther hätten ihn aus seinen frühen Toleranzträumen gerissen. Eine zweite Deutung erblickt dagegen hinter Luthers so unterschiedlichen Äußerungen zur Judenpolitik eine grundlegende Kontinuität seiner theologischen Bewertung des Judentums, die mit seinem Verständnis der hebräischen Bibel und seiner Theologie der Rechtfertigung der Sünder zusammenhing. Die folgenden kurzen Bemerkungen gehen davon aus, dass, um mit Heiko A. Oberman zu sprechen, die scharfe Auseinandersetzung mit dem Judentum „keine schwarze Sonderseite in Luthers Werk bildet, sondern zentrales Thema seiner Theologie ist."[71] Zugleich erscheint es wenig plausibel, die Position des frühen Luther, greifbar in seiner Schrift *Dass Jesus ein geborener Jude sei* (1523), als Fanal der Freiheit und Toleranz gegenüber dem Judentum zu verstehen, um das häufig unbekanntere Spätwerk des Reformators als psychologisch oder biographisch begründbaren Rückfall ins Mittelalter erleichtert im Regal zu lassen. Vielmehr besteht die Herausforderung gerade darin, dass zwar die unmenschliche Dämonisierung des Judentums und die als „scharfe Barmherzigkeit" verstandenen unbarmherzigen Ratschläge an die Obrigkeit in *Die Jüden und ihre Lügen* (1543) und *Vom Schem Hamphoras und vom Geschlecht Jesu* (1543) in Luthers Denken ein neues Element darstellten, die theologischen Motive, die hier zugrundeliegen, jedoch bereits in den *Dictata super Psalterium* 1513-15 begegnen und sich konsequent, wenn auch zeitweise durch Kritik an christlicher Selbstüberhebung und unmenschlicher Behandlung der Juden gemildert, in seinem gesamten Werk wiederfinden. Dazu gehören insbesondere die Überzeugung von

---

[71] Heiko A. Oberman, Wurzeln des Antisemitismus. Christenangst und Judenplage im Zeitalter von Humanismus und Reformation, Berlin 1981, S. 125. Trotz dieser Übereinstimmung möchte ich eine vollkommen andere Bewertung vornehmen. Oberman versteht „Antijudaismus" als rein theologische Kategorie, als essentielles Element der Reformation, ja, des Christentums überhaupt, und definiert ihn als den „gemeinsame[n] Sturmlauf von Humanismus und Reformation gegen alle Veräußerlichung von inneren Werten", als „Überwindung des toten Buchstabens im Namen des lebendigen Geistes" (S. 28). Der verhängnisvollen Funktionalisierung der Juden für die theologische und politische Argumentation Luthers, der über jüdisches Selbstverständnis nur wenig wusste, steht Oberman offenbar unkritisch gegenüber; zudem meint er Luthers „Antijudaismus" streng vom Antisemitismus trennen zu können, betrachtet seine Theologie also nicht als eine Wurzel des Antisemitismus. Vgl. Ders., Die Juden in Luthers Sicht, in: Kremers (wie Anm. 6), S. 136-162, bes. S. 162: „Nur bei Verdrängung von Luthers theologischer Grundstruktur kann der bei ihm – wie im christlichen Glauben überhaupt – angelegte Antijudaismus zum Spielball des neuzeitlichen Antisemitismus werden. Das ist geschehen." Oberman blendet mit dieser Trennung von Antijudaismus und Judenfeindschaft/Antisemitismus die politische Dimension des Theologischen völlig aus und kann damit auch die Wirkungsgeschichte der „Judenschriften" Luthers nicht angemessen in den Blick bekommen. Man wird aber diese Wirkungsgeschichte nicht nur als Verzerrung der Theologie Luthers begreifen dürfen, sondern auch nach ihren Zubringerdiensten für den späteren Antisemitismus befragen müssen. Vgl. dazu die präzise und scharfsinnige Auseinandersetzung mit Obermans Interpretation bei Leonore Siegele-Wenschkewitz, Wurzeln des Antisemitismus in Luthers theologischem Antijudaismus, in: Kremers (wie Anm. 6), S. 351-367.

der Verstockung der unter Gottes Zorn stehenden Juden und der Christusfeindschaft des Judentums, das Unverständnis für eine von der christologischen Schriftdeutung abweichende und als Lästerung verstandenen jüdischen Exegese, das Verständnis der Juden als des Typus der Selbstverherrlichung des sündigen Menschen vor Gott (so dass der Christ stets den Juden in sich bekämpfen muss) sowie eine eschatologische Naherwartung, die das Judentum in einer diabolischen Koalition mit Papst, Türken und Schwärmern auf die Seite des Antichrist brachte.[72]

So gewiss die „Judenschriften" Martin Luthers in erster Linie historisch in ihrem zeitlichen Kontext, also im Zusammenhang der spätmittelalterlichen theologischen Wahrnehmung des Judentums und politischen Behandlung der jüdischen Minderheit, historisch analysiert werden müssen, so sicher sind sie nicht ohne Blick auf ihre langfristige Wirkungsgeschichte zu bewerten. Auch diese Frage ist natürlich höchst umstritten. Hat die Kirchengeschichtsschreibung einen unmittelbarer Zusammenhang zwischen Luthers Haltung gegenüber Juden und Judentum unter Hinweis auf den neuartigen rassistischen Charakter des modernen Antisemitismus, der theologische Judenfeindschaft für seine Zwecke instrumentalisiert habe, und der nationalsozialistischen Ideologie vielfach vehement bestritten, so konnte etwa Karl Jaspers nach 1945 in seinem Essay *Die nichtchristlichen Religionen und das Abendland* eine Linie von Luther bis nach Auschwitz ziehen, wenn er mit Blick auf Luthers unbarmherzige sieben Ratschläge an die Obrigkeit, die dieser als paradoxen Ausdruck einer „scharfen Barmherzigkeit" verstanden wissen wollte, formulierte: „Was Hitler getan, hat Luther geraten, mit Ausnahme der direkten Tötung durch Gaskammern."[73] Auch in der gegenwärtigen Historiographie zum Nationalsozialismus ist diese These einer unmittelbaren Kontinuität von Luthers Judenfeindschaft bis hin zur Schoa bekräftigt worden, etwa wenn Daniel Jonah Goldhagen den Reformator als zentrale Figur des von ihm postulierten spezifisch deutschen „eliminatorischen" Antisemitismus deutete, der vom Mittelalter über die Reformation und die neuzeitliche Aufklärung bis hin zur modernen rassistischen Judenfeindschaft mit ihren vernichtenden Folgen führte.[74]

---

[72] So auch BROSSEDER (wie Anm. 70), S. 379 f., der urteilt, dass im erkennbaren politisch-praktischen Wandel Luthers „die im wesentlichen gleichgebliebene Theologie Luthers selbst zur Debatte steht." Aus Brosseders Sicht hat „die Universalisierung der Rechtfertigungslehre Luther zu seinen harten Ratschlägen gegen das Judentum verleitet" (S. 386), so dass seine Judenfeindschaft gleichsam notwendigerweise aus der reformatorischen Grunderkenntnis entsprang. Vgl. ERNST LUDWIG EHRLICH, Luther und die Juden, in: KREMERS (wie Anm. 6), S. 72-88, der ebenfalls von einer durchgehenden theologischen Judenfeindschaft bei Luther ausgeht, in seiner Schrift von 1523 jedoch in politischer Hinsicht ein von der Missionshoffnung inspiriertes „neues, humanes Element" (S. 76) erblickt, das später verlorenging.
[73] KARL JASPERS, Die nichtchristlichen Religionen und das Abendland (1954), in: DERS., Philosophie und Welt. Reden und Aufsätze, München ²1963, S. 156-166, Zitat S. 162. Vgl. auch HANS G. ADLER, Die Juden in Deutschland. Von der Aufklärung bis zum Nationalsozialismus, München ²1961, S. 27.
[74] Vgl. DANIEL J. GOLDHAGEN, Hitlers willige Vollstrecker. Ganz gewöhnliche Deutsche und der Holocaust, Berlin 1996, S. 75: „Martin Luthers Antisemitismus war so heftig und einflußreich, dass ihm eigentlich ein

Nun hat die neuere historische Antisemitismusforschung, ohne die Verantwortung christlich-theologischen Denkens für die jüdische Leidensgeschichte bis hin zur Schoa zu bestreiten oder zu relativieren, die Frage nach der Kontinuität des Nazi-Antisemitismus zur traditionellen christlichen Judenfeindschaft wesentlich differenziert und fragt jeweils sehr konkret nach dem Fortwirken tradierter theologischer Denkmuster in den neuen, nicht selten säkularen Kontexten des 19. und 20. Jahrhunderts. Forscher wie Yehuda Bauer oder Saul Friedländer haben sich auf überzeugende Weise dafür ausgesprochen, von einem differenzierten Zusammenhang traditioneller und moderner Motive auszugehen, wonach sich die biologisch-rassistische antisemitische Ideologie der Nazis der tradierten antisemitischen Bilder und Stereotype bediente, zugleich aber die christliche Theologie verwarf. Dass sich Antisemiten und Nazis allerdings mit großer Selbstverständlichkeit auf die christliche Judenfeindschaft berufen konnten und dass die Anfälligkeit der damaligen protestantischen (aber auch katholischen) Theologie für antisemitische Denkmuster historisch kaum zu bestreiten ist, hängt damit zusammen, dass das Christentum „die Juden in Dogma, Ritual und Praxis mit einem anscheinend unauslöschlichen Stigma brandmarkte."[75] Die kritische Aufarbeitung judenfeindlichen Denkens und Handelns kann, will sie nicht zur theologischen Engführung werden, unmöglich ohne das Gespräch mit der historischen Antisemitismusforschung auskommen. Letztere aber geht – auf der Grundlage der Prämisse, dass der mörderische Rassenantisemitismus, der in Nazi-Deutschland zu einem präzedenzlosen Verbrechen führte, gegenüber der traditionellen Judenfeindschaft eine neue Qualität aufweist – von einem zweifachen Zusammenhang aus, der auch für die differenzierte Bewertung der Wirkungsgeschichte Luthers von entscheidender Bedeutung ist. Ein Aspekt betrifft die konkreten Zubringerdienste christlicher Theologen, die vor und während der Nazi-Zeit auf dem Hintergrund ihrer theologisch-politischen Überzeugungen zum Antisemitismus und zur Situation der jüdischen Minderheit in Deutschland Stellung nahmen; dabei spielten Martin Luthers „Judenschriften" eine nicht zu unterschätzende Rolle. Zweitens bildete die Tradition der christlichen Judenfeindschaft mit ihrer Sprache und ihren Bildern insgesamt den Hintergrund und das unverzichtbare Arsenal der radikaleren und nun wirklich „eliminatorischen" Formen des Antisemitismus. Mit Saul Friedländers sehr präzisen Worten: „Vielleicht die stärkste Wirkung des religiösen Antijudaismus war [...] die aus dem Christentum ererbte Doppelstruktur des antijüdischen Bildes. Einerseits war der Jude ein Paria, der verachtete Zeuge des triumphalen Vormarsches des wahren Glaubens; andererseits erschien seit dem späten Mittelalter im volks-

---

Platz im Pantheon der Antisemiten gebühren würde." In der Folge redet Goldhagen mehrfach von dem „in der protestantischen Kirche verbreiteten eliminatorischen Antisemitismus", den er u. a. auch auf Luther zurückführt (S. 142).

[75] SAUL FRIEDLÄNDER, Das Dritte Reich und die Juden, Bd. 1 (Die Jahre der Verfolgung 1933-1939), München 1998, S. 97. Vgl. auch die Analyse von YEHUDA BAUER, Das Dunkle in der Geschichte. Die Schoa in historischer Sicht. Interpretationen und Reinterpretationen, Frankfurt a. M. 2001, S. 62-94.

tümlichen Christentum und in chiliastischen Bewegungen ein entgegengesetztes Bild, das des dämonischen Juden, welcher Ritualmorde begeht, sich gegen das Christentum verschwört, der Vorbote des Antichristen und der mächtige und geheimnisvolle Abgesandte der Kräfte des Bösen ist. Dieses Doppelbild kommt in einigen wesentlichen Aspekten des modernen Antisemitismus wieder zum Vorschein. Und seine bedrohliche und okkulte Dimension wurde zum ständig wiederkehrenden Thema der wichtigsten Verschwörungstheorien der westlichen Welt."[76]

Eine genaue Analyse der Judenfeindschaft Luthers dürfte zu dem Ergebnis kommen, dass der Reformator in seinen späten Schriften zu diesem doppelten, paradoxen Judentumsbild wesentliche Elemente beigetragen hat. Statt jedoch von einer unmittelbaren Kontinuität seiner Auffassungen zum Nazi-Antisemitismus zu reden, habe ich bereits in anderem Zusammenhang das berechtigte Erschrecken über die geschichtliche Wirkmächtigkeit dessen, was Luther über Juden und Judentum gedacht und geschrieben hat, in dem Bild der „Unheilsspuren" zum Ausdruck gebracht, die er in der protestantischen Theologie bis hin zur Schoa hinterlassen hat. Das Bild stammt von Karl Barth, der in einer nachdenklichen Reflexion über die ambivalente Wirkungsgeschichte christlicher Theologiegeschichte schrieb: „Ist es nicht erschütternd, zu sehen, wie selbst die größten und anerkanntesten Theologen, auch Luther, Zwingli, Calvin […], neben ihren positiven Ein- und Auswirkungen alle auch wahre Unheilsspuren hinter sich gelassen haben? Wo wäre die Theologie sicher davor, indem sie die Schrift auslegt, Fremdes, ja Gegenteiliges in sie hinein zu legen – indem sie das Eine erkennt, das Andere um so gründlicher zu verkennen […]?"[77] Diese Formulierungen gewinnen einen besonderen Klang, wenn man sie auf die Unheilsspuren in der Tradition protestantischen Redens über das Judentum und Handelns gegenüber jüdischen Menschen bezieht, die, neben allem Guten und Wichtigen, eben auch Teil des Erbes der Reformation sind. Diese Unheilsspuren zu verfolgen, gehört mit zu dem schmerzhaften Prozess der kritischen Auseinandersetzung mit einem theologischen Erbe, das die Mitverantwortung von Theologie und Kirche für die Geschichte von Verfolgung, Entrechtung, Preisgabe und Vernichtung jüdischer Menschen unübersehbar macht.

Doch wenden wir uns wieder der jüdischen Lutherrezeption zu. Interessanterweise spielte bei den bisher gehörten jüdischen Stimmen, selbst bei der sehr kritischen eines Leo Baeck, der auch durchaus politische Defizite des Luthertums ansprach, die Frage nach der Judenfeindschaft Luthers, die nach 1945 das jüdisch-christliche Gespräch über den Reformator bestimmt, keine wesentliche Rolle. Das mag zum einen damit zusammenhängen, dass auch im protestantischen Bereich die „Judenschriften" Luthers vorwiegend erst im

---

[76] FRIEDLÄNDER, (wie Anm. 75), S. 98.
[77] KARL BARTH, Einführung in die evangelische Theologie, Zürich 1962, S. 156 f. Vgl. WIESE (wie Anm. 6), S. 94.

Zuge der Entstehung einer modernen antisemitischen Bewegung und einer national-völkischen Lutherdeutung im späten 19. Jahrhundert bewusst rezipiert und diskutiert wurden, zum anderen aber auch damit, dass jüdische Intellektuelle – um der Integration in die deutsche Gesellschaft und Kultur willen – eher positive Anknüpfungen an die für das deutsch-protestantische Kulturbewusstsein so zentrale Figur Luthers suchten. Erkannten jüdische Historiker überhaupt erst im 19. Jahrhundert, dass der Reformator über und gegen die Juden geschrieben hatte, so wurde dies zunächst meist ausgeblendet: Isaak Markus Jost etwa, einer der ersten bedeutenden jüdischen Historiker dieser Zeit, zitierte 1828 in seiner Geschichte der Israeliten lediglich Luthers Schrift „Dass Jesus ein geborener Jude sei",[78] während etwa der Reformrabbiner Samuel Holdheim (1806-1860) in Berlin noch 1858 Friedrich Julius Stahl gegenüber Luthers religiöse Toleranz preisen und ihn als das Prisma beschreiben konnte, durch das im 16. Jahrhundert Gottes Licht in die europäische Geschichte strahlte, ohne sich überhaupt auf dessen Stellung zu den Juden zu beziehen.[79]

Der erste jüdische Historiker, der sich explizit mit dieser Thematik auseinandersetzte und so die jüdische Wahrnehmung Luthers grundlegend veränderte, war Heinrich Graetz (1817-1891), der in seiner *Geschichte der Juden von den ältesten Zeiten bis auf die Gegenwart* zu erklären versuchte, weshalb Luther, der sich zunächst im Widerspruch zur spätmittelalterlichen Praxis von Verfolgung und Vertreibung „in seinem ersten reformatorischen Aufflammen so kräftig der Juden angenommen" habe,[80] in seinen späten Jahren „all die lügenhaften Märchen von Brunnenvergiftung, Christenkindermord und Benutzung von Menschenblut wiederholen konnte." Er führte diesen dramatischen Wandel auf eine tiefe Verbitterung und Rechthaberei Luthers und ein ebenso tiefes Unverständnis für den sittlichen Charakter des Judentums zurück und warf dem Reformator vor, die protestantische Welt „mit seinem judenfeindlichen Testament […] auf lange Zeit hinaus" vergiftet zu haben.[81] Spätere Forschungen, etwa jene Ludwig Geigers, der über hervorragende Quellenkenntnisse mit Blick auf die Zeit der Renaissance, des Humanismus und der Reformation verfügte, haben dieses Bild differenziert und wesentlich stärker als die persönlichen die theologischen Motive Luthers in den Blick genommen: Geiger machte für den Bruch, den er bei ihm wahrnahm, enttäuschte missionarische Bestrebungen, vor allem aber die erst allmähliche Erkenntnis des fundamentalen jüdisch-christlichen Dissensus in der Interpreta-

---

[78] Isaak Markus Jost, Geschichte der Israeliten seit der Zeit der Maccabäer bis auf unsere Tage (Achter Theil), Berlin 1828, S. 211 f. Zu Jost vgl. Ismar Schorsch, From Wolfenbüttel to Wissenschaft – The Divergent Paths of Isaak Markus Jost and Leopold Zunz, in: Leo Baeck Institute Yearbook 22 (1977), S. 109-128.

[79] Samuel Holdheim, Stahl's Christliche Toleranz beleuchtet, Berlin 1856, S. 46.

[80] Graetz (wie Anm. 44), S. 300. Luthers frühe Schrift bezeichnete er als „Wort, wie es die Juden seit einem Jahrtausend nicht gehört hatte" (S. 189).

[81] Graetz (wie Anm. 44), S. 301 f.

tion der hebräischen Bibel verantwortlich.[82] Die überwiegende Mehrzahl jüdischer Deutungsversuche ging jedoch weniger von der theologischen Kontinuität der Haltung Luthers als von einer „Zwei-Perioden-Theorie" oder „Enttäuschungstheorie" aus.[83] 1911 legte etwa der jüdische Historiker Reinhold Lewin eine bis heute lesenswerte wissenschaftliche Untersuchung zu dieser Thematik vor, in der er die These der Diskontinuität der Haltung des späten Luther im Vergleich zu seinen toleranten frühen Einstellungen vertrat; über die Wirkungsgeschichte seines Judenhasses machte sich Lewin dabei aber keine Illusionen: „Wer immer aus irgendwelchen Motiven gegen die Juden schreibt, glaubt das Recht zu besitzen, triumphierend auf Luther zu verweisen."[84] Wesentlich kritischere Töne finden sich bei Simon Dubnow, der 1927 in seiner *Weltgeschichte des jüdischen Volkes* Luthers frühe Haltung nicht auf den Wunsch nach Gerechtigkeit und Gewissensfreiheit zurückführte, sondern auf die Absicht, „sie auf diese Weise für das Christentum neuester Observanz zu gewinnen." Als er sich in seiner naiven Missionshoffnung getäuscht sah, schlug sein Wohlwollen in Zorn und krankhaften Judenhass – eine Art „Judäophobie" – um: „Das Volk der Bibel, dem Christus und die Apostel entstammten, lehne es ab, durch seinen Beitritt zur lutherischen Kirche die göttliche Mission ihres Stifters zu bestätigen, also sei es – so folgerte Luther – unverbesserlich und verdiene alle Qualen und Verfolgungen, denen es in den christlichen Ländern ausgesetzt sei. Dies war die Logik der Ereignisse, die Luther

---

[82] LUDWIG GEIGER, Zur jüdischen Geschichte. 2. Luther und die Juden, in: Jüdische Zeitschrift für Wissenschaft und Leben 5 (1867), S. 23-29; DERS., Die Juden und die deutsche Literatur, in: Zeitschrift für die Geschichte der Juden in Deutschland 2 (1888), S. 297-374 (zu Luther S. 326-328); DERS., Renaissance und Reformation, in: FRIEDRICH VON HELLWALD (Hg.), Kulturgeschichte in ihrer natürlichen Entwicklung bis zur Gegenwart, Leipzig ⁴1898, S. 68-217.

[83] BROSSEDER (wie Anm. 70), S. 89-96, 112-114, 148-154 und 303 skizziert kurz die Position einiger jüdischer Forscher und arbeitet zutreffend ihre dominierende Neigung hervor, Luthers „Spätschriften" als Bruch mit einer positiveren frühen Haltung und als Folge eines enttäuschten Missionsversuchs zu verstehen. Der Versuch des *Centralvereins deutscher Staatsbürger jüdischen Glaubens*, zu Beginn der dreißiger Jahre in dem von ihm herausgegebenen Verteidigungsbuch Anti-Anti. Tatsachen zur Judenfrage (Berlin o. J., Stichwort 39) den frühen Luther zu betonen und vom Antisemitismus abzusetzen („... sein Motiv war nur der religiöse Gegensatz. Luther ist kein Antisemit gewesen." [...] Aus all diesen Äußerungen [seiner Schrift von 1523] geht hervor, dass es eine Fälschung ist, wenn man Luther zu parteipolitischen Geschäften benutzen will. Dazu steht der Mann zu hoch, dazu ist er zu groß") zeigt, dass es, wie im Folgenden belegt, im wesentlichen darum ging, antisemitischen Bestrebungen den „eigentlichen Reformator" entgegenzusetzen.

[84] REINHOLD LEWIN, Luthers Stellung zu den Juden. Ein Beitrag zur Geschichte der Juden in Deutschland während des Reformationszeitalters, Berlin 1911, S. 110. Zeitgenössische protestantische Forscher, die Luthers Judenfeindschaft (zurecht!) in seiner Theologie verankert sehen wollten, um sie als essentiellen Aspekt der Reformation für eine zeitgenössische antisemitische Theologie zur Geltung zu bringen, führten Lewins Interpretation interessanterweise auf sein Judesein zurück; vgl. ERICH VOGELSANG, Luthers Kampf gegen die Juden, Tübingen 1933, S. 8 f.: „Dass [...] Reinhold Lewin als Rabbiner trotz versuchter Objektivität und wissenschaftlicher Methode von dem eigentlichen Anliegen Luthers kaum etwas erfassen konnte, dürfte nicht verwunderlich sein." Zu Vogelsang siehe unten.

dazu nötigte, die Maske der Judenfreundlichkeit bald abzustreifen und dem Judentum den Kampf auf Leben und Tod anzusagen."[85]

Eine genaue Analyse der jüdischen Historiographie lässt erkennen, dass interessanterweise die These vom Bruch in der Haltung Luthers in dem Maße an Attraktivität gewann, in dem seit Anfang des 20. Jahrhunderts und dann mit großer Vehemenz in der Weimarer Zeit völkische Interpretationen die Spätschriften Luthers zum Maßstab seiner Theologie und zum Kriterium politischen Handelns gegenüber der jüdischen Minorität in Deutschland erhoben. Der Historiker Samuel Krauss (1866-1948), der an der *Israelitisch-Theologischen Lehranstalt* in Wien lehrte, charakterisierte anlässlich des Reformationsgedenkens 1917 in seinem Aufsatz *Luther und die Juden* Luther als einen der schlimmsten Judenfeinde seiner Zeit; seinen „große(n), unbändige(n) Haß" gegen die Juden führte er auf seine leidenschaftliche theologische Unduldsamkeit und auf die Naivität zurück, mit der er ein „Aufgehen des Judentums im Christentum" erwartete.[86] Dennoch würdigte er den Reformator als großen Theologen, dessen frühe Äußerungen historisch schwerer wögen als seine späteren Schmähschriften. Dahinter verbirgt sich ganz offenbar die Hoffnung, den Reformator im Sinne einer aufklärerischen Lutherdeutung als Gewährsmann einer Politik der Integration und Gleichberechtigung in Anspruch nehmen zu können: „Die Grundsätze", schrieb Krauss, „die [Luther] zu Beginn seiner Laufbahn in alle Welt eingeführt hat und die auch reiner und gerechter waren als die von Haß und Bitterkeit verzerrten Aufstellungen seines Alters, Grundsätze der Aufklärung und der freien Entfaltung des menschlichen Geistes, darunter auch die Forderung, dass den Juden weder geistig noch leiblich ein Zwang angetan werden dürfe, erwiesen sich als gewaltige Faktoren der Folgezeit, die selbst durch Luthers eigene Fehler nicht mehr zu bannen waren."[87] Ihren Widerhall findet eine solche Deutung in den ganz wenigen Versuchen protestantischer Theologen kurz vor der

---

[85] SIMON DUBNOW, Weltgeschichte des jüdischen Volkes. Von seinen Uranfängen bis zur Gegenwart, Bd. 6, Berlin 1927, S. 192-217, Zitate S. 200 und 202 f.

[86] SAMUEL KRAUSS, Luther und die Juden, in: Der Jude 2 (1917/18), S. 544-547 (wieder abgedruckt in: KURT WILHELM [Hg.], Wissenschaft des Judentums im deutschen Sprachbereich. Ein Querschnitt Bd. 1, Tübingen 1967, S. 309-314, Zitate S. 310 und 312).

[87] KRAUSS (wie Anm. 86), S. 313. Auch ISMAR ELBOGEN, Geschichte der Juden seit dem dem Untergang des jüdischen Staates, Leipzig/Berlin 1919, S. 69-71 konstatierte die langfristige Wirkung der antijüdischen Invektiven Luthers, hielt jedoch daran fest, er bleibe „der bedeutendste Meilenstein auf dem Weg zum bürgerlichen Staate und zur Freiheit des Denkens und Gewissens" (S. 70). Nur anzudeuten ist in diesem Zusammenhang, dass es ein ausgeprägtes jüdisches Interesse an Luthers Theologie und an der Reformation gab, das anlässlich des Reformationsjubiläums im Jahre 1917 auch zur Begegnung jüdischer und nichtjüdischer Forscher führte. So wurde für den 12. März 1917 z. B. der Lutherforscher Gustav Kawerau von der liberalen *Lehranstalt für die Wissenschaft des Judentums* in Berlin zu einer öffentlichen Vorlesung über das Thema „Luthers Stellung zu Juden und Judentum" eingeladen (vgl. Bericht über die Lehranstalt für die Wissenschaft des Judentums 35 [1917], S. 11); leider ist der Vortrag nicht überliefert – es wäre mehr als interessant gewesen, zu lesen, was ein protestantischer Forscher vor jüdischen Zuhörern über diese brisante Frage zu sagen hatte.

nationalsozialistischen Machtergreifung, in einer Idealisierung des frühen Luther den immer mächtiger werdenden Schatten der Judenfeindschaft Luthers und ihrer völkischen Instrumentalisierung durch die Berufung auf eine Tradition der Liebe und der Glaubensfreiheit zu bannen, die in der Reformation prinzipiell angelegt sei.

Eine solche Stimme ist die des Stuttgarter Pfarrer Eduard Lamparter. In einer 1928 veröffentlichten Schrift mit dem Titel *Evangelische Kirche und Judentum. Ein Beitrag zum christlichen Verständnis von Judentum und Antisemitismus* distanzierte er sich scharf von den judenfeindlichen Neigungen des alten Luther und versuchte das Erbe der frühen Lutherschriften neu zur Geltung zu bringen. Lamparter, führend im *Verein zur Abwehr des Antisemitismus* tätig und der liberalen Tradition verpflichtet, die auf eine Integration der Juden setzte, beklagte, Luther habe seine ursprünglich „gerechte und wahrhaft evangelische Stellung zur Judenfrage" preisgegeben und damit die protestantische Kirche in eine falsche Richtung gelenkt.[88] Am frühen Luther lobte er die Wertschätzung des Alten Testaments und den von Nächstenliebe und Gerechtigkeitsgefühl inspirierten Einspruch gegen die mittelalterliche Judenpolitik. Aus Lamparters Sicht gehörte es „zum Schmerzlichsten, dass dieser größte Deutsche, der zuvor solch warme Worte voll Mitleid, Gerechtigkeit und Liebe für die Juden gefunden hatte", sich später „in einen solch blinden Haß gegen sie hineinsteigerte", dass er den Stab über sie brach.[89] Damit habe er sein eigenes Prinzip der Glaubens- und Gewissensfreiheit beschädigt und sei zum „Kronzeugen des modernen Antisemitismus" geworden. Lamparter selbst wollte die Kirche seiner Gegenwart dagegen für den Luther gewinnen, „der auf dem Höhepunkt seines reformatorischen Wirkens für die Unterdrückten, Verachteten und Verfemten in so warmen Worten eingetreten ist und der Christenheit die Nächstenliebe als die vornehmste Pflicht auch gegen die Juden so eindringlich ans Herz gelegt hat."[90] Dieser Luther stand für ihn in einer Linie mit der pietistischen Judenmission, der Aufklärung und den Theologen, die den Antisemitismus bekämpften.

Lamparters Eintreten für eine Rezeption des frühen Luther war mit scharfer Kritik des modernen Antisemitismus, mit dem Versuch einer gerechten Würdigung des nachbiblischen Judentums und mit der Forderung verbunden, Geschichte und Kultur des Judentums erst einmal wahrzunehmen, Vorurteile zu überwinden und Gemeinsamkeiten stärker zu gewichten. Am Ende seiner Ausführungen steht das Plädoyer für eine Anerkennung des Judentums, die über das, was Vertretern der „Judenmission" möglich war, und erst recht über das, was der frühe Luther vor Augen hatte, weit hinausging: Der Reichtum an religiösen und ethischen Perspektiven, der Judentum und Christentum verbinde, verpflichte

---

[88] Eduard Lamparter, Evangelische Kirche und Judentum. Ein Beitrag zum christlichen Verständnis von Judentum und Antisemitismus, Stuttgart 1928, S. 5.
[89] Lamparter (wie Anm. 88), S. 15.
[90] Lamparter (wie Anm. 88), S. 17.

beide „zu einem Verhältnis des Friedens und gegenseitiger Achtung"; darum erschien Lamparter „die Pflicht, in dem Judentum einen gottgewollten Weg zur Lösung der höchsten Lebensfragen anzuerkennen, mindestens ebenso wichtig als die, christliche Propaganda unter den Juden zu treiben. Unter den Völkern, welche an der Geisteskultur der Neuzeit Anteil haben, dürfen fremde Hände nicht in das Heiligtum der persönlichen religiösen Überzeugung und Entscheidung eingreifen. Das Judentum steht als eine kultur- und religionsgeschichtliche Erscheinung vor uns, die mit Ehrfurcht erfüllt. Wir werden auf unsere jüdischen Volksgenossen den tiefsten Eindruck machen, wenn wir mit diesem Zugeständnis nicht zurückhalten. Wir werden ihre Herzen am ehesten gewinnen, wenn wir den dem Geiste wahren Christentums widerstreitenden Antisemitismus verleugnen."[91] Mit diesen Ausführungen kam Lamparter wie kaum ein anderer Theologe seiner Zeit dem Anspruch des zeitgenössischen Judentums, als eine lebendige, religiös und kulturell wertvolle Tradition und als berechtigter Bestandteil der deutschen Gesellschaft und Kultur anerkannt zu werden, entgegen. Es handelte sich um den Versuch, wenige Jahre vor der nationalsozialistischen Machtergreifung den immer mächtiger werdenden Schatten der Judenfeindschaft Luthers durch die Berufung auf eine Tradition der Aufklärung, der Liebe und der Glaubensfreiheit zu bannen, die Lamparter – ähnlich wie H. Cohen – in der Reformation prinzipiell angelegt sah. Angesichts der historischen Erkenntnis, dass Luther wohl zu keiner Zeit eine wirklich positive Haltung gegenüber Juden und Judentum annahm, sondern dass vor allem sein theologisches Judentumsbild durchgängig negativ geprägt war, dürften Lamparter hier einer Idealisierung der Theologie des frühen Luther unterlegen sein. Dass er sich in diesem positiven Urteil mit jüdischen Gelehrten wie Hermann Cohen, Reinhold Lewin oder Samuel Krauss einig war, dürfte kaum ein Zufall sein: So wie der späte Luther antisemitischem Denken als Gewährsmann ihrer Ideologie galt, versuchten jene, die für eine Anerkennung der religiösen wie politisch-sozialen Existenz- und Gleichberechtigung des Judentums eintraten, die Autorität dieser zentralen Figur des deutschen Protestantismus für ihre Bedürfnisse in Anspruch zu nehmen und dem frühen Luther als der für sie maßgeblichen Gestalt eine möglichst positive Haltung abzuringen.[92] Kritisch wird anzumerken sein, dass die in der jüdischen Forschung vor 1933 dominierende scharfe Trennung zwischen dem frühen und dem späten Luther – Folge des berechtigten Impulses, den Reformator nicht der antisemitischen Interpretation zu überlassen – dazu neigte, aufklärerische Motive unterzuschieben, die historischer Analyse nicht standhalten, und die judentumsfeindlichen Konstanten seiner Theologie zu unterschätzen. Dass es sich dabei um Kernaspekte eines verhängnisvollen theologischen Antijudaismus

---

[91] LAMPARTER (wie Anm. 88), S. 59 f.
[92] Verwiesen sei auch auf Dietrich Bonhoeffer, der 1933 seiner Schrift *Die Kirche vor der Judenfrage* mehrere Zitate aus Luthers Frühschriften voranstellte und damit implizit auf eine Position theologischer Verantwortung verweisen wollte; vgl. dazu EBERHARD BETHGE, Dietrich Bonhoeffer und die Juden, in: KREMERS (wie Anm. 6), S. 211-248.

handelt, der einer antisemitischen Fortschreibung seiner Prämissen nichts entgegenzusetzen hatte, hat sich jüdischer wie christlicher Forschung erst nach der Shoah erschlossen.

Dass der Versuch der Rettung eines „judenfreundlichen" Luther vor antisemitischem Missbrauch, unabhängig ob aus jüdischer oder nichtjüdischer Feder, ein vergebliches Unterfangen darstellte, zeigt nicht zuletzt die Geschichte der Rezeption der „Judenschriften" Luthers im „Lutherjahr" 1933. Hatte die sog. „Lutherrenaissance" seit 1917 mit ihrem Programm der Erneuerung der theologischen Lutherforschung nicht zuletzt auch deshalb unter jungen Theologen großen Widerhall gefunden, weil seit dem Ende des 19. Jahrhunderts der „deutsche Luther" zu einer wichtigen Identifikationsfigur des wachsenden Nationalismus geworden war, so verstärkte sich dieses Interesse im Zusammenhang der zahlreichen akademischen Lutherfeiern zum 10. November 1933, dem 450. Geburtstag des Reformators. Mit schwärmerischer Begeisterung bejubelte man Luther als den „Wegbereiter eines neuen Deutschlands in Staat und Kirche" und als „Erneuerer des Deutschtums". Zwangsläufig wurden auch Luthers späte „Judenschriften" einschließlich ihrer nun häufig rassisch zugespitzten theologisch-politischen Interpretationsmuster in die öffentliche Diskussion über die Stellung der jüdischen Gemeinschaft miteinbezogen. Sehr hellsichtig schrieb daher Ludwig Feuchtwanger, ein Bruder Lion Feuchtwangers, anlässlich des Lutherjubiläums: „Es geht hier um keine antiquarische Kuriosität, um keine sonderbare Altersschrulle eines großen Mannes, zu seinem 450. Geburtstag wiedererzählt. Wie damals Martin Luther gegen die Juden losbrach, so tönt es immer wieder aus dem deutschen Volk seit 450 Jahren. Wir erleben im November 1933, dass zahlreiche bedeutende Vertreter der protestantischen Kirche und Lehre sich diese Stellung Luthers ausdrücklich zu eigen machen, ihm Wort für Wort nachsprechen und seine Judenschriften eindringlich zitieren und empfehlen."[93]

Exemplarisch für viele namhafte Theologen, die in ihren Reden den Schwerpunkt meist auf Luthers späte „Judenschriften" legten, zwar völkisch-rassistischen Vereinnahmungen Luthers widersprachen, selbst aber in ihren theologischen Verdikten über das Judentum völkischen Anklängen gegenüber zumindest nicht abgeneigt waren,[94] sei an dieser Stelle die Position des Königsberger Lutherforschers Erich Vogelsang vorgeführt, die er

---

[93] Ludwig Feuchtwanger, Luthers Kampf gegen die Juden, in: Bayerisch-Israelitische Gemeindezeitung 9 (1933), Nr. 23, S. 371-373, Zitat S. 371. Feuchtwanger bezog sich dabei u. a. auf ein Zitat aus einem Vortrag des Berliner liberalen Kirchenhistorikers Hans Lietzmann über *Luther als deutscher Christ*, in dem dieser mit Blick auf die späten „Judenschriften" urteilte: „Es ist ein fürchterliches Gericht, das hier Luther über die Juden hält, und wir können feststellen, dass er in der Beurteilung ihres schädlichen Einflusses auf Deutschland völlig mit der völkischen Auffassung unserer Tage übereinstimmt" (zit. n. Feuchtwanger, S. 371).

[94] Zu völkischen und nichtvölkischen Lutherdeutungen vgl. Wiese (wie Anm. 6), S. 115-130, zu nationalsozialistisch inspirierten Deutungen im Kontext deutsch-christlicher Theologien Peter von der Osten-Sacken, Der nationalsozialistische Lutherforscher Theodor Pauls. Vervollständigung eines fragmenarischen Bildes, in: Ders. (wie Anm. 6), S. 136-166.

1933 in einer dem Evangelischen Reichsbischof Ludwig Müller gewidmeten Schrift mit dem bezeichnenden Titel *Luthers Kampf gegen die Juden* entfaltete.[95] Statt den völkischen Lutherinterpreten zu widersprechen, redete er von dem „heute volksnotwendigen Antisemitismus",[96] erklärte sein Einverständnis mit dem Arierparagraphen und versagte dem Judentum explizit jede Solidarität. Gegen eine Einebnung des Gegensatzes von Judentum und Christentum, die er der liberalen Theologie seit der Aufklärung vorwarf, prägte er ein, dass das jüdische Volksschicksal nur in den Kategorien „Fluch und Verblendung, Zorn und Gericht Gottes" zu verstehen sei.[97] „Das ist der rätselhafte Fluch über dem jüdischen Volk seit Jahrhunderten", so gab er Luthers Haltung wieder: „In Wahrheit eine Selbstverfluchung. An Christus, dem Stein des Anstoßes, sind sie zerschellt, zermalmt, zerstreut."[98] Anklänge an die Legende vom „ewigen Juden" fehlen ebensowenig wie die Rede von dämonischen Mächten und einem Fluch, aus dem keine Emanzipation retten könne. Theologisch vermochte Vogelsang das Judentum nur als unter Gottes Zorn stehendes, verworfenes Volk zu begreifen, während ihm das bei Luther angelegte und von der Judenmission verstärkte Motiv von Verheißung und Hoffnung für das Judentum, das noch einmal einen anderen Blick und zumindest so etwas wie ein kritisches Potential gegen den völkischen Antisemitismus eröffnete, verschlossen blieb. Polemik gegen die „jüdisch-rabbinische Sittlichkeit" mitsamt all den impliziten antisemitischen Vorwürfen findet sich bei Vogelsang ebenso wie die Rede von dem im Glauben an die Erwählung Israels und an das Kommen des Messias wurzelnden „unheimlich zähen Weltherrschaftsanspruch des Judentums",[99] neben vielen anderen Stereotypen aus dem Arsenal theologischer und politischer Judenfeindschaft. Vogelsang nimmt Luther jedoch auch für völkische Kategorien in Anspruch, wenn er urteilt, Luther habe eine Abneigung gegen „alles Landfremde" gehabt, ja, viele seiner sozialen Anklagen gegen das Judentum hätten auch einen „völkischen Klang", insofern sie sich gegen die „undeutsche Verschlagenheit und Lügenhaftigkeit" der Juden gewandt hätten.[100] Luthers eigentliche Stärke war aus dieser Perspektive die „innere Einigung und Durchformung von Deutschtum und Christentum."[101] Wie sich Vogelsang die „scharfe Barmherzigkeit" Luthers für die Gegenwart vorstellte, ließ er, wie viele seiner protestantischen Kollegen, die die politischen Konsequenzen ihrer theologischen Argumen-

---

[95] Als jüdische Reaktion vgl. die Rezension von LUDWIG FEUCHTWANGER, in: Bayerisch-Israelitische Gemeindezeitung 9 (1933), Nr.23, S. 380-382. Vgl. auch Jüdische Rundschau 38 (1933), S. 928.
[96] VOGELSANG (wie Anm. 84), S. 6.
[97] VOGELSANG (wie Anm. 84), S. 18.
[98] VOGELSANG (wie Anm. 84), S. 10.
[99] VOGELSANG (wie Anm. 84), S. 14.
[100] VOGELSANG (wie Anm. 84), S. 31. Dem Judentum solle keine rassische Verachtung entgegengebracht werden, aber: „Menschen und Völker und Rassen sind nicht, wie der Rationalismus der Philosemiten meint, alle gleich wertvoll, gleich an Adel, an Klugheit, an Bejahung, an Kraft" (S. 12).
[101] VOGELSANG (wie Anm. 84), S. 32.

tation staatlichem Handeln überließen, offen. Dass Vogelsang vor allem Luthers Vorstellungen von einer „reinlichen Scheidung von Juden und Christen" hervorhob, spricht dafür, dass ihm eine Politik der Separation und der Aufhebung der Integration und Gleichberechtigung der deutschen Juden vorschwebte.[102] Dies aber ist kaum anders denn als Legitimation der konkreten staatlichen Entrechtungspolitik der Nazis im ersten Jahr nach ihrer Machtergreifung zu verstehen. In jedem Fall distanzierte Vogelsang sich von Eduard Lamparters liberaler Position: Luthers praktische Lösung der „Judenfrage" heiße keineswegs „Verständigung" oder Angleichung oder freundliche Anerkenntnis, „dass [Zitat Lamparter] auch der jüdischen Religion neben der christlichen ein göttliches Daseinsrecht, eine besondere Gabe und Aufgabe im Geistesleben der Menschheit (heute noch) verliehen ist." Für die Kirche gelte vielmehr „Scheidung der Geister und entschiedener Abwehrkampf gegenüber der inneren Zersetzung durch jüdische Art, gegenüber allem ‚Judaisieren' und „Judenzen."[103]

Vogelsangs Position ist ein klassisches Beispiel für eine Form von Judenfeindschaft, die antijudaistische Kategorien mit ausgeprägter soziokultureller Feindschaft gegen die jüdische Gemeinschaft verband und sich gegenüber rassistischen Konzepten zumindest offen verhielt.[104] 1933 und darüber hinaus war dies ein sehr verbreitetes Denkmodell. Der Äußerungen Luthers hätte Vogelsang dabei im Grunde vielleicht nicht einmal bedurft. Luther diente lediglich als Legitimatonsfigur für eine judenfeindliche Einstellung, die sich auch anders, etwa in den Kategorien des Antisemitismus Adolf Stoeckers, der so viele Theologen beeinflusste, begründen ließ.[105] Das Judenbild, das auf diese Weise Verbreitung fand, war das eines – bedingt durch seine Abkehr von Christus – dem Christentum vollständig fremd und zugleich feindlich gegenüberstehenden Volkes, eines zumindest fremdartigen, wenn nicht fremdrassigen Volkstums, dessen angebliche „zersetzende" Kraft Deutschland bedrohte und nach Gegenmaßnahmen verlangte, was einer stillschweigenden Billigung der Entrechtungspolitik, jedenfalls der Preisgabe der jüdischen Gemeinschaft entsprach.

---

[102] VOGELSANG (wie Anm. 84), S. 23.
[103] VOGELSANG (wie Anm. 84), S. 25.
[104] Ich akzentuiere hier anders als BROSSEDER (wie Anm. 70), S. 131-135, der Vogelsangs Arbeit trotz ihrer zeitgeschichtlichen „Verhaftetheit" in der Situation von 1933 „hohen Wert" bescheinigt und urteilt, er habe darin eine „der Theologie des Reformators gerecht werdende Darstellung der Judenfrage bei Luther" versucht (S. 130). Nur angedeutet ist, Vogelsang lasse die „wissenschaftlich notwendige Distanz" gegenüber Luthers Spätschriften vermissen (S. 132) und isoliere die „Judenfrage" bei Luther vom Gesamtzusammenhang seiner Theologie. Man wird jedoch angesichts des oben Dargestellten urteilen müssen, dass bei Vogelsang der Versuch, als Lutherforscher den zeitgenössischen Antisemitismus auf der Grundlage der Schriften der Autoritätsfigur des Protestantismus zu legitimieren und damit die judenfeindlichen Maßnahmen der Nazis theologisch gutzuheißen, absolut im Vordergrund steht. Erst in diesem Zusammenhang beansprucht dieses antisemitische Pamphlet zugleich, zur historischen und theologischen Forschung beizutragen.
[105] Vgl. GÜNTER BRAKELMANN /MARTIN GRESCHAT /WERNER JOCHMANN, Protestantismus und Politik. Werk und Wirkung Adolf Stoeckers, Hamburg 1982.

Die „Unheilsspuren" einer antisemitisch verschärften Theologie Luthers lassen sich hier in einem ganz konkreten politischen Versagen gegenüber der Judenpolitik der Nazis verfolgen. Dass lutherische Kirchen und Theologen sich, abgesehen von der unmittelbaren Wirkung der Judenfeindschaft Luthers, auch von einer verhängnisvollen lutherischen Zweireichelehre haben leiten lassen, die dem Staat programmatisch das Recht zum politischen Handeln gegen die jüdische Gemeinschaft überließ und ihm nicht hereinreden wollte, ist in diesem Zusammenhang nur anzudeuten. Unter Berufung auf Luthers Unterscheidung der beiden Regimente Gottes gaben weite Kreise selbst der Bekennenden Kirche die Juden der „scharfen Barmherzigkeit" staatlichen Handelns preis und beanspruchten allenfalls das Recht zu einem anderen Handeln an den Judenchristen im Bereich der Kirche. Theologisch aber hatten sie der Diffamierung des Judentums nicht wirklich etwas entgegenzusetzen.

Man kann angesichts der protestantischen Deutungen Luthers, die seit Beginn des 20. Jahrhunderts immer stärker in nationalistische, antisemitische und völkische Denkweisen abglitten, nur von einer ungeheuren Tragik der jüdischen Lutherrezeption des 19. Jahrhunderts insgesamt und insbesondere der Jahrzehnte vor der Schoa reden. Die überwiegend positive, vielfach idealisierende symbolische Wahrnehmung Luthers, die mit der starken Identifikation mit Deutschland und seiner Geistesgeschichte sowie mit der intensiven Hoffnung auf gleichberechtigte Integration in die deutsche Gesellschaft und Kultur zusammenhing, erscheint – betrachtet man die Antwort der überwiegenden Mehrheit der deutschen protestantischen Theologie wie der deutschen Gesellschaft insgesamt – rückblickend als traurige Illusion. Gershom Scholems kritische Ausführungen über den „Mythos vom deutsch-jüdischen Gespräch" lassen sich, wenn es um die „Liebesgeschichte" vieler jüdischer Intellektueller mit Martin Luther und den befreienden Wirkungen der Reformation geht, einschließlich des bisweilen verzweifelten Versuchs, den judenfeindlichen, sei es völkischen oder konservativen Lutherdeutungen gleichsam beschwörend eine Tradition aufklärerischer Interpretation entgegenzusetzen, nur schwer entkräften. Im historischen Rückblick erscheint dies als tragische Illusion, der auf nichtjüdischer Seite keine Wirklichkeit des Gesprächs, der Akzeptanz und des Willens zur Aufnahme der jüdischen Gemeinschaft in die deutsche Gesellschaft und Kultur entsprach, sondern ein letztendlich tödliches Zusammenspiel antijüdischer Traditionen und eines antisemitischen Vernichtungswillens. Allerdings erscheint der bewusste Versuch, Martin Luther für eine Gegentradition von Aufklärung, Freiheit des Denkens und Humanität in Anspruch zu nehmen, als eine ebenso tragische wie würdevolle Illusion. Mit Scholems Worten: „Die Juden haben ein Gespräch mit den Deutschen versucht, von allen möglichen Gesichtspunkten her, fordernd, flehend und beschwörend, kriecherisch und auftrotzend, in allen Tonarten ergreifender Würde und gottverlassener Würdelosigkeit, und es mag heute, wo die Symphonie aus ist, an der Zeit sein, ihre Motive zu studieren und eine Kritik ihrer Töne zu versuchen. Niemand, auch wer die Hoffnungslosigkeit dieses Schreis ins Leere von jeher begriffen hat, wird dessen leidenschaftliche Intensität und die Töne der Hoffnung und der Trauer, die in ihm mitgeschwungen haben, geringschätzen. […] Von einem Gespräch vermag ich bei alledem nichts wahrzunehmen. Niemals hat etwas diesem Schrei erwidert […]."[106]

---

[106] Gerschom Scholem, Wider den Mythos vom deutsch-jüdischen Gespräch, in: Ders., Judaica, Bd. 2, Frankfurt a. M. 1970, S. 7-11, Zitat S. 7 ff. Zur Diskussion über die „deutsch-jüdische Symbiose" vgl. auch Wolfgang Benz, The Legend of German-Jewish Symbiosis, in: Leo Baeck Institute Yearbook 37 (1992), S. 95-102.

Martin Schulze Wessel

„Die tschechische Nation ist tatsächlich die Nation Hussens".
Der tschechische Huskult im Vergleich zum deutschen Lutherkult

In seinem 1912 veröffentlichten Essay *Demokratismus in der Politik* wies der tschechische Philosoph und Politiker Thomas Masaryk auf die Bedeutung von Hus und Luther für die Demokratie hin: „Auch die Politik zog einen Gewinn daraus, dass Hus in der Religion nicht die Autorität der Kirche, sondern des Gewissens verkündete und dass Luther neben dem Evangelium auch Vernunftgründe anerkannte. Daher ist es kein Zufall, dass die demokratische Ordnung in reformierten Staaten am besten gelang."[1] Wenn auch Masaryks weitere Argumentation – der in der reformierten Kirche „eigenberechtigte" Laie sei in der Politik der selbstbewusstere Bürger – Plausibilität nicht abzusprechen ist, hat doch ein normativer Rückgriff auf die Reformation im Sinne von politischer Demokratie im 20. Jahrhundert seine Attraktivität verloren. Vor allem das Scheitern der Demokratie in der überwiegend protestantisch geprägten Weimarer Republik, aber auch die Instrumentalisierung von Luther und Hus für die Legitimation nationalsozialistischer und sozialistischer Ordnungen lassen einen emphatischen politischen Rückgriff auf die Protagonisten der Reformation nicht mehr sinnvoll erscheinen.

Auch die Bedeutung von Hus und Luther als Nationalsymbole ist heute in Deutschland und Tschechien kaum noch fassbar. Im 19. und in der ersten Hälfte des 20. Jahrhunderts waren Hus und Luther dagegen in ihrem nationalen Bezugsfeld vergleichbare Symbole. Als Protagonisten der Reformation wurden sie zu Anknüpfungspunkten kollektiver Erinnerung; um beide entwickelten sich Kulte, die an den Gedenktagen und -jahren mit Denkmalsenthüllungen, nationalen und lokalen Feiern und einer ausufernden Zahl von Veröffentlichungen gepflegt wurden. Dies war nicht auf ihre konfessionsgeschichtliche Bedeutung allein zurückzuführen. Hus und Luther waren zugleich Nationalhelden, ihr Kampf für die Kirchenreform sicherte ihnen einen Platz im kollektiven Gedächtnis der Nation. Durch Hus und Luther hatten die Tschechen und die Deutschen – aus der Sicht der Nationalbewegungen des 19. Jahrhunderts – an einem universalgeschichtlichen Prozess, der Reformation, teilgenommen und ihn maßgeblich geprägt. Hus und Luther hatten als Reformatoren ihrer jeweiligen Nationalgeschichte zu einer höheren Dignität ver-

---

[1] Tomáš G. Masaryk, Demokratism v politice, in: Ders., Ideály humanity, Praha 1968, S. 97-113, hier S. 107.

holfen. Dieser Aspekt war sicherlich für eine Nationalbewegung wie die tschechische, die im 19. Jahrhundert noch um ihre Wahrnehmung und Anerkennung jenseits der Grenzen des Habsburgerreiches rang, wichtiger als für die deutschen Verehrer Luthers.[2] Ein wichtiges verbindendes Merkmal der Hus- und Luther-Rezeption im 19. Jahrhundert war jedenfalls, dass beide Reformatoren als Nationalhelden wahrgenommen wurden.[3]

Während auf der abgeleiteten, nationalen Bedeutungsebene Hus- und Lutherkult viele parallele Elemente aufweisen, ist die primäre Bedeutungsebene, die kirchen- und religionsgeschichtliche Rezeption, durch grundsätzliche Unterschiede gekennzeichnet. Luther hatte seit der Reformation seinen Platz in der protestantischen Erinnerung nie eingebüßt; seine Rezeption im 19. und 20. Jahrhundert kann man als eine graduelle Bedeutungsverschiebung vom Konfessionsheld zum Nationalheld beschreiben. Auf dem Wartburgfest in seiner nationalen Bedeutung entdeckt,[4] wurde Luther seit der Gründung des preußisch-deutschen Nationalstaats, trotz einer intensiven theologischen Beschäftigung mit ihm, zunehmend mit nationalen Konnotationen verknüpft: Die Stationen bilden die Luther-Jubiläen von 1883, 1917 und 1933.[5] Aufgrund der bikonfessionellen Situation des Reiches lief der Lutherkult als Nationkult dabei immer Gefahr, die Nation entlang konfessioneller Linien zu spalten. Luther konnte zitiert werden, um den nicht-protestantischen Deutschen einen minderen Status in der nationalen Gemeinschaft zuzuweisen. Diese Absicht verfolgte der Historiker Heinrich von Treitschke, wenn er auf seiner Rede zum Luther-Jubiläum 1883 feststellte, dass die Luther-Gedächtnisfeier, „zu der sich in dieser Woche unser protestantisches Volk überall gehobenen Herzens versammelt, leider nicht ein Fest aller Deutschen" sei. Millionen Landsleute stünden „teilnahmslos oder grollend abseits".[6] Die Lutherfeiern ließen auf diese Weise erkennen, dass die Nationsbildung der Deutschen im Grunde nur äußerlich gelungen war und eine innere, kulturelle Vollendung der Nation noch auf sich warten ließ. Eine solche Erwartung, die nur durch den Anschluss der Nicht-Protestanten an das protestantische Geschichtsbild erfüllt werden konnte, schürte konfessionelle Konflikte. In der prekären Situation des Luther-Gedenkjahres von 1917 konnte das

---

[2] JIŘÍ KOŘALKA, Nationale und internationale Komponenten in der Hus- und Hussitentradition des 19. Jahrhunderts, in: Jan Hus und die Hussiten in europäischen Aspekten. Vorträge von František Šmahel u. a., (= Schriften aus dem Karl-Marx-Haus Trier 36), Trier 1987, S. 43-74.

[3] HARTMUT LEHMANN, Martin Luther als deutscher Nationalheld im 19. Jahrhundert, in: Luther. Zeitschrift der Luther-Gesellschaft 55 (1984), S. 53-65; DERS., „Er ist wir selber: der ewige Deutsche". Zur langanhaltenden Wirkung der Lutherdeutung von Heinrich von Treitschke, in: GERD KRUMEICH / HARTMUT LEHMANN, „Gott mit uns". Nation, Religion und Gewalt im 19. und frühen 20. Jahrhundert, Göttingen 2000, S. 91-104.

[4] LUTZ WINKLER, Martin Luther als Bürger und Patriot: Das Reformationsjubiläum 1817 und der politische Protestantismus des Wartburgfestes, Lübeck, Hamburg 1969.

[5] HARTMUT LEHMANN, Das Lutherjubiläum 1883, in: DERS., Protestantische Weltsichten. Transformationen seit dem 17. Jahrhundert, S. 105-129; GOTTFRIED MARON, Luther 1917. Beobachtungen zur Literatur des 400. Reformationsjubiläums, in: Zeitschrift für Kirchengeschichte 93 (1982), S. 177-221.

[6] Zitiert nach: LEHMANN, (wie Anm. 5) S. 110.

konfessionelle Konfliktpotential der Luthererinnerung nur entschärft werden, weil von protestantischer wie katholischer Seite entsprechende politische Absprachen getroffen wurden.[7]

Das tschechische Nationalsymbol Jan Hus hatte dagegen, obwohl es wie Luther auf die Reformation verwies, ganz andere religiös-politische Bezüge. Auch Hus polarisierte, aber im 19. Jahrhundert nicht in erster Linie entlang konfessioneller Scheidelinien; auch Hus war ein religiös-nationales Symbol, aber es unterlag nicht wie Luther einer tendenziellen Transformation vom Konfessions- zum Nationalsymbol, sondern war von Anfang an in hohem Maße säkular und gewann in den 1920er Jahren einige religiöse Bedeutung zurück. Die Ursache für diese Unterschiede ist vor allem darin zu sehen, dass es in den böhmischen Ländern keine annähernd so große protestantische Konfession wie in Deutschland gab, die als Träger eines konfessionellen Huskults in Frage kam. Sowohl bei den Tschechen wie bei den Deutschen in den böhmischen Ländern hatte der Katholizismus vor dem Ersten Weltkrieg eine Position von etwa 95% an der Gesamtbevölkerung behaupten können. Die konfessionelle Hus-Rezeption war schmaler und es fehlte ihr eine ununterbrochene Tradition: Im 17. und 18. Jahrhundert war Hus selbst in der kleinen Minderheit der tschechischen Protestanten weitgehend in Vergessenheit geraten.

Hus als Nationalsymbol war ein Produkt des „inventing of tradition" des 19. Jahrhunderts, das sich nicht auf eine seit dem Spätmittelalter fortwirkende volkstümliche Hus-Überlieferung stützen konnte, wie es in der tschechischen Nationalgeschichte des 19. Jahrhunderts, aber auch in der sozialistische Historiographie behauptet wurde. Dass Hus im patriotischen böhmischen Schrifttum im 18. Jahrhundert nicht gänzlich ignoriert wurde, war vor allem darauf zurückzuführen, dass Böhmen in Europa immer noch mit dem Ketzer Hus in Verbindung gebracht und damit die Katholizität des Landes in Zweifel gezogen wurde, sobald soziale Unruhen – wie etwa der große Bauernaufstand 1775 – ausbrachen. Dagegen die Abgeschlossenheit und Folgenlosigkeit der hussitischen Zeit zu betonen, also Hus als bedauerliche Episode darzustellen, war eine katholische und zugleich eine patriotische Tat.[8]

Die positive Anknüpfung an den Hussitismus begann in den Napoleonischen Kriegen. Sie war, ohne alle religiös-konfessionellen Bezüge, rein patriotisch motiviert und wurde von der Wiener Regierung gefördert. Die wirkungsvollste Propagandaschrift, die *Ode auf Jan Žižka von Trocnov* (1802) stammte von dem katholischen Pfarrer Antonín Puchmayer.[9] Die Glorifizierung der Hussiten, vor allem ihrer militärischen Taten, war möglich, weil nur der patriotische Gehalt der neuen Tradition interessierte. Die religiöse Dimension blieb ausgeblendet.

---

[7] MARON, Luther 1917 (wie Anm. 5).
[8] Jiří RAK, Byvali Čechové. České historické mýty a stereotypy, Praha 1994, S. 51 f.
[9] ebenda, S. 55.

Traditionsbildend wurde diese Hussitenpropaganda in der Zeit der Befreiungskriege jedoch nicht, und das hing nicht nur mit der Metternichschen Zensur zusammen. Die Generation der sogenannten „nationalen Erwecker", also jene Philologen, die an der Traditionsbildung für die tschechische Nation arbeiteten, waren sich offenbar der Probleme bewusst, die eine hussitische Tradition für den Entwurf einer modernen tschechischen Nation bedeuten konnte. Nicht von ungefähr verwahrte sich der Sprachforscher Josef Jungmann gegen die Bezeichnung des Tschechischen als „hussitischer Sprache". Bei Jan Kollár, der die Gemeinsamkeit der Slaven philologisch zu erhärten versuchte, trat die Befürchtung hinzu, dass eine reformatorisch begründete Tradition der Tschechen einen Keil in das Slaventum treiben könnte. Kollár versuchte, Jan Hus mit katholischen Heiligen wie den sogeannten Slavenaposteln Cyrill und Method und sogar mit dem sogenannten Heiligen der Gegenreformation Johann von Nepomuk zu versöhnen.[10] Selbst Protestant, popularisierte Jan Kollár Hus nicht als Streiter für den evangelischen Glauben, sondern als Herold für Toleranz. In einer Rede mit dem Titel *Bild des hervorragenden Vorgängers der Reformation Meister Jan Hus* verurteilte er im Sinne einer neuen Humanitätsreligion die „schreckliche und gefährliche Unduldsamkeit in der Religion ... und jegliches Eifern für den Glauben" des Konstanzer Konzils. Indirekt bezog er dieses Verdikt jedoch auch auf auf die gewalttätigen Anhänger Hussens.[11]

Erst in dem Jahr 1848 konnte sich Hus nachhaltig als Symbol in der tschechischen Nationalbewegung etablieren. Auf mehreren Ebenen, in der Hochkultur und in der populären Kultur, auf dem Land wie in der Stadt wurde Hus 1848 bedeutsam. Wirkungsvoll war vor allem der von František Palacký, dem tschechischen Nationalhistoriographen des 19. Jahrhunderts, verfasste dritte Band seiner *Geschichte der tschechischen Nation in Böhmen und Mähren*. Darin wies er der Hussitenzeit den Rang eines Gipfelpunkts in der tschechischen Geschichte zu.

Man würde diese Erzählung falsch interpretieren, wenn man sie als Säkularisierung einer religiösen Tradition im Sinne von säkularer Nationalgeschichte verstehen würde. Vielmehr ist der umgekehrte Trend zu beobachten: Während die Huszeit zuvor, auch von Palacký selbst, ausschließlich patriotisch gedeutet und in den Zusammenhang eines tschechisch-deutschen Gegensatzes eingeordnet worden war, verlieh Palacký 1848 Hus und dem Hussitismus eine religiöse Dimension. Dabei profilierte er einen einheimischen, tschechischen Religionsbegriff gegen den universalen, römischen. Modernes, nämlich individuelles, reformatorisches Christentum und dogmatisches Christentum standen sich in dieser

---

[10] JOSEF JUNGMANN, Zápisky, hg. V. Rudolf Havel, Praha 1973, S. 86-88; zit. bei KOŘALKA, Nationale und internationale Komponenten (wie Anm. 2), S. 53; zu Kollár siehe auch: FRANTIŠEK KAVKA, Husitská revoluční tradice, Praha 1953, S. 118.

[11] JAN KOLLÁR, Nedělní, sváteční a příležitostné kázně a řeči, Budín 1844, Absatz 45; vgl.: FRANTIŠEK X. ŠALDA, Mistr Jan Hus a doba jeho v moderní poesii české, in: Jan Hus. Vydáno v jubilejním roce jeho upálení, Praha 1915, S. 99-120, hier S. 104.

Konzeption gegenüber. Diese Opposition wird in der Auseinandersetzung zwischen Prag und Tabor – also den Hauptstädten der Utraquisten und der radikalen Hussiten – in die tschechische Geschichte hineinverlegt: „In Prag sammelte sich alles, was den Grundsatz der Autorität als Schutzschild der bürgerlichen und religiösen Gemeinschaft anerkannte und anrief. In Tabor dagegen sammelten sich diejenigen, die mehr ihren Verstand und die persönliche Freiheit im öffentlichen Leben gebrauchen wollten."[12] Palacký verankerte eine Konzeption in die nationale Hochliteratur, die das „Eigentliche" der tschechischen Geschichte in einem Gegensatz zum römischen Katholizismus bestimmte. Hus wurde zum Träger einer individuell verstandenen Religion, die Instanz des persönlichen Gewissens spielte dabei eine wesentliche Rolle.

Für Palacký war Religionsgeschichte also nicht nur ein Stoff, aus dem der Entwurf der Nation gespeist wurde. Vielmehr griffen neue Entwürfe von religiösen Leitwerten mit der Konstruktion der modernen tschechischen Nation ineinander. Das ist nicht nur auf der Ebene der Hochkultur zu beobachten, sondern auch auf der Ebene der Popularisierung eines Huskultes, die schon 1848 sehr wirkungsvoll einsetzte. Ob man Kajetan Tyls Hus-Dramen untersucht, die 1848 mit großem Erfolg auf den Prager Bühnen gespielt wurden, oder die Predigten und Propagandaschriften des ehemaligen Priesters Emanuel Arnold, die vor allem auf dem Land populär wurden: In beiden Fällen gab es einen Zusammenhang zwischen einer nationalen und einer religiösen Neuinterpretation der Hus-Tradition: Auf der einen Seite eine Sakralisierung der Nation, realisiert durch die Figur des Opfers – das Opfer von Hus auf dem Scheiterhaufen von Konstanz wurde als Verheißung der nationalen Wiedergeburt gedeutet – , auf der anderen Seite der Entwurf eines neuen Religionsbegriffs, der allerdings bei Arnold, anders als bei Palacký, einer Zivilreligion angenähert war.[13]

Die 1848 bereits erkennbare Mobilisierungskraft des Hus-Symbols konnte sich erst nach dem Ende des Neoabsolutismus in der Habsburgermonarchie in der 1860er Jahren entfalten. Die Versammlungen der Nationalbewegung, für die sich bezeichnenderweise das Wort tábory, nach der Stadt Tabor, dem Zentrum der Hussitenheere im 15. Jahrhundert, einbürgerte, machten einerseits die Geschichte der Hussiten gegenwärtig, indem sie bewusst historische Schauplätze, besonders in den Bergen, wählten, andererseits nahmen sie die Formen traditioneller katholischer Frömmigkeit in sich auf: Die Choreographie barocker Prozessionen mit der Beteiligung der Gläubigen, mit dem Volksgesang, den Standarten und der feierlichen „Predigt" waren Elemente der barocken katholischen Inszenie-

---

[12] František Palacký, Dějiny národa českého v Čechách a na Moravě, Bd. 3.2, Praha ⁴1895, S. 301 f. Vgl.: Petr Čornej, Lipanské ozvěny, Praha 1995, S. 52 f.
[13] Ausführlicher dazu siehe: Martin Schulze Wessel, Revolution und religiöser Dissens. Der römisch-katholische und russisch-orthodoxe Klerus als Träger religiösen Wandels in den böhmischen Ländern bzw. in (Sowjet-) Russland 1848-1922, Habilitationsschrift Halle-Wittenberg 2001 (erscheint 2003).

rung, die nun für die Sakralisierung des Nationalsymbols Hus genutzt wurden.[14] Der Huskult hatte eine Reihe von Feiern bzw. Projekten, die landesweit angelegt waren: die sogenannte Wallfahrt von 250 Persönlichkeiten des öffentlichen tschechischen Lebens nach Konstanz, dem Hinrichtungsort von Hus, im Jahr 1868 oder die Errichtung eines Hus-Denkmals auf dem Altstädter Ring in Prag noch während des Ersten Weltkriegs, dann in den zentralen staatlichen Feiern in der Tschechoslowakei, die sich in ihrer Staatssymbolik mit dem Hussitismus verband und den Todestag Husses 1925 zum Staatsfeiertag erhob.

Zugleich bestand aber eine starke lokale Verankerung des Huskults. Die Hochburgen des Huskults an den historischen Stätten der mittelalterlichen Hussitenbewegung wie in Tábor und zum anderen in Gebieten mit einer protestantischen Minderheit wie z. B. im Elbetal, im Gebiet um den Georgsberg, dem sogenannten Podřipsko, und im Vorland des Riesengebirges.[15] Die *Tábory* erreichten Teilnehmerzahlen von Zehntausenden, obwohl die Versammlungsorte von dichter Besiedlung meist weit entfernt waren. Das Leitmotiv der Ansprachen war das Lob der militärischen Heldentaten der Hussiten (vor allem Jan Žižkas) und die Deutung des Opfers von Hus vor dem Hintergrund der „Erlösungshoffnung" des tschechischen Volkes. Sowohl in der Semantik als auch in den Praktiken handelte es sich bei dem Huskult um ein herausragendes, aber auch typisches Beispiel für die nationale Transformation des Religiösen. Das Besondere des Huskultes lag darin, dass hier ein Ketzer der Katholischen Kirche zum Gegenstand eines Nationalkultes geworden war.

Insofern eignete sich der Huskult zur Formulierung eines spezifisch antiklerikalen politischen Programms.[16] Die 1874 gegründete *National-Freisinnige Partei*, die Partei der sogenannten Jungtschechen, entwickelte ihre Politikentwürfe in einem engen Zusammenhang mit dem Huskult, der von den Rednern ihrer Partei maßgeblich gestützt wurde. Ihre Wähler-Hochburgen hatte die Partei in den Gebieten, die zugleich Hochburgen des Huskultes waren: in Prag, in den Elbegebieten, in Nordost- und Westböhmen.[17] Für die Formulierung ihres demokratischen Programms spielte der Gegensatz von Laizität und Katholizität eine entscheidende Rolle. Auf ihrem konstituierenden Parteitag am 27. Dezember 1874 nahm die National-Freisinnige Partei einstimmig ein Programm an, das noch vor den

---

[14] Zu der Tábor-Bewegung: JAROSLAV PURŠ, Tábory v českých zemích 1868-1871, in: Československý Časopis Historický 6 (1958), S. 234-266, 446-470, 661-690. Zu den Anklängen an barocke Frömmigkeit dabei: VÍT VLNAS, Barokní bůh v národě husitů, in: Sacrum et profanum, Praha 1988, S. 129-136.

[15] PETER HEUMOS, Agrarische Organisationen und nationale Gesellschaft in Böhmen im 19. Jahrhundert, in: Modernisierung und nationale Gesellschaft im ausgehenden 18. und im 19. Jahrhundert. Referate einer deutsch-polnischen Historikerkonferenz, hg. v. Werner Conze, Gottfried Schramm und Klaus Zernack, Berlin 1979, S. 177-192.

[16] Siehe dazu ausführlich: MARTIN SCHULZE WESSEL, Das 19. Jahrhundert als „Zweites Konfessionelles Zeitalter"? Thesen zur Religionsgeschichte der böhmischen Länder in europäischer Hinsicht, in: Zeitschrift für Ostmitteleuropaforschung 51 (2002), S. 514-529.

[17] Zum Kontext siehe: Bratří Grégrové a česká společnost v druhé polovině 19. století, hg. von PAVLA VOŠALIKOVÁ und MILAN ŘEPA, Praha 1997.

Grundfragen des tschechischen Nationalprogramms, d. h. der Frage des Staatsrechts und der Taktik des passiven Widerstands, das Thema des Laizismus aufwarf. In dem ersten Punkt des Parteiprogramms hieß es: „Da gerade kleinere Völker wie das tschechische sich nur dann einen ehrenhaften Platz unter den Völkern sichern können, wenn sie durch Bildung und Aufklärung über ihre Nachbarn ragen, bedarf das tschechische Volk der politischen Freiheit und Gleichheit der Bürger. Aus demselben Grund setzt sich die Partei für die Freiheit des Gewissens und das gleiche Recht aller religiösen Konfessionen ein."[18] Der Stellenwert des Gegensatzes Katholizität vs. Laizität für die Gruppierung des politischen Lagers der Jungtschechen geht vor allem aus den programmatischen Schriften ihres Führers Eduard Grégr hervor. In seinem berühmten *Offenen Brief* an den Führer der sogenannten Alttschechen František Rieger forderte er nationale Authentizität: „Wir müssen wieder wir selber werden." Dieses neue, in Hus personifizierte Nationalprogramm musste sich aus der Sicht Grégrs gegen den Katholizismus richten. „Oder glauben Sie tatsächlich", fragte er Rieger rhetorisch, „dass unser Volk in der Verbindung mit dem Ultramontanismus Erfolg haben kann?" Die „Notwendigkeit ihrer Existenz" sehe die *Freisinnige Partei* in ihrem Kampf gegen die „sehr wirksam organisierten Bestrebungen der Ultramontanen".[19] In einer weiteren Programmschrift verknüpfte Eduard Grégr seinen Entwurf der tschechischen Nation, die seiner Auffassung zufolge „in ihrem Kern" freisinnig und antikatholisch sei, mit der politischen Lagerbildung in den böhmischen Ländern. Diese war aus seiner Sicht durch ein religionspolitisches Paradigma, den Gegensatz von Katholizität und Laizität, geprägt: „Diese Parteien [die klerikale und die freisinnige, MSW] können und dürfen sich nirgendwo und niemals versöhnen, eine Versöhnung zwischen ihnen ist nicht einmal denkbar, da das, was die eine Partei will, das Gegenteil von dem ist, was die andere anstrebt. Es kann keine größeren Gegensätze, keine größeren Widersprüche als die zwischen der freisinnigen und der klerikalen und rückschrittlichen Partei geben. Alle anderen Parteien auf der Welt lassen sich eher miteinander versöhnen als die klerikale und die freisinnige Partei. Die eine Partei bewegt die Menschheit nach vorn, die andere zieht sie zurück, die eine will Aufklärung und Bildung der gesamten Menschheit, die andere will das Volk in Unwissenheit und Aberglauben halten. Die eine will Licht, die andere Dunkelheit, die eine allgemeine Freiheit, die andere Sklaverei."[20] Den Gegensatz zwischen Klerikalismus und Antiklerikalismus fasste Eduard Grégr 1874 als „den Schlüssel zu allen unseren internen Streitigkeiten" auf.[21]

---

[18] Program Národní strany svobodomyslné, in: Politické programy českých národních stran v letech 1860-1890, hg. von PAVEL CIBULKA, Praha 2000, S. 213 ff., hier S. 214.

[19] EDUARD GRÉGR: Otevřený list panu dru. Fr. L. Riegrovi, Praha ²1876, S. 23 f.

[20] DERS.: K objasnění našich domácích sporů, Praha 1874, S. 6.

[21] Ebenda, S. 41: Die klerikale Partei versuche nach französischem Vorbild eine Massenmobilisierung für den Katholizismus zustande zu bringen. „Unser historischer Adel hat sich mit der klerikalen Partei verbunden, und bei jeder Gelegenheit wird der Kampf zur Vernichtung der Freisinnigen Partei erklärt und betrieben. Das ist die wahre Ursache, das ist die wahre Bedeutung, das ist der Schlüssel zu unseren internen Streitigkeiten."

In diesem Konflikt bedienten sich die Laizisten nationaler historischer Symbole. Einer der führenden Jungtschechen, Alfons Šťastný, konstruierte die Tschechen im Rückgriff auf die hussitische Tradition als antiklerikale Nation, indem er das Stigma der Tschechen als „Nation der Ketzer" positiv umwertete: „Ich bin also ein Tscheche und ein tschechischer Ketzer, über beides bin ich außerordentlich froh und rühme mich dessen."[22] Eine große Rolle für den Aufstieg der Jungtschechen als antiklerikale Bewegung hatte auch das Symbol „Karel Havlíček", ein Zwillingssymbol zu „Jan Hus". Der berühmte tschechische Journalist und ehemalige katholische Seminarstudent hatte sich in der Revolution von 1848 als Kritiker der katholischen Kirche exponiert und war in der neoabsolutistischen Zeit nach 1848 in der Haft in Brixen gestorben. Havlíček wurde von den Jungtschechen als ein Märtyrer der tschechischen Nation gezeichnet, der sein Leben für Antiklerikalismus und Demokratie hingegeben habe. Auf dieses Symbol beriefen sich bis in die Erste Tschechoslowakische Republik die Nachfolgeparteien der Jungtschechen, vor allem die Partei der *Nationalen Sozialisten*.[23] Wenn auch nationale Traditionen zur Konstruktion des tschechischen Laizismus herangezogen wurden, so war den Führern der jungtschechischen Partei zugleich auch der zeitgenössische internationale Bezug ihres Kampfes bewusst. Als Vorbilder dienten die Konflikte in Frankreich und Italien.[24]

Der Aufstieg von Jan Hus und auch Karel Havlíček-Borovský zu Symbolen einer laizistischen modernen tschechischen Nation war für die katholische Kirche mit einem einschneidenden Bedeutungsverlust verbunden. An der ersten Phase der tschechischen Nationalbewegung vor 1848 führend beteiligt, büßte der katholische Klerus seit den 1860er Jahren ihre nationale Rolle weitgehend ein. Nur einzelne katholische Geistliche wie Václav Beneš Třebízský, schlossen sich dem nationalen Huskult emphatisch an und nahmen dafür kirchendisziplinarische Strafen in Kauf.[25] Dem Verhalten der meisten Geistlichen entsprach dagegen eher die Regel, die der tschechische Klerusverein *Jednota* seinen Mitgliedern 1903 auferlegte, nämlich zu den Hus-Feiern keinerlei Stellung zu beziehen, weder eine positive noch eine negative.[26]

---

[22] Alfons Šťastný: O spasení po smrtě, Praha 1873, S. 6 f.
[23] Národ o Havlíčkovi, hg. von Antonín Hajn, Praha 1936; Alexander Stich: Karel Havlíček očima následující generací, in: Karel Havlíček Borovský. Výbor prací z let 1846-1851, Bd. 2, Praha 1986, S. 11-33; Ders.: Havlíček contra Sabina v letech 1848-1849 a pozdější tradice. Některé textologické problémy a jejich axiologické souvislosti, Litomyšl 1998, S. 105-141; Michal Šimůnek: Karel Havlíček. Jeho kult v praxi českých politických stran, in: Osobnost v politické straně. Sborník referátů z konference ‚Úloha osobností v dějinách politických stran na území českých zemí a Československa v letech 1861-1999', Olomouc 2000, S. 170-180.
[24] Grégr, K objasnění (wie Anm. 20), S. 41.
[25] Dazu und zum folgenden: Schulze Wessel, Revolution (wie Anm. 13). Třebízský widmete einen wesentlichen Teil seines literarischen Werkes der Hussitenzeit. In sein Tagebuch notierte er einen Satz, wie er für die säkulare Hus-Bewegung durchaus typisch war: „Es ist klar und wird für immer klar sein, dass die Asche der hussitischen Lager der Samen der tschechischen Stärke und ungebrochenen Ausdauer ist." Zitiert nach: Kavka, Husitská revoluční tradice (wie Anm. 10), S. 158.

„Die tschechische Nation ist tatsächlich die Nation Hussens..."

Mit dem Erfolg des Huskults als zentralem Nationalkult sahen sich die Katholiken immer mehr in einer minoritären Situation, obwohl ihre Konfession numerisch weiterhin die dominierende war. Der Vorsitzende des tschechischen Klerusvereins, der Pfarrer und Schriftsteller Jindřich Š. Baar brachte das 1920 auf den Begriff, als er die Notwendigkeit von Kirchenreformen so begründete: „Der katholische Priester gilt in Böhmen als Verkörperung der Rückständigkeit, er befindet sich im Konflikt mit seiner Gemeinde, die Hus, Podebrad und Comenius feiert, er steht im Gegensatz zu ihr, was die Meinungen zum Weißen Berg und zur Gegenreformation betrifft ... Die Geschichte, die Kunst, die Politik, die Literatur, kurz unser ganzes tschechisches Kulturleben birgt für uns viele Steine des Anstoßes, und es ist soweit gekommen, dass wir alles extrakatholisch haben: die Schriftsteller, die Literatur und Kunst, die Turnvereine. Wir bilden eine Nation in der Nation."[27]

Die diskursiven Strategien der katholischen Kirche, erneut Anschluss an die tschechische Nation zu finden, zielten einerseits auf eine partielle Anerkennung der Verdienste von Jan Hus, vor allem im sprachlich-kulturellen Bereich, und andererseits auf eine wissenschaftliche, theologische und historische Untersuchung von Jan Hus, die Hus als religiösen, aber irrenden Menschen darstellte.[28] Zumindest regional, vor allem in Mähren, wurde erfolgreich der Aufbau katholischer Gegenkulte, vor allem um Cyrill und Method sowie Jan Nepomuk, betrieben. Der katholische Klerus folgte dieser Linie bis in den Ersten Weltkrieg weitgehend: Meist wurde Hus, der Ketzer, zugunsten von Hus, dem Sprachreformer, ausgeblendet, vereinzelt wurde eine Revision des Husprozesses von Konstanz gefordert, um die tschechische Nation mit der katholischen Konfession zu versöhnen. Noch bei einer Umfrage unter dem tschechischen katholischen Klerus Anfang 1919, bei der 2 000 Geistliche zu Problemen der Kirchenreform und des Verhältnissses von Kirche und Gesellschaft befragt wurden, brachten nur vier Geistliche das Thema Hus von sich aus zur Sprache. Dies änderte sich im Sommer 1919, offenbar unter dem (für den katholischen Klerus) erschütternden Eindruck der ersten freien Husfeiern in der Tschechoslowakei, die am 6. Juli 1919 überall in den böhmischen Ländern begangen wurden. Etwa zwei Wochen danach wandte sich der Klerusverein *Jednota* mit einem Flugblatt an die Bevölkerung, in dem er sich zu der Notwendigkeit bekannte, „dass der Klerus unter den neuen Bedingungen heute klar und deutlich seine Stellung zu seinem Volk und zu dem Meister Jan Hus

---

[26] Sjezd katolického duchovenstva při valné hromadě Zemské jednoty českého katolického duchovenstva v král. Českém, Praha 1903, S. 46.

[27] Jindřich Šimon Baar/František Tepl, Na obranu reformního programmu Jednoty katolického duchovenstva československého, Praha 1920, S. 5.

[28] Antonín František Lenz, Pan dr. Eduard Grégr, liberalism jeho a horování za poctu Husovu, Praha 1890; Ders., Jan Hus a svoboda, Praha 1890; Ders., Služno zváti Jana Husa mučenníkem za pravdu?, Praha 1890; Jiří Sahula, Význam a důsledky husitství, Bd. 1: Vývoj husitství, Bd. 2: Hustiství v praxi, Praha 1900. In der weitverbreiteten Schrift des Königgrätzer Bischofs Karel Kašpar wurde viele katholische Argumente gegen Hus auf polemische Weise zusammengefasst: Karel Kašpar, Hus a jeho ovoce, Hradec Králové 1926.

äußern muß." In dem Flugblatt wurde ein Programm formuliert, das sich auf eine einfache Formel bringen lässt: Es ging um die Wiedervereinigung des tschechischen katholischen Klerus mit der Nation durch eine Resakralisierung des Huskultes: Während der Klerus bislang zumeist gerade den religiösen Gehalt des Huskultes ignoriert hatte, um nicht in den Gegensatz zu den Ideen der Nationalbewegung zu geraten, machte sich die Verbandsführung des Klerus nun das Symbol Hus gerade in einem religiösen Sinn zu eigen: „Das Volk Hussens kann kein Volk von Ungläubigen sein." Die Verehrung von Hus, so kritisierte die *Jednota*, verstelle für viele Tschechen den Blick auf Christus, auf die Heiligen Cyrill und Method, und auf die Heiligen Wenzel und Prokop, die Hus doch selbst geachtet habe.[29]

Mit diesem Versuch, sich das Symbol Hus in religöser Hinsicht anzueignen, war im Grunde schon der entscheidende Schritt zum Kirchenschisma getan, zu dem es ein halbes Jahr später kommen sollte. Die im Januar 1920 gegründete *Tschechoslowakische Kirche*, die im Kern aus dem Klerusverband heraus entstand, wählte Hus zu dem zentralen Symbol ihrer Theologie, welche in einer – allerdings wohl missverstandenen – Husinterpretation die Gewissensfreiheit in den Mittelpunkt der Dogmatik rückte. Die neue Kirche, die in wenigen Jahren etwa 800 000 Mitglieder gewann, nationalisierte durchweg ihre Ausdrucksformen: sie übersetzte die Liturgie ins Tschechische, sie verwandte Texte der Nationalliteratur, vor allem Texte Hussens in ihrer Liturgie, und sie orientierte sich bei der Erfindung ihrer eigenen Riten, z. B. bei der Bischofswahl, an den einheimischen reformatorischen Traditionen, so wie sie von Palacký beschrieben worden waren.

Mit dieser Nationalisierung der Religion war der Anspruch einer Rechristianisierung der Nation verbunden. Zumindest ansatzweise gelang dies: Auf Husfeiern, die vorher einen säkularen Charakter gehabt hatten, tauchten nun die tschechoslowakischen Geistlichen auf und lasen ihre Messen. Als Exkommunizierte der Katholischen Kirche, als standhafte Reformatoren und gute Tschechen konnten die Priester der neuen Kirche sich selbst in die Rolle moderner Hussiten begeben, zum Teil wurden sie in diese Rolle gedrängt. Darin lag auch Tragik, denn es konterkarierte letztlich das religiöse Anliegen der neuen Kirche. Das längst zur Routine gewordene Geschäft der Husfeiern verlangte vor allem nach Rednern, nicht nach Priestern. Im Juni 1922 bat der Bürgermeister von Drahodubice den Priester der *Tschechoslowakischen Kirche* Václav Štastný, dieser möge als Priester „der sich vom römischen Papst losgesagt hat und ohne Angst um seine Existenz sich Christus und seinem lieben tschechischen Volk angeschlossen hat", eine Rede über Jan Hus halten. Eine Messe hielt der Bürgermeister ausdrücklich für nicht erforderlich.[30]

---

[29] Jednota katolického duchovenstva československého, Lide ceskoslovenský!, in: Archiv národního písemnictví, f. Jednota, k. 3.
[30] Archiv Církve Československé Husitské, f. A II-1 Korespondence Václava Štastného, Inv. C. 16: Drohobudice, obecní úřad, 25. 6. 1922.

„Die tschechische Nation ist tatsächlich die Nation Hussens…"

Mit dem Kirchenschisma war eine neue Situation entstanden, in der Hus, stärker als zuvor, zum Symbol eines Konfliktes zwischen zwei Konfessionen wurde. Während sich die katholische Kirche gegenüber der laizistischen Husverehrung eher defensiv verhalten hatte, wurde nun von katholischer Seite der Konflikt um das Symbol Jan Hus bewusst gesucht.[31] Ein Indikator für die Schärfe, welche die Spannungen um Jan Hus in den zwanziger Jahren erreichten, war die Reaktion auf einen Artikel des katholischen Schrifststeller Jaroslav Durych. Der bekannte Romancier hatte in einer katholischen Zeitung das auf dem Altstädter Ring in Prag errichtete Hus-Denkmal polemisch als das „schlechte Denkmals eines schlechten Bildhauers von einem schlechten Prediger" bezeichnet.[32] Damit löste er eine Erregung aus, die sich überall in den böhmischen Ländern in Versammlungen und Resolutionen entlud. Eine Entschließung der Stadt Radnice vom 5. 7. 1923 geißelte das Fortschreiten der Reaktion in der jungen Tschechoslowakei: Diese habe ein solches Maß erreicht, dass sie sich getraue, „auch nach dem zu greifen, was jedem aufrichtigen und fortschrittlichen Tschechen das Teuerste und das Heilige ist. Es ist die geistige Freiheit und die klare Erinnerung an den Träger der Wahrheit und den Kämpfer für die Freiheit Jan Hus." Die Behauptung Durychs, das tschechische Volk sei nicht im Kern hussitisch, sondern katholisch, veranlasste die Stadtversammlung zu der Erklärung, „dass die Feinde des Volkes Hussens sich täuschen. Das tschechische Volk ist tatsächlich das Volk Hussens und beweist dies durch den Hinweis auf den Umstand, dass nur die helle Erinnerung an unseren großen Märtyrer von Konstanz das tschechoslowakische Volk begeistern konnte, eine sieghafte Revolution durchzuführen."[33]

Wie zahlreiche andere lokale Resolutionen wurde die Entschließung von einer breiten sozialen Basis getragen; es beteiligten sich sowohl die nicht-katholischen Kirchen als auch zahlreiche gesellschaftliche Vereine und Verbände.

Diese Lagerbildungen blieben wirksam, als 1925 der Todestag von Jan Hus zum Staatsfeiertag erhoben wurde. Neben der inneren Spaltung in ein katholisches und ein antikatholisches Lager kam es auch zu einem diplomatischen Eklat zwischen der tschechoslowaksichen Republik und dem Vatikan, der seinen Nuntius aus der Tschechslowakei vorübergehend zurückzog.

Eine Ähnlichkeit zwischen dem Hus- und dem Lutherkult kann man darin erkennen, dass beide den katholischen Bevölkerungsteil aus einer laizistisch bzw. protestantisch entworfenen Nation ausschlossen. Für die modernen Anhänger Hussens stellte sich ihr Nationalstaat, ähnlich wie für die deutschen Verehrer Luthers, als kulturell unvollendet da, solange ihm eine kulturelle Homogenisierung im Sinne ihres Kultes fehlte. Mit dem nega-

---

31 Cynthia J. Paces, „The Czech Nation Must Be Catholic!" An Alternative Version of Czech Nationalism During the First Republic, in: Nationalities Papers 27 (1999), S. 407-427.
32 Jaroslav Durych, Český národ musí být katolický!, in: Lidové listy, 10. 5. 1923.
33 Tábor lidu m. Radvanice vládě Československé republiky, 5. 7. 1923, in: SÚA, Praha, f. Předsednictvo ministerské rady, 723/1921-1938: Husové oslavy.

tiven Entwurf der Nation als anti-katholisch korrespondierten im Hus- und im Lutherkult jedoch unterschiedliche positive Entwürfe von der Nation. Während im Lutherkult die deutsche Nation protestantisch konzipiert wurde, sollte die tschechische Nation aus der Sicht der Anhänger des Huskults vor allem eine laizistische sein. Zwar wurden Hus wie Luther im Hinblick auf ihre Leistungen für die Sprache und Literatur der Tschechen bzw. der Deutschen rezipiert. Beiden wurde das Verdienst der Schaffung bzw. Festigung einer – gegen die Konjunkturen der Politik gefeiten – Kulturnation zugeschrieben.[34] Aber der Huskult hatte, im Gegensatz zum Lutherkult, zugleich eine unmittelbar politische Bedeutung; er war bei der Entstehung der wichtigsten politischen Lagerbildungen in den böhmischen Ländern präsent. Als Symbol einer laizistischen Nation war Hus die historische Metapher, in der sich die Spaltung des tschechischen Parteiensystems in ein klerikales und ein anti-klerikales Lager vollzog. Da sich der Antiklerikalismus gegen eine staatlich privilegierte Kirche richtete, die eine wichtige Funktion für die Legitimierung der Reichseinheit besaß, hatte der Huskult auch eine politisch-emanzipatives Potential. Vielfach wurde Hus, losgelöst aus dem kirchengeschichtlichen Bezugsfeld, zu einer Metapher für Ungehorsam schlechthin. Darin lag ein weiterer wichtiger Unterschied zur Lutherrezeption begründet: Hus konnte nicht, wie Luther z. B. in der Rede Heinrich von Treitschkes zum Luther-Jubiläum von 1883, für eine Überhöhung des Staates herangezogen werden. Auch für antisemitische Deutungen bot Hus keine Anknüpfungspunkte. Als katholischer Geistlicher, der bis zum Schluss zölibatär lebte, war Hus, anders als Luther, zur Rechtfertigung der bürgerlichen Geschlechterordnung nicht zu gebrauchen.

Dass die Bedeutung von Hus in den 1930er Jahren nachließ, war vor allem auf die staatlichen „Defizite" des Huskultes zurückzuführen. Das Bedürfnis nach einem Staatskult rückte die Bedeutung des Heiligen Wenzel als historischem Staatsgründer in den Vordergrund. Im Gegensatz zu Hus war der Landesheilige offen für emanzipatorische wie restaurative Deutungen und wirkte nicht in dem selben Maße spaltend. Für die katholische Bevölkerungsmehrheit war Wenzel ein positiver Bezugspunkt, ohne für die Nichtkatholiken inakzeptabel zu sein. In der Zeit des deutschen „Protektorats" wurde Wenzel als Symbol für die Zugehörigkeit der böhmischen Länder zum Reich missbraucht. Auch vor diesem Hintergrund ist es zu sehen, dass die Kommunistische Partei nach 1948 Hus erneut in den Rang einer nationalen Leitfigur erhob, was sich z. B. in dem Wiederaufbau der Prager Bethlehemskapelle, der Wirkungsstätte des Predigers Jan Hus, niederschlug.[35]

---

[34] Zu Luther siehe: LEHMANN, „Er ist wir selber" (wie Anm. 3); zu Hus siehe: KAMIL KROFTA, M. Jan Hus a jeho význam v českých dějinách do Bílé Hory, in: Jan Hus, vydýno v jubilejním roc jeho upálení, Praha 1915, S. 9-27, hier S. 15 f.

[35] FRANTIŠEK GRAUS, Lebendige Vergangenheit. Überlieferungen vom Mittelalter und in den Vorstellungen vom Mittelalter, Köln 1975; MARTIN SCHULZE WESSEL, Historismus und konkurrierende kirchliche und konfessionelle Geschichtsdeutungen in Ostmittel- und Osteuropa zwischen den Weltkriegen, in: Zeitschrift für Geschichtswissenschaft 50 (2002), 2, S. 141-154.

Christoph Strohm

Calvinerinnerung am Beginn des 20. Jahrhunderts.

Beobachtungen am Beispiel des Genfer Reformationsdenkmals

Auf der konstituierenden Sitzung der *Association du Monument de la Réformation* am 25. Juni 1906 erzählte Charles Borgeaud, Juraprofessor an der Universität Genf und Autor der großen Geschichte der Genfer Akademie, folgende Episode: „Vor etwa 15 Jahren stellten wir eine junge, 18-jährige Französin aus dem umliegenden (katholischen!) Savoyen an. Nach ihrem ersten Sonntagsausflug fragte ich sie, was sie an Interessantem in der Stadt entdeckt habe. Sie berichtete von ihrem Spaziergang durch die Stadt und fügte begeistert hinzu. ‚Und ich habe auch das Calvin-Denkmal angeschaut.' ‚Wo denn das?', fragte ich verwundert. ‚Auf dem großen Platz vor dem Theater', antwortete sie."[1] Das Erstaunen Borgeauds war verständlich, denn es gab in Genf kein einziges Denkmal Calvins. Die junge Frau aus dem umliegenden, katholischen Savoyen hatte die monumentale Statue General Dufours zu Pferde, mit Schwert und Hut, die man auch heute noch betrachten kann, selbstverständlich als Denkmal Calvins angesehen.

Die Episode spielte nicht nur eine (kleine) Rolle bei der Begründung der Notwendigkeit eines Denkmals für den Genfer Reformator, sondern veranschaulicht auch das grundsätzliche Problem, das die calvinistisch-reformiert geprägte Welt mit der Erinnerung an den Reformator und ihrer aktuellen Inszenierung hatte und hat. Während für die katholisch geprägte Französin in der „Stadt Calvins" ein Denkmal für den Reformator die selbstverständlichste Sache ist, erscheint es in der Tradition des reformierten Protestantismus als Verstoß gegen elementare Grundsätze des Selbstverständnisses. Calvin hatte in der *Institutio Christianae Religionis* das Leitmotiv „soli Deo gloria" entfaltet;[2] keine menschliche Autorität oder Tradition sollte die alleinige Orientierung an dem mit der Heiligen Schrift gegebenen Wort Gottes mindern. Entsprechend konnten im reformierten Bereich

---

[1] Les Jubilés de Genève en 1909, Genf 1909, S. 37 (freie Übersetzung des Vf.).
[2] Vgl. schon ERNST TROELTSCH, Die Soziallehren der christlichen Kirchen und Gruppen, Neudruck der Ausgabe Tübingen 1912 (= UTB 1811 f.), 2 Bde, Tübingen 1994, Bd. 2, S. 616; SUSAN E. SCHREINER, The Theater of his Glory. Nature and the Natural Order in the Thought of John Calvin, Durham 1991 (= Studies in Historical Theology, 3); CHRISTOPH STROHM, Ethik im frühen Calvinismus. Humanistische Einflüsse, philosophische, juristische und theologische Argumentationen sowie mentalitätsgeschichtliche Aspekte am Beispiel des Calvin-Schülers Lambertus Danaeus, Berlin/New York 1996 (= Arbeiten zur Kirchengeschichte, 65), S. 311-333.

Bekenntnisschriften nie eine annähernd große Bedeutung wie in den lutherischen Kirchen erlangen. Die Autorität der Reformatoren sollte auf ihre Rolle als „verbi Dei ministri", als Ausleger und Diener des Wortes Gottes, begrenzt bleiben. Um jedem Personenkult entgegenzuwirken, hatte Calvin selbst vor seinem Tod verfügt, dass er anonym auf dem Friedhof Plainpalais beerdigt würde; mit der Folge, dass nicht einmal ein Grab als Gedenkstätte zur Verfügung stand.

Zwar finden sich bereits zu Lebzeiten Calvins Belege für eine Verehrung des Genfer Reformators, die sich nicht zuletzt in dem Bedürfnis bildlicher Darstellungen ausdrückte,[3] insgesamt hält sich die Calvin-Verehrung in Genf jedoch in Grenzen. Gefeiert wurde in den folgenden Jahrhunderten nicht der Geburtstag Calvins, sondern der der Genfer Reformation. Dafür ist allerdings keineswegs nur eine „reformierte Zurückhaltung" gegenüber jeder Art von Personenkult verantwortlich.[4] Denn man findet hier das gleiche Bemühen wie in den anderen Konfessionen, die verehrten Väter im Glauben der Gemeinde bewusst zu halten.[5] Ursächlich für den Sachverhalt, dass sich das Reformationsgedenken in Genf in den folgenden Jahrhunderten weniger auf die Person Calvins als auf die Entscheidung zur Einführung der Reformation richtete, ist vielmehr das Identitätsbedürfnis des Genfer Gemeinwesens.[6]

---

[3] Dies dürfte der Wahrheitsgehalt der ansonsten eher verleumderischen Darstellung Hieronymus Bolsecs sein: „Je demande si c'est signe d'humilité et abjection de vaine gloire de se peindre, et permettre que son portraict et image fût attachée en lieux publics de Genève, et portée au col de certains fols et femmes qui en faisoient leur Dieu? Si Bèze ou autre de leur secte respond que ledit Calvin n'en sçavoit rien, je tesmoigne Dieu, qu'ils parleront contre vérité et leur conscience: car cela estoit tout commun et public en Genève, et luy fut remonstré par paroles de gens de bien et authorité. Plus luy fut mandé par lettres qu'ayant condamné et faict abbattre les images des saincts, de la Vierge Marie et de Jésus-Christ mesme, ce ne luy estoit honneur de laisser dresser la sienne en publicq et porter au col; et que pour le moins Jésus-Christ le valoit bien; à quoy il ne feit aucune response sinon que: qui en aura despit en puisse crever" Histoire de la vie, moeurs, actes, doctrine et mort de Jean Calvin, jadis grand ministre de Genève, recueilly par M. HIÉROSME HERMES BOLSEC, Paris 1582, S. 10, zit. in: EMILE DOUMERGUE, Iconographie calvinienne. Catalogue des portraits gravés de Calvin par H. MAILLART-GOSSE. Inventaire des médailles concernant Calvin par EUGÈNE DEMOLE, Lausanne 1909, S. 4; dort auch weitere Belege.

[4] Mit Calvins im Zweiten Gebot begründeter strikter Ablehnung jeder bildlichen Darstellung Gottes war keineswegs ein Verbot der Porträtmalerei verbunden. Vielmehr hat Calvin in der *Institutio* zwei Arten von Malerei ausdrücklich für gutgeheißen: zum einen Bilder, die auf lehrreiche Weise Geschichten veranschaulichen, zum anderen Bilder von Landschaften oder Menschen, die Freude machen, vgl. JOHANNES CALVIN, Institutio christianae religionis 1559, Buch I, Kap. II, § 12, in: Opera selecta, hg. v. PETER BARTH/WILHELM NIESEL, Bd. 3, München 1928, S. 200, Zl. 26-31.

[5] Beispielhaft für Genf sind die *Icones* Theodor Bezas, eine Sammlung von Porträts der Streiter für das Evangelium mit kurzen Erläuterungen: THEODOR BEZA, Les vrais portraits des hommes illustres. Avec les 30 portraits supplémentaires de l'édition de 1673. Introduction d'ALAIN DUFOUR, Genf 1986.

[6] Zudem war die Stellung des französischen Flüchtlings Calvin in der Stadt lange Zeit keineswegs so dominant, wie die Historiographie des 19. und 20. Jahrhunderts suggeriert hat.

1. Beobachtungen zur Genfer Reformationserinnerung vom 17. bis 20. Jahrhundert

Die Abschaffung der römischen Messe 1535 und die Einführung der Reformation 1536 sind die entscheidenden Daten der Entstehung der Stadtrepublik Genf. Sie bedeuteten zugleich die Befreiung von der Oberherrschaft Savoyens und den Anschluss an das bereits evangelisch gewordene Bern, dessen Machtbereich das Waadtland bis vor die Tore Genfs umfasste. Die folgenden Jahrzehnte waren gekennzeichnet durch die dauernde Bedrohung durch den Herzog von Savoyen. Im Jahre 1602 konnte die Erstürmung der Stadt nur durch glückliche Umstände verhindert werden. Dem wird noch heute jedes Jahr mit einem Umzug in historischen Gewändern gedacht. Das Jahr 1602 wurde neben dem Datum der Abschaffung der römischen Messe bzw. der Einführung der Reformation 1535/36 zum Kristallisationspunkt des Reformationsgedenkens in Genf.

Nicht der hundertste Geburtstag Calvins 1609 war Anlass einer Gedenkfeier, sondern die hundertjährige Wiederkehr der Befreiung von Rom (und Savoyen), die zugleich die Gründung der Stadtrepublik Genf bedeutete. Im Jahre 1635 deutete der Theologieprofessor und Rektor der Akademie, Frédéric Spanheim, die Reformation als Akt der Vorsehung Gottes. Seine *Geneva restituta* betitelte Rede bewegt sich ganz in den Bahnen des Mottos des reformatorischen Genf „Post tenebras lux":[7] Gott habe durch die Reformation dem Staat die Freiheit und der Kirche das Heil gegeben, indem er den Aberglauben und die Barbarei der Papisten aus der Stadt verbannt habe. Olivier Fatio hat gezeigt, dass sich das Reformationsgedenken ein Jahrhundert später in charakteristischer Weise verändert hat.[8] Jetzt steht nicht mehr die noch unter dem Eindruck der Bedrohung durch das katholische Savoyen formulierte konstitutive Bedeutung der reformatorischen Verkündigung für das Genfer Gemeinwesen im Vordergrund. Nun wird die Reformation in den Festpredigten als Anfang der Aufklärung gepriesen.[9] Der Reformation sei die Befreiung von obskuren Dogmen zu verdanken, der Beginn geistlicher wie weltlicher Freiheit. Das Gewissen wird als eine Art göttlicher Instinkt gewürdigt, wie uns das aus dem Bekenntnis von Rousseaus savoyardischem Vikar bekannt ist. Hinzu tritt ein gewisser aufklärerischer Moralismus,

---

[7] Vgl. Frédéric Spanheim, Geneva restituta, seu admiranda reformationis genevensis historia oratione saeculari explicata, s. l. [Genf] 1635.

[8] Vgl. dazu und zum folgenden Olivier Fatio, Quelle Réformation? Les commémorations genevoises de la Réformation à travers les siècles, in: Revue de Théologie et de Philosophie 118 (1986), S. 111-130.

[9] Vgl. Jean-Alphonse Turrettini, Sermon sur le Jubilé de la Réformation établie il y a deux-cens ans dans l'Eglise de Genève. Prononcé à Genève, le 21. Août MDCCXXXV, Genf 1735; Antoine Maurice, Sermon sur le Jubilé de la Réformation de la République de Genève: Prononcé à Saint-Pierre le Dimanche 21. Aoust MDCCXXXV, Genf 1735.

wenn einer der Festprediger betont, dass Calvin gegen moralische Schwächen nicht weniger geeifert habe als gegen dogmatische Irrtümer und Häresien.[10]

Die Situation ein Jahrhundert später hatte sich insofern wiederum fundamental verändert, als Genf seit 1815 ein konfessionell gemischter Kanton war. Zudem erfuhr die aufklärerisch-dogmenfeindliche *Église nationale protestante de Genève* im Zuge der Erweckungsbewegung dreimal gewichtige Abspaltungen.[11] Bei den großangelegten Feiern des Jahres 1835 beherrschte der nationale, patriotische Ton alles. Im offiziellen Bericht der Feiern hieß es: „Genf schuldet der Reformation alles, was es gewesen ist und was es noch sein kann. Seine Unabhängigkeit und seine Institutionen, seine Menschen und Gesetze, sein nationaler Charakter und seine Denkmäler, alles das kommt gleichsam aus der einen überreichen Quelle dieser großen und glücklichen Revolution von 1535, die für immer den religiösen Stand dieser kleinen, schwachen Stadt verändert hat."[12] Ein Festprediger spitzte das am 23. August 1835 noch zu: „Ohne Reformation wären wir aus der Liste der Völker ausradiert worden, hätten wir uns mühsam hinter der Zivilisation hergeschleppt."[13] Es ist klar, dass diese Art von Reformationsgedenken auf Seiten der Erweckten wie auch der Katholiken heftigste Kritik hervorrief. Ein Jahrhundert später, bei den Gedenkfeiern der Jahre 1935/36, herrscht dann auch ein ganz neuer Ton.[14] Nun steht in neuer Weise der Inhalt der reformatorischen Botschaft zur Debatte. Nicht zuletzt durch den Aufbruch der Wort-Gottes-Theologie geprägt, geht es in den Ansprachen und Predigten jetzt primär um die Souveränität Gottes und die Botschaft von der freien Gnade.

Damit ist in knappen Zügen der historische Gesamtkontext der Entstehung des Genfer Reformationsdenkmals skizziert.

---

[10] Vgl. FATIO (wie Anm. 8), S. 115.

[11] Gründung der *Eglise du Bourg-de-Four* im Jahre 1817, der *communauté de César Malan* 1818 und der *Société évangélique* 1831.

[12] Jubilé de la Réformation de Genève. Août 1835 […], Genf 1835, S. 71; zit. in: FATIO (wie Anm. 8), S. 117 (Übers. des Vf.).

[13] Sermon sur I Tm 6,20, prononcé dans le Temple de Saint-Gervais par M. le Professeur Munier, in: Jubilé de la Réformation de Genève. Août 1835. Liturgies et Sermons, Genf 1835, S. 141; zit. in: FATIO (wie Anm. 8), S. 117 (Übers. des Vf.).

[14] Vgl. den bebilderten Bericht in: 1536-1936. Souvenir de la Réformation à Genève IVme centenaire. Édité sous les auspices du Comité du IVme centenaire de la Réformation à Genève et de la Fédération des cercles et associations protestants du Canton de Genève, Genf o. J. [1936].

2. Die Anfänge der Planung eines Reformationsdenkmals in Genf

Der bevorstehende 400. Geburtstag Calvins im Jahre 1909 – zugleich das 350. Jahr des Bestehens der Genfer Akademie – war der Anlass erster Überlegungen zur Errichtung eines Reformationsdenkmals. In einem nicht signierten Zeitschriftenartikel vom 5. Juli 1902 und dann in einem Brief vom 24. Juli 1902 hatte der Professor für Kirchengeschichte an der Universität Genf, Auguste Chantre, ein „Calvin, der Reformation und Servet" gewidmetes Denkmal angeregt.[15] Der Autor war sich darüber im klaren, dass ein solches Projekt nur gelingen könne, wenn es historisch ausgerichtet und konfessionelle und dogmatische Streitigkeiten zu umgehen imstande sei.[16] Der Adressat des Briefes, der bereits erwähnte Genfer Juraprofessor und Autor der Geschichte der Genfer Akademie, Charles Borgeaud, stimmte dem Projekt unter der Voraussetzung zu, dass nicht eine Statue der Person Calvins das Ziel sei, sondern die Erinnerung an dessen historisches Werk. Angesichts des Sachverhalts, dass die Katholiken in Genf fast die Zahl der Protestanten erreicht hätten, sei das conditio sine qua non des Vorhabens. Borgeaud nahm in Zusammenarbeit mit Eugène Choisy, dem Präsidenten der *Société du Musée historique de la Réformation*, einer Art Genfer Pendant zum Verein für Reformationsgeschichte, die Sache in die Hand und rief am 27. Mai 1904 eine kleine Schar von meist aus dem Universitätsmilieu kommenden Personen in seiner Wohnung zusammen.[17] Ein Komitee wurde gegründet, das am 19. Juni 1905 mit einem von 231 Personen unterschriebenen Aufruf an die Öffentlichkeit trat.[18] Am

---

[15] Zit. in: CHARLES BORGEAUD, Le Monument international de la Réformation. Au Comité de la Société du Musée historique de la Réformation, in: DERS., Pages d'histoire nationale. Avec une bibliographie des travaux de l'auteur, recueil publié par la Faculté de droit de Genève, Genf 1934, S. 355-370, hier: S. 355; vgl. auch Monument International de la Réformation à Genève, Genf o.J. [1909], S. 7 f. Weitere Quellen zur Entstehung des Monuments: GUILLAUME FATIO, Nos monuments, Genf 1907; MAURICE TURRETTINI, Les emplacements du monument de la Réformation, Genf 1907; F. F. ROGET, The Projected International Monument to the Heroes of the Protestant Reformation at Geneva, Genf 1907; Concours pour le monument international de la Réformation à Genève (Extrait de la Revue polytechnique), Genf 1908. Unveröffentlichte Quellen sind im Besitz des *Musée historique de la Réformation* (Genf). Knappe, bebilderte Erläuterungen des Denkmals: DANIEL BUSCARLET, Le Mur de Genève, Neuchâtel/Paris 1965; FRANCIS HIGMAN, Monument International de la Réformation Genève/The International Reformation Monument Geneva, Genf 1993.

[16] Auguste Chantre an Charles Borgeaud, 24. 7. 1902, abgedr. in: BORGEAUD [wie Anm. 15], S. 356. Eine tragende Rolle sollte die *Société du Musée historique de la Réformation* spielen.

[17] Neben Borgeaud, Choisy und Chantre nahmen Gaspard Vallette, Philippe Monnier und der Bildhauer Auguste Reymond teil.

[18] Im Juni 1905 ließ die mittlerweile aus dreizehn Personen bestehende Vorbereitungsgruppe eine „Circulaire confidentielle" an ausgewählte Mitbürger verteilen, in dem zu einer Versammlung am 24. Juni 1905 eingeladen wurde. Hier erläuterte und begründete Charles Borgeaud einer Gruppe von 36 Teilnehmern das Projekt. Der Aufruf, der Vortrag sowie ein Protokoll in Auszügen wurde dann „comme manuscrit" in einer geringen Zahl von Exemplaren gedruckt und mit der Maßgabe „confidentiel" an einzelne Personen weitergereicht (vgl.

25. Juni 1906 fand unter großer öffentlicher Beteiligung die konstituierende Sitzung der *Association du Monument de la Réformation* statt,[19] auf der ausführlich und unter großem Beifall die Gründe für das Vorhaben erläutert wurden.

In dieser frühen Phase der Planung und im Verlauf der weiteren Öffentlichkeitsarbeit wurde das Vorhaben, anlässlich des bevorstehenden 400. Geburtstags Calvins in Genf ein Reformationsdenkmal zu errichten, im wesentlichen mit den folgenden vier Argumenten begründet.

Erstens verwies man auf die Vorbereitungen für das Jubiläum, die in anderen Ländern, inbesondere den Vereinigten Staaten von Amerika, Ungarn, England, Schottland, Holland und Frankreich, unternommen wurden. Hätte man diesen Ländern das Gedenken überlassen sollen, wurde gefragt. Dies wäre nicht nur demütigend für Genf, sondern die anderen Nationen warteten mit ihren Aktivitäten auch auf ein Zeichen aus Genf, um der Stadt Calvins nicht den Ehrenplatz streitig zu machen.[20] Entsprechend wurden sehr bald in den genannten Ländern Subkomitees zur Unterstützung des Projekts gegründet – in den USA mit dem Präsidenten der Vereinigten Staaten, Theodore Roosevelt, als Ehrenvorsitzendem. In Deutschland engagierte sich besonders der Hugenotten-Verein für das Projekt eines internationalen Reformationsdenkmals in Genf.[21] Bei der Begründung der Notwendigkeit

---

4me Centenaire de Calvin: Circulaire confidentielle du 17 juin 1905. Rapport présenté [par Charles Borgeaud] à la réunion du 24 juin 1905, à l'Athénée, au nom du comité provisoire d'études. Extrait du Procès-verbal de la réunion du 24 juin 1905, à l'Athénée. Imprimé comme manuscrit à un petit nombre d'exemplaires, s. l. [Genf] o.J. [1905]). Benutzt wurde das mit dem Aufdruck „Exemplaire appartenant à M. Eugène Choisy" versehene Exemplar, Musée historique de la Réformation, Genf, Sign. Ac 8 (4).

[19] Vorsitzender war Prof. Lucien Gautier, stellvertretende Vorsitzende Prof. Auguste Chantre und Prof. Charles Borgeaud, Generalsekretär der Anwalt Albert Wuarin. Zu weiteren Mitgliedern und speziellen Kommissionen für Finanzen, Öffentlichkeitsarbeit und Gestaltung des Denkmals vgl. Jubilés de Genève (wie Anm. 1), S. 60; BORGEAUD (wie Anm. 15), S. 361 f.

[20] „Genève, en effet, n'est pas seule à avoir moissonné là où les Réformateurs ont semé. D'autres villes, d'autres Etats relèvent de la Réformation de Calvin et ont contracté envers elle une dette de reconnaissance. Il y a les Etats-Unis d'Amérique, il y a la Grande-Bretagne, il y a la France protestante, il y a une partie de l'Allemagne, la Hollande, la Hongrie, un peu de la Belgique et de la Bohême. Fallait-il leur laisser le soin et l'honneur d'entreprendre et d'organiser cette commémoration? C'eût été humiliant pour Genève. Et les autres nations réformées l'ont si bien senti, que, bien qu'ayant songé elles-mêmes qu'il y avait quelque chose à faire, elles n'ont trouvé tout naturel, plutôt que de la prévenir, de la suivre dans cette voie et de répondre à son invitation" (Jubilés de Genève [wie Anm. 1], S. 38). Vgl. auch BORGEAUD (wie Anm. 15), S. 357-359; 4me Centenaire de Calvin: [...] Rapport (wie Anm. 18), S. 3; Monument International (wie Anm. 15), S. 10.

[21] Der 1884 gegründete *Reformierte Bund für Deutschland* unterstützte das Projekt, war jedoch bei der Mitteleinwerbung eher zurückhaltend, da man den Anlass des 400. Geburtstags Calvins primär dazu nutzen wollte, einen Fonds zur Intensivierung von Calvin-Studien aufzubauen. Zur Bedeutung des Calvin-Jubiläums 1909 für die verstärkte Hinwendung zu Calvin im deutschen Reformiertentum vgl. jetzt HANS-GEORG ULRICHS, „Der erste Anbruch einer Neuschätzung des reformierten Bekenntnisses und Kirchenwesens". Das Calvin-Jubiläum 1909 und die Reformierten in Deutschland, in: HARM KLUETING/JAN ROHLS (Hg.), Reformierte

eines Calvin-Denkmals wurde auch das Argument angeführt, dass Luther wie Zwingli ein solches längst gewidmet sei.[22]

Ein zweites Argument zur Begründung des Vorhabens, anlässlich des bevorstehenden 400. Geburtstags Calvins in Genf ein Reformationsdenkmal zu errichten, bezog sich auf die eminente Bedeutung der von Genf ausgegangenen Reformation für die neuzeitliche Geschichte. Auch wenn Genf nicht mehr ein calvinistisches, sondern ein gemischt konfessionelles Gemeinwesen sei und darum ein konfessionell orientiertes oder auf die Person Calvins zentriertes Gedenken unangebracht sei, müsse die konstitutive Bedeutung der Genfer Reformation für die neuzeitliche Freiheitsgeschichte im Bewusstsein der Gegenwart gehalten werden.[23] Charles Borgeaud verwies auf den großen französischen Historiker Michelet, der ein Kapitel seiner Geschichte Frankreichs „L'Europe sauvée par Genève" betitelt hatte. Unter anderen werden Admiral Coligny, Wilhelm von Oranien und Oliver Cromwell sowie die *Pilgrim Fathers* angeführt, die von Calvin geprägt Entscheidendes für die Überwindung des Absolutismus und den Triumph moderner Freiheiten geleistet hätten.[24] Der Historiker und damalige Präsident des Conseil d'Etat, Henri Fazy, bezeichnete

---

Retrospektiven. Vorträge der zweiten Emder Tagung zur Geschichte des reformierten Protestantismus, Wuppertal 2001 (= Emder Beiträge zur Geschichte des reformierten Protestantismus, 4), S. 231-265. Eine Auflistung der *Comités de l'Association du Monument International de la Réformation* in den verschiedenen Ländern und ihrer Mitglieder findet sich in: Jubilés de Genève (wie Anm. 1), S. 60 f.

[22] So führte Auguste Chantre dieses Argument in dem eingangs erwähnten Artikel in der Zeitschrift *Progrès religieux* vom 5. Juli 1902 an (zit. in: Monument International [wie Anm. 15], S. 8 f.). Charles Borgeaud verwies auf das Luther-Denkmal in Worms sowie das Zwingli-Denkmal in Zürich und das Coligny-Denkmal in Paris, vgl. 4me Centenaire de Calvin: [...] Rapport [wie Anm. 18], S. 11.

[23] „Un monument de ce caractère peut être érigé dans la cité moderne, qui n'est plus, nous ne l'oublions pas, la république huguenote de jadis, sans blesser personne, sans heurter aucune conviction purement religieuse. Ce serait une page d'histoire universelle, écrite en gros caractères de façon à être lue de tous. Elle serait à sa place et nous avons la conviction qu'elle viendrait à son heure" (4me Centenaire de Calvin: [...] Rapport [wie Anm. 18], S. 8).

[24] „Michelet a intitulé un des chapitres les plus éloquents de son *Histoire de France*: ‚L'Europe sauvée par Genève'. Ce chapitre est consacré au péril que fit courir au monde le triomphe de Charles-Quint, l'autocratie de la maison d'Autriche, installée à Vienne et à Madrid, saisissant l'Europe dans sa tenaille de fer, et à la résistance héroïque. A tout peuple en péril, Sparte pour armée envoyait un Spartiate. Il en fut ainsi de Genève. A l'Angleterre elle donna Pierre Martyr, Knox à l'Ecosse, Marnix aux Pay-Bas; trois hommes et trois révolutions.' A ces disciples immédiats du réformateur de Genève, Michelet, s'il eût voulu reculer, dans le temps et dans l'espace, les limites de son évocation historique, eût pu ajouter Coligny, Guillaume le Taciturne, Olivier Cromwell, les hommes d'épée, les hommes d'Etat qui ont préparé ou assuré à l'Europe le triomphe des libertés modernes sur l'absolutisme des temps passés et, au delà de l'Atlantique, les ‚Pères pèlerins', fondateurs de la démocratie américaine. Tous sont les fils de Calvin et leur œuvre d'émancipation, – quiconque veut se donner la peine de remonter à ses origines sans parti pris, et en historien vraiment impartial, doit le reconnaître, – leur œuvre a eu Genève pour berceau" (4me Centenaire de Calvin: [...] Rapport [wie Anm. 18], S. 7 f.). Vgl. auch Jubilés de Genève (wie Anm. 1), S. 40; Monument International (wie Anm. 15), 16; BORGEAUD (wie Anm. 15), S. 359.

die Reformation als größte geistige und moralische Emanzipationsbewegung, die es je gegeben habe, und hob die umfassenden Folgen für das politische und soziale Leben hervor. „Sie [die Reformation, CS] ist vor allem eine Befreiungsbewegung gewesen, eine Bewegung, die die Bevölkerungen vom spanischen Despotismus befreit hat. Wenn es die Reformation im 16. Jahrhundert nicht gegeben hätte, wäre ganz Europa unter das Joch Karls V. und Philipps II. gefallen. Darum können wir ohne Einschränkung sagen, die Reformation hat die Freiheit in Europa gerettet."[25] Selbstverständlich ist der Wahrheitsgehalt dieser Thesen kritisch zu hinterfragen. Für unseren Zusammenhang ist jedoch allein interessant, dass es derartige Argumente waren, welche in einer „nachcalvinistischen" Situation die Genfer Gesellschaft von der Notwendigkeit einer doch ganz erheblichen Investition überzeugen konnten. Die Summe der Planungs- und Baukosten wurde immerhin auf nicht weniger als 400 000 bis 500 000 Francs geschätzt.[26]

Ein drittes, vielfach geäußertes Argument bezog sich auf die Frage, warum ein Denkmal die angemessene Weise sei, den 400. Geburtstag Calvins zu feiern. Gegenüber den anderen Möglichkeiten, der Errichtung eines entsprechenden Museums oder einer Bibliothek, der Stiftung eines Lehrstuhls, öffentlicher Vorlesungen zum Thema u. ä. habe das Denkmal einen entscheidenden Vorzug. Nur dieses würde ein wirklich breites Publikum erreichen, sei wirklich allen im wörtlichen Sinne zugänglich und verständlich, Kennern und Laien, Einwohnern Genfs und Besuchern, die nur einen Tag in der Stadt verweilen, Arbeitern des Geistes und der Hände.[27]

---

[25] „On a parfaitement compris que l'œuvre de la Réforme, et l' œuvre, notamment, de la Réforme calviniste, avait un caractère plus général, qui permettait à tous ceux qui, de près ou de loin, se rattachent à ce mouvement de venir prendre part à la cérémonie d'aujourd'hui ... On peut aussi l'envisager au point de vue moral. A ce point de vue, je tiens à le déclarer, la Réforme a été le plus grand mouvement d'émancipation spirituelle et morale qui se soit jamais produit dans le monde. Ne fût-ce qu'à ce titre, tous ceux qui sont profondément attachés à l'affranchissement spirituel et moral des consciences pourraient sans réserve donner leur adhésion au mouvement que vous entreprenez aujourd'hui. Mais ce n'est pas tout. La Réforme a eu des conséquences incalculables au point de vue politique, au point de vue social. Elle a été avant tout un mouvement libérateur, un mouvement qui a émancipé les populations du despotisme espagnol. Si la Réforme ne s'était pas manifestée au seizième siècle, l'Europe entière aurait succombé sous le joug de Charles-Quint et de Philippe II. C'est pour cela que, nous pouvons le dire sans aucune réserve, la Réforme a sauvé la liberté en Europe" Jubilés de Genève (wie Anm. 1), S. 40. Vgl. auch Monument International (wie Anm. 15), S. 16; BORGEAUD (wie Anm. 15), S. 359 f. Fazy verwies ferner darauf, dass es ebenso notwendig sei, der Verfolgten zu gedenken, die in Genf Zuflucht gefunden hätten, Jubilés de Genève (wie Anm. 1), S. 40 f.

[26] Diese Summe wurde in der am 15. März 1908 verfassten Ausschreibung des Wettbewerbs zur Gestaltung des Denkmals genannt; vgl. Programme du concours international, in: Monument international de la Réformation à Genève. Catalogue des Projets envoyés au Concours d'esquisses et exposés au Bâtiment Electoral, Genf [Oktober] 1908, S. 3-11, hier: S. 4. Im Jahre 1909 waren bereits ca. 200 000 Francs gesammelt worden.

[27] Vgl. 4me Centenaire de Calvin: [...] Rapport (wie Anm. 18), S. 4-6; Jubilés de Genève (wie Anm. 1), S. 39 f.; Monument International (wie Anm. 15), S. 13; BORGEAUD (wie Anm. 15), S. 358.

Schließlich setzte man sich viertens auch mit der Frage auseinander, ob ein Denkmal nicht einen elementaren Verstoß gegen das vermeintlich bilderfeindliche Denken Calvins, der ja für sich sogar einen Grabstein abgelehnt habe, darstelle. Dabei konnte man Calvins in der *Institutio* formuliertes Lob der Malerei und der bildenden Künste als Gottesgaben anführen und auf Theodor Bezas *Icones*, eine Sammlung von Zeugen der Reformation mit Bildern und kurzen Texten, verweisen.[28] Vor allem aber hoben die Verfechter des Denkmals immer wieder hervor, dass mit Calvins letztem Willen lediglich ein seiner Person gewidmetes Denkmal ausgeschlossen sei, keinesfalls jedoch eines, das sein Werk und die Kulturwirkungen der Genfer Reformation zum Thema habe.[29]

Nachdem die mühsame Suche nach einem Ort erfolgreich abgeschlossen werden konnte und auch der Rat der Stadt grünes Licht gegeben hatte, wurde im Jahre 1908 ein Wettbewerb ausgeschrieben, den eine Gruppe von vier Lausanner Architekten und einem Pariser Bildhauer gewann.[30] Deren Vorschlag schien am besten den konzeptionellen Vorgaben zu entsprechen, so dass er mit gewissen Modifikationen verwirklicht wurde. Am 6. Juli 1909 wurde – umrahmt von einem üppigen, dreitägigen Festprogramm und unter Beteiligung zahlreicher ausländischer Gäste – die Grundsteinlegung begangen.[31] Am 7. Juli 1917, kurz vor dem Ende des Ersten Weltkriegs, konnte das Denkmal seiner Bestimmung übergeben werden.[32]

---

[28] Siehe oben Anm. 4.

[29] „Car certains ont fait aux réformateurs en général, et à Calvin en particulier, une réputation sinon d'iconoclastes, du moins d'iconophobes qu'ils n'ont pas méritée. Sans doute, Calvin n'avait voulu pour soi-même ni tombe ni inscription; mais en dehors du culte, il ne proscrivait point les images, et il disait: ‚Je ne suis pas tant scrupuleux de juger qu'on ne doive endurer, ni souffrir, nulles images. Mais, d'autant que l'art de peindre et de tailler sont dons de Dieu, je requiers que l'usage en soit garanti pur et légitime.' Il est hors de doute que, ainsi pensant, Calvin ne désapprouverait pas le Monument genevois de la Réformation. Et consciences genevoises et autres peuvent être bien tranquilles. Quant a Théodore de Bèze, c'est à lui que nous devons de connaître les figures des hommes de la Réforme, dont il avait composé la première galerie de portraits" Jubilés de Genève (wie Anm. 1), S. 39 [Ch. Borgeaud]; zum Nachweis des Calvin-Zitats siehe oben Anm. 4. Vgl. auch Monument International (wie Anm. 15), S. 13-15.

[30] Das Programm der Ausschreibung, die Mitglieder der Jury sowie eine Auflistung der insgesamt 67 eingereichten Modelle finden sich in: Monument international [...] Catalogue (wie Anm. 26). Vgl. ferner den Bericht über den Wettbewerb sowie die Bewertung und bildliche Reproduktion einzelner Modelle in: Jubilés de Genève (wie Anm. 1), S. 42-49. Den ersten Preis gewannen die Lausanner Architekten Charles Dubois, Alphonse Laverrièrre, Eugène Monod und Jean Taillens (Informationen zu ihnen in: Jubilés de Genève [wie Anm. 1], S. 49 f.). Der ursprünglich an der Erstellung des Modells beteiligte Pariser Bildhauer Maurice Reymond wurde mit einstimmigen Beschluss der Jury am 29. Juni 1909 durch die Pariser Bildhauer Paul Landowski und Henry Bouchard ersetzt, vgl. BORGEAUD (wie Anm. 15), S. 370.

[31] Abdruck des Programms in: Jubilés de Genève (wie Anm. 1), S. 58 f.

[32] Vgl. BORGEAUD (wie Anm. 15), S. 370.

Abb.: Das im Wettbewerb des Jahres 1908 siegreiche Modell der Lausanner Architekten Charles Dubois, Alphonse Laverrièrre, Eugène Monod und Jean Taillens sowie des Pariser Bildhauers Auguste Reymond

3. Inhaltliche Konzeption und Gestaltung des Denkmals

In der Ausschreibung des Wettbewerbs wurde die Vorgabe des Komitees mit drei Schlüsselbegriffen beschrieben, die dann auch in dem ausgewählten Modell angemessene Berücksichtigung fanden: historique, populaire und international.[33] Mit „populaire" ist in diesem Fall gemeint, dass das Denkmal jedermann zugänglich und verständlich, eine „Schule für das Volk", sein sollte.[34] Dem wurde der ausgewählte Entwurf gerecht durch eine geradezu didaktische Konzeption. Das Denkmal vermittelt qua Bild und Inschrift eine Fülle von Informationen. Die acht Reliefs mit historisch einschlägigen Ereignissen des 16. und 17. Jahrhunderts sind bis ins Detail historisch akkurat.[35] Zudem werden die Namen der

---

[33] Vgl. Programme du concours international (wie Anm. 26), S. 4 f.
[34] „Un monument *populaire*, accessible à chacun, compréhensible pour tous et dont l'explication puisse être rattachée aux données que l'instruction générale fournit dans l'école publique. L'idée maîtresse du comité a été d'offrir aux Genevois et aux étrangers une leçon de choses" Programme du concours international (wie Anm. 26), S. 4 f.

jeweils dargestellten Personen im Rahmen der Reliefs genannt. „Historique" und „international" ist die Konzeption des Denkmals insofern, als das Thema die politischen Folgen der Genfer Reformation für die Stadt selbst, aber auch europa- und weltweit ist.

Das Denkmal verzichtet nicht auf religiöse bzw. theologische Aussagen, sie stehen jedoch im Dienst des Gesamtprogramms, die politischen Wirkungen der Genfer Reformation in der neuzeitlichen Geschichte zu veranschaulichen. So stehen die vier Reformatoren Guillaume Farel (1489-1566), Johannes Calvin (1509-1564), Theodor Beza (1519-1605) und John Knox (1505-1572) deutlich hervorgehoben im Zentrum des Monuments, rechts und links sind Statuen politischer Führer plaziert, die greifbar durch das Gedankengut der Reformatoren geprägt sind: Gaspard de Coligny (1517-1572), Wilhelm von Oranien (1533-1584), Etienne Bocskay (1556-1606), Oliver Cromwell (1599-1658), Roger Williams (1604-

---

35 So zeigt die Darstellung der Unterzeichnung des Edikts von Nantes am 13. April 1598 einen Mann mit dem Rücken zu dem Tisch, an dem Heinrich IV. sitzt und seine Unterschrift unter das Dokument setzt, gewandt. Es handelt sich um Agrippa d'Aubigné, hugenottischer Schriftsteller, Autor der *Tragiques* und protestantischer Heerführer unter Heinrich IV., der sich von diesem nach dessen Rekonversion zur römisch-katholischen Kirche getrennt hatte.

1683) und Friedrich Wilhelm, der Große Kurfürst von Brandenburg (1620-1688). Die acht großformatigen Reliefs sind fast ausschließlich Themen der politischen Geschichte gewidmet: die Unterzeichnung des Edikts von Nantes am 13. April 1598, die Annahme der Unabhängigkeitserklärung durch die niederländischen Generalstände in Den Haag im Jahre 1581, die Huldigung Etienne Bocskays nach dem den Habsburgern 1606 abgerungenen Vertrag, der den Ungarn Glaubensfreiheit zusicherte, die Annahme der Bill of Rights durch König Wilhelm III. und Maria am 13. Februar 1689 in Whitehall, die *Pilgrim Fathers* auf der *Mayflower* beim Gebet vor der Unterzeichnung des Bundes am 11. November 1620 sowie die Aufnahme der hugenottischen Flüchtlinge in Brandenburg nach der Aufhebung des Edikts von Nantes 1685 durch den Großen Kurfürsten. Auch die Darstellung der Predigt John Knox' vor den Führern Schottlands in St. Giles in Edinburgh im Jahre 1565 enthält zahlreiche Details, die insbesondere die Bedeutung des Ereignisses für die politische Geschichte Schottlands thematisieren. Allein die Darstellung einer reformierten Gottesdienstversammlung 1534 in Genf zwei Jahre vor der Einführung der Reformation in Genf scheint ein primär religiöses Thema zum Inhalt zu haben. Im Blick ist jedoch auch hier die Konstitution der Stadtrepublik Genf durch die Befreiung vom Herzog von Savoyen und dem von diesem abhängigen Genfer Bischof.[36]

Bei aller Ausrichtung auf die politische und soziale Wirkung der Reformation wird – wie gesagt – die genuin religiöse Dimension nicht verdrängt. So stehen die Reformatoren auf einem großen Sockel, in den ein Christus-Zeichen gemeißelt ist, das von den Strahlen der aufgehenden Sonne umgeben ist. Diese biblischen Bezüge, die im ursprünglichen Modell von 1908 noch fehlen,[37] korrespondieren dann wiederum mit den über allem stehenden, großen Lettern des Genfer Wappenspruchs „Post tenebras lux". Die Reformatoren halten Bücher in den Händen, ein Hinweis auf die Gründung ihres Werkes auf die Heilige Schrift. Wider die Logik ist dann allerdings Bezas Buch als „Leges Academiae" gekennzeichnet – eine Erinnerung an das 350-jährige Bestehen der Genfer Akademie im Jahre 1909. Vermieden wird eine konfessionalistische Verengung, wenn neben Zwingli auch Luther eine Inschrift gewidmet bekommt. Die Platzierung der beiden Steinquader veranschaulicht jedoch die Auffassung, dass diesen beiden Reformatoren nur eine Art Vorläufer-Funktion und der calvinistischen Reformation dann die eigentlich geschichtsbestimmende Rolle zugesprochen wird.

---

[36] Auch die Platzierung des Denkmals am Ort der Reste der Stadtmauer aus dem 16. Jahrhundert, Symbol des Genfer Widerstands gegen das Herzogtum Savoyen, sowie die Hinweise auf die Jahre 1536 und 1602 am Rand des Monuments belegen, wie stark das Interesse an den Wirkungen der Reformation auf die politische Geschichte (insbesondere Genfs) die Konzeption bestimmt.

[37] In dem Entwurf war stattdessen die eingemeißelte Jahreszahl „1559" vorgesehen, als Erinnerung an die Gründung der Genfer Akademie, die erste Synode der reformierten Kirche in Frankreich, die erste reformatorische Predigt John Knox' in Edinburgh, die Unterzeichnung des Bundes von Perth in Schottland sowie das Erscheinen der endgültigen lateinischen Ausgabe der *Institutio* Calvins.

4. Zur Frage des Zusammenhangs von Reformationserinnerung und politisch-kultureller Identität

Nach den skizzenhaften Bemerkungen zur inhaltlichen Konzeption soll abschließend die Frage gestellt werden, ob hier Reformationserinnerung zur Reformationsinszenierung wird, die um gegenwärtiger ideologischer Zwecke willen ein falsches Bild der Geschichte konstruiert. Es kann dabei nicht das grundsätzliche Problem bedacht werden, dass jede Geschichtssicht notwendig eine Konstruktion im Geflecht gegenwärtiger leitender Erkenntnisinteressen und im weitesten Sinne politischer Zwecke ist. Gleichwohl seien einige auswertende Bemerkungen formuliert.

Erstens ist das Programm des Denkmals von einer Bewertung der Bedeutung der calvinistischen Reformation für die Moderne bestimmt, wie sie im 19. und am Beginn des 20. Jahrhunderts vor allem Jules Michelet und Ernst Troeltsch vertreten hatten. Dies entspricht in einiger Hinsicht nicht mehr dem gegenwärtigen Forschungsstand zur Frage der Kulturwirkungen der calvinistischen Reformation. So herrscht zum Beispiel im Blick auf die Person und das Werk Cromwells keineswegs Einigkeit in der Frage, inwieweit sein Handeln von calvinistischem Gedankengut geleitet war. Auch erscheint es heute unmöglich, die Ambivalenz seines Kampfes gegen den Absolutismus zu übersehen.

Zweitens ist das Genfer *Monument international de la Réformation* Ergebnis einer Privatinitiative und nicht von einer kirchlichen oder staatlichen Obrigkeit verordnet worden. Die politische Obrigkeit nahm abgesehen von der Wahl des Ortes praktisch keinen Einfluss auf die inhaltliche Gestaltung des Denkmals.

Gleichwohl verfolgt das Denkmal drittens sowohl für das Genfer Gemeinwesen als auch für den weltweiten reformierten Protestantismus identitätsstiftende Zwecke. Die Planungen des Denkmals fallen in eine Zeit, in der nicht nur die Trennung von Staat und Kirche in Genf endgültig vollzogen wurde, sondern infolge von Zuzug und demographischem Wandel auch die jahrhundertealte Vorherrschaft der protestantischen Eliten der Stadt infragegestellt war. In dieser Situation schien den Initiatoren, die zumeist den alteingesessenen Familien Genfs entstammten, eine Rückbesinnung auf die kulturellen Traditionen der Stadt notwendig. Besonders deutlich ist dies von Charles Borgeaud in einem Vortrag am 24. Juni 1905 formuliert worden, der die versammelten Vertreter der führenden Familien Genfs für eine ideelle und materielle Unterstützung des Projekts zu gewinnen versuchte und der dann mit dem Aufdruck „confidentiel" an eine kleine Zahl von Personen verteilt wurde.[38]

In diesem Text sind patriotische Töne unüberhörbar. Das Projekt wird als eine „grave question d'intérêt national" bezeichnet.[39] Es sei dringend, dass es von denen bedacht wer-

---

[38] Vgl. 4me Centenaire de Calvin: [...] Rapport (wie Anm. 18), S. 3-14.

de, die es am unmittelbarsten betreffe, nämlich die Repräsentanten der Genfer Familien, deren Vorfahren über Jahrhunderte die Stadt Calvins verteidigt hätten und deren Namen unlöslich verbunden seien mit der Geschichte dieses protestantischen Rom. Gleichfalls müsse es von den Repräsentanten der „nationalen" Vereinigungen der Gelehrten und Künstler bedacht werden, die unabhängig von jeder politischen Ausrichtung sich dem Ziel widmen, in Genf die Verehrung seiner großen Vergangenheit zu bewahren.[40] Borgeaud äußert die Auffassung, dass Genf in eine kritische Phase seiner nationalen Existenz geraten sei, und beschwört die Gefahr eines Niedergangs „Genfer Vitalität".[41] Die außerordentliche Integrationskraft Genfs müsse durch eine verstärkte Besinnung auf die eigenen Wurzeln ergänzt werden.[42] Die nationale Anstrengung der Errichtung eines Reformationsdenkmals sei ein wesentlicher Beitrag zum (Über-)Leben Genfs im 20. Jahrhundert. Die weltgeschichtliche Rolle der Stadt, ihre Bedeutung nicht nur für die mächtige französische Demokratie, sondern vor allem auch die großen angelsächsischen Demokratien müsse sichtbar gemacht werden.[43]

---

[39] Ebd., S. 3. Vgl. auch den Schlusssatz des Vortrages: „Nous l'avons fait pour obéir à un devoir de conscience, en pensant à la patrie et à ceux qui l'ont faite ce qu'elle est" (S. 14).

[40] Ebd., S. 3 f.

[41] „Par suite de circonstances économiques plus fortes que toute volonté, Genève est arrivée à une période critique de son existence nationale. Sa population se transforme visiblement par un afflux toujours plus considérable de sang étranger. Déjà aujourd'hui la majorité numérique n'y appartient plus aux protestants auxquels elle doit son indépendance et sa culture. Qu'en sera-t-il de cette indépendance et de cette culture lorsque la Faucille aura été percée et qu'au lieu d'être contournée par les lignes françaises, au lieu d'être discrètement évitée, dans la mesure du possible, par les tarifs et par les horaires, elle se trouvera subitement le point de départ et le point d'arrivée d'une grande voie internationale, lorsqu'elle sera devenue un centre commercial de première importance et l'entrepôt des échanges d'une partie de la France? Ceux qui travaillent à ce résultat grandiose, avec le légitime désir de contribuer à la prospérité matérielle de leur patrie, doivent aussi se poser cette question. Ils doivent se demander ce qu'il faut faire pour que cette prospérité matérielle ne soit pas trop chèrement payée par une diminution de mentalité, de vitalité genevoises" 4me Centenaire de Calvin: […] Rapport (wie Anm. 18), S. 8 f.

[42] „Ce qu'il faut faire, à notre avis d'intellectuels, c'est redoubler d'efforts pour que la puissance d'assimilation vraiment extraordinaire de Genève s'accroisse en proportion de la tâche qui se prépare pour elle. C'est agir sur ces générations nouvelles d'enfants adoptifs qui peuplent nos écoles, leur faire comprendre toujours mieux ce qu'a été dans le passé, ce que peut être dans l'avenir la noble cité qu'ils doivent être heureux d'habiter et, s'ils deviennent un jour ses citoyens, dont ils seront fiers de porter le nom" 4me Centenaire de Calvin: […] Rapport (wie Anm. 18), S. 9.

[43] „Un effort national comme celui que réaliserait le monument de 1909 serait une leçon de choses de première grandeur et qui aurait un retentissement considérable sur la vie genevoise du XXe siècle. Ce serait l'affirmation, sur la place publique, du rôle mondial de Genève, des liens historiques qui rattachent ses destinées de cité libre, non pas seulement à celles de la puissante démocratie française, mais à celles des grandes démocraties anglo-saxonnes et, au moment où notre ville se trouvera placée sur la route de la malle des Indes, cette affirmation éclatante éveillerait plus d'un écho au-delà des mers" (4me Centenaire de Calvin: […] Rapport [wie Anm. 18], S. 9 f.).

Situiert man – fünftens und letztens – die Pläne zur Errichtung eines Reformationsdenkmals in die Geschichte der Genfer Reformationserinnerung vom 17. bis 20. Jahrhundert, fallen Kontinuitäten ins Auge. Die Reformation als entscheidende Station der modernen europäisch-transatlantischen Freiheitsgeschichte und die Zurückhaltung im Umgang mit dem gerade in seiner theologischen Konzentration sperrigen Gedankengut der Reformatoren des 16. Jahrhunderts sind hier zu nennen. Charakteristisch für die Reformationserinnerung am Beginn des 20. Jahrhunderts in Genf ist das pointierte Interesse an der Kulturbedeutung der Reformation, insbesondere an der Bedeutung der (calvinistischen) Reformation für die Geschichte der politischen Kultur.

Die gegenwärtige Erfahrung muss uns zurückhaltend machen mit einem schnellen Urteil über identifikationshermeutische Verfälschungen der Reformationsgeschichte am Beginn des 20. Jahrhunderts. Angesichts einer fortgeschrittenen Säkularisation des öffentlichen Lebens gibt es bis weit in die intellektuellen Eliten hinein nur mehr eine geringe Kenntnis der christlichen und insbesondere der reformatorischen Wurzeln der westlichen Zivilisation. Eine öffentliche Kommunikation dieses Erbes gerade auch außerhalb der Mauern der Kirche erscheint darum dringend notwendig. Die Entstehungsgeschichte und die Gestaltung des Genfer *Monument international de la Réformation* zeigt exemplarisch die Risiken und Chancen dieses Bemühens. Es kommt wohl notwendig zu Vergröberungen und Simplifizierungen. Damit daraus nicht Verfälschungen der Geschichte werden, bedarf es einer kritisch-analytischen Deutung des historischen Gegenstandes wie auch des gegenwärtigen Identitätsbedürfnisses, in dessen Kontext ein solches Denkmal entsteht.

Das Museum als Kultstätte und Erinnerungsort

Rosmarie Beier-de Haan

Erinnerung und Religion im Museum

Die folgenden Ausführungen richten die Aufmerksamkeit zunächst auf die Unsicherheit und Ungewissheit im Umgang mit den Themen, Gegenständen und Orten von Erinnerung. Damit soll eine Zustandsbeschreibung erbracht werden, die es erlaubt, weniger in Klagen zu verfallen als vielmehr neue Chancen zu gewinnen. Bevor diese im dritten Teil der Ausführungen behandelt werden, wird als Zwischenschritt im zweiten Punkt das spezifische Verhältnis zwischen Erinnerung, Religion und Museum thematisiert werden. Auch wenn die Ausführungen dazu eher kursorisch ausfallen müssen, so ist doch das Verhältnis des Museums in der Moderne zu den der Religion entstammenden Gegenständen von immenser Bedeutung, um zu klären, was im dritten Punkt umrissen werden soll. Darin geht es darum, dafür zu argumentieren, dass die Unsicherheit und Ungewissheit im Umgang mit Erinnerung es heute erlauben, die Gegenstände des Museums als säkularisierte und zugleich als entsäkularisierte darzubieten.

I.

Erinnerung boomt – das kann man seit etlichen Jahren konstatieren, und je nach Standpunkt geschieht dieses mit einem triumphierenden oder einem klagenden Unterton. Der Begriff „Erinnerung" ist in den letzten Jahren zu einem außerordentlich häufig verwendeten Terminus im öffentlichen Diskurs avanciert; und proportional zu seiner wachsenden diskursiven Bedeutung ist eine präzise festgelegte Bedeutung immer weniger zu haben. „Erinnerung" scheint zu einem „free-floating phenomenon" geworden zu sein.[1] Es herrscht Unübersichtlichkeit bezüglich der Orte und Gegenstände, an die sich die Erinnerung heften kann und soll. Es besteht Unsicherheit hinsichtlich der Inhalte und Interpretation von „Erinnerungsmaterial". Die Konsequenz ist Ungewissheit in Hinblick auf die aus Geschichte resultierenden Orientierungen und Bedeutungen.

---

[1] Darauf macht aufmerksam: JOHN R. GILLIS, Memory and Identity. The History of a Relationship, in: Commemorations. The Politics of National Identity, hg. von DERS., Princeton [New Jersey] 1994, S. 3-24, hier S. 3.

Für die Ungewissheit und Unsicherheit bezüglich der Gegenstände, Themen und auch bezüglich der Orte der Erinnerung gibt es eine außerordentlich große Zahl an Beispielen. Wo man den Ort der Erinnerung meint recht genau festlegen zu können, dort wird vor und in der Öffentlichkeit heftig um die Formen und die Repräsentation der Erinnerung gerungen. Das wohl markanteste Beispiel hierzulande ist das zentrale Holocaust-Mahnmal in Berlin. Es ist eine Skulptur, ein Monument, das Erinnerung evozieren und wach halten soll. Erst nach mehr als einem Jahrzehnt und inzwischen zahllosen Runden des öffentlichen Diskutierens, des Entwerfens, Verwerfens, der politischen Willensbildung konnte das Mahnmal nun endlich in die Phase der Umsetzung treten.[2] Hat man jahrelang um die angemessene Form gerungen, so sagen manche nun: Die eigentliche Bedeutung des Mahnmals liege in den Kontroversen, die es um die politisch und symbolisch adäquate Repräsentation der Opfer ausgelöst hat. Erinnerung – so zeigt sich daran – muss sich nicht einmal an einen manifesten Gegenstand heften. Erinnerung kann auch durch eine Absicht hervorgerufen werden, kann sich an Künftigem und Immateriellem festmachen.

Etliche Erinnerungen lassen sich nicht mehr an fixierbare Orte und Materialisierungen binden. Zu den neuen, letztlich „nicht ortsgebundenen Orten" zählen etwa die Print- und TV-Medien, die Ausstellungen, der Spielfilm, das Internet. Wo wäre zudem der Ort der Erinnerung an die Challengerkatastrophe; wo sollte man ausgestorbener Tier- und Pflanzenarten, wo des Beginns der Klimakatastrophe gedenken? Kurz, eine neue, in dieser Form nicht gekannte Dynamik des Rückblickens, des Bewahrens, des Gedächtnisses und des Vermächtnisses durchzieht unsere Gegenwart.[3]

Bei aller Unsicherheit im Begriff, bei aller Vielfalt der Möglichkeiten, Erinnerungen zu evozieren, sind es doch immer noch Orte, Räume, Gegenstände, die den Kern der Träger von Erinnerungen bilden. Das spiegelt sich etwa in dem groß angelegten, von Etienne François und Hagen Schulze herausgegebenen Werk über „Deutsche Erinnerungsorte".[4] Das zeigt sich in einer Fülle „neuer" Erinnerungsorte vom Vietnam War Memorial[5] in Washington, das – als Wand gestaltet – die Namen aller 58 000 gefallenen US-Soldaten verzeichnet, über die ephemeren Gedächtnisorte wie etwa an Lady Di in Paris oder jüngst an die Opfer des World Trade Centre Attentats in Manhattan bis hin zum „NAMES

---

[2] Zu Chronologie und Diskussionsverlauf vgl. MICHAEL S. CULLEN, Das Holocaust-Mahnmal. Dokumentation einer Debatte, Zürich 1999; außerdem die umfangreiche Dokumentation: Der Denkmalstreit – das Denkmal? Die Debatte um das „Denkmal für die ermordeten Juden Europas", hg. von UTE HEIMROD / GÜNTER SCHLUSCHE / HORST SEFERENS, Berlin 1999.

[3] Vgl. dazu, insbesondere mit Blick auf den Holocaust, ROSMARIE BEIER, Geschichte, Erinnerung und Neue Medien. Überlegungen am Beispiel des Holocaust, in: DIES. (Hg.), Geschichtskultur in der Zweiten Moderne, Frankfurt am Main 2000, S. 299-323.

[4] Deutsche Erinnerungsorte, hg. von ETIENNE FRANÇOIS / HAGEN SCHULZE, 3 Bände, München 2000/2001.

[5] LARRY DANE BRIMNER, The Names Project, New York 1999; INGRID GESSNER, Kollektive Erinnerung als Katharsis? Das Vietnam Veterans Memorial in der öffentlichen Kontroverse, Frankfurt am Main 2000.

Project Aids Quilt",[6] dessen Riesenflickenteppich gleichsam als neuer öffentlicher Ort beweglich ist, kann er doch (fast) überall aufgeschlagen werden.

Als Stätten, die oft mit renommierten Künstlern, Architekten, Designern ausgestaltet werden, erhalten die Erinnerungsorte zudem eine hohe ästhetische Qualität und werden zu „definitorischen Zeichen",[7] deren Stil, Eleganz und Avanciertheit sich bisweilen zu verselbständigen scheinen. Und auch das Museum – ein alter, neben dem Denkmal wohl der klassische Ort der Erinnerung – ist von den Modernisierungen, Ästhetisierungen, der Popularisierung und Veralltäglichung der Erinnerung erfasst worden. Längst gilt nicht mehr, was der Wiener Schriftsteller Joseph Roth aus seiner Kindheit über einen Museumsbesuch erinnerte: „Das Museum war monumental, steinern, kalt, und ihm entströmte, als wäre es nicht der Sitz der Kunst, sondern die Höhle der Winde, ein frostiger Atem, der die ganze Straße erfüllt. Die Vorstellung, dass ich jetzt den Gesang der Vögel, den Garten, die Sonne, den Fluss und die Brücke verlassen musste […] erfüllte mich mit […] Grauen […] Aus dem großen, gewölbten Eingang über der steinernen Treppe kam eine kalte, schwarzbraune Finsternis".[8] Längst ist das Museum nicht mehr der Orkus des Vergangenen, das Gegenteil von Gegenwart und Lebendigkeit. Längst beschränkt es sich nicht mehr darauf, ein Archiv, ein Aufbewahrungsort für Dinge zu sein, von denen Besucher eine kleine, von Fachleuten getroffene Auswahl besichtigen dürfen. Das Museum unserer Zeit hat den Anspruch, Teil des Lebens zu sein.[9] Ja, mehr noch: Es will Interessen wecken und aktuelle Themen aufgreifen, in Diskussionen eingreifen und zudem die Initiative für die Behandlung so mancher Themen der Erinnerungen ergreifen.

Damit ist das Museum nicht bloß ein Ort für die Dinge der Erinnerungen. Das Museum gerät vielmehr immer wieder auch in Auseinandersetzungen darum, wie richtig erinnert werden soll. Anhand von drei Beispielen möchte ich andeuten, wer bei der Bestimmung dessen, wie richtig erinnert wird, heute als Einflussgröße gelten muss neben denen, die Ausstellungen realisieren, Museumskonzepte entwickeln, Gegenstände auswählen und in einer bestimmten Form präsentieren. Man denke zunächst an die Wehrmachtausstellung des Hamburger Instituts für Sozialforschung, die sogar eine Bundestagsdebatte nach

---

[6] Vgl. dazu Peter S. Hawkins, Naming Names. The Art of Memory and the NAMES Project AIDS Quilt, in: Thinking about Exhibitions, hg. von Reesa Greenburg / Bruce W. Ferguson / Sandy Nairne, London/New York 1996, S. 133-156; Annette Jael Lehmann, Spuren der Präsenz, Spuren der Absenz – Performativität und Erinnerung im Zeitalter von AIDS, in: Paragrana. Internationale Zeitschrift für Historische Anthropologie 9 (2000), S. 217-236.

[7] So bezeichnete Konrad Schuller das Holocaust-Mahnmal einmal als eines „jener definitorischen Zeichen (…), die den Berliner Neubeginn begleiten" (siehe: Frankfurter Allgemeine Zeitung, 12. Mai 1999).

[8] Joseph Roth, Das Museum, zit. nach: menschen im museum. Eine Sammlung von Geschichten und Bildern, hg. von Christoph Stölzl, Berlin 1997, S. 43 f.

[9] Vgl. neben anderen: Stephen E. Weil, Rethinking the Museum, Washington/London 1990; Walter Hochreiter, Vom Musentempel zum Lernort. Zur Sozialgeschichte deutscher Museen, Darmstadt 1994; Geschichtskultur (wie Anm. 3), passim.

sich zog.¹⁰ Am Ende war es das Gutachten einer unabhängigen Wissenschaftlerkommission, das festlegte, was an der Ausstellung richtige Erinnerung sein konnte und was so nicht gezeigt, untertitelt, kommentiert werden durfte.¹¹ Der Zunft der Fachwissenschaftler wurde hier die Entscheidungsbefugnis über angemessen oder falsch übertragen. Es gibt aber auch andere Varianten, wie über das Dargebotene und die Präsentation von Erinnerungswürdigem entschieden wird. Man denke an den Eklat um die *Enola Gay*-Ausstellung des National Air and Space Museum of Smithsonian Institution in Washington, die den Abwurf der amerikanischen Atombomben auf Hiroshima und Nagasaki thematisierte.¹² Die Auseinandersetzungen zwischen dem Museum auf der einen Seite und dem Amerikanischen Kongress sowie den Veteranenverbänden der US-Army auf der anderen Seite endeten für das Museum desaströs. Der Direktor, Martin Harwit, musste seinen Hut nehmen, und die Ausstellung musste inhaltlich überarbeitet werden. In diesem Fall hatten nicht die Fachwissenschaftler das letzte Wort, sondern die Vertreter derer, die dabei gewesen waren, und die Volksvertreter. Die Ausstellung wurde den Vorstellungen von Nationalgeschichte und nationaler Identität – wie sie die Verbände und der Kongress für angemessen hielten – angepasst.

Ein drittes Beispiel: In einem Vortrag, den eine australische Museumswissenschaftlerin, Viv Szekeres vom Migration Museum (Adelaide) auf der Weltkonferenz der Museen vor nunmehr drei Jahren in Melbourne hielt, schilderte sie das Gespräch mit einer empörten Besucherin, die ihre Geschichte im Museum nicht wiederfand, und knüpfte daran die Frage, die wohl jeden Ausstellungsmacher immer wieder bewegt: „Who owns the past?"¹³ Die Besucherin hatte keine Chance, ihre Vorstellung von der angemessenen Präsentation ihrer Erinnerung durchzusetzen. Die Frage nach der Legitimation des Umgangs mit der Vergangenheit signalisiert aber einmal mehr das zentrale Anliegen, die Erinnerung in einer bestimmten Weise an- und ausgesprochen zu finden. Es geht immer nicht nur um die angemessene Präsentation von Dingen, sondern zugleich um den Anspruch, mit ihnen

---

¹⁰ Vgl. Die Wehrmachtsausstellung. Dokumentation einer Kontroverse, hg. von Günther Thiele, Bonn 1997.

¹¹ Omer Bartov u. a., Bericht der Kommission zur Überprüfung der Ausstellung „Vernichtungskrieg der Wehrmacht 1941 bis 1944", Berlin 2000.

¹² Vgl. neben der Darstellung aus der Sicht des Museumsdirektors Martin Harwit, An Exhibit Denied. Lobbying the History of Enola Gay, New York 1996; Ders., Über die Schwierigkeit, die Mission der Enola Gay in einer Ausstellung darzustellen, in: Der Krieg und seine Museen, hg. von Hans-Martin Hinz, Frankfurt am Main 1997, S. 127-145, vgl. auch die Beiträge: History and the Public. How Much Can We Handle? A Round Table About History After the Enola Gay Controversy (= Journal of American History 82 [1995], Nr. 3), History Wars. The Enola Gay and Other Battles for the American Past, hg. von Edward T. Linenthal / Tom Engelhardt, New York 1996.

¹³ Viv Szekeres, Histories, Communities and Migration. Vortrag auf der 16. Generalkonferenz des International Council of Museums (ICOM), Section International Committee for Museums and Collections of Archeology and History (ICMAH), Melbourne, 10.-16. 10. 1998 (unveröff. MS).

eine nicht bloß angemessene, sondern richtige, der Wahrheit entsprechende Erinnerung hervorzurufen. Was dabei als wahr gilt, wird nicht unbedingt einheitlich gesehen. Es lassen sich (mindestens) vier Gruppen ausmachen: erstens die Kustoden und Ausstellungsmacher, zweitens die Fachwissenschaftler, drittens die Volks- und Verbandsvertreter und viertens die Beteiligten bzw. Betroffenen.

Für mich als Kustodin und Ausstellungsmacherin stellt sich immer wieder die Frage: Woher nehme ich die Legitimation, für andere zu sprechen? Welche Hilfe leistet die – oftmals in sich uneinige – Fachwissenschaft? Wen beziehe ich ein, wen schließe ich aus? Wessen Erinnerungen sind privilegiert, wessen fallen weg? Und wie kann ich vermitteln zwischen der individuellen Erinnerung und der allgemeinen Interpretation von Geschichte? Wie gehe ich mit Lobbyisten und Meinungsmachern um? Und: Wie reagiere ich auf empörte Besucher, wenn die Geschichte nicht so präsentiert wird, wie sie selbst sie erinnern? Eindeutige Antworten sehe ich auf diese Fragen nicht. Vielmehr wird es darum gehen, bezüglich der Unsicherheiten im Umgang mit Erinnerungen, mit ihren Orten, Gegenständen, Präsentationen und mit dem Streit um Angemessenheit und Wahrheit aus der Vergegenwärtigung der vielen Stimmen und Varianten heraus zu eigenen Entscheidungen sich durchzuringen, ohne der einen oder anderen Stimme ganz zu folgen und sich doch für eine bestimmte Auswahl reflektiert zu entscheiden.

II.

Wenn ich vor diesem Horizont nach der Schnittstelle zwischen Museum, Erinnerung und Religion frage, so ist das die Frage nach der Besonderheit dieses Verhältnisses. Wodurch zeichnet es sich aus? Auf den ersten Blick gilt zunächst, was der englische Historiker Mark O'Neill über die englische Museumslandschaft gesagt hat, was aber auch für Deutschland zutrifft: „The most obvious and important thing to be said about making histories of religion in museums is that they don't do it very often".[14] Ein übergreifendes Museum der Religion, oder vielleicht auch der Erinnerung an Religion, gibt es in Deutschland – bis auf eine Ausnahme[15] – nicht.[16] Sehe ich mich in der Berliner bzw. der deutschen Museums-

---

[14] MARK O'NEILL, Making Histories of Religion, in: Making Histories in Museums, hg. von GAYNOR KAVANAGH, London 1996, S. 183-217, hier S. 188.

[15] Die 1927 von dem Marburger Religionswissenschaftler Rudolf Otto gegründete Religionskundliche Sammlung ist bis heute das einzige Museum in Deutschland, das allein dem Thema der Religion gewidmet ist. Als religionsgeschichtliche Museen in Europa sind noch das in Glasgow (St. Mungo Museum) sowie dasjenige in St. Petersburg (ehemals Museum des Atheismus) zu nennen.

[16] Auf diesen Aspekt verweist auch Peter J. Bräunlein von der Religionskundlichen Sammlung, Marburg, im Zusammenhang mit der im September 2001 in Leipzig durchgeführten Jahrestagung der Deutschen Vereini-

und Ausstellungswelt um, so bietet sich folgendes Bild. Aufmerksamkeiten in bezug auf die Religion werden über andere, vor allem kulturwissenschaftliche Fragen transferiert. Einige Beispiele: Die Eröffnungsausstellung des Museums Europäischer Kulturen in Berlin-Dahlem zeigt zum Thema *Faszination Bild*[17] – in der Gestaltung an Lessings Ringparabel erinnernd – die Bedeutung bzw. Bedeutungslosigkeit von Bildern in den drei großen Weltreligionen Judentum, Christentum und Islam. Einer Überfülle von Votivtafeln und Heiligenbildern steht der karge protestantische Kirchenraum gegenüber. Ein weiteres Beispiel: Taufe versus Nichttaufe, Konfirmation versus Jugendweihe waren Aspekte in einer kulturhistorischen Ausstellung über *Lebensstationen*[18] in Deutschland-Ost und Deutschland-West in Berlin im Jahre 1993 und ebenso in einer Ausstellung über das Verhältnis der Generationen im Dresdner Hygiene-Museum.[19] Der Tod (die große Angst der modernen säkularisierten westlichen Gesellschaften) erlebte seit den achtziger Jahren mit Ausstellungen wie *Die letzte Reise*[20] im Münchner Stadtmuseum beachtliche Aufmerksamkeit. Zuwanderung, die Begegnung zwischen den Kulturen, wird als Thema zunehmend wichtiger für die Museen, und damit auch die Religion: „Exhibitions like these tackle religion largely because it is a defining mark of the immigrant community they are addressing."[21] So engagierten sich die in der englischen Industriestadt Bradford gelegene Transcultural Galleries[22] um transkulturelle Begegnungen in einer Stadt, die durch einen hohen Anteil an indisch-pakistanischen Immigranten gekennzeichnet ist und die immer wieder durch heftige Rassenunruhen in die Schlagzeilen geriet. Religion wird hier zu einem Aspekt der Begegnung und der Differenz zwischen den Kulturen neben anderen.

Zwischen differenten Wahrnehmungs- und Erinnerungsformen in einer Kultur zu vermitteln wie Differenzen zwischen unterschiedlichen Kulturen darzustellen, das sind zwei Formen der Präsentation transkultureller Erfahrungen. Diese war auch das zentrale Anlie-

---

gung für Religionsgeschichte, die sich dem Thema „Popularisierung und Mediatisierung von Religion" widmete (vgl: http://www.uni leipzig.de/~religion/dvrg2001_panel_inhalt.html).

[17] Vgl. dazu insbesondere: ERIKA KARASEK / ELISABETH TIETMEYER, Das Museum Europäischer Kulturen: Entstehung – Realität – Zukunft, in: Faszination Bild. Ausstellungskatalog zum Pilotprojekt, Berlin 1999, S. 13-25.

[18] Vgl. Lebensstationen in Deutschland 1900-1993. Ausstellungskatalog zur gleichnamigen Ausstellung des Deutschen Historischen Museums, hg. von ROSMARIE BEIER / BETTINA BIEDERMANN, Gießen 1993.

[19] Alt & Jung. Das Abenteuer der Generationen, Dresden 1998.

[20] Die letzte Reise. Sterben, Tod und Trauersitten in Oberbayern. Ausstellungskatalog zur gleichnamigen Ausstellung des Münchner Stadtmuseums, hg. von SIGRID METKEN, München 1984.

[21] CRISPIN PAINE, Preface, in: Godly Things. Museums, Objects and Religion, hg. von CRISPIN PAINE, London 2000, S. XIII-XVII, hier S. XV.

[22] Vgl. dazu SHARON MACDONALD, Nationale, postnationale, transkulturelle Identitäten und das Museum, in: Geschichtskultur (wie Anm. 3), S. 123-148, hier bes. S. 135-140; zur Religion als einem Aspekt der interkulturellen Begegnung vgl. auch: Cultural Diversity. Developing Museum Audiences in Britain, hg. von EILEAN HOOPER-GREENHILL, London 1997.

gen der Ausstellung *Hel en Hemel* [Hölle und Himmel],[23] die der englische Regisseur und Ausstellungsmacher Peter Greenaway im niederländischen Groningen inszenierte. Nicht die Gleichzeitigkeit von Kulturen war hier der Gegenstand, vielmehr sollte die mittelalterliche Welt als uns fremde Kultur lebendig gemacht werden.[24] Greenaway schuf zum Beispiel mit einem großen Saal voller Totenschädel und Knochen der Mönche von Aduard ein eindrucksvolles Bild für die Todesvorstellungen und Höllenängste, die unserer – und gerade der protestantischen – Kultur fremd geworden sind.

Bei aller musealen und ausstellungsbezogenen Beschäftigung mit den Religionen, transkulturellen Phänomenen und der Behandlung des Zeitraums der Reformation in etlichen Ausstellungen ist es doch erstaunlich, dass die große Kulturerfahrung Europas seit der frühen Neuzeit, die Teilung in protestantische und katholische Regionen, im Grunde unbeachtet geblieben ist. Woran liegt das? Liegt es an der Entgrenzung der Religion, dass neben den Konfessionen viele religiöse Muster und Vorstellungen denkbar geworden sind? Ein Indikator dafür, dass diese Vermutung tragen könnte, sind die Museen und Ausstellungen, in denen die „Randbereiche" von Religion aufgegriffen und neue Antworten gegeben werden. Auf der *EXPO 2000* in Hannover beispielsweise waren in einem „Color TV Video Reparatur Service" betitelten Kiosk per Videoaufzeichnung Interviews mit prominenten Naturwissenschaftlerinnen zu sehen.[25] Gleichsam wie Hohepriesterinnen gaben sie Antwort auf die Frage „Glauben Sie, dass eine Seele unabhängig vom Körper existiert? Oder ist die Seele Teil der Gehirnfunktionen?" Antworten darauf hätte man noch vor wenigen Jahrzehnten allein von der Kirche erwartet; nun sind die Naturwissenschaften im beginnenden Jahrhundert der „Lebenswissenschaften" offenbar dafür auch zuständig – wie auch der „Jahrmarkt" der Ausstellungen und die Medien: Sie alle äußern sich selbstverständlich zu den „letzten Fragen". Dass Naturwissenschaftlerinnen zu Rate gezogen werden, mag auch an der zugrunde gelegten konstruktivistischen Sicht[26] auf Wahrnehmung, Empfinden, Urteilen und Leben liegen. Eine unabhängig vom Körper existierende Seele ist in einer konstruktivistischen Welt undenkbar, ja, selbst eine körpergebundene Seele kann nach konstruktivistischer Konzeption nur eine Leistung des Gehirns sein, hat darin als gedachte ihren Platz.

---

[23] Vgl. dazu: Hel en Hemel. De Middeleeuwen in het Noorden. Ausstellungskatalog der gleichnamigen Ausstellung des Museums Groningen, Groningen 2000.
[24] STEVEN KOLSTEREN, Einblick in den Geist des Mittelalters. Die Mission von Peter Greenaway, in: Hel en Hemel. De Middeleeuwen in het Noorden. Deutsche Ausgabe der Groninger Museumskrant 14 (2001), Nr. 1, S. 2 f.
[25] Vgl. dazu eingehend: ROSMARIE BEIER, Inszenierung von Zukunft. Visionen und mediale Strategien der EXPO 2000, in: Historische Anthropologie 9 (2001), S. 115-125.
[26] Dazu allgemein: KENNETH GERGEN, An Invitation to Social Construction, London 2000; NELSON GOODMAN, Of Mind and Other Matters, Harvard University Press 1987.

III.

Museumsobjekte erfahren im Zuge ihrer Musealisierung eine Verwandlung. Die Sozialwissenschaftlerin Hilke Doering[27] hat die „Dingkarriere" vom „Sammelstück" über das „Lagerstück" und das „Werkstück" bis hin zum „Ausstellungsstück" anschaulich beschrieben. Diese Transformation vom Artefakt zum Repräsentanten einer spezifischen Kultur, zum „kulturellen Dokument", geht einher mit dem (zumeist völligen) Verlust seines vormusealen Lebens, seines kulturellen Kontextes.[28]

Religiosa werden durch diesen Prozess entsakralisiert. Seit Jahrhunderten sammeln die kunsthistorischen Museen religiöse Kunst: Taufbecken, Altäre, Gewänder, Gemälde und Skulpturen mit religiösen Motiven, Bücher religiösen Inhalts, Grabsteine und Grabbeigaben, Gebeine sowie vieles andere mehr. Wir sind es gewohnt, wir haben es gelernt, diese Dinge als kunsthistorische Solitäre zu betrachten, an denen wir unser Wissen und unsere Bildung unter Beweis stellen. Wir sind – besonders in einer Zeit, in der bedeutende Teile des christlichen Traditionsgutes als Folge der Entchristlichung verloren gegangen sind[29] – nur noch selten dessen eingedenk, dass es sich um Objekte der Ehrung und Verehrung handelt. Erinnerungen, auch wenn sie sich an Gegenstände aus religionsgeschichtlichen Kontexten heften, werden in Museen als säkulare Erinnerungen evoziert. Die Gegenstände sollen schließlich nicht den religiösen Glauben stärken oder gar bekehren, sondern die eigene oder eine fremde kulturelle Herkunft zeigen.

Die ethnologischen Museen haben vielfach – und viele Jahre unbekümmert – Religiosa aus anderen kulturellen Kontexten gezeigt – ohne zu reflektieren, ob sie vielleicht die religiösen Gefühle anderer damit verletzen. Zu Recht stellt der englische Religionswissenschaftler Crispin Paine die Frage, wie es sich denn umgekehrt verhielte: „How would an Anglican feel about the museum display of a consecrated host?"[30] So findet sich dieser Zusammenhang in einem Cartoon aus den 1940er Jahren als Quelle der Erheiterung gefasst: Ein Indianer mit Anzug und Stirnband, einen großen Ziegenbock an der Leine mit sich führend, steht im Museum vor einer riesigen Götterstatue. Ein Museumswärter tuschelnd zum anderen: „Er möchte wissen, ob er ein kleines Opfer bringen darf".[31]

---

[27] Vgl. Hilke Doering, Dingkarrieren: Sammelstück, Lagerstück, Werkstück, Ausstellungsobjekt. Zur Konstruktion musealer Wirklichkeit, in: Geschichtskultur (wie Anm. 3), S. 263-278.
[28] Vgl. ebd., bes. S. 264.
[29] Chaix weist darauf hin, dass „bedeutende Teile des christlichen Traditionsgutes, das auf persönlicher Aneignung beruht, als Folge der Entchristlichung verlorengegangen sind, wie zum Beispiel das Lesen der Bibel, das Singen von Kirchenliedern, das Gebet und der Katechismusunterricht." Vgl. Gérald Chaix, Die Reformation, in: Deutsche Erinnerungsorte, Bd. 2 (wie Anm. 4), S. 9-27, hier S. 26.
[30] Paine (wie Anm. 21), S. xv.
[31] Charles Addams, Cartoon „He wants to know if he may make a small sacrifice in front of it.", The New Yorker Collection 1941; abgebildet in: Godly Things (wie Anm. 21), Frontispiz.

Erinnerung und Religion im Museum

'He wants to know if he may make a small sacrifice in front of it.'

© The New Yorker Collection 1941 Charles Addams from cartoonbank.com.
All Rights Reserved.

Dieser Cartoon und Crispin Paines zuvor erwähnte Frage nach dem persönlichen Verhältnis der Besucher zu den gezeigten religiösen Gegenständen machen einmal mehr deutlich, was im Kontext der Pluralisierung von Erfahrungen und Sinnbezügen eigentlich schon als Selbstverständlichkeit erkannt sein sollte: Was im Museumskontext als historischer Gegenstand Erinnerungen an Epochen und historische Ereignisse, an Handwerkskunst und Stile freisetzen soll, vielleicht sogar Bewunderung abverlangt, kann jenseits historischer Verortungen, dem jeweilgen zeitgeschichtlichen Kontext entbunden, als Gegenstand religiöser Verehrung, als Teil einer rituellen Handlung, der Anbetung und der Heilshoffnung gewertet werden. Diese Lesart findet in einem Museum, dass in der Tradition der Aufklärung steht, bisher nur außerordentlich selten Raum. Wie können wir eine Beziehung stiften zwischen musealisierten Gegenständen, die dem religiösen Kontext entzogen wurden, und einem religiösen Empfinden, das diese Dekontextualisierung moniert?

Man könnte nun darauf reflektieren, warum zwischen einem Museum und seinen Gegenständen einerseits und den Gegenständen religiöser Handlungen andererseits sehr differente Formen der Kontextualisierung und damit der Erinnerung bestehen. Nicht darum soll es hier jedoch gehen, sondern um die Frage, ob sich zwischen diesen differenten Verhältnissen heute, in der – um einen Begriff von Ulrich Beck[32] aufzugreifen – Zweiten Moderne, eine Brücke schlagen lässt.

Wenn man es riskiert, eine grobe Beschreibung der Funktion von Museen in der Moderne zu liefern, dann sind sie zumindest dieses: Orte der Aufklärung, der Tat-Sachen, der Systematik, der Wissenschaft, der präzisen Wiedergabe von Ereignissen. Sie waren von diesem Funktionsbündel her gesehen Orte der Säkularisierung – wie im Übrigen auch Schulen. Als Orte, die sich im Idealfall durch Rationalität, Reflexion und das bessere Argument, durch Beweis und Beleg auszeichnen sollten, standen sie in Opposition zum Glauben, zur Religion. Letztere war als Gegenstand der Darstellung immer interessant. Die Religion als zentrale Trägerin von Kultur und ihren Artefakten lieferte dem Museum zu, und das Museum säkularisierte diese Gegenstände.

Die Moderne trug ihren Kampf gegen Irrtum und bloßen Glauben, gegen Jenseitsgewandtheit, Himmel und Hölle aus, indem sie alles in den irdischen Kontext, in die weltlichen Zusammenhänge stellte und die Geschichte neben der Naturwissenschaft zum zentralen Motor für die Erklärung aller Phänomene machte. Es mag sein, dass die Moderne diese Einverleibung der Religion durch ihre Säkularisierung benötigte, um die Aufklärung mit ihrem demokratischen Politikverständnis, ihrem Konzept des historischen Fortschritts durch Wissenschaft und Technik überhaupt voranbringen zu können. Heute allerdings, in der Zweiten Moderne, scheint wieder ein entspannteres Verhältnis zwischen Aufklärung und Religion möglich zu sein. Wir leben auch in dieser Hinsicht in einer pluralisierten Welt. Man muss Aufklärung nicht mehr durchsetzen wollen. Sie selbst ist in ihrer verhärtetsten Form aufgeweicht. Von daher ist auch etwas anderes möglich, vielleicht eine Vermischung, ohne Aufklärungsansprüche zu unterlaufen, aber auch ohne bestimmte Formen der Erinnerung auszuschließen.[33] Man muss sich nicht mehr und wird sich nicht mehr –

---

[32] Ulrich Beck, Perspektiven der Weltgesellschaft, Frankfurt am Main 1997.
[33] Zit. nach Paine (wie Anm. 21), S. xvi.

wenigstens nicht in den hochindustrialisierten Ländern Westeuropas – auf eine bestimmte, von außen vorgegebene Sicht auf die Dinge festlegen lassen wollen. Differente Wahrnehmungen sind nicht nur möglich, sondern geradezu der Ausweis von Individualität in der Zweiten Moderne.

Die zu Beginn des Vortrags angesprochenen Unsicherheiten und die Pluralität der Äußerungen bezüglich der Frage, was und wie erinnert werden soll, haben die Fronten inzwischen aufgeweicht – so meine These und Prognose. Vielleicht muss es heute gar nicht mehr um die Differenz zwischen religiösem Glauben und aufgeklärter Ratio gehen. Die Unterschiede zwischen säkularisierter und religiöser Welt, zwischen Profanem und Heiligem lassen sich nicht ohne Weiteres auflösen. Aber es wäre denkbar, dass im Kontext der Pluralisierung von Sichtweisen und Interpretationen, der nicht mehr erzwungenen Durchsetzung eines Glaubens in unserem Land wie der nicht mehr erzwungenen Durchsetzung aufgeklärten Denkens ein Miteinander zugelassen kann.[34]

Wie ist das zu denken? Wurden einst die Gegenstände aus ihrem religiösen Kontext entfernt, verweltlicht, in Magazinen und Archiven aufbewahrt, um als Teil von weltlicher Geschichte dann wieder aufs Podest oder in die Vitrine gestellt zu werden, so könnte, gleichsam in einem Entsäkularisierungsprozess, ein solcher Gegenstand auch wieder in religiöse Kontexte eingebunden werden. Dazu ein Beispiel: In australischen und asiatisch-pazifischen Museen gibt es eigens Räume, in denen die indigene Bevölkerung die Möglichkeit hat, die Gegenstände ihrer Rituale und Religionen aus dem musealen Zusammenhang zu lösen. Diese können zumindest temporär wieder in einen rituellen Kontext eingebettet werden.[35]

Für eine so weit gehende Entsäkularisierung kenne ich in Deutschland kaum ein Beispiel. Aber es gibt auch hierzulande einige Indikatoren für eine Auflösung der scharfen Grenzen zwischen Kult und Museum. Im Rahmen der Neukonzeption der Wittenberger Lutherausstellung denkt die dortige Museumsleitung daran, gerade die aus religiösem Impetus, insbesondere aus Amerika anreisenden Besucher einen Mediationsraum einzurichten, in dem eine Lutherbibel ausgestellt sein könnte, in der die Besucher auch blättern dürften. Ein weiteres Beispiel: Im Sprengel-Museum von Hannover etwa wurde eine sonntägliche Veranstaltungsreihe unter dem Titel *Kunst und Kult* durchgeführt.[36] Vor einem

---

[34] Diese Argumentation klingt auch an in Jürgen Habermas' Rede anlässlich der Verleihung des Friedenspreises des Deutschen Buchhandels in der Frankfurter Paulskirche (Oktober 2001).

[35] ROY MCLEOD, Postcolonialism and Museum Knowledge. Revisiting the Museums of the Pacific, in: Pacific Science 52 (1998), S. 308-318.

[36] Mündliche Auskunft von Dr. Udo Liebelt, ehem. Sprengel-Museum Hannover. Ähnlich auch eine Veranstaltung im Statens Museum for Kunst, Kopenhagen, mit dem Titel *Gud og kunst* (Gott und Kunst), die an sechs Sonntagen im Jahr 2001 vor dem Hintergrund eines jeweils ausgewählten Gemäldes einen Pfarrer zu Fragen der Kunst wie der menschlichen Existenz sprechen ließ (vgl. Informationsmaterial „Gud og Kunst", hg. vom Statens Museum for Kunst, Kopenhagen 2001).

bestimmten, für jeden Sonntag neu ausgewählten Bild sprach ein Pfarrer (!) über „Gott und die Welt". Das war keine religiöse Handlung im engeren Sinne; immerhin aber waren es nicht der museumspädagogische Dienst oder die Kustoden, die hier eine Erklärung zu den Ausstellungsstücken lieferten. Es war ein Geistlicher, der aus seiner Profession heraus an einem Sonntag etwas zu der religiösen Seite des Gemäldes zu sagen wusste. Eine ähnliche Verschränkung von Kunst und Religion strebte kürzlich auch eine Düsseldorfer Ausstellung mit dem Titel *Altäre. Kunst zum Niederknien* an.[37] Sie versuchte, das Museum zum Ort der Erfahrung von Kunst wie auch von Religion(en) zu machen. Die Ausstellungsmacher definierten Altäre als „heilige Orte, Stätten, an denen Opfer dargebracht werden und die Menschen mit dem Göttlichen kommunizieren".[38] Gemeinsam sei den Altären die „oft visuelle Nähe zur zeitgenössischen Kunst"; durch die gemeinsame Präsentation in einem Museum werde ihr „Kunstcharakter" betont, doch blieben sie zugleich „Kultobjekte". Damit erzählten die Altäre – so die Ausstellungsmacher – „von der Suche nach einer anderen Seinsdimension" und zugleich „von der kreativen Vielfalt der Kulturen".[39]

Diese Beispiele lösen mit Sicherheit nicht ein, was in australischen und asiatisch-pazifischen Museen möglich ist: die doppelte Konnotation der Gegenstände des Museums als säkulare und sakrale. In der Zweiten Moderne sollte diese doppelte Konnotation aber mehr und mehr möglich werden. Müsste, so die abschließende Frage, nicht auch das westliche Museum einen rituellen Raum besitzen, indem vor dem Altarflügelbild gebetet werden kann, zur Erbauung in der Bibel gelesen oder der Taufbecher zur Taufe benutzt werden kann – soweit die Religion nicht selbst nur ortsgebunden ausgeübt werden kann? Mir scheint, ein Museum, dass sich hinsichtlich der gezeigten Gegenstände auf Religiosa konzentriert, wird sich in Zukunft der Polyvalenz der Erinnerung noch weitaus stärker stellen müssen als andere Museen. Was spricht dagegen, Museum und Tempel zu sein – an einem Tag als dieses, an einem anderen Tag oder zu anderen Stunden als jenes zu öffnen?

---

[37] Die Ausstellung wurde anlässlich der Eröffnung des „museums kunst palast" in Düsseldorf im Oktober 2001 präsentiert. Ohne Anspruch auf Vollständigkeit zeigte die Ausstellung rund siebzig zeitgenössische Altäre aus Asien, Afrika, Amerika, Europa und Ozeanien. Neben den Altären der Religionsgemeinschaften waren auch private Kultstätten, wie ein Rock- und ein Cyber-Altar, zu sehen. (Vgl. Pressetext in: http://www.museumkunst-palast.de; vgl. in diesem Zusammenhang auch die Kritik von Eduard Beaucamp, in: Frankfurter Allgemeine Zeitung, 1. September 2001).
[38] Zitate hier und im folgenden aus: Pressetext (wie Anm. 37).
[39] Dies wurde zugleich auf der Folie einer zunehmenden Globalisierung auch der kulturellen Welt gesehen: „Wenn wir es wirklich ernst meinen mit der Globalisierung'", so Jean-Hubert Martin, Generaldirektor des museum kunst palast, „dann müssen wir den Referenzrahmen nicht-westlicher Künstler respektieren und anerkennen, und der ist in vielen Fällen eben die Religion.'" (Pressetext, wie Anm. 37).

Karl-Heinz Fix

Lutherhaus – Reformationshalle – Lutherhalle

Zur Namensgeschichte des Wittenberger reformationsgeschichtlichen Museums

Die Annahme, der Name *Lutherhalle* des Wittenberger reformationsgeschichtlichen Museums sei auf einen Versprecher des deutschen Kronprinzen Friedrich Wilhelm bei der Eröffnung des Museums am 13. September 1883 zurückzuführen, gehört zum Grundbestand des kollektiven Gedächtnisses der *Lutherhalle*.

Im Folgenden soll gezeigt werden, wie im schwierigen Prozess der Namensfindung für das Museum Überlegungen zu dessen Konzept und Fragen des Reformationsverständnisses von anderen Faktoren überlagert wurden: z. B. auf lokaler Ebene von Rivalitäten zwischen dem evangelischen Predigerseminar und den Wittenberger Initiatoren des Museums um die Nutzung des Lutherhauses; auf preußischer Ebene ebenfalls von den Differenzen zwischen Kultusministerium und Evangelischem Oberkirchenrat um die Rechte am Lutherhaus, das exemplarisch für die Verwendung staatlicher Finanzmittel im Kirchenbereich stand; auf kirchenpolitischer Ebene durch den Parteienkampf um die preußische Kirchen- und Konfessionspolitik im Zeitalter des Kulturkampfes. Zugleich darf aber bei aller begriffsgeschichtlichen Feinzeichnung v. a. in der Frühzeit ein gewisses Maß an Unbekümmertheit bzw. fehlendes Problembewusstsein in der Namensfrage nicht unterschätzt werden.

1. REFORMATION ODER LUTHER? DIE FRAGE DES JAHRES 1883

Vor der Namensgeschichte des bislang noch umständlich *Lutherhalle. Reformationsgeschichtliches Museum* genannten Hauses soll kurz die Gründung des *Vereins für Reformationsgeschichte* gestreift werden. Verein und Museum haben das Gründungsjahr 1883, die Person des Hallenser Kirchenhistorikers Julius Köstlin als Präsident bzw. Berater, vor allem aber auch die Debatte über den Namen gemeinsam. Im *Verein für Reformationsgeschichte* wurde die Namensfrage trotz des konzeptionellen Streitpotenzials dennoch schnell und dauerhaft gelöst.

„In erster Linie Profan- und Kirchenhistoriker" berieten im Januar 1883 in Halle darüber, wie sie durch „Darlegung der Resultate geschichtlicher und zwar speciell reformationsgeschichtlicher Studien den evangelischen Gemeingeist in den weitesten Kreisen [des] evangelischen Volkes" stärken konnten.[1] Nicht als einzelne Forscher, sondern organisiert in einem Verein strebten sie danach, die „Verwirrung" und „Herbeiziehung der Protestanten" hin zum Katholizismus durch die mit dem Historiker Johannes Janssen aufgekommene und protestantischerseits als höchst bedrohlich empfundene katholische Reformationsforschung und deren Popularisierung einzudämmen.[2]

Der neue Lese- und Bildungsverein trug angesichts der innerprotestantischen Kulturkämpfe integrative Züge. Als „historischer Verein mit kirchlicher Zielsetzung" bzw. „als ein kirchlicher Verein mit historischer Beschäftigung" sollte er die „in unterschiedlichen sozialen Räumen beheimatete Traditionen des Vereinswesens" verbinden.[3] Bernd Moeller schreibt dem „historische(n) Verein des Kulturprotestantismus", ebenso wie dem gesamten protestantisch-kirchlichen Vereinswesen im 19. Jahrhunderts, eine „Unionstendenz" zu,[4] Gustav Kawerau charakterisierte zum 25-jährigen Bestehen 1908 den Verein trotz seines als „kirchlich, konfessionell, ja konfessionalistisch" zu nennenden Standorts als „Band des Friedens" im Protestantismus.[5]

Die Debatte über den Namen des Vereins, der *Luther-Verein* heißen sollte,[6] zeigt, dass das „Band des Friedens" 1883 möglicherweise als Würgestrick betrachtet wurde. Denn nach Einwendungen u. a. aus dem Rheinland und der Schweiz wurde auf den Namen Lutherverein verzichtet.[7] Für *Lutherverein* sprachen nach Meinung der Zeitgenossen seine prägnante Kürze und künftige Popularität im Osten Deutschlands. Es galt aber, einen Namen zu vermeiden, den weite Kreise „als Name einer bestimmten kirchlichen Partei" missverstehen konnten.[8]

---

[1] Der Gründungsaufruf findet sich u. a. im Archiv des Evangelischen Predigerseminars Wittenberg (künftig: PS), Abteilung I. Nr. 20.

[2] Evangelische Kirchen-Zeitung 112 (1883), Sp. 209-216: »Verein für Reformationsgeschichte (Luther-Verein)«, hier: S. 211. Vgl. zur zeitgenössischen protestantischen Reaktion auf Janssen: JULIUS KÖSTLIN, Luther und Janssen, der deutsche Reformator und ein ultramontaner Historiker, Halle 1883; MARTIN RADE, Bedarf Luther wider Janssen der Verteidigung?, Leipzig 1883.

[3] BERND MOELLER, Der Verein für Reformationsgeschichte, in: Archiv für Reformationsgeschichte 68 (1977), S. 284-301, hier: S. 285.

[4] MOELLER (wie Anm. 3), S. 289, 288.

[5] Zit. nach MOELLER (wie Anm. 3), S. 287.

[6] Wie Anm. 1.

[7] Evangelische Kirchenzeitung (wie Anm. 2), Sp. 213-214; vgl. auch die an diesem Punkt verkürzte Darstellung in der Allgemeinen evangelisch-lutherischen Kirchenzeitung (1883), Sp. 175-177: »Der Verein für Reformationsgeschichte«.

[8] Evangelische Kirchenzeitung 112 (1883), Sp. 214; vgl. auch die Meldung der Protestantischen Kirchenzeitung für das evangelische Deutschland 30 (1883), Sp. 318-319, in der von Seiten des *Protestantenvereins* – ohne Anspielung auf die kirchliche Parteipolitik – der Verzicht auf den „handlicheren" Namen *Lutherverein* bedauert wurde.

Während man dieses möglicherweise folgenschwere Missverständnis durch den Austausch von *Luther* durch *Reformation* zu vermeiden suchte, ging man in Wittenberg in der Namensgebung den umgekehrten und keineswegs geradlinigen Weg.

2. Reformationshalle

Am 28. April 1877 trat in Wittenberg eine Gruppe von 32 Geistlichen, Lehrern, Universitätsprofessoren, hohen Verwaltungsbeamten und Freiberuflern vor allem aus Wittenberg, Magdeburg, Halle und Merseburg über die Presse an die Öffentlichkeit.[9] Sie wiesen darauf hin, dass es in Wittenberg „eine Anzahl historisch denkwürdiger Gegenstände aus der Reformationszeit" gebe, die durch ihre verstreute Aufbewahrung „einem größeren Publikum entweder überhaupt nicht oder doch nur mit Schwierigkeiten zugänglich" seien. Man wolle diese Schätze daher in eine „geordnete und übersichtliche Gesammtausstellung" bringen und darüber hinaus auch andere weit „zerstreute Erinnerungszeichen an Wittenbergs große Vorzeit" sammeln. Als gegebenen Ort zur Aufstellung erachtete man das neu restaurierte Lutherhaus, in dem sich „bekanntlich auch die noch im ursprünglichen Zustande erhaltene Lutherstube" befinde. Die Stätte zur sicheren Aufbewahrung und Präsentation der Schätze vor dem „evangelischen Volke und allen Besuchern Wittenbergs" sollte ein „neues Denkmal dankbarer Pietät gegen die großen Gottesmänner des 16. Jahrhunderts" sein. Der oder die Ausstellungsräume im Lutherhaus sollten *Reformations-Halle* heißen.

Betrachtet man den ins Auge gefassten Adressatenkreis, so zeigt sich eine über Preußen und Deutschland hinausgreifende, ökumenische Zielsetzung des Unternehmens. Die Initiatoren hatten alle evangelischen deutschen Fürsten und Freien Städte, die Prinzen des Preußischen Königshauses, Reichskanzler Otto von Bismarck und alle preußischen Minister, den Evangelischen Oberkirchenrat, die Ministerialräte des Kultusministeriums, die Präsidien von Reichstag und Herrenhaus, alle deutschen Evangelisch-Theologischen Fakultäten und ca. 200 Tageszeitungen kontaktiert.[10] Selbst an die *Times* und andere englische Blätter wollte man sich wenden.[11]

Der Erfolg der so groß geplanten Aktion war „kläglich". Kaum eine der angesprochenen Personen reagierte, und die Zeitungsverlage scheinen sich weitgehend versagt zu haben. Schließlich gaben die Initiatoren in „acht größeren Zeitungen in Nord- und West-

---

[9] Der Gründungsaufruf war auf den 18. Februar, den Todestag Luthers, datiert. Er erschien im Wittenberger Kreisblatt, Nr. 97, 28. April 1877.
[10] Julius Jordan, Zur Geschichte der Sammlungen der Lutherhalle, Wittenberg 1924, S. 9.
[11] Stadtarchiv Wittenberg (künftig: StAWB): Nr. 4077, Bl. 60, 90.

deutschland ein bezahltes Inserat" auf.¹² Bislang ließen sich neben einem Separatdruck¹³ Annoncen im *Halleschen Tageblatt*, in der *Saale-Zeitung* und im *Börsenblatt für den deutschen Buchhandel* nachweisen.¹⁴ Kürzere Fassungen des Aufrufes ohne Namensliste bzw. eine Paraphrase erschienen in drei Tageszeitungen und in einer Kirchenzeitung.¹⁵ In großen sächsischen Tageszeitungen (*Dresdner Nachrichten, Dresdner Anzeiger, Leipziger Tageblatt, Leipziger Zeitung*) ließ sich ebensowenig eine Publikation des Aufrufs nachweisen wie in so bedeutenden und überregional beachteten Blättern wie dem *Berliner Tageblatt*, der *Frankfurter Zeitung*, der *Königsberger Hartungschen Zeitung*, der *Norddeutschen Allgemeinen Zeitung*, dem *Reichsboten* oder der *Vossischen Zeitung*. Auch in großen Kirchenzeitungen wie der *Allgemeinen Evangelisch-Lutherische Kirchenzeitung*, der *Protestantischen Kirchenzeitung* oder der *Evangelischen Kirchenzeitung* läßt sich kein Aufruf nachweisen.

Zu den Trägern der Initiative ist zu bemerken: 1.) Die überwiegende Mehrheit der akademisch gebildeten Unterzeichner war durch ihren Beruf dem preußischen Staat direkt oder indirekt verbunden. Von einer bürgerlich-städtischen Initiative kann daher nur in eingeschränktem Sinn gesprochen werden. 2.) Mit dem Wittenberger Bürgermeister Schild befand sich ein eifriger Kulturkämpfer in ihren Reihen.

Carl Heinrich Theodor Schild war promovierter Philologe und als Gymnasiallehrer in Wittenberg bzw. Konrektor am Gymnasium im schlesische Waldenburg tätig gewesen. 1875 wurde er zum Wittenberger Bürgermeister gewählt. Auf den gemäßigten Nationalliberalen dürfte der Beschluss der Wittenberger Stadtverordnetenversammlung und des Stadtrats vom 14. Januar 1876 zurückzuführen sein, dem preußischen Kultusminister Adalbert Falk die Wittenberger Ehrenbürgerwürde zu verleihen. Man wollte damit den Kulturkämpfer Falk ehren. In der Begründung hieß es nämlich, der Kultusminister stehe heute „in einem ähnlichen Kampfe mit demselben Feind wie damals" Luther. So wie „von den Zinnen unserer Stadt jener erste eminenteste Culturkampf des 16. Jahrhunderts gekämpft worden" sei, so führe auch Falk „als tapferer, besonnener und ausdauernder Streiter das Schwert", damit „ein frischer freier Aufschwung der Geister in allen Gauen unseres geliebten Vaterlandes" und in allen Bevölkerungsschichten herrsche.¹⁶ Als weiterer Beleg für Schilds kulturkämpferische Einstellung darf seine Rede bei der Wittenberger Reformationsfeier am 31. Oktober 1883 gelten. Hier zeichnet er die Gegenwart als Zeit des unverändert andauernden Kampfes zwischen deutsch-protestantischem Kaisertum und ge-

---

12 JORDAN (wie Anm. 10), S. 9.
13 U. a. in: Geheimes Staatsarchiv Preußischer Kulturbesitz Berlin-Dahlem [künftig: GStA]: Rep. 76 III, Sekt. 19, Abt. XXIII, Nr. 4, Band 1: Die Luthersammlung zu Wittenberg, April 1876 ff., Bl. 6.
14 Hallesches Tageblatt, Nr. 97, 28. April 1877, S. 3; Saale-Zeitung, Nr. 98, 29. April 1877; Börsenblatt für den deutschen Buchhandel, 1877, Nr. 104, 7. Mai, S. 1727.
15 Allgemeine Zeitung [München], Nr. 123, 3. Mai 1877, S. 1876; Norddeutsche Allgemeine Zeitung, Nr. 99, 3. Blatt, 29. April 1877; National-Zeitung, Nr. 204, 3. Mai 1877; Neue evangelische Kirchenzeitung 1877, S. 303.
16 Wittenberger Kreisblatt, Nr. 27, 2. Februar 1876 [S. 2].

wissensbedrängender romanisch-katholischer „Tücke". Selbst der berühmte Hinweis auf Canossa fehlte nicht.[17] Im Januar 1887 war Schild unter den Erstunterzeichnern des Gründungsaufrufes für den *Evangelischen Bund*.[18]

> Exkurs: Zur frühen Namensgeschichte
>
> Fragt man nach den Bezeichnungen für das Museum, bevor es Museum wurde, ist zu berücksichtigen, dass Martin Luthers ehemaliges Wohnhaus seit dem Bau des heutigen Vordergebäudes – des *Augusteums* – an Bedeutung verlor. Schnell bürgerte sich *Augusteum* für den ganzen Gebäudekomplex ein, *Lutherhaus* war dagegen bis „tief ins 19. Jahrhundert hinein" nicht geläufig.[19] Die Lutherstube mit ihren dem „gänzlichen Verderben Preis gegeben(en)" Bildern,[20] anderen Erinnerungsstücke und den Graffitis ihrer zahlreichen mehr oder weniger prominenten Besucher war ein unverzichtbarer Bestandteil der Wittenberger Fest- und Erinnerungskultur.[21] An diesem Ort versammelte man sich zum Gedenken und begann hier seine Festzüge. Neben *Lutherstube* findet man seit spätestens 1655 für Luthers Wohnzimmer und die angrenzenden Räume die Bezeichnung *Luthers Museum* oder *Museum Lutheri*.[22] Unter Museum ist in diesem Zusammenhang eher ein Studierzimmer – oder allgemeiner: ein Ort gelehrter Betätigung – als ein Sammlungs- und Ausstellungsort bestimmter Objekte gemeint.

Der Weg zur *Reformations-Halle* ist auf Grund der Quellenlage nicht mit letzter Sicherheit nachzuzeichnen. Nach der Darstellung des Haushistoriographen Julius Jordan überarbeitete der Magdeburger Generalsuperintendenten und Führer der *Positiven Union* Leopold Schultze den Entwurf Bürgermeister Schilds für den Aufruf und strich die ursprünglich vorgesehene Bezeichnung *Luther-Museum*.[23] Dieser Name scheint um den Jahreswechsel 1876/77 ernsthaft zur Diskussion gestanden zu haben. Er findet sich sowohl in einem Schreiben von Kultusminister Falk an Schild vom 7. Dezember 1876, in dem er um nähere Informationen über das im 2. Stockwerk des Lutherhauses geplante Museum bat. Bürgermeister Schilds Antwort vom 17. Dezember ähnelt in der Darstellung der Intention des

---

[17] WILHELM HOWALD, Der historische Festzug zur zweiten Lutherfeier am 31. Oktober 1883 in Wittenberg, Wittenberg o. J. [1883], S. 11-15.

[18] WILLIBALD BEYSCHLAG, Zur Entstehungsgeschichte des Evangelischen Bundes, Berlin 1926, S. 80. Aus Wittenberg unterzeichnete auch August Dorner den Aufruf.

[19] JULIUS JORDAN, Zur Geschichte des Lutherhauses nach 1564. I. Die Luther-Wohnstube, in: Luther-Jahrbuch 2/3 (1920/21), S. 109-135, hier: S. 109-110.

[20] Landesarchiv (künftig: LA) Merseburg: Rep. 69, Nr. 16, Bl. 1, Schreiben des preußischen Kultusministers Altenstein vom 4. März 1833 an das Regierungspräsidium Merseburg.

[21] JORDAN (wie Anm. 19), passim; [CARL HEINRICH THEODOR] SCHILD, Denkwürdigkeiten Wittenbergs, Wittenberg 31892, S. 28; HERMANN STEIN, Geschichte des Lutherhauses, Wittenberg 1883, S. 37-40.

[22] Statt Einzelnachweise siehe JORDAN (wie Anm. 19), S. 114-116; vgl. auch RONNY KABUS, Staatliche Lutherhalle Wittenberg – 100 Jahre reformationsgeschichtliches Museum (= Schriftenreihe der Staatlichen Lutherhalle Wittenberg 1), Wittenberg 1984, S. 9.

[23] JORDAN (wie Anm. 10), S. 3, FN 2. Auf welche Quellen sich Jordan für seine Darstellung stützt, konnte bislang nicht ermittelt werden.

Museums bereits stark dem später publizierten Aufruf. Als mögliche Namen kamen *Luthermuseum* oder *Reformationshalle* in Frage.[24] Bemerkenswert ist, dass in Schilds Darlegung – abgesehen vom Museumsnamen – durchgehend von *Reformation*, nicht von *Luther* die Rede war. Auch ein Brief Schilds an einen Kunsthändler vom 29. Dezember 1876, in dem es um ein Verkaufsangebot an das geplante Museum ging,[25] enthielt den Namen *Luthermuseum*. In einem Zeitungsbericht vom 6. Januar 1877 fand sich die Doppelung *Luther- oder Reformationsmuseum*.[26]

Der Wechsel von *Luthermuseum* zu *Reformations-Halle* wurde im März 1877 – mit größerer Berechtigung als Jordans Zuordnung zu Schultze – dem Merseburger Regierungspräsidenten Gustav von Diest zugeschrieben.[27] Nach Ausweis erst jüngst gefundener Akten war der zu publizierende Aufruf im Januar und Februar 1877 wiederholt bei Regierungspräsident von Diest zur Durchsicht und Überarbeitung, Generalsuperintendent Schultze kommt dagegen als Akteur nicht vor. Die älteste erhaltene Fassung des Aufrufes vom 9. Januar 1877 mit dem Museumsnamen *Reformationshalle* trägt nur minimale Korrekturen Schilds,[28] auch hier ist ein Mitwirken Schultzes nicht zu erkennen.

Zur frühen Popularisierung und Plausibilisierung des Namens *Reformationshalle* trug ein gut informierter Anonymus in der viel gelesenen liberalen *Magdeburgischen Zeitung* bei. Er machte das Publikum mit dem Gedanken vertraut, dass es Zeit für eine Luthermemoria sei, die über Standbilder auf Podesten hinausgehe.[29] Auffallenderweise wurde dieser wichtige Artikel in der Wittenberger Presse nie erwähnt. Die reformationsgeschichtlich-kulturhistorische Konzeption des neuen Museums sollte vor dem Hintergrund des Kulturkampfes die Weltbedeutung des Protestantismus und die „kräftige Regung protestantischen Geistes" demonstrieren. Jenseits katholischer Reliquiensammlungen oder gar -anbetung[30] wollte man mit einer „möglichst vollständige(n) Uebersicht über die gesammte Reformationszeit" mit Bildern, Urkunden und Schriften „vergegenwärtigen, was jene Männer des Glaubens und der That dachten und lehrten". Die Besucher sollten „in den

---

[24] StAWB: Nr. 4077, Bl. 1-2.

[25] StAWB: 1e, Nr. 3750, Bl. 5; auch eine Anfrage eines Pfarrers vom 13. März 1878 wegen eines Faksimiles war an den Vorstand des *Luther-Museums* gerichtet.

[26] Wittenberger Kreisblatt, Nr. 4, 6. Januar 1877, Beilage; vgl. auch Wittenberger Kreisblatt, Nr. 90, 19. April 1877: in der neuen Auflage des Baedekers sei „auch des projectierten *Luthermuseums*" gedacht.

[27] Wittenberger Kreisblatt, Nr. 85, 18. März 1877.

[28] StAWB: Nr. 4077, Blatt 2, 6, 9.

[29] Magdeburgische Zeitung, Nr. 129, 17. März 1877 [S. 2-4]: »Das projectirte *Luther-Museum* zu Wittenberg«. Auf Anfrage von Diests vom 20. März antwortete Schild, er vermute den Wittenberger Staatsanwalt Lorenz – Mitunterzeichner des Aufrufs – als Verfasser, Lorenz bestreite dies jedoch, StAWB: Nr. 4077, Bl. 42. Schild bewertete den Artikel als sehr nützlich für das Museum.

[30] Mit dieser Distanzierung vom Reliquienkult wurde ein auch in der Folgezeit immer wieder angesprochenes, aber nie zu Ende gedachtes Problem berührt: die Frage nach einem protestantischen Reliquienkult. Insbesondere katholische Kritiker wiesen auf die Nähe der Lutherverehrung zum Reliquienkult hin. Vorschub lei-

Geist jener gewaltigen Zeit, auf welche sich ein neues Geistesleben, eine neue Cultur aufbaute und noch aufzubauen im Begriff ist", eingeführt werden. Passend zur über Luthers Person und Werk hinausgreifenden Konzeption sollte das Museum *Reformationshalle* heißen.

Schon einen Monat nach der Publikation des Gründungsaufrufs erhielt die Diskussion um den Namen eine unionskritisch-konfessionspolitische Note. Im Mai 1877 berichtete die *Evangelische Kirchen-Zeitung* – das vor keiner Polemik zurückschreckende Organ des konfessionalistischen Luthertums – über die Wittenberger Museumspläne. In die positive Berichterstattung mischte sich jedoch massive Kritik an der Namensgebung. Wenn man sich tatsächlich für *Reformationshalle* als Bezeichnung des Museums entscheide, sei das ein neuer Beweis dafür, dass man nun auch in Preußen an „Luthers Name Anstoß" nehme, nachdem bereits der Name „lutherische Kirche" anstößig geworden sei.[31]

Vorerst war aber *Reformationshalle* als Name der Museumsräume innerhalb des Lutherhauses etabliert: in der Wittenberger Presse, bei der lokalen Kirchenverwaltung,[32] bei Donatoren des Museums[33] und beim preußischen Kultusministerium.

---

stete dieser Kritik auch die unreflektierte Verwendung des doppeldeutigen Begriffs Reliquie für die „Überreste" (Ahasver von Brandt) des 16. Jahrhunderts.

Im Lutherhaus sollten Sekundärreliquien gesammelt werden, also Luthers Lebensutensilien und von ihm berührte oder von ihm herrührende Stücke, nicht aber Luthers Gebeine als Primärreliquie. Das Zurückholen verstreuter Dinge an ihren Ursprungs- oder Hauptbezugsort kann zudem analog zur Translation der Gebeine eines Heiligen gesehen werden. Im Zusammenhang mit dem Kulturkampf und den protestantischen Bedrohungsängsten vor den Geistesmächten der Moderne diente das Lutherhaus der Selbstvergewisserung der Protestanten. Auch diese stärkende Funktion v. a. gegen die Katholiken ist analog zur Hoffnung auf die Teilhaftigwerdung an der Macht der Reliquie zu sehen. Es muss aber auch der zentrale Unterschied zur katholischen Reliquienverehrung genannt werden. Die neue protestantische Reliquiensammlung am Ort einer der ehemals größten spätmittelalterlichen Reliquiensammlungen diente nicht der Rettung des sammelnden Individuums vor den Strafen des Fegefeuers, sondern dem Heil des Protestantismus als ganzem.

31 Evangelische Kirchen-Zeitung 100 (1877), Januar bis Juni, Nr. 21, 26. Mai, Sp. 590.
32 Vgl. etwa die Korrespondenz zwischen dem Komitee und dem Wittenberger Magistrat bzw. der Stadtverordnetenversammlung seit Dezember 1877 und zwischen Komitee und dem Gemeindekirchenrat aus der gleichen Zeit über Gegenstände, die der *Reformationshalle* zur Ausstellung überlassen werden könnten (StAWB: 1e, Nr. 3750, Bl. 40ff); vgl. Wittenberger Kreisblatt, Nr. 157, 8. Juli 1880: »Die *Reformationshalle*«.
33 Vgl. u. a. den Brief August Luthardts vom 26. September 1877 aus Augsburg, in dem er die *Reformationshalle* einen würdigen Platz für die Aufstellung des Kreidekartons „Die Bibelübersetzung" von König nannte (StAWB: 1e, Nr. 3750, Bl. 30).

3. Alternativen

Bereits Ende 1877 wurde der Museumsname zum Gegenstand einer Diskussion, die wenig mit Reformationsverständnis bzw. preußischer Konfessionspolitik, aber viel mit der Frage nach dem Eigentumsrecht an der Gesamtanlage Lutherhaus/Augusteum zu tun hatte. Ausgangspunkt war eine Vorlage des Merseburger Regierungspräsidenten Gustav von Diest, in der er dem Berliner Oberkirchenrat die Vorstellungen des städtischen Komitees über die Zusammenarbeit mit dem Predigerseminar als Aufbewahrungsort der Augustinschen Sammlung darlegte.[34]

Von Diest führte unter anderem aus, dass das Komitee bereit sei, ihm geschenkte oder von ihm angekaufte Stücke der dem Prediger-Seminar seit 1860 „gehörigen" Augustinschen Sammlung einzuverleiben. Der preußische Staat hatte die Sammlung wegen ihres „für die Stadt Wittenberg und das dortige Prediger-Seminar in wissenschaftlicher, künstlerischer und historischer" Hinsicht großen Werts gekauft. Bereits 1860 war an das Lutherhaus als Aufbewahrungsort der in „sämmt lich(en) Abtheilungen [...] vollständig geordnet(en)" Sammlung gedacht worden.[35] Aus Platzmangel war die Sammlung aber von den Verantwortlichen des Predigerseminars weder vollständig aus den ursprünglichen Transportkisten ausgepackt worden, noch hatte man sie katalogisiert.[36] Sie war auf einen „toten Strang" geraten.[37]

Von Diest verlangte weiterhin, dass „die Sammlung den Namen *Augustinsche Sammlung* verliert und vor der Eröffnung den Namen *Reformationshalle* führt". Die von Privatleuten und Gemeinden „überwiesenen Gegenstände" sollten „in die *Reformations-Halle* aufgenommen werden". Der Regierungspräsident machte sich für diese Darstellung den Standpunkt des städtisches Komitees vollständig zu eigen.[38]

Angesichts dieser massiven Forderungen erbat der Evangelische Oberkirchenrat in Berlin von der Leitung des Predigerseminars eine Stellungnahme. Man wollte geklärt wissen, in wie weit Namen, Ort, Verwaltung und Beaufsichtigung der Sammlung aktuelle sowie zukünftige Interessen und Ansprüche des Predigerseminars berührten.[39]

---

[34] Das Dokument vom 19. Dezember 1877 ist nur indirekt durch ein Schreiben des Präsidenten des Oberkirchenrates Brückner vom 12. März 1878 an Predigerseminarsdirektor Heinrich Schmieder überliefert (LA Merseburg: Rep. C 69, Nr. 383).

[35] Centralblatt für die gesammte Unterrichts-Verwaltung in Preußen 2 (1860), S. 400-401.

[36] Vgl. die Jahresberichte des Predigerseminars seit 1861 über seine Bibliothek an das Kultusministerium, PS: Nr. 9, Bl. 31 ff.

[37] JORDAN (wie Anm. 10), S. 13.

[38] StAWB: Nr. 4077, Brief Schilds an von Diest vom 1. Dezember 1877 auf eine Anfrage vom 18. November hin.

[39] LA Merseburg: Rep. C 69, Nr. 383.

In seiner Antwort vom 13. April 1878 nannte Predigerseminarsdirektor Heinrich Schmieder die Namensgebung für die „beabsichtigte *Reformationshalle*" eine zweitrangige, von der Augustinschen Sammlung unabhängige Sache. Mit Blick auf Inhalt und Aufstellungsort der neuen Sammlung plädierte er aber für den Namen *Luthersammlung*, „da die Sammlung im Lutherhause aufgestellt, Luthers Person auch der Mittelpunkt ist."[40] Eine Lutherzentrik zeigte auch der Appell von Regierungspräsident von Diest an die Generalsynode, „dass Alles, was an Dr. Martin Luther erinnert, gesammelt und im Lutherhause zu Wittenberg aufgestellt werden möge".[41] Zur Erinnerung: Ein Jahr zuvor war in der *Magdeburgischen Zeitung* noch von den „Männern" des Glaubens und einer „möglichst vollständige(n) Uebersicht über die gesammte Reformationszeit" die Rede gewesen.

Der an der Wittenberger Lokalgeschichte durchaus interessierte erste Direktor des Predigerseminars Heinrich Schmieder[42] war dem Komitee nicht beigetreten. In den Museumsplänen sah er einerseits einen unzulässigen Eingriff in die noch ungeklärte Frage nach dem Schicksal der Augustinschen Sammlung, zum anderen verteidigte er eisern die Interessen des Predigerseminars gegen alle von außen kommenden Ansprüche auf das Lutherhaus, obwohl oder gerade weil die Rechtsposition des Seminars in dieser Sache strittig war.[43]

Sehr viel grundsätzlicher und auf die Dauer erfolgreicher argumentierte der Berliner Oberkirchenrat. Einer Erweiterung der Sammlung und der Benutzung des Lutherhauses für Ausstellungszwecke könne man nur zustimmen, wenn davon auch zukünftig Rechte und Ansprüche des Seminars nicht beeinträchtigt würden. Daher hege man „gegen den vom Comité gewählten Namen *Reformationshalle* [...] Bedenken". In enger Anlehnung an die Stellungnahme Heinrich Schmieders erklärte man den Namen *Halle* für eine „in wenigen Zimmern eines Hauses aufgestellte Sammlung von historischen Reliquien" für „kaum angemessen".[44] Zudem bezeichne der Begriff „die Räume, nicht die in denselben aufgestellten Gegenstände. Hieraus könnten in Zukunft Folgerungen gegen den Anspruch des

---

[40] Ebda.; vgl. auch JORDAN (wie Anm. 10), S. 12-13, FN 19.
[41] Wittenberger Kreisblatt, Nr. 256, 2. November 1879.
[42] Schmieder und sein Kollege Karl Heinrich Lommatzsch waren aktive Mitglieder, Schmieder sogar Ehrenmitglied, im *Wittenberger Verein für Heimatkunde* des Kurkreises. Er unterstützte den Verein auch finanziell (Jahresbericht des Wittenberger Vereins für Heimatkunde des Kurkreises 2, November 1857-1858, S. 1).
[43] JORDAN (wie Anm. 10), S. 8; vgl. auch den Hinweis im Sitzungsprotokoll des Lokalkomitees vom 28. Februar 1877, dass Heinrich Schmieder mit dem Museumsplan sympathisiere. Da aber das Lutherhaus als Aufstellungsort unmöglich sei, unterschreibe er den Aufruf nicht. Sein Kollege August Dorner unterschrieb hingegen trotz seiner Vorbehalte gegen den Ort, StAWB: Nr. 4077, Bl. 16.
[44] Vgl. zum Begriff ‚Halle' TRÜBNERS DEUTSCHES WÖRTERBUCH, Band 3: G-H, Berlin 1939, S. 295: ‚Halle' wurde in der deutschen Sprache nach Luther nur selten verwendet, im 18. Jahrhundert kam das Wort zuerst bei Dichtern wieder auf. Dann wurde es mit allerlei Komposita verwendet. Der Kulturhistoriker und Dichter Johann Scherr bemerkte 1882 bissig: „Jede Spelunke heißt bekanntlich in unserer größenwahnsinnigen Zeit eine ‚Halle'" (Porkeles und Porkelessa, Berlin 1882, S. 269). In einem Eintrag in das *Einschreibebuch für Fremde*,

Seminars auf diese Räume abgeleitet werden". Man stimme mit dem Komitee aber überein, dass der Name Augustische Sammlung verschwinden müsse. Als Lösung schlug der Oberkirchenrat vor, zukünftig von *Luthersammlung* oder *Reformationssammlung im Lutherhause* zu sprechen.[45] Mit dem ersten Vorschlag hätte man jedoch durch die Hintertür den Namen für die Augustinsche Sammlung wieder aufgebracht![46]

Obwohl im veröffentlichten Wittenberger Sprachgebrauch *Reformationshalle* präsent blieb,[47] konnte der Oberkirchenrat einen Erfolg verbuchen. Die Bezeichnung *Reformationshalle* verschwand aus amtlichen Texten weitgehend, und die Engführung Luther statt protestantischer Weite stand im Vordergrund. Nur das Kultusministerium schrieb noch bis in die erste Hälfte 1880 vereinzelt von der *Reformationssammlung*.[48]

In der Geschäftsordnung für das Museum vom 27. Dezember 1880 lautet die Bezeichnung für das Leitungsgremium *Curatorium [...] der Luthersammlung*.[49] Das Kultusministerium teilte am selben Tag dem Direktorium des Predigerseminars den Beschluss mit, „die Verwaltung der im Lutherhause zu Wittenberg unter dem Namen Luthersammlung einzurichtenden Sammlung von Denkwürdigkeiten aus der Reformationszeit bis auf Weiteres einem Kuratorium" zu übertragen[50]. In diesem Satz tragen also Gebäude, Name der Sammlung und deren Zweck je einen eigenen Namen. *Reformationshalle* erschien in der neuen Geschäftsordnung nur noch im Zusammenhang des Komitees von 1877, das im Kuratorium neben je einem Vertreter des Kultusministeriums und des Oberkirchenrats, dem Merseburger Regierungspräsidenten, dem Wittenberger Bürgermeister und den drei Direktoren des Predigerseminars mit zwei Mitgliedern vertreten war.[51]

---

welche Luthers Stube gesehen haben (*9. Mai 1834 bis 9. September 1841*) war bereits im Juli 1840 von der Besichtigung der „höchst interessanten Hallen" die Rede.

[45] GStA Dahlem: Rep. 76 III, Sekt. 19, Abt. XXIII, Nr. 4, Band 1, Bl. 28-29 = Evangelisches Zentralarchiv Berlin (künftig: EZA) 7/10747: Die im Lutherhause zu Wittenberg unter dem Namen „Luthersammlung" errichtete Sammlung von Denkwürdigkeiten aus der Reformationszeit, Januar 1876 – Dezember 1914, Bl. 23r: Stellungnahme vom 29. Juni 1878.

[46] Vgl. das Centralblatt für die gesammte Unterrichts-Verwaltung in Preußen 2 (1860), S. 400-401, hier wird über die Augustische Sammlung als „Luthersammlung zu Wittenberg" berichtet.

[47] Vgl. die Berichte der Lokalpresse über ein Treffen zwischen Regierungspräsident von Diest und Bürgermeister Schild am 7. Juli 1880 mit Vertretern des Oberkirchenrates und des Kultusministeriums, auf dem über die „Einrichtung der hierselbst längst projectierten *Reformationshalle*" (Wittenberger Zeitung, Nr. 10, 8. Juli 1880; Wittenberger Kreisblatt, Nr. 158, 9. Juli 1880) verhandelt wurde, oder über die Innenausstattung der *Reformationshalle* bzw. der „zur *Reformationshalle* bestimmten Räume des Augusteums" (Wittenberger Kreisblatt, Nr. 297, 18. Dezember 1880).

[48] GStA Dahlem: Rep. 76 III, Sekt. 19, Abt. XXIII, Nr. 4, Band 1: Die Luthersammlung zu Wittenberg, April 1876 ff., Bl. 76: Brief vom 26. Mai 1880.

[49] LA Merseburg: Rep. C 55: Hochbauamt Wittenberg, Nr. 91: Augustinsche Sammlung, Bl. 50-52.

[50] PS: Nr. 20, Bl. 5.

[51] LA Merseburg, Rep. C 55: Hochbauamt Wittenberg, Nr. 91: Augustinsche Sammlung, Bl. 50 = EZA 7/10747, Bl. 75.

Die Namensänderung und die neue Organisationsform beeindruckten das Wittenberger Lokalkomitee kaum. In den erhaltenen Sitzungsprotokollen ist bis mindestens 1884 ausnahmslos von der *Reformationshalle* die Rede.[52]

In amtlichen Drucksachen wie dem *Centralblatt für die gesammte Unterrichts-Verwaltung in Preußen* von 1882 wurde dagegen *Luthersammlung* verwendet.[53] Im Juni 1918 begründete Wolf von Gersdorff – Merseburger Regierungspräsident und Kuratoriumsvorsitzender seit 1910 – den Namenswechsel mit der neuen Satzung. Es sei im Jahr 1880 um die endgültige Überführung der von einem Komitee geleiteten *Reformationshalle* in die *Lutherhalle* unter einem Kuratorium gegangen.[54] In diesem neuen Gremium, das aber nur wenige Jahre tätig war und dann seine Arbeit aus mangelndem Interesse und personeller Auszehrung einstellte, war das Lokalkomitee der handlungswilligste und -fähigste Partner, dessen Position es zu begrenzen galt.

Trotz der neuen Geschäftsordnung herrschte die Uneinigkeit über den Namen weiter an. Sowohl Kustos August Dorner[55] als auch der Kuratoriumsvorsitzende Gustav von Diest[56] verwendeten in ihren Schreiben den Namen *Lutherhalle*. In der Presse war 1881 *Reformationshalle* noch präsent,[57] und die *Allgemeine Evangelisch-Lutherische Kirchenzeitung* meldete 1882 als Neuigkeit: „Für die im Augustinerkloster zu Wittenberg befindlichen Räume mit den an Luther und die Reformation erinnernden historischen Merkwürdigkeiten ist nun statt des Namens *Reformationshalle* der Name *Luther-Sammlung* gewählt worden".[58]

Bald verwendete aber auch das *Wittenberger Kreisblatt* den Namen *Lutherhalle*, obwohl damit eine peinliche Falschmeldung verbunden war. Im Mai 1882 überraschte die Zeitung ihre Leser, die preußischen Behörden und den Hof mit der Meldung, am 15. Mai 1882 werde sehr wahrscheinlich in Anwesenheit des Kronprinzen die Eröffnung der „in den Räumen des Lutherhauses unter dem Namen *Lutherhalle* aufgestellten Sammlung erfol-

---

52 StAWB: Nr. 4077, Bl. 204.
53 Centralblatt für die gesammte Unterrichts-Verwaltung in Preußen 24 (1882), S. 338-339: »Luthersammlung zu Wittenberg«; vgl. auch den in Anm. 13 genannten Titel der Akten des Kultusministeriums.
54 EZA 7/10748: Die im Lutherhause zu Wittenberg unter dem Namen „Luthersammlung" errichtete Sammlung von Denkwürdigkeiten aus der Reformationszeit, Januar 1915 – Dezember 1927, Bl. 77-78.
55 PS: Nr. 20, Bl. 2: Empfangbescheinigung August Dorners vom 12. Mai 1881 für ein Siegel, das der Sammlung geschenkt worden war.
56 PS: Nr. 20, Bl. 4: Einladung vom 13. Juni 1881 zur Sitzung am 24. Juni, auf der das Kuratorium, „welches nach Anordnung des Herrn Ministers ... die Verwaltung der im Lutherhause ... unter dem Namen Luthersammlung einzurichtenden Sammlung von Denkwürdigkeiten aus der Reformationszeit übernehmen soll", konstituiert werden soll.
57 Das Wittenberger Kreisblatt, Nr. 143, 23. Juni 1881, enthielt den Hinweis, dass am 23. Juni die konstituierende Sitzung des „Kuratoriums für die Reformationshalle" stattfinden werde; vgl. auch Norddeutsche Allgemeine Zeitung, Nr. 301, 2. Juli 1881 (Bericht über die Sitzung des Kuratoriums).
58 Allgemeine Evangelisch-Lutherische Kirchenzeitung 15 (1882), Sp. 355.

gen".[59] Pläne zur Eröffnung der *Reformationshalle* hatten im Februar und März 1882 tatsächlich existiert. Sie wurden jedoch nicht weiterverfolgt.[60]

4. *Lutherhalle*. Die Wittenberger Lutherfeier 1883

Die zur Vermeidung von Terminkonflikten auf den September vorgezogene Wittenberger Feier des Lutherjubiläums 1883[61] brachte wider Erwarten keine Klärung der Namensfrage. Die Eröffnung des Museums am 13. September war offizieller Programmpunkt des von theologisch konservativen Unionsanhängern dominierten Festes. Es ging auf eine als privat deklarierte Initiative der kirchlich-staatsfrommen Rechten der Provinz Sachsen unter Leitung der Magdeburger Generalsuperintendenten Karl Ludwig Möller und Leopold Schultze zurück.

Bereits im Vorfeld war das ein „offizielles Gepräge"[62] tragende Wittenberger Fest ebenso wie das Lutherjubiläum 1883 als Ganzes politisch in einem Sinn aufgeladen worden, der Nation, preußisch-deutsches Kaisertum und Luther untrennbar verband und keinen Raum für differenziertes begriffliches Denken oder kirchenpolitische Diplomatie ließ. Statt dessen diente die „Propagandawelle"[63] des Jubiläums mit einem gewaltsam harmonisierten und aktualisierten Martin Luther der politischen und gesellschaftlichen Selbstvergewisserung einer von Widersprüchen verunsicherten Nation.[64]

---

[59] Wittenberger Kreisblatt, Nr. 106, 7. Mai 1882; vgl. zu den Reaktion von Bürokratie und Hof: GStA Dahlem: Rep. 76 III, Sekt. 19, Abt. XXIII, Nr. 4, Band 1, Bl. 147-148.

[60] StAWB: Nr. 4077, Bl. 141: Sitzungsprotokoll vom 16. Februar 1882; Bl. Bl. 146: Schreiben des Kuratoriums an den Kronprinzen vom März 1882.

[61] Das Lutherjubiläum 1883 ist trotz der verstärkten historiographischen Beschäftigung mit der bürgerlichen und staatlichen Festkultur bislang noch wenig erforscht. Max L. Bauemer, Lutherfeiern und ihre politische Manipulation, in: Reinhold Grimm, Jost Hermann (Hrsg.), Deutsche Feiern, Wiesbaden 1977, S. 46-61, bietet nur eine oberflächliche tour d'horizon über die Lutherfeiern von 1617 bis 1967. Im Vorgang zum Lutherjahr 1983 erschien ein kurzer Überblicksartikel (Hans-Volker Herntrich, Ein deutsch-nationaler Freiheitsheld, in: Lutherische Monatshefte 21 [1982], S. 274-276). Hartmut Lehmann, Das Lutherjubiläum 1883, in: Jürgen Becker (Hrsg.), Luthers bleibende Bedeutung, Husum 1993, S. 93-116, analysierte vier Jubiläumsreden auf den darin zum Ausdruck kommenden Zeitgeist. Mit den Wittenberger Tagen befasste sich bislang am eingehendsten Hans Düfel in seiner quellenmäßig einseitig und kritiklos auf die *Allgemeine Evangelisch-Lutherische Kirchenzeitung* gestützten Darstellung. In seinem Überblick über die Lutherfeiern des Jubiläumsjahres 1883 verbreitete Düfel zahlreiche Vorurteile (Politisierung und ideologische Instrumentalisierung Luthers; alleinige Gegnerschaft gegen den Katholizismus etc.) gegenüber der damaligen liberalen Theologie und ihrem Lutherbild, Hans Düfel, Das Lutherjubiläum 1883, in: Zeitschrift für Kirchengeschichte 95 (1984), S. 1-94, hier: S. 32-37.

[62] Düfel (wie Anm. 61), S. 33.

In einem vertraulichen vierseitigen Zusatzpapier zum Festaufruf vom Februar 1883,[65] das an die Empfänger des Einladungsaufrufs gerichtet war, wurde die Wittenberger Lutherfeier als notwendige Reaktion der Kirche auf die sie bedrohenden Mächte der Moderne charakterisiert. Die protestantische Kirche sei „zur Rechten und zur Linken" angefochten, „im Rathe der Gewaltigen" werde sie unterschätzt, vom Katholizismus herausgefordert. In ihrem Inneren gebe es „christusfeindliche, grundstürzenden Strömungen", das „evangelischen Bewusstsein" sei erschlafft, und während weite Bildungskreise sich vom „Wort der Wahrheit" abwendeten, stünden ihr die Massen gleichgültig gegenüber.[66] Kaum anders las sich das Bedrohungsszenario, das die *Allgemeine Evangelisch-Lutherische Kirchenkirchenzeitung* im Mai 1883 angesichts des Lutherjubiläums entwickelte.[67]

Aus Wittenberg hatte diese Situationsbeschreibung keinen Widerspruch zu befürchten. Hier unterstützten Museumskurator August Dorner, Bürgermeister Schild und die beiden Predigerseminarsdirektoren Georg Rietschel und Heinrich Schmieder das Unternehmen. Hinzu kamen noch Gustav von Diest und Julius Köstlin.

Die Veranstalter werteten ihr Fest als großen Erfolg, und die Lokalpresse feierte jeden auswärtigen Besucher als Beleg für den konfessionell weiten Charakter der Wittenberger Tage. Der von Albrecht Ritschl beeinflusste Hofprediger Bernhard Rogge betonte dagegen, das Fest habe „trotz des angestrebten allgemeinen deutschen, ja ökumenischen Charakters vorwiegend das Gepräge der augenblicklich in der preußischen Landeskirche maßgebenden Kreise" getragen. Es habe mehr einem „großen Theologen- und Pastorentag" als einem Volksfest geglichen.[68] Nach Ansicht des Vermittlungstheologen und Gegners der *Positiven Union* Willibald Beyschlag hatte das Fest ohne die Repräsentanten des konfessionellen Luthertums und ohne den *Protestantenverein* oder anderer Liberale nur einseitig einen „preußisch-amtlichen Charakter".[69] Im Vorfeld der Feier war daher auch heftig darüber

---

63 HERNTRICH (wie Anm. 61), S. 276.
64 LEHMANN (wie Anm. 61), S. 112 f..
65 Publiziert wurde der Aufruf u. a. in: Evangelische Kirchen-Zeitung 112 (1883), Sp. 295-298: »Der Luthertag in Wittenberg im September d. J.«; ebda., Sp. 663-666: »Die Lutherfeier in Wittenberg«; Protestantische Kirchenzeitung für das evangelische Deutschland 30 (1883), Nr. 15, 11. April, Sp. 342-344.
66 Stadtkirchenarchiv Wittenberg, Bestand A II, Nr. 198 = PS, Nr. 20, Bl. 13; der Text ist teilweise abgedruckt bei MARTIN TREU, Die Entwicklung Wittenbergs zur Lutherstadt, in: Stefan Oehmig (Hrsg.), 700 Jahre Wittenberg. Stadt, Universität, Reformation, Weimar 1995, S. 53-65, hier: S. 64.
67 Allgemeine Evangelisch-Lutherische Kirchenzeitung 16 (1883), 25. Mai, Sp. 481.
68 BERNHARD ROGGE, Aus sieben Jahrzehnten. Erinnerungen aus meinem Leben, Band 2, Hannover, Berlin 1899, S. 372. Zu Rogges Kritik mag auch die Tatsache beigetragen haben, dass er nicht aufgefordert worden war, den Festaufruf mit zu unterzeichnen.
69 WILLIBALD BEYSCHLAG, Aus meinem Leben, Band 2: Erinnerungen und Erfahrungen der reiferen Jahre, Halle a. S. 1899, S. 579; vgl. auch die den Positionen Rogges und Beyschlags weitgehend entsprechende Kritik in den Deutsch-Evangelischen Blättern 8 (1883), S. 703-706: »Kirchliche Chronik«.

gestritten worden, weshalb man den liberalen Wittenberger Reichstagsabgeordneten Hugo Schröder, der auch Präsident des *Protestantenvereins* war, nicht offiziell eingeladen hatte.[70]

Die liberale *Vossische Zeitung* kritisierte dagegen, dass Staats- und Kirchenführung die große Sympathie, die Luther im Volk entgegengebracht werde, missbrauchten, um den preußischen Protestantismus inhaltlich und personell im Sinn der *Positiven Union* bzw. der „preußischen Orthodoxie" zu uniformieren. Dies zeigten sowohl die Namen der Unterstützer des Festes – „alle durchaus preußisch-kirchenregimentlicher Richtung, kein einziger specifischer Lutheraner nichtpreußischer Richtung" und fast keine Vertreter des Bürgertums – als auch der Vergleich mit den Lutherfeiern in Erfurt und Eisenach. In Erfurt seien auch gegen Stöcker gerichtete Vermittlungstheologen aufgetreten, in Eisenach habe man sogar prominente Liberale wie Richard Adelbert Lipsius reden lassen. Große Anerkennung zollte der anonyme Autor den theologischen Leistungen der ausgegrenzten Gruppen: den konfessionellen Lutheranern, die die „Heuchelei" um die Union entlarvt hätten, und den „streng wissenschaftlichen Theologen, die gegen jeden Bekenntniszwang protestiren".[71]

Wie es die Ausgangslage hatte erwarten lassen, betonte Hofprediger Adolf Stöcker in seiner Rede vor der „Christlichen Volks-Versammlung", die am 14. September nachmittags auf dem Wittenberger Marktplatz stattfand, dass Luther kein Revolutionär, sondern ein obrigkeitstreuer Reformer gewesen sei. Revolutionen seien ein typisch katholisches Phänomen. Auch sein weniger zur Polemik neigender Kollege Emil Frommel spickte seine Ansprache mit zahlreichen Angriffen auf den Katholizismus.[72] Ein politischer Wirrkopf glaubte gar, wegen seiner Grundstücksstreitigkeiten mit einem jüdischen Nachbarn Adolf Stöcker auf dem Fest zu einer öffentlichen antisemitischen Stellungnahme veranlassen zu können.[73]

Die erhaltenen Briefwechsel, Einladungsschreiben und Programme der Festplaner zeigen bis wenige Tage vor der Eröffnung eine große Unsicherheit über den Namen des Museums. Zu berücksichtigen ist dabei jedoch, dass es sich um Schriftstücke Außenstehender handelte, die über das Museum, nicht aber mit dem Museum sprachen.

---

[70] Im Briefwechsel zwischen Schröder und Superintendent Georg Rietschel traten die unüberwindlichen kirchenpolitischen Differenzen offen zu Tage, Wittenberger Kreisblatt, Nr. 201, 30. August 1883; Nr. 206, 5. September 1883. Zu Schröder: CLAUDIA LEPP, Protestantisch-liberaler Aufbruch in die Moderne. Der deutsche Protestantenverein in der Zeit der Reichsgründung und des Kulturkampfes, Gütersloh 1996, S. 278-279, 466.

[71] Vossische Zeitung, Nr. 385, 19. August 1883: »Die „oekumenisch-evangelische Lutherfeier"«.

[72] Stöckers Rede in: Der Luthertag in Wittenberg am 12., 13. und 14. September 1883. Predigten, Reden und Ansprachen, herausgegeben auf Veranlassung des Präsidium des Luther-Fest-Comité's, Wittenberg 1883, S. 133-139, hier: S. 135-137. Stöckers Rede ist auch in der Zeitschrift der *Positiven Union* abgedruckt worden: Adolf Stöcker, Ansprache auf dem Markt zu Wittenberg am 14. September, in: Kirchliche Monatsschrift 3 (1883), S. 41-46. Frommels Rede erschien in: Der Luthertag (s. o.), S. 139-148.

[73] Leserbrief von „K. W.", Wittenberger Kreisblatt, Nr. 183, 9. August 1883.

In den Protokollen des Komitees zur Vorbereitung der Wittenberger Lutherfeierlichkeiten wurde seit spätestens Februar 1883 *Lutherhalle* statt *Reformationshalle* verwendet[74] doch Anfang September 1883 benutzte Generalsuperintendent Möller in einem Brief nach Wittenberg wieder *Reformationshalle*.[75] Man könnte dies zwar als Versehen betrachten, da in einem Aufruf zur Feier in der *Protestantischen Kirchenzeitung für das Evangelische Deutschland* bereits am 11. April 1883 zu lesen war, dass die Eröffnung der *Lutherhalle* eventuell während der Feier stattfinden werde.[76] Im Einladungsschreiben des Organisationskomitees an Kaiser Wilhelm I. vom 13. Juni 1883 stand jedoch als Programmpunkt des ersten Festtages: „Feierliche Eröffnung der Wittenberger *Reformationshalle*".[77] Auch der Oberkirchenrat, sonst eifrigster Verfechter des Namens *Lutherhalle*, ging zwei Wochen später davon aus, dass der Kaiser möglicherweise nach Wittenberg komme, um der Eröffnung der *Reformationshalle* beizuwohnen.[78]

Erst im Juli oder August 1883 scheint die endgültige Entscheidung der Festorganisatoren zugunsten von *Lutherhalle* gefallen zu sein. In einem als Plakat und in mehreren Zeitschriften abgedruckten Festprogramm von Anfang August war *Reformationshalle* durch *Lutherhalle* ersetzt.[79] Das Wittenberger Lokalkomitee berichtete an den Magdeburger Oberpräsidenten von Wolff, dass der Kronprinz, der Terminplanungen für seine Wittenbergreise einschließlich der „Eröffnung der *Lutherhalle*" zugestimmt habe.[80] Auffallenderweise verwendeten aber sowohl der Wittenberger Magistrat als auch das kaiserliche Hofmarschallamt im Zusammenhang mit den Reisevorbereitungen des Kronprinzen noch am 25. August bzw. 7. September den Namen *Reformationshalle*.[81]

---

[74] LA Magdeburg: Rep. C 81: Generalsuperintendentur der Provinz Sachsen, Tit. I, Lit. H, I, Nr. 180: 400. Luther Jubiläum (Handakten zur Vorbereitung der Lutherfeier): Protokoll vom 27. Januar 1883 (*Reformationshalle*); Schreiben Georg Rietschels an Karl Ludwig Möller vom 20. Februar und 7. März 1883 (*Lutherhalle*).

[75] Brief Karl Ludwig Möllers an Bürgermeister Schild vom 3. September 1883, LA Magdeburg: Rep. C 81: Generalsuperintendentur der Provinz Sachsen, Tit. I, Lit. H, I, Nr. 181: Die Feier des 400. Luther Jubil. in Wittenberg 1883.

[76] Protestantischen Kirchenzeitung für das Evangelische Deutschland 30 (1883), Sp. 342-344; Evangelische Kirchen-Zeitung 112 (1883), Sp. 296, 664; Wittenberger Luther-Fest-Zeitung, 12. September 1883, S. 2.

[77] GSTA Dahlem: Rep. 89 H, 221, Nr. 23539: Die dritte Säcularfeier ..., Bl. 86.

[78] Ebda., Bl. 93.

[79] Stadtkirchenarchiv Wittenberg: A II, 198: Zur Lutherfeier 1883; vgl. auch das in der Allgemeinen Conservativen Monatsschrift für das christliche Deutschland 40 (1883), Juli-Dezember, abgedruckte Programm der Feier mit dem Datum 8. August 1883 (Inserat nach S. 352).

[80] Landesarchiv Magdeburg: Rep. C 20 I b, Nr. 870, Band 2: Die Errichtung von Denkmälern und Museen (1880-1899), Bl. 82: Schreiben des Komitees zur Vorbereitung der Lutherfeier in Wittenberg (Superintendent a. D. Pfeiffer) vom 13. August 1883.

[81] LA Magdeburg: Rep. C 20 I b, Nr. 899, Band 1: Die Feier des vierhundertjährigen Gedächtnistages der Geburt Dr. Martin Luthers (1883-1933), Bl. 63: Brief der Stadt Wittenberg vom 25. August 1883 an von Diest; Bl. 65: Schreiben des Hofmarschallamtes an die Stadt Wittenberg vom 7. September 1883.

Auch die Hintergründe der Absage des Kaisers werfen ein Licht auf die Wittenberger Feier. Der Hof hatte stets die Anwesenheit des Kaisers in Wittenberg vom Termin der Herbstmanöver abhängig gemacht. Im Juli 1883 erhielt das Organisationskomitee den Bescheid, der Kaiser könne wegen der „notwendigen Rücksicht auf die Kräfte bei den unerlässlichen Anstrengungen der Manöver" nicht kommen. Bereits zuvor hatte Wilhelm I. jedoch dem Kronprinzen seine wahren Beweggründe mitteilen lassen. Mit „Rücksicht darauf, dass diese Privatfeier gewissermaßen mit der offiziellen Lutherfeier in Rivalität tritt", müsse er seine Teilnahme absagen.[82]

Uneinigkeit über den Namen herrschte auch zwischen Regierungspräsident von Diest und Bürgermeister Schild. Während ersterer am 20. August der Wittenberger Stadtverwaltung den Ablauf der Eröffnungsfeier der *Luthersammlung* mitteilte, bekräftigte Schild in seinem Antwortschreiben drei Tage später die Position des städtischen Gründungskomitees und verwendete hartnäckig *Reformationshalle*.[83]

Knapp zwei Wochen vor dem Fest erschien in der *Magdeburgischen Zeitung* – die Parallele zu 1877 ist unübersehbar – ein kenntnisreicher Artikel über das Museum. Viel Raum nahm die Diskussion des Namens und des Museumskonzepts ein. „Weil nicht Luther allein, allerdings die gewaltigste Persönlichkeit der Reformationszeit, gefeiert werden soll, und die Sammlung nicht allein auf ihn bezügliche Erinnerungsstücke birgt, sondern das gesammte Zeitalter der Reformation umfaßt und zahlreiche Erinnerungen an seine Gehülfen und Mitstreiter enthält", hätte man sich – so die Folgerung des anonymen Autors – statt für *Lutherhalle* für *Reformationshalle* entscheiden sollen.[84]

Erstaunliche Lücken tun sich auf, wenn man zu rekonstruieren versucht, mit welchen Worten Kronprinz Friedrich Wilhelm das Museum eröffnete. Julius Jordan als Historiograph der *Lutherhalle* vermag wenig zur Klärung beizutragen. Für die Zeit vor der Eröffnung verwendet er *Reformationshalle*. Mit der Eröffnungsrede ist der Namenswechsel für ihn ein Faktum,[85] auch wenn er *Lutherhalle* als Namen für die „im alten Lutherwohnhaus" aufgestellten „Sammlungen zur Geschichte der Reformation" für wenig glücklich hielt.[86]

---

[82] GSTA Dahlem, Rep. 89 H, 221, Nr. 23539: Die dritte Säcularfeier des Jahrestages des Dr. Martin Luther, sowie die Säcularfeier seines Geburtstages und die Reformatoren 1845-1910, Bl. 102, 89. Düfels Vermutung, dass der Kaiser angesichts des noch nicht beendeten Kulturkampfs aufgrund seines „angeborenen Taktgefühls" Rücksicht auf seine katholischen Untertanen walten ließ, dürfte mit dieser Aussage widerlegt sein. Und: hatte der Kronprinz weniger Verantwortung gegenüber den Katholiken?, Düfel (wie Anm. 61), S. 34.

[83] StAWB: Nr. 4077, Bl. 194-195.

[84] Magdeburgische Zeitung, Nr. 407, 1. September 1883, S. 1-2: »Die Lutherhalle in Wittenberg«, gekürzt auch in der Elberfelder Zeitung, Nr. 245, 5. September 1883: »Die Lutherhalle in Wittenberg«.

[85] Jordan (wie Anm. 10), S. 18, 25.

[86] Julius Jordan, Aus der Lutherhalle, in: Luther. Mitteilungen der Luther-Gesellschaft 1919, S. 41-45, hier: S. 41-42.

Aus den zeitgenössischen Berichten lässt sich folgender Ablauf des Eröffnungsaktes in der „Aula" des Lutherhauses, d. h. dem großen Hörsaal, rekonstruieren. Regierungspräsident Gustav von Diest begrüßte die Gäste und rückte mit einem Hinweis auf den am 2. September gefeierten Sedanstag die Eröffnung in den Rang eines nationalen Ereignisses. Präzise beschrieb er daraufhin zwar die Rolle des Hauses in Luthers Leben, die Exponate charakterisierte er aber nur vage als „Sammlung von Denkwürdigkeiten aller Art". Freilich bezog sich dies eindeutig auf den zuvor genannten Martin Luther, den „großen Helden des deutschen Volkes". Das von ihm *Lutherhalle* genannte neue Museum charakterisierte von Diest als den würdigsten Platz zur Aufbewahrung von „Erinnerungszeichen an die große Zeit der Reformation".[87]

Der Kronprinzen verlas im Anschluss an von Diest zuerst eine Grußbotschaft seines Vaters, in der das Museum nicht vorkam. In einer kurzen Rede dankte dann Friedrich Wilhelm für die Segnungen, die das deutsche Volk dem verdanke, „dessen Namen diese Halle" trage. Anders als bei von Diest, über dessen Rede er vorab informiert war,[88] standen bei Friedrich Wilhelm – er scheint den ökumenischen Charakter des Festes erfasst zu haben – *Reformation* und *Protestantismus* im Mittelpunkt. Den Unmut der Rechten zog er sich durch den Hinweis auf die Verbundenheit des evangelischen Bekenntnisses mit „Gewissensfreiheit und Duldung" zu. Einige Festteilnehmer sollen geplant haben, sich in der Dankadresse an Wilhelm I. von der Rede des Kronprinzen zu distanzieren, was aber dann unterblieb.[89] Auch Regierungspräsident von Diest war von der Ansprache wenig begeistert. Seinem Bericht nach habe der Kronprinz eine von einem Hofprediger verfasste Rede verlesen.[90] Sehr wahrscheinlich meinte er Bernhard Rogge, den liberalsten Theologen im Kreis der Hofprediger. Denn Rudolf Kögel hatte nach von Diests Bericht die Rede missmutig angehört, Emil Frommel und Adolf Stöcker hatten, wie bereits erwähnt, stramm konservative Reden gehalten. Rogge war mit dem Kronprinzen zudem vertraut und leistete ihm in Wittenberg hilfreiche Dienste. Er war u. a. für die Veröffentlichung der Rede Friedrich Wilhelms zuständig.[91] Dass Friedrich Wilhelm von Preußen eine fremde Rede vorlas, darf allein schon deshalb bezweifelt werden, da sich in seinem Nachlass das eigen-

---

[87] Gustav von Diest, Aus dem Leben eines Glücklichen, Berlin 1904, S. 490; Der Luthertag (wie Anm. 72), S. 29-30; Neue Preußische (Kreuz-)Zeitung, Nr. 218, 19. September 1883, Beilage: »Zur Feier des Lutherfestes in Wittenberg«; Wittenberger Kreisblatt, Nr. 214, 15. September 1883, „Unser Lutherfest. I.".

[88] In seinen Lebenserinnerungen berichtet von Diest (wie Anm. 87), S. 488, er habe dem Kronprinzen wenige Tage vor dem Fest sein Redemanuskript einreichen müssen, damit dieser entsprechend antworten könne,

[89] Rogge (wie Anm. 68), S. 374. Vgl. auch Allgemeine Evangelisch-Lutherische Kirchenzeitung 16 (1883), Sp. 821-822: »Noch ein Wort über die Lutherfeier«. Hier wurde gegen „selbstherrliche Protestantenvereinler und Genossen" – auch der Kronprinz stand dem *Protestantenverein* freundlich gegenüber, vgl. Lepp (wie Anm. 70), S. 159-162, 422 – polemisiert und ihnen das Recht abgesprochen ein Lutherfest zu feiern. Denn, „nach Gewissensfreiheit schreiend", machten sie den „Rechtsstaat zum Herrn auch der Gewissen".

[90] von Diest (wie Anm. 87), S. 489-490.

[91] Rogge (wie Anm. 68), S. 374.

händige Redemanuskript erhalten hat,[92] möglicherweise wurde er aber von Bernhard Rogge beraten. Immerhin ging Rogge in seiner Lebensbeschreibung Friedrichs III., die nur kurze Zeit nach dessen Tod erschien, auf das Wittenberger Ereignis ein.[93]

In keinem Bericht über die Rede Friedrich Wilhelms, auch nicht im eigenhändigen Redemanuskript findet sich ein Satz wie: „Und hiermit eröffne ich die *Lutherhalle.*" Nur das *Wittenberger Kreisblatt* berichtete von der „somit vollzogenen Eröffnung der *Lutherhalle*",[94] womit v. a. dieser Pressetext den weiteren Gang der Dinge bestimmte.

In den ersten Tagen nach dem Fest war das Kirche und Herrscherhaus ebenso treu wie kritiklos ergebene *Wittenberger Kreisblatt* noch zu sehr vom Glanz des großen Festes geblendet, um reflektierte Rückschau zu halten. Mit großer Selbstverständlichkeit verwendete man den jetzt allerhöchst sanktionierten Namen *Lutherhalle*.[95] Doch bald galt es in umständlichen Worten zu erklären, weshalb das Museum nun *Lutherhalle* hieß. Erst jetzt überlieferte man den Satz des Kronprinzen „und hiermit erkläre ich die *Lutherhalle* für eröffnet", womit er die „Bezeichnung endgültig festgestellt" habe. Zugleich musste man aber auf Bürgermeister Schild Rücksicht nehmen. Als einer der Väter des Unternehmens hatte er dem lokalen Festkomitee vorgestanden und bis zuletzt *Reformationshalle* favorisiert. Damit habe er – wie auch das *Kreisblatt* zugestand – von der Konzeption des Hauses her recht gehabt, denn es seien „sehr viele Sachen und namentlich Bilder vorhanden [...], die zu Luther in gar keiner, wohl aber zur Reformation in Beziehung stehen".[96]

Ob freilich das *Wittenberger Kreisblatt* mit seinen Berichten über die Eröffnung trotz seines Heimvorteils richtig lag, kann bezweifelt werden. Der *Deutsche Reichsanzeiger* publizierte nämlich noch am Tag der Eröffnung die von Bernhard Rogge vermittelte Rede des Kronprinzen im Wortlaut und leitete den Abdruck mit der Bemerkung ein, dass die Ansprache bei der Wittenberger „Gedächtnißfeier" in der „*Reformations- oder Lutherhalle*" gehalten worden sei.[97]

Dieser vermittelnden Doppelung folgten andere Blätter. Die gut informierte *Deutsche Allgemeine Zeitung* hatte im Vorfeld des Festes auch die Eröffnung der *Lutherhalle* als Programmpunkt genannt.[98] Nach der Eröffnung berichtete sie vom Empfang des Kron-

---

92 Die Berichte in: Der Luthertag (wie Anm. 72), S. 31-32; Wittenberger Kreisblatt, Nr. 214, 15. September 1883: »Unser Lutherfest. I.«; vgl. auch Protestantische Kirchenzeitung für das evangelische Deutschland 30 (1883), Sp. 836. Das Manuskript der Rede findet sich in: GStA Dahlem: Rep. 89 H, 221, Nr. 23539: Die dritte Säcularfeier des Jahrestages des Dr. Martin Luther, sowie die Säcularfeier seines Geburtstages und die Reformatoren 1845-1910, Bl. 133-135.
93 BERNHARD ROGGE, Friedrich der Dritte, deutscher Kaiser und König von Preußen, Leipzig 1888, S. 124.
94 Wittenberger Kreisblatt, Nr. 214, 15. September 1883: »Unser Lutherfest. I.«
95 Wittenberger Kreisblatt, Nr. 216, 18. September 1883.
96 Wittenberger Kreisblatt, Nr. 217, 19. September 1883.
97 Deutscher Reichs-Anzeiger und Königlich Preußischer Staats-Anzeiger, Nr. 215, 13. September 1883.
98 Deutsche Allgemeine Zeitung, Nr. 416, 7. September 1883, S. 2: »Zur Lutherfeier«.

prinzen durch ausgewählte Personen, „denen der Eintritt in die Lutherhallen gestattet war". Der Kronprinz habe dann die „Reformationszimmer" besichtigt und eröffnet.⁹⁹ Am nächsten Tag wurde den Lesern reichsweit berichtet, dass Regierungspräsident von Diest und August Dorner als „Kurator der *Reformationshallen*" den Kronprinzen durch das Haus geführt hätten. Nachmittags hätten „die *Lutherhallen*" dann einen „riesenhaften Andrang des Publikums" erlebt.¹⁰⁰ Am *Reichsanzeiger* orientierte sich auch die *Kreuz-Zeitung*, sie schrieb von der „*Reformations- und Lutherhalle*".¹⁰¹ Die in München erscheinende *Allgemeine Zeitung* widmete sich in ihrem Bericht aus Wittenberg ebenfalls der Namensfrage. Demnach sei der Kronprinz vom Regierungspräsidenten „gebeten" worden, die *Lutherhalle* zu eröffnen. Die Änderung des von der Stadt präferierten Namens *Reformationshalle* in *Lutherhalle* ging nach diesem Bericht auf einen Wunsch des Kultusministeriums zurück. Zugleich betonte man aber, dass das Museum kein reines Luthermuseum sei.¹⁰²

Der Protestantenvereinler Julius Websky berichtete in der *Protestantischen Kirchenzeitung* zwar über die Rede des mit dem Verein sympathisierenden Kronprinzen und die von ihm verlesene Grußbotschaft des Kaisers, den speziellen Eröffnungssatz überliefert er aber nicht!¹⁰³ In einem kurz darauf publizierten Artikel über die Wittenberger Tage ist dann davon die Rede, dass „die Reformationshalle, in welcher am Tage zuvor so bedeutsame Worte der Weihe … gesprochen waren, eine mächtige Anziehungskraft auf die Festteilnehmer" ausübte".¹⁰⁴ Dagegen wurde im *Handbuch über den königlich preußischen Hof und Staat für das Jahr 1883* nochmals ohne Rücksicht auf den 13. September erklärt: „Bei dem Prediger-Seminar zu Wittenberg besteht: Die Luthersammlung im Lutherhause zu Wittenberg".¹⁰⁵

5. BLEIBENDE UNSICHERHEIT

Obwohl die Namensfrage jetzt hätte beantwortet sein können oder gar müssen, bestand die Unsicherheit über den Namen bis in höchste Stellen fort. Als der Lutherforscher Joachim Knaake Wittenberger Bestände für die Weimarer Lutherausgabe nutzen wollte,

---

[99] Deutsche Allgemeine Zeitung, Nr. 427, 13. September 1883, S. 1: »Über die heutige Lutherfeier«.
[100] Deutsche Allgemeine Zeitung, Nr. 429, 14. September 1883, S. 1.
[101] Neue Preußische (Kreuz) Zeitung, Nr. 215, 15. September 1883.
[102] Allgemeine Zeitung, Nr. 257, 15. September 1883, S. 3775.
[103] JULIUS WEBSKY, Das Wittenberger Lutherfest, in: Protestantische Kirchenzeitung für das evangelische Deutschland 30 (1883), Sp. 833-836, 860-862, hier: Sp. 835-836.
[104] O. PINI, [Das Wittenberger Lutherfest], in: Protestantische Kirchenzeitung für das evangelische Deutschland 30 (1883), Sp. 862-865, hier: Sp. 862.
[105] Handbuch über den königlich preußischen Hof und Staat für das Jahr 1883/84, Berlin 1883, S. 397.

beantragte er am 3. März 1886 die Benutzung der *Reformationshalle*, und im Entwurf für die Antwort des Kultusministeriums stand zweimal *Reformationshalle*. Dies wurde dann in *Luthersammlung* korrigiert.[106] Auch in anderen zeitgenössischen Schreiben im Zusammenhang mit der Lutherausgabe verwendeten dem Oberkirchenrat oder dem Kultusministerium verbundene Personen wie Gustav Kawerau oder Bernhard Weiß sowie das Ministerium selbst *Reformationshalle*.[107]

Möglicherweise als Beleg für die Vermutung, dass die Beteiligten die Namensfrage nicht als wichtigstes Problem des Museums ansahen, kann ein Brief August Dorners vom 8. Januar 1886 dienen. In einem Schreiben an das Komitee hinsichtlich einiger Neuanschaffungen verwendete er *Reformationshalle* und *Lutherhalle* gleichberechtigt nebeneinander.[108]

1892 findet sich der Name *Reformationshalle* noch in amtlichen Schreiben des Magdeburger Regierungspräsidiums und auch des Predigerseminars.[109] Bemerkenswert ist vor allem, dass das Votum des Regierungspräsidiums vor dem Hintergrund einer erneut drohenden Debatte über die Verfügungsgewalt über das Lutherhaus zu Stande kam. 1902 verwendete auch Cornelius Gurlitt in seiner Stadtbeschreibung *Reformationshalle*.[110]

Auffallenderweise setzte sich der fast ausschließlich in Schreiben des EOK präsente Name *Lutherhalle* nur sehr langsam gegen die *Luthersammlung* durch. Diesen Titel favorisierte nun das Kultusministerium auch im Kontakt mit Dritten.[111] Das Merseburger Regierungspräsidium blieb schwankend und sprach sowohl von der *Lutherhalle*[112] als auch bis 1907 von der *Luthersammlung*.[113] Selbst der Oberkirchenrat wurde im selben Jahr rückfällig und bezeichnete Karl Dunkmann als Konservator der *Luthersammlung*.[114]

---

[106] GStA Dahlem: Rep. 76 III, Sekt. 19, Abt. XXIII, Nr. 4, Band 1, Bl. 214.
[107] Ebda., Bl. 225: Brief von Bernhard Weiß vom 14. Juni 1887; Bl. 226: Antrag Gustav Kaweraus an das Kultusministerium vom 13. Juni 1887; Bl. 235: Kultusministerium an August Dorner, 23. April 1888.
[108] StAWB: Nr. 4077, Bl. 247.
[109] GStA Dahlem: Rep. 76 III, Sekt. 19, Abt. XXIII, Nr. 4, Band 1, Bl. 273: Regierungspräsidium Merseburg an das Kultusministerium, 1. Dezember 1892; LA Merseburg: Rep. C 69, Nr. 61: Die Etat-Entwürfe für die Verwaltung des Königlichen Prediger-Seminars zu Wittenberg: „Tractions-Berechnung über gehabte Einnahmen von Fremden, welchen die *Reformationshalle* seitens des Schloßküsters gezeigt worden ist" vom 4. März 1892.
[110] Cornelius Gurlitt, Die Lutherstadt Wittenberg (= Die Kunst, 2), Berlin o.J. (1902), S. 65.
[111] GStA Dahlem: Rep. 76 III, Sekt. 19, Abt. XXIII, Nr. 4, Band 1, Bl. 248: Schreiben vom 14. April 1890; In einem Brief vom 1. Dezember 1892 wurde *Lutherhalle* einmal in *Luthersammlung in dem Augusteum* korrigiert (Bl. 276 ff). Auch der Kaufvertrag mit August Luthardt über den Kreidekarton „Die Bibelübersetzung" wurde 1899 mit dem „Kuratorium für die *Luthersammlung* in Wittenberg" abgeschlossen, ebda., Bl. 119.
[112] Ebda., Bl. 297, Brief an das Kultusministerium vom 15. August 1893; vgl. auch den Brief der königlichen Regierung vom 25. Februar 1893 an das Kuratorium (ebda., Bl. 289).
[113] EZA 7/10747, Bl. 118: Regierungspräsident von der Recke am 8. Januar 1907 an den Kultusminister.
[114] GStA Dahlem: Rep. 76 III, Sekt. 19, Abt. XXIII, Nr. 4, Band 2, Bl. 171: Brief an das Kultusministerium vom 25. Mai 1907.

Nicht völlig verschwunden war auch das *Luther-Museum*. Zum Teil dürfte die Verwendung dieses Namens auf Unwissenheit beruhen: so etwa 1896 in einem Verkaufsangebot[115] oder vier Jahre später in einem kaiserlichen Telegramm an das Kultusministerium.[116] 1903 konnten österreichische Protestanten lesen, dass der Raum neben der Aula und die Lutherstube zusammen das *Luthermuseum* bilden.[117]

Erst aus der Jahresmitte 1910 sind Quellen überliefert, die man als tiefergehende konzeptionelle Überlegungen zur Sammlungspolitik der *Lutherhalle* bezeichnen kann. In zwei Briefen definierte Gustav Kawerau, was er für sammlungswürdig hielt. Man dürfe nicht blindlings Dinge des 16. Jahrhunderts sammeln, sondern nur solche Gegenstände, die eine „Beziehung zu Luther haben". Daher wolle er „von vornherein die Bilder der außerdeutschen Reformatoren ausschließen. Ebenso aber auch Sektenhäupter, die keinen Zusammenhang mit der lutherischen Reformation haben." Trotz dieses klaren Zuschnitts auf Martin Luther nannte er das Museum *Reformationshalle*.[118] Wenige Tage später präzisierte er seine Vorstellungen dahingehend, dass für die Sammlung die Frage nach der geschichtlichen Beziehung einer Person zu Luther maßgeblich sein soll. Aufnehmen wollte Kawerau daher „Freunde u. Mitarbeiter, alle Förderer seines Werkes, seine Schüler [...] seine Gegner u. die, deren Wege sich mit ihm gekreuzt oder sich von den seinigen getrennt haben." In die Bildersammlung sei auch Johannes Calvin aufzunehmen. Während er außerdeutsche Reformatoren ausschloss, legte er großen Wert auf die Präsenz Bischof Albrechts von Mainz und ebenso derjenigen katholischen Theologen, „die schriftstellerisch gegen Luther aufgetreten sind."[119]

Im April 1920 kam wiederum Bewegung in die Namensfrage: In einem v. a. in politisch und theologische rechtsstehenden Zeitschriften publizierten Aufruf bat der Vorstand der *Lutherhalle* um Spenden zugunsten des Museums. Nur so seien noch der weitere räumliche Ausbau zu sichern und der Abfluss wertvoller Stücke ins Ausland zu verhindern. Verknüpft war dieser Aufruf „an die Evangelischen Deutschlands" mit dem Hinweis auf die Lage der Kirche, die „Männer und Frauen" erfordere, die „in voller innerer Klarheit sich zu den großen Grundgedanken der Reformationen bekennen." Luther selbst war für die Verfasser des Textes ein sehr wichtiger, aber nicht der einzige Repräsentant protestantischen Glaubens. Diese neue Pluralität kam auch in der Namensgebung zum Ausdruck. Man sprach nämlich vom „Reformationsmuseum der sog. *Lutherhalle*".[120]

---

[115] GStA Dahlem: Rep. 76 III, Sekt. 19, Abt. XXIII, Nr. 4, Band 2, Bl. 108: Brief August Luthardts vom 27. September 1898.
[116] GStA Dahlem: Rep. 76 III, Sekt. 19, Abt. XXIII, Nr. 4, Band 2, Bl. 129: Telegramm vom 24. Juli 1900. Es ging um Erkundigungen über einen zum Kauf angebotenen angeblichen Ring Katharina von Boras.
[117] RICHARD ERFURTH, Das Lutherhaus in Wittenberg, in: Evangelische Kirchenzeitung für Österreich 1903, S. 243-245, hier: S. 245.
[118] Archiv der Lutherhalle: Brief vom 2. Juni 1910.
[119] Archiv der Lutherhalle: Brief vom 7. Juni 1910.

Von hier aus war es nur noch ein kurzer Weg zum bis heute gültigen Namen *Lutherhalle. Reformationsgeschichtliches Museum*. Er erschien seit 1931 auf dem Briefkopf des Museums, eine Diskussion über diese Benennung ließ sich bislang nicht nachweisen.

6. Schluss

Blickt man auf die babylonische Namensverwirrung für das Museum zurück, zeigt sich, dass hinter dem stetigen Changieren zwischen *Luther* und *Reformation* nur zum geringeren Teil die Frage nach der Konzeption des Hauses stand. Allen Beteiligten war bereits seit der an Exponaten armen Frühzeit[121] klar, dass das Museum mehr zu sammeln und auszustellen habe als Lutherreliquien. Die wissenschaftliche Debatte über die Konzeption des Hauses kam zudem erst zu einer Zeit in Gang, als die Entscheidung für den Namen *Lutherhalle* längst gefallen war.

Dem Lutherfest 1883 kommt in der Namensgeschichte größte Bedeutung zu. Während der gesamten Vorbereitungszeit und noch beim Eröffnungsakt werden die Fronten für oder gegen *Reformation* deutlich sichtbar. Die Zweifel über den tatsächlichen Wortlaut der kronprinzlichen Rede lassen sich nicht beheben. Dagegen lässt sich zeigen, dass die Interessen der Museumsinitiatoren mit denen der Festveranstalter und damit der kirchenpolitisch Mächtigen kollidierten. Deren Herkunft aus der *Positiven Union* konnte 1883 nicht als Argument für *Reformation* oder *Reformationshalle* gelten. Denn es ging 1883 in Wittenberg nicht um Wissenschaftsdiplomatie wie bei der Namensgebung für den *Verein für Reformationsgeschichte* oder um die Vermeidung von Konflikten in einem konfessionell heterogenen Staat wie bei der von staatspolitischen Erwägungen geprägten Lutherfeier in Baden,[122] sondern darum, auf einem Fest, über dem der „Geist des nationalpolitischen Geschehens" schwebte[123], Martin Luther als die sinnstiftende und alle Gegensätze überwindende Leitfigur der Deutschen zu feiern. Dagegen vermochten auch die kronprinzliche Sympathie und das erstaunliche Beharrungsvermögen des Wittenberger Kreises um Bürgermeister Schild nichts auszurichten. Einem pluralen Reformationsverständnis wie es

---

[120] Der Text erschien u. a. in: Der deutsche Aufbau, 1920, Nr. 7, April, S. 112; Die Wartburg 19 (1920), Nr. 17/ 18, 30. April, S. 77; Deutsche Dorfzeitung 23 (1920), S. 154 (2. Mai); Religiöse Kunst 17 (1920), S. 66, hier lautete die vermutlich redaktionelle Überschrift: »Aufruf für das *Luther-Reformationsmuseum* in Wittenberg«. Eine Paraphrase veröffentlichte die Allgemeine Evangelisch-Lutherische Kirchenzeitung 53 (1920), Sp. 526. Neben dem Geisteskampf der Gegenwart, Mai 1920, S. 86, wies auch die Kirchliche Zeitschrift (Chicago) 44 (1920), Heft 9 (September), S. 552-553, auf den »Hilferuf aus Wittenberg« hin.

[121] Vgl. zum schleppenden Beginn der Sammlungserweiterung JORDAN (wie Anm. 10), S. 10-13.

[122] Vgl. hierzu den Beitrag von Udo Wennemuth, Luthererinnerung in Baden 1883, in diesem Band.

[123] Karl Kupisch, Kirchengeschichte, Band V: 1815-1945, Stuttgart u. a. ²1986, S. 53.

wiederholt popularisiert worden war, stand zudem die normative Kraft des Hauses mit seiner einzigartigen Bindung an das Leben Luthers entgegen.

Stefan Laube

Lutherbrief an den Kaiser
Kaiserbrief an die Lutherhalle

1) Der Kult um das musealisierte Wort

Anfang Mai 1911 fand in einem renommierten Leipziger Antiquariat eine aufsehenerregende Handschriftenauktion statt. Insbesondere ein Lutherbrief stand im Zentrum des Interesses, den der Versteigerungskatalog als „eine authentische Urkunde über den gewaltigsten Akt der Weltgeschichte aller Zeiten", als „das entscheidenste und inhaltsschwerste, was des Reformators Feder je geschrieben" gepriesen hatte.[1] Der Reformator hatte sich in diesem lateinisch verfassten, mehrseitigen Schreiben kurz nach seinem legendären Reichstagsauftritt von 1521 aus dem hessischen Friedberg direkt an den noch in Worms weilenden Kaiser Karls V. (1500-1558) gewandt, um auf diesem Wege erneut zum Ausdruck zu bringen, dass das Wort Gottes – so wie er es verstand – über alles gelte und in völliger Freiheit zu herrschen habe und er daher seinen Überzeugungen nicht abschwören könne. Einem kunstsinnigen amerikanischen Millionär waren diese geschichtsträchtigen Worte mehr als 100 000 Mark wert. Allerdings erwarb er sie nicht für seinen privaten Besitz, vielmehr schenkte er den Brief sogleich an den deutschen Kaiser, der ihn wiederum umgehend der Lutherhalle in Wittenberg vermachte. Bis heute stellt dieser Lutherbrief, um den „noch der heiße Atem jener weltgeschichtlichen Stunde ‚Hier stehe ich, ich kann nicht anders. Gott helfe mir. Amen!'"[2] wehte, eines der spektakulärsten Präsentationsstücke der Lutherhalle dar, wenn er auch in unseren Zeiten weitaus sachlicher ausgestellt und in Katalogen beschrieben wird.[3]

Von geschriebenen, öffentlich ausgestellten Worten, wenn sie einzigartig sind und wichtige historische Ereignisse belegen, geht bis heute eine kulturübergreifende auratische Wirkung aus. So pilgerte kürzlich ein Indio aus Mexiko in das Buchmuseum der Sächsischen Landesbibliothek von Dresden, um sich vor einer bestimmten Glasvitrine in Position zu stellen, genau dort, wo die älteste Maya-Handschrift, ein Zeugnis der präkolumbianischen Epoche, der *Codex Dresdensis* aus dem 13. Jahrhundert ausgestellt wird. Wie es hieß, hielt dieser Museumsbesucher seine Tränen nicht zurück und bat den Biblioteks-

---

[1] Autographen-Sammlungen Dr. Carl Geibel, Carl Heinz v. Hertenried. Versteigerung Mittwoch d. 3. bis Sonnabend, d. 6. Mai 1911 von 10 Uhr vormittags an durch C. G. Boerner in Leipzig, S. 25.
[2] E. Grundmann, Wittenberg. Wanderung durch die Lutherstadt, Wittenberg 1927, S. 11 f.
[3] Siehe z. B. Katalog der Hauptausstellung in der Lutherhalle Wittenberg. Martin Luther 1483 bis 1546, bearb. von Volkmar Joestel u. a., Berlin 1993, S. 110 f.

direktor und dessen Mitarbeiter, ihn mit der alten Bilderschrift allein zu lassen, da er das Zeugnis seiner Ahnen mit einem Gebet begrüßen wolle.[4] Ähnlich kultbesetzt beschrieb der Handschriftenliebhaber Stefan Zweig (1881-1942), der bei aller Sammelleidenschaft, nie die Reflexion über sein Tun vergaß, dieses kulturgeschichtliche Phänomen, als er von der beschwörenden Magie der Autographen sprach, wie sie zu allen Zeiten Göttern und Heroen erwiesen worden sei und die „immer ein sinnliches Zeichen, eine Lebens- und Geistesspur dieser Unerreichbaren fordert."[5] Schon in den Klöstern hatte man Handschriften in der Nähe der Heiligenreliquien aufbewahrt, jüdische Gesetzestafeln waren an einem heiligen, nicht jedem zugänglichen Ort aufgestellt.

Auch beim Ausstellungsobjekt *Lutherbrief* konzentrieren sich Musealität, Religiosität und Geschichte in spezifischer Weise. Wichtige Aspekte der Gattung, des Erwerbs sowie der Präsentation dieser zentralen Musealie aus der Reformation sollen nun geschildert werden. Denn mit diesem Lutherbrief erfuhr das sichtbare Wort entsprechend der konfessionellen Entstehungsgeschichte des Museums eine bis dahin kaum gekannte museale Aufwertung. Seine Aufnahme in den Bestand der Lutherhalle im Jahre 1911 stellte für dieses Museum zugleich die Initialzündung dar, innerhalb weniger Jahre eine der bedeutendsten deutschsprachigen Autographensammlungen aufzubauen, nicht nur zur Reformationsepoche, sondern auch aus den darauffolgenden Jahrhunderten.

2) Der Brief als Autograph

Ein handgeschriebener Brief ist ein Autograph.[6] Autographen appellieren an Einbildungskraft und Einfühlungsvermögen und verhalten sich – adäquat rezipiert – wie ein imaginäres Museum. Der Gedanke, handschriftliche Zeugnisse hervorragender Persönlichkeiten zu sammeln, setzt voraus, das Individuum ernst zu nehmen, die Entfaltung der Persönlichkeit zum Ideal zu erheben, was in Deutschland erst im 19. Jahrhundert nach den Befreiungskriegen breitenwirksam einsetzte. Wenn man der immer wiederkehrenden Termino-

---

[4] Claus Biegert, Mit den Augen der Fledermaus, Süddeutsche Zeitung, Nr. 98, 28./29. 4. 2001 (SZ am Wochenende, S. VI).

[5] Stefan Zweig, Die Welt der Autographen [Vortrag in der Österreichischen Nationalbibliothek, Wien, gehalten am 7. November 1923], in: Jahrbuch Deutscher Bibliophilen 12/13 (1925/1926), S. 70-77, hier S. 71.

[6] Vgl. Eugen Wolbe, Handbuch der Autographensammler, Berlin 1923 (=Bibliothek für Kunst- und Antiquitäten-Sammler, 23); Günther Mecklenburg, Vom Autographensammeln. Versuch einer Darstellung seines Wesens und seiner Geschichte im deutschen Sprachgebiet, Marburg 1963; Karl Dachs, Autographen, aus: Keysers Kunst- und Antiquitätenbuch, Bd. 3, München 1967, S. 133-167; Hermann Jung, Ullstein. Autographenbuch. Vom Sammeln handschriftlicher Kostbarkeiten, Frankfurt 1971, v. a. S. 103 f. Der vollständig faksimilierte Lutherbrief befindet sich im letzteren Buch in einer separat beigefügten Faksimile-Sammlung.

logie in Handbüchern für Autographensammler folgt, wie dem lange im 19. Jahrhundert maßgebenden, wonach das Sammeln von Autographen als ein „selbstredendes Denkmal" bezeichnet wird, als „die sichtbare Reliquie der Gedanken, den Ausfluß des Geistes, die sprechendste Daguerreotype des Seelenlebens berühmter, in jeder Beziehung hervorragender Menschen in ihren Selbstschriften, worin eine Zeile treffender charakterisiert als eine umfangreiche Biographie",[7] ist es keineswegs abwegig, in diesem Persönlichkeitskult auch ein säkularisiertes Erbe der mittelalterlichen Heiligenverehrung zu sehen.[8]

Autographen erinnern an Praktiken der Reformationszeit, als es Usus werden sollte, Stammbücher, die *alba amicorum* oder Erinnerungsbücher zu führen. So benutzten protestantische Studenten Philipp Melanchthons (1497-1560) *Loci communes rerum theologicarum seu hypotyposes theologicae* (1521) als Gedenkbuch, in dem sie handschriftliche Eintragungen von berühmten Persönlichkeiten, aber auch von Verwandten und Freunden auf extra frei gebliebenen Seiten am Ende des Buches sammelten.[9] Ebenso waren die Studenten erpicht, ein von Luther oder Melanchthon eigenhändig mit einer Widmung oder einer Randglosse – meist einem passenden Bibelzitat – versehenes Exemplar einer ihrer Schriften zu erhalten, das sie als persönliches Erinnerungsstück, als protestantische Reliquie im Sinne einer „memoriae causa manu propria" ihr ganzes Leben lang mit sich trugen. Der kürzeste Brief Luthers ist nur deswegen geschrieben worden, weil der Empfänger eine vom Reformator verfasste Zeile zu besitzen wünschte.[10]

Am Anfang des Autographensammelns stand der Wunsch, die Schriftzüge eines verehrungswürdigen Menschen als gleichsam körperliche Erinnerung an ihn zu besitzen. Während Sammler wie Johann Wilhelm Ludwig Gleim (1719-1803), Johann Kaspar Lavater (1741-1801) und Johann Wolfgang von Goethe (1749-1832) noch davon ausgegangen waren, den Autographen ohne Rücksicht auf seinen Inhalt schlicht als Zeugnis vom Dasein eines großen, verehrungswürdigen Menschen zu betrachten, achteten die Handschriftenliebhaber gegen Ende des 19. Jahrhunderts darüber hinaus immer mehr auf den Inhalt, die Bedeutung des eigenhändig Geschriebenen.[11] Gegen Ende des 19. Jahrhunderts war es üb-

---

[7] Johann Günther / Otto August Schulz (Bearb.) Handbuch für Autographensammler, Leipzig 1856, S. III.

[8] Immer wieder wird man an das Vokabular des Heiligenkults erinnert, so auch bei Mecklenburg (wie Anm. 6), S. 11: „ist der Autograph doch die einzige Reliquie von unbestrittener Echtheit, in der sich Geist und Wesen eines Dahingeschiedenen über Jahrhunderte offenbaren!"

[9] Peter Amelung, Die Stammbücher des 16./17. Jahrhunderts als Quelle der Künstler- und Kunstgeschichte, in: Heinrich Geissler, Zeichnung in Deutschland. Deutsche Zeichner 1540-1640, Bd. 2 [Ausstellungskatalog], Stuttgart 1980, S. 211-222.

[10] Das Schreiben, dass in der Berliner Staatsbibliothek aufbewahrt wird, ist an einen gewissen Hirsfelder gerichtet, Luther anwortete ihm: „Manum meum petiisti, ecce manum habes." Günther / Schulz (wie Anm. 7), S. 255.

[11] Stefan Zweig verband Goethes Pietät mit dem strengsten Anspruch von der inhaltlichen Aussagekraft des Schriftstückes.

lich, nicht nur auf Inhalt und Urheber des eigenhändig Geschriebenen zu achten, sondern auch dem im Augenblick des Schreibens zu Papier gebrachten persönlichen Impuls nach einem psychologischen Schlüssel näherzukommen.

Solche in *Sternstunden der Menschheit* geschriebenen Autographen sind Briefe, in denen sich ein großer Charakter offenbart, ein neuer Gedanke zum erstenmal formuliert wird oder ein Mann der Tat über ein weltgeschichtliches Ereignis, an dem er persönlich beteiligt war, berichtet. Dieser hoher Anspruch wird vom vorliegenden Lutherbrief voll erfüllt. Wenn auch die beidseitige Verständigung beim Lutherbrief scheitern sollte, da der kursächsische Kanzler Georg Spalatin (1484-1545) aus Vorsicht den Brief zurückhielt, beruht die Bedeutung des Lutherbriefes darin, dass in ihm nicht nur Fakten und Ereignisse geschildert, sondern auch unmittelbare Einblicke in das Denken und Handeln einer wirkmächtigen Figur in einem weltgeschichtlichen Augenblick vermittelt werden.

Voraussetzung einer brieflichen Verständigung ist, dass der Brief den Empfänger erreicht und die Korrespondenzpartner willens und in der Lage sind, sich in einer gemeinsamen Sprache zu verständigen.[12] Diese gegenseitige Kommunikation wäre beim Lutherbrief auch dann gescheitert, wenn die Mitteilung ihr Ziel erreicht hätte, da der Kaiser wohl nicht darauf reagiert hätte.[13] Zudem hätte Luther seinen Brief in der Sprache schreiben müssen, die dem Kaiser am geläufigsten war, nämlich auf Französisch. Es liegt auf der Hand, dass der schon seit Ende 1517 prominente Luther den Brief in erster Linie für die Öffentlichkeit schrieb. Die sich im Humanismus immer mehr ausbreitende Gattung des „offenen Briefes" ist bekannt. Man kann sogar sagen, dass der Wille zur Selbstdarstellung zu einem permanenten Begleiter von Luthers Tun wird. Er wünschte eben noch später als derjenige angesehen zu werden, der früher so gehandelt hatte.

Dennoch ist dieser Brief außergewöhnlich, weil ein einfacher, wenn auch gebildeter, Mönch an den mächtigen Kaiser eine Mitteilung persönlichen Inhalts richtet und damit suggeriert, dass sie in intimer, das heißt zumindest nicht in amtlicher und geschäftlich bedingter Beziehung zueinander stehen. Von lutherischer Anmaßung kann hier kaum gesprochen werden, zumal Kaiser Karl V. den Gebannten zum Leidwesen des päpstlichen Gesandten Hieronymus Aleander (1480-1542) in seinem Zitationsschreiben mit „Ehrsamer, Lieber, Andächtiger" anreden ließ und er selbst wenige Tage zuvor am 19. April 1521 eigenhändig in französischer Sprache sein politisches Glaubensbekenntnis zur *causa lutheri* abgegeben hatte.[14]

---

[12] Siehe über Luther und den Humanismus GEORG STEINHAUSEN, Geschichte des deutschen Briefes, 2 Bde., Berlin 1889/1891, hier Bd. 1, S. 111-125; vgl. auch A. WELLICH, Zur Phänomenologie des Briefes, Göttingen 1960.

[13] Die hauptsächliche Schreibarbeit des Kaisers wurde von Sekretären erledigt. Eigenhändige Briefe des Kaisers richteten sich vornehmlich an auswärtige Souveräne, wie z. B. an den französischen König. Vgl. zur politischen Korrespondenz Karls V., die nicht weniger als 120 000 Briefe umfasst: HORST RABE (Hg.), Politik und politisches System. Berichte und Studien aus der Arbeit an der politischen Korrespondenz des Kaisers, Konstanz 1996.

[14] Abgedruckt bei JOACHIM ROGGE (Hg.), 1521-1971. Luther in Worms. Ein Quellenbuch, Berlin 1971, S. 105 f.

Verfolgt man die zum großen Teil aus Lücken bestehende Provenienzgeschichte dieses Briefes,[15] muss zunächst der kursächsische Kanzler berücksichtigt werden, der eng mit Luthers Briefautorschaft verbunden ist. Es ist wahrscheinlich, dass Luther den Brief noch in Worms aufgesetzt hatte, und Spalatin ihn dabei zumindest bei der Übersetzung unterstützte.[16] Auf eine spontane Eingebung, auf „Weltsekunden, komprimiert in einem Atom von Sichtbarkeit",[17] ist der Lutherbrief wohl nicht zurückzuführen.

Der sein Bestimmungsziel nicht erreichende Lutherbrief an Karl V. war also zunächst Bestandteil des kursächsischen Aktenbestandes, erst in der Residenz von Wittenberg und dann ab 1547 am Hofe zu Weimar. Im Jahre 1801 wird ein Superintendent als Besitzer genannt,[18] im Jahre 1856 ein Leipziger Domherr und Hofrat.[19] Wie diese Geistlichen an diesen Brief gelangten und wie sie ihn wieder los wurden, bleibt im Dunkeln.[20] Später muss ihn der Leipziger Buchhändler Carl Geibel erworben und in seine wertvolle Handschriftensammlung integriert haben. Nach kurzzeitiger Inbesitznahme des Briefes durch John Pierpont Morgan (1837-1913) und Kaiser Wilhelm II. (1859-1941) gelangte der Brief schließlich 1911 in die Lutherhalle.[21]

3) Der spektakuläre Erwerb eines amerikanischen Sammlers

Mit der Popularisierung des Autographensammelns in der zweiten Hälfte des 19. Jahrhunderts war ihre Kommerzialisierung verknüpft. Nachdem Anfang des 18. Jahrhunderts eine Danziger Buchhandlung in einem Bücherkatalog Lutherautographen angeboten hatte,

---

[15] Lange Zeit beruhte die Überlieferung von privaten Handschriften zu einem großen Teil auf Zufällen. Erst Ende des 19. Jahrhunderts schenkten die öffentlichen Archive den handschriftlichen Nachlässen eine immer größere Aufmerksamkeit.

[16] Neben dieser lateinischen Fassung ist auch eine deutsche Version dieses Briefes, die dann an die einzelnen Reichsstände gerichtet war, überliefert. Weimarer Gesamtausgabe der Werke Luthers, Briefe 2, S. 306-319.

[17] ZWEIG (wie Anm. 5), Welt der Autographen, S. 75.

[18] Im Versteigerungskatalog von 1911 wurde von einem beiliegenden alten Umschlag des Briefes aus dem Jahre 1801 mit dem Superintendenten Lingk als Besitzer gesprochen, Autographen-Sammlungen (wie Anm. 1), S. 25

[19] Siehe Hinweis auf den Hofrat Dr. J. G. Keil bei JOHANN KARL SEIDEMANN, Sechster Theil, aus: WILHELM MARTIN LEBERECHT DE WETTE, Dr. Martin Luthers Briefe, Sendschreiben und Bedenken, vollständig aus den verschiedenen Ausgaben seiner Werke und Briefe, aus anderen Büchern und unbenutzten Handschriften gesammelt, kritisch und historisch bearbeitet, Berlin 1856, S. 21.

[20] Vor der Entstehung eines Autographenmarktes stellte die Schenkung die zentrale Erwerbsart dar, nach DACHS (wie Anm. 6), S. 151 f.

[21] Weimarer Gesamtausgabe (wie Anm. 16), S. 306 f.

ohne ein nennenswertes Echo hervorzurufen,[22] und im Jahre 1838 bei der ersten bedeutsamen Autographenversteigerung im deutschsprachigen Raum ein sechsseitiger Lutherbrief an Kurfürst Johann den Beständigen aus der Sammlung Graeffer in Wien 200 Gulden gekostet hatte,[23] erzielte Martin Luthers berühmter historischer Brief vom 28. April 1521 an Karl V. als Bestandteil der wertvollen Geibel'schen Autographensammlung auf einer vom renommierten Antiquariat *C. G. Boerner* in Leipzig ausgerichteten Auktion im Mai 1911 einen sagenhaften Preis von 102 000 Mark.[24]

Der aus dem Rahmen fallende Preis – schon ein Viertel der Summe war das Höchste, was man hätte erwarten können – war nur bedingt Indiz der neuen, galoppierenden Preisentwicklung auf dem Kunstmarkt, die hauptsächlich auf eine Neubewertung des Originals im Vergleich zur Kopie zurückzuführen war. Vielmehr äußerte sich darin der seltene Fall einer vom Milliardär Pierpont Morgan aus den USA gesteuerten Manipulation, der einen für ein Kaisergeschenk würdigen Preis erzielen wollte. Um denselben in die Höhe zu treiben, beauftragte er zwei Bevollmächtigte, die nichts voneinander wussten, mit der Ersteigerung des Briefes, die dann dem ahnungslosen Auktionspublikum – darunter auch den trotz Spendengeldern finanziell weit schmalbrüstiger ausgestatteten Vertretern der Lutherhalle[25] – einen spannenden Wettkampf um das höchste Gebot lieferten.[26]

Das Spannungsverhältnis von Reichtum und Kaufmannsgeist auf der einen sowie Frömmigkeit und sozialer Fürsorge auf der anderen Seite, blieb kirchlichen Kreisen nicht verborgen. Im Juni 1911 schlüpfte der lutherische Reverend der amerikanischen Kolonie von Berlin in die Rolle von Martin Luther und schickte seinem Landsmann Pierpont Morgan ein satirisch gehaltenes Schreiben im Namen der Reformationsepoche, das auch in die Presse gelangte: „Immer, wenn ich den Armen Almosen gab, sagte da nicht stets Katharina: ‚Ach Martin, Du denkst nie an Morgen.' Morgen – Morgan – Morgan – Dein

---

[22] Ernst Meyer-Camberg, Handschriftensammeln. Zweck, Sinn und Gestaltung. Vortrag gehalten im Freien Deutschen Hochstift Frankfurt a. Main, 8. 12. 1971, München 1972, S. 17.

[23] Mecklenburg (wie Anm. 6), S. 103

[24] Autographen-Sammlungen (wie Anm. 1), S. 25. Seit der erfolgreichen Versteigerung der Sammlung Roger Cohns durch Stargardt in den Jahren 1905 und 1906 (Erlös GM 300 000,–) war es auch in Deutschland gängig, wissenschaftlich anspruchsvolle Kataloge, wie sie in Frankreich schon längere Zeit üblich gewesen waren, anzubieten. Dachs (wie Anm. 6), S. 152 f.

[25] Ihr Budget betrug bei dieser Auktion M. 20 000, u. a. hatte Freiherr von Bohlen-Krupp-Halbach Geldmittel zur Verfügung gestellt. Der damalige Lutherhallenkonservator Karl Dunkmann war durch eine Zeitungsnotiz von dieser Versteigerung unterrichtet worden und schlug vor, sich direkt mit einer Eingabe an Kaiser Wilhelm II. zu wenden, was der Evangelische Oberkirchenrat unterband. Er genehmigte hingegen das Einsammeln von privaten Spenden. Der Lutherhalle gelang es aber, mit dem Geld einen Teil der anderen Reformationsautographen – darunter auch ein Brief von Katharina v. Bora vom 12. 4. 1546 – zu erwerben. Dunkmann, Bericht über die Neuwerbungen, an den Evangelischen Oberkirchenrat, 10. 6. 1911, Evangelisches Zentralarchiv (künftig EZA) 7 /10747, Bl. 194 f.

[26] Wolbe (wie Anm. 6), S. 478-483, Mecklenburg (wie Anm. 5), S. 104

Name klang immer in mein Ohr, nur wußte ich es noch nicht. Oh ich unprophetische Seele! Ach! (…) Du fürstlicher Bankier, Du König der Sammler, freu Dich Deiner Schätze! Ich wollte, ich könnt Dir hundert Briefe jetzt in der Gegenwart geben! Ich würde sie als Liebesgabe den Armen überreichen, und ihre Reichtümer würden kein Ende nehmen. So hätte ich dann schließlich eine bessere Bank als Deine."[27]

John Pierpont Morgan – Zeitgenossen nannten ihn „Big Man with the Big Nose", „Il Magnifico", „Jupiter Morgan" oder „Pierpontifex Maximus" beziehungsweise „Napoleon der Wall Street" – war einer der mächtigsten Amerikaner seiner Zeit.[28] Er finanzierte die Eisenbahn in den Vereinigten Staaten und kontrollierte überhaupt das amerikanische Finanzwesen, solange es noch keine Zentralbank gab. Bis heute hat sein Wirken als omnipotenter Kunstsammler mit enzyklopädischer Spannbreite überdauert, zu dem sich „the greatest collector of our time"[29] nach dem Tod seines Vaters im Jahre 1890 in seinen letzten 23 Lebensjahren entwickeln sollte: „Kein Sammler ist populärer als er, wohin man kommt, hört man seinen Namen nennen. In den Museen, in den Ausstellungen, auf den Kunstauktionen."[30]

Morgans Sammlungsprofil ist schwer zu charakterisieren.[31] Er kaufte jede Art von Kunst, außer vielleicht die moderne und die amerikanische. „Ohne Kenntnisse auf irgendeinem Kunstgebiet, ohne besonderen Geschmack oder natürliche Begabung, selbst ohne gute Ratgeber hat der merkwürdige Mann allein durch seine Mittel und die Freigebigkeit, mit der er sie ausgab, wie durch seine Klugheit und sein Zielbewußtsein in wenigen Jahren Sammlungen zusammengebracht, welche denen der großen alten Museen zum Teil nahekommen, in der einen oder anderen Richtung sie wohl gar übertreffen."[32] Sicher ist, dass er in seiner amerikanischen Heimat Höhepunkte der europäischen Kunstentwicklung ver-

---

[27] Siehe James J. Dickie an Herrn Valentini, Hofkabinett, 28. 6 . 1911 mit dem Presseabdruck des Briefes, Geheimes Staatsarchiv, Preussischer Kulturbesitz (künftig GStA), I. HA, Rep. 89 / 23623, Bl. 4 f.

[28] Morgan war patrizischer Herkunft, stammte von Farmern, Theologen und Kaufleuten in Connecticut ab und wurde in einer neuenglischen Bankiersfamilie geboren. Er genoss eine gute Erziehung, studierte u. a. in Göttingen, sprach fließend deutsch und französisch und verfügte über ein ausgeprägtes Traditionsgefühl. Vgl. u. a. LOTHAR BRIEGER, Die großen Kunstsammler, Berlin 1931, S.275-285, WILLIAM G. CONSTABLE, Art Collecting in the United States of America. An Outline of a History, London 1964, S. 108-112, JEAN STROUSE, John Pierpont Morgan (1837-1913), in: Joachim Fest (Hg.), Die großen Stifter. Lebensbilder – Zeitbilder, Berlin 1997, S. 87-113.

[29] WILHELM BODE, Collection of J. Pierpont Morgan. Bronzes of the Renaissance and Subsequent Periods. Introduction and Descriptions, Paris 1910, Vol. 1, S. I.

[30] ALFRED DONATH, Psychologie des Kunstsammelns, Berlin 1911, S. 120.

[31] Vgl. FRANCIS HENRY TAYLOR, Pierpont Morgan as Collector and Patron, 1837-1913, New York 1957; LOUIS AUCHINCLOSS, J. P. Morgan. The Financier as Collector, New York 1990.

[32] WILHELM VON BODE, Mein Leben. Hg. von Thomas W. Gaehtgens und Barbara Paul, bearbeitet von Barbara Paul, Tilmann von Stockhausen, Michael Müller und Uta Kornmeier, Textband, Berlin 1997 (= Quellen zur deutschen Kunstgeschichte vom Klassizismus bis zur Gegenwart, 4), S. 296 f.

einigen wollte, nicht zuletzt, um den dortigen Bildungsbürgern die obligatorische Kunstreise nach Europa zu ersparen. Seine Inkunabel- und Manuskriptsammlung wuchs so rasch an, dass im Jahre 1900 im Stile der Neorenaissance in New York die noch heute bestehende *Pierpont Morgan Library* als Annex von Morgans Residenz errichtet wurde. Ein Großteil seiner Artefakte gelangte in das *Metropolitan Museum of Art*, dessen Präsident er zwischen 1904 und 1913 gewesen war.[33] Deutsche Beobachter der Kunstszene witterten denn auch sogleich eine „amerikanische Gefahr", sprachen abschätzig von einem Land mit Geld, aber ohne Kunsttradition.[34] Der langjährige Direktor der Hamburger Kunsthalle Alfred Lichtwark (1852-1914) sah im Phänomen Morgan einen Menschen, den der Reichtum vereinsamte und der durch den Erwerb von Sammlungen und deren Präsentation wieder gesellschaftlich anerkannt sein wollte.[35]

Die weit verbreitete Einschätzung, dass sich Magnaten der Industrie, des Handels und der Banken, sobald sie einen gewissen Wohlstand erlangt haben, regelmäßig der Kunst widmen, um Reichtum zu zeigen, ohne einen echten Bezug zur Kunst zu haben, trifft bei Morgan aber nicht uneingeschränkt zu.[36] Wenn er auch nach Einschätzung des späteren Direktors des *Metropolitan Museums of Art* Francis Henry Taylor (1905-1957) Kunstwerke nach einem romantisch-historischen Gefühl aussuchte und weniger nach strikt ästhetischen Kriterien, war Pierpont Morgan keineswegs ein hilfloser Laie, sondern verstand es, den Rat von Sammlungsexperten zu nutzen, wie z.B. des Berliner Museumsgurus Wilhelm Bode (1845-1929). In einem Objekt erkannte er vor allem seine Bedeutung, die es in der Zivilisationsentwicklung gespielt hatte. Meist liebte er elaborierte Artefakte und kunstgewerbliche Erzeugnisse. Jedes Objekt war ihm recht, das ihn die prosaische Industrialisierung in Amerika vergessen ließ. Dem Prunk nicht abgeneigt, kaufte er lieber Bronzestatuen aus der Renaissance oder eine Reliquiarmonstranz mit dem Zahn einer Heiligen als eine trockene Urkunde oder vielleicht auch den allzu nüchternen Lutherbrief.[37] Große Freude empfand das leitende Mitglied der anglikanischen Episcopal Church denn auch bei kirchlichen Zeremonien.[38]

---

[33] Bei seinem Tod soll die Sammlung einen Wert von 160 000 000 britischen Pfund gehabt haben. Ein Altarbild von Raffael erwarb er für den Rekordpreis von M. 2 000 000; DONATH (wie Anm.28), S. 120.

[34] DONATH, (wie Anm. 30), S. 120 ff.; LOTHAR BRIEGER, Das Kunstsammeln. Eine kurze Einführung in seine Theorie und Praxis, 3. erw. Aufl., München 1918, S. 21.

[35] ALFRED LICHTWARK, Der Sammler (1911), in: DERS., Eine Auswahl seiner Schriften, Bd. 1, Berlin 1917, S. 72-92, hier S. 85.

[36] Siehe z.B. PIERRE CABANNE, Die Geschichte großer Sammler, München 1966 (frz. Orig. 1961), S. 141 f.

[37] BODE, (wie Anm. 29).

[38] Er war mit dem Bischof von Massachusetts befreundet, mit dem Erzbischof von Canterbury bekannt. Nie wäre es ihm eingefallen, den Bildbegriff auch auf lutherische Handschriften auszudehnen, wie dies der Erlanger Theologe Hans Preuss in seiner Abhandlung *Martin Luther, der Künstler* aus dem Jahre 1931 praktizieren sollte.

4) Die Schenkung als soziale Konstellation

Dem Kaiser etwas zu schenken, war gewagt.[39] Georg Simmel (1858-1918) hatte in seinem Hauptwerk mit dem lapidaren Titel *Soziologie* – wenige Jahre zuvor erstmals aufgelegt – festgestellt, dass das Geschenk im Gegensatz zum Tausch oder Raub „die größte Fülle soziologischer Konstellationen" zeige, so „die Gesinnung und Lage des Gebenden und des Empfangenden in all ihren individuellen Nuancen."[40] Pierpont Morgan als rangniedrigeres Gesellschaftsmitglied konnte sich diese Schenkung an den Kaiser nicht nur deswegen erlauben, weil er dafür viel Geld bezahlte und weil es sich bei der Ware um ein kaum zu überschätzendes Kulturobjekt der deutschen Geschichte bzw. evangelischen Kirche handelte, sondern auch, weil in der wilhelminischen Gesellschaft Geld- und Geschlechtsadel immer öfter gemeinsame Interessen entdeckten. Überträgt man Simmels Charakterisierung des Schenkens als „Expansion des Ich" auf Morgan, könnte man die These vertreten, dass es diesem kunstliebenden Kaufmann weniger darauf ankam, mit einem Kaiser ein Geschäft abzuwickeln, sondern vielmehr darauf, die Rolle eines Gönners, Mäzens und Donators bis in die gesellschaftliche Spitze des Hochadels hinein auszukosten, um auch auf diesem Wege den gestiegenen Einfluss der Neuen Welt in der Kunstwelt zu demonstrieren.[41] Gerade das Sammeln und Stiften fungierte in dieser Zeit als prestigeträchtiges Unterscheidungsmerkmal einer sich formierenden Oberschicht gegenüber der alten aristokratischen Elite, welche in früheren Epochen auf diesem Feld konkurrenzlos agiert hatte.[42] Ein anderes Beispiel wäre das Reformatorenstammbuch, das der Kaiser von einem Bankier erhalten hatte und das wenig später ebenfalls in die Lutherhalle gelangte.[43]

---

[39] Die staatlichen Quellen sprechen bei dieser Transaktion meist nicht von „Schenken" sondern eher von „zur Verfügung stellen" oder „überweisen", da man dem Kaiser eben nichts schenkte.

[40] Georg Simmel, Soziologie. Untersuchung über die Formen der Vergesellschaftung (= Georg Simmel – Gesamtausgabe, 11), Frankfurt 1992, (zuerst 1908), S. 549-551.

[41] Siehe Pierpont Morgan an den Botschafter des Deutschen Reiches in London, Graf D. Wolff-Metternich, 7. 7. 1911, GStA PK I. HA Rep. 89 / 23623, Bl. 11. Außer dem Lutherbrief schenkte Morgan dem Kaiser auch sieben lateinische Originalbände der Wittenberger Lutherausgabe, die in die kaiserliche Privatbibliothek gelangen sollten.

[42] Siehe Ekkehard Mai / Peter Paret (Hg.), Sammler, Stifter und Museen. Kunstförderung in Deutschland im 19. und 20. Jahrhundert, Köln 1993; Thomas W. Gaehtgens / Martin Schieder (Hg.), Mäzenatisches Handeln. Studien zur Kultur des Bürgersinns in der Gesellschaft. Festschrift für Günter Braun zum 70. Geburtstag, Berlin 1998; Manuel Frey, Macht und Moral des Schenkens. Staat und bürgerliche Mäzene vom späteren 18. Jahrhundert bis zur Gegenwart, Berlin 1999.

[43] Siehe dazu den gegenüber dem Berliner Bankier Richard Strobel ausgesprochenen Dank des Kuratoriums, v. Gersdorff, an das Zivilkabinett, 16. 3. 1913, GStA PK I. HA Rep. 89, 23623, Bl. 42; Details zum Erwerb des Reformatoren-Stammbuch bei Julius Jordan, Zur Geschichte der Sammlungen der Lutherhalle 1877-1922, Wittenberg 1924, S. 38, Anm. 76.

Wie im Tagebuch von Hildegard Freifrau Hugo von Spitzemberg (1843-1914) nachzulesen ist, behielt Morgan auch bei der Auswahl der Gegengabe das Heft in der Hand. Nachdem eine Büste bzw. ein Medaillon des Kaisers bei ihm auf wenig Gefallen stießen, erhielt er auf eigenen Wunsch einen Orden, über den er sich nach Aussagen des Reeders Albert Ballin (1857-1918) wie ein Kind gefreut haben soll.[44] Historisch nicht verbürgt ist die weit verbreitete Ansicht, dass Pierpont Morgan als Gegenleistung eine Nobilitierung gewünscht habe.[45]

Auf der anderen Seite konnte das geschenkte Objekt, nachdem es modern erworben und dem Kaiser geschenkt worden war, traditionellen Zwecken fürstlicher Repräsentation und kaiserlicher Gunst dienen. Pierpont Morgan hatte die Ehre, vom Kaiser auf seiner Yacht *Hohenzollern* in Kiel empfangen zu werden, damit ihm dort der *Rote Adler-Orden Erster Klasse* verliehen werden konnte, nachdem er zuvor schon den Kaiser einige Male auf seinem Luxusschiff *Corsair* empfangen hatte. Dem Vorsitzenden des Kuratoriums der Lutherhalle Wolf von Gersdorff (1867-1949) hingegen sollte eine Audienz beim Kaiser verwehrt bleiben.[46] Der Kaiser fühlte sich zudem außerstande, dieses kostbare Schriftstück persönlich in Augenschein zu nehmen.[47]

Während die Pole der sozialen Hierarchie im Verhalten zwischen einem Herrscher aus einem hochadligen Geschlecht und einem steinreichen Bürger aus der Neuen Welt eher verschwimmen, sind sie bei der als Gnadenerweis zu verstehenden kaiserlichen Gabe an die Lutherhalle genau festgelegt. So berief der Magistrat von Wittenberg zur Untermauerung des kaiserlichen Herrschaftsanspruchs aus Anlass der kaiserlichen Gabe eine außerordentliche Stadtverordneten-Sitzung ein und sandte nach weihevollen Ansprachen ein Danktelegramm der Stadt Wittenberg an den Kaiser in Eckernförde: „Euere Majestät bitten wir für die gnädige Überweisung des Lutherbriefes an Karl V. für die Lutherhalle in Wittenberg den tiefsten Dank mit der ehrerbietigsten Versicherung unwandelbarer Treue und Ergebenheit entgegenzunehmen." Danach erhob sich die Bürgerschaft von den Sitzen und sprach ein dreimaliges Hoch auf Seine Majestät den Kaiser aus.[48]

---

[44] Das Tagebuch der BARONIN SPITZEMBERG geb. Freiin von Kornbüler. Aufzeichnungen aus der Hofgesellschaft des Hohenzollernreiches hg. von RUDOLF VIERHAUS (= Deutsche Geschichtsquellen des 19. und 20. Jahrhunderts, 43), Gütersloh 1989 (5. Aufl.), S. 530.

[45] Nach Auskunft der Archivarin der Pierpont Morgan Library, Frau Christine Nelson, ist dies unwahrscheinlich, zudem kaum mehr zu belegen, da die Korrespondenz von Morgan ab 1893 verloren gegangen sei.

[46] v. Gersdorff an das Zivilkabinett, 11. 12. 1911, GStA PK I. HA Rep. 89, 23623, Bl. 20.

[47] v. Gersdorff, 1. 6. 1912, Stiftung Luthergedenkstätten in Sachsen-Anhalt (künftig StLu) [= Aktenbestand / Wittenberg].

[48] Siehe Bükel, Stadtverordnetenvorsteher, 27. 6. 1911, Stadtarchiv (künftig StadtAr) Wittenberg 4077, Bl. 295. Wittenberger Tagblatt, 28. 6. 1911. Siehe auch das Telegramm vom 27. 6. 1911, GStA PK I.HA Rep. 89/23623, Bl. 8.

Obwohl die Authentizität handschriftlicher Zeugnisse des Reformators bisweilen umstritten war, ist es leicht nachzuvollziehen, dass der Lutherbrief an Kaiser Karl V. von der Lutherhalle nicht auf seine Echtheit geprüft worden ist.[49] Neben der Tatsache, dass eine Fälschung dieses Textes äußerst unwahrscheinlich erscheint, allein schon deswegen, weil der Text mit fünf Seiten viel zu lang ist und dem möglichen Fälscher viel zu viele Fehlerquellen bereitet hätte, wäre mit diesem Prozedere zwangsläufig eine Misstrauenskundgebung gegenüber einem kaiserlichen Geschenk verbunden gewesen. Der nicht zuletzt aus dem Geniekult und dem ästhetischem Verständnis des marktorientierten gebildeten Bürgertums erwachsene „Echtheitsfetischismus"[50] konnte sich beim Luthers Kaiserbrief ungehemmt entfalten.

5) Die Musealisierung des Briefes

Der Lutherbrief hat nicht nur eine spezifische Sammlungs- und Erwerbungsgeschichte, sondern ebenso eine symbolisch-ausstellungspolitische Dimension. Ein wichtiger Aspekt der Objektmusealisierung besteht in ihrer kultischen Inszenierung.[51] Wie schon Walter Benjamin (1892-1940) in seinem Essay *Ich packe meine Bibliothek aus* aus dem Jahre 1931 angemerkt hat, stellt es „die tiefste Bezauberung des Sammlers" dar, „das einzelne in einen

---

[49] Im Jahre 1890 wurden Hermann Kyrieleis 912 Fälschungen von Lutherautographen nachgewiesen. Er hatte alte Lutherdrucke aufgekauft und sie mit fingierten Widmungen versehen. Georg Buchwald deckte beinahe mühelos seine Praktiken auf, denn: Die Tinte war nicht alt genug, zudem widersprachen die Kalenderdaten, Luthers Gewohnheit, Heiligennamen zu benutzen. Siehe Max Herrmann, Ein' feste Burg ist unser Gott. Vortrag, gehalten in der Gesellschaft für deutsche Literatur zu Berlin, Berlin 1905; Manfred Koschlig, Widmungsexemplare Martin Luthers – Kyrieleis fecit (1893-1896). Eine Dokumentation, in: Philobiblon 14 (1970), S. 217-258; Dachs (wie Anm. 6), S. 158 f.; Jung (wie Anm. 6), S. 191 ff.
Das seit 1804 von der ungarischen evangelischen Kirche in Budapest aufbewahrte Testament Luthers war im Jahr 1880 Gegenstand von nicht zuletzt national motivierten Diskussionen, ob es sich bei diesem Exemplar tatsächlich um das echte handelte, nachdem das Objekt zwei Jahre zuvor vitrinisiert worden war. Siehe Tibor Fabiny, Martin Luthers letzter Wille. Das Testament des Reformators und seine Geschichte, Bielefeld 1983, S. 46 ff.

[50] Titel eines Vortrags bei einem Symposion in der Carl Friedrich von Siemens-Stiftung von Stephan Waetzoldt, in: Ders. / Alfred A. Schmidt (Hg.), Echtheitsfetischismus? Zur Wahrhaftigkeit des Originals, München 1979, S. 17-35; vgl. auch Martin Treu, Manu Calvini – Von der Hand Calvins? Eine Fälschung aus dem Besitz der Staatlichen Lutherhalle, in: Schriftenreihe der Staatlichen Lutherhalle Wittenberg 2 (1986), S. 50-54.

[51] Die beeindruckendste Präsentation des geschriebenen, göttlich inspirierten Wortes ist im „Schrein des Buches", einem separaten Ausstellungssaal unter einer hellen Betonkuppel auf dem Gelände des Israel-Museums in Jerusalem zu besichtigen, wo die Originale der Schriftrollen von Qumram und damit der hebräische Urtext der Bibel aus dem ersten Jahrhundert aufbewahrt werden.

Bannkreis einzuschließen, in dem es, während der letzte Schauer – der Schauer des Erworbenwerdens – darüber hinläuft, erstarrt."[52]

Dieser hermetische Bannkreis bedeutete beim Lutherbrief zunächst, dass nun dieses auf dem Handelswege erworbene Objekt dieser Sphäre enthoben und systematisch nach einem relativ stringenten Programm preußischer Lutherrenaissance sakralisiert werden sollte, wobei man nicht immer allen Details der historischen Wahrheit gerecht zu werden suchte. Als bevorzugte Orte staatlich-dynastischer Repräsentation standen Museen im Kaiserreich unter dem permanenten Vorbehalt politischer Instrumentalisierung.[53] So ist gerade kurz vor dem Ersten Weltkrieg einer zeitspezifischen Grundtatsache, der immer engeren Verschränkung zwischen Lutherkult und Kaiserverehrung, Rechnung zu tragen, so dass sie am Ende kaum mehr voneinander zu unterscheiden waren. Festansprachen waren oft so formuliert, dass die Zuhörer nicht sicher waren, ob jetzt der Kaiser oder der Reformator gemeint war: „Ein frommer, gläubiger Christ, ein treuer Schirmherr der evangelischen Kirche, ein bis in den Kern seines Wesens deutscher Mann und Held, so steht unser kaiserlicher Herr vor uns in dieser schweren, aber auch so überaus großen Zeit."[54] Der wilhelminische Luther- bzw. lutherische Kaiserkult zeigt sich auch darin, dass schon viele Zeitgenossen den Lutherbrief doppeldeutig Kaiserbrief tauften, d.h. nicht nur im Sinne eines Briefes Luthers an den Habsburger Kaiser, in dessen Reich die Sonne nicht unterging, sondern fast noch mehr im Sinne eines Gnadengeschenks des Deutschen Kaisers, der sich gerade anschickte auf dem Wege der Kolonial- und Kriegspolitik ebenfalls einen Platz an der Sonne einzunehmen.

Vertreter der Lutherhalle, wie Wolf von Gersdorff und der neue Konservator Julius Jordan (1868-1928) verquickten die Musealisierung des Lutherbriefes mit einer Erweiterung der Ausstellungsfläche, zumal „es an einem wirklich würdigen Ort für den Schrein des kaiserlichen Geschenks"[55] fehle und sich auch andere Sammlungsbereiche vergrößert hätten.[56] Gewiss konnte man sich davon auch eine Stärkung des Pilgertourismus erhof-

---

[52] WALTER BENJAMIN, Ich packe meine Bibliothek aus. Eine Rede über das Sammeln, aus: Die literarische Welt, 17. 7. 1931, S. 3-5; 24. 7. 1931, S. 7 f., in: DERS., Gesammelte Schriften IV, 1, Frankfurt a. M. 1972, S. 388-396; hier S. 389; vgl. auch STEPHEN GREENBLATT, Resonance and Wonder, in: IVAN KARP / STEVEN D. LAVINE (Hg.), Exhibiting Cultures. The Poetics and Politics of Museum Display, Smithsonian Institution 1991, S. 42-57.

[53] Vgl. v.a. THOMAS W. GAEHTGENS, Die Berliner Museumsinsel im Deutschen Kaiserreich. Zur Kulturpolitik der Museen in der wilhelminischen Epoche, Berlin 1992.

[54] Tischrede von W. v. Gersdorff beim Reformationsjubiläum 1917, aus JULIUS JORDAN, Feier im Lutherhause, in: Die Reformationsfeier in Wittenberg 1917, Wittenberg 1918. S. 87-102, hier S. 101 f. Vgl. zum weitgehend indifferenten konfessionellen Selbstverständnis des Kaisers, der vom Calvinisten Georg Hinzpeter erzogen worden war, MAX BUCHNER, Kaiser Wilhelm II., seine Weltanschauung und die deutschen Katholiken, Leipzig 1929, S. 22 f., S. 25.

[55] Jordan an v. Gersdorff, 15. 2. 1913, StLu (Aktenbestand / Wittenberg).

[56] Wolf v. Gersdorff an das preußische Kultusministerium, 9. 9. 1913, betr. Erweiterung der Lutherhalle, beschlossen bei der Kuratoriumssitzung vom 14. 6. 1913, EZA 7/10747, Bl.263.

fen.⁵⁷ Die Verantwortlichen der Lutherhalle entschlossen sich, aus den im ersten Stock des Lutherhaus noch als Lehrerwohnung genutzten Räumen Ausstellungsräume zu machen. Der mittlere, von einem Erker erweiterte Raum der neu hinzugekommenen drei Räume verwandelte sich in eine repräsentative sogenannte Luthergedenkhalle, einer Art Pilgerstätte zum Juwel der Ausstellung, eben dem Lutherbrief im Erker, der aussen an der Fassade im spätgotischen Stil die dahinter liegende Gedenkhalle markierte als Pendant zum Baldachin auf der anderen Seite des Wendelsteins, der wiederum die Lutherstube kennzeichnete.⁵⁸ Der Platz schien vor allem deswegen wie geschaffen für den „kaiserlichen Brief", weil er dort „ganz allein zum Beschauer redet."⁵⁹

Der pure Schauwert der einzelnen Dinge reichte bei der Präsentation nicht mehr aus, vielmehr erschien es erforderlich, die Objekte aus der Reformationszeit in einen übergeordneten, gegenwartsbezogenen Rahmen zu stellen. Das „Erinnerte, Gedachte, Bewußte" – so Benjamin –, das sich in „Sockel, Rahmen, Postament, Verschluß seines Besitztums"⁶⁰ transformiert, stellte bei der Lutherreliquie ein aufwändiges, vom Skopauer Bildhauer Paul Juckoff (1874-1946) angefertigtes, vom Kaiser abgesegnetes Sandsteinpostament dar, der im reliquiarhaften Gehäuse des Erkers aufgestellt wurde (Abb. 1).⁶¹ In der Mitte des Erkerbogens erscheint der preußischen Adler als sparsame, aber um so auffälligere und eindeutigere Symbolik. Die Schranke, die es nicht jedem erlaubte, direkt zum Objekt zu gehen, verstärkte das von Ehrfurcht geprägte Verhältnis zwischen Besucher und Musealie.

Für den Brief selber wurde ein prunkvoller, ebenfalls von Juckoff hergestellter Rahmen aus Bronze geschaffen, an dessen Ikonographie sich das Konzept einer preußisch-lutherischen Heilsgeschichte ablesen lässt. In dieser Präsentationsweise kristallisiert sich ein konfessionell fundamentiertes politisches Glaubensbekenntnis, ein Mythos von Ursprung und Kontinuität, der bis in die Bibel zurückreichte, der beim Betrachter unkritische Zustimmung verlangte und jeden Dissens ausschloss.⁶²

Eingerahmt von den sich in den Winkeln befindlichen Evangelistensymbolen des Matthäus (oben links), Johannes (oben rechts), Markus (unten links) und Lukas (unten

---

57 Schon im Jahre 1913 hatte sich die Baedecker-Redaktion an die Lutherhalle mit der Frage gewandt, ob schon feststünde, in welchem Raum Luthers Brief ausgestellt und ab wann er den Besuchern gezeigt werde. Redaktion des Baedecker „Nordostdeutschland" an die Lutherhalle, 11. 11. 1913, StLu (Aktenbestand/ Wittenberg).

58 Dieser Erker war übrigens Bestandteil der regotisierenden Baumaßnahmen von Stüler im 19. Jahrhundert gewesen. Bisher ist nicht überzeugend geklärt, warum man ihn überhaupt errichtet hat.

59 Jordan an v. Gersdorff, 15. 2. 1913, StLu (Aktenbestand / Wittenberg).

60 BENJAMIN (wie Anm. 52), S. 389.

61 Siehe zum Künstler MARION RANNEBERG, Zum 60. Todestag des Bildhauers Paul-Juckoff-Scopau, in: Merseburger Seniorenzeitung, Nr. 19, April 1996, S. 1 f.

62 Der alternative Entwurf – ein einfacher Renaissance-Aufbau, wobei als ornamentaler Schmuck nur die Lutherrose vorgesehen war – konnte sich hingegen nicht durchsetzen. Siehe zu alternativen Entwürfen die Beschreibungen in der Handschrift von W. v. Gersdorff, StLu (Aktenbestand / Wittenberg).

Abb. 1:
Monumentalisierter Lutherbrief im Erker, aufgestellt am 7. Juli 1916.

rechts) ist an krönender Stelle das Wappen des Kaisers und Königs angebracht; am Fuße gegenüber dem preußischen Adler bzw. Reichsadler das Wappen Luthers, die berühmte Lutherrose mit *Ein feste Burg ist unser Gott*. Zwischen beiden Wappen erkennt der Betrachter umgeben von filigran ausgearbeiteten Blattwerk als Potpourri des evangelischen Deutschlands die Wappen der Kurfürsten von Sachsen (rechts unten), der Landgrafen von Hessen (links unten) sowie der Kurfürsten von Brandenburg (rechts oben) und der Herzöge von Preußen (links oben).[63] Symbole der brandenburgisch-preußischen Geschichte

---

[63] In den Wappen selber waren an den Helmzieren und im Schild mosaikartig Zeichen jeder einzelnen Herrschaft eingefügt. Auch Katzenelnbogen für Hessen oder Orlamünde für Sachsen fehlten nicht.

überwiegen also mit dem preußischen Adler sowie der Wappen des Herzoges von Preußen und des Kurfürsten von Brandenburgs, und dies, obwohl Kurfürst Joachim II. von Brandenburg (1505-1571) die Reformation Zeit seines Lebens bekämpft hatte. Eine Inschrift teilt dem Beschauer mit, dass der Lutherbrief durch die Gnade seiner Majestät in die Lutherhalle gelangt sei.

Nach dieser Symbolik wird so getan, als ob aus Luthers Brief das Wort Gottes spreche und dass es in unmittelbarer, affirmativer Beziehung zur Tradition Preußens beziehungsweise des Deutschen Reiches stünde. In diesem etwas plump präsentierten Lutherbrief verdichtete sich die Essenz, ein pars pro toto der gesamten Reformationsgeschichte, die ein einzelnes Stück zum Anlass nimmt, eine totalisierende, meist jubilatorisch verzerrte Perspektive zu entwickeln.

Was konnten die Besucher unter der Glasplatte genau besichtigen? Die erste Seite des Briefes, die nicht nur die Anrede, sondern zugleich die Adresse beinhaltet, jedenfalls nicht (Abb. 2a). Sie sollte von den Museologen auch später nie gezeigt werden.[64] Ausführlich listet Luther dort alle kaiserlichen Herrschertitel auf. Darunter ist die ernüchternde Marginalie von Spalatin zu erkennen: „Hae literae Caesari non sunt redditae, quod in tanta vi procerum ne unus quidem esset, qui redderet [Dieser Brief wurde dem Kaiser nicht ausgehändigt, da in der großen Menge der vornehmen Herren sich keiner fand, der ihn übergeben wollte, St.L]." Mit der zweiten Seite, auf der Luther typischerweise Jesus als Ansprechpartner nennt, verfügten die Austellungsmacher hingegen über den geeigneten Einstieg, das Verhältnis zwischen dem Reformator und dem Kaiser dramaturgisch zu inszenieren, und zwar als Konfrontation, von gleich zu gleich. Hier zeigt sich die immer wieder gegenwärtige Kategorie des Abwesenden, mit der Ausstellungsmacher hantieren. Wenn sie etwas zeigen, wählen sie aus und blenden zwangsläufig andere Zusammenhänge aus. Zudem erlaubt die Musealität von Dingen nur, deren Außenseite zu betrachten. Einen Tabubruch würde es bedeuten, den Brief in die Hand zu nehmen, seine Materialität zu spüren und in ihm zu blättern.[65]

Luther schrieb ordentlich und leserlich. Immerhin hatte er sich mit dem Kaiser das ranghöchste Mitglied der Menschheit als Adressaten ausgesucht. Der langjährige Lutherhallendirektor Oskar Thulin (1898-1971) hatte in seinem mehrfach aufgelegten Wittenberger Kunstführer die Schriftzüge Luthers als eine feine und zierliche Gelehrtenschrift aus einem Guss charakterisiert, die exakt zwischen ‚n' und ‚u' zu unterscheiden wusste. Wenn sie ihm im Vergleich zu Melanchthons auch als noch mittelalterlich erschien, erkannte er

---

[64] Auch ein weitverbreiteter Bildband, der den Brief fast vollständig abdruckt, beginnt sofort mit der zweiten Seite und täuscht damit ein Verhältnis zwischen Kaiser und Mönch vor, das auf gleicher Augenhöhe stattgefunden hätte. PAUL SCHRECKENBACH / FRANZ NEUBERT, Martin Luther. Ein Bild seines Lebens und Wirkens, Leipzig 1921, S. 97-99.

[65] Vgl. dazu BORIS GROYS, Das Museum im Zeitalter der Medien, in: ders., Logik der Sammlung. Am Ende des musealen Zeitalters, München 1997, S. 7-25, besonders S. 16.

in ihr „innerste Gebundenheit, übermenschliche Gelehrtenarbeit – ganz groß, weil er das Kleinste ganz ernst nimmt – das ist Luther. Darum so mächtig in der Wirkung, weil jedes Wort aus letzter Gesammeltheit kam."[66]

6) Präsentationsweisen von 1916 bis 1983

Mitten im Weltkrieg, am 7. Juli 1916, konnte die erweiterte Lutherhalle feierlich eingeweiht werden.[67] Julius Jordan verfasste aus Anlass der Eröffnung einen reich bebilderten, öffentlichkeitswirksamen Artikel zum monumentalisierten Lutherbrief sowie anderen Ausstellungsobjekten der Lutherhalle.[68] Ab dem Reformationsjubiläum von 1917 ist in der

---

[66] Oskar Thulin, Die Lutherstadt Wittenberg und ihre reformatorischen Gedenkstätten, Berlin 1960, S. 38 f., vgl. auch die Handschriftdeutung bei Hans Preuss, Martin Luther. Der Künstler, Gütersloh 1931, S. 11-20.

[67] Siehe Gustav Kawerau, Bericht über eine Reise nach Wittenberg zur Einweihung der erweiterten Lutherhalle am 7. Juli 1916, EZA 7/10748, Bl. 24-25.

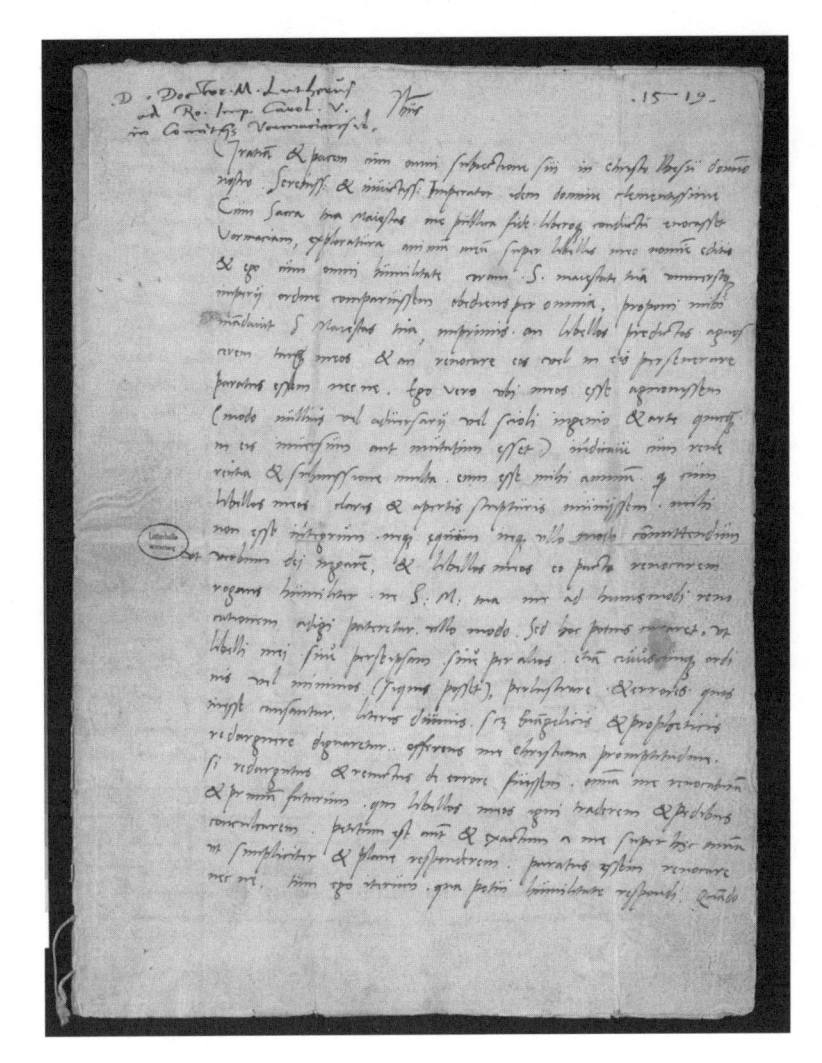

Abb. 2a und b:
Die ersten
beiden Seiten
des Lutherbriefes.

Luthergedenkhalle gegenüber dem Kaiserbrief mit dem Postament für den Thesendruck aus der Kirchengemeinde St. Michael in Zeitz eine analoge Inszenierung geschaffen worden: „Wieder wie Verheißung und Erfüllung, so stehen sich beide Glanzstücke gegenüber."[69] Auch der Museumsfachmann und spätere Reichskunstwart Edwin Redslob (1884-1973) zollte in seiner Ausstellungsbesprechung Beifall, da in dieser Ehrenhalle mit dem zeitgenössischen Plakatdruck der Lutherthesen, dem Lutherbrief sowie zusätzlich bekann-

---

[68] Das Museum verfügte nun mit der Lutherstube und der Luthergedenkhalle über zwei herausragende Höhepunkte, dass die anderen, dazwischenliegenden Ausstellungsräume zwangsläufig abfielen. JULIUS JORDAN, Die Sammlungen der Lutherhalle in Wittenberg, in: Leipziger Illustrirte Zeitung, 20. 7. 1916.
[69] JULIUS JORDAN, Die Feier im Lutherhause, in: Die Reformationsfeier in Wittenberg 1917, Wittenberg 1918, S. 88-102, hier S. 102.

ten Lutherporträts Cranachs eine aussagekräftige Synthese zwischen Schrift und Bild hergestellt worden sei.[70]

Unklar ist, ab wann genau und von wem der Lutherbrief aus seiner monumentalisierten Fassung im Erker befreit wurde. Sicher ist, dass er bis zum Zweiten Weltkrieg und wahrscheinlich auch darüber hinaus in der ursprünglichen Form gezeigt wurde, was auch den massiven Heroisierungstendenzen im Nationalsozialismus entgegenkam. Allerdings wich unter dem Direktor Oskar Thulin die weihevolle Distanz zwischen Besucher und Objekt einer popularisierten Herangehensweise an das reformatorische Erbe. Er führte die Museumsbesucher direkt an das Objekt heran (Abb. 3).

In den fünfziger und sechziger Jahren verschwieg Thulin in seinen Führern die vorherigen Besitzer dieses Briefes und damit die Bezugspunkte zu einem amerikanischen Kapitalisten und imperialistischen Kaiser, nachdem er sie noch in seinem *Gang durch die Sammlungen* von 1938 genannt hatte.[71] Ab 1967 aus Anlass des unter marxistischen Einflüssen stehenden Reformationsjubiläums hingegen lagen fünf Seiten – d. h. wiederum ohne die Anfangsseite – in einer sachlich eingerichteten Vitrine ausgebreitet im Themenbereich *Das Kaiserliche Edikt*.[72] Eine prunkvolle Präsentationsweise erwies sich in einer Zeit immer mehr als anachronistisch, als das gesamte Haus von innen purifiziert wurde. Die Objekte selbst sollten dem Betrachter weitgehend unvermittelt gezeigt werden und nicht mehr das gegenwartsabhängige Gezeigtwerden, das die Objekte, um die es gehen sollte, fast in den Hintergrund drängte. Insofern scheinen sich die Verantwortlichen der Lutherhalle in der DDR gegenüber staatlichen Wunschvorstellungen weit resistenter verhalten zu haben als ihre Vorgänger im Wilhelminismus. Zudem war es auch konservatorischen Gründen unbedingt geboten, den Brief aus dem Erker, wo er permanentem Tageslicht ausgesetzt war, zu befreien. Aber auch so wie er seit 1967 präsentiert wurde, steht der Kustode vor dem Dilemma bewahrender Zerstörung, hatte sich doch der Lutherbrief überhaupt bis heute so gut erhalten, weil er jahrhundertelang zusammengefaltet blieb.

Die auffällige Präsentationsform aus der Kaiserzeit erregte weiterhin das Interesse der

---

[70] EDWIN REDSLOB, Die Lutherhalle in Wittenberg, in: Museumskunde 13 (1917), S. 153-156. In den Schaukästen an den Wänden der Gedenkhalle wurden Lutherreliquien gezeigt, ein zerbrochenes Glas, ein hölzernes Trinkgefäß, Luthers Rosenkranz, Handgriff und Holzspäne von Luthers Sarg, JULIUS JORDAN (Hg.), Lutherhalle, Wittenberg. Führer durch die Sammlungen, 2. wesentlich erweiterte Auflage, Wittenberg 1918, S. 5 f.
[71] Die Lutherhalle in der Lutherstadt Wittenberg. Ein Gang durch die Sammlungen im Lutherhaus. Ein Bildbandvortrag von Direktor Lic. OSKAR THULIN [1938], S. 14; DERS., Bilder der Reformation. Aus den Sammlungen der Lutherhalle in Wittenberg, Berlin 1953, S. 33 f.; DERS., Bilder der Reformation. Aus den Sammlungen der Lutherhalle in Wittenberg, Berlin 1967 (3. verändert. Auflage), S. 34.
[72] Ein Foto aus dem Lutherhallenbestand aus dem Jahre 1960 zeigt eine Delegation orthodoxer Geistlicher im Raum mit dem Erker. Von dem Kalksteinsockel und der Bronzeplatte ist nichts mehr zu sehen, unter Umständen ein Indiz, das sich schon Oskar Thulin Ende der 50er Jahre dieser Relikte aus der Kaiserzeit entledigte.

Lutherbrief an den Kaiser – Kaiserbrief an die Lutherhalle

Abb. 3: Massenanziehung in den dreißiger Jahren.

Museologen, aber nur noch dann, wenn es darum ging, die eigene Museumsgeschichte aufzuarbeiten. Bei der Sonderausstellung über die Geschichte des Lutherhauses bzw. der Lutherhalle von 1983 wird in dieser Monumentalisierung des Briefes ein signifikantes Beispiel preußischen Lutherkults gesehen.[73] Im Lichte des nächsten, ab 2003 der Öffentlichkeit zugänglichen Ausstellungskonzeptes, das dann mindestens bis zum nächsten Reformationsjubiläum von 2017 Bestand haben wird, wird dieses Kleinod den Besuchern in subtil-aufwändiger Beleuchtung wieder im Raum mit dem Erker gezeigt werden, aber nicht im Erker selbst, sondern an einer der Seitenwände. Eine Medienstation ermöglicht dem Besucher den Brief vor- und zurückzublättern. Auch Informationen über Ziel, Folgen, Erwerbung und Ausstellung des Briefes sind auf dem Desktop abrufbar.

---

[73] Auf dem Titelblatt der dazugehörigen Abhandlung, wo ein Schreiben des Geheimen Zivilkabinetts abgebildet ist, spiegeln sich die unterwürfigen Gesten des damaligen Kuratoriums gegenüber dem Kaiser bei der Transaktion dieses musealen Objekts. Ronny Kabus, Staatliche Lutherhalle Wittenberg – 100 Jahre reformationsgeschichtliches Museum (= Schriftenreihe der Staatlichen Lutherhalle Wittenberg, 1), Wittenberg 1984.

MATERIALISIERTE LUTHERVEREHRUNG

AnneMarie Neser

Vom Klosterhaus zum Baudenkmal – Erste Begegnungen Friedrich August Stülers mit dem Wittenberger Lutherhaus

Abb. 1:
Lutherhaus, Ansicht der Nordfassade, Fotografie, ca. 1993

Das ehemalige Wohnhaus des Reformators Martin Luther in Wittenberg, das heute so benannte Lutherhaus, ist 1997 als konkreter Ausgangsort der Reformation in die Weltkulturerbeliste der UNESCO aufgenommen worden. Das mag nicht überraschen, denn schließlich zählt Martin Luther zu den großen Persönlichkeiten der Weltgeschichte. Doch sein Wittenberger Wohnhaus diente lange Zeit als Nebengebäude und Stipendiatenhaus der dortigen Universität. Erst im 19. Jahrhundert stieg das Haus in den Rang eines Denkmals auf. Eine derartige Neubewertung provozierte ein grundsätzliches Überdenken des bisherigen Umgangs mit dem Bauwerk. War es bislang als ‚Closterhaus' oder ‚Hintergebäude des Augusteums' bekannt gewesen, begann nun die Geschichte des Lutherhauses. Es war damals keineswegs vorherzusehen, dass dieses Bauwerk einmal die weltweit größte reformationsgeschichtliche Sammlung beherbergen würde.

Abb. 2:
Bildnis F. A. Stüler von Franz Krüger,
Skizze zur Parade von 1839, 1840

Die Keimzelle dieser Neubewertung war sicherlich die „so einen bedeutenden Werth habende Lutherstube".[1] Dieser Wohn- und Arbeitsraum Luthers blieb bei der Übernahme des Hauses durch die Wittenberger Universität im Jahre 1565 von den Umbauarbeiten verschont. Zum Andenken an den Reformator wurde die mit dem Wirken Luthers eng verbundene Stätte – der denkwürdige Ort der Tischgespräche – vor Veränderungen bewahrt.[2] Dieses seit dem 17. Jahrhundert sogenannte *Museum Lutheri* erfreute sich schon bei Reisenden vergangener Jahrhunderte großer Beliebtheit.[3] Im denkmalfreudigen 19. Jahrhundert wurde die historische Relevanz der weitgehend erhaltenen Wohnräume neu bewertet, und im Zuge einer Erweiterung des Denkmalbegriffes konnte das Hinterhaus der Wittenberger Universität sukzessive zum Memorial für Luther und die Reformation

---

[1] Schreiben der Königlichen Regierung zu Merseburg, Abtlg. Kirche und Schulwesen, gez. Häckel, Pfeiffer, u. a. an das Kultusministerium vom 25. 09. 1841, Geheimes Staatsarchiv Berlin, Preussischer Kulturbesitz (künftig GStA Berlin, PK), I. HA Rep. 76 Kultusministerium V a, Sekt. 8, Tit. XIX, Nr. 2, Bd. 2, Bl. 71.

[2] Zur Geschichte der Lutherstube, vgl. JULIUS JORDAN, Zur Geschichte des Lutherhauses nach 1564, I. Literarisch bezeugte Erinnerungen an Luther, die Reformation und die Universität, in: Luther Jahrbuch 2/3, (1920/21), S. 108-135.

[3] Seit 1783 wurden Gästebücher ausgelegt, worin sich die Besucher der Lutherstube eintragen konnten. Anhand dieser überlieferten Fremdenbücher zur Lutherstube (1783-1983) lässt sich ein beständiges Interesse ablesen; siehe Stiftung Luthergedenkstätten in Sachsen Anhalt [künftig StLu] (Aktenbestand/Wittenberg).

‚heranwachsen'. Infolge dieser Aufwertung des Gebäudes erhielt anstelle des in Wittenberg tätigen Baubeamten der renommierte Hofbaurat und Architekt des preußischen Königs, Friedrich August Stüler[4] den Auftrag für die geplante Restaurierung.

Auf Veranlassung des preußischen Kultusministers Eichhorn besuchte Stüler im Januar 1844 erstmals Wittenberg. Er war hinsichtlich der bevorstehenden Sanierung des Wohnhauses von Martin Luther um Rat gebeten worden und wollte sich daher vor Ort mit dem Haus und der Umgebung vertraut machen. Das Interesse an der Person Martin Luthers war nach den Freiheitskriegen und erneut im Zuge des 300. Jahrestags von Luthers Thesenanschlag im Jahre 1817 enorm angewachsen. Luther galt nicht mehr nur als Befreier aus kirchlichen Fesseln, er wurde zum Vorbild für die eigene Zeit und stieg allmählich in den Rang eines Nationalheros auf.[5] Demgemäss war man im preußischen Kultusministerium gemeinsam mit der Merseburger Bezirksregierung zur Auffassung gelangt, das gesamte Bauwerk unter Beachtung seiner ehemaligen Bestimmung und altertümlichen Einrichtung zu restaurieren und als einen Ort der Erinnerung an die Reformation zu bewahren. Dieser Entscheidung waren langwierige Diskussionen über den künftigen Umgang mit der Lutherschen Wohnung vorausgegangen. Obgleich Johann Gottfried Schadow[6] schon im Jahre 1825 bewegt und eindrucksvoll seine Erfahrung mit der Aura der Lutherstube geschildert hatte, „es dürfte wohl so leicht kein Ort geeigneter sein, uns den Geist Luthers in seiner persönlichen Erscheinung so zu vergegenwärtigen, als dieses Zimmer,"[7] dauerte es nahezu zwei Jahrzehnte, bis sich die Überzeugung durchsetzen konnte, das ganze Haus zu restaurieren.

Gerade ob dieser viel versprechenden Schilderung Schadows wird August Stüler überrascht gewesen sein, als er das Lutherhaus zum ersten Mal sah: ein architektonisch wenig erstaunliches, altes, großes und deutlich abgenutztes Gebäude, Teil des ehemaligen universitären Bauensembles am Ostende der Altstadt gelegen. Doch was dem Bau an äußerlicher Attraktion fehlte, ersetzte seine Geschichte. Das Wissen um den berühmten Bewoh-

---

[4] Friedrich August Stüler (1800-1865); 1817-18 Feldmesserausbildung anschließend Studium an der Bauakademie, der Universität und der Akademie der Künste Berlin, 1824 Gründung des Architektenvereins mit E. Knoblauch, 1827 Baumeisterprüfung an der Bauakademie; nach dem Examen arbeitete Stüler unter Schinkels Leitung an Palaisbauten, ab 1831 Direktor der Schlossbaukommission, 1842 Ernennung zum Architekten des Königs, Mitglied der Technischen Oberbaudeputation, 1834-1854 Lehrer an der Bauakademie; vgl. ausführlich EVA BÖRSCH-SUPAN / DIETRICH MÜLLER-STÜLER, Friedrich August Stüler: 1800-1865, Berlin 1997
[5] Vgl. u. a. MARTIN GRESCHAT / GÜNTHER LOTTES (Hg.), Luther in seiner Zeit, Persönlichkeit und Wirken des Reformators, Stuttgart 1997; PETRA ROETTIG, Herculus Germanicus, Luthers Läuterung zum Nationaldenkmal, in: GERT MATTENKLOTT, Deutsche Nationaldenkmale 1790-1990, Bielefeld 1993, S. 49-59.
[6] Johann Gottfried Schadow (1764-1850), Bildhauer, Zeichner, Graphiker, seit 1788 Leiter der Hofbildhauerwerkstatt am preußischen Oberhofbauamt, 1815-1850 Direktor der Berliner Akademie der Künste; vgl. ausführlicher ULRIKE KRENZLIN, Johann Gottfried Schadow, Berlin 1990.
[7] JOHANN GOTTFRIED SCHADOW, Wittenbergs Denkmäler der Bildnerei, Baukunst und Malerei, Wittenberg 1825, S. 93.

Abb. 3: Lutherhaus, Ansicht der Nordfassade, Das hintere Gebäude des Augustei worin Luthers Wohnung, Lithographie von Eduard Dietrich, 1826/28

ner, die Kenntnis der epochalen Ereignisse, die von diesem Ort ihren Ausgang genommen hatten strahlten vermutlich eine geheimnisvolle Faszination aus, die vom ruinösen Flair des Bauwerkes unterstützt wurde. Der erfahrene Blick des Baumeisters wird jedoch zugleich den Mangel an architektonischer Gestaltung, wie auch den desolaten Zustand der alten Bausubstanz registriert haben.

Nach Meinung der Zeitgenossen verlangte das anspruchslose Äußere des Hauses nach einer architektonischen Gestaltung, die der geschichtlichen Prominenz des Bauwerkes Ausdruck verlieh. Demgemäss wurde die Wirkstätte des Reformators unter Stülers Federführung ab der Mitte des 19. Jahrhunderts im Auftrag des preußischen Staates renoviert und maßgeblich umgestaltet. Die Nord- sowie die Südfassade wurden an den Traufseiten mittels eines Drempels aus Sichtmauerwerk erhöht. Die Giebel bekamen imposante Staffelaufsätze und Schlingblenden im Giebelfeld. Die Nordfassade erfuhr eine motivische Bereicherung durch die zur Kennzeichnung der Lutherstube angebrachte Ädikula mit Lutherrelief und einen neogotischen Erker auf der Osthälfte. Die Wandflächen erhielten ob der Schadhaftigkeit des Mauerwerks einen Quaderputz. Der Wendelstein wurde erhöht und mit einem Belvedere bekrönt; die barocke Haube durch eine fialengeschmückte ersetzt. Das steile Dach bekam eine sanftere Neigung und wurde durch Gauben mit Treppengiebeln gegliedert, die Kamine mit Zinnenkränzen versehen. Den Grad dieser Verwandlung veranschaulicht die überlieferte Ansicht der Nordfassade des Hauses aus dem frühen 20. Jahrhunderts im Vergleich mit der den älteren Zustand illustrierenden Lithographie Dietrichs (vgl. Abb 3, 4).

In den folgenden Ausführungen möchte ich die Hintergründe der Einbeziehung Stülers in die Renovierung des Lutherhauses thematisieren. Auf der Grundlage einer Quellenrecherche soll die Verflechtung einzelner Institutionen oder Personen sowie deren Motivation dargestellt und kommentiert werden. Trotz des umfassenden Forschungsinteresses

Vom Klosterhaus zum Baudenkmal

Abb. 4: Lutherhaus, Ansicht der Nordfassade, Fotografie, 1. V. 20. Jhd.

Abb. 5: Lutherhaus, Ansicht der Südfassade, Fotografie, 1. V. 20. Jhd.

an Martin Luther fehlte es bisher an einer grundlegenden Sichtung und Bearbeitung des zu großen Teilen nicht edierten Quellenmaterials zur Bau- und Nutzungsgeschichte seines Wohnhauses. Die im Rahmen meiner Dissertation bereits begonnene Auswertung des reichen Fundus der schriftlichen Überlieferungen dieses historisch hochrangigen Gebäudes in Sachsen-Anhalt behandelt neben der baugeschichtlichen Quellenforschung den Prozess der Denkmalwerdung des Lutherhauses und dessen Umgestaltung zu einem Erinnerungsmonument. Damit sind die Voraussetzung und Bedingungen gemeint, die aus dem vernachlässigten Dienstgebäude der Universität ein Restaurierungsobjekt des preußischen Staates machten. Der vorliegende Aufsatz beleuchtet einige Aspekte des gesamten Forschungsvorhabens und verdeutlicht die Spannungen des Vorganges der Denkmalwerdung, beginnend mit einer Skizze zur Historie des 500 Jahre alten Hauses, bevor der weitere Verlauf der Geschehnisse um 1840 beleuchtet wird.

Zurück zum Anfang:
Augustinerkloster, Wohnhaus Luthers, Universitätsgebäude

Chronologisch am Anfang der Baugeschichte des heute so titulierten Lutherhauses steht die Errichtung eines Augustinereremiten – Klosters.[8] Der sächsische Kurfürst Friedrich III., genannt der Weise, begründete 1502 die Universität in Wittenberg, die Leucorea, deren Schutzpatron der Heilige Augustin war. Da dem Landesherrn an der Mitwirkung des Augustinerordens an der neuen Universität gelegen war, stellte er den Mönchen Baugelände zur Errichtung eines Klosterbaus am Ostende der Stadt Wittenberg zur Verfügung. Der Orden übernahm damit das Grundstück des alten Heiliggeisthospital,[9] das dicht an der Stadtmauer in der Nähe des Elstertores gelegen hatte. Die Bestätigung der Übergabe des Baugrundes an die Mönche hat sich ebenso erhalten, wie eine Inventarliste des Heiliggeisthospital von 1504, worin „etliche wolgebawthe heuser"[10] aufgeführt sind, die in die Hand des Ordens übergingen und von den Augustinern teilweise in den Neubau des Klosters integriert wurden.

Mit den durch die reformatorischen Bestrebungen ausgelösten Veränderungen wurde

---

[8] Ausführliche Informationen zur Baugeschichte vgl. u. a.: Sybille Badstübner-Gröger / Peter Findeisen, Martin Luther, Städte, Stätten, Stationen, Leipzig 1992; Die Denkmale der Lutherstadt Wittenberg. Bearbeitet von Fritz Bellmann, Marie-Luise Harksen, Roland Werner. Mit Beiträgen von Peter Findeisen u. a., Weimar 1979; Julius Jordan [wie Anm. 2] (1920/21) S. 108-135 und 4 (1922), S. 97-126; Johann Gottfried Schadow, Wittenbergs Denkmäler der Bildnerei, Baukunst und Malerei, Wittenberg 1825; Johann Karl Seidemann, Luthers Grundbesitz, in: Zeitschrift für die historische Theologie 30, 1860, S. 475-570; Hermann Stein, Geschichte des Lutherhauses, Wittenberg 1883; Heinrich Gisbert Voigt, Luthers Wittenberger Turm, in: Zeitschrift des Vereins für Kirchengeschichte der Provinz Sachsen und des Freistaates Anhalt 26 (1930), S. 165-175.

[9] Das Hospital wurde vor das Elstertor verlegt; vgl.: Stadtarchiv Wittenberg, Urb 9; Stadtarchiv Wittenberg, Nr. 20.

[10] Schreiben des Kurfürsten Friedrich III. an den Rat der Stadt Wittenberg (1504), Thüringisches Hauptstaatsarchiv (künftig ThHStA) Weimar – Ernestinisches Gesamtarchiv, Reg. Kk, 1425, Bl. 4.

Vom Klosterhaus zum Baudenkmal

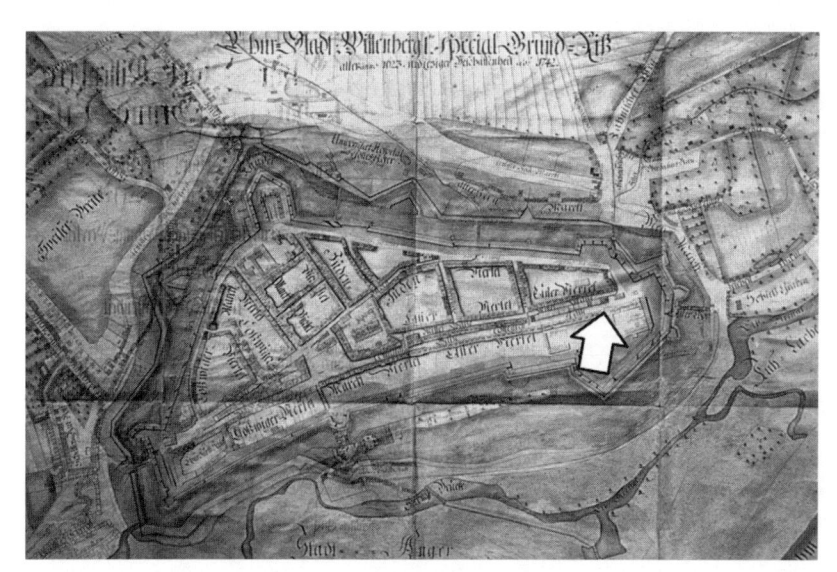

Abb. 6: Grundriss der Stadt Wittenberg, angefertigt unter Berücksichtigung der Angaben aus dem Jahr 1623. Der Pfeil zeigt die Position des Augusteum.

nach 1520 der weitere Ausbau des Klosters aufgegeben. Das Kloster war zu diesem Zeitpunkt ein unvollendetes bauliches Provisorium, angelegt waren Wohn-, Küchen-, Versammlungs- und Schlafräume der Mönche, der Kreuzgang wahrscheinlich noch im Planungsstadium. Die Mehrzahl der Mönche verließ das Wittenberger Augustinerkloster, nur der alte Prior Brisger und Luther blieben. Sie boten 1524 das Kloster samt dessen Einkünften dem Kurfürsten an: „Sind wir gesinnet euer churfürstlich Gnaden dieses Closter mit allem was dazu gehöret als dem jüngsten, lezten Erben zu übergeben."[11] Friedrich der Weise schlug das Angebot aus und sein Nachfolger Kurfürst Johann, der Beständige übereignete am 4. Februar 1532 das verwaiste Gebäude Martin Luther als ein Freihaus nebst Klostergarten.[12] Das Haus war damit den abgabenbefreiten Freihäusern landesherrlicher Amtsträger gleichgestellt. Der Kurfürst behielt sich jedoch ein Rückkaufsrecht vor. Luther, der inzwischen geheiratet und eine Familie gegründet hatte, passte in den folgenden Jahren die westliche Gebäudehälfte den eigenen Wohn- und Wirtschaftsbedürfnissen an. Den Abschluss dieser Umbauarbeiten markierte 1540 der Einbau eines neuen Portals, des sog. Katharinenportals, genannt nach Luthers Ehefrau Katharina von Bora. Luthers Wappen und sein Reliefbildnis an den Baldachinunterseiten des spätgotischen Sitznischenportals können als Ausdruck des Selbstbewusstseins der Bewohner gelesen werden, die ihr Hab

---

[11] Schreiben Luthers an den Kurfürsten Friedrich III., 1524, Landeshauptarchiv (künftig LHA) Sachsen-Anhalt, Rep. D Wittenberg, Nr. 153, Bl. 95-97.
[12] Offizielle Schenkung des Klosters vom Kurfürsten an Luther, 1532, vgl. ThHStA Weimar- Ernestinisches Gesamtarchiv, A Wei Cop. B 9.

Abb. 7:
Ansicht des Katharinenportals von Johann Gottfried Schadow, Kupferstich, 1825

und Gut mit einem gewissen Stolz kennzeichnen. Aus dem Kloster der Augustinereremiten ist Martin Luthers Wohnhaus geworden.

Nachdem Martin Luther sowie seine Frau Katharina gestorben waren, nahm der sächsische Kurfürst August, das vertraglich festgelegte Vorkaufsrecht in Anspruch. Er ließ das Haus zwischen 1565 und 1568 in ein Alumnat der Universität für kurfürstliche Stipendiaten umbauen, was entsprechende Veränderungen nach sich zog. Die Nordfassade erhielt mittig den großen, polygonalen Treppenturm und die Innenräume wurden der künftigen Nutzung gemäß umgestaltet. Luthers im ersten Obergeschoss gelegener Wohn- und Arbeitsraum blieb zum Andenken an den Reformator weitgehend unverändert und trägt fortan den Namen *Museum Lutheri*.

Der immense Ansturm von auswärtigen Studenten an die Wittenberger Universität machte bald einen zweiten Erweiterungsbau unabdingbar. So entstehen zwischen 1568-1571 rechtwinklig zum Lutherhaus der Westflügel und wenige Jahre später dazu parallel der

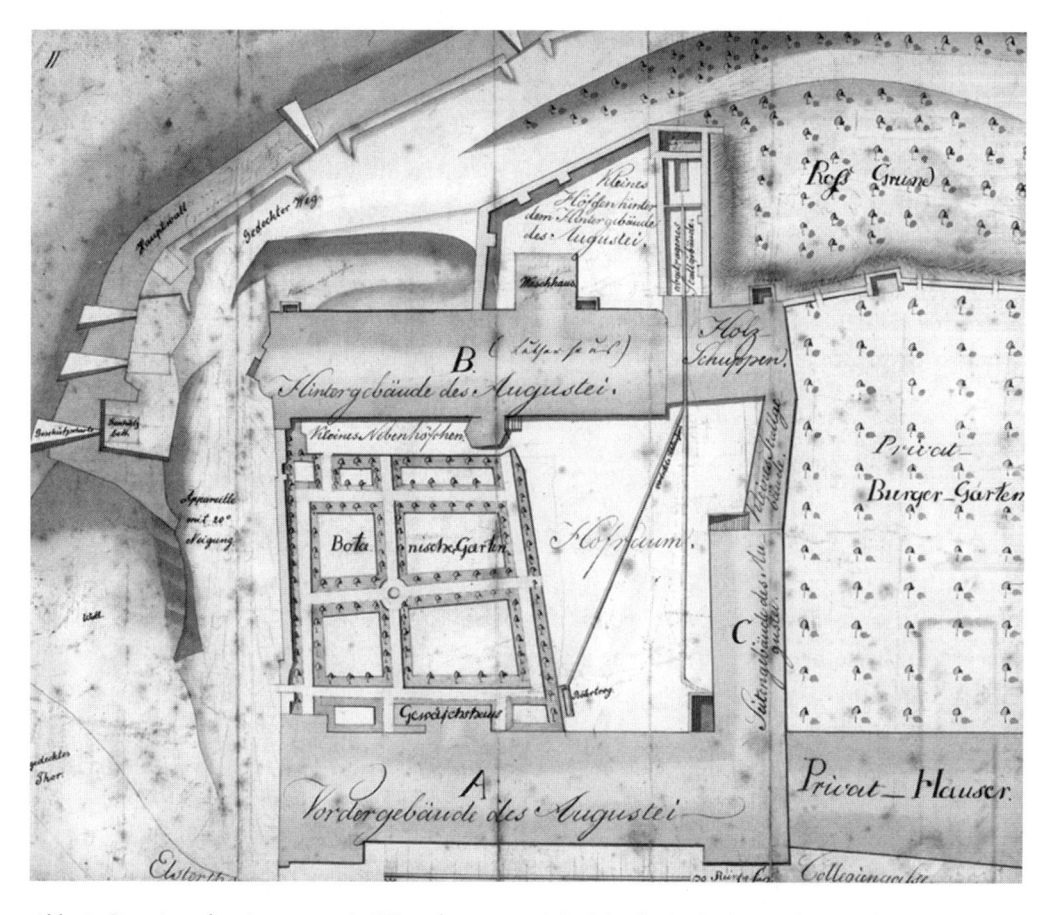

Abb. 8: Situationsplan Augusteum in Wittenberg, 1780. Mit B ist das Lutherhaus gekennzeichnet.

Vorderflügel an der Collegienstraße (1580/86). Dem bislang nach Norden freistehenden „Closter Haus"[13] war an der Straßenflucht ein mächtiges Bauensemble vorgesetzt worden, womit das Lutherhaus in die zweite Reihe rückte und zum Hinterhaus degradiert wurde. Der gesamte Baukomplex führt ab dieser Zeit den Namen *Collegium Augusteum* (1564-86) nach dem kurfürstlichen Stifter. Im Stadtplan von 1623 ist das Lutherhaus entsprechend seiner Funktion als „Convictorium" bezeichnet.[14] Im 17. und 18. Jahrhundert finden kleinere Veränderungen und Vereinfachungen am Haus statt, es dient jedoch weiterhin als Unterkunft für Studenten und das Hochschulpersonal. Während dieser Zeit verliert die Wittenberger Universität immer mehr an Ansehen und wird insbesondere von der neu

---

[13] So Martin Luther in einem Brief an den sächsischen Kurfürsten Johann Friedrich vom 26. 03. 1542, ThHStA Weimar- Ernestinisches Gesamtarchiv, Reg. Pp, 352, 5, Bl. 9.
[14] Vgl. auch Abb. 6.

gewonnen Attraktivität der Hochschulen in Leipzig und Jena überflügelt. Im Zeitalter der Aufklärung wächst der *Leucorea* ein respektabler Konkurrent mit der 1694 gegründeten Universität in Halle heran.

Der Siebenjährige Krieg (1756-1763) beschert der Stadt Wittenberg erhebliche Zerstörungen, neben zahlreichen Wohnhäusern werden auch Schloss und Schlosskirche schwer beschädigt. Das Wohnhaus Luthers bleibt weitgehend unbeschadet. 1806 zieht das französische Heer in Wittenberg ein, von nun an ist die Stadt und mit ihr die Universität und deren Hinterhaus bis zum Ende der napoleonischen Kriege immer wieder in das Kriegsgeschehen eingebunden. Das ehemalige Augustinerkloster wird als Kaserne und Lazarett genutzt.

Sorge um den Erhalt einer „Merkwürdigkeit": 1815 – 1840

Nach dem Wiener Kongress 1815 wurde das bis dahin sächsische Wittenberg preussisch. Der neue Landesherr, der preußische König Friedrich Wilhelm III., entschloss sich für eine Vereinigung der beiden eng beieinanderliegenden Universitäten in Wittenberg und Halle, was ein vorläufiges Ende der Universitätsstadt Wittenberg bedeutete. Das jetzt von der Universitätsnutzung freigewordene Augusteum sollte stattdessen für ein lutherisches Predigerseminar, eine Weiterbildungsanstalt für junge Theologen, hergerichtet werden. Zum Reformationsjubiläum von 1817 fand die Gründungsfeier des Seminars statt, das im Vordergebäude des Augusteums residierte.

Das seiner bisherigen Funktion beraubte Hintergebäude des Augusteums, das Lutherhaus, blieb vorerst ungenutzt und diente temporär als Lazarett und zur Lagerung des Zinsgetreides. Eine derartige Umnutzung von Gebäuden war durchaus üblich, da die Bausubstanz meist länger Bestand hatte, als die Anfangsnutzung, so war aus dem Kloster bereits das Stipendienhaus der Universität geworden. Im 19. Jahrhundert gewinnt im Gegensatz zu früheren Epochen die historische Bausubstanz als Signet einer großen Vergangenheit an Wert. Das gilt auch für das Lutherhaus, zumal das Interesse an Luther und seiner Wirkungsstätte wächst, gerade als Reflex auf die sich nach den Freiheitskriegen verstärkende Rezeption Luthers.[15] Eine langsame, sich nach und nach intensivierende Beschäftigung mit dem „Hinter- oder Luther Gebäude des Augusteums"[16] wird angestoßen.

---

[15] Vgl. Hardy Eidam / Gerhard Seib (Hg.), „Er fühlt der Zeiten ungeheuren Bruch und fest umklammert er sein Bibelbuch ..." Zum Lutherkult im 19. Jahrhundert, Berlin 1996; Gert Mattenklott, Deutsche Nationaldenkmale 1790-1990, Bielefeld 1993; Wilhelm Weber, Luther-Denkmäler, Frühe Projekte und Verwirklichung, in: Denkmäler im 19. Jahrhundert, Deutung und Kritik. Hrsg. von Hans-Ernst Mittig / Volker Plagemann, München 1972, S. 183-215.

[16] Überschrift eines Grundrisses zum Lutherhaus von 1833, StLu (Bestand: Wittenberg).

Abb. 9:
Lutherhaus,
Ansicht der Nordfassade,
Kupferstich von
Gottfried Arnold
Lehmann, 1815

Ein früher und nach heutigen Maßstäben äußerst repräsentativer Besucher des Lutherhauses war der preußische Hofbaubeamte und Architekt Karl Friedrich Schinkel,[17] der das Haus bereits 1815 besichtigte. Schinkel hielt sich wegen eines Gutachtens zur Wiederherstellung der Schlosskirche in Wittenberg auf. In seinem abschließenden Bericht weist er auf den Notstand weiterer Baudenkmale in der Stadt hin: „die eben so in geschichtlicher und artistischer Hinsicht ein allgemeines Interesse erregen und endlich auch unter dem Schutz einer aufgeklärten Regierung ein besseres Schicksal verdienen, […]. Zuförderst ist in Wittenberg noch ein Heiligtum einer besonderen Beachtung würdig, das Wohnzimmer Luthers in seiner ganzen Vollständigkeit, wie es von ihm verlassen wurde."[18] Den vor Ort

---

[17] Karl Friedrich Schinkel (1781-1841), durch Vermittlung Humboldts ab 1810 Beamter der preußischen Baubehörde, Mitglied der Technischen Oberbaudeputation (Schinkels Aufgabe: Gutachten für öffentliche Prachtgebäude in Preußen, Erhaltung des Denkmalbestandes, Hofbautätigkeit), 1815 erfolgte die Ernennung zum Oberbaurat und 1820 die Berufung zum Professor an der Bauakademie; ab 1830 Geheimer Oberbaurat der Technischen Oberbaudeputation, ab 1838 Oberlandesbaudirektor. Ausführlicher zur Person: PAUL ORTWIN RAVE, Karl Friedrich Schinkel, München 1953, bearb. v. Eva Börsch-Supan, München 1981; DERS. Die Anfänge der Denkmalpflege in Preußen, in: Deutsche Kunst und Denkmalpflege 9, 1935, S. 34-44; DERS., Schinkel als Beamter. Ein Abschnitt preußischer Bauverwaltung, in Zentralblatt der Bauverwaltung 62 (1932), S. 88 ff.

[18] Karl F. Schinkels Bericht an das Innenministerium vom 14.08.1815, GStA Berlin PK, I. HA Rep. 93 D Technische Oberbaudeputation Nr. 46, Bd. 1, Bl. 8.

zuständigen Militärs, nahm er sogleich das Versprechen ab, „das ganze Geschoß worin das Zimmer liegt, vor jedem militärischen Eingriff zu schützen".[19] Wohl wissend, dass derartige Zusagen keinen längerfristigen Schutz gewähren, empfahl er dann, man möge doch an geeigneter Stelle darüber nachdenken, eine Institution einzurichten, die Haus und Luthergarten dauerhaft schütze. Bereits mit diesem Gutachten kündigte er einen „besonderen Aufsatze"[20] zur Frage der Erhaltung der Denkmäler an, der nach Konsultationen mit den übrigen Mitgliedern der Oberbaudeputation nur drei Tage später folgen sollte. Hier wird der Vorschlag unterbreitet, leerstehende alte Gebäude zur Aufnahme von kunst- oder kulturhistorischen Sammlungen zu nutzen; ein vorausschauender Gedanke im Zusammenhang mit den Überlegungen für eine künftige Funktion bemerkenswerter erhaltener Bauwerke, der rund 50 Jahre später am Lutherhaus verwirklicht wurde.[21]

Je mehr das „große Hinterhaus des Universitätsgebäudes"[22] als Wohnhaus Luthers wahrgenommen wurde, desto stärker rückt die Hinfälligkeit des Bauwerkes ins Blickfeld. Nach dem Empfinden der Zeitgenossen standen Gestalt und Nutzung in einem Missverhältnis zur geschichtlichen Bedeutung dieser Stätte. So äußerte Georg Heinrich Nicolovius, Direktor der Abteilung der kirchlichen Angelegenheiten im Kultusministerium, nach einem Besuch der Lutherstube vehemente Kritik an deren Zustand.[23] Seiner Empfehlung, das Lutherhaus ein wenig herzurichten und den Berliner Akademiedirektor Schadow als Ratgeber für weiterführende Gedanken zum Umgang mit der Stube heranzuziehen, wurde gefolgt. Für den Reformationstag von 1821, als das Lutherdenkmal auf dem Marktplatz eingeweiht wurde, war das Lutherhaus äußerlich ein wenig repariert und gemäß den Verlautbarungen des vom Kultusminister Altenstein[24] instruierten Kommissionsrates vor

---

[19] Ebd.
[20] Karl F. Schinkels Bericht an das Innenministerium vom 14. 08. 1815, GStA Berlin PK, I. HA Rep. 93 D Technische Oberbaudeputation Nr. 46, Bd. 1, Bl. 9.
[21] „Die Nebenhalle mancher schönen alten Kirche, mancher schöne Raum in einem Klostergebäude und einem alten Schlosse würde für diesen Zweck sehr anwendbar sein". Schinkels Bericht an das Innenministerium vom 17. 08. 1815, GStA Berlin PK, I. HA Rep. 93 D Technische Oberbaudeputation, Nr. 46, Bd. 1, Blatt 14.
[22] K. F. Schinkels Bericht an das Innenministerium vom 14. 08. 1815, GStA Berlin PK, I. HA Rep. 93 D Technische Oberbaudeputation Nr. 46, Bd. 1, Bl. 8.
[23] Schreiben Georg H. Nicolovius an das Kultusministerium vom 6. 9.1821, vgl.: GStA PK, I. HA Rep. 76 Kultusministerium V e, Sekt. 9, Abt. VI, Nr. 10, Bd.1, Bl. 1.
[24] Karl Siegmund Franz Freiherr vom Stein zum Altenstein (1770-1840); Altenstein verfasste nach dem Friedensschluss 1815 eine Denkschrift zur Verwaltung und Verfassung, die u. a. die Herauslösung des Ressorts für Kultus, Unterricht- und Medizinalangelegenheiten aus dem Innenministerium empfahl. 1817 wurde das Ministerium der geistlichen-, Unterrichts- und Medicinal- Angelegenheiten begründet. Der erste Leiter dieses Ministerium wurde Altenstein selbst. In dieser Funktion berief er den Philosophen Georg Wilhelm Friedrich Hegel an die Berliner Universität. Gemeinsam mit Staatsrats Johann Wilhelm Süvern setzte er sich für die allgemeine Schulpflicht ein. Ausführlich zur Person, S. 216 f.; REINHARD LÜDICKE, Die preußischen Kultusminister und ihre Beamten, Berlin 1918; KURT G. A. JESERICH / HELMUT NEUHAUS (Hg.), Persönlichkeiten der Verwaltung, Biographien zur deutschen Verwaltungsgeschichte 1648-1945, Stuttgart 1991, S. 93-97.

Abb. 10: Ansicht der Lutherstube, Blickrichtung Westen, Stich bei J. G. Schadow, 1825

Ort war „alles vermieden worden, was das alterthümliche Äußere des in Rede stehenden Gebäudes hätte entstellen können und ist durch diese Reparatur – Bau des Gebäudes in dem Luther lebte, lehrte und wirkte nicht allein gegen den zerstörenden Einfluß der Zeit bedeutend geschützt und eine weit längere Erhaltung desselben erzielt worden, sondern es haben auch die Verehrer des großen Reformators an dem für Wittenberg so feierlichen Tagen des 31. Oktober 1821 den erfreulichen Genuß gehabt, sein ständiges Wohnhaus in einem reinlichen und anständigen Äußeren wieder erblicken zu können, da es durch den Lazareth Gebrauch in den letzten Jahren sehr entstellt worden war."[25]

Das Lutherhaus ist in der Wahrnehmung der Zeitgenossen angekommen. Schadow besichtigte die Lutherstube 1821 und führte mit seinen Schülern eine zeichnerische Aufnahme durch. Ferner veranlasste er die Erfassung aller in Wittenberg befindlichen und Luther sowie die Reformation betreffenden Baudenkmäler, Gemälde und Standbilder. Diese Zusammenstellung veröffentlicht er in seinem Buch *Wittenbergs Denkmäler der Bildnerei, Baukunst und Malerei,* worin dem Lutherhaus ein Abschnitt gewidmet ist. Es ist insgesamt eine Zeit, in der die Bemühungen um die Erfassung alter Kunst- und Baudenk-

---

[25] Tiemann an das Kultusministerium, 18. 03. 1822, GStA PK, I. HA Rep. 76 Kultusministerium V a, Sekt. 8, Tit. XIX, Nr. 2, Bd. 1, Bl. 61.

mäler zunimmt.²⁶ Auch der preußische Kultusminister Altenstein nahm sich dem Wittenberger ‚Sorgenkind' an. Schon seit einiger Zeit war er in Zusammenarbeit mit den Merseburger Oberpräsidenten von Klewitz und in Absprache mit Friedrich Wilhelm III. mit der würdigen Herstellung der Lutherstube befasst, denn die „Lutherstube trägt ihre Merkwürdigkeit in sich; jeden Besucher ergreift darin ein Gefühl der Ehrfurcht; sie muß in sich sorgfältig und unverändert erhalten werden."²⁷

Trotz dieser Bemühungen verstärkte sich in den Folgejahren die Kritik am Zustand des Hauses und vor allem die Sorge um den Erhalt der Lutherstube erfährt von unterschiedlichen Seiten Unterstützung. In den 30er Jahren wird schließlich eine umfassende Renovierung des ganzen Hauses aufgrund seines historischen Ranges gefordert. Dieser wird zwar von ministerieller Seite bestätigt, jedoch werden keinerlei weitergehenden Überlegungen für eine angemessene Nutzung des gesamten Bauwerkes angestellt. Ungefähr zur gleichen Zeit meldete die Oberbaudeputation²⁸ Bedenken gegen die inzwischen geplante Einrichtung des Hintergebäudes zur Kornaufschüttung an. Diese hatte sich mit einem ausführlichen Gutachten an das Kultusministerium gewandt und sich gegen eine Nutzung des Gebäudes als Getreidemagazin ausgesprochen. Besonders heikel erschien die Lagerung des Korns über der Lutherstube, deren Decke bereits mit Tragebalken nach Schinkels Vorgabe gesichert worden war.²⁹ Insgesamt sei auf die Erhaltung des geschichtlichen Denkmals bei der geplanten Baumaßnahme wenig Rücksicht genommen worden und die Lutherstube wäre mit der Durchführung der vorgesehenen Einrichtung dem „gänzliche(n) Verfall"³⁰ preisgegeben. Die vom Kultusminister Altenstein darauf angeordnete Verfügung stellte nicht den begonnenen inneren Umbau zum Getreidemagazin in Frage, sondern nahm lediglich Lutherstube, den sogenannten benachbarten Reliquien – und Bildersaal von der

---

[26] Erinnert sei an den Hardenberg-Erlass von 1821 an die Oberpräsidenten der Provinzialregierungen oder etwa Schinkels Aufforderung an die Bauräte der Provinzen vom 21. 11. 1822, Auskünfte über historische Gebäude zusammenzutragen; vgl. ausführlicher: RITA MOHR DE PÉREZ, Die Anfänge der staatlichen Denkmalpflege in Preußen. Ermittlung und Erhaltung alterthümlicher Merkwürdigkeiten, Berlin 2001; REINHART STRECKE, Anfänge und Innovation der Preußischen Bauverwaltung. Von David Gilly zu Karl Friedrich Schinkel, Köln 2000; GABRIELE WOLFF, Zwischen Tradition und Neubeginn. Geschichte der Denkmalpflege in der ersten Hälfte des 19. Jahrhunderts, Frankfurt a. M. 1992.

[27] Schreiben des sächsischen Oberpräsidenten von Klewitz an Kultusminister Altenstein vom 17. 12. 1825, GStA PK, I. HA Rep. 76 Kultusministerium V e, Sekt. 9, Abt. VI, Nr. 10, Bd. 1, Bl. 8.

[28] Oberste preußische Baubehörde, existiert seit 1770 damals unter dem Namen Oberbaudepartement, seit 1804 Oberbaudeputation. Ausführlich hierzu: Mathematisches Calcul und Sinn für Asthetik: Die preussische Bauverwaltung; 1770-1848, Ausstellung des Geheimen Staatsarchivs Preußischer Kulturbesitz in Zusammenarbeit mit der Kunstbibliothek der Staatlichen Museen zu Berlin Preußischer Kulturbesitz, Berlin 2000.

[29] Vgl.: Schinkels Gutachten an Kultusminister Altenstein vom 13.10.1832, LHA Sachsen-Anhalt, Rep. C20 I, Oberpräsident, Allgemeine Abteilung, Ia Nr. 2316, Bl. 66, 67.

[30] Schreiben der Oberbaudeputation an das Kultusministerium vom 21. 05. 1833, GStA PK, I. HA Rep. 76 Kultusministerium V a, Sekt. 8, Tit. XIX, Nr. 2, Bd. 1, Bl. 181.

Getreidelagerung aus. „Nur so viel als dringend erforderlich" sollte das Haus „für die Kornaufschüttung" genutzt werden.[31] Altenstein sah am Lutherhaus vorerst keinen weiteren Handlungsbedarf, sein Interesse war auf den Schutz der Lutherstube gerichtet und dieser war seiner Meinung nach mit der verfügten Anordnung gewährleistet. Unter den ministeriellen Vorgaben begann daher im Januar 1836 die bauliche Instandsetzung zum Getreidemagazin, die den maroden und zugleich schutzbedürftigen Zustand der Bausubstanz offenbarte, ohne dass zunächst ein prinzipielles Überdenken der anvisierten Maßnahmen einsetzte.

In die Amtszeit von Kultusminister Altenstein (1817-1840) fällt eine erwähnenswerte Veränderung im Rahmen der Zuständigkeiten für den Schutz und die Erhaltung der Denkmäler, woran der Kultusminister entscheidenden Anteil hatte. Um die immer wieder auftauchenden Missverständnisse zu beseitigen, welches Ministerium denn für die „Konservation der Bau-Denkmäler und Ruinen"[32] zuständig sei, war 1835 auf Veranlassung König Friedrich Wilhelm III. diese Aufgabe dem Kultusministerium übertragen worden.[33] Damit war die vage Zuständigkeit aller Ministerien für den denkmalpflegerischen Bereich beendet. Es ist davon auszugehen, dass diese Kabinettsordre auf Intention des Kultusministers erlassen worden war, da auf einen Bericht Altensteins Bezug genommen wurde.[34] Altenstein hatte sich während seiner Amtszeit vermehrt für den Schutz wertvoller Altertümer eingesetzt. Frühzeitig war er um die Einrichtung eines separaten Fonds zur Wiederherstellung alter Denkmäler gemeinsam mit dem Minister für Handel und Gewerbe von Bülow[35] bemüht gewesen. Mit diesem Anliegen hatten sich die beiden Minister allerdings nicht gegenüber dem König durchsetzen können. Dennoch waren sie nachfolgend immer wieder mit gemeinsamen Zirkularverfügungen an die Provinzialregierungen herangetreten, um auf diesem Weg den Schutz der Baudenkmale sicherzustellen.

---

[31] Schreiben von Kultusminister Altenstein an die Merseburger Regierung vom 28. 07. 1834, GStA PK, I. HA Rep. 76 Kultusministerium V a, Sekt. 8, Tit. XIX, Nr. 2, Bd. 1, Bl. 185.

[32] GStA PK, I. HA Rep. 77 Ministerium des Innern (Tit. 1215), Nr. 3, Bl. 15.

[33] Vgl. Kabinettsordre von Friedrich Wilhelm III. vom 7. 03. 1835, GStA PK, I. HA Rep. 77 Ministerium des Innern, Tit. 1215, Nr. 3, Bd. 1, Bl. 15.

[34] Vgl.: MOHR DE PÉREZ (wie Anm. 26), S. 152.

[35] Ludwig Friedrich Viktor Hans Graf von Bülow (1774-1825); 1801 Kriegs- und Domänenrat beim Generaldirektorium Berlin; 1808-1811 Finanzminister des Königreich Westfalen; nach den Befreiungskriegen 1813-1817 preußischer Finanzminister, seit 1818 Minister für Handel und Gewerbe bis zur Auflösung 1825, dann Oberpräsident in Schlesien. Ausführlicher zur Person: Allgemeine Deutsche Biographie 3 (1876), S. 533-539.

Sorge um den Fortbestand eines Denkmals: 1840 – 1846

Doch auch die Klärung der Zuständigkeiten im Denkmalpflegebereich bewirkte zuerst keine Veränderungen für die Planungen am Lutherhaus. Die Umbauarbeiten zum Getreidemagazin waren 1842 noch im Gange, als sich Kultusminister Eichhorn,[36] der Nachfolger Altensteins und seit 1840 im Amt, wegen „dringender Klagen"[37] für einen Besuch des Lutherhauses entschied. Ihm sei zu Ohren gekommen, „daß durch die beabsichtigte bauliche Einrichtung [...] das Haus Luthers eine wesentliche Umgestaltung erleiden und sogar in ein Getreidemagazin verwandelt werden würde".[38] Er möchte deshalb selbst „die Lokalität näher in Augenschein nehmen, und als dann nach Besehen der Umstände das weiter Geeignete in dieser Sache beschließen."[39] Anlässlich der Feierlichkeiten zum 25. Gründungstag des Predigerseminars im Oktober 1842 weile er ohnehin in Wittenberg und könne sich bei dieser Gelegenheit ausführlich über die Geschehnisse am Lutherhaus informieren lassen. Eichhorn reagierte damit auf die vorgetragenen Beschwerden seitens der Bevölkerung, die den mit einer großen Vergangenheit behafteten Ort durch die geplante Baumaßnahme bedroht sah.

Ein Blick auf das Kultusministerium unter Leitung von Minister Eichhorn soll die Hintergründe verständlicher machen.[40] Der Kultusminister genoss hohes Ansehen als ehemaliges Mitglied der von Freiherr von Stein 1813 eingesetzten Zentralverwaltung und hatte gemeinsam mit Friedrich C. A. von Motz und Karl G. Maaßen maßgeblich die Ausbildung des Zollvereins vorbereitet.[41] Mit kirchlichen Fragen war er bislang wenig in Berührung gekommen. Dessen ungeachtet wurde die Wahl Eichhorns in der Öffentlichkeit zunächst positiv aufgenommen.

---

[36] Johann Albrecht Friedrich (1779-1856); Eichhorn trat 1816 als Geh. Legationsrat in das Ministerium der Auswärtigen Angelegenheiten ein. Er gehörte von Anfang an zu den Mitgliedern des 1817 errichteten Staatsrates. Im Ministerium hatte er die deutschen Angelegenheiten zu bearbeiten; die Hauptaufgabe war die politische Vorbereitung des Zollvereins; 1840 wurde er Nachfolger Altensteins als Kultusminister; in diesem Ressort lagen die Schwierigkeiten vor allem auf kirchlichem Gebiet. Im März 1848 trat er von seinem Amt zurück. Ausführlich zur Person: NDB 4 (1959), S. 376-377; Martin Friedrich, Die preußische Landeskirche im Vormärz, Evangelische Kirchenpolitik unter dem Ministerium Eichhorn, 1840-1848, Waltrop 1994; Gerd Eilers, Meine Wanderungen durchs Leben, Leipzig 1861, Bd. 6, S. 129-139.

[37] Schreiben von Kultusminister Eichhorn an die Königliche Regierung zu Merseburg vom 22. 09. 1842, GStA PK, I. HA Rep. 76 Kultusministerium V a, Sekt. 8, Tit. XIX, Nr. 2, Bd. 2, Bl. 98.

[38] Ebd.

[39] Ebd.

[40] Vgl. zum Hintergrund: Gerhard Besier, Kirche, Politik und Gesellschaft im 19. Jahrhundert, München 1998, S. 3-61; Friedrich (wie Anm. 36); Thomas Nipperdey, Deutsche Geschichte 1800-1866, Bürgerwelt und starker Staat, München 1998, S. 423-451.

[41] Vgl.: Friedrich (wie Anm. 36), hier S. 61.

Sein Vorgänger hatte dem Minister eine Reihe ungelöster Konflikte besonders im religiösen Sektor hinterlassen. Dem Ministerium Altenstein war die schwierige Aufgabe zugefallen gewesen, eine weitreichende Vereinheitlichung des Gottesdienstes der evangelisch-lutherischen und der reformiert-calvinistischen Gemeinden einzuführen, was zu erheblichen Streitigkeiten geführt hatte und ungelöst in die Ära des Nachfolgers Eichhorn übernommen werden musste. Diese konfessionellen Probleme verursachten in den vierziger Jahren ein kompliziertes innenpolitisches Klima. Eichhorns Reaktion ist daher auch vor dem Hintergrund einer Rekonfessionalisierung der Gesellschaft zu sehen. Gerade während der Amtszeit Eichhorns gewinnt das Verhältnis von Kirche und Staat erneut an Bedeutung. Innerhalb der staatlichen Führungsschichten war das Thema von den widerstreitenden Positionen der einzelnen kirchlichen Parteien besetzt. Bis 1840 war die Bürokratie religiös mehrheitlich aufgeklärt, nach dem Regierungswechsel gewinnen die konservativen Kräfte an Gewicht.

Auch Kultusminister Eichhorn, früher ein Mitarbeiter der Reformer, war zwischenzeitlich auf die neue konservative Linie eingeschwenkt. Er galt als ein von der Erweckungsbewegung inspirierter und dem Pietismus zugewandter Mann, ohne jedoch ein dogmatischer Parteigänger dieser Gruppierungen zu sein. Doch schon bald nach der Amtsübernahme Eichhorns schlug die öffentliche Meinung in der Beurteilung seiner Person um. Man warf ihm vor, ein „unbedingte(r) Gehorcher und Bewunderer des Königs"[42] zu sein, auch habe sich unter der Obhut seines Ministeriums die lutherische Orthodoxie gegenüber den liberalen Strömungen in vielen Bereichen durchsetzen können. Sein Ministerium stelle sich konsequent gegen Rationalismus, Hegelschen Idealismus und gegen die Modernität. Dementsprechend hatte der Minister den Ruf, ein Förderer des Pietismus und Unterdrücker der Glaubensfreiheit zu sein.[43] Diese Einschätzung resultierte aus Eichhorns einseitiger Kirchenpolitik.[44]

Der zu Macht und Einfluss gelangte konservative Flügel der Kirche etablierte einen neuen Biblizismus. „Luther wird der Vater der Konfession, der festen Objektivität, wird zur unbedingten Autorität, aller Subjektivismus bei ihm, die Freiheit gegenüber Bibeltexten, der Ton auf dem freien Gewissen, auf der Personalität des Glaubens, alles was ihn mit der modernen Welt verbindet, das wird zurückgenommen".[45] Für die von Eichhorn protegierte Gruppierung besaßen demzufolge Luther und seine Wirkungsstätten eine maßgebliche Bedeutung. Eichhorn erhoffte sich mit seinem engagierten Eintreten für die Sanie-

---

[42] Karl August Varnhagen van Ense, Tagebücher, Leipzig 1861-1862, Bd. I, S. 358.
[43] Vgl. Friedrich (wie Anm. 36), hier S. 454-456.
[44] Vgl. ausführlich: Friedrich W. Kantzenbach, Gerd Eilers und Kultusminister Eichhorn. Zur Beurteilung der Ära Friedrich Wilhelm IV. (1840-1848) und seines Ministeriums, in: Oswald Hauser (Hg.) Zur Problematik ‚Preußen und das Reich', Köln, 1984, S. 247-297.
[45] Nipperdey (wie Anm. 40), hier: S. 425.

rung dieser „historisch so denkwürdigen Localität"⁴⁶ die Zustimmung aus den orthodox konservativen Kreisen. Er glaubte außerdem die Unterstützung breiter Teile der protestantischen Bevölkerung hinter sich versammeln zu können, da der große Zuspruch, den der Reformator erfuhr, aus den unterschiedlichsten Quellen gespeist wurde.

Kehren wir zurück zu den Ereignissen während der Wittenberger Feierlichkeit zum 25-jährigen Jubiläum des Predigerseminars. Dort war man von Seiten des Direktoriums mit dem Bedürfnis einer Erweiterung und Vergrößerung des im Augusteum befindlichen Seminars an den Minister herangetreten. Das Predigerseminar war eine Landesanstalt und stand unter unmittelbarer Leitung des Kultusministeriums. Es gab inzwischen 25 Kandidatenplätze, um junge Theologen auf dem Gebiet der praktischen Seelsorge weiterzubilden. Wunsch war es schon seit ein paar Jahren, die Zahl der Stipendiatenplätze zu erhöhen und neue Gemeinschaftsräume zu schaffen. Das Vordergebäude beherbergte bisher neben den Stipendiaten auch die Wohnungen für die Professoren und Pedelle. Aufgrund der bereits eingeleiteten baulichen Instandsetzung des Vordergebäudes hatte sich die Frage der künftigen Unterbringung der Bewohner des Augusteums ergeben, deren Wohnräume nach der Umgestaltung nicht mehr zur Verfügung stehen sollten.

Diese Anliegen und der hinfällige Zustand des Lutherhauses ließen den Minister möglichst rasch handeln. Nach Berlin zurückgekehrt, kümmerte sich Eichhorn alsbald um die Möglichkeiten einer grundlegenden Sanierung, um „dem Gebäude [...] hierdurch seine Würde für die Zukunft" zu sichern.⁴⁷ Seine später an den König übermittelte Bestandsaufnahme veranschaulicht das vorgefundene Dilemma. Der äußere Zustand des Gebäudes sei „im Allgemeinen [...] sehr unerfreulich, und der großen historischen Erinnerungen, welche sich daran anknüpfen, wenig würdig [...]. Es ist baufällig und befindet sich zum großen Theil in einem wüsten Zustande. Im Erdgeschoß befindet sich nur ein benutzbares Zimmer, [...]; im zweiten Geschoß sind, neben verschiedenen kleinen Räumen, die Lutherstube, und mehrere Säle, unter diesen der sog. Reliquiensaal und der Bildersaal [...]; das dritte Geschoß besteht aus einer Reihe kleiner Zimmer mit ausgeschlagenen Wänden und wurde seither, wie auch der Dachboden über denselben, zur Aufschüttung des Zins-Getreides benutzt. Es schien mir, dem ehrerbietigst unterzeichnenden Minister der geistlichen Unterrichts- und Medicinal Angelegenheiten, dringend wünschenswert, daß dies Gebäude auf eine, seiner historischen Bedeutung angemessene Weise hergestellt, und daß es einer Benutzung anheim gegeben würde, welche seiner früheren Bestimmung näher entspräche."⁴⁸

---

46 Schreiben von Minister Eichhorn an das Direktorium des Predigerseminars, 30. 04. 1844, GStA Berlin, PK, I. HA Rep. 76 Kultusministerium V a, Sekt. 8, Tit. XIX, Nr. 2, Bd. 2, Bl. 205.
47 Schreiben von Kultusminister Eichhorn und Finanzminister Flottwell an Friedrich Wilhelm IV. vom 30. 06. 1845, GStA PK, I. HA Rep. 89 Zivilkabinett (2.2.1.) Nr. 23622, Bd. I, Bl. 70.
48 Schreiben von Kultusminister Eichhorn und Finanzminister Flottwell an Friedrich Wilhelm IV. vom 30. 06. 1845, GStA PK, I. HA Rep. 89 Zivilkabinett (2.2.1.) Nr. 23622, Bd. I, Bl. 69.

Der im Nachgang des Besuches ausgearbeitete ministerielle Vorschlag zur Restaurierung des Lutherschen Wohnhauses sollte eine sinnvolle Verbindung schaffen zwischen anstehender Renovierung, einer passablen Nutzung und den vom Predigerseminar vorgebrachten Bedürfnissen. Der zündende Gedanke war, das Hintergebäude als künftiges Stipendiatenhaus des Predigerseminars umzubauen. Von seiner Größe, als auch seiner althergebrachten Funktion als ehemaliges Alumnat der Universität schien es für diesen Zweck prädestiniert. Eine Wiederherstellung des Lutherhauses korrespondierte also hervorragend mit den Erweiterungsplänen für das Predigerseminar.

Schon ein halbes Jahr später, im Sommer 1843, konnte dem Minister das von ihm beauftragte Pro-Memoria wegen des Ausbaus und der Restauration des Lutherhauses unter Beachtung seiner alten Bestimmung und altertümlichen Einrichtung[49] vorgelegt werden. Eine Gemeinschaftsarbeit des zuständigen Wittenberger Baumeisters Gottlieb Gause und dem Regierungsrat Wilhelm Credé. Aus der geplanten Reparatur und Instandsetzung als Getreidemagazins war der Umbau zum Stipendiatenwohnheim geworden. Die der Substanz schadende und der geschichtlichen Bedeutung unangemessene Nutzung als Getreidedepot war damit endgültig passé.

Während der Minister schon mit der Suche nach einem Ausweichquartier für das Zinsgetreide beschäftigt war, fand die von Gause vorgelegte Nutzungsstudie kein Gefallen bei der Merseburger Regierung, die sich deswegen schon bald mit einem Schreiben an den Minister wandte und die ausreichende Qualifikation der beauftragten Baubeamten bezweifelte. „Der Entwurf eines solchen Planes in altdeutschem Styl erfordere ein eigenes Vorstudium, welches weder bei Bauinspektor Gause noch bei dem ihm beigeordneten Wegebaumeister Brennhausen vorausgesetzt werden könne, da ihre bisherige dienstliche Wirksamkeit ihnen dazu keine Gelegenheit bot."[50] Die Einwände hinsichtlich der mangelnden fachspezifischen Kenntnisse der Baubeamten waren nicht neu. Der sächsische Oberpräsident von Klewitz hatte einige Jahre zuvor ähnliche Vorbehalte vorgebracht: „so stelle ich bei Besorgnis des Jasmund fest, daß es dem Bauinspector Gause in Wittenberg an der höher architektonischen Ansicht fehle."[51] Und auch Friedrich Schinkel hatte bei seiner Stippvisite im Lutherhaus 1833 das Fehlen einer entsprechend ausgebildeten Fachkraft registriert: „Die Anleitung hierzu habe ich dem Bauinspektor Gause gegeben, zu wünschen wäre jedoch, daß einem jungen tätigen und sinnvollen Architekten die Special-Leitung

---

[49] Vgl.: Pro-Memoria von Bauinspektor Gause und Regierungsrat Credé an Kultusminister Eichhorn vom 15. 07. 1843 (Abschrift), LA Merseburg, Rep. C 55 Wittenberg Nr. 77, Bl. 1-5.
[50] Schreiben der Königlichen Regierung zu Merseburg, Abtlg. Kirche und Schulwesen an Kultusminister Eichhorn vom 15. 08. 1843, GStA Berlin, PK, I. HA Rep. 76 Kultusministerium V a, Sekt. 8, Tit. XIX, Nr. 2, Bd. 2, Bl. 180 f.
[51] Schreiben des Oberpräsidenten von Klewitz an Kultusminister Altenstein, 15. 04. 1826, GStA PK, I. HA Rep. 76 Kultusministerium V e, Sekt. 9, Abt. VI, Nr. 10, Bd. 1, Bl. 11.

dieser Bau- Angelegenheit übertragen werden könnte."⁵² Doch Gottlieb Gause verblieb als zuständiger Bauinspektor weiterhin im Amt.

Aus Merseburg folgten Empfehlungen für kundige, erfahrene Baumeister, wie etwa der Hallenser Baumeister August Stapel,⁵³ „einen mit dem altdeutschen Baustyl wohlvertrauten Techniker". Dieser könnte in Zusammenarbeit mit dem Baurat Friedrich A. Ritter⁵⁴ „dessen rühmlicher Eifer"⁵⁵ für die Erhaltung altertümlicher Bauwerke allgemein bekannt ist, die Renovierung des Lutherhauses erfolgversprechend umsetzen. Friedrich Ritter der seit September 1842 leitender Baubeamter im Regierungsbezirkes Merseburg geworden war, wurde beauftragt und betreute denn auch in den folgenden Jahren den Umbau des Lutherhauses.⁵⁶ Unterstützt wurde er weiterhin von Bauinspektor Gause und Wegebaumeister Brennhausen, August Stapel wurde nicht berücksichtigt.

Des Bauwerks neue Kleider: Friedrich August Stüler

Die Suche nach dem passenden Architekten war damit allerdings nicht abgeschlossen, denn die enorme Bedeutung, die Luther und entsprechend sein Wohnhaus errungen hatte, schlug sich nun auch bei der Wahl des geeigneten Architekten nieder. Der Kultusminister, dem sehr an der Umsetzung seines Vorhabens gelegen war, wandte sich an Hofbaurat Friedrich August Stüler. Dieser, seit 1829/30 in die königliche Hofbeamtenlaufbahn eingegliedert, hatte sich große Anerkennung bei den von ihm geleiteten Bauvorhaben erworben. Seine künstlerischen Fähigkeiten, sowie sein bautechnisches Wissen genossen auch unter Kollegen große Anerkennung. Mit der Thronbesteigung Friedrich Wilhelm IV. 1840

---

52 Reisebericht Schinkels vom 8. 9. 1833, GStA PK, I. HA Rep. 76 Kultusministerium V e, Sekt. 9, Abt. VI, Nr. 10, Bd. 1, Bl. 57.
53 Wilhelm August Stapel (1801-1871); leitender preußischer Baubeamter, Stadtbaumeister in Halle. Vgl.: GStA PK, I. HA Rep. 93 B, Ministerium der öffentlichen Arbeit, Nr. 612; Peter Findeisen, Geschichte der Denkmalpflege: Sachsen-Anhalt, Berlin 1990, S. 71, 147, 159.
54 Friedrich August Ritter (1795-1869) seit 1842 leitender preußischer Baubeamter im Regierungsbezirk Merseburg; 1844 Regierungsbaurat, 1858 Geheimer Regierungsrat. Als leitender Baubeamter prägte Ritter die Architektur im Regierungsbezirk Merseburg; vgl. Axel Wippermann, Friedrich August Ritter,1795-1869. Ein preußischer Provinzial Baumeister in der Zeit des Klassizismus und Historismus, Aachen 1993.
55 Schreiben der Königlichen Regierung zu Merseburg, Abtlg. Kirche und Schulwesen an Kultusminister Eichhorn vom 15. 08. 1843, GStA Berlin, PK, 1. HA Rep. 76 Kultusministerium V a, Sekt. 8, Tit. XIX, Nr. 2, Bd. 2, Bl. 181.
56 Wippermann (wie Anm. 54), hier S. 171, erwähnt die Mitarbeit Ritters am Umbau des Lutherhauses für die Jahre 1846-48. Die Nachforschung der Autorin belegen die Mitarbeit Ritters am Lutherhaus für die Jahre 1842 bis 1861. Vgl. u. a.: Bericht Ritters zwecks Reparaturbedarf am Lutherhaus, 23. 09. 1842, GStA Berlin, PK, 1. HA Rep. 76 Kultusministerium V a, Sekt. 8, Tit. XIX, Nr. 2, Bd. 2, Bl. 106 f.

und Schinkels Tod im darauffolgenden Jahr hatte Stüler schrittweise die Nachfolge Schinkels angetreten und avancierte zu einem wichtigen Ratgeber des auf architektonischem Gebiet dilettierenden Monarchen.[57] 1842 erfolgte seine Ernennung zum „Architekten des Königs",[58] gleichzeitig wurde er als Oberbaurat in die Technische Oberbaudeputation berufen. Während der zwanzigjährigen Regierungszeit Friedrich Wilhelm IV. galt Stüler als der „führende Meister der Berliner Architektenschule".[59] Diese, im preußischen Hof- und Staatsbauwesen honorige und bestimmende Figur versuchte Kultusminister Eichhorn für das Lutherhausprojekt zu gewinnen. Die Berufung Stülers sollte der Unterstützung seines Vorhabens dienen, der „denkwürdigsten Lokalität der großen kirchlichen Reformation"[60] ein würdiges Äußeres zu verleihen. Eichhorn setzte dabei auf das Vertrauensverhältnis zwischen Architekt und König und deren Übereinstimmung auch in ästhetischen Fragen, woraus sich eine positive Aufnahme des von Stüler entworfenen Umbau-Projektes durch den König erwarten ließ. Auf Grundlage dieser Konstellation konnte der Minister davon ausgehen eine tragfähige Basis für sein Vorhaben geschaffen zu haben.

Stüler besuchte im Januar 1844 Wittenberg, gemeinsam mit dem Konservator für Kunstdenkmäler, Ferdinand von Quast, um sich ausführlich vor Ort zu informieren. Für Stüler entstand hier der erste Kontakt zu einem Haus, dessen Umbau er die beiden nächsten Jahrzehnte mit der ihm eigenen Aufmerksamkeit und Beharrlichkeit begleiten sollte.[61] Nach der Ortsbesichtigung und der Prüfung der vorhandenen Planunterlagen sah sich Stüler veranlasst, „das Projekt umzuarbeiten, und neue Entwürfe […] anzufertigen".[62] Trotz vieler anderweitiger Verpflichtungen des Hofbaudirektors, vor allem seit dem Regierungsantritt Friedrich Wilhelm IV., lag bereits im März 1844 seine „Erläuterung zum Entwurfe der neuen Einrichtung des Augusteums zu Wittenberg" vor.[63] In dem beiliegenden Brief an Kultusminister Eichhorn entkräftete er die Vorwürfe der mangelnden Sachkenntnis gegenüber den beiden Wittenberger Baubeamten. Wegebaumeister Brennhausen sei für die Bauausführung geeignet, indem er Sachkenntnis und große Liebe für die Ausführung besitze, außerdem unterstütze ihn sein Schwiegervater, der Bauinspektor Gause, in

---

[57] Vgl. BÖRSCH-SUPAN (wie Anm. 4), S. 42-45.
[58] Dieser Titel wurde Friedrich Stüler am 13. 09. 1842 in Stolzenfels gemeinsam Ludwig Persius von Friedrich Wilhelm IV. verliehen. Der Titel bezeichnete in der dienstrechtlichen Hierarchie keine konkrete Funktion, verweist jedoch auf Art und Umfang der übertragenen Arbeiten; ebd., S. 42.
[59] Dietrich Müller-Stüler, zit. nach BÖRSCH-SUPAN (wie Anm. 4), S. XIII.
[60] Schreiben von Minister Eichhorn an Friedrich Wilhelm IV. vom 30. 06. 1845, GStA PK, I. HA Rep. 89 Zivilkabinett (2.2.1.) Nr. 23622, Bd. I, Bl. 69.
[61] F. A. Stüler verstirbt recht unerwartet im Jahre 1865; der Umbau des Lutherhauses ist zu diesem Zeitpunkt nicht abgeschlossen.
[62] Schreiben von Minister Eichhorn an Friedrich Wilhelm IV. vom 30. 06. 1845, GStA PK, I. HA Rep. 89 Zivilkabinett (2.2.1.) Nr. 23622, Bd. I, Bl. 70.
[63] Stülers Gutachten zum Augusteum, 26. 03. 1844, LA Merseburg, Rep. C 55 Wittenberg Nr. 72, Bl. 30-39, hier Bl. 30.

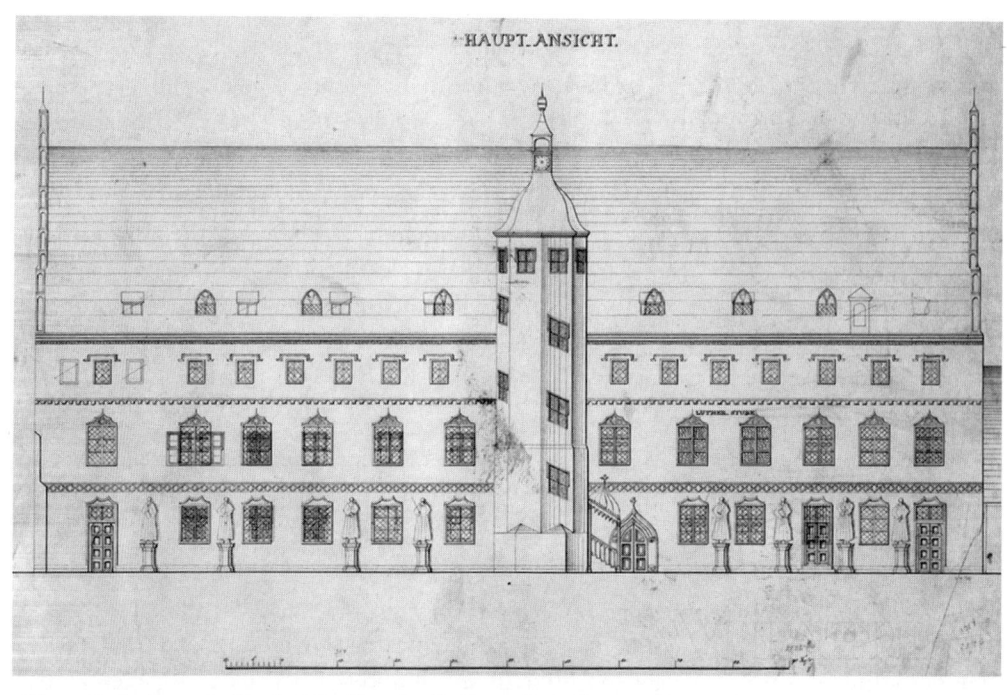

Abb. 11: Lutherhaus, Aufriss der Nordfassade, G. Gause, Brennhausen, 1843

allen Stücken. Gleichwohl überarbeitete Stüler die Entwürfe grundlegend. Stüler kritisierte bei dem überlieferten Entwurf zur Neugestaltung der Nordfassade von Gause und Brennhausen die Überfülle und zugleich das unsichere Hantieren mit historisierenden Motiven, zudem vermisste er eine durchgängige Entwurfskonzeption. „Die Liebe und Sorgfalt, welche bei Ausarbeitung des ersten Planes sehr lobend anzuerkennen ist, scheint in Anordnung der Facade zu weit geführt, und den einfachen Character, welcher der ganzen Haltung wesentlich ist, mehr verwischt zu haben."[64] Der Entwurf der beiden Bauinspektoren verwandelte die schlichte Fassade in ein stilistisch wenig überzeugendes Sammelsurium. Mit der Betonung der Horizontalgliederung wurde die ohnehin vorhandene Dominanz der horizontalen Lagerung des Kubus unvorteilhaft hervorgehoben. Die geplante Baldachinüberdachung am Treppenturmzugang störte empfindlich das für sich sehr wirkungsvolle und geschichtsträchtige Katharinenportal. Auch die Kennzeichnung des „loci memoriae", der Lutherstube, mit einem simplen Schriftzug war besonders für die damalige Zeit mit wenig Phantasie in Szene gesetzt. Stüler hielt es denn auch für zweckmäßig, die örtlichen Bauinspektoren anzuweisen, sich mit ihm „über die Details der Ausfüh-

---

[64] Brief Stülers an Kultusminister Eichhorn vom 2. 4. 1844, GStA PK, I. HA Rep. 76 Kultusministerium V a, Sekt. 8, Tit. XIX, Nr. 2, Bd. 2, Bl. 202.

Abb. 12: Lutherhaus, Aufriss der Nordfassade, F. A. Stüler, 1844

rung [...] in Correspondenz zu setzen, und die Specialzeichnungen zur Prüfung vorzulegen."[65]

Stülers dann vorgestellter eigener Entwurf arbeitete der motivischen Überfrachtung entgegen: „Es scheint unerläßlich neben Zweckmäßigkeit und Behaglichkeit der Anlage auf die sorgfältige wiewohl einfache Durchbildung der Architektur, auf tüchtige und dauerhafte Konstruktion ohne zu ängstliche Berücksichtigung der Kosten der ersten Anlage, eine dem Auge wohlgefällige Anordnung der Formen und strenge Durchführung des Styles die größte Aufmerksamkeit zu verwenden, wenn man durch das Bauwerk selbst jenen Geist fördern und der Nachwelt ein dem Zweck entsprechendes würdiges Denkmal für längere Zeit sichern will, wogegen Bauten, die lediglich das nackte Bedürfnis auf ungebildete Weise befriedigen, nie Achtung und Geltung erlangen, von allen Seiten Vernachlässigung erfahren und so ihrem baldigen Ruin entgegen gehen."[66] Das schlichte, einfach strukturierte Bauwerk erforderte seiner Meinung nach eine gestalterische Aufwertung, welche die respektable Vergangenheit und zugleich den neuen Zweck des Hauses offenbarte.

---

[65] Brief Stülers an Kultusminister Eichhorn vom 2. 4. 1844, GStA PK, I. HA Rep. 76 Kultusministerium V a, Sekt. 8, Tit. XIX, Nr. 2, Bd. 2, Bl. 202.
[66] Stülers Gutachten zum Augusteum, 26. 03. 1844, LA Merseburg, Rep. C 55 Wittenberg Nr. 72, Bl. 30.

In seinem kommentierenden Gutachten konkretisiert Stüler dann seine Vorstellung: „Meisterhafte Vorbilder für diese und ähnliche Anlagen geben die Colleges zu Oxford und Cambridge, welche, von außen und innen nach einem einigen durchgreifenden Plane ausgeführt, sowohl in ihrer Einrichtung als äußeren charaktervollen Erscheinung die höchste Befriedigung gewähren."[67] Die ungebrochene gotische Tradition der englischen Colleges bot dem Architekten einen Anknüpfungspunkt, eine Inspirationsquelle; die Assoziation verknüpft zudem treffend die künftige Aufgabe einer Bildungseinrichtung (Stipendiatenhaus des Predigerseminars) mit der Erinnerung an die bedeutungsvolle Vergangenheit, an die jahrhundertealte Überlieferung. Die traditionsreichen Anlagen waren ihm sicherlich von seiner nur kurze Zeit zurückliegenden Englandreise lebendig in Erinnerung geblieben. Vorbildlich erschien Stüler nicht die Opulenz, sondern der sorgsame Umgang mit der alten Bausubstanz, wodurch die den Bauwerken innewohnenden Erinnerungspotentiale gebührend zum Ausdruck gebracht werden konnten.

Sollte der Denkmalcharakter des Hauses äußerlich sichtbar gemacht werden, durften nicht ausschließlich praktische Erwägungen den Umgang mit dem Haus bestimmen. Der Entwurf sollte den geschichtlichen Wert veranschaulichen und zugleich die geschädigte Substanz sanieren, ohne dabei das „altherthümliche Äußere des Gebäudes"[68] zu stören. Die Qualität des Stülerschen Entwurfes liegt in der Beschränkung und klaren architektonischen Konzeption. Er gestaltet das Lutherhaus zunächst als Solitär, betont den Umriss, bindet dann aber den Bau über die im Westen angefügte „Halle"[69] wieder in die alte Dreiflügelanlage des Augusteums ein. Auf diese Weise suggeriert er Nähe und Distanz zugleich. Seine sparsam verwendeten, die Fassade belebenden Zierglieder schaffen einen organischen Zusammenhalt des Erscheinungsbildes. Die Lutherstube kennzeichnet er äußerlich durch die Anbringung einer Ädikula; quasi als Gegengewicht platzierte er auf der Osthälfte der Fassade einen neogotischen Erker, ein mittelalterliches Formzitat, das als Kennzeichen einer gehobenen Wohnkultur gelesen werden kann. Mit der ihm eigenen Fähigkeit zur Verwendung architektonischer Motive verleiht er dem wuchtigen Baukörper eine gewisse elegante Leichtigkeit. Entsprechend der optischen Aufwertung des Äußeren verspricht die Erhöhung des Treppenturmes für das vom Vordergebäude des Augusteums verdeckte Lutherhaus einen eigenen Akzent im Stadtprospekt.[70]

---

[67] Ebd.

[68] Schreiben vom Kultusminister Eichhorn und Finanzminister Flottwell an Friedrich Wilhelm IV., 30. 06. 1845, GStA PK, I. HA Rep. 76 Kultusministerium V a, Sekt. 8, Tit. XIX, Nr. 2, Bd. 2, Bl. 261.

[69] Stüler in seinem Gutachten zum Augusteum vom 26. 03. 1844, LA Merseburg, Rep. C 55 Wittenberg Nr. 72, Bl. 35.

[70] Vgl.: INSA CHRISTIANE HENNEN, Denkmalpflege und Stadtumbau im preußischen Wittenberg, in: DIES./ MARTIN STEFFENS (Hg.), Von der Kapelle zum Nationaldenkmal, Die Wittenberger Schloßkirche, Wittenberg 1998, S. 48.

Auch Stülers Entwurf ist gemessen an heutigen Kriterien durch die zeittypische Zusammenstellung heterogener gotischer Motive geprägt, die mit Gestaltungsformen anderer Epochen kontrastiert werden. Die Gestaltung des Hauses mit gotischen Motiven appelliert an die Entstehungszeit des Ursprungsbaus, spiegelt jedoch zugleich eine Modewelle des neogotischen Stiles der vierziger Jahre des 19. Jahrhunderts wider. Überdies nimmt der Architekt gezielt Bezug auf die vorhandene örtliche Bautradition: „Der Styl des Baues ist zum Theil durch jene Vorbilder in England, hauptsächlich aber durch die speciell dem Sachsenlande jener Zeit eigenthümlichen Bauwerke hervorgerufen und für die meisten Formen dürften sich in den älteren Theilen des Augusteums selbst oder in der Stadt Wittenberg Vorbilder finden".[71]

Kultusminister Eichhorn war von Stülers Umgestaltung des von Gause und Brennhausen erstellten Entwurfes überaus angetan und brachte dies in einem Antwortschreiben an Stüler zum Ausdruck: „Die Schönheit und charaktervolle Eigenthümlichkeit der von Ihnen für den Ausbau des Lutherhauses gefertigten Entwürfe läßt es als besonders wünschenswerth erscheinen, daß die o. g. Bau Veränderungen mit diesem und überhaupt mit dem Maße der alten dort vorgefundenen Bautheile in harmonischer Übereinstimmung gebettet werden".[72] Schon im Mai 1844 besuchte Stüler erneut das Lutherhaus, dieses Mal gemeinsam mit dem preußischen Kunstreferenten Prof. Franz Theodor Kugler,[73] einem ausgewiesenen Fachmann im Bereich der Baukunst und der Kunstgeschichte. Den Kultusminister schreckten die erhöhten Baukosten, weshalb die von Stüler überarbeiteten Entwürfe noch einmal an Ort und Stelle geprüft werden sollten. Doch Kugler, wie im Übrigen auch die angereisten Vertreter der Merseburger Bezirksregierung, favorisierten den Entwurf Stülers.[74] Im Oktober 1844 werden die Kostenvoranschläge erstellt und Stüler erhält alsbald den Auftrag zur baulichen Sicherung des Hintergebäudes. Von nun an ist er mit der künstlerischen Leitung des Objektes betraut und wird regelmäßig zur Beratung und Revision herangezogen. Aus der zahlreich überlieferten Korrespondenz mit den Wittenberger Baumeistern lässt sich seine intensive Mitarbeit wie auch sein Bemühen ablesen, eine sinnvolle Verbindung zwischen überliefertem Bestand und aktueller Zielsetzung herzustellen.[75]

---

[71] Stülers Gutachten zum Augusteum, 26. 03. 1844, LA Merseburg, Rep. C 55 Wittenberg Nr. 72, Bl. 31.
[72] Brief von Kultusminister Eichhorn an Stüler, 12. 07. 1844, GStA Berlin, PK, I. HA Rep. 76 Kultusministerium V a, Sekt. 8, Tit. XIX, Nr. 2, Bd. 2, Bl. 217.
[73] Franz Theodor Kugler (1808-1858), Geh. Oberregierungsrat und vortragender Rat, seit 1835 Professor an der Akademie der Künste Berlin und zudem seit 1843 Referent für Kunstangelegenheiten im preußischen Kultusministerium. Ausführlich zur Person, LEONORE KOSCHNICK, Franz Kugler (1808-1885) als Kunsthistoriker und Kulturpolitiker, Berlin 1985.
[74] Bericht Kuglers an Kultusministerium vom 08. 05. 1844, GStA PK, I. HA Rep. 76 Kultusministerium V a, Sekt. 8, Tit. XIX, Nr. 2, Bd. 2, Bl. 207 f.
[75] Vgl. u. a. Brief Stülers an Wittenberger Baubeamte vom 27. 07. 1846, LA Merseburg, Rep. C 55 Wittenberg Nr. 81, Bl. 138; Stüler an Bauinspektor Gause vom 05. 09. 1846, ebd. Bl. 199; Brief Stülers an Wittenberger Baubeamte vom 22. 09. 1846, ebd. Bl. 217; Stüler an Wittenberger Baubeamte vom 03. 05. 1848, LA Merseburg,

Die Frage der Finanzierung: Friedrich Wilhelm IV.

Kultusminister Eichhorn wurde im Juni 1845 schließlich mit seinem Anliegen bei Friedrich Wilhelm IV. vorstellig. „Das Haus welches Luther zu Wittenberg bewohnte […] gehört ohne Zweifel zu den denkwürdigsten Lokalitäten der großen kirchlichen Reformation."[76] Er beschrieb eindringlich den vernachlässigten Zustand des ehrwürdigen Hauses, weshalb die Renovierung dringend und schnellstmöglich erforderlich sei. Das Bedürfnis des Wittenberger Predigerseminars, sich zu vergrößern, habe ihn zu der Idee veranlasst, das Lutherhaus in ein Wohnheim für die Seminaristen umzuwandeln: „Es ist mit Zuversicht anzunehmen, daß es überhaupt bei dem gegenwärtigen Zustande des evangelisch-kirchlichen Lebens nur äußerst vorteilhaft einwirken kann, wenn den Kandidaten des Predigtamtes möglichst zureichende Gelegenheit zur gemeinschaftlichen und praktischen Vorbereitung auf ihren künftigen Beruf gegeben wird".[77] Im weiteren Verlauf des Schreibens kam er auf die Mitwirkung Stülers zu sprechen und dessen Überarbeitung der Baupläne, wodurch: „die Idee des Unternehmens auf diejenige Stufe gehoben [wurde], auf welcher ich dieselbe zu sehen wünschte; nicht bloß, daß für die Zweckmäßigkeit und Bequemlichkeit der inneren Einrichtung vieles gewonnen wurde, auch in der künstlerischen Form wurde ohne das Alterthümliche irgend zu verletzen oder das Vorhandene zu beschränken, für die Anlage im Innern und Äußeren diejenige einfache und feine Würde vorgezeichnet, welche der doppelte Zweck derselben, als Denkmal einer großen Vergangenheit und der Behausung geistigen Wirkens in der Gegenwart zu dienen, erfordern würde. […] Das Luther-Haus selbst hat in diesen Entwürfen ganz seine eigentümlich Beschaffenheit nur mit Hinzufügung einiger weniger, aber vorzüglich charakteristischen Zierden, behalten."[78]

Nach einem ersten abschlägigen Bescheid wegen mangelnder Finanzkraft bewilligte Friedrich Wilhelm IV. im Januar 1846 für das erste Jahr des Umbaus 12 000 Taler; denn es begann das Gedenkjahr des 300. Todestages Luthers.[79] Der König wollte sein Interesse an einer würdigen Erhaltung des Wohn- und Arbeitsortes des Reformators mit der Vergabe

---

Rep. C 55 Wittenberg Nr. 82, Bl. 115; Stüler an Wittenberger Baubeamte vom 17. 03. 1860, LA Merseburg, Rep. C 55 Wittenberg Nr. 85 Bl. 40 f.; Stüler an Wittenberger Baubeamte vom 05. 01. 1862, ebd. Bl. 196.

[76] Schreiben von Kultusminister Eichhorn und Finanzminister Flottwell an Friedrich Wilhelm IV., 30. 06. 1845, GStA Berlin, PK, 1. HA Rep. 76 Kultusministerium V a, Sekt. 8, Tit. XIX, Nr. 2, Bd. 2, Bl. 258.

[77] Schreiben von Kultusminister Eichhorn und Finanzminister Flottwell an Friedrich Wilhelm IV., 30. 06. 1845, GStA Berlin, PK, 1. HA Rep. 76 Kultusministerium V a, Sekt. 8, Tit. XIX, Nr. 2, Bd. 2, Bl. 261.

[78] Ebd.

[79] Feierlichkeiten anlässlich der Lebensdaten Luthers sind ein erst im 19. Jahrhundert der reformatorischen Jubiläumskultur hinzugefügter Bestandteil; vgl.: JOHANNES BURKHARDT, Reformations- und Lutherfeiern, in: DIETER DÜDING / PETER FRIEDEMANN / PAUL MÜNCH (Hg.), Öffentliche Festkultur. Politische Feste in Deutschland von der Aufklärung bis zum Ersten Weltkrieg, Hamburg 1988, S. 212-236.

von Geldmitteln in diesem erinnerungswürdigen Jahr demonstrieren: „Ich kann auch unter den gegenwärtigen Verhältnissen die Staatskasse mit einer so bedeutenden Ausgabe für jene Zwecke, wie Sie von Ihnen, dem Staatsminister Eichhorn beantragt wird, nicht belasten. Da Ich aber das Jahr 1846, in welcher die Erinnerungsfeier an Luthers Tod fällt, nicht vorübergehen lassen möchte, ohne mein Interesse für die Erhaltung und würdige Ausgestaltung der erwähnten Stätte der ersten Wirksamkeit des großen Reformators zu bestätigen, so will ich zur Ausführung des mit Ihrem Bericht vom 30. Juni v. J. Mir vorgelegten Bau-Projektes vorläufig 12 000 Rtlr. aus dem Haupt Extraordinarium der General-Staats-Kasse bewilligen".[80] Dem Minister Eichhorn war die zweckmäßige Verwendung der Gelder überlassen. Noch im gleichen Jahr wird mit der Räumung des Gebäudes und den ersten Bauarbeiten begonnen.

Schlussbemerkung: Wege und Wandlungen

Über die Jahrhunderte hinweg konnte sich der Schauplatz der berühmten Tischgespräche Luthers, die Lutherstube, einen Platz im kulturellen Gedächtnis bewahren. Dem entgegen war das sie umgebende Haus, das ehemalige Augustinerkloster, nicht als Gedenkort auf der Landkarte der Erinnerung vermerkt. Dergestalt erweckte die Wittenberger Liegenschaft unterschiedliche Aufmerksamkeit. Während Kultusminister Altenstein das Notwendige zur Herstellung dieser „Merkwürdigkeit", sprich der Lutherstube, veranlasste, wünschte sein Nachfolger Johann Albrecht Eichhorn eine Restaurierung des gesamten Bauwerkes. Die grundsätzliche Erhaltung des überkommen Zustandes der Stube war schon zu Altensteins Zeiten nicht infrage gestellt, neu hinzugekommen war der Gedanke, auch für eine angemessene Nutzung des Bauwerkes Sorge zu tragen. Grundlage hierfür war die Erweiterung des Denkmalbegriffs, wodurch der historischen Bausubstanz des Hauses zunehmend Beachtung geschenkt wurde. Kultusminister Eichhorn realisierte zudem die Symbolkraft des Hauses auch über Wittenberg hinaus.

Seine Bemühungen um das Lutherhaus dürften ihren Ursprung in den Beschwerden zum Umgang mit dem Bauwerk haben, aber er agierte auch als Gewährsmann einer ganz bestimmten kirchenpolitischen Richtung innerhalb der staatlichen Führungsschichten. Das Bündnis der Neuorthodoxen mit dem Obrigkeitsstaat forderte seine Parteinahme heraus. In seiner Position als Kultusminister verfügte er durch die Sektion für Kultus beim Ministeriums der geistlichen, Unterrichts- und Medizinalangelegenheiten auch über die inneren Angelegenheiten der evangelischen Kirche. Zugleich oblag dem Ministerium seit

---

[80] Schreiben von Friedrich Wilhelm IV. an Staatsminister Eichhorn und Flottwell vom 03. 01. 1846, GStA Berlin, PK, I. HA Rep. 76 Kultusministerium V a, Sekt. 8, Tit. XIX, Nr. 2, Bd. 2, Bl. 285.

Abb. 13: Lutherhaus, Ansicht der Nordfassade, Fotografie, ca. 1920

1835 die Aufsichtspflicht für die Baudenkmale. Daraus folgte eine doppelte Option im Falle Lutherhaus. Beide Aufgabenbereiche waren zudem eng mit den Intentionen der Staatsführung verknüpft und besetzten zentrale Stellen im Wertesystem des Monarchen. Für die Bewilligung der Gelder war die königliche Zustimmung auch nach der Übertragung der Zuständigkeit für die Baudenkmäler an das Kultusministerium unabdinglich, eine positive Unterstützung des Projektes durch Friedrich Wilhelm IV. also unbedingte Voraussetzung.

Die Einbindung des Architekten Friedrich A. Stülers in die Restaurierung des Lutherhauses ist demnach vor einem vielschichtigen Hintergrund zu bewerten. Neben der fachlichen Kompetenz des Architekten waren sicherlich taktische Beweggründe entscheidend für seine Wahl. Sie hatte die Funktion, den beschrittenen Weg der Um- und Neubewertung des Lutherhauses zu vollenden und die Baumaßnahme auf diese Weise voranzutreiben. Nachdem das Haus verbal seiner untergeordneten Rolle entkleidet worden war – aus dem Hintergebäude des Augusteums war das Lutherhaus geworden – sollte es in einem zweiten Schritt das architektonische Rüstzeug zum Denkmal erhalten. Die Einbeziehung Stülers erfüllte dabei einen doppelten Zweck: zum einen war von ihm aufgrund seiner reichhaltigen Erfahrung und Sachkenntnis eine ästhetisch anspruchsvolle Umsetzung der

Restaurierung zu erwarten, die auch den Vorstellungen des architekturbeflissenen Romantikers auf dem preußischen Thron entsprechen dürfte; zum anderen war das Lutherhaus durch die Betreuung des „Architekten des Königs" auf einer neuen Bedeutungsebene angekommen.

Die angemessene Wiederherstellung der Wirkungsstätte des Reformators basierte also auf einer Melange aus unterschiedlichen Interessen, aber auch sich verändernden Machtkonstellationen innerhalb der preußischen Gesellschaft. Mit der Zusage finanzieller Unterstützung präsentierte sich der Monarch als Schutzherr aller evangelischen Christen in Deutschland. Kultusminister Eichhorn hatte diesen Aspekt wohlweislich in seinem Schreiben an den König platziert, indem er ihn daran erinnerte, dass: „seitens Eurer Königlichen Majestät evangelischer Unterthanen ein hoher Werth gelegt wird, auf die würdige Wiederherstellung und Erhaltung, der der dem gänzlichen Verfall nahen Wohnung des Reformators."[81]

Die bald danach mit königlicher Zustimmung genehmigte Umgestaltung des Lutherschen Wohnhauses unter Friedrich August Stülers Oberleitung wird ab 1846 durchgeführt und hat schließlich ihren feierlichen Abschluss in der Eröffnung eines reformationsgeschichtlichen Museums im Jahre 1883. Das neue Erscheinungsbild des Lutherhauses blieb nicht unkommentiert. Stülers zu Lebzeiten überaus veritables Renommee verebbte und schon die Zeit des deutschen Kaiserreiches brachte neue Anforderungen und einen konsequenten Stilwandel mit sich. Die Akzeptanz des renovierten Bauwerkes war folglich großen Schwankungen unterworfen. Während noch im Jahre 1883 der Autor eines Artikels in der Magdeburger Zeitung[82] der Meinung war, dass die Restauration stilvoll und in würdiger Weise durchgeführt sei und das Lutherhaus schöne gotische Giebel erhalten habe, klagte im Jahre 1902 Cornelius Gurlitt,[83] Stüler habe das schlichte alte Haus möglichst seinem Ideale eines schönen gotischen Bauwerks genähert und Georg Dehio diagnostizierte in seinem Handbuch der Kunstdenkmäler, dass das Lutherhaus durch die Restaurierung „einen gänzlich falschen Charakter" erhalten habe.[84] Auch derartige Einschätzungen waren Wandlungen unterworfen, wurden erweitert, relativiert. Dehio hatte schon zu Beginn seines Kunstdenkmälerprojektes postuliert, dass seine Handbücher ein Mittel zur schnellen Orientierung seien und deshalb einer regelmäßigen Überarbeitung bedürfen. Die Wiederentdeckung des Historismus in den siebziger Jahren des 20. Jahrhunderts hat die Qualitäten der Architektengeneration Stülers wieder zum Vorschein gebracht. Dennoch sind die seit der Jahrhundertwende geführten Diskussionen, die Schwierigkeiten im Umgang mit

---

[81] Schreiben von Kultusminister Eichhorn an Friedrich Wilhelm IV. vom 30. 06. 1845, GStA Berlin, PK, 1. HA Rep. 89, Zivilkabinett (2.2.1.) Nr. 23622, Bd. I, Bl. 77.
[82] Vgl. Die Lutherhalle in Wittenberg, in: Magdeburger Zeitung, 05. 09. 1883.
[83] Vgl. Cornelius Gurlitt, Die Lutherstadt Wittenberg, Berlin 1902, S. 59-65.
[84] Vgl. Georg Dehio, Handbuch der Deutschen Kunstdenkmäler im Auftrag des Tages für Denkmalpflege, Bd.I: Mitteldeutschland, Berlin 1905, S. 321 f.

der Gestalt des Hauses bis heute nicht weniger geworden. Ganz egal welcher Standpunkt gewählt wird, das Lutherhaus bleibt ein Dokument der Lutherzeit und ein aussagekräftiger Zeuge der Lutherrezeption. Und seit der Restaurierung des Gebäudes unter Friedrich Stüler verbindet sich mit dem Bauwerk neben dem Gedenken an die Reformationszeit und Luther auch die Zeugniskraft einer frühen preußischen Denkmalpflege.

Martin Steffens

Die Lutherstube auf der Wartburg
Von der Gefängniszelle zum Geschichtsmuseum

Martin Luther, der berühmteste „Gefangene" der Wartburg, bezeichnete den geheim gehaltenen Aufenthaltsort in Briefen als seinen „Patmos", „Wüste", „die Region der Vögel" oder aber schlicht seine „Einsamkeit".[1] Die Abgeschiedenheit erst machte die Burg zum idealen Versteck, nachdem Kaiser Karl V. 1521, im Anschluss an den Wormser Reichstag, die Reichsacht über den Reformator verhängt hatte.

In den Jahrhunderten nach Luthers Aufenthalt war die Wartburg starken Veränderungen unterworfen. Nicht nur die Baulichkeiten sind seitdem weitgehend umgestaltet worden oder überhaupt erst neu entstanden. Auch die Wahrnehmung des Gebäudekomplexes änderte sich grundlegend, wobei nicht zuletzt die Erinnerung an Luther einen entscheidenden Impuls gab. Die Wartburg wandelte sich nämlich in einem lang währenden Prozess vom Wehrbau zum schillernden Symbol deutscher Nation und Geschichte.[2] Neben Luther standen und stehen dabei die heilige Elisabeth, das thüringische Landgrafengeschlecht sowie der Sängerkrieg im Vordergrund des Erinnerns.[3] Die Umgestaltung der Burg im 19. Jahrhundert orientierte sich besonders an diesen historischen Bezügen. Ernst Badstübner fasste die Intentionen der Umgestaltung treffend zusammen: „Es sollte die Revokation der Geschichte durch die Erneuerung ihres Sachzeugen am historischen Ort erfolgen".[4]

---

[1] Vgl. Martin Luther, Briefe von der Wartburg 1521/22. Aus dem Lateinischen übersetzt und eingeleitet durch HERBERT VON HINTZENSTERN, Weimar 1991 (2. verbesserte Auflage).

[2] Vgl. dazu GÜNTHER SCHUCHARDT, Die Wartburg. Von der Grenzwarte zum Nationaldenkmal, Berlin 1990; WERNER NOTH, Die Wartburg als nationale Gedenkstätte, in: HANS-JOACHIM MRUSEK, Architektur in Thüringen, Ergebnisse ihrer Erforschung, Erhaltung und Nutzung, Stendal 1982, S. 49-54; HERBERT VON HINTZENSTERN, Die Wartburg als Symbol, in: Blätter des Vereins für Thüringische Geschichte e. V. 4 (1994), Heft 2, S. 7-19.

[3] Über die vielfältigen Aspekte und die lange Tradition des Erinnerungsorts Wartburg hat sich zuletzt geäußert: ETIENNE FRANÇOIS, Die Wartburg, in: DERS. und HAGEN SCHULZE (Hrsg.), Deutsche Erinnerungsorte, Band 2, München 2001, S. 154-170.

[4] Zit. ERNST BADSTÜBNER, Die Wiedergeburt der Wartburg im 19. Jahrhundert und die historische Architektur in Thüringen, in: JÜRGEN JOHN (Hrsg.), Kleinstaaten und Kultur in Thüringen vom 16. bis 20. Jahrhundert, Weimar/Köln/Wien 1994, S. 443-452, hier S. 446. Das Burschenschaftstreffen von 1817 war ein weiteres herausragendes historisches Ereignis, spielte aber für den 1838 begonnenen Umbau keine Rolle.

Heute gehört die Einsamkeit der „Lutherburg" längst der Vergangenheit an. Hunderttausende suchen hier jährlich – neben Erholung – die Vergegenwärtigung bedeutender Geschichtsereignisse. Luthers Rückzugsort hatte sich schon bald nach dessen Tod zum viel besuchten Ausflugsziel entwickelt, zugleich richtete sich die Wartburg auf einen zunehmenden Fremdenverkehr ein.[5] Damit verbunden war aber auch eine Neugestaltung und Neukonzeption: Aus der schlichten Lutherstube, wie der gesamten Burg, entwickelte sich eine museale Einrichtung.

Die Entwicklung der historischen Lutherstätte zum Geschichtsmuseum soll im Folgenden skizziert werden, wobei Inventare, Reisebeschreibungen, Burgführer und historische Ansichten der Lutherstube als Quellen herangezogen werden.[6]

Die heutige Lutherstube erscheint dem unvorgebildeten Besucher als authentischer Geschichtsort (Abb. 1). Er sieht die mit Brettern verkleideten Wände mit dem Zugang in die kleine Schlafkammer, die beiden Fenster mit dem Ausblick, den schon Luther genoss, den schadhaften Verputz beim Kachelofen und den mehrfach geflickten Estrichbelag des Bodens. Beachtung beansprucht auch die Möblierung: ein Walwirbel, der dem Reformator als Fußschemel gedient haben soll, Luthers Schreibtisch mit Bibel und einem Porträt des Junker Jörg darüber, der berühmt gewordene Lutherstuhl sowie der grüne Kachelofen. Diese Lutherstube ist durch Anekdoten und unzählige Abbildungen allgemein bekannt geworden und erfüllt die Erwartungen der Beschauer, den im kollektiven Gedächtnis verankerten Aufenthalt Luthers zu vergegenwärtigen. Schreibtisch und Bibel gemahnen an seine Übersetzungstätigkeit; anhand der schadhaften Putzwand neben dem Ofen lässt sich Luthers legendärer Wurf mit dem Tintenfass nachvollziehen – mancher mag in den dunklen Schatten noch Tintenspuren entdecken wollen.

Der Besucher, der in der heutigen Lutherstube das authentische Lebensumfeld des Reformators zu erkennen meint, sieht sich bei intensiverer Beschäftigung mit der Ausstattung enttäuscht. Einer genauen Befragung hält kaum ein Inventarstück des Zimmers stand. Aus der Lutherzeit stammen wohl nur zwei Wände mit ihren Vertäfelungen, Teile der Holzdecke und Reste des Estrichbodens.[7] Die heutige Raumausstattung ist das Ergebnis eines Jahrhunderte währenden Bemühens um eine adäquate denkmalhafte Gestaltung

---

[5] Vgl. ROSEMARIE DOMAGALA, Morgenimbiz an des landgraven hove. Gastlichkeit auf der Wartburg, Eisenach 1994, S. 7-9.

[6] Eine detaillierte Untersuchung der Bau- und besonders auch der Ausstattungsgeschichte der Lutherstube auf der Wartburg steht trotz umfangreicher Sekundärliteratur noch immer aus. Auch dieser Beitrag kann nur erste Ansätze und Ergebnisse liefern. Die Auswertung der reichen Archivquellen wird in meine im Entstehen begriffene Dissertation zur Geschichte ausgewählter Luthergedenkstätten im 19. Jahrhundert einfließen, wobei auch manche Ergänzung und Korrektur des hier Gesagten zu erwarten ist. Dort werden neben der Wartburg die Wittenberger Schlosskirche und die Lutherhäuser in Eisleben eingehend untersucht.

Abb. 1: Wartburg, Blick in die heutige Lutherstube

und durchlief dabei verschiedene Umgestaltungsphasen. Die jetzige Fassung beruht noch weitgehend auf einer 1952/53 durchgeführten Purifizierung des Raumes, bei der er auf seinen vermeintlich authentischen Kern zurückgeführt werden sollte. Thema des folgenden Beitrags ist die sich über Jahrhunderte erstreckende Genese der Lutherstube.

Die Bau- und Restaurierungsgeschichte sowie die Bedeutung der Wartburg sollen hier nur grob skizziert werden.[8] Die 1080 erstmals quellenmäßig belegte Wartburg wurde als Grenzbefestigung errichtet, avancierte aber schon bald zum Hauptsitz der Ludowinger, die

---

[7] Vgl. Sibylle Badstübner-Grögner, Peter Findeisen, Martin Luther. Städte, Stätten, Stationen. Eine kunstgeschichtliche Dokumentation, Leipzig 1983, S. 211.

[8] Neben zahlreichen Einzeluntersuchungen und einer reichen populärwissenschaftlichen Literatur ist auf zwei grundlegende Werke besonders hinzuweisen: Max Baumgärtel (Hrsg.), Die Wartburg. Ein Denkmal deutscher Geschichte und Kunst, Berlin 1907; Hans von der Gabelentz, Die Wartburg. Ein Wegweiser durch ihre Geschichte und Bauten, München 1931.

[9] Vgl. auch im Folgenden Badstübner/Findeisen, (wie Anm. 7), S. 208.

bis 1247 die thüringische Landgrafenwürde innehatten.⁹ 1155-1172 entstand das so genannte Landgrafenhaus, der Palas.¹⁰ Er gehört zu den bedeutendsten Zeugnissen staufischer Profanarchitektur in Deutschland.¹¹ Unter Landgraf Hermann I. soll hier der sagenumwobene Wettstreit der Minnesänger stattgefunden haben. Aber nicht nur der Sängerkrieg machte die Wartburg später berühmt. Zwischen 1211 und 1227 lebte hier – der Überlieferung nach – die schon bald nach ihrem Tod heilig gesprochene Elisabeth von Thüringen. In den frühen 1250er Jahren geriet die Burg dann in den Besitz des Hauses Wettin.¹² 1485 fiel Eisenach mitsamt der Wartburg bei der Leipziger Teilung der Wettinischen Lande an den ernestinischen Kurfürsten. Aus diesem Grund konnte Friedrich der Weise 1521 Luthers Internierung auf der Wartburg anregen.

Am 4. Mai 1521, nach dem Reichstag von Worms, wurde Luther unweit der Wartburg zum Schein gefangen genommen und auf der einsamen Burg in Sicherheit gebracht, als die Reichsacht über ihn verhängt zu werden drohte. Der Reformator hatte es bekanntlich abgelehnt, seine theologischen Schriften vor dem Kaiser zu widerrufen. In seiner neuen Umgebung gab er sich, weltlich gekleidet, als Junker Jörg aus. Die Wartburg als Festung und Residenz hatte seit dem 12. Jahrhundert auch immer wieder als Gefängnisort gedient.¹³ Der Gefangene Luther bewohnte eine von fünf Zellen im Obergeschoss der Vogtei. Zu Luthers Haftbereich gehörte, wie wir aus seinen überlieferten Tischreden wissen, neben Stube und Schlafkammer auch der Gang, denn erst die Treppe war – möglicherweise durch eine Falltür – abgesperrt.¹⁴

Wie bekannt, verfasste Luther auf der Wartburg neben Briefen und Kommentaren bedeutende reformatorische Schriften. Er begann hier die Predigtsammlung der „Hauspostille" und vollendete die erste Fassung seiner Übersetzung des Neuen Testament aus dem griechischen Urtext. Berühmt geworden ist auch der Wurf mit dem Tintenfass nach dem Teufel, um den sich zahlreiche Legenden und Überlieferungen ranken.¹⁵ Der zugehörige Tintenfleck auf der Wartburg wurde 1690 erstmals beschrieben und mag auch erst zu

---

¹⁰ Vgl. ELMAR ALTWASSER, Aktuelle Bauforschung am Wartburg-Palas, in: GÜNTER SCHUCHARDT (Hrsg.), Der romanische Palas der Wartburg. Bauforschung an einer Welterbestätte, Band 1, Regensburg 2001, S. 23-106, hier S. 68-98.
¹¹ Vgl. WALTER HOTZ, Pfalzen und Burgen der Stauferzeit, Darmstadt 1981, S. 239.
¹² Freundlicher Hinweis von Hilmar Schwarz, Wartburg-Stiftung. FINDEISEN/BADSTÜBNER (wie Anm. 7), S. 208, gehen noch von einer Inbesitznahme im Jahr 1264 aus.
¹³ HILMAR SCHWARZ, Zur Funktion der Wartburg als Gefängnisort, in: Wartburg-Jahrbuch 1998, S. 44-79, hier S. 46.
¹⁴ D. Martin Luthers Werke. Kritische Gesamtausgabe. Tischreden 6. Bd., Weimar 1921, Nr. 6816, S. 34-37.
¹⁵ Eine gute Übersicht über die Geschichte des Tintenflecks auf der Wartburg und die nach Wittenberg führende ältere Überlieferung gibt JOHANNES LUTHER, Legenden um Luther, Berlin/Leipzig 1933, S. 35-49, hier S. 42.
¹⁶ Der Wartburger Tintenfleck wird in der zweiten Auflage von Merians Topographie von 1690 beschrieben. Vgl. Topographia Superioris Saxoniae, Thüringiae, Misniae, Lusatiae etc.: das ist Beschreibung der Vornemb-

dieser Zeit entstanden sein.[16] Er beruht nämlich auf einem Missverständnis: Luther soll berichtet haben, dass er den Teufel mit Tinte bekämpft habe. Gemeint war mit dieser – übrigens nicht bezeugten – Äußerung aber wohl nicht die direkte Konfrontation, sondern die Wirkung seiner Schriften.[17] Die Tradition eines Tintenflecks im Zusammenhang mit Luther ist zudem wesentlich älter als die Überlieferung auf der Wartburg und geht auf eine Begebenheit in Wittenberg zurück, von der schon kurz nach Luthers Ableben berichtet wurde.[18] Seit mehr als 100 Jahren ist der Fleck auf der Wartburg inzwischen nicht mehr zu sehen, doch ist die Überlieferung so wirkungsmächtig, dass er noch heute von vielen Besuchern erinnert wird.

In den Jahrhunderten nach Luthers Aufenthalt verlor die Wartburg an strategischer Bedeutung und ihre Gebäude gerieten zunehmend in Verfall. Besonders in der zweiten Hälfte des 18. Jahrhunderts mehren sich Nachrichten über Baumängel und den Einsturz bzw. Abriss von Gebäuden.[19] Eine exakte Rekonstruktion der mittelalterlichen Burganlage ist durch verlorene Bausubstanz, ungenaue frühe Ansichten und den umfassenden Umbau der Burg im 19. Jahrhundert erschwert.

Trotz des Niedergangs der Burg führte ihre historische Bedeutung der Burg in Verbindung mit der exponierten landschaftlichen Lage dazu, dass die Erinnerung an diesen Ort wach blieb. Besonders das Gedenken an die berühmten Burgbewohner – allen voran Martin Luther und Elisabeth von Thüringen – blieb stets lebendig; die ihnen zugeordneten Wohnräume in Palas und Vogtei wurden schon früh besichtigt.[20]

Luthers Aufenthalt wurde in Chroniken, topographischen Beschreibungen, später auch in Reise- und Burgführern tradiert.[21] Das 1817 hier ausgerichtete studentische Wartburgfest

---

sten und bekantesten Stätt und Plätz in Churfürstenthum Sachsen, Thüringen, Meissen, Ober und Nieder Laußnitz und einverleibten Landen ... heraußgeben und verlegt durch Mattheum Merian in Franckfurt, 1690 (2. Ausg.). Bei Merian heißt es, dass Luther auf der Wartburg „das Dintenfaß [so heftig] nach dem Teufel geworfen haben soll, daß noch heutigen Tags die Dinte davon an der Wand zu sehen" sei. Zit. nach GABELENTZ, (wie Anm. 8), S. 67. Der Text der Ausgabe von 1650 stammt vom Rektor der Eisenacher Lateinschule, Konrad Möller. Der Verfasser des Einschubs von 1690 ist unbekannt. Freundlicher Hinweis von Hilmar Schwarz, Wartburg-Stiftung.

[17] Vgl. dazu BADSTÜBNER/FINDEISEN (wie Anm. 7), S. 211.

[18] Vgl. JOHANNES LUTHER (wie Anm. 15), S. 41-44. Vgl. auch: VOLKMAR JOESTEL, Daniel oder Luzifer? – Martin Luther zwischen Lüge und Legende, in: Schriftenreihe der Staatlichen Lutherhalle Wittenberg 2 (1986), S. 7-15, hier S. 12 f. Zum Tintenfleck in Wittenberg vgl. DERS., Legenden um Martin Luther und andere Geschichten aus Wittenberg, Berlin 1992, S. 52-57.

[19] Eine Übersicht zum baulichen Niedergang der Wartburg bei GABELENTZ (wie Anm. 8), S. 102-105.

[20] Vgl. JOHANN LIMBERG VON RODEN, Das im Jahr 1708 lebende und schwebende Eisenach welches Anno 1709 zum Erstenmahl gedruckt und zusammen getragen worden von Johann Limberg, der Zeit Waisen-Inspector, anitzo wieder übersehen und mit einem curiosen Appendice vermehrt, Eisenach 1712, S. 3.

[21] Ein Überblick über die ältere Wartburgliteratur sowie Erwähnungen in Chroniken bei GABELENTZ (wie Anm. 8), S. 63-82. Auch die Bibliografie GEORG KAPRES mit kurzen Inhaltsangaben (Die Wartburg über Eisenach. Festgabe zur 900-Jahr-Feier der Wartburg 1967, Jena 1967) bietet einen guten Überblick.

bezog sich auch dezidiert auf Luther und die deutsche Reformation und ist ein Beleg für das damals weit verbreitete Bewusstsein von der historischen Bedeutung der Burg.[22]

Die erste schriftliche Erwähnung der Lutherstube datiert in das Jahr 1574. In einem Burginventar werden „Dr. Martin Luthers Stuben, Kammer und Gang" erwähnt, der Walwirbel als Ausstattungsstück bereits benannt.[23] Dass sich der Knochen schon bei Luthers Aufenthalt hier befand, ist aber nicht zu beweisen. Eine Beschreibung der Wartburg von 1630 lokalisiert die Lutherstube im Obergeschoss der Vogtei, wo sie noch heute zu besichtigen ist: „Lutheri Pathmus ist zu sehen forn nechst dem ersten Thor / über des Burg Vogts Losament."[24] Neben Merian, der 1690 als erster den Tintenfleck beschreibt, beschränken sich andere Autoren des 17. Jahrhunderts meist auf Paraphrasen der historischen Ereignisse.[25]

Zu Beginn des 18. Jahrhunderts entstanden die ersten ausführlichen Beschreibungen der Stube. Johann Michael Koch führt 1710 sogar ältere Gestaltungen an. So erwähnt er etwa eine auf Luther bezogene Inschrift, die Nicolaus Rebhan im ersten Drittel des 17. Jahrhunderts in der Stube angebracht hatte.[26] „Als diese Stube ist wieder geweißet worden", sei die Inschrift aber „unvorsichtig ausgeloeschet worden".[27] Die Lutherstube war also, zumindest zum Teil, mit einem weißen Anstrich versehen und wohl auch verputzt. Neben dem Tintenfleck beschreibt Koch ein Lutherbildnis, „auf ein Quart-Taefelgen gemahlt", und überliefert eine Inschrift auf der Rückseite aus dem Jahr 1696. Sie hängt wohl

---

22 Vgl. LUTZ WINKLER, Martin Luther als Bürger und Patriot. Das Reformationsjubiläum von 1817 und der politische Protestantismus des Wartburgfestes (Historische Studien, Heft 408), Lübeck / Hamburg 1969.
23 Vgl. GABELENTZ (wie Anm. 8), S. 156.
24 Die handschriftliche Beschreibung FRIEDRICH HORTLEDERS „Das Fürstliche Schloß Wartenburgk oder Wartenbergk" von 1630 wurde abgedruckt bei: CHRISTIAN JUNCKER, I. Eines Anonymi Staat des Fürstentums Eisenach, II. Andreae Toppii … Historie der Stadt Eisenach, III. Joh. Michael Koch … Beschreibung des Schlosses Wartburg ob Eisenach. Sammt noch etlichen anderen hierzu dienlichen Sachen nebst einigen Anmerkungen und vielen Kupffern aus Manuscriptis zum ersten mahle vollständig herausgegeben sammt einer Vorrede, Eisenach / Leipzig 1710, S. 203-205, hier S. 205.
25 GEORG MICHAEL PFEFFERKORN, Wartburg ob Eisenach, in: Merkwürdige und Auserlesene Geschichte von der berühmten Landgrafschaft Thüringen … aus den geschriebenen und gedruckten Chroniken und andern brieflichen Urkunden … beschrieben, Frankfurt/Gotha 1684, S. 349 f.
26 JOHANN MICHAEL KOCH, Historische Erzehlung von dem Hoch-Fürstl. Sächs. berühmten Berg-Schloß und Festung Wartburg / ob Eisenach / Worinnen dessen Auffbauung / einige Geschichte von denen ehemals allda residirenden Herren Landgrafen in Thüringen / der heiligen Elisabeth / dem Seel. Herrn D. Martino Luthero, u. a. m. …, Eisenach / Leipzig 1710. Inschrift und Übersetzung sind abgedruckt auf S. 175. Rebhan war seit 1611 Pfarrer und Superintendent der Kirchen in Eisenach und dadurch auch zuständig für die „Schlosskapelle" auf der Wartburg. Vgl. HEINRICH HABICHT, Nicolaus Rebhan, Generalsuperintendent zu Eisenach (1611); in: Thüringer Monatsblätter 17 (1909/10), S. 132-135.
27 Zit. auch im Folgenden: KOCH (wie Anm. 26), S. 175-177.

nicht mit der Stiftung des Bildes zusammen, doch ist dadurch immerhin belegt, dass das Bild schon zu diesem Zeitpunkt in der Stube hing.[28]

Kochs Beschreibung wird durch die 1709 erstmals publizierte Schrift Johann Limberg von Rodens bestätigt.[29] So erwähnt dieser ebenfalls das Lutherporträt und den sorgfältig nachgetuschten Tintenfleck, darüber hinaus aber auch das „Rückgrat vom Wallfisch", einen Tisch sowie Luthers Schlafkammer. Aufschlussreich für den Umgang der Besucher mit dem Mobiliar der Lutherstube ist eine von Limberg überlieferte Anekdote zur Elisabethverehrung auf der Wartburg. „In St. Elisabeth Kammer stehen 2. Bettgespan / deren eines ziemlich beschnitten / obs aber 400. Jahr alt ist / kan ich nicht glauben. Die Papisten haben gerne ein Stücklein Span davon / soll gut vors Zahnwehe seyn. Georg Rudolph / gewesener Wirth allhie / hat einsmahls einigen Papisten / einen Splitter von seinem Secret theuer verkaufft / und fürgegeben / es sey von St. Elisabethen Bettgespan / womit sie die Zähne gestochert und ziemlich Linderung empfunden."[30] Mit dem Inventar der Lutherstube verfuhren die wohl zumeist protestantischen Besucher ebenso. Man schätzte es, Andenken in Form von Holzspänen und abgekratztem Putz – mit Luthertinte – mitzunehmen.

Festzuhalten bleibt, dass die Lutherstube schon seit dem 16. Jahrhundert ein viel besuchter Ort war, wie die zum Teil noch heute erhaltenen Kritzeleien belegen. Die frühesten entstanden 1580.[31] Schon Koch beschrieb „mehr als ein tausend Nahmen an den Wänden dieses Stübchens / von innen und aussen / von vornehmen und geringen Standes Personen/ so dasselbe aus Curiosität besehen / angeschrieben und eingekratzt zu lesen."[32] Die im 17. Jahrhundert zunehmende Ausstattung der Stube mit den Versen Rebhans, dem Luthertisch, dem Lutherporträt und dem vor 1690 „rekonstruierten" Tintenfleck befriedigte das Interesse und die Neugierde der zahlreichen Besucher. Bis zum Ende des 18. Jahrhunderts scheint sich – abgesehen vom rapiden Schwund der Originalsubstanz – nichts Wesentliches an der Ausstattung verändert zu haben.[33] Trotz der Bedeutung, die man der Lutherstube beimaß, wurde der Raum aber noch bis 1817 als Gefängnis angesehen und genutzt.[34]

---

[28] Vgl. ebd., S. 177.
[29] Vgl. im Folgenden: LIMBERG VON RODEN (wie Anm. 20), S. 228.
[30] Zit. ebd., S. 227 f.
[31] Vgl. BAUMGÄRTEL (wie Anm. 8), S. 298; BADSTÜBNER/FINDEISEN (wie Anm. 7), S. 210, nennen sogar die Jahreszahl 1560.
[32] Vgl. KOCH (wie Anm. 26), S. 177.
[33] Dies belegen verschiedene ähnlich lautende Beschreibungen. Vgl. etwa die Schrift des Burgvogts JOHANN CHRISTOPH KURZ Kurze doch gründliche Nachricht von dem Festungs-Schloß Wartburg, bey Eisenach, wie dessen Lage, Prospecte, Gebäude und darinnen befindliche Antiquitäten würdig zu ersehen sind, Eisenach 1757, Reprint Eisenach 1896.
[34] Vgl. SCHWARZ 1998 (wie Anm. 13), S. 67.

Der erste Wartburgführer wurde 1792 veröffentlicht.³⁵ Ihm ist zu entnehmen, dass ein Fenster der Lutherstube inzwischen vermauert, das zweite aber noch immer „mit Stäben und Gittern" versehen war.³⁶ Die Fensterwand der Lutherstube liegt auf der Wetterseite, wo Regen und Sturm die Bausubstanz besonders angreifen. Ein starkes Gewitter soll 1767 die Fenster der Burg beschädigt haben, besonders „sei aber Doktor Luthers Stube arg mitgenommen, und müsse neu gemacht werden".³⁷ Offenbar wurde nach dem Sturm aber nur ein Fenster der Lutherstube vermauert und auf eine umfassende Sanierung verzichtet; Geldmittel zur Erhaltung der Burg standen nur in geringem Umfang zur Verfügung. Der schlechte bauliche Zustand der Außenwand machte jedoch im 19. Jahrhundert eine Sanierung der Vogtei schließlich unumgänglich. Zuerst gelangte jedoch 1811 noch ein neuer Tisch aus dem Lutherhaus in Möhra in die Lutherstube, da der alte so stark beschnitzt war, dass man ihn nicht mehr gebrauchen konnte.³⁸ 1837 wurden die kläglichen Reste des älteren Tisches noch aus Pietät in der Stube aufbewahrt.³⁹

Im Hinblick auf das Reformationsjubiläum von 1817 wurde die Lutherstube auf Befehl Großherzog Carl Augusts „unter Beybehaltung ihrer Eigenthümlichkeiten" saniert und weiter ausgestattet.⁴⁰ Die westliche Fachwerkwand der Vogtei wurde 1816/17 im Bereich der Lutherstube und wohl auch der angrenzenden Zellen erneuert, wobei es auch im Innenraum zu Neugestaltungen kam. Die Zwischenwände der Kavaliergefängnisse wurden eingerissen und der so entstandene Tanzsaal mit Orchesterpodium und Grill ausgestattet.⁴¹ Daneben entstand ein weiterer Gastraum auf der Etage. Der Grundriss von 1817 zeigt neben dem Saal und der Treppe zum Dachboden⁴² auch die Lutherstube (Abb. 2). Er ver-

---

³⁵ JOHANN CARL SALOMO THON, Schloß Wartburg. Ein Beytrag zur Kunde der Vorzeit, 1795 (2. Auflage).
³⁶ Vgl. ebd., S. 149, Anm. 1. Thon reagiert hier auf eine Beschreibung der Stube aus „Der grüne Mann, der im Jahre 1793 seine Reise nach der unglücklichen Festung Maynz herausgegeben hat, S. 60", wo behauptet wird, die Lutherstube habe nur ein Fenster besessen. Das alte, vermauerte Fenster war aber, wie Thon richtig stellt, von außen weiterhin durch seine alte Vergitterung zu erkennen.
³⁷ GABELENTZ (wie Anm. 8), S. 104, zitiert hier einen Bericht des Burgvogts Kurz an Großherzog Carl August.
³⁸ Die Erwerbung des Tisches wird zumeist auf 1817 datiert, doch beschreibt Schwabe im Jahr 1817, dass der Tisch, „welcher vor einigen Jahren, da die Familie [Luther] aufhörte, dieses Haus zu besitzen, und es an einen fremden Eigenthümer kam, auf die Wartburg gebracht, und zu Luthers Andenken, als eine Reliquie, dort aufgestellt wurde (...)." Zit. JOHANN GOTTLOB SAMUEL SCHWABE, Historische Nachricht von den zahlreichen im Großherzogtum Sachsen-Weimar-Eisenach befindlichen Monumenten und Reliquien Dr. Martin Luthers, Weimar 1817, S. 123 f.
³⁹ JOHANN WILHELM STORCH, Topographisch-historische Beschreibung der Stadt Eisenach, so wie der sie umgebenden Berge und Lustschlösser, insbesondere der Wartburg und Wilhelmsthal, nebst Regenten Geschichte, Eisenach 1837, S. 289.
⁴⁰ So überliefert es SCHWABE (wie Anm. 38), S. 119.
⁴¹ Vgl. BAUMGÄRTEL (wie Anm. 8), S. 502.
⁴² Vgl. HERMANN NEBE, Die Lutherstube auf der Wartburg, in: Luther. Vierteljahresschrift der Luthergesellschaft 11 (1929), S. 33-46, hier S. 38, Grundriss auf S. 40 f.

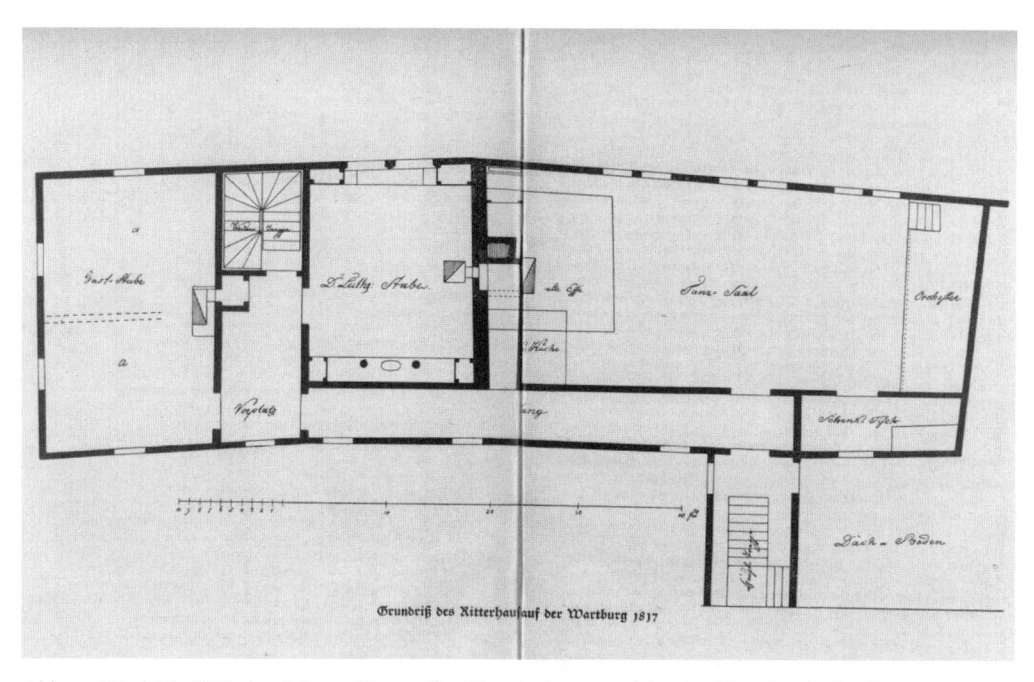

Abb. 2: Friedrich Wilhelm Sältzer (Entwurf): Obergeschossgrundriss der Vogtei mit der Eintragung von geplanten Einbauten in der Lutherstube, 1817, Umzeichnung

zeichnet offenbar hölzerne Einbauten an der Fensterwand und Stützen an der östlichen Wand. Sigfried Asche interpretiert diesen Grundriss der Lutherstube als unausgeführte Planung Friedrich Wilhelm Sältzers. Die Stützen an der Ostwand hätten demnach eine 1817 gestiftete Lutherbüste von Johann Gottfried Schadow architektonisch einfassen sollen.[43] Die Schlafkammer wurde beim Umbau dem neuen Saal zugeschlagen und die Verbindungstür vermauert; die Kubatur der Stube scheint aber nicht verändert worden zu sein. Eine unscheinbare, aber um so bedeutsamere Veränderung wurde aber beim Umbau von 1817 vorgenommen. Da man die Fenstergitter nicht wiederherstellte, wurde aus der Gefängniszelle endgültig ein autonomer Gedenkort.[44]

Zugleich scheint man nun die Holzvertäfelung der Stube freigelegt zu haben.[45] Es liegen jedenfalls keine verlässlichen Ansichten vor, die diese allseitig verputzt oder geweißt darstellen. Einzig die ab 1817 entstandene Populärgraphik zeigt die Wände teilweise ver-

---

[43] Vgl. SIGFRIED ASCHE, Martin Luther in der Wartburg, Lüneburg 1967, S. 22.
[44] Noch 1770 war ein Gefangener in der Lutherzelle inhaftiert, was kaum mit einem größeren Besucherandrang zu vereinbaren war. Vgl. SCHWARZ (wie Anm. 13), S. 67.
[45] In der Literatur ist zwar die Meinung verbreitet, dass der Verputz der Lutherstube erst 1845 abgeschlagen worden sei. Vgl. z. B. BADSTÜBNER/FINDEISEN (wie Anm. 7), S. 128. Schon Sigfried Asche wies aber darauf hin, dass diese Gestaltung nicht durch Ansichten belegt ist. Vgl. SIGFRIED ASCHE, Die Heilige Elisabeth und Martin Luther auf der Wartburg (Das christliche Denkmal), Berlin 1955 (2. Auflage), S. 22.

Abb. 3:
G. A. Lehmann:
Ansicht der
Lutherstube
und der Kapelle
auf der Wartburg

putzt. So ist auf einer Lithographie G. A. Lehmanns um 1815 sowohl die Fensterfront als auch die Südwand holzsichtig und nur die Nordwand verputzt (Abb. 3). Lehmanns Ansicht, die unter anderem von Campe und zahlreichen anderen Künstlern kopiert wurde,[46] kann als erster Versuch gelten, die authentische Lutherstube darzustellen; bei zahlreichen anderen Graphiken spielt allein die historische Begebenheit eine Rolle, nicht aber der getreu wiedergegebene Ort.

---

[46] Vgl. Friedrich Campe: „Erinnerungs-Tafel, allen Verehrern D. Martin Luthers gewidmet, bei der Feier des dritten Reformations-Jubileums, am 31. October 1817". Zu Campe vgl. JOACHIM KRUSE, Luthers Leben in Illustrationen des 18. und 19. Jahrhunderts, Coburg 1980, S. 82, Kat.-Nr. 26.7.

Abb. 4:
Blick in die
Lutherstuberstube
der Wartburg;
Rekonstruktion der
ursprünglichen
Gestaltung der
Lutherstube,
Stahlstich der
Kunstanstalt des
Bibl. Instituts
Hildburghausen,
um 1840

Auch die Ausstattung der Lutherstube wurde zum Reformationsjubiläum bereichert. Schadows Lutherbüste, von Großherzog Carl August gestiftet, wurde auf einem hölzernen Postament aufgestellt.[47] Daneben wurden bald drei weitere Lutherporträts gestiftet.[48]

Nach 1817 entstanden Ansichten der Lutherstube, die den Raum in den Vordergrund stellen, also nicht als Illustration der historischen Geschehnisse fungierten. Doch auch der Quellenwert dieser Graphiken ist oft zweifelhaft. Bei der Analyse der undatierten Blätter ergeben sich verschiedene Unstimmigkeiten, auch erweist es sich für die Datierung grundsätzlich als problematisch, dass die Stube öfter umgeräumt wurde und die Abbildungen stets nur einen Raumausschnitt darstellen. Trotz der unsicheren Datierung soll versucht werden, die weitere Genese der Lutherstube anhand dieser Ansichten zu veranschaulichen.

Eine in der Literatur teils fälschlich auf 1817 datierte Ansicht zeigt die Stube karg möbliert und bis auf den Bereich des Ofens allseits holzvertäfelt (Abb. 4).[49] Das Mobiliar besteht aus dem 1811 neu gestifteten Luthertisch und sechs symmetrisch darüber aufgehängten, kleinformatigen Bilderrahmen. In der Ecke findet sich ein Ofen mit gestaffelten Aufsätzen. Über dem Ofen ist ein einfaches Bord angebracht, daneben ist der Tintenfleck

---

[47] Vgl. SCHWABE (wie Anm. 38), S. 121. Schwabe berichtet von der Stiftung durch den Großherzog, während die spätere Literatur davon ausgeht, dass die Büste als Geschenk von den Burschenschaftlern zum Wartburgfest 1817 auf die Burg gelangt sei. Vgl. z. B. H. SCHWERDT und H. JÄGER, Eisenach und die Wartburg mit ihren Merkwürdigkeiten und Umgebungen, Eisenach 1871, S. 69.
[48] Sie werden 1837 detailliert aufgeführt bei STORCH (wie Anm. 39), S. 288.
[49] Zur irrigen Datierung auf 1817 vgl. u. a. HANS LIETZMANN, Luther auf der Wartburg, Berlin 1928, Abb. 5.

Abb. 5:
Blick in die Wittenberger Lutherstube, historische Fotografie, um 1900

wiedergegeben, an der rechten Wand steht ein mit Beschlägen versehener Schrank. Zumindest in Bezug auf den Ofen ist diese Abbildung wenig glaubwürdig, scheint der Zeichner doch den Kachelofen der Wittenberger Lutherstube auf die Wartburg versetzt zu haben (Abb. 5). Auch dessen Standort ganz in der Raumecke entspricht nicht dem Grundriss von 1817 (siehe Abb. 2). Erst 1842 wurde ein neuer Ofen eingebaut, der weiter in der Raumecke platziert wurde, so dass es sich bei dieser – angeblich 1817 entstandenen – Ansicht eher um eine in den 1840er Jahren entstandene Rekonstruktion eines früheren Zustands handeln mag.[50]

Eine Bleistiftzeichnung T. Zieglers scheint den Raum verlässlicher abzubilden (Abb. 6). Die Anordnung der Bilder über dem Tisch und die Möblierung sind der erstgenannten Ansicht verwandt. Allerdings entsprechen hier die Raumproportionen, die Position des Deckenbalkens und des Ofens – hier immerhin korrekter wiedergegeben – nicht dem tatsächlichen Bestand. Der Einbau des neuen grünen Kachelofens 1842 ermöglicht eine Datierung der Zeichnung vor diesen Zeitpunkt. Da die Zeichnung aber mit [18]61 bezeichnet ist, kann sie nur als Kopie einer früheren, bislang unbekannten Darstellung angesprochen werden. Beachtenswert ist die Platzierung der Schadowschen Lutherbüste

---

[50] Auch der kenntnisreiche Hans von der Gabelentz datiert diese Grafik auf 1840. Vgl. GABELENTZ (wie Anm. 8), Abb. 30.

Abb. 6:
T. Ziegler (?):
Blick in die
Lutherstube der
Wartburg,
Bleistiftzeichnung,
1861

auf dem Schrank rechts und die Aufstellung eines gotischen Kirchenstuhls neben dem Ofen. Letzterer soll in Den Haag angekauft worden sein und stellte längere Zeit das Sitzmöbel Luthers vor; um 1855 gelangte er, von Hugo von Ritgen zum „Fürstenstuhl" umgestaltet, in die Kapelle der Wartburg.[51] Auf der wohl kurz nach dieser Zeichnung entstandenen Lithographie von Th. Rothback aus Nürnberg ist der Stuhl deutlicher zu erkennen (Abb 6). Der Ofen ist auf dieser Ansicht offensichtlich derselbe wie auf der Bleistiftzeichnung, doch ist er erneut zu weit in die Ecke gerückt. Gleichwohl werden die grundsätzliche Raumdisposition und die Möblierung bestätigt.

Für die Gestaltung der Lutherstube bis zu den 40er Jahren des 19. Jahrhunderts lassen sich also kaum verlässliche Bildquellen finden. Die verbreiteten Graphiken stimmen im Detail nicht mit den überlieferten Grundrissen überein oder weisen teilweise eklatante Fehler auf.

Die Großherzöge von Sachsen-Weimar-Eisenach, seit 1741 Eigentümer der Burg, setzten sich im Rahmen der spärlichen Baumittel immer wieder für die Erhaltung der bedeutenden Geschichtsstätte ein, wobei der Palas und die Vogtei zuungunsten anderer Gebäude

---

[51] „In der Einrichtung der Kapelle ist das Hauptstück der Fürstenstuhl, welcher Kanzel und Altar gegenübersteht. Seine beiden im Haag erworbenen schönen Seitenteile, angeblich herrührend vom Grafen Wilhelm von Nassau, sind Arbeiten der gotischen Periode des Mittelalters". Zit. MAX BAUMGÄRTEL, Der Führer durch die Wartburg und Eisenach, Berlin 1910, S. 92.

Abb. 7: Th. Rothback: Blick in die Lutherstube der Wartburg, kolorierte Lithographie vor 1842

gesichert wurden. Unter Großherzog Carl Alexander kam es im 19. Jahrhundert zum umfassenden Ausbau der Wartburg im Sinne eines Gesamtkunstwerks deutscher Geschichte.[52] Seit 1838 wurden die historischen Bauten der Wartburg untersucht und saniert. Carl Alexanders Mutter, die Zarentochter Maria Pawlowna, soll dafür nicht nur die Anregung gegeben haben, sie trug durch großzügige Geldzuwendungen aus ihrem Privatvermögen auch dazu bei, dass die kostspieligen Umbauarbeiten realisiert werden konnten.[53] Auch Carl Alexanders Gemahlin Sophie (eine geborene Prinzessin der Niederlande, die zu den reichsten Damen des Hochadels in Deutschland gezählt wurde) sorgte später durch zahlreiche Erwerbungen und Zuwendungen für den Ausbau der Burg.[54] Aus dem begrenzten Etat des kleinen Herzogtums allein hätten weder das groß angelegte Umbauprojekt der Wartburg noch die vielfältigen sozialen und kulturellen Projekte des Fürstenhofes finanziert werden können.

---

[52] „Während ganz Deutschland seit einem Jahrzehnt (1827) eifrig an der Herstellung und dem Ausbau des Kölner Domes arbeitete, unternahm hier ein einzelner junger Fürst eines kleinen Landes das bedeutende Werk, die Burg wiederherzustellen, die mindestens denselben Anspruch darauf hat, als ein Heiligtum der ganzen deutschen Nation zu gelten, wie der stolze hochragende Dom am Rheine." Zit. nach BAUMGÄRTEL (wie Anm. 8), S. 164.
[53] So berichtet es Carl Alexander in seiner eigenen Lebenserinnerung in: BAUMGÄRTEL (wie Anm. 8), S. 5.
[54] Vgl. JUTTA KRAUSS, Carl Alexander von Sachsen-Weimar-Eisenach zum 175. Geburtstag. Sein Verhältnis zu Politik und Kunst, in: Wartburg-Jahrbuch 1993, S. 11-39, hier S. 15.

Carl Alexanders Persönlichkeit wird in Biographien als politisch und religiös geschildert.[55] Dies äußerte sich auch in seiner Konzeption für die Wiederherstellung der Wartburg. Alle wichtigen historischen Ereignisse der Burggeschichte, die er als Momente der nationalen und dynastischen Geschichte interpretierte, sollten sich in der Gestaltung spiegeln. Entsprechend fasste er 1853 seine Konzeption zusammen. Er habe beabsichtigt, „die historisch- und politisch-faktische Bedeutung der Wartburg, ihre Besonderheit für die Entfaltung des Geistes und namentlich der Poesie, ihre Bedeutung für die Reformation und ihre katholisch-religiöse Bedeutung" beim Umbau zu berücksichtigen.[56] Das Ziel des Großherzogs war somit, eine überkonfessionelle Gedenkstätte einzurichten, die nicht nur auf allgemeine Geschichte, sondern vor allem auf die kulturelle Bedeutung der Wartburg und – damit einhergehend – der eigenen Dynastie für Deutschland und die gesamte gebildete Welt abheben sollte. Zugespitzt deutet Ludger Kressen die Bemühungen Carl Alexanders als „dynastische Propaganda".[57] Das Landgrafenhaus diente in diesem Zusammenhang der Visualisierung mittelalterlicher Geschichte, während die Vogtei zum Reformationsflügel ausgebaut wurde. Eine stilgetreue Ausstattung der Gedenkräume im Sinne des 13. bzw. 16. Jahrhunderts sollte den Besucher in Elisabeths und Luthers Zeiten zurückversetzen. Die konzeptionelle, aber auch bis in die Details gehende Planung Carl Alexanders zielte dabei auf die Erhebung der Wartburg in den Rang eines Nationaldenkmals. Daneben sollte die Burg aber auch als Residenz der Großherzöge eingerichtet werden, wodurch bewusst an die Tradition der mittelalterlichen Landgrafen angeknüpft wurde. Den umfassenden Weiterbau leitete der Gießener Architekt Hugo von Ritgen in den Jahren von 1849 bis 1889, wobei Planung und Gestaltung durch die Zusammenarbeit von Bauherr, Architekt und dem Burghauptmann Bernhard von Arnswald bestimmt wurden.

---

[55] Vgl. etwa Klaus Günzel, Das Weimarer Fürstenhaus. Eine Dynastie schreibt Kulturgeschichte, Köln / Weimar / Wien 2001, S. 150 f. Der Persönlichkeit Carl Alexanders widmete sich zu seinem 100. Todestag eine Publikation und eine Ausstellung der Wartburg-Stiftung: Carl Alexander. „So wäre ich angekommen wieder, wo ich ausging, an der Wartburg." Zum 100. Todestag des Großherzogs von Sachsen-Weimar-Eisenach, Eisenach 2001. Daneben erschienen in den letzten Jahren umfangreiche Biographien: Angelika Pöthe, Carl Alexander. Mäzen in Weimars „Silberner Zeit", Köln / Weimar / Wien 1998; Hans Lucke, Großherzog Carl Alexander von Sachsen-Weimar: Ein deutscher Fürst zwischen Goethe und Wilhelm II., Limburg 1999. Dass die Persönlichkeit Carl Alexanders durchaus differenzierter zu bewerten ist, zeigt Jutta Krauss, (wie Anm. 54).
[56] Vgl. Carl Alexander, Die Urkunde zur Grundsteinlegung des Bergfrieds vom 10. 12. 1853, zit. nach Günter Schuchardt, Eisenacher ‚Nationaldenkmäler'. Wartburg – Burschenschaftsdenkmal – Bismarckturm, in: Wartburg-Jahrbuch 1996, S. 103-128, hier S. 110.
[57] Zit. Ludger Kressen, Das Interesse am Mittelalter im deutschen Nationaldenkmal, Berlin/NewYork 1975, S. 54.

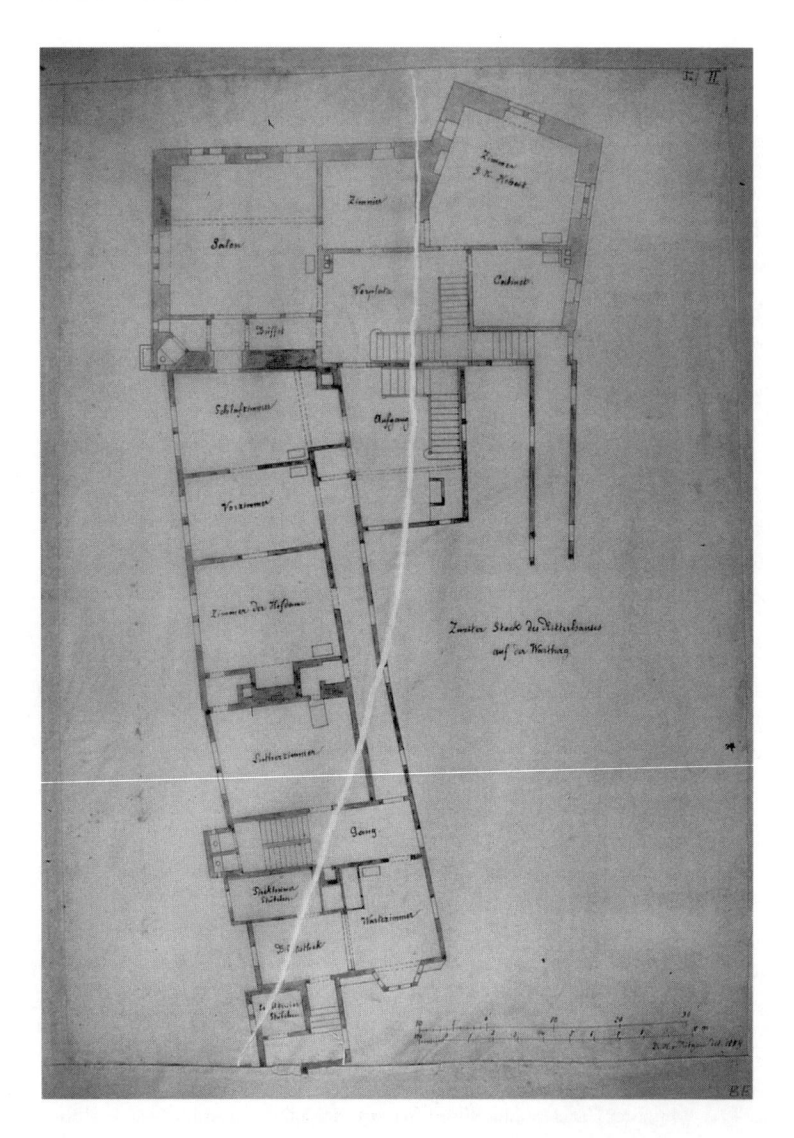

Abb. 8: Wartburg, Obergeschossgrundriss der Vogtei, mit der Eintragung zur Nutzung einzelner Räume, 1884

Im Zusammenhang mit dem 1838 begonnenen Umbau der Wartburg kam es 1841 auch im Bereich der Vogtei zu Veränderungen (Abb. 8). War der Zugang zur Lutherstube zuvor nur über die Treppe im Ritterhaus möglich, wurde nun ein neues Treppenhaus eingerichtet.[58] Nun war die gezielte Besichtigung der Lutherstube möglich, ohne dass die übrigen Bewohner belästigt werden mussten. Im Ritterhaus wohnte nämlich wieder, wie zu Luthers Zeit, der Burghauptmann. Der 1817 eingerichtete Tanzsaal wurde in drei Zimmer unterteilt, die

---

[58] Nebe berichtet über die Entstehung der Treppe 1841 und den Bezug der neuen Wohnräume durch die großherzogliche Familie am 20. Oktober 1842. Vgl. NEBE, (wie Anm. 42), S. 38.

Abb. 9: C. W. Arldt: Die Lutherstube auf der Wartburg, kolorierte Lithographie, um 1845

seit 1842 als Wohnräume der großherzoglichen Familie genutzt wurden. Ritterhaus und Vogtei wurden mit zahlreichen Antiquitäten und Sammlungen im Stil der Reformationszeit ausgestattet, also als stilistische Einheit aufgefasst. 1841 kam es dann in diesem Zusammenhang auch zum Ankauf von neuen Kunstwerken und Ausstattungsgegenständen für die Lutherstube. So erwarb Großherzogin Sophie zwei Porträts von Luthers Eltern und dem Reformator selbst von Lucas Cranach d. Ä.[59] Zu dieser Zeit mag auch der gotische Hängeschrank von Carl Alexander in Aachen angekauft worden sein.[60] Er ist jedenfalls auf einer Abbildung zu erkennen, die bald nach dem Einbau des neuen Kachelofens entstanden sein wird (Abb. 9). Der Ofen wurde aus Kacheln des 17. Jahrhunderts zusammengesetzt, die im „Bauschutte auf dem Burghofe" aufgefunden worden waren.[61] Ihre Provenienz und nicht das Alter – sie waren erst 100 Jahre nach Luthers Aufenthalt entstanden – spielte bei der Auswahl wohl die entscheidende Rolle. Der Genius loci der Wartburg sollte so stärker betont werden.

---

[59] Vgl. BAUMGÄRTEL, (wie Anm. 8), S. 501, S. 628-630.
[60] Zur Provenienz aus Aachen vgl. Bau- und Kunst-Denkmäler Thüringens. Großherzogtum Sachsen-Weimar-Eisenach, III. Band, 2. Abteilung. Verwaltungsbezirk Eisenach. Die Wartburg, von G. Voss, Jena 1917, S. 210.
[61] Vgl. BAUMGÄRTEL, (wie Anm. 8), S. 501.

Abb. 10: Die Lutherstube auf der Wartburg, Blick auf die Ostwand, altguaschierte Lithographie, nach 1853

Zusammenfassend lässt sich sagen, dass in den 1840er Jahren zahlreiche Gegenstände in die Stube gelangten. Neben Briefen und Gegenständen aus dem angeblichen Besitz des Theologen wurden bald auch weitere Exponate, wie etwa Medaillen und Gedichte auf Luther, ausgestellt.[62] Schließlich waren es aber gerade auch dekorative Exponate, die für die Ausstattung herangezogen wurden (Fürstenstuhl, Hängeschrank, Ofen). Bei der Auswahl spielten das Alter, stilistische Aspekte oder die Provenienz (etwa bei den Ofenkacheln) eine Rolle. Das Vorbild für die Umgestaltung der Lutherstube gaben die benachbarten, geschmackvoll eingerichteten Wohnungen von Arnswalds und des Großherzogspaares. Entsprechend wurde die vormals eher nüchterne Zelle zum wohnlich wirkenden Raum ausgebaut, wobei – wie bei der gesamten Wiederherstellung der Burg – auch museale Konzepte eine entscheidende Rolle spielten.

In den 1850er Jahren füllte sich die Lutherstube noch mehr (Abb. 10). Zahlreiche Lutherporträts unterschiedlicher Qualität und Provenienz zierten die Wände,[63] dazu kamen

---

[62] So etwa die Medaille und ein Gedicht im Rahmen aus dem Holz der Lutherbuche in Altenstein, die 1842 von Ludwig Bechstein gestiftet wurden. Vgl. Archiv der Wartburgstiftung Eisenach, Akte Hs 30.

Druckgraphiken, kunstgewerbliche Gegenstände und Lutherreliquien. Bald wurde den staunenden Besuchern etwa neben der Rüstung (über der Tür) auch das Schwert des Junker Jörg präsentiert. Als wichtiges Ausstattungsstück kam 1853 das sogenannte Lutherbett hinzu, das aus Rudolstadt erworben wurde. Das Bett stammt angeblich aus dem Gasthaus „Zum Stiefel", wo Luther einst übernachtet haben soll. Es wird aber erst nach Luthers Tod entstanden sein.[64] Die Erwerbung eines Bettes für die Lutherstube ist offenbar eine verspätete Reaktion auf den 1817 erfolgten Wegfall der Schlafkammer. Es war offensichtlich erwünscht, dem Besucher auch den Schlafplatz Luthers präsentieren zu können. 1853 wurde für die Lutherstube auch noch ein „gotischer Drehstuhl" aus Nürnberg erworben.[65] Im Schreiben des Antiquitätenhändlers Galimberti wird das Möbelstück nicht als Lutherstuhl bezeichnet, doch erlebte es unter diesem Namen eine beachtenswerte Renaissance in den Katalogen von Schreinereien und Möbelfabriken.[66] Schließlich gelangten noch zahlreiche weitere Möbelstücke, vorzugsweise Schränke und Truhen in die Stube. Nach der Intention des Großherzogs sollte der Raum nämlich nicht nur memoriale und museale Aufgaben erfüllen, sondern – wie die gesamte Burg – auch einer praktischen Nutzung dienen. Dementsprechend wurde in der „Truhe unter den Fenstern (…) eine Sammlung älterer Bibelausgaben nach Luthers Übersetzung aufbewahrt, und der reich geschnitzte gotische Schrank (…) [enthielt die] Akten der ‚Deutschen Evangelischen Kirchenkonferenz'".[67] Durch die praktische Verwendung historischer Räume – sei es zur Hofhaltung, als Museum, Bibliothek oder auch als Archiv für kirchliche Akten – sollte die Vergangenheit des Gebäudes in die Gegenwart fortgeführt werden. Um die Burg nicht in eine museale Starre verfallen zu lassen, legte der Großherzog auch großen Wert darauf, das Denkmal regelmäßig selbst zu bewohnen.[68] Bis zum Beginn des 20. Jahrhunderts wurde die Lutherstube immer reicher ausgestattet (Abb. 11). Neben Staatsgeschenken, Stiftungen von Kirchengemeinden und Privatpersonen spielten auch persönliche Geburtstagsgeschenke für den Großherzog eine Rolle.[69] Auf Ansichten des ausgehenden Jahrhunderts ist der stetige Zuwachs des dort aufgestellten Inventars zu beobachten, ohne dass sich die Konzeption grundsätzlich verändert hätte.

---

63 Das Wartburginventar von 1849 nennt bereits sechs Gemälde mit Lutherporträts auf der Burg. Vgl. Archiv der Wartburgstiftung Eisenach.
64 Vgl. ASCHE (wie Anm. 43), S. 12.
65 Brief des Antiquitätenhändlers P. Galimberti an Burghauptmann v. Arnswald vom 28. 12. 1853, Archiv der Wartburg, Akte KM 170, Bl. 125.
66 Vgl. BÄRBEL KLEINDORFER-MARX, Der „Lutherstuhl". Zur Popularisierung eines Möbeltyps im 19. Jahrhundert, in: HARDY EIDAM, GERHARD SEIB (Hrsg.), „Er fühlt der Zeiten ungeheuren Bruch und fest umklammert er sein Bibelbuch …". Zum Lutherkult im 19. Jahrhundert, Berlin 1996, S. 118-122.
67 Zit. BAUMGÄRTEL (wie Anm. 8), S. 501.
68 Vgl. PAUL WEBER, Alte und neue Kunstwerke auf der Wartburg, in: BAUMGÄRTEL (wie Anm. 8), S. 593.
69 Vgl. die Einträge in dem im Archiv der Wartburg bewahrten Inventar der Lutherstube von 1876 sowie die bei BAUMGÄRTEL (wie Anm. 8), gemachten Angaben zu der Provenienz einzelner Inventarstücke.

Abb. 11:
Die Lutherstube der Wartburg im Zustand vor 1953, Blick auf die Nordwand, historische Fotografie

Die Ausstattungsgeschichte der Lutherstube entspricht in ihren Grundzügen der allgemeinen Entwicklung auf der Wartburg, deren Maxime Max Baumgärtel wie folgt beschrieb: „Einrichtung der Innenräume im Stile ihrer Architektur zur wohnlichen Nutzbarkeit für die Hofhaltung des Burgherrn; Ausgestaltung der ganzen Burg auf historischer Grundlage unter Zusammenwirkung aller bildenden Künste zu einem Kunstwerk von monumentaler Bedeutung, zu einem Denkmal großer deutscher Kunstepochen."[70] Beachtenswert ist vor allem, dass die Burg nicht nur ein Denkmal ihrer eigenen Geschichte sein sollte, sondern

---

[70] Vgl. BAUMGÄRTEL (wie Anm. 8), S. 322.

Die Lutherstube auf der Wartburg

Abb. 12:
Blick in das
Pirckheimerstübchen
mit der Ausstattung
des 19. Jahrhunderts,
Fotografie um 1900

darüber hinaus auch die Entwicklung der deutschen Kunstepochen vom Mittelalter bis zur Renaissance darzustellen hatte. Dabei spielten zweifellos neben ästhetischen Beweggründen auch didaktische Motive eine entscheidende Rolle. Dem Besucher sollte sich beim Betreten der Vogtei die Welt der Reformationszeit offenbaren, nachdem er auf seinem Rundgang schon die Kunst der Romanik (Palas) und Gotik (Torhalle und Dirnitz) durchwandert hatte. Die Visualisierung der Vergangenheit wurde auf der Wartburg also vor allem vor dem Hintergrund der Kunstgeschichte gewährleistet. Neben der Historie sollte – wie in einem Kunstgewerbemuseum – die Abfolge der Kunstepochen vermittelt werden. Beachtenswert ist, dass die historische Lutherstube in diesem Sinne bewusst in einen auf

Abb. 13: Blick in das mittlere Reformationszimmer (Entwurf: Hugo von Ritgen), Fotografie um 1900

sie bezogenen räumlichen und inhaltlichen Zusammenhang gestellt wurde, der sich schließlich auf das gesamte Obergeschoss der Vogtei ausdehnte.

Der Gesamtkomplex des Reformationsflügels kann an dieser Stelle nur knapp beschrieben werden. Seine Konzeption als Gegenpol zum romanisch-katholischen Palas scheint schon früh angelegt gewesen zu sein. So waren die Wohnräume im Ritterhaus und der Vogtei ja schon um 1840 einheitlich im Stil des 16. Jahrhunderts ausgestattet worden.

1863 schenkte Großherzogin Sophie ihrem Gatten das in Nürnberg angekaufte Studierzimmer Willibald Pirckheimers (Abb. 12).[71] Der Humanist sympathisierte anfänglich mit Luther, wandte sich aber schon bald wieder von der Reformation ab. Carl Alexander ließ die hölzerne Stube in der Vogtei südlich des Treppenhauses einbauen (siehe Abb. 8). Für den angrenzenden Raum konnte dann im April 1872 – ebenfalls aus Nürnberg – ein hölzernes Chörlein erworben werden.[72] Dieser Erker prägt noch heute den Außenbau der Vogtei. Der Erkerraum wurde mit Wandvertäfelungen und Bemalungen reich ausgestattet und zu einer Bibliothek ausgebaut, deren Bestände sich besonders auch auf die Reformationszeit bezogen.

---

[71] Vgl. ebd., S. 495-497.
[72] Vgl. ebd., S. 497.

Nachdem das großherzogliche Paar 1870 seine neuen Wohnräume in der Neuen Kemenate bezogen hatte, wurden die Zimmer in der Vogtei ganz dem Andenken des Reformators gewidmet, sollten aber auch weiterhin Wohnzwecken dienen. Hugo von Ritgen entwarf ab 1871 eine reiche Raumausstattung im Stil der Lebenszeit Luthers. Neben Antiquitäten wurden auch zahlreiche neu geschaffene Möbel aufgestellt (Abb. 13). Die beiden ersten Räume waren im Stil Dürers gestaltet. Parallel zum Lebensweg des Reformators sollte die Ausstattung den Wandel der Stilabfolgen beschreiben. Der erste Raum war spätgotisch gestaltet. Der mittlere war dem Stil der Frührenaissance mit „überwiegend antiken Formen" verpflichtet. Der letzte Raum verkörperte den Stil der „feineren deutschen Frührenaissance".[73] Parallel zur stilistischen Entwicklung der kunstgewerblichen Ausstattung wurde das Leben Luthers in fünfzehn Historiengemälden dargestellt. Im Zusammenhang dieses Umbaus entstand auch die 1817 zerstörte Schlafkammer wieder neu (vgl. Abb. 2 und 8). Sie diente zugleich als Zugang von den Reformationszimmern in die Lutherstube. Auch in diesem Sinne waren die Reformationszimmer der originalen Stube als Einführung in Leben und Lebenszeit Luthers zugeordnet. Neben den Reformationszimmern dienten auch Pirckheimerstübchen, Bibliothek, Gänge und Vorräume, die mit Sprüchen, Wappen, Ritterrüstungen und Porträts der Reformationszeit ausgestattet waren, der Veranschaulichung des geistesgeschichtlichen und historischen Umfelds des 16. Jahrhunderts.

Im 20. Jahrhundert wurde die Umgestaltung und Ausstattung der Burg zunehmend kritisch bewertet. Feierte das Wartburg-Werk Max Baumgärtels die Burg noch 1907 als gelungenes Gesamtkunstwerk, so meinte Hans von der Gabelentz in den 1930er Jahren bereits, die historistische Gestaltung in Schutz nehmen zu müssen. Er bezeichnete Carl Alexander als Romantiker und bemerkte, dass der Umbau nur unter diesem Aspekt beurteilt werden könne. Auch wenn neuere Methoden der Burgenforschungen die Restaurierung Hugo v. Ritgens teilweise in Frage stellten, liege in der „Spannung zwischen Burgenromantik und Burgengeschichte doch ein eigener Reiz".[74] Mit dem Ende des Zweiten Weltkriegs hatte die Romantik auf der Burg aber ihr Ende. Die historistische Ausstattung – gerade auch die der Lutherstube – geriet zunehmend in Verruf. 1950 kommentierte Louis Fürnberg: „Die Wartburg ist (…) das Symbol des deutschen Kleinbürgers der Bismarckschen und Wilhelminischen Ära, des Vorfahren aller Hitlerjungen, aus denen später die grauenhaften Erwachsenen wurden (…)." Weiter fährt er fort: „Auch sonst gab es Marterwerkzeug da oben, eingelegte Kästchen aus dem 19. Jahrhundert, altdeutsche Stühle, auf denen Landgraf Hermann saß, die Bezüge stammen aus der Weberei Schimmelpfennig AG. Ferner sahen wir das Bett, in dem Luther nachweisbar nicht geschlafen hat und zwei echte

---

[73] Vgl. ebd., S. 505.
[74] Vgl. GABELENTZ (wie Anm. 8), S. 12 f.

Abb. 14:
Die Lutherstube der Wartburg, Fotografie, nach 1953

Kopien nach Lukas Cranach. Der Ofen, an dem sich Luther zu wärmen pflegte, (…) stammt aus dem Jahr 1828 und war von seinem ehemaligen Besitzer (…) auf den Mist geworfen worden, weil er Geschmack hatte."[75]

In den Jahren 1952/53 wurde die Lutherstube dann geräumt, die zahlreichen Inventarstücke zum Großteil entfernt (Abb. 14). Übrig blieben nur der Tisch, der Walwirbel, eine Bibel mit Eintragungen Luthers und anderer Reformatoren, ein Holzschnitt des

---

[75] Louis Fürnberg, Eisenach, November 1950, in: Das Jahr des vierblättrigen Klees. Skizzen, Impressionen, Etüden, Berlin 1960, S. 72 f., zit. nach Jutta Krauss, Die Wartburg als Feldversuch einheits- und kulturpropagandistischer Bestrebungen nach dem Zweiten Weltkrieg (1945-1960), in: Wartburg-Jahrbuch 1996, 129-152, hier S. 138.

Junker Jörg von Lucas Cranach sowie die „Hochzeitsbilder", Porträts von Luther und Katharina von Bora.[76] Hart traf es auch die Reformationszimmer und die Bibliothek. Ihre reiche Ausstattung kam ins Depot oder wurde in den übrigen Räumen der Burg verstreut. Hingegen wurde die fest montierte Raumausstattung zum größten Teil zerstört und die Örtlichkeiten als nüchterne Ausstellungsräume genutzt. Die ehemaligen Reformationszimmer wurden schließlich als karge Bibliothek eingerichtet, die prachtvollen Decken und Wandverkleidungen gingen verloren. Sogar das historische Pirckheimerstübchen wurde aus der Vogtei verbannt.

Sigfried Asche, damals verantwortlicher Direktor der Wartburg, begründete die einschneidende Umgestaltung der Lutherstube, wobei seine Argumentation auch auf die übrigen Räume des Reformationsflügels übertragbar ist: „Die vielen (…) Stücke, die man nach und nach in die Lutherstube hineinbrachte, waren teils plumpe Fälschungen, wie der sogenannte Lutherstuhl, oder die Kleinigkeiten hatten mit Luther gar nichts zu tun, (…) oder sie waren hochbedeutende Denkmäler, die nunmehr in der Vielzahl der dicht an dicht aufgehängten Andenken ohne jede Wirkung bleiben mußten. Es war eine unerläßliche Forderung, sie auf neue Weise zu direkter Zwiesprache mit dem Beschauer bereitzumachen. (…) Nur der Entschluß, ausschließlich die originalen Kunstwerke aus der Reformationszeit (…) aufzustellen, (…) konnte die Rettung bringen."[77]

Nach der drängenden Fülle der dargebotenen Artefakte wirkte die Lutherstube nach 1953 nüchtern (Abb. 14). Zwar wurden die wertvollen Exponate später in dem gesonderten Bereich des Wartburgmuseums in der Dirnitz nach damals aktuellen museumsdidaktischen Kriterien präsentiert,[78] doch bot sich dem Besucher in der historischen Stube wenig Anregung, die Zusammenhänge der Reformationszeit anschaulich zu erfahren. Auch wurde die propagierte Authentizität der Stube durch die Purifizierung nur in gewissem Umfang erreicht. Die wenigen, nun gezeigten Ausstattungsstücke hatten sich ja auch nicht zur Lebenszeit Luthers hier befunden. Die reduzierte Gestaltung war also selbst nur eine freie Rekonstruktion des angenommenen früheren Zustands. An die Stelle der überreichen „fürstlichen" Präsentation und Repräsentation trat nun eine neue Interpretation des Reformators. Mit Hilfe der Reduzierung wurde der asketische oder auch „proletarische" Aspekt Luthers betont.

Heute sind der Lutherstuhl und ein von Ritgen ergänzter Schrank in die Stube zurückgelangt. Auch die Schlafkammer Luthers ist kürzlich umgebaut worden und kann nun vom Luthergang aus eingesehen werden. Durch diese Maßnahmen ist der funktionale Kontext

---

[76] Vgl. ASCHE, (wie Anm. 43), S. 13.
[77] Vgl. ebd., S. 17.
[78] Vgl. HELGA HOFFMANN, Zur Neugestaltung des Wartburgmuseums, in: Neue Museumskunde 14 (1971), S. 267-278.

des ehemaligen Wohnraums wieder stärker in den Vordergrund gerückt. Die Vermittlung von Inhalten zu Luthers Aufenthalt ist aber weiterhin vom historischen Ort getrennt, der sich primär als Träger von Stimmung und Atmosphäre präsentiert.

In diesem Aufsatz wurde die Geschichte der Lutherstube auf der Wartburg über einen Zeitraum von vier Jahrzehnten hinweg ansatzweise nachgezeichnet. Die Lutherstube kann dabei für sich den Anspruch erheben, allgemeine Tendenzen der Musealisierung und Ausstattungspraxis zu veranschaulichen. Im 16. Jahrhunderten vorerst nur in Inventaren erwähnt, aber schon häufig besucht, entstanden dann im 17. Jahrhundert erste museale Konzepte, die sich parallel zur praktischen Nutzung der Gefängniszelle etablierten. Seit 1817 kann die Lutherstube als autonomer Gedenkort gelten, da nun eine weitere Gefängnisnutzung ausgeschlossen war. Ihre Ausstattung im tatsächlichen oder vermeintlichen Stil der Lutherzeit entsprach dabei zunehmend musealen Ansprüchen. Zugleich wurden auch fürstliche Maßstäbe einer adäquaten Wohnnutzung an die Ausstattung angelegt.

Auch die Kritik des 20. Jahrhunderts an der Wartburg, besonders auch an der Lutherstube, ist eine zeittypische Reaktion. In der Mitte des 20. Jahrhunderts kam es zu zahlreichen Zerstörungen von historistischen Gebäuden und Innendekorationen. Beispiele hierfür sind im Bereich der Luthergedenkstätten etwa die Lutherzelle im Augustinerkloster in Erfurt und die Umgestaltung des großen Hörsaales im Lutherhaus zu Wittenberg. Ab den 1970er Jahren wurde der Historismus wieder zunehmend respektiert. Entsprechend wurde auf der Wartburg die historistische Gestaltung im späten 20. Jahrhundert zumindest in Ansätzen rekonstruiert. Das Pirckheimerstübchen gelangte an die ihm in den 1860er Jahren zugewiesene Stelle zurück und durch eine – wenn auch stark begrenzte – Remöblierung erfuhr die Lutherstube eine Annäherung an die reichere Ausgestaltung des 19. Jahrhunderts. Gleichwohl ist der Versuch Carl Alexander von Sachsen-Weimars, den zahlreichen Wartburgbesuchern am historischen Ort das „Nacherleben" geschichtlicher Ereignisse – in Verbindung mit einer Einführung in die Kunst- und Kulturgeschichte der Reformationszeit – zu ermöglichen, nur noch andeutungsweise nachzuvollziehen.

Uta Kornmeier

Luther in effigie, oder: Das „Schreckgespenst von Halle"

Am 22. April 1927 erinnert der Hallenser Stadtpfarrer Johannes Fritze in der Frankfurter Zeitung an eine ganz besondere Ausprägung der Lutherinszenierung in seinem Gotteshaus: „Die Hauptkirche von Halle a. d. Saale, die Marienkirche am Markt, (...) birgt in ihrem Inneren eine viel besprochene Merkwürdigkeit: eine lebensgroße Lutherfigur, die mit Talar und Barett angetan auf einem altertümlichen Stuhl an einem Tische sitzt, auf dem eine von Luther der Kirche geschenkte Bibel (...) liegt, die Luthers eigenhändige Widmung trägt (...). Die einen nennen es verächtlich das ‚Luthergespenst von Halle', andere sehen in ihm ein wertloses panoptikumartiges Gebilde etwa aus der Wende des 16. und 17. Jahrhunderts, wieder andere glauben es als ein höchst wertvolles und interessantes Kunstwerk eines italienischen Meisters ansehen zu dürfen."[1] Tatsächlich bestand das Lutherporträt (Abb. 1), wie die Ausstellungsstücke in einem Wachsfigurenkabinett auch, aus einem in Wachs gegossenen Kopf und ebensolchen Händen. Die Wachsteile waren auf ein körperähnlich ausgepolstertes Holzgerüst gesteckt, das durch die Kleidung verdeckt wurde.[2] Der Wachskopf war mit eingesetzten Haaren, Augenbrauen und Wimpern sowie mit bemalten Glasplättchen als Augen illusionistisch zurechtgemacht, die Arme beweglich, so dass verschiedene Haltungen eingestellt werden konnten. Während der Körper aus billigen Materialien bestand, waren die Wachsteile, so die Überlieferung, mit Hilfe von Gipsabgüssen entstanden, die man Luther selbst bei seinem Tod 1546 abgenommen hatte. Da die Bildhauer und Goldschmiede Italiens die Technik des Naturabgusses über dem

---

[1] J[OHANNES] FRITZE, Die Luthermaske von Halle, in: Frankfurter Zeitung, 1. Morgenblatt, 22. 4. 1927. Die Figur befand sich erst seit 1924 in der Kirche selbst, zuvor war sie in der neben der Kirche gelegenen Marienbibliothek ausgestellt, HEINRICH L. NICKEL, Die Totenmaske Martin Luthers, in: DERS. (Hg.), Die Marienbibliothek zu Halle. Kostbarkeiten und Raritäten einer alten Büchersammlung, erweiterte Neuauflage, Halle 1998, S. 45-48, hier S. 47.

[2] Bei einer Untersuchung fand man, dass der Wachskopf zum Einsetzen in den aus Leinen und Werg gefertigten Körper auf einen Eichenholzstil montiert wurde, HANS HAHNE, Luthers Totenmaske, in: Luther. Vierteljahrsschrift der Luthergesellschaft 13 (1931), S. 74-79, hier S. 74. Zur Herstellung von Wachsfiguren siehe ANTHONY HARVEY / RICHARD MORTIMER, The Funeral Effigies of Westminster Abbey, Woodbridge 1994, sowie ANITA LESLIE / PAULINE CHAPMAN, Madame Tussaud. Waxworker extraordinary, London 1978, S. 101-102.

Abb. 1:
Die Lutherfigur in der Marienbibliothek in Halle, Fotografie von Fritz Möller, 1917

lebenden oder toten Körper seit spätestens dem 15. Jahrhundert hervorragend beherrschten,[3] konnte man bei der Herstellung der Totenmaske tatsächlich an einen italienischen Künstler denken. Anfang des 20. Jahrhunderts war dann der Zustand des Porträts dem empfindlichen Material gemäß schlecht – das Gesicht war unnatürlich verfärbt, Staubab-

---

[3] NORBERTO GRAMACCINI, Das genaue Abbild der Natur – Riccios Tiere und die Theorie des Naturabgusses seit Cennino Cennini, in: Natur und Antike in der Renaissance, Ausst.-Kat. Liebighaus, Museum alter Plastik, Frankfurt am Main, 1985, S. 198-225 und S. 534-549.

lagerungen verzerrten die Mimik zu einem grimmigen Ausdruck. Zusammen mit der illusionistischen Täuschung und dem weiten schwarzen Gewand provozierte dies Spitznamen wie „Schreckgespenst" oder „Lutherschreck".[4]

In den Jahren um 1930 war die Lutherfigur nicht nur mit populären Namen versehen, sondern auch in Fachkreisen erstaunlich heftig umstritten.[5] Dabei ging es vor allem um die Zulässigkeit dieser illusionistischen Porträtfigur bei der Luther-Ehrung, denn man hatte Schwierigkeiten, die Figur in einen künstlerischen oder kulturellen Kontext einzuordnen. Das Zwiespältige an der Porträtfigur war, dass sie einerseits aus der als authentisch überlieferten und als „wahres" Abbild des Reformators geschätzten Totenmaske gearbeitet war, andererseits aber durch Alter und Materialermüdung in schlechtem Erhaltungszustand war und an die Schaustücke der Jahrmarktspanoptiken erinnerte, die ebenfalls durch jahrzehntelanges Ausstellen, mangelnde Pflege sowie fehlendes Interesse ihrer Schausteller einen bedauernswerten, lächerlichen oder gar abstoßenden Eindruck machten. Der Körper der historischen Figur war zudem zusammengesunken, denn er musste „mit einem Lederriemen an die hohe Lehne eines alten Renaissancestuhles angeschnallt" werden, um eine sitzende Haltung zu ermöglichen.[6] Die Perücke aus hellen kurzen Locken, die für das 18. Jahrhundert überliefert ist, war verschlissen und seit spätestens 1917 durch eine voluminöse Mütze ersetzt. Das Wachs selbst war nachgedunkelt, die Oberfläche glänzend abgerieben, Risse und Kratzer durchzogen das Gesicht.[7]

Da das Material Wachs eine große Ähnlichkeit mit menschlichen Hautoberflächen haben kann, schlägt der Naturalismus selbst eines gut gelungenen Wachsporträts bei Verschmutzung oder Beschädigung schnell ins Widerwärtige um. Jede Veränderung oder Verletzung der Wachsoberfläche wirkt durch die Nähe zu Haut und Fleisch wie eine Misshandlung oder Verwundung eines echten menschlichen Körperteils. An diesem unangenehmen Aussehen, der Assoziation zu billigen, gelegentlich betrügerischen Ausstellungspraktiken aus dem Schaustellergewerbe und der ungewohnten Kombination der Sphäre

---

[4] ERNST BENKARD zitiert den Namen „Lutherschreck" in seinem Artikel „Magie des Bildes" (Frankfurter Zeitung, 2. II. 1926). Den Ausdruck „Schreckgespenst von Halle" benutzt Ludendorff in ihrem antisemitischen Hetzwerk über Luthers Tod als angeblich volkstümliche Bezeichnung, MATHILDE LUDENDORFF, Der ungesühnte Frevel an Luther, Lessing und Schiller. Ein Beitrag zur deutschen Kulturgeschichte, München 1933, 3. Auflage, S. 36 und 38. Die Hallenser Pfarrer Fritze und Hasse geben dagegen zu Protokoll, das Wort sei in Halle „nicht gebräuchlich, – es scheint von bösem Willen geformt zu sein." Protokollbuch des Gemeindekirchenrats zu Unseren Lieben Frauen, eingelegtes maschinenschriftliches Protokoll zwischen S. 138 und 139.

[5] Neben Pfarrer Fritze äußerten sich die Kunsthistoriker Ernst Benkard und Johannes Ficker, der Anthropologe Hans Hahne sowie die „Deutschchristin" Mathilde Ludendorff, welche dem Pfarrer vorwarf, gemeinsam mit Luthers „Feinden" den Reformator durch die Porträtfigur lächerlich machen zu wollen.

[6] ERNST BENKARD, Das ewige Antlitz. Eine Sammlung von Totenmasken, Berlin 1929, 3. erweiterte Auflage, S. 67-68.

[7] Eine Fotoserie von Fritz Möller dokumentiert den Zustand der Maske und der ganzen Figur im Jahr 1917, Lutherhalle, Wittenberg: 4°XIX 8413 und 8414, auch Abb. 1, 10 und 11 in diesem Text.

des Vergnügens mit jener der Kirche entbrannte eine heftige Kritik. Vor allem aber war der historische und kulturelle Hintergrund des Wachsporträts in Vergessenheit geraten, weil man Wachsfiguren nur noch aus dem Panoptikum kannte. Die große Seltenheit der Sitzfigur und ihre historische Bedeutung wurden Anfang des 20. Jahrhunderts nicht erkannt. Besonders von der den Nationalsozialisten nahestehenden Ärztin Mathilde Ludendorff wurde der verantwortliche Pfarrer Fritze seit 1931 wegen der Aufstellung der Figur scharf angegriffen.[8] Offenbar auf diese Kritik hin wurde die Lutherfigur, die zu den ältesten in Deutschland erhaltenen Wachsfiguren zählte, wohl in der ersten Hälfte der 1930er Jahre demontiert und zerstört.[9]

Abgüsse von Luthers Leiche

Nicht nur der Zeitpunkt des Endes von Luthers Porträtfigur in Wachs liegt im Dunkeln, auch ihr genauer Ursprung kann nicht mehr ermittelt werden. Einzig ein Zahlungsbeleg vom 19. November 1663 hat sich in der Handschriftenabteilung der Universitätsbibliothek Halle erhalten. Er ist unterzeichnet von Lucas Schöne, vermutlich ein Hallenser Maler,[10] von dem außer diesem Schriftstück nichts bekannt ist. Schöne quittiert, dass „der Kürchvater zur lieben frauen und geheimter herr Peter Untzer zehen thaler von des D. Luthers biltnis in Wachs auff die Biblithec zu verfertigen mir dato endtrichtet und wol bezahlt" hat.[11] Seine Formulierung „verfertigen" ist so gelesen worden, dass er die Figur erstmals angefertigt hat,[12] doch widerspricht dem die Nennung der Figur in einem Kirchenrechnungsbuch am 18. November 1663, die besagt, man habe „vor H[errn] D[oktor] Luthers Bilde zu reparirn" zwölf Schock (entspricht zehn Taler) gezahlt.[13] Es ist unwahrscheinlich,

---

[8] LUDENDORFF (wie Anm. 4). Die Vorwürfe an die Kirchenleitung sind konzentriert in der dritten Auflage des Buches von 1933. Erste öffentliche Anklagen hatte Ludendorff bereits 1931 in der populären Zeitschrift Ludendorffs Volkswarte, Folge 2, 1931, sowie in den Folgen 3, 4, 5 und 13 erhoben.

[9] Heute sind einzig der Kopf und die Hände erhalten, die bereits 1926 an der Figur durch Kopien ersetzt und dann in der Sakristei der Marienkirche aufbewahrt worden waren, wo sie auch heute noch auf Anfrage zu besichtigen sind.

[10] Der Name Lucas, der von dem Evangelisten stammt, der als Maler des ersten Marienporträts galt und daher Schutzpatron der mittelalterlichen Malerzünfte war, legt die Vermutung nahe, Schöne sei ebenfalls Maler gewesen.

[11] Ausgestellt am 19. 11. 1663. Zitiert nach BERNHARD WEISSENBORN, Urkundliches zu der Lutherfigur in Halle. Ein wiedergefundenes Dokument, in: Blätter für Christliche Archäologie und Kunst 2 (1926), S. 47-48; NICKEL (wie Anm. 1), Anm. 5, S. 48.

[12] Zum Beispiel von WEISSENBORN (wie Anm. 11) und NICKEL (wie Anm. 1).

[13] Kirchenrechnungen der Marktkirche U[nserer] L[ieben] F[rauen], 1654-1669, S. 52 („Außgaben 1663/1664"), Marienbibliothek Halle, Ms 245.

dass ein semantisch so präzises Verb wie „reparieren" im Kirchenrechnungsbuch benutzt worden wäre, wenn es sich um eine völlige Neuanschaffung gehandelt hätte. Eher ist denkbar, dass Schöne das weniger genaue Verb „verfertigen" für einen umfangreichen Reparaturauftrag verwendete, der einem Neuaufbau der Figur gleichkam. Außerdem erscheint die Summe von zehn Talern verhältnismäßig gering für eine völlige Neuschöpfung des Porträts, also für die Herstellung eines Holzgerüstes und dessen körpernaher Auspolsterung, die Überarbeitung der Totenmaske zu einem lebendig erscheinenden Bildnis, die Ergänzung der Maske zu einem vollplastischen Kopf, das Einsetzen von Haaren für Frisur, Augenbrauen und Wimpern sowie das Arrangement von Körper, Kopf und Händen zu einer natürlichen wirkenden Haltung. Am 14. Dezember wies die Kirche „vor D. Luthers Kleidung" – also vor allem den Talar – noch einmal fast die Hälfte des Künstlerlohns an (5 Schock 5 Groschen und 6 Pfennige),[14] was die Summe von zwölf Schock oder zehn Talern ebenfalls gering erscheinen lässt, wenn mehr als eine Reparatur ausgeführt werden sollte. So liegt die Vermutung nahe, die Figur könnte schon vor 1663 hergestellt worden sein.

Luthers Totenmaske scheint jedenfalls unzweifelhaft der Figur zu Grunde gelegen zu haben. Obwohl es heißt, Luthers Leichnam sei in einen Zinksarg verschlossen worden,[15] und es auch keine zeitgenössischen Belege gibt, die von den Abgüssen von Gesicht und Händen berichten, ist es denkbar, dass diese noch vor der Einsargung veranlasst wurden – zum Beispiel von Justus Jonas, der beim Tod seines Freundes 1546 zugegen war und den in seiner Pfarrstadt Halle wohnenden Maler Lukas Furtenagel sofort nach Eisleben bestellte, um das Antlitz des Toten in einer Zeichnung festzuhalten (Abb. 2);[16] Furtenagel hat wahrscheinlich auch die Abgüsse gemacht. Da Luther von seinen Gegnern ein qualvolles Ende zur Strafe für seine „ketzerischen" Lehren prophezeit wurde, liegt nahe, dass die Totenmaske auch als protestantisches Propagandainstrument gedacht war: Mit ihr sollte Luthers friedvoller Tod dokumentiert und sein Gott gefälliger Lebenswandel bewiesen werden.

Dem Humanisten Jonas dürfte die antike Praxis der Totenmasken bekannt gewesen sein[17] die spätestens seit dem Erscheinen von Cennino Cenninis Künstlerhandbuch Ende

---

14 Kirchenrechnungen (wie Anm. 13), S. 53. Der Talar wurde 1817 ersetzt, ALFRED DIECK, Cranachs Gemälde des toten Luther in Hannover und das Problem der Luther-Totenbilder, in: Niederdeutsche Beiträge zur Kunstgeschichte 2 (1962), S. 191-218, hier S. 208.
15 CHRISTOF SCHUBART, Berichte von Luthers Tod und Begräbnis, Weimar 1917, S. 133.
16 NICKEL (wie Anm. 1), S. 45-46. Es gibt eine ausführliche Diskussion, ob die Maske noch in Eisleben oder erst beim Aufenthalt des Leichenzuges in Halle entstand, DIECK (wie Anm. 14), S. 213-214.
17 In den römischen Patrizierhäusern wurden zum Beispiel Wachsabgüsse von Totenmasken verstorbener Familienmitglieder zum ehrenden Andenken an die Toten aufbewahrt, JULIUS VON SCHLOSSER, Tote Blicke. Geschichte der Porträtbildnerei in Wachs. Ein Versuch, hrsg. von THOMAS MEDICUS, Berlin 1993, S. 17-20.

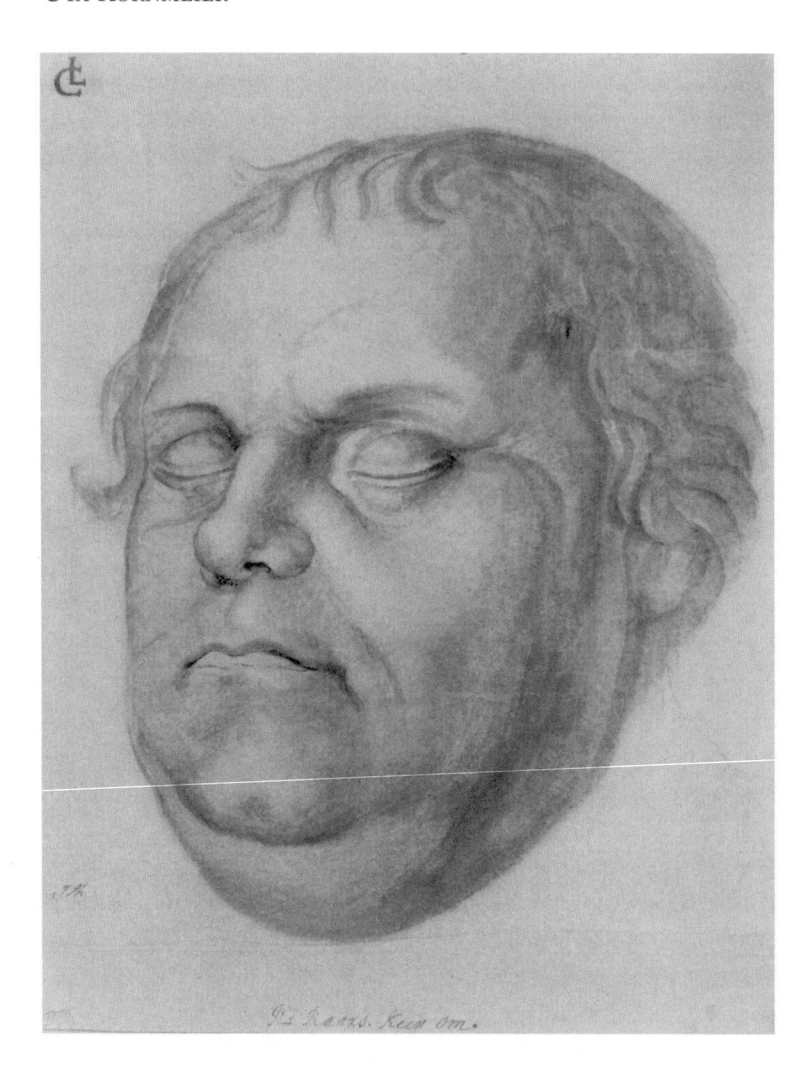

Abb. 2:
Luther auf dem Totenbett, Tuschezeichnung von Lukas Furtenagel

des 14. Jahrhunderts wieder geläufig war.[18] Eine der frühsten Totenmasken in Deutschland ist die Albrecht Dürers, 1528 in der Kunst- und Handelsmetropole Nürnberg entstanden. Sie ist nur aus dem Inventar einer verschollenen Sammlung von Dürer-Werken bekannt: „sein todt contrafect von gibs ubr sein angesicht geformpt, als er 3 tag ist undr erden gelegen, sampt ein abgus von seinr handt".[19] Nach dem Tod des schon zu Lebzeiten hoch ver-

---

[18] Die frühsten erhaltenen neuzeitlichen Totenmasken Italiens, wie die des Heiligen Bernadino da Siena oder des Architekten Filippo Brunelleschi, stammen aus der Mitte des 15. Jahrhunderts und dienten als Gedächtnisstütze für postume Porträts, BENKARD (wie Anm. 6).

[19] JOSEPH MEDER, Neue Beiträge zur Dürer-Forschung, in: Jahrbuch der kunsthistorischen Sammlungen des allerhöchsten Kaiserhauses in Wien 23 (1902), S. 53-69, hier S. 65. Die früheste Quelle für die Abgüsse datiert vierzehn Jahre nach Dürers Tod.

ehrten Künstlers sollen Freunde gegen den Willen von Dürers Frau Agnes dem Toten bei einer heimlichen Exhumierung die Abgüsse abgenommen haben. Interessanterweise wurde nicht nur das Gesicht Dürers festgehalten, sondern, wie bei Luther, auch die Hand, mit der er seine Kunstwerke schuf. Obwohl sich kein Exemplar der Maske erhalten hat, ist die Überlieferung glaubwürdig, denn die aus Italien stammende, innovative künstlerische Technik des Natur- und Körperabgusses war in der ersten Hälfte des 16. Jahrhunderts vor allem bei den Nürnberger Goldschmieden wohl bekannt und praktiziert. So wird von Wenzel Jamnitzer berichtet, dass er kleine Tiere und Blätter naturalistisch über der Natur abformte, in Gold und Silber goss und seine Pokale und Tischgeschirre damit zierte. Die Technik hatte er vermutlich von dem Handwerker und Erfinder Hans Lobsinger gelernt, der auch Abgüsse menschlicher Körperteile in Gips und Wachs angefertigt haben soll.[20]

Lukas Furtenagel stammte aus Augsburg, einer weiteren bedeutenden süddeutschen Kunst- und Handelsstadt, wo er mit Totenmasken und Körperabgüssen in Kontakt gekommen sein wird. Möglicherweise planten er und Jonas, mit Hilfe der Leichenabgüsse eine Grabfigur Luthers anzufertigen, wie sie in Frankreich und England auf Fürstengräbern vorkamen. So waren zum Beispiel die liegenden Porträtfiguren auf dem Grab des französischen Königs Ludwig XII. und seiner Frau, welche die Brüder Giusto aus Florenz 1512 schufen, wahrscheinlich mit Hilfe von Körperabgüssen hergestellt worden.[21] Auch bei der Liegefigur für das Grab des Grafen Hoyer IV. von 1541 in der Eislebener Andreaskirche, die Luthers Sterbehaus fast gegenüberlag, vermutet man die Verwendung einer Totenmaske.[22] Beim Tod von König Franz I. 1547 und seinem Sohn Heinrich II. 1559 ist die Anfertigung von Totenmasken durch den Hofkünstler François Clouet sogar schriftlich belegt.[23] Diese Abgüsse dienten der Anfertigung von ephemeren Schaufiguren, sogenannten Funeraleffigies, welche bei den langwierigen Bestattungszeremonien als illusionistischer Ersatz der Leichen präsentiert wurden, um das entstandene Machtvakuum zu überbrücken.[24] Die wohl eindrucksvollste, heute nur mehr als Büste erhaltene Funeraleffigie ist die des englischen Königs Heinrich VII. von 1509 (Abb. 3). Der italienische Künstler Pietro Torrigiani fertigte ihr Gesicht direkt aus einer Totenmaske. Kopf und Hände waren aus

---

[20] ERNST KRIS, Der Stil „rustique". Die Verwendung des Naturabgusses bei Wenzel Jamnitzer und Bernard Palissy, in: Jahrbuch der kunsthistorischen Sammlungen in Wien, N.F. 1 (1926), S. 137-208, hier bes. S. 141-143, 146; GRAMACCINI (wie Anm. 3).
[21] KRIS (wie Anm. 20), S. 142, Anm. 22.
[22] SIBYLLE BADSTÜBNER-GRÖGER/PETER FINDEISEN (Hg.), Martin Luther. Städte, Stätten, Stationen. Eine kunstgeschichtliche Dokumentation, Leipzig 1983, S. 16. Hier wird Graf Albrecht VII. von Mansfeld als Planer einer Grabfigur Luthers nach der Totenmaske vermutet.
[23] BENKARD (wie Anm. 6), S. XIV; KRIS (wie Anm. 20), S. 142.
[24] Zur politischen Funktion der Effigies RALPH E. GIESEY, The Royal Funeral Ceremony in Renaissance France, Genf 1960; ERNST H. KANTOROWICZ, Die zwei Körper des Königs. Eine Studie zur politischen Theologie des Mittelalters, Stuttgart 1992, S. 415-432.

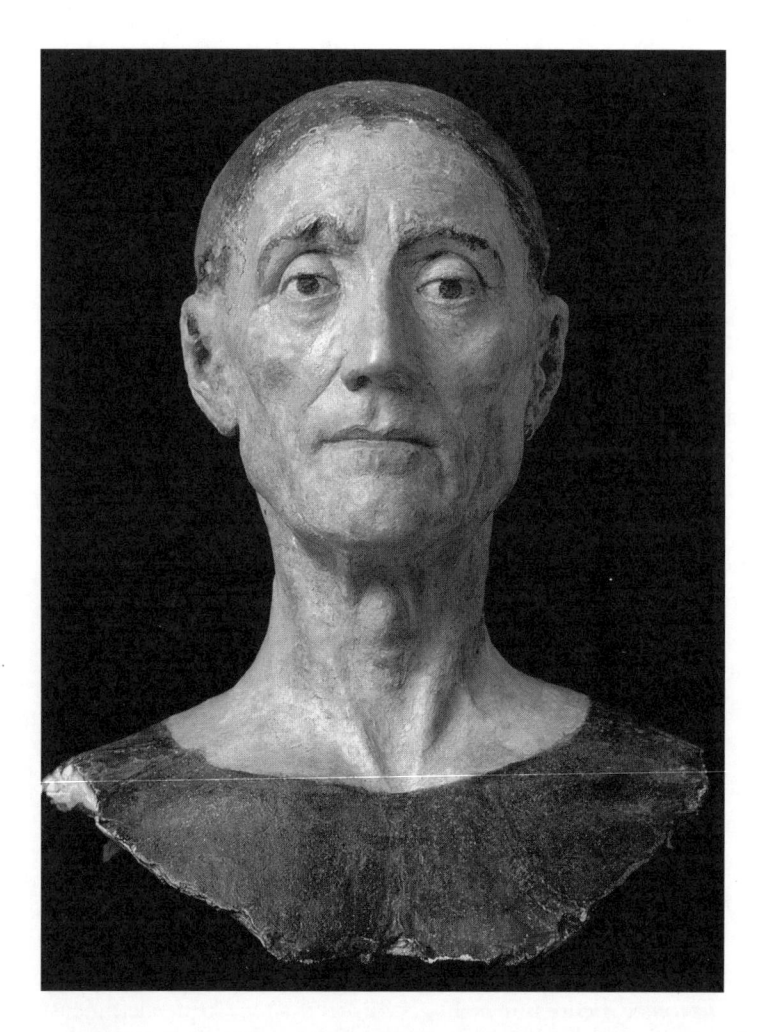

Abb. 3:
Funeraleffigie
Heinrichs VII.
von Pietro Torrigiani
aus Gips und Holz, 1509

naturalistisch bemaltem Gips gefertigt, der Körper bestand aus einem mit Stroh umwickelten Holzgerüst, das in gipsgetränkte Leinwand eingeschlagen war – ganz ähnlich sollte später die Lutherfigur angefertigt werden. Jedoch benutzte Torrigiani die Totenmaske nicht nur als Grundform für das Gesicht der Effigie, sondern auch als Vorlage für eine Porträtbüste des Königs in bemalter Terracotta sowie für die monumentale Bronzefigur auf seinem Grab in Westminster Abbey.[25]

Eine solche ephemere Schaufigur könnten Jonas und Furtenagel vorgeschwebt haben, als sie nicht nur Luthers Gesicht, sondern auch seine beiden Hände abformten. Außerdem

---

[25] CAROL GALVIN / PHILLIP LINDLEY, Pietro Torrigiano's portrait bust of King Henry VII, in: The Burlington Magazine 130 (1988), S. 892-902; HARVEY/MORTIMER (wie Anm. 2), S. 51-54. Als eigenständige, unbearbeitete Andenken an den Verstorbenen tauchen Totenmasken erst Ende des 18. Jahrhunderts auf, BENKARD (wie Anm. 6), S. XXXVII.

hätten die Abgüsse Bildhauern als Vorlage für eine naturalistische Grabmalsskulptur dienen können. Vielleicht war auch schon an ein öffentlich zugängliches Sitzdenkmal Luthers bei der Arbeit gedacht, denn die rechte Hand war in Schreibhaltung geformt, während die Finger der linken aufgespreizt waren, als hielten sie die Seiten eines Buches nieder. Als eigenständiges Denkmal für einen Gelehrten wäre dies eine große Neuheit gewesen, denn bis zum Ende des 18. Jahrhunderts waren Denkmalsstatuen weitgehend auf die Darstellung von Königen und Feldherren begrenzt.[26] Furtenagel, der mit dem Projekt wohl leitend betraut gewesen wäre, verließ jedoch Mitte Juni 1546 Halle, um in seine Heimat zurückzukehren[27] und stand demnach für die Ausführung nicht mehr zur Verfügung. Daneben spielten wohl auch andere Gründe eine Rolle, dass ein Grabmals- oder Gedenkprojekt nicht realisiert wurde. Man fürchtete wahrscheinlich, das Lutherdenkmal könnte als Heiligenbild oder als lebensgroße Votivfigur[28] missverstanden werden und damit das Ansehen Luthers und die Glaubwürdigkeit der Reformation beschädigen. Zudem wurde 1547 die Stadt Halle vom kaisertreuen sächsischen Herzog Moritz besetzt, der den reformatorisch gesinnten Jonas sofort der Stadt verwies, so dass auch er das Projekt nicht mehr durchsetzen konnte. Ob er die Leichenabgüsse vorher in seiner Pfarrkirche am Markt versteckte, oder sie erst nach seinem Tod wieder nach Halle kamen, ist unbekannt.

Wachsfigur

Irgendwann im Laufe des 17. Jahrhundert entstand dann aus dem Wachsausguss der Totenmaske und der Handformen eine Sitzfigur, die als Sehenswürdigkeit montiert und in der 1552 gegründeten Hallenser Marienbibliothek, wo die Schriften Luthers und der Reformatoren gesammelt wurden, aufgestellt wurde – vielleicht aus Anlass der Fertigstel-

---

[26] Gelehrtendenkmäler waren zwar schon seit der Antike bekannt, wurden aber vor allem nicht öffentlich zugänglich in Bibliotheken aufgestellt. Erst 1621 wurde ein öffentliches Denkmal für Erasmus von Rotterdam auf dem Marktplatz seiner Heimatstadt aufgestellt, Wilhelm Weber, Lutherdenkmäler – Frühe Projekte und Verwirklichungen, in: Denkmäler im 19. Jahrhundert. Deutung und Kritik, hrsg. von Hans-Ernst Mittig/Volker Plagemann, München 1972, S. 183-215, hier S. 183-184.
[27] Ulrich Thieme / Felix Becker (Hg.), Allgemeines Lexikon der bildenden Künstler 12 (1916), S. 602.
[28] Votivfiguren waren Skulpturen, die auf Grund eines Versprechens (lat.: ex voto) für göttliche Intervention (Errettung aus Gefahr, Genesung von Krankheit etc.) als Stellvertreter ihrer Stifter der Muttergottes oder einem Heiligen gestiftet wurden, Adolf Reinle, Das stellvertretende Bildnis. Plastiken und Gemälde von der Antike bis ins 19. Jahrhundert, Zürich, München 1984, S. 10-29. Besonders in der Santissima Annunziata in Florenz befanden sich seit dem Anfang des 15. Jahrhunderts Hunderte solcher lebensgroßer Porträtfiguren, die z. T. auch mit Hilfe von Gesichtsabgüssen angefertigt wurden, Schlosser (wie Anm. 17), S. 57-63; Aby Warburg, Bildniskunst und florentinisches Bürgertum, Leipzig [1902].

lung des Aufsehen erregenden, neuen Bibliotheksgebäudes 1612.[29] Damit wäre sie die wohl erste explizite Schau- und Gedenkfigur, die unabhängig von Bestattungsriten und nicht für einen Herrscher angefertigt worden ist.

Tatsächlich wurden auch die englischen Funeraleffigies in Westminster Abbey aufbewahrt und gelegentlich Fremden als Sehenswürdigkeit vorgestellt. Als zum Beispiel der dänische König Christian IV. mit König Jakob I. die Abtei 1606 besuchte, waren sie gerade repariert, neu eingekleidet und in eigens angefertigten Schauschränken aufgestellt worden.[30] Auch ist aus wenig späterer Zeit schon das erste Wachsfigurenkabinett bekannt, das sich in einem im ersten Viertel des 17. Jahrhunderts gegründeten Amsterdamer Gasthof befand, wo sich die Gäste in einem Labyrinthgarten zwischen Gartenskulpturen und kunstvollen Wasserspielen vergnügen konnten. Hier gab es mehrere Pavillonbauten, deren einer, das „Spielhaus", neben den lebensgroßen Gruppen von Figurenautomaten auch die Wachsporträts bekannter Personen enthielt. In einem Reisebericht hiess es 1664: „Man pfleget ihn [den Gasthof] gemeiniglich den Dool-hof / das ist / Irrgarten vor dem Antohnstohre / weil sich darinnen die sinne verwirren und die augen vergaffen / zu nennen."[31] Nicht das Totengedächtnis war also bei diesen illusionistischen Wachsfiguren die entscheidende Funktion, sondern das Spiel mit den Sinneswahrnehmungen, das „Vergaffen": Man sollte sie – zumindest einen Moment lang – für lebende Menschen halten.

Der nach 1642 erschienene Ausstellungsführer, die *Verklaringe van treffelijcke konstighe Wercken* („Erläuterung der hervorragenden künstlerischen Stücke […]"),[32] erwähnt die Wachsporträts von niederländischen Statthaltern, einigen europäischen Herrschern sowie lokalen Berühmtheiten. Dargestellt waren unter anderem Heinrich IV. von Frankreich, Gustav Adolph von Schweden, die Prinzen Wilhelm I. und Moritz von Oranien sowie der Herzog von Alba. Die konfessionspolitische und nationale Tendenz bei der Zusammenstellung der Herrscherporträts wird durch die wertenden Beschreibungen der Bildnisse in den Erläuterungen und durch ikonographisch zugeordnete Automatenfigurengruppen mit biblischen oder mythologischen Themen deutlich: Der spanische Herzog, der als Statthalter der Niederlande zwischen 1567 und 1573 die Protestanten brutal bekämpft hatte, war als negative Hassfigur, als abschreckendes Beispiel für die schlechte Herrschaft und die

---

[29] Zur Geschichte der Bibliothek HILDEGARD SEIDEL, Die Marienbibliothek, ihre Gründung und ihre Entwicklung, in: Marienbibliothek (wie Anm. 1), S. 4-11; zum Gebäude: HEINRICH L. NICKEL, Das alte und das neue Bibliotheksgebäude, ebenda, S. 12-17, bes. S. 15.

[30] HARVEY / MORTIMER (wie Anm. 2), S. 21-25, bes. S. 23.

[31] CHRISTIAN GELLINEK (Hg.), Europas Erster Baedeker. Filip von Zesens Amsterdam 1664, New York, Bern, Frankfurt am Main, Paris 1988, S. 190. Der Doolhof ist bereits in einem Amsterdamer Stadtplan von 1625 eingetragen, DIRK CHRISTIAAN MEIJER, Het Oude Doolhof te Amsterdam, in: Oud-Holland 1 (1883), S. 30-36 und 119-135, hier S. 33-34.

[32] Bibliothek des Gemeentearchief Amsterdam. Über die Datierung und den Inhalt siehe MEIJER (wie Anm. 31), S. 121 und 124, S. 123-133. Weitere Führer von 1648, 1650 und 1672 sind bekannt.

„falsche" Religion anzusehen, während die beliebten niederländischen Statthalter, der zum Protestantismus konvertierte französische König und der schwedische König, der die Reformation während des Dreißigjährigen Krieges verteidigte, als nachahmenswerte Vorbilder zur Schau gestellt waren.[33]

Gerade der im Krieg gegen die Katholiken gefallene Gustav Adolph war vor der Mitte des 17. Jahrhunderts mehrfach als Wachsfigur in Europa ausgestellt, so zum Beispiel die vermutlich von David Psolmaier geschaffene Sitzfigur, die durch ein Uhrwerk im Inneren bewegt vom Stuhl aufstehen und die Augen bewegen konnte. Sie war 1634 in Berlin zu sehen.[34] Wahrscheinlich war Psolmaier auch Schausteller, der seine eigenen Werke auf der Suche nach neuen Aufträgen nicht nur bei Hofe vorstellte, sondern auch für Geld in Wirtshäusern einem größeren Publikum präsentierte. Neben der Werbung für sein Können trug der Schausteller damit auch zur Informationsverbreitung bei, denn er stellte eine Persönlichkeit dar, die an aktuellen (Kriegs-)Ereignissen beteiligt war und daher für alle, die sich das Geschehen und seine Protagonisten bildlich verdeutlichen wollten, großen Neuigkeitswert hatte. Wenn Psolmaier mit seiner Figur durch Deutschland gereist ist, hat er vielleicht auch in Halle Station gemacht und durch seinen Aufenthalt die Herstellung der Lutherfigur inspiriert, wenn er nicht gar selbst die Totenmaske zur Figur zusammengesetzt hat. Nimmt man also das im Kirchenrechnungsbuch vermerkte Wort „reparirn" ernst und geht von einer Entstehung des Lutherwachsporträts vor 1663 aus, ist die erste Hälfte der 1630er Jahre das wahrscheinlichste Entstehungsdatum.

Doch in welchem Jahr auch immer diese entstand, ihr postumer Aufbau als Wachsfigur war weniger dem barocken Totenkult, als viel mehr der Reformations-Propaganda sowie der allgemeinen Erinnerung an Luther geschuldet.[35] Eine parallele Entwicklung findet man bei der englischen Funeraleffigie: Sie entwickelte sich vom Scheinleib mit zentraler politischer Funktion während der Bestattungsfeierlichkeiten zur Gedenkfigur, die unabhängig von den Begräbnisriten her- und ausgestellt wird. Seit etwa der Mitte des 17. Jahrhunderts waren diese ebenfalls aus Wachs gefertigt und stellten die Toten nicht mehr in einem Übergangsstadium zwischen Leben und Tod dar, sondern eindeutig als Lebenden. Sie wurden nun auch nicht mehr auf dem Sarg bei der Leichenprozession mitgeführt, sondern waren schon während der Aufbahrung der Leiche, später dann nur noch nach der Bestattung aufgestellt. Die Effigie des englischen Königs Karl II. von 1665 soll vor allem die Grabstelle markiert haben, solange das steinerne Monument nicht fertiggestellt war, später gehörte sie als reines Schaustück zu den viel besuchten Sehenswürdigkeiten der

---

[33] Meine Dissertation über Madame Tussaud's Exhibition und die Geschichte der Wachsfigurenkabinette (Kunsthistorisches Seminar der Humboldt-Universität zu Berlin) handelt ausführlicher vom Doolhof und seinem ikonographischen Programm.

[34] WALTER STENGEL, Zeitvertreib. Zehn Kapitel Berliner Kulturgeschichte, Berlin 1969, S. 46-57, hier S. 55.

[35] Warum sie Anfang der 1660er Jahre schon repariert werden musste, ist unklar. Möglicherweise war der Wachskopf zerbrochen (worden) und Schöne sollte ihn kitten oder gar neu gießen.

Westminster Abbey.[36] Zeitgleich mit dieser Loslösung der Stellvertreterfigur vom Bestattungsritual und der nachlassenden Intensität von lebensgroßen Votivstiftungen in den Wallfahrtskirchen entstehen auch die ersten Wachsfigurenkabinette in Amsterdam, Paris und London,[37] wo die Porträtierten als lebende Doppelgänger vor einem meist zahlenden Publikum ausgestellt waren. Damit war die Darstellung als Wachsfigur aus dem Bereich des Totenkults und der kirchlichen Zeremonien gelöst und als religiös und konfessionell „neutrale" Porträtform etabliert. So konnte auch eine Wachsfigur Luthers spätestens seit der zweiten Hälfte des 17. Jahrhunderts als Schauobjekt kaum noch Kritik auf sich ziehen.

Die Ikonographie des sitzenden Luther

Trotzdem blieb es wichtig – besonders, da die Wachsfigur zu den ersten ihrer Art in Deutschland gehört haben muss –, jegliche Assoziation zu katholischen Heiligen- oder den porträtähnlichen Votivskulpturen zu vermeiden. Luther durfte also auf keinen Fall betend, als Mittler zu Gott dargestellt werden; die Wachsfigur zeigt ihn denn auch als Wissenschaftler beim Studieren, Übersetzen und Kommentieren des Gotteswortes. Schon in den ersten Nachdrucken seiner Schriften tauchen Porträts auf, die den Reformator als „Geistesarbeiter" am Schreibpult zeigen.[38] Auf einem Bild von 1523 sieht man ihn mit der Feder in der rechten Hand und mit der Linken die Seiten eines gebundenen Buches niederhaltend bei der Textarbeit (Abb. 4).[39] Bei Eintritt eines Boten, der ihm einen Brief überreicht, sieht er von seinem Buch auf. Auf zwei Brettern des Wandregals zur Rechten Luthers stehen, mit dem Rücken nach oben, etliche Bücher, was den Raum als Studierzimmer kennzeichnet. Die Taube über Luthers Kopf symbolisiert die Inspiration durch den Heiligen Geist, der ihm während der Arbeit beisteht. Die Bücher und das Schreibpult, die Luther als Gelehrten und Autoren kennzeichnen, sowie die über ihm schwebende Taube sind Elemente der Kirchenväter- und Evangelistenikonographie. Besonders für den Kirchenvater Hieronymus hatte sich die Darstellung als weltabgewandter Wissenschaftler „im Gehäus", also in der Studierstube, durchgesetzt, an die sich die Ikonographie des sitzenden Luthers nun anschließt. Die Gleichsetzung Luthers mit dem gelehrten Heiligen bei der Arbeit distanziert sein Abbild von der populären Schutzheiligen-Ikonographie, die meist passive, statuarische Figuren hervorbringt. Die typische Heiligendarstellung ist hier noch gebrochen

---

[36] Harvey/Mortimer (wie Anm. 2), S. 79-94.
[37] Siehe meine Dissertation (wie Anm. 33).
[38] Luther im Porträt. Druckgrafik 1550-1900, Ausst.-Kat. Bad Oeynhausen u.a. 1983, S. 17, dort auch Beispiele.
[39] Johannes Ficker, Älteste Bildnisse Luthers, in: Zeitschrift des Vereins für Kirchengeschichte der Provinz Sachsen, Sonderdruck, Magdeburg 1920, Abb. 13 und S. 24.

Abb. 4: Rückseite des Titels der tschechischen Ausgabe von Luthers *Vom Anbeten des Sakraments*, Holzschnitt 1523

Abb. 5: Luther als Evangelist Matthäus bei der Bibelübersetzung, Neues Testament, gedruckt von Hans Lufft, Wittenberg 1530, Holzschnitt

durch den Boten, der Luther den Sendbrief der Böhmen überreicht.[40] Damit gelangt ein zeitspezifisches, biographisches Element in die Darstellung. Sie ist nicht durch physignomische Ähnlichkeit zum Porträt der historischen Person Martin Luther individualisiert, sondern durch den Einsatz von ikonographischen und narrativen Elementen.

Neben Hieronymus wurde Luther auch dem Evangelisten Matthäus ikonographisch angeglichen. In einer Illustration des Neuen Testaments, 1530 von Hans Lufft in Wittenberg gedruckt, ist dem älteren Reformator neben der Taube noch der Engel als Symbol des Evangelisten beigegeben (Abb. 5). Wie der Evangelist, so wird nahegelegt, bringt Luther mit seiner Arbeit an der Bibel das Wort Gottes den Menschen nahe. Bei den zwei Vögeln im Vordergrund handelt es sich wahrscheinlich um Rebhühner, die dem Mittelalter als Zeichen der asketischen Zurückgezogenheit galten und so auch zu Luthers abgeschiedener

---

[40] FICKER (wie Anm. 39), S. 24.

Abb. 6:
Luther am Tischpult schreibend, anonymer Kupferstich, gegen 1680

Situation bei der Bibelübersetzung auf der Wartburg passen.[41] Weitere Porträtstiche bestätigen und verbreiten den Typus „Luther als Gelehrter" nach Hieronymus und Matthäus, wie ein anonymes Hüftbild von ungefähr 1680 (Abb. 6)[42] zeigt. Auch bei der Aufstellung der Wachsfigur hatte man sich offenbar an solchen Lutherporträts orientiert, die sich ihrerseits mühelos aus der Ikonographie der christlichen Gelehrten ableiten lassen.

---

[41] Weil sie sich mit ihrer braunen Färbung perfekt in ihrer Umgebung verbergen können und als Bodenbrüter auf der „unwirtlichen" Erde leben, demonstrieren sie im mittelalterlichen Verständnis eine maßvolle Bescheidenheit. So wurden sie zu einem Attribut des zurückgezogenen Gelehrten. Auch Luther hatte sich auf der Wartburg verborgen und seine Wartburg-Zelle sogar als sein Patmos, seine Einsiedelei bezeichnet. Von den Rebhühnern berichtet außerdem Plinius, dass sie sich gegenseitig oder fremden Vögeln die Eier stehlen und ausbrüten. Nach dem spätantiken Tierbuch Physiologus gelten sie daher als Symbole des Teufels, der den unmündigen Menschen nachstellt und von Gott weglockt. Wie aber die frisch geschlüpften (Rebhuhn-)Küken der Stimme der wahren Mutter folgten, so würden auch die Menschen nach erlangter Reife die Stimme Gottes, die Luther durch seine Bibelübersetzung vernehmbar machte, wiedererkennen und ihr folgen. Ich danke Stefan Trinks, Berlin, für die ikonographische Beratung.

[42] Dieses Porträt geht auf einen Kupferstich von Melchior Lorck von 1548 zurück, wo Luther noch einen Schreibgriffel anstelle der Feder hält und die Haltung der linken Hand etwas anders ist, vgl. JOACHIM KRUSE (Hg.), Luthers Leben in Illustrationen des 18. und 19. Jahrhunderts, Ausst.-Kat. Kunstsammlungen der Veste Coburg, Coburg 1980, S. 9.

Kurz vor 1730 entstand ein neuer Stich des sitzenden, beim Schreiben in einem Buch innehaltenden Professors (Abb. 7).[43] Er blickt jetzt den Betrachter direkt an. Sein linker Arm ist auffällig weit ausgestreckt, die Hand mit den gespreizten Fingern ruht auf einem Tuch. Luther arbeitet nicht mehr am Schreibpult, sondern an einem einfachen Tisch, an dessen Vorderseite die Fransenkante einer kurzen Tischdecke herunterhängt. Die Arbeitsplatte ist mit Ausnahme des Buches und eines Tintenfasses mit Sandstreuer leer. Ein nach links oben geraffter Vorhang, der Luther nach Art der Fürstenporträts würdevoll hinterfängt, gibt den Blick auf ein hohes Bücherregal frei: Er ist also nicht mehr in der privaten Studierstube beim Übersetzen und Bearbeiten von Schriften dargestellt, sondern als Autor in einer Bibliothek. Geschrieben hat er gerade den für seine Theologie zentralen Satz aus den Römerbriefen „Der Mensch wird allein gerecht durch den Glauben" (Röm. 3,26). Die Ähnlichkeit mit einem weiteren Stich aus dem Jahr 1736, auf dem Luther in der gleichen Haltung mit dem merkwürdig ausgestreckten linken Arm und der auf dem Tuch ruhenden Hand zu sehen ist (Abb. 8),[44] legt nahe, dass beide Bilder auf ein gemeinsames Vorbild zurückgehen. Eine Inschrift auf diesem späteren Stich benennt es auch: „Dieses Kupfer ist gezeichnet nach dem Bilde, so zu Halle anno 1546 von dem toten Leichnam in Wachs gegossen und auf der Bibliothek zur L. Frau daselbst stehet." Die zwei Stiche sind also nicht Porträts von Luther, sondern die frühesten bekannten Ansichten der Luthereffigie in der Marienbibliothek.

Auf beiden Darstellungen ruht Luthers Linke seltsam gespreizt und weit vom Körper entfernt auf einem Tuch und hält nicht die Seiten eines Buches zurück, wie man es von der Situation erwarten könnte und auch auf den früheren Bildern (Abb. 4-6) sehen konnte. Wahrscheinlich war geplant, die Lutherfigur mit der linken Hand auf dem Buch in einer realistischen Schreibpose aufzustellen, was sich dann offenbar nicht umsetzen ließ, weil die Unterseite des Handabgusses nicht ganz eben war. Der abgestreckte Arm und die gespreizten Finger auf dem Tuch sind daher ein sicheres Zeichen, dass eine Darstellung die Wachsfigur zeigt, nicht etwa Luther selbst, wie die früheren Porträts, die vermutlich beim Aufbau der Figur als Vorbilder gedient hatten.

Auffällig ist besonders im späteren Stich (Abb. 8) die merkwürdige Sitzhaltung: Der Oberkörper ist weit nach vorn über den Tisch gebeugt, während der Kopf nach hinten geneigt – fast in den Nacken gelegt – ist. Zum Aufsehen von der Arbeit wäre ein Aufrichten des Oberkörpers bequemer gewesen. Offenbar wollte der fürstlich-dessauische Hofmaler Johann Anton Rüdiger, nach dessen Vorbild der Hallenser Universitätskupferstecher Christian Gottlob Liebe den Stich ausführte, mit dieser unnatürlichen Haltung zusätzlich

---

[43] Kupferstich von Johann Christoph Sysang, in: Luther im Porträt (wie Anm. 38), S. 48.
[44] Der Kupferstich von Christian Gottlob Liebe nach Johann Anton Rüdiger (Staatsbibliothek Berlin, Porträtsammlung), abgebildet in: OTTO KAMMER, Lutherus redivivus – die Totenmaske und die umstrittene Effigie in Halle, in: Luther mit dem Schwan. Tod und Verklärung eines großen Mannes, Ausst.-Kat. Lutherhalle, Wittenberg 1996, S. 25-32, hier Abb. 3, S. 26.

Abb. 7: Martinus Lutherus Doctor et Professor Theologiae Wittenbergensis, Kupferstich von Johann Christoph Sysang, wohl vor 1730

Abb. 8: D. Martin Luther. So sahe Luther aus …, Kupferstich von Christian Gottlob Liebe nach Johann Anton Rüdiger, 1736

deutlich machen, dass die abgebildete Gestalt nicht Luther selbst, sondern seine Effigie, eine Schaupuppe, ist. Außerdem gibt Rüdiger die Figur nicht vor einem Bücherregal wieder, sondern rückt sie vor zwei hohe Fenster. Möglicherweise gibt das die wirkliche Aufstellung exakter wieder als die ältere anonyme Ansicht, denn auf der Bildinschrift war bereits der Aufstellungsort in der Bibliothek genannt und brauchte nicht mehr im Bild durch eine Bücherwand verdeutlicht werden. Auf dem Kopf trägt Rüdigers Luther eine Mütze – vielleicht ist es dieselbe, die Anfang des 20. Jahrhunderts noch existierte. Auch „sitzt" die Figur auf dem Stuhl mit hoher, giebelbekrönter Lehne, der 200 Jahre später auf Fotografien zu sehen ist. Schließlich ist Rüdigers Darstellung noch ein aufrecht stehendes Buch mit der Aufschrift „Biblia" und der Lutherrose auf dem Einband zugegeben, ein Verweis auf die bereits abgeschlossene Bibelübersetzung.[45] Wie zahlreiche Nachstiche

---

[45] Bei dieser Bibel soll es sich um die von Luther mit einer Widmung versehene und Felicitas von Salmenitz geschenkte Gesamtbibel handeln, die sich noch heute in der Marienbibliothek befindet. Allerdings hat diese einen anderen, historischen Einband.

beweisen,⁴⁶ setzte sich Rüdigers Bild bei der Reproduktion der Figur gegenüber dem anonymen früheren Stich durch. Es ist denkbar, dass die Sitzfigur nach Anfertigung dieser ersten bildlichen Wiedergabe 1730 noch einmal verändert und so ein neues Bild notwendig wurde – dafür spräche auch die kurze zeitliche Abfolge der Bilder. Vielleicht gab Rüdigers Abbildung das Porträt und seine Umgebung aber auch lediglich exakter wieder, so dass es eine glaubwürdigere Bildquelle zu sein schien.

Vom „authentischen" Luther zum Schauobjekt

Dass Christian Gottlob Liebes Stich nach Rüdiger als authentisches Abbild des Reformators angesehen wurde – und das nicht obwohl, sondern gerade weil er die Wachsfigur abbildete – belegt die Bildunterschrift: „So sahe Luther aus, der theure Gottes=Mann, / (…) dessen Heldenmuth kein Kiel entwerfen kann." Das in der Überschrift konkretisierte Wachsporträt wird indirekt sogar als „dem Kiel", also dem geschriebenen Wort, überlegen bezeichnet, denn der Text ruft auf, das Bild als Beweis für das Aussehen des „theuren Gottes=Mannes" anzunehmen, dem die Biographen nicht gerecht werden könnten. Diese Wertschätzung des Bildes gegenüber dem Wort mag im protestantischen Kontext überraschen – tatsächlich aber hatte Luther, im Gegensatz zu anderen Reformatoren, ein indifferentes, kein feindliches Verhältnis zu Bildern. Er befürwortete einen didaktischen Gebrauch von Bildern und tolerierte, dass sein eigenes Bildnis durch die Cranach-Werkstatt als Druckgraphik und Gemälde verbreitet wurde, was ihn zum meist-porträtierten Mann seines Zeitalters machte.⁴⁷ Da das Wachsporträt ihn nicht in einem sakralen Kontext und auch nicht betend zeigte – vor allem die Sitzhaltung unterschied es von den meisten Heiligen- und Votivfiguren –, sondern als Gelehrten in einem genreartigen Kontext, konnte es offenbar der Bildkritik gut widerstehen, zumal es in einer Bibliothek und nicht im Kirchenraum ausgestellt war. Das Sitzmotiv war außerdem mit den täuschend ähnlichen Repräsentationsfiguren in Wachs verknüpft, welche Ende des 17. und Anfang des 18. Jahr-

---

46 Der bekannteste von Johann David Schleuen (d. Ä.), 1742, in: Luther im Porträt (wie Anm. 38), Abb. 37; weitere Variationen ebenda. Nr. 92 und Kammer (wie Anm. 44), S. 25. Die Komposition wurde mehrfach für Frontispize von Lutherschriften verwendet, z. B. der sehr ähnliche Nachstich von Johann David Schleuen bei Johann Jacob Rambachs Auswahl Luthers Kleiner Schriften (2. Auflage, Berlin und Halle 1744). Eine vor allem im Format und im Gesicht Luthers leicht abweichende Variante von J. D. Philippin (geb. Sysangin) mit der Unterschrift „Dieses Kupfer ist gezeichnet nach dem Bilde so a. 1546 von dem todten Leichnam in Wachs gegossen und auf der Bibliothec zur L. Frau in Halle stehet" geht Keils „D. Martin Luthers merkwürdige Lebensumstände", Leipzig 1764, Teil 4, voran.

47 Martin Warnke, Cranachs Luther. Entwürfe für ein Image, Frankfurt a.M. 1984.

Abb. 9:
LUTHER /
auf der Wartburg /
nach dem Original-
Wachsabguss in der
Marienbibliothek in
Erfurth, Lithographie
von Wilhelm Baron
von Löwenstern,
vor 1827

hunderts Fürsten und Könige von sich anfertigen ließen.[48] Auch die Tatsache, dass die Figur mit Hilfe des Naturabgusses hergestellt wurde, wie auch die Inschrift betont, – sie also ein mechanisches Selbst-Bildnis, „nicht von Hand gemacht" war – mag geholfen haben, eventuelle Vorwürfe der Bildstürmer abzuwenden.

Als authentisches Abbild Luthers wurde die Wachsfigur auch Anfang des 19. Jahrhunderts aufgefasst. Auf einer Lithographie aus der Lutherlebenfolge des Wilhelm Baron von Löwenstern aus der Zeit um 1827 sieht man den Reformator an einem runden Tisch in seiner Zelle auf der Wartburg sitzen (Abb. 9).[49] Er hält eine Schreibfeder in der Hand und ist ganz in die Arbeit mit der vor ihm auf einer Buchstütze stehenden Bibel vertieft. Obwohl für die Wartburgzelle der bärtige Porträttypus „Junker Jörg" angemessen gewesen wäre, ist hier „Doktor Luther" mit Schaube und Barett zu sehen – ein Widerspruch, den der Bildtitel klärt: „Luther/ auf der Wartburg / nach dem Original-Wachsabguß in der Marienbibliothek in Erfurth", wobei Erfurth hier fälschlich für Halle steht. Die Lithographie zeigt also eine Art Collage des Motivs der Hallenser Wachsfigur und der Innenansicht des

---

[48] Z. B. Kurfürst Friedrich III. von Brandenburg, dessen Wachsfigur von ca. 1699 herrührt. HORST BREDEKAMP, Vom Wachskörper zur Goldkrone. Die Versprechung der Effigies, in: Preußen 1701. Eine europäische Geschichte, hrsg. vom Deutschen Historischen Museum und der Stiftung Preußische Schlösser und Gärten Berlin-Brandenburg, Essayband zum Ausst.-Kat. Berlin, Schloss Charlottenburg, 2001, S. 353-357.
[49] KRUSE (wie Anm. 42), Nr. 34.10.1.

Luther-„Gefängnisses" auf der Wartburg.⁵⁰ Dass Löwenstern in dieser Darstellung den Doktor-Luther-Typus einem „Junker Jörg" vorzieht,⁵¹ zeigt seinen Wunsch nach einem authentischen Lutherbild für die szenische Belebung seiner Ansicht. Dazu greift er auf eine historisch-verbürgte Quelle zurück, obwohl sie zeitlich nicht genau ins Bild passt.

Auch der Berliner Bildhauer Johann Gottfried Schadow hatte im Sommer 1806 auf einer Dienstreise zu den Lutherstätten, auf welcher der Standort für das von ihm auszuführende Lutherdenkmal der *Vaterländisch-literarischen Gesellschaft der Grafschaft Mansfeld* geprüft werden sollte, die Totenmaske in Halle gezeichnet und vermessen.⁵² Er wollte sich auf dieser Reise „in seiner Phantasie ein richtiges Bild, sowohl des großen Mannes selbst als auch seiner Umgebung (…) schaffen"⁵³ und suchte nach möglichst authentischen Vorlagen für seine geplante Bildnisstatue. Aus der empirischen Beschäftigung mit verschiedenen Lutherporträts, die er zeichnete, durchpauste oder physiognomisch vermaß, entwickelte er ein „neues Bild Luthers",⁵⁴ das er als Vorlage für sein Denkmal nutzte. Gesichtsabgüsse wie zum Beispiel Totenmasken galten auch den Bildhauern des 19. Jahrhunderts als geeignete Quellen für Porträts, denn sie schienen den Menschen unmittelbar ohne fremde Einwirkung und maßstabsgetreu wiederzugeben. So schätzte Schadow auch Luthers Porträtfigur und die darin eingearbeitete Totenmaske als authentisches historisches Dokument über das Aussehen des Reformators.⁵⁵

Als dann aber 1891 ein moderner Neubau für die Marienbibliothek eröffnet wurde, der die barocke Bibliothek ersetzte, brachte man die Lutherfigur in einem relativ unzugänglichen Turmzimmer unter. Nachdem die bei einer Leipziger Firma bestellten Gipsreproduktionen des Gesichts zu Verkaufszwecken nur schleppenden Absatz fanden,⁵⁶ produ-

---

50 Seine Vorbilder sind Gottfried Arnold Lehmanns „Denkmale aus dem Leben Luthers" von 1811, 1815 oder 1818, KRUSE (wie Anm. 42), Nr. 22, und Friedrich Campes „Erinnerungs-Tafel" zum Lutherjubiläum 1817, ebenda, Nr. 26.7. Der falsche Bildtitel rührt von Löwenstern her. Die Haltung des linken Arms weicht bei der Gestalt auf dem Bild von der Figur ab. Ich danke Martin Steffens für den Hinweis auf diese Abbildung.

51 Es gibt allerdings eine Variation des Bildes, in der Löwenstern den Junker-Jörg-Typus benutzt, KRUSE (wie Anm. 42), Nr. 34.10.2-3.

52 MARTIN STEFFENS, „Dem wahrhaft großen Dr. Martin Luther ein Ehrenmal zu errichten", in: „Was groß ist, muß groß gefeiert werden." Preußische Lutherverehrung im Mansfelder Land, Ausst.-Kat. Eisleben, Lutherarmenschule 2002, S. 113-184, bes. S. 136-138. Die Zeichnungen mit Maßangaben haben sich im Skizzenbuch B, Stiftung Stadtmuseum Berlin, Bl. 14-16, erhalten.

53 Gemeinsamer Bericht der Denkmalskommission, 1817, zitiert in: STEFFENS (wie Anm. 52), S. 136.

54 Gemeinsamer Bericht von Schadow und Rabe, 1806, zitiert in: STEFFENS (wie Anm. 52), S. 38.

55 Schadows Luther-Standbild, das 1821 in Wittenberg enthüllt wurde, diente dann wohl als Vorbild für das Wachsporträt in Madame Tussauds Wachsfigurenkabinett in London, wo Luther, dargestellt in einem Gewand „from an original statue", zusammen mit „John Calvin" und John Knox seit den 1830er Jahren zum Kanon der „great men" gehörte, vgl. z. B. Biographical and Descriptive Sketches of the Distinguished Characters which compose the Unrivalled Exhibition of Madame Tussaud & Sons, London 1840, Nr. 44, 45, 46 (Luther).

56 DIECK (wie Anm. 14), S. 205.

Abb. 10: Die Lutherfigur in der Marienbibliothek zu Halle, Fotografie von Fritz Möller, 1917

Abb. 11: Kopf der Lutherfigur, Fotografie von Fritz Möller, 1917

zierte man zum 400. Jahrestag des Thesenanschlags 1917 eine Serie von Fotografien von der Figur (Abb. 1, Abb. 10), die als Postkarten an Besucher verkauft wurden. Im Vergleich zu den Stichen der 18. Jahrhunderts fällt vor allem auf, dass die Haltung Luthers verändert wurde. Er ist nicht mehr beim Schreiben mit Feder in der Hand dargestellt, sondern als Lesender, der nun wieder wie in den Lutherporträts des 17. Jahrhunderts die Linke beschwerend auf die Buchseiten legt. Den Kopf, der ganz der Lektüre zugeneigt ist, bedeckt eine große Mütze, denn die eingesetzten Haare sind dem Alter zum Opfer gefallen und entfernt worden. Dass der Lesende nicht aufblickt und den Betrachter nicht wahrnimmt, macht die Figur vollends zum selbstgenügsamen Schauobjekt. Der Betrachter wird zum Augenzeugen eines Ereignisses, das in einer anderen Wirklichkeitsebene stattfindet, die von der eigenen verschieden ist. Während der aufblickende Luther dem Besucher als „Gesprächspartner" oder Vermittler erscheint, schafft die modernere Inszenierung Distanz und historisiert das Dargestellte. Der an und mit der Bibel arbeitende Luther ist nicht mehr Teil des Erlebnisraumes des Betrachters, sondern ist zu einem „Tableau", einem dreidimensionalen Bild, geworden. Die Wachsfigur wandelte sich von der Repräsentation[57] Luthers zu seinem bloßen Abbild, vom historischen Relikt zur Historien-Darstellung.

---

[57] Im Sinne der Herrscherrepräsentation, bei der ein Bild oder Symbol die physische Anwesenheit des Herrschers vertreten kann.

Ermittlungen zur Echtheit

Vielleicht ausgelöst durch dieses neue Verständnis der Wachsfigur begann man sich zu fragen, ob die Totenmaske an der Figur überhaupt echt war. 1926 wurden daher die Gesichts- und Handabgüsse an den Anthropologen der Universität Halle, Hans Hahne, zur Untersuchung geschickt. Hahne bestätigte, dass es sich eindeutig um Abgüsse von einem Toten handele.[58] Jedoch war der Gesichtsabguss stark überarbeitet worden, um das Gesicht lebendig und jünger erscheinen zu lassen: An der linken, ursprünglich voluminöseren Gesichtshälfte hatte man Wachs entfernt, die Oberlippe schräg angeschnitten, um sie deutlicher zu machen und die Glasplättchen für die Augen fast direkt auf die geschlossen abgegossenen Lider aufgesetzt (Abb. 11).[59] Außerdem ritzte man Falten in die Stirn und in die Augenwinkel, um dem toten Gesicht einen spannungsvolleren Ausdruck zu geben. Trotz der Überarbeitungen war es für Hahne eindeutig, dass es sich, verglichen mit der Zeichnung, die Lukas Furtenagel an Luthers Totenbett gemacht hatte (Abb. 2), bei der Totenmaske „hinsichtlich der Maße und Kurven, der Gesichtsbreite und Länge, im Verhältnis von Nasenlänge zu den anderen Gesichtsmaßen usw." um die Luthers handeln musste.[60] Die Bearbeitung der linken Gesichtshälfte kann so erklärt werden, dass Luthers Leiche seitlich geneigt gelegen haben muss, wobei eine Ansammlung von Körperflüssigkeit auf dieser Seite eine Schwellung ergaben, welche der Bearbeiter der Totenmaske dann abgeschwächt hat. Allgemein scheint der Bearbeiter den Gesichtsabguss den Cranachschen Bildnissen des jüngeren Luthers, einem „allgemeine[n] Lutheridealgesicht der späteren Zeit" angeglichen zu haben.[61]

Die merkwürdige Spreizung der linken Hand erklärt Hahne mit dem gewaltsamen Aufbiegen der Finger vor dem Ende der Totenstarre, wobei die Fingergelenke beschädigt worden seien. Da Luthers Hände ursprünglich eine Bethaltung gehabt hätten, bei welcher der linke Daumen zwischen dem rechten Daumen und Zeigefinger steckte, hätte sich beim Auseinandernehmen der Hände für die Rechte automatisch eine Schreibhaltung ergeben.[62] Es ist aber wahrscheinlicher, dass die Hände bereits bewusst in einer bestimmten

---

[58] Hahne 1931 (wie Anm. 2), S. 74-79. Schon 1917 hatte eine Kommission des Vereins für religiöse Kunst die Totenmaske in situ auf Echtheit untersucht, Dieck (wie Anm. 14), S. 206.

[59] Zwei, in Details voneinander abweichende Beschreibungen des Zustands der Wachsmaske und der Überarbeitungen stammen von Hahne 1931 (wie Anm. 2) und von Johannes Fickers Mitarbeiter Alfred Dieck, die ebenfalls Ende der 1920er Jahre entstanden, aber erst mehr als drei Jahrzehnte später erschienen ist (wie Anm. 14). Hier auch eine ausführliche Bibliographie zum Streit der dreißiger Jahre um die Echtheit der Maske.

[60] Hahne 1931 (wie Anm. 2), S. 77. Dieck schließt sich Hahnes Urteil über die Echtheit an.

[61] Hans Hahne, Luther als mitteldeutscher Mensch, in: Oskar Thulin (Hg.), 450 Jahre Luther, Sonderausgabe der Illustrirten Zeitung, 1933, S. 4-5.

[62] Genaueres zur Schreibhaltung bei Dieck (wie Anm. 14), S. 210.

Haltung abgegossen wurden, da Abgüsse sicherlich gemäß dem zeitgenössischen Gebrauch von Totenmasken als Mittel zum Zweck, als Vorbilder für eine Porträtskulptur dienen sollten.

So überzeugend Hahnes medizinisch-pathologische Analyse des wächsernen Totenabgusses insgesamt ist, so sehr überraschen seiner Schlussfolgerungen als „Menschenkundler".[63] An den Handabgüssen zum Beispiel beobachtet er Einzelheiten, die „ganz kennzeichnende Schlüsse auf Charakter und Wesensart des zugehörigen Menschen nach alten, in der Gegenwart wissenschaftlich neu unterbauten Regeln zulassen".[64] Damit bezieht sich der Anthropologe, der ein frühes NSDAP-Mitglied war,[65] auf die Theorien der Physiognomie, der Phrenologie oder Schädelkunde und der „Rassenkunde", mit denen seit dem 18. Jahrhundert und besonders unter den Nationalsozialisten versucht wurde, aus der Ausprägung äußerer Merkmale die Menschen charakterlich, moralisch und dann auch „rassisch" einzuordnen und zu bewerten.[66] Da die Kriterien allerdings nur mit Hilfe bereits existierender Vorurteile entwickelt werden konnten, bestätigten diese Methoden auch nur Vorurteile. So entdeckte Hahne an Luther also Hände „mit den starken Mittelfingern des sich mühenden ‚Arbeiters', mit den gekrümmten Kleinfingern des geistig äußerst Regsamen, mit den schönen Goldfingern des künstlerisch Begabten usw.", was die Zuschreibung der Totenabgüsse für Hahne vollauf bestätigt, denn er wollte ja genau diese Eigenschaften finden: „Auch das Überfassen der linken über die rechte Hand bei der ‚Bet-Haltung' entspricht charakterologisch der gemütsstarken, seelisch aktiven Persönlichkeit Luthers"[67] – dass Luther wohl nicht mit gefalteten Händen gestorben sein wird und diese Haltung daher ein nachträgliches Arrangement an einem Toten sein könnte, kam ihm nicht in den Sinn.

Trotz dieser in sich kreisenden Argumentation war Hahne um Authentizität der Forschungsgrundlage bemüht. Um nun eine „echte" Totenmaske zu erhalten, versuchte er, die früheren Bearbeitungen – von ihm herablassend „Verschlimmbesserungen" genannt – wie-

---

[63] Hahne 1933 (wie Anm. 61), S. 4.

[64] Hahne 1931 (wie Anm. 2), S. 78.

[65] Siegfried Bräuer, Der urdeutsche und tief christliche Reformator. Zur Planung und Vorbereitung der Wittenberger Luther-Festtage 1933, in: Stefan Oehmig (Hg.), 700 Jahre Wittenberg. Stadt. Universität. Reformation, Weimar 1995, S. 546-563, bes. S. 551.

[66] Zu Phrenologie und Schädelkunde siehe Michael Hagner, Gehirnführung. Zur Anatomie der geistigen Funktionen, 1870-1930, in: Michael Hagner (Hrsg.), Ecce Cortex. Beiträge zur Geschichte des modernen Gehirns, Göttingen 1999, S. 177-205. War Hahnes Lutherbild in seinem Bericht von 1931 „nur" charakterologisch verbrämt, weitete er seine Klassifikation zum Lutherjubiläum 1933 auch noch „rassisch" aus. In seinem Beitrag zur Jubiläumsfestschrift beschreibt er den Reformator als Mann mit „ostisch-ostmitteldeutsch-mitteleuropäischen, ostoberdeutschen Zügen und Einschlägen alter mitteldeutscher, an die waldigen Mittelgebirge gebundener Eigenarten." Hahne 1933 (wie Anm. 61), S. 4. Zu den Beiträgen der Festschrift siehe Bräuer (wie Anm. 65).

[67] Hahne 1931 (wie Anm. 2), S. 78.

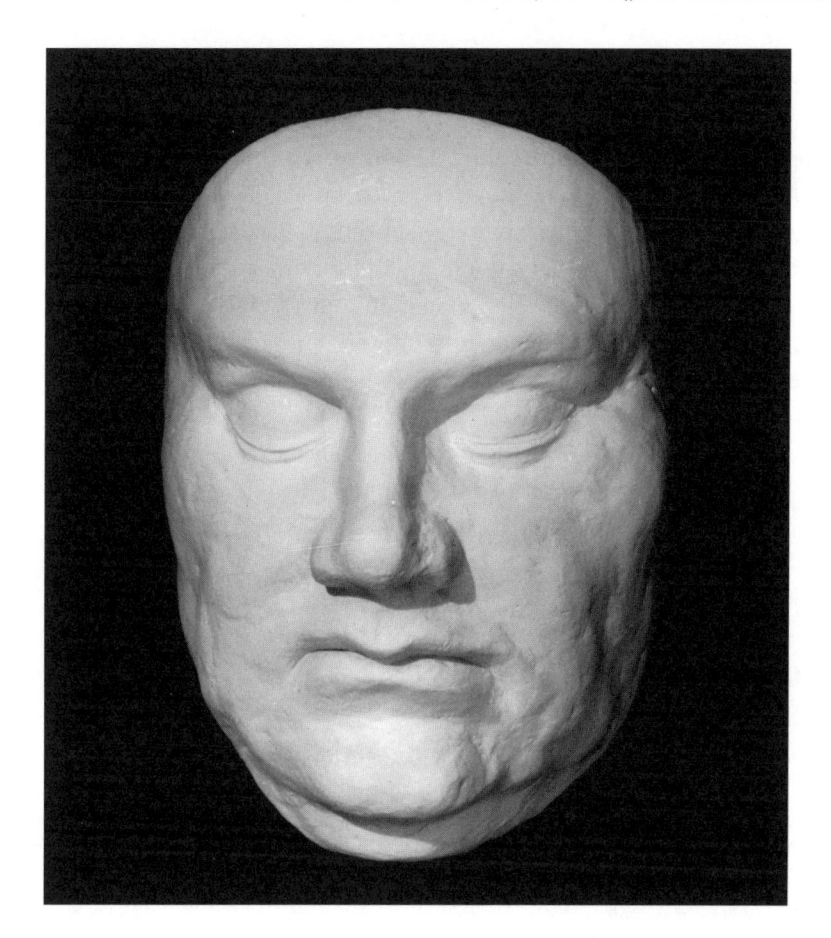

Abb. 12:
Hans Hahnes
Rekonstruktion der
Totenmaske Luthers,
Gips, 1926

der rückgängig zu machen:⁶⁸ An einem neuangefertigten Abguss „schloss" er die aufgeschnittenen Augen, machte die angeschnittenen Lippen voller, glättete die nachträglichen Falten und veränderte vor allem den Ausschnitt, indem er den Halsansatz mit dem Kehlkopf, die Seitenpartien mit den Ohren sowie die hohe Stirn entfernte und nur das Gesicht beibehielt.⁶⁹ Was er dadurch erhielt und was immer wieder als „rekonstruierte Totenmaske" bezeichnet ist (Abb. 12), ist aber nichts anderes als eine Neubearbeitung nach dem Furtenagelschen Totenbild, an dem er sich so nah orientierte. So wiederholte er weder die Schwellungen und Verzerrungen des Gesichts, die durch verschiedene Lagerungen und Umbettungen des Toten entstanden, noch gab er den Mund nach bestem Wissen wieder: Er gesteht ein, „Umformungen am Munde vorgenommen [zu haben], da Manchem die im

---

68 Später spricht er auch von einer „gereinigten" Totenmaske, HAHNE 1933 (wie Anm. 61), S. 5.
69 Hahne ließ bei seiner „Rekonstruktion" die Ohren weg, obwohl er sie für besonders charakteristische Abgüsse der „Lutherohren" hielt, HAHNE 1931 (wie Anm. 2), S. 76-77. Sie sind auf Furtenagels Totenbild jedoch gar nicht zu sehen.

Tode leblos gewordenen Lippen unlieb sind". Das Ergebnis betrachtet er selbst als eine legitime Idealisierung, denn „Ehrfurcht und Liebe haben (…) die Hand geführt."[70]

Das Besondere an Luthers religiöser Auffassung jedoch, seinen theologischen „Charakter", beschreiben diese „Beobachtungen" und „Rekonstruktionen" nicht. Es ging um menschliche Charaktereigenschaften, um eine Vergegenwärtigung der Persönlichkeit Luthers, zu der die Wachsfigur nichts beitragen konnte, weil sie Luther einer bestimmten Ikonographie folgend wiedergab. Bürgte diese Ikonographie vom 17. bis ins 19. Jahrhundert hinein für die Authentizität des Dargestellten, wurde sie zu Anfang des 20. Jahrhunderts als Verminderung von Authentizität gesehen. Nur noch die historisch belegbare, physische Identität des Menschen konnte als glaubhaftes Bildnis gelten. Der Künstler der Lutherfigur, die ihn als lebenden, arbeitenden Pseudo-Evangelisten erkennbar machte, hatte das „eigentliche" Porträt, die Totenmaske, in der sich die Züge des genialen Reformators selbständig eingeschrieben hatten, durch seine Bearbeitung zerstört.

„LUTHERSCHÄNDUNG"

Während die Aufmerksamkeit, die Hahnes Beobachtungen zur Authentizität des Lutherporträts auf die Wachsfigur lenkten, die Forschung zu einer umfassenden Übersicht der Lutherporträts animierte,[71] scheint sie der Figur selbst zum Verhängnis geworden zu sein. Zwar war sie seit ihrer Aufstellung in der Sakristei der Marienkirche 1924 wieder näher an den Besucherverkehr herangerückt als 1891 nach dem Umbau der Bibliothek, doch wurde das Original-Wachsporträt mit den Händen, nachdem sie 1926 abgenommen und an der Figur durch eine Kopie ersetzt worden waren, bald von der Porträtfigur gesondert in einem Kasten aufbewahrt und gezeigt. Die kostbaren historischen Originale waren nun nicht mehr mit der Figur verbunden, welche als unbedeutende Puppe übrig blieb. Der Wachsausguss der Totenmaske war dadurch enorm aufgewertet, während die Wachsfigur den modernen Vergegenwärtigungs-Wünschen durch den Verlust des „Authentischen" nicht mehr gerecht werden konnte. Hinzu kam, dass 1923 und 1927 erste Filme über Luthers Leben entstanden, deren mit Bewegung und Sprache ausgestattete Bilder die Menschen mehr ansprachen, als die Wachsfigur.[72]

1927 kam es zum Streit, nachdem der Kunsthistoriker Ernst Benkard über die „Panoptikumsfigur des Reformators" geäußert hatte, was seit dem 16. Jahrhundert zu befürchten

---

70 HAHNE 1931 (wie Anm. 2), S. 78-79.
71 Eine große Ausstellung von Lutherbildnissen fand unter Mitwirkung von Hahne und dem Kunsthistoriker, Archäologen und Theologen Johannes Ficker seit 1931 in Halle statt, JOHANNES FICKER, Die Bildnisse Luthers aus der Zeit seines Lebens, in: Luther-Jahrbuch 16 (1934), S. 103-161, bes. S. 103.
72 Zur Konkurrenz von Film und Wachsfigurenkabinett siehe meine Dissertation (wie Anm. 33).

stand: „sie bleibt im Herzen des protestantischen Sachsens eine pikante Parallele zu der Heiligenverehrung der katholischen Gläubigen. Abgesehen davon, daß noch heute diesem heiligen Luther Blumensträußchen von der Bevölkerung dargebracht werden, zeigt überhaupt schon sein Dasein, daß weite Schichten nicht ohne Heroendienst auskommen werden."[73] Pfarrer Fritze reagierte empört auf die Andeutung „katholischen" Verhaltens in seiner Kirche: „Das ist einfach erlogen! Niemals ist es einem Besucher der Marienkirche eingefallen, in der Lutherfigur etwas anderes zu sehen als eine eigenartige künstlerische Rarität. (…) An Kultus und ‚Verehrung' der Maske denkt kein Mensch".[74]

Doch diese Beteuerungen kamen zu spät. 1928 erschien in Ludendorffs Volkswarte-Verlag eine Hetzschrift, die nachweisen wollte, dass Luther von einem Verbund von Juden, Jesuiten und Geheimbündlern ermordet wurde, der das deutsche Volk durch Ausschalten von „Geistesgrößen" schädigen wollte.[75] Als die Autorin Mathilde Ludendorff, die mit ihrem Mann, dem Hitler-Vertrauten Erich Ludendorff, für eine der „nordischen Rasse" gemäßen Religion eintrat,[76] 1930 von der Existenz der Totenmaske erfuhr, entwickelte sie diese Verschwörungstheorie noch weiter. Durch die Anbringung des kostbaren historischen Totenporträts an die Figur und die gelegentliche Vorzeigung dieser Konstruktion würde das Andenken Luthers nachhaltig „geschändet": „Der Rom-Judafluch hat es erreicht, daß (…) in protestantischen Kreisen dieses heilige Vermächtnis, dies treuste edle Abbild Luthers, ‚Das Schreckgespenst' von Halle heißen kann, gerade weil es nicht völlig geheimgehalten, sondern einigen gezeigt wird."[77] Weiter heißt es: „Wir sind sonst nur gewöhnt, daß man auf Jahrmärkten in einem ‚Panoptikum' mit Kleidern drapierte, lebensgroße Puppen mit Wachsköpfen und Händen ausstellt, die an sich vom Volke schon meist als erschreckende, Leben vortäuschende Erscheinungen aufgefasst werden. Sie haben aber keine Totenmasken auf. Dass man aber die ungeheure Roheit besitzt, ohne jede Ehrfurcht vor der Maske, die von den Gesichtszügen des toten Luther abgenommen ist, sie auf eine Puppe zu montieren und diese mit Amtskleidern, wie Luther sie trug, zu maskieren, das sollte kein Mensch für möglich halten, der die tollkühne Frechheit der Geheimorden bei der Ausführung ihrer Verhöhnung der Ermordeten nicht kennt."[78] Es war also die Mischung der kommerziell-vergnüglichen und der religiös-kirchlichen Sphären, die als so schändlich empfunden wurde. Dass die Figuren im Wachsfigurenkabinett scheußlich

---

[73] BENKARD (wie Anm. 6), Ähnlich auch in BENKARD (wie Anm. 4).
[74] FRITZE (wie Anm. 1).
[75] LUDENDORFF (wie Anm. 4), 1. Auflage 1928. Der Verlag gehörte dem Ehemann der Autorin, Erich Ludendorff. Zur Biographie KAMMER (wie Anm. 44), S. 29-30; Deutsche Biographische Enzyklopädie 6 (1997).
[76] Diese der „rassischen Art [der Deutschen] entsprechende Form des Gotterlebens (…), das frei von Glaubenssätzen und Kirchentum das Handeln leiten" sollte, nannte sie Deutsche Gotterkenntnis, Art. Deutsche Gotterkenntnis, in: Volks-Brockhaus, Leipzig 1941, S. 129.
[77] LUDENDORFF (wie Anm. 4), S. 37.
[78] Ebd. S. 38.

waren, konnte Ludendorff ihnen noch verzeihen, denn es waren unbedeutende Puppen, die den Betrachtern Leben vorgaukeln sollten – doch die Totenmaske, welche die „Seelenschrift des ganzen Lebens [des großen Toten]" dokumentierte, durfte so nicht erscheinen.

Und nicht nur die Tatsache, dass eine Figur angefertigt wurde, störte Ludendorff, auch in der Aufstellung derselben witterte sie eine diabolische Inszenierung: „Sie war dort [in der Marienbibliothek] (…) so aufgestellt, daß bei geöffneter Tür der Besucher erst gar nichts davon sah, da der geöffnete Türflügel den in der Ecke stehenden Sessel mit der Puppe und den Tisch ganz verdeckte. Hierdurch war erreicht, daß der Besucher bei der Besichtigung der Bibliothek nun unwillkürlich erschrak, wenn er nach Schließen der Türe unerwartet vor der Wachspuppe stand (…)".[79] Der Vorwurf gilt hier also der inszenierten Überraschung, in welcher der Besucher die Figur für eine kurze Zeit für lebendig halten konnte. Die Gefahr in dieser Täuschung und im Aufbau der Figur insgesamt liege nun in der Ablenkung durch das Erschrecken. Dem Besucher werde dadurch das Vertiefen in das Antlitz Luthers unmöglich gemacht: „Wenn diese Figur auf Lichtbildern auch ganz natürlich wirkt, so sieht sie dank des Wachsgesichtes und der Hände und dank einer grauenvollen Zurichtung für den Laien gespenstig aus, und da sie noch obendrein in einem düsteren Gelasse sitzt, ist sie wohl geeignet, das mit Höllenfurcht verängstigte Volk zu erschrecken, so daß es bei solcher Aufmachung und solcher Beleuchtung gar nicht fähig ist, die wunderbaren Züge dieser Totenmaske in Ruhe auf sich wirken zu lassen."[80] Wahrscheinlich war jedoch ganz das Gegenteil der Fall, dass nämlich, wie im Wachsfigurenkabinett, der Betrachter von der Ambivalenz der Figur eher angezogen als abgestossen wurde.

Weitere „Schändungen" vermeinte Ludendorff in einem nahe beigestellten Reliquienkreuz sowie einem kleinen runden Lutherbild aufgespürt zu haben. Letzteres sei so bei der Figur an der Wand angebracht, dass es perspektivisch genau in einer ebenfalls ausgestellten Monstranz erscheine. Ludendorff interpretiert diese Beobachtungen als „Symboltaten", mit denen die „Feinde Luthers" Einfluss auf die Wirklichkeit zu erlangen suchten. Sie seien ein Symbol dafür, „daß ‚magische Kräfte' Luther und seine Kirche zurück nach Rom ziehen und zwingen".[81] Die „Verunglimpfung" von Luthers Person durch die Inszenierung einer Wachsfigur, die sein Andenken an populäre Vergnügen annähere und lächerlich mache, das Betrachten der „authentischen" Totenmaske verhindere, sowie mit Hilfe symbolischer Praktiken Luthers Wirken aufzuheben versuche, war aus Ludendorffs verdrehter Perspektive also perfekt.

In Zeiten, in denen in Deutschland Vorwürfe gegen Juden auf fruchtbaren Boden fielen, konnte es wenig nützen, dass sich Pfarrer Fritze vehement gegen solche Verleum-

---

[79] Ebd.
[80] Ebd.
[81] Ebd. S. 43.

dungen wehrte.⁸² Im April 1931 besichtigte die Kirchenleitung zusammen mit Johannes Ficker, Hans Hahne und anderen die Figur. Es wird festgestellt, dass die Verlebendigung der Totenmaske als Wachsfigur keineswegs als Schändung, sondern „als eine ganz besondere einzigartige Ehrung gemeint war" – vermutlich war sie sogar das älteste skulpturale Denkmal einer nicht-adeligen Person in Deutschland überhaupt. Die Figur sollte auch weiterhin bleiben, wo sie war, „nur wäre ratsam[,] sie nach den vorhandenen Stichen schöner zu gestalten".⁸³ Es war also eine Restaurierung der Figur nach historischen Bildquellen wie dem Stich Liebes angestrebt. Ganz ungeteilt war die Zustimmung nicht, der Konsistorialrat Fehl fand, die „Puppe habe keinen kunsthistorischen Wert und könnte ohne Weiteres verschwinden". Allerdings wollte man auf keinen Fall den Anschein erwecken, die Kirche ließe sich von den „demagogischen Forderungen der Kreise um Ludendorff" beeindrucken, so dass beschlossen wurde, die Besucher der Kirche durch einen wissenschaftlichen Führer vom Wert der Figur für die Wissenschaft zu überzeugen. Diese kleine Publikation, die im Herbst 1931 in Druck ging, ist die letzte Spur der Wachsfigur, bevor sie von Mathilde Ludendorff 1933 erneut als vermeindliches Schandbild angeprangert wurde und kurz danach für immer verschwand. In einem Führer zur Marienkirche 1941 wird nur noch die Totenmaske beschrieben, die Figur wird nicht mehr erwähnt.⁸⁴

Obwohl die Diskussion der dreißiger Jahre um die Wachsfigur im protestantischen Kirchenraum weitgehend schriftlich fixiert ist, findet sich kein Beleg für das stille Ende des Lutherporträts. Ob die Figur tatsächlich aus kirchenpolitischen Gründen abgebaut wurde oder während des Krieges an einem Auslagerungsort verschwand,⁸⁵ ist nicht festgehalten worden. Ihr undokumentiertes Verschwinden spiegelt somit ihre ebenfalls nur ungenau feststellbaren Entstehungsumstände. Wenn sich das protestantische Schriftprinzip auch in einem ausgeprägten Dokumentationsdrang ausdrückt,⁸⁶ ist das Versäumnis hier besonders auffällig. Dass die Archive sowohl über die Aufstellung des Wachsporträts im 17. Jahrhundert, als auch bei seinem Abbau im 20. Jahrhundert schweigen, zeigt das ambivalente

---

82   Das Typoskript einer Antwort (vermutlich zur Veröffentlichung) mit der Überschrift „Frau Dr. Mathilde Ludendorff und die Totenmaske Luthers in der Marienkirche zu Halle" befindet sich in der Stiftung Luthergedenkstätten in Sachsen-Anhalt, Aktenbestand (Wittenberg).

83   Protokollbuch (wie Anm. 4). Auch Hahne hatte sich Ludendorffs grotesken Vorwürfen offenbar nicht angeschlossen.

84   JOHANNES FICKER, Die Luthergestalt in der Kirche U. L. Frauen zu Halle, Halle [1931]; HASSE, Die Marienkirche zu Halle [Halle 1941], S. 13.

85   In einer Anweisung zur Sicherung von wertvollen Gegenständen in Kirchenbesitz von 1943/44 wurde weder die Figur noch die Wachsmaske erwähnt, freundliche Auskunft von Herrn Heinrich Nickel.

86   So hat Etienne François zum Beispiel konfessionelle Unterschiede in der kirchlichen Verwaltungspraxis in Augsburg ausgemacht. So seien die Kirchenbücher in protestantischen Gemeinden wesentlich systematischer und genauer geführt worden, als in katholischen, ETIENNE FRANÇOIS, Die unsichtbare Grenze. Protestanten und Katholiken in Augsburg 1648-1806, Sigmaringen 1991 (= Abhandlungen zur Geschichte der Stadt Augsburg, 33), S. 36-38.

Verhältnis der Protestanten zu diesem Objekt: Einerseits hatte man ein antiquarisches und museales Interesse am Erhalt des „echten" Lutherporträts, andererseits bereitete seine formale Ähnlichkeit mit Heiligen- und Votivstatuen Unbehagen. Dazu kam die Nähe der ausgestellten Wachsfigur zum Panoptikum, die sich in den Spitznamen „Schreckgespenst" und „Lutherschreck" audrückte. Während aber im „Schreckenskabinett" der lustvolle Schauer bewusst inszeniert ist, ruft das wächserne Lutherbild den gleichen Verlust an Sinnes- und Gefühlskontrolle ungewollt hervor. Diese emotionale Betrachterreaktion schien die intellektuelle Wirkung des Gotteswortes zu stören. Aus dem Spannungsfeld von historischer Wertschätzung, theologischer Verwerfung und bildlicher Sinneslust wusste sich die Kirchenleitung nur zu befreien, indem sie die Figur erst durch die Abtrennung der originalen Totenmaske „verstümmelte" und schließlich ganz entsorgte – das heißt, das kostbare historische Relikt einem eindimensionalen, kontrollierten Bildbegriff opferte.

Luthererinnerung und totalitäre Geschichtspolitik

Horst Dähn

Martin Luther und die Reformation in der Geschichtswissenschaft der DDR

In diesem Beitrag soll es um die Erörterung der Frage gehen: Hat es in der DDR-Geschichtswissenschaft einen Wandel in der Bewertung Luthers und der Reformation gegeben und wenn ja, wie ist er zu bewerten? Ich gehe von der Annahme aus, dass es im Zeitraum 1950 bis 1983 in der Tat erhebliche Korrekturen am marxistischen Lutherbild gegeben hat und konfrontiere diese These mit dem Faktum, dass die DDR-Geschichtswissenschaft ideologisch fest verortet ist. Ihre ideologischen Grundlagen wurzeln im Historischen Materialismus, präziser in der Lehre von der gesetzmäßigen Abfolge einer ökonomisch weniger durch eine höher entwickelte Gesellschaftsformation. Kollektive Akteure des gesellschaftlichen Fortschritts sind Klassen, deren Handlungen – und dies wird von der marxistischen Historiographie zugestanden – sich aber auch immer konkreten Personen zuordnen lassen. Auf diese Weise werden auch Einzelpersönlichkeiten – zumal wenn es sich um herausragende historische Gestalten wie Martin Luther oder Thomas Müntzer handelt – für einen einer materialistischen Geschichtsauffassung verpflichteten DDR-Historiker interessant und relevant.

Das Handeln einzelner Persönlichkeiten kann in einer gewissen Bandbreite unterschiedliche Deutungen erfahren. Die Grenzen zugestandener Interpretationsfreiheit bestimmten sich einmal von der prinzipiellen Akzeptanz der Lehre gesetzmäßig ablaufender Entwicklungsprozesse in der Geschichte auf seiten der Historiker her, zum andern auch von allgemeinpolitischen, zumindest forschungspolitischen Vorgaben der herrschenden Partei, im Falle der DDR der SED, an die Wissenschaftler – etwa durch die Bereitstellung neuer Deutungsmuster die Legitimationsbasis von politischer Herrschaft zu erweitern.

Im Wissen um diese von „oben" vorgegebenen methodologischen und politischen Prämissen marxistischer Forschung sollen nun die in der DDR-Historiographie präsentierten Positionen zu Luther und – wenn vom historischen Kontext her geboten – auch zu Müntzer sowie zur Reformation benannt und auch kritisch gewürdigt werden. Was den Verlauf der Rezeption Luthers und der Reformation in der DDR-Geschichtsschreibung anbetrifft, so folge ich hier weitestgehend dem von dem kirchlichen Reformationshistoriker Siegfried Bräuer angewandten Periodisierungsschema nach Dezennien[1] – bis auf eine

---

[1] SIEGFRIED BRÄUER, Martin Luther in marxistischer Sicht von 1945 bis zum Beginn der achtziger Jahre, 2. Aufl. Berlin 1983, S. 4.

Ausnahme. Die von ihm benannte Schrift von Alexander Abusch[2] „Der Irrweg einer Nation", 1946 im Berliner Aufbau Verlag[3] erschienen, ist das Buch eines Publizisten und Politikers und wird hier deshalb nur am Rande berücksichtigt, wobei zu beachten ist, dass es noch in den fünfziger Jahren eine erhebliche Breitenwirkung erzielte (1960: 8. Auflage) und „das Geschichtsbild bis in die frühen Jahre der DDR wesentlich mitgeprägt [hat], zumindest, was die Sicht der Reformation betrifft".[4] Er vertritt in diesem Buch das Misere-Konzept. Ihm liegt die These zugrunde, dass die „unheilvolle Entwicklung" in der deutschen Geschichte, die letztlich „zur Etablierung der Nazibestialität auf deutschem Boden führte oder zumindest ihr Kommen erleichterte", mit Luthers Haltung im Bauernkrieg einsetzte, mit seinem „Ruf ‚wider die räuberischen und mörderischen Rotten der Bauern', an der Seite der Fürsten und Erzbischöfe […] Martin Luther wurde zur größten geistigen Figur der deutschen Gegenrevolution für Jahrhunderte".[5]

Die fünfziger Jahre

Als ein in den fünfziger Jahren führender, zumindest wissenschaftspolitisch einflussreicher Vertreter der DDR-Geschichtswissenschaft auf dem Feld der Reformationsforschung, er gebrauchte bereits den Begriff der „frühbürgerlichen Revolution", mit ihren beiden Antipoden „Müntzer" und „Luther" ist Alfred Meusel zu nennen. Er wurde 1952 Leiter des Instituts für Geschichte und im gleichen Jahr Direktor des Museums für Deutsche Geschichte in Berlin und ein Jahr später zum Mitglied der Deutschen Akademie der Wissenschaften berufen. 1952 erschien sein, wie westdeutsche Historiker feststellten, mit etlichen sachlichen Fehlern behaftetes Buch „Thomas Müntzer und seine Zeit". Die positive Bewertung Müntzers aufgrund seiner deutlichen Parteinahme für die ausgebeuteten Bauern im Bauernkrieg 1525/1526 kontrastiert Meusel mit einer ambivalenten Beurteilung Luthers. Im Jahr 1517 erscheint der Reformator in dessen Darstellung „als ein von gesellschaftlichen Kräften Getriebener, der nicht aus eigenem Entschluss handelte" – so in jüngster Zeit die

---

[2] Zur Person von Alexander Abusch (1902-1982): Mitglied der KPD seit ihrer Gründung 1918/19, 1921-1933 journalistische Tätigkeit in der KPD-Presse, 1933 Emigration nach Frankreich, 1939/40 in Frankreich interniert; 1941 Emigration nach Mexiko, 1946 Rückkehr nach Deutschland; 1948-1950 Mitglied des Parteivorstandes der SED, 1954-1956 stellvertretender Minister für Kultur; seit 1956 Mitglied des ZK der SED; 1958-1961 Minister für Kultur; 1961-1971 Stellvertreter des Vorsitzenden des Ministerrats der DDR.
[3] 1945 ist die Schrift von Abusch bereits im mexikanischen Exil in deutscher Sprache veröffentlicht worden.
[4] Bräuer (wie Anm. 1), S. 5.
[5] Alexander Abusch, Der Irrweg einer Nation. Ein Beitrag zum Verständnis deutscher Geschichte, Berlin 1946, S. 6, 22-23.

Deutung des Historikers Martin Roy.[6] Mit der Abfassung der 95 Thesen habe Luther, so Meusel, „lange gezögert, […] aber schließlich war es für ihn als Sprecher der romfeindlichen Strömung an der Universität Wittenberg unmöglich, länger zu einer Sache zu schweigen, die Interessen der verschiedensten Gesellschaftsschichten verletzte und eine zynische Herausforderung des deutschen Volkes war".[7] Qualifiziert er Luthers Auftritt auf dem Reichstag in Worms 1521 noch als das eines „nationalen Heros" und sieht in ihm „die Hoffnung aller freiheitsliebenden Menschen in Deutschland", so bewertet er dessen Verhalten wenige Jahre später als das „ein[es] offenen Fürstendiener[s]".[8] Der westdeutsche Historiker Rainer Wohlfeil schrieb 1982: „Luther wurde identifiziert mit dem negativ besetzten Begriff ‚Fürstenreformation', der die ‚Volksreformation' von Thomas Müntzer als positives Reformationsverständnis entgegengestellt wurde".[9] Noch im gleichen Jahr des Erscheinens seines Buches verteidigte Meusel auf einer Tagung des Wissenschaftlichen Rates des Museums für Deutsche Geschichte in Berlin am 4. und 5. Oktober 1952 zum Thema „Luther und die Stellung zu den Bauern" seine Sicht von der „fortschrittlichen Rolle" Luthers in den Jahren 1517 bis 1521 und seiner „konservativen, ja reaktionären" Haltung[10] ab 1522. So betont er in einem längeren Redebeitrag am zweiten Sitzungstag, die „fortschrittliche Rolle" des Reformators beschränke sich nicht auf seine „sprachschöpferische Leistung": „Luther hat in der politischen und religiösen Sphäre eine fortschrittliche Rolle gespielt, eben in den vier Jahren zwischen dem Thesenanschlag und dem Reichstag von Worms. Als er dann von der Wartburg zurückkehrte, wandte er sich ausschließlich gegen die Brandstifter oder, wie man damals sagte, Schwarmgeister. Mit dieser Zeit ist seine progressive Rolle im wesentlichen beendet".[11] Mit dieser Positionierung geriet Meusel noch auf dieser Tagung in die Kritik der Wissenschaft, vertreten durch den namhaften marxistischen Wirtschaftshistorikers Jürgen Kuczynski und der Politik, vertreten durch Kurt Hager, Leiter der Abteilung Wissenschaft und Hochschulen des ZK der SED.[12] Kuczynski verweist in seinem Diskussionsbeitrag auf die Verdienste Luthers als „Sprachschöpfer", aber auch auf seinen „Kampf gegen die Fremdherrschaft, gegen die soziale Unterdrückung

---

[6] MARTIN ROY, Luther in der DDR. Zum Wandel des Lutherbildes in der DDR-Geschichtsschreibung, Bochum 2000, S. 86.
[7] ALFRED MEUSEL, Thomas Müntzer und seine Zeit. Mit einer Auswahl der Dokumente des großen deutschen Bauernkrieges, hrsg. von Heinz Kamnitzer, Berlin 1952, S. 52.
[8] MEUSEL (wie Anm. 7), S. 99-100.
[9] RAINER WOHLFEIL, Das wissenschaftliche Lutherbild der Gegenwart in der Bundesrepublik Deutschland und in der Deutschen Demokratischen Republik. Ein Vergleich, Hannover 1982, S. 26.
[10] MEUSEL (wie Anm. 7), S. 77.
[11] Alfred Meusel auf der Tagung des Wissenschaftlichen Rates des Museums für Deutsche Geschichte am 4. und 5. Oktober 1952, II. Tag (unkorrigierter Manuskriptdurchschlag), S. 38-64, hier S. 60. – Der Verfasser bedankt sich bei Herrn Kollegen Prof. Dr. Siegfried Bräuer (Berlin), der das ungedruckte Protokoll dieser Diskussion zur Einsichtnahme zur Verfügung stellte.
[12] ROY (wie Anm. 6), S. 90-91.

durch das Papsttum". Er fährt fort: „Und ich möchte weiter sagen, daß ich auch die fortschrittliche Rolle Luthers für so wichtig halte, für so außerordentlich wichtig, daß mir die verderbliche Rolle, die er in dem Bauernkrieg gespielt hat, nicht so entscheidend erscheint, daß man ihn gewissermaßen als halb und halb, wie es bei uns im Museum für Deutsche Geschichte geschieht, darstellen kann".[13] Und an anderer Stelle wird der Wirtschaftshistoriker noch deutlicher: „Was meiner Ansicht nach wichtig ist, ist, daß wir trotz dieser Haltung Luthers im Bauernkrieg das Positive, das er für das deutsche Volk geleistet hat, höher und stärker bewerten, daß wir ihn im ganzen doch zu den großen fortschrittlichen Gestalten – mit allen Einschränkungen – rechnen müssen, mehr als es im Museum der Fall ist".[14] Luther nimmt einen bleibenden Platz in der deutschen Nationalgeschichte ein – eine Position, die aber nicht nur im wissenschaftlichen Diskurs zum Ausdruck gebracht werden sollte, sondern auch in der Öffentlichkeit stärker als bisher vermittelt werden müsse – beispielsweise mittels des Mediums „Ausstellung".[15] Nicht für die Misere-Konzeption, sondern ebenfalls für eine nationalgeschichtliche Deutung Luthers plädiert Kurt Hager. Er sieht wie Kuczynski und auch Meusel das Versagen Luthers im Bauernkrieg, macht aber auch darauf aufmerksam, dass darüber nicht die Bedeutung Luthers „für die Nation, […] für die nationale Erziehung unseres Volkes, für die Schaffung unseres Nationalbewußtseins" verloren gehen darf.[16]

Die Kritik Kuczynkis und Hagers muss Wirkung gezeitigt haben, denn, so wird berichtet, Meusel habe noch während der mehr als fünfstündigen Diskussion am 5. Oktober 1952 seine Kritik an dem Wittenberger Reformator abgeschwächt.[17] Ein Jahr später, 1953, so berichten der DDR-Profanhistoriker Horst Haun und der Kirchenhistoriker Siegfried Bräuer, habe Meusel in der Aussprache im Anschluss an seinen Vortrag über Luther Ende Oktober 1953 in Halle erklärt, er halte „seine einseitig-kritische Beurteilung des Reformators in seinem Buch ‚Thomas Müntzer und seine Zeit' nicht mehr" aufrecht.[18] Und

---

[13] KUCZYNSKI (wie Anm. 11), S. 71-75, hier S. 72. – Kuczynski nimmt hier Bezug auf die Ausstellungskonzeption zum Thema „Reformation und Bauernkrieg" für das 1952 eröffnete Museum für Deutsche Geschichte in Berlin. Dieser Ansatz lässt noch deutliche Spuren einer Deutung von Luthers Wirken erkennen, die in der Literatur mit dem Misere-Konzept beschrieben wird. Siehe auch BRÄUER (wie Anm. 1), S. 10.

[14] KUCZYNSKI (wie Anm. 11), S. 74, BRÄUER (wie Anm. 1), S. 11.

[15] KUCZYNSKI (wie Anm. 11), S. 73.

[16] HAGER (wie Anm. 11), S. 87-99, hier S. 88; BRÄUER (wie Anm.1), S. 11.

[17] In seinen Schlussbemerkungen auf der Tagung resümiert Meusel: „Bei der Diskussion mußte ich an zahlreichen Stellen denken, daß ich mich doch sehr mißverständlich ausgedrückt haben muß, und es tut mir offen und aufrichtig leid. Sonst wäre es nicht möglich gewesen zu sagen, was ich ausdrücklich abgelehnt habe. Man sollte Luthers Bedeutung nicht auf die Rolle des Sprachschöpfers einschränken. Damit bin ich vollständig einverstanden", (wie Anm. 11), S. 122.

[18] HORST HAUN, Die Diskussion über Reformation und Bauernkrieg in der DDR-Geschichtswissenschaft 1952-1954, in: Zeitschrift für Geschichtswissenschaft 30 (1982), H. 1, S. 7-22, hier S. 16; BRÄUER (wie Anm. 1), S. 11.

dennoch: Zu den progressiven Traditionsbefunden der DDR zählen in den nächsten Jahren nicht Martin Luther und die Reformation, sondern Thomas Müntzer und der Bauernkrieg; Müntzer und nicht Luther komme das Verdienst zu, einer der „konsequentesten Verfechter der Interessen des Volkes"[19] gewesen zu sein. Die unterschiedliche Betonung der Rolle Müntzers und Luthers findet auch ihre Widerspiegelung in der offiziellen, von der SED-Führung vorgegebenen historischen Bewertung herausragender Persönlichkeiten der deutschen Geschichte seit dem 16. Jahrhundert. So ergeht in einem Beschluss des ZK der SED „Die wichtigsten ideologischen Aufgaben der Partei" vom 20. Oktober 1951 an die Historiker die Aufgabe, die deutsche Geschichte aufzuarbeiten – und zwar „vom Standpunkt des Marxismus-Leninismus". Ihr komme eine wissenschaftliche und zugleich politische und erzieherische Funktion zu: „Unsere Historiker sind sich noch nicht genügend der großen Verpflichtung bewußt, durch die wissenschaftliche Ausarbeitung der Geschichte Deutschlands und der deutschen Arbeiterbewegung zur Zerschlagung unwissenschaftlicher Geschichtsauffassungen (gemeint sind wohl Interpretationen der „bürgerlichen" Geschichtswissenschaft, H. D.), zur richtigen Erziehung der heranwachsenden Generation und zur Entfaltung des Kampfes für die nationale Einheit Deutschlands beizutragen".[20] Um diese verschiedenen Aufgaben lösen zu können, hielt es die SED-Führung für erforderlich, die Publikations- und Forschungstätigkeit zu fördern und darüber hinaus die historische Bewusstseinsbildung und „Aufklärung der Bevölkerung und besonders der Jugend zu verbessern" – etwa durch die Einrichtung des Museums für Deutsche Geschichte in Berlin sowie eine ansprechende Gestaltung von Gedenkstätten. In dem Beschluss des ZK der SED heißt es hierzu: „Das Zentralkomitee hält es für notwendig, die Gedenkstätten, die mit dem Leben und der Tätigkeit von Marx, Engels, Lenin und Stalin verbunden sind, würdig zu gestalten und mit Gedenktafeln zu versehen. Dies betrifft auch alle Stätten, die an die Deutschen erinnern, die eine fortschrittliche Rolle in der Geschichte des deutschen Volkes gespielt haben (Müntzer, Lessing, Schiller, Goethe, Heine, Bach, Mozart, Beethoven, Leibniz, Hegel, Börne, Gebrüder Alexander und Wilhelm von Humboldt, Robert Koch, Euler, Helmholtz, August Bebel, Rosa Luxemburg, Wilhelm und Karl Liebknecht, Clara Zetkin, Ernst Thälmann und andere").[21] Martin Luther fehlt in dieser Auflistung „progressiver" Persönlichkeiten in der deutschen Geschichte.

---

[19] GÜNTER VOGLER, Die Zeit war reif. Fortschritt und Reaktion im Wirken Martin Luthers, in: Wissen und Leben, Heft 10 (1958), S. 747-750, hier: S. 750; JOSEF FOSCHEPOTH, Reformation und Bauernkrieg im Geschichtsbild der DDR. Zur Methodologie eines gewandelten Geschichtsverständnisses, Berlin 1976, S. 107.
[20] Dokumente der SED, hrsg. vom ZK der SED, Bd. III, Berlin 1952, S. 570-588, hier S. 581.
[21] Ebd., S. 583.

Die sechziger Jahre

Die sechziger Jahre sind im Blick auf das marxistische Lutherbild, wie Bräuer zutreffend bemerkt, von drei Schwerpunkten geprägt: erstens, von der „Ausarbeitung der Konzeption von der frühbürgerlichen Revolution seit 1960", zweitens, dem „Reformationsjubiläum 1967" und drittens, der „erste[n] marxistische[n] Lutherbiographie" aus dem gleichen Jahr.[22]

Findet sich bei Meusel 1952 erstmals der Begriff der „frühbürgerlichen Revolution",[23] so ist es acht Jahre später Max Steinmetz, der diesen Begriff zu einem wissenschaftlichen Ansatz erweitert, mittels dessen aus historisch-materialistischer Sicht die ökonomisch-gesellschaftlichen wie auch religiös-theologischen Entwicklungsprozesse in Deutschland im ausgehenden 15. Jahrhundert sowie in der ersten Hälfte des 16. Jahrhunderts angemessen gedeutet werden könnten.

Max Steinmetz, Schüler des in der westdeutschen Geschichtsschreibung einst einflussreichen, nach seinem Tod 1971 bald vergessenen, nationalkonservativen Freiburger Historikers Gerhard Ritter,[24] lehrte zunächst in Jena, ging 1960 nach Leipzig und wurde dort 1961 Direktor des Instituts für deutsche Geschichte, damals Leitinstitut für die Geschichte der Reformationszeit. Zur Vorbereitung einer wissenschaftlichen Konferenz der Deutschen Historiker-Gesellschaft, Sektion Mediävistik, legte er zum Tagungsthema „Probleme der frühbürgerlichen Revolution in Deutschland (1476-1535)" in Wernigerode 34 Thesen („Die frühbürgerliche Revolution in Deutschland 1476-1535")[25] vor. Nach Steinmetz umfasst die „frühbürgerliche Revolution" drei Phasen: Am Beginn steht die Periode der „Herausbildung" und des „Heranreifens" der Ereignisse der Revolution – datiert auf den Zeitabschnitt 1476 bis 1517; ihr folgt die mit dem Begriff „Kulmination" gekennzeichnete Periode der „Reformation und de[s] Bauernkrieg[es] als Kernstück und Höhepunkt der frühbürgerlichen Revolution in Deutschland vom Thesenanschlag in Wittenberg bis zur Niederlage der meisten Bauernheere in den Jahren 1525/26" und schließlich die Periode des „Nie-

---

[22] Bräuer (wie Anm. 1), S. 13.
[23] Meusel (wie Anm. 7), S. 41.
[24] Eine fundierte Biographie über den Freiburger Gelehrten ist vor nicht langer Zeit vorgelegt worden von Christop Cornelißen, Gerhard Ritter. Geschichtswissenschaft und Politik im 20. Jahrhundert, Düsseldorf 2001.
[25] Max Steinmetz, Die frühbürgerliche Revolution in Deutschland 1476 bis 1535. Thesen zur Vorbereitung der wissenschaftlichen Konferenz in Wernigerode vom 21.-24. Januar 1960. Zuerst veröffentlicht in: Zeitschrift für Geschichtswissenschaft 8 (1960), Heft 1, S. 113-124; hier zitiert nach dem Wiederabdruck in: Max Steinmetz (Hrsg.), Die frühbürgerliche Revolution in Deutschland, Berlin 1985, S. 38-48.

dergangs" der Revolution im Zeitabschnitt 1526/27 bis 1535.[26] Dieses Periodisierungsschema ermögliche eine klare politisch-ideologische, programmatische wie auch sozialstrukturelle Verortung Luthers und zwar in der zweiten Phase der „frühbürgerlichen Revolution". Steinmetz trifft dann weitere Differenzierungen im Blick auf gesellschaftliche Entwicklungsprozesse innerhalb der zwei Etappen des „Kernstücks" der Revolution.

Die erste Etappe (1517-1521) wird beschrieben als von Luther mit seinem Thesenanschlag ausgelöste „nationale Bewegung, die zum ersten Male in der deutschen Geschichte alle Klassen und Schichten des deutschen Volkes – mit Ausnahme der meisten geistlichen Fürsten und Prälaten, aber einschließlich der Masse der niederen Geistlichkeit – unter Führung des mittleren Bürgertums im Kampf gegen die Papstkirche vereinigt (1517-1521)" (These 23).[27] Ferner habe der Reformator in diesen Jahren einen „gewaltigen Beitrag zur Entwicklung, Ausbreitung und Durchsetzung der einheitlichen hochdeutschen Schrift- und Literatursprache" geleistet.[28] Die zweite Etappe (1521-1524) wird als Differenzierungsprozess der bis dahin „einheitliche[n], nationale[n] antirömischen Bewegung" beschrieben. Sie habe sich gespalten in ein „konservativ-katholisches", ein „bürgerlich-gemäßigtes lutherisches Lager" und schließlich in die „revolutionäre Bewegung der Bauern und Plebejer" – letztere repräsentiert durch Müntzer und Gaismaier (These 26).[29] Die Thesen weisen deutlich die unterschiedliche sozialstrukturelle und damit verbunden auch die unterschiedliche Interessenstruktur Luthers und Müntzers aus. Die dritte Etappe der „frühbürgerlichen Revolution" kulminiert im Bauernkrieg (1525/26) und stellt, so heißt es in These 30, „den ersten Versuch der Volksmassen dar, von unten her einen einheitlichen nationalen Staat zu schaffen".[30]

Zusammenfassend kann festgestellt werden: Max Steinmetz zeichnet in seinen „Thesen" ein Lutherbild, das kaum von dem Alfred Meusels abweicht. Die progressive Phase im Denken und Handeln Luthers lässt sich eindeutig auf die Jahre 1517-1521 datieren. Zwar spricht er nicht mehr von Luther als einem Vertreter der „Fürstenreformation" wie noch Meusel; aber er wirft Luther vor, bei der Niederwerfung des Bauernaufstandes „eine denkbar erbärmliche Rolle" gespielt zu haben (These 35).[31] Positiv hervorgehoben wird in den „Thesen" die nach wie vor herausragende Stellung Müntzers als Verfechter der „Volksreformation" (These 29).[32] Seine Lehre, so heißt es schließlich in These 34, „beeinflusste die revolutionären Bauern und Plebejer im ganzen Aufstandsgebiet; in allen Bauernlagern fanden sich seine Anhänger, die für ein kompromissloses Vorgehen gegen die Feudalherren

---

[26] Ebd., S. 39.
[27] Ebd., S. 44 f., hier S. 45.
[28] Ebd., S. 45.
[29] Ebd., S. 45 f.
[30] Ebd., S. 47.
[31] Ebd., S. 48.
[32] Ebd., S. 46 f.

und ‚für die Einheit der zerrissenen deutschen Einheit' eintraten".[33] Diese Argumentation war es, die die SED veranlasste, bei ihrem Bestreben um Kontinuität in der Legitimation ihres gesamtgesellschaftlichen Führungsanspruchs nicht erst bei Marx und Engels anzusetzen, sondern bereits bei Müntzer – aber eben nicht bei Luther. Und so beschließt Steinmetz seine – letzte – These 34 mit einer Würdigung Müntzers: Er sei „als Repräsentant der ersten proletarischen Elemente in der zerfallenden Feudalordnung gleichzeitig derjenige, der auch das entschiedenste und weitestgehende Programm der nationalen Entwicklung Deutschlands (als demokratische Republik) vertrat. Bei diesem Programm aber handelt es sich zweifellos um eine keimhaft-unreife, für ihre Zeit letztlich utopische, im ganzen aber doch geniale Antizipation der wahrhaft nationalen Politik der deutschen Arbeiterklasse".[34] Der aktuelle Bezug zum Selbstverständnis der Deutschlandpolitik der SED am Beginn der sechziger Jahre ist gegeben: Sie, die DDR, in der die Arbeiterklasse die politische Macht ausübt unter Führung der SED, habe – so wird in dem vom ZK der SED der Nationalen Front des demokratischen Deutschland (NF) unterbreiteten, vom Nationalrat der NF am 25. März 1962 verabschiedeten und schließlich vom „Nationalkongreß" der NF am 17. Juni 1962 bestätigten „Nationalen Dokument"[35] – ausgeführt, im Gegensatz zur „Spalterpolitik" Westdeutschlands stets für die Schaffung eines wahrhaft demokratischen und friedliebenden Deutschlands gestritten.[36] Zudem verkörpere die DDR, also der sozialistische deutsche Staat, – und nicht Westdeutschland – „die Zukunft der ganzen deutschen Nation", denn „nur durch den Sieg des Friedens und des Sozialismus in ganz Deutschland [kann] die nationale Frage gelöst werden".[37]

Die unterschiedliche Gewichtung in der Beurteilung Luthers und Müntzers in der DDR-Geschichtsschreibung in Bezug auf ihren Anteil an der Beförderung des „gesellschaftlichen Fortschritts" in der deutschen Geschichte wird auch beibehalten im 3. Band des „Lehrbuchs der deutschen Geschichte (Beiträge)" mit dem Titel „Deutschland von 1476 bis 1648. Von der frühbürgerlichen Revolution bis zum Westfälischen Frieden" (1. Auflage 1965, 2. überarbeitete und erweiterte Auflage 1978). Dabei sei angemerkt, dass die Abfassung dieses Bandes in den Händen der von Max Steinmetz am 29. Mai 1960 gegründeten Arbeitsgemeinschaft „Geschichte der Reformation und des Bauernkrieges (frühbürgerliche Revolution) in Deutschland" erarbeitet wurde. Gleichwohl sind Korrekturen am marxistischen Lutherbild nicht zu übersehen. Der Lebensweg des Reformators wird ausführlich beschrieben und auch die Frage nach den Ursachen für die Heraus-

---

[33] Ebd., S. 48.
[34] Ebd., S. 48.
[35] Der exakte Titel des „Nationalen Dokuments" lautet: „Die geschichtliche Aufgabe der Deutschen Demokratischen Republik und die Zukunft Deutschlands", in: Zeitschrift für Geschichtswissenschaft 10 (1962), Heft 4, S. 758-786.
[36] Ebd., S. 773.
[37] Ebd., S. 768; siehe auch ROY (wie Anm. 8), S. 111-112.

bildung seiner Theologie reflektiert.[38] Dennoch kommen die Autoren zu dem Ergebnis, dass seine „progressive Bedeutung" nicht in seinen Lehren begründet sei, „sondern im praktischen Kampf gegen das parasitäre Wesen der römischen Kirche, mit dem er die Klassenschlachten der frühbürgerlichen Revolution einleitete".[39] Sein bleibendes Verdienst liege darin, die Reformation ausgelöst, die frühbürgerliche Revolution eingeleitet und ihr zum Durchbruch verholfen zu haben. In den Jahren 1517 bis 1521 habe er das Profil eines „Helden der Nation" besessen. Seine Bibelübersetzung werde für immer ein „alle Deutschen einigendes Moment" bleiben; aber Müntzer komme das Verdienst zu, „die Widersprüche und Halbheiten in Luthers Werk überwunden zu haben; er hat das vollendet, was Luther begann, aber nicht zu Ende führen konnte und wollte".[40]

Das Jahr 1967, der 450. Jahrestag des Thesenanschlags in Wittenberg, gab der Politik wie auch der DDR-Geschichtswissenschaft einen weiteren Anlass, das marxistische Lutherbild weiter auszudifferenzieren – im Sinne Bräuers der „zweite Schwerpunkt in der Entwicklung der marxistischen Sicht" des Reformators in diesem Jahrzehnt.[41] Dabei ist die Tatsache beachtenswert, dass SED und Staat es sich nicht nehmen ließen, dieses Ereignis in Kooperation mit Historikern schon recht frühzeitig, nämlich bereits seit 1964 vorzubereiten. Was das Interesse der Politik an Luther und der Reformation anbetraf, so sind hier zwei Faktoren zu benennen – zum einen ein politisch-legitimatorisches, zum anderen ein deutschlandpolitisches Moment. So heißt es in einem von der Partei verantworteten, undatierten „Entwurf einer politisch-ideologischen Konzeption zur Vorbereitung und Durchführung des 450. Jahrestages der Reformation" – einer Konzeption, an deren Ausarbeitung übrigens die beiden Neuzeit- bzw. Reformationshistoriker Max Steinmetz und Gerhard Zschäbitz beteiligt waren –: „Die lutherische [...] Reformation gehört dem fortschrittlichen historischen Erbe an. [...] Daraus folgt, dass die Reformation Luthers und die Feiern zu ihrer 450. Wiederkehr nicht vorrangig Sache kirchlicher Kreise sein können, sondern dass die Deutsche Demokratische Republik als Erbin aller fortschrittlichen, mit der frühbürgerlichen Revolution verbundenen Traditionen auch die Verpflichtung übernehmen muss, diese bedeutende Periode deutscher Nationalgeschichte in geeigneter Weise zu würdigen. [...] Die Reformation hat eine gewaltige und in ihren Auswirkungen gar nicht zu überschätzende Bedeutung für die gesamte weitere Entwicklung des geistigen Lebens in Deutschland".[42] Aber, so wird in dem Parteidokument auch zum Ausdruck gebracht,

---

[38] MAX STEINMETZ, Deutschland von 1476 bis 1648. Von der frühbürgerlichen Revolution bis zum Westfälischen Frieden, Berlin 1965, S. 87-109.
[39] STEINMETZ (wie Anm. 38), S. 92.
[40] STEINMETZ (wie Anm. 38), S. 162.
[41] BRÄUER (wie Anm. 1), S. 17.
[42] „Entwurf einer politisch-ideologischen Konzeption zur Vorbereitung und Durchführung des 450. Jahrestages der Reformation". Als Dokument 1 abgedruckt in: ROY (wie Anm. 8), S. 311-316, hier S. 312-313. – Zu den Zielsetzungen und Planungen des Reformationsjubiläums 1967 von seiten der SED-Führung s. auch ROY (wie Anm. 8), S. 152-153.

Thomas Müntzer habe das Verdienst, das von Luther begonnene revolutionäre Werk vollendet zu haben.[43] Dieses Zitat ist in verschiedener Hinsicht interessant: Einmal erfolgt eine positive Wertung der Reformation, zum andern eine deutliche politische Inanspruchnahme der Reformation durch die SED zum Zwecke der Erweiterung der weltanschaulich-ideologischen wie auch der historischen Legitimationsbasis ihres Herrschaftsanspruches. Schon sehr bemerkenswert ist in diesem Kontext der von der Partei gegenüber der evangelischen Kirche formulierte Führungsanspruch in Sachen legitimer Wahrung des Erbes der Reformation Luthers. Zugleich aber gibt die SED zu erkennen, dass sich dieses Ereignis gut nutzen ließe, die von Walter Ulbricht seit 1960 propagierte Politik der Integration, der Beheimatung der Christen in die DDR-Gesellschaft weiter zu befördern.[44] So heißt es in dem Parteidokument: „Das gemeinsame Anliegen von Christen und Marxisten ist in der DDR voll verwirklicht worden. Unter sozialistischen Verhältnissen fehlen alle Schranken für die Verwirklichung des Humanismus, wird die freie Entfaltung des Einzelnen zur Bedingung der Entwicklung der Gesellschaft und umgekehrt, erreicht der Humanismus in Gestalt des sozialistischen Humanismus eine höhere Stufe und breite Wirksamkeit. Auch die humanistischen Anliegen des Christentums, die Friedens- und Nächstenliebe, können über den individuellen Bereich hinaus zum Tragen kommen. Bei allen weltanschaulichen Gegensätzen ist es diese Gemeinsamkeit der humanistischen Anliegen, die den Christen und Marxisten verbindet und die Reformation, die Besinnung auf ihre Bedeutung und ihr Erbe als eine Angelegenheit aller Bürger des sozialistischen deutschen Staates, von dessen Gebiet die Reformation einst ihren Ausgang nahm, erscheinen lässt".[45] Und nicht zuletzt komme den Veranstaltungen zum Reformationsjubiläum eine außenpolitische Funktion zu, nämlich „die Rolle der DDR als friedliebenden, humanistischen und demokratischen Staat zu demonstrieren, ihre Politik zur Schaffung einer europäischen Friedensordnung besonders den nord- und westeuropäischen Staaten gegenüber zu erläutern".[46]

---

[43] In dem Entwurf heißt es: „Der Sieg der Fürsten (im Bauernkrieg, H. D.) führte zu einer obrigkeitlich-devoten Tradition, die alles revolutionäre auszumerzen trachtete. So konnten die in den Klassenkämpfen der Reformationszeit hervorgebrachten revolutionären Traditionskeime nur versteckt und untergründig weiterwirken. Als die positivsten Leitungen sind dabei Thomas Müntzer, Sebastian Franck, die revolutionären Täufer und Antitrinitarier zu würdigen. Hier waren Ideen geformt worden, die die Interessen des ‚gemeinen Mannes', des arbeitenden einfachen Volkes in Stadt und Land wider die feudalen und absolutistischen Obrigkeiten wahrten, eine Absage an die bestehende Gesellschaft enthielten und die Vorstellung von einer besseren gerechteren Welt enthielten."

[44] DETLEF POLLACK, Kirche in der Organisationsgesellschaft. Zum Wandel der gesellschaftlichen Lage der evangelischen Kirchen in der DDR, Stuttgart/Berlin/Köln 1994, S. 156-159; JOACHIM HEISE, Kirchenpolitik von SED und Staat. Versuch einer Annäherung, in: Günther Heydemann/Lothar Kettenacker (Hrsg.), Kirchen in der Diktatur. Drittes Reich und SED-Staat, Göttingen 1993, S. 126-154, hier S. 132-133.

[45] „Entwurf" (wie Anm. 42), S. 315.

[46] „Entwurf" (wie Anm. 42), S. 311.

Von der politischen Instrumentalisierung Luthers durch die SED für ihre politisch-legitimatorischen wie auch für ihre innen- und außenpolitischen Ziele und Absichten sind abzugrenzen die Bemühungen der DDR-Historikerschaft, zu einer weiteren differenzierten Betrachtung Luthers, der Reformation und ihrer gesellschaftlichen Folgewirkungen zu gelangen. Den Anlass bot die 450. Wiederkehr des Thesenanschlags an der Schlosskirche zu Wittenberg 1517.

Die akademische Würdigung Luthers im Rahmen des Reformationsjubiläums wurde der Universität Halle-Wittenberg übertragen. Auf dem Internationalen Symposium „Weltwirkung der Reformation" vom 24. bis 26. Oktober 1967 in Halle hält Steinmetz ein Plenarreferat zum gleichnamigen Thema. Steinmetz geht aus von der Annahme: „Das Feudalsystem mußte zuerst in seiner theologischen Begründung und Rechtfertigung erschüttert werden, bevor es als Gesellschaftsordnung und politische Macht in Frage gestellt werden konnte. So ist es keineswegs zufällig, wenn die frühen Repräsentanten des ideologischen Kampfes gegen die Feudalordnung sämtlich Theologen waren, sie untermauerten die Bewegungen ideologisch, unter deren Schlägen die alte römisch-katholische Universalkirche auseinanderbrach, deren politisch-ideologische Machtstellung große Teile Europas weit über ein Jahrtausend beherrscht und entscheidend geprägt hatte. Um das zu vollbringen, benötigte man eine neue Theologie, um den Fels der Papstkirche zu unterhöhlen und vielleicht zum Einsturz zu bringen."[47] So gelangt der DDR-Historiker zu einer im Verhältnis zu früher positiveren Wertung Luthers, insbesondere was die Akzeptanz der Bedeutung der Theologie des Reformators für den gesellschaftlichen Wandel – marxistisch gesprochen –, für die Ablösung der Phase des Feudalismus durch die des Frühkapitalismus anbetrifft. Anders formuliert, Steinmetz macht deutlich, es sei „Luthers große geschichtliche Leistung", dass „im Ringen um das, was er den gnädigen Gott nannte, um die Rechtfertigung des Sünders, aus der Gewissensnot eines sich kasteienden und in Bußübungen sich quälenden Mönches [...] ihm eine neue Theologie" erwächst.[48] Und weiter: „Die Gerechtigkeit Gottes erscheint ihm nicht mehr als strafende Gerechtigkeit, sondern als barmherziges Geschenk, das den Menschen gerecht macht, wenn er die Gnade gläubig und demütig ergreift".[49] „Die größte Leistung der Reformation für die deutsche Nationalgeschichte" ist nach Steinmetz darin zu sehen, „daß sie zum ersten Male in unserer Geschichte eine Kulturbewegung bürgerlichen Charakters und nationaler Dimensionen hervorgebracht hat".[50] Als Elemente dieser Kulturbewegung seien zu nennen: die Bibelübersetzung und in deren Folge die „Herausbildung und Grundlegung der neuhochdeutschen Literatur", die reli-

---

[47] MAX STEINMETZ, Weltwirkung der Reformation, in: Max Steinmetz und Gerhard Brendler (Hrsg.), Weltwirkung der Reformation. Internationales Symposium anläßlich der 450-Jahr-Feier der Reformation in Wittenberg vom 24. bis 16. Oktober 1967. Referate und Diskussionen, Bd. 1, Berlin 1969, S. 7-56, hier S. 21.
[48] Ebd., S. 22.
[49] Ebd., S. 22.
[50] Ebd., S. 29.

giöse Literatur, der Buchdruck und Buchhandel, die bildende Kunst (vor allem Malerei und Graphik), die Musik, die „Herausbildung eines neuen Schulwesens in Deutschland, vor allem im Bereich der Latein- und Gelehrtenschulen".[51] Der Reformation komme aber nicht nur eine nationalgeschichtliche Bedeutung zu; sie habe darüber hinaus welthistorische Wirkungen gehabt, die sich in drei Momenten erfassen lassen: Es sind dies erstens, „die Zerstörung der überkommenen Kircheneinheit West- und Mitteleuropas, die Zerschlagung der feudalen römischen Einheitskirche", an deren Stelle Landes- und Nationalkirchen traten,[52] zweitens, das Streben nach weltlich-diesseitiger Bildung, nach Förderung nützlichen Wissens, gestützt auf die vom Humanismus wiederbelebte griechisch-römische Antike und ihre Literatur"[53] und drittens, „die wachsende Verselbständigung weiterer Bereiche des Lebens, vor allem des Staates, der in Gestalt des Frühabsolutismus, auch in Verbindung mit der Reformation, neues Gewicht, größeren Glanz und mehr Machtvollkommenheit, religiöse Verbrämung erhält […]".[54] In diesem Sinne ist es denn auch gerechtfertigt, in der Retrospektive auf die DDR-marxistische Reformationsforschung das Jahr 1967 im Sinne des westdeutschen Historikers Josef Foschepoth als Zäsur einzustufen zwischen dem Ende einer „national-materialistischen" und dem Beginn einer „welthistorisch-dialektischen" Sicht des Geschichtsbildes.[55]

Nach Siegfried Bräuer ist als „dritter Schwerpunkt in der Entwicklung der marxistischen Sicht Luthers" in den sechziger Jahren die Lutherbiographie des Leipziger Historikers Gerhard Zschäbitz zu benennen. Hierbei ist zu erwähnen, dass 1967 der erste Band der Biographie „Martin Luther. Größe und Grenze. Teil 1 (1483-1526)" erschien, der zweite Band aufgrund des frühen Todes des Autors 1970 jedoch nicht mehr vorgelegt werden konnte.

Im Rahmen dieses Beitrages können hier nur wenige Zschäbitz' Lutherbild charakterisierende Kernpunkte aufgelistet werden, die auch der kirchliche Reformationshistoriker Bräuer in seinen knappen aber präzise zusammenfassenden Bemerkungen hervorhebt. Kennzeichnend für Zschäbitz' Analyse ist – ähnlich wie bei Steinmetz – das Ernstnehmen theologischer Positionen (bei Luther das „persönlich erfahrene neue Rechtfertigungsverständnis"): „Luthers subjektives Wollen blieb auf ein religiös-theologisches Ziel gerichtet. Sein objektives Wirken aber griff lenkend und leitend in die Bewegung und Strömung einer revolutionären Gesellschaft ein, der er auch als Geistlicher verhaftet blieb".[56] Dabei

---

[51] Ebd., S. 29-33.
[52] Ebd., S. 39.
[53] Ebd., S. 39.
[54] Ebd., S. 41.
[55] JOSEF FOSCHEPOTH, Reformation und Bauernkrieg im Geschichtsbild der DDR. Zur Methodologie eines gewandelten Geschichtsverständnisses, Berlin 1976, S. 145-151, hier S. 148.
[56] GERHARD ZSCHÄBITZ, Martin Luther. Größe und Grenze, Teil 1 (1483-1526), Berlin 1967, S. 66, ferner BRÄUER (wie Anm. 1), S. 19.

sei aber nicht zu übersehen, dass Luther der Repräsentant des Besitzbürgertums war und blieb; sein stadtbürgerlicher „Klasseninstinkt ließ ihn denn auch im Bauernkrieg Partei ergreifen für die Fürsten und gegen die Bauernscharen"; gleichwohl ist Zschäbitz eine, wie Bräuer mit Recht feststellt, „in vielem differenziertere Darstellung von Luthers Haltung im Bauernkrieg" gelungen.[57] Gewiss bleibt, so Zschäbitz, die „Art und Weise" seiner Stellungnahme gegen die Bauern bedauerlich. Jedoch: „Ein ‚Bauernverräter' war er nicht. Er handelte als bürgerlicher Gelehrter seines Jahrhunderts".[58] Zusammenfassend konstatiert Zschäbitz: „Martin Luther war ein Mensch des 16. Jahrhunderts, eingebettet in dessen Bewusstseinstradition und fest verankert im Gesellschaftsgefüge der Zeit. […] Wir Nachgeborenen können nicht mit ihm deswegen hadern, dass er bürgerlicher Theologieprofessor im Kurstaate Sachsen und nicht Bauernführer in Thüringen war. Ein ahistorisches Wunschdenken verzeichnet seinen Gegenstand stets. Seine wirkliche Leistung in damaliger Zeit wird ablesbar an den allgemeinen Erfordernissen des objektiven Geschichtsverlaufs. Diese Leistung aber ist trotz ihrer historisch bedingten Begrenztheit gewaltig".[59]

Die siebziger Jahre

Der These Bräuers, wonach für die siebziger Jahre von einer „Pause für Luther" gesprochen werden kann,[60] ist insoweit zuzustimmen, als die das marxistische Lutherbild der achtziger Jahre prägenden, im engsten Zusammenhang mit dem 500. Luthergeburtstag 1983 stehenden Zeugnisse aus Politik und Wissenschaft ab dem Beginn dieses Jahrzehnts vorliegen. Die Vorplanungen bzw. Planungen für und Vorbereitungen des Lutherjahres, worauf hier aus Platzgründen nicht näher eingegangen werden kann, setzten allerdings schon früher ein: zuerst auf kirchlicher Seite durch Beschluss der Konferenz der Evangelischen Kirchenleitungen (KKL) am 7. und 8. Dezember 1975 (Mitte Dezember 1975 mit der konstituierenden Sitzung der „Beratergruppe Lutherjubiläum"[61]), im wissenschaftlichen Bereich

---

[57] Bräuer (wie Anm. 1), S. 19.
[58] Zschäbitz (wie Anm. 56), S. 208.
[59] Zschäbitz (wie Anm. 56), S. 223.
[60] Bräuer (wie Anm. 1), S. 21-25.
[61] Horst Dohle, Die Luther-Ehrung und die Kirchenpolitik der DDR, in: Horst Dähn / Joachim Heise (Hrsg.), Luther und die DDR. Der Reformator und das DDR-Fernsehen 1983, Berlin 1996, S. 53-98, hier S. 53.
[62] Martin Roy (wie Anm. 8), S. 177.
[63] Bereits am 8. November 1977 nannte Manfred Stolpe, Leiter des Sekretariats des BEK, bei einem Treffen mit Rudi Bellmann, Leiter der Arbeitsgruppe Kirchenfragen des ZK der SED, als einen der Gesprächsgegenstände für den Antrittsbesuch des Vorstandes der KKL bei Honecker den Punkt: „Fragen der Gestaltung des 500. Geburtstages von Martin Luther im Jahre 1983." Am 25. November 1977 übersandte Stolpe einen „Aufriß für Spitzengespräch" an Bellmann; er enthielt den Punkt 4: „Lutherjubiläumsjahr 1983 Anlage 2". Auch bei

mit der Benennung der Mitglieder der „Arbeitsgemeinschaft zur Koordinierung der wissenschaftlichen Vorbereitungsarbeiten zum Luther-Jubiläum"[62] am 7. November 1978 und in der Politik nach der Synode des Bundes der Evangelischen Kirchen (BEK) in Herrnhut (21. – 23. Oktober 1977) ab Anfang November 1977 im Zusammenhang mit Vorgesprächen zwischen Vertretern von Kirche, SED und Staat für ein als Antrittsbesuch des Vorstandes des BEK in der DDR beim Staatsratsvorsitzenden Erich Honecker geplantes Spitzengespräch.[63] Diesem Treffen am 6. März 1978[64] folgten dann bis Anfang 1983 weitere Staat-Kirche-Gespräche sowie Verhandlungen vor allem zwischen den beiden Luther-Komitees über die Formen der Zusammenarbeit bei der Vorbereitung von gemeinsamen und getrennten Veranstaltungen im Jubiläumsjahr.[65]

Inhaltlich neue Konturen im Blick auf das marxistische Lutherbild sind in der DDR-Historiographie am Ausgang der siebziger Jahre zu erkennen – Konturen, die wenig später noch wesentlich kräftiger gezeichnet werden. Auf einer wissenschaftlichen Konferenz am 16. und 17. Mai 1979 in Berlin aus Anlass des bevorstehenden 30. Jahrestages der DDR-Gründung lieferte der Reformationshistoriker Gerhard Brendler Orientierungen für eine wesentlich differenziertere Sicht auf Luthers Verhalten gegenüber seiner politischen und gesellschaftlichen Umwelt nach 1525.[66] Gewiss, „er stand im Dienste der Fürsten ohne zu liebedienern. Dies bestimmte auch seine Position nach 1525".[67] Brendler zollt ihm, den er sozialstrukturell als „Vertreter der dem Bürgertum nahe stehenden, vom Territorialfürstentum und der Kirche materiell abhängigen Intelligenz" bestimmt, Anerkennung, wenn er

---

dem Gespräch Paul Verners mit Bischof D. Albrecht Schönherr, Vorsitzender der KKL des BEK, am 6. Dezember 1977 kam das Thema Luther-Ehrung vor. In der von Paul Verner, Mitglied des Politbüros und Sekretär des ZK der SED, veranlassten Information vom 8. Dezember 1977 an Erich Honecker über sein Gespräch mit Albrecht Schönherr am 6. Dezember heißt es: „Für den im Jahre 1983 bevorstehenden 500. Geburtstag Martin Luthers wurde eine sinnvolle Koordinierung der staatlichen und kirchlichen Maßnahmen empfohlen." Abgedruckt in: Frédéric HARTWEG (Hrsg.), SED und Kirche. Eine Dokumentation ihrer Beziehungen, Bd. 2: SED 1968-1989, bearb. von Horst Dohle, Neukirchen-Vluyn 1995, S. 323-326, hier S. 324; siehe ferner Gerhard Besier, Der SED-Staat und die Kirche 1969-1990. Die Vision vom „Dritten Weg", Berlin / Frankfurt a. M. 1995, S. 99-106, hier S. 99-101.

64 Über die Zusammenkunft vom 6. März 1978, auf der u. a. auch beide Seiten vereinbarten, die Veranstaltungen zum Luther-Jubiläum zu koordinieren, siehe MARTIN ONNASCH, Das Spitzengespräch vom 6. März 1978 – Glücks- oder Sündenfall? 20 Jahre nach dem Gespräch zwischen dem Vorstand der Konferenz der Evangelischen Kirchenleitungen und dem Vorsitzenden des Staatsrates der DDR, in: Schriftenreihe des Instituts für vergleichende Staat-Kirche-Forschung, Heft 5, 1998, S. 8-21, hier S. 13; POLLACK (wie Anm. 44), S. 292-295, hier S. 294-295; Horst Dähn, Konfrontation oder Kooperation? Das Verhältnis von Staat und Kirche in der SBZ/DDR 1945-1980, Opladen 1982, S. 193-197, hier S. 196.

65 DOHLE (wie Anm. 61), S. 54-81.

66 Siehe auch BRÄUER (wie Anm. 1) S. 26-27.

67 GERHARD BRENDLER, Martin Luther – Erbe und Tradition, in: Helmut Meier/Walter Schmidt (Hrsg.), Erbe und Tradition in der DDR. Die Diskussion der Historiker, Berlin 1988, S. 84-94, hier S. 92; BRÄUER (wie Anm. 1), S. 27.

feststellt: „Dieser alternde Luther ist bisher kaum ins Blickfeld der marxistischen Geschichtswissenschaft getreten, auch die protestantische Geschichtsschreibung hat sich seiner wenig angenommen. Der junge Luther eignet sich eben besser zur Heroisierung, und man kann sich leichter mit ihm identifizieren. Aber die geschichtlichen Fernwirkungen sind nicht nur vom jungen Luther ausgegangen. Sein Werk hat gerade in den zwanzig Jahren nach dem Bauernkriege bleibende Gestalt angenommen".[68] Nach dem Bauernkrieg habe, so Brendler, Luther versucht, unter den veränderten Bedingungen so viel wie möglich vom ursprünglichen Programm der Reformation durchzusetzen[...]".[69] Hier wird eine Interpretationsweise angedeutet, die auch eine Erweiterung der „fortschrittlichen" Traditionsgrundlagen der DDR ermöglichte.

Noch in den siebziger Jahren setzte in der DDR-Geschichtswissenschaft eine Diskussion ein um Fragen einer inhaltlichen Definition, Abgrenzung und Rezeption der Begriffe „Tradition" und „historisches Erbe". Horst Bartel definiert 1980 den Topos „Erbe": „Unter Erbe verstehen wir unser Verhältnis zur gesamten deutschen Geschichte in ihrer Einbindung in den weltgeschichtlichen Prozeß. [...] Zum historischen Erbe gehören [...] die Gesamtheit der historisch entstandenen und vergangenen ökonomischen, sozialen, politischen, ideologischen und kulturellen Verhältnisse, die Verhaltensweisen einzelner Klassen und Schichten sowie ihrer Repräsentanten, die Ideen und kulturellen Leistungen".[70] In Abgrenzung hierzu gehören nach Bartel „zur historischen Tradition oder zum Traditionsbild der DDR nur diejenigen historischen Entwicklungslinien, Erscheinungen und Tatsachen, auf denen die DDR beruht, deren Verkörperung sie darstellt, sie bewahrt und fortführt. Tradition und Traditionsbild umfassen also nur einen Teil der Geschichte, nur einen Teil des Gesamterbes".[71] Das bedeutete konkret, dass noch Mitte der siebziger Jahre – und die Diskussionen im Rahmen des Bauernkriegsjubiläums wie auch des Müntzergedenkens 1975 sind beispielgebend – Luther und die Reformation (noch) nicht zu den revolutionären Traditionsbefunden der DDR zählten, wohl aber nach wie vor Müntzer und der Bauernkrieg. Von diesem Traditionsverständnis haben sich wenige Jahre später Politik und Wissenschaft definitiv verabschiedet,[72] wobei darauf hinzuweisen ist, dass bereits bei

---

[68] BRENDLER (wie Anm. 67), S. 92.
[69] BRENDLER (wie Anm. 67), S.93.
[70] HORST BARTEL, Erbe und Tradition in Geschichtsbild und Geschichtsforschung der DDR, in: Meier/Schmidt (wie Anm. 67), S. 129-140, hier S. 132.
[71] BARTEL (wie Anm. 70), S. 133; s. auch BRÄUER (wie Anm. 1), S. 25.
[72] In diesem Zusammenhang ist insbesondere auf Bartel zu verweisen, der in seinem schon erwähnten Aufsatz „Erbe und Tradition in Geschichtsbild und Geschichtsforschung der DDR" ein aus marxistischer Sicht differenziertes Traditionsbild entwirft, dem sich die DDR verpflichtet fühlt. Es umfasst drei Komponenten. Die erste umfasst „diejenigen revolutionären historischen Werte und Erscheinungen, die von der Arbeiterklasse, ihrer Bewegung und ihrer revolutionären Partei [...] hervorgebracht worden sind. Sie bilden das Kernstück des Traditionsbildes und -bewußtseins des real existierenden Sozialismus in der DDR". Die zweite Komponente umfasst „alle revolutionären, demokratischen, progressiven und humanistischen Erscheinungen, Ent-

Zschäbitz Ansätze einer Überwindung in der Interpretation Luthers als eine gespaltene Persönlichkeit – hier der progressive, da der reaktionäre Luther nachweisbar sind.

Die achtziger Jahre

Seit 1979/80 werden die Konturen immer deutlicher, den „ganzen" Luther in das progressive Kulturerbe, in die revolutionären Traditionen der DDR aufzunehmen – in der Erkenntnis, dass, wie Bräuer schreibt, „historische Prozesse vielschichtiger verlaufen sind als häufig angenommen wurde, und dass gerade auch bei bedeutenden historischen Persönlichkeiten widersprüchliche Verhaltensweisen anzutreffen sind".[73]

Dieser neue Tenor in der Sicht auf Luther und die Reformation kommt denn auch sehr deutlich in der Rede Erich Honeckers aus Anlass der Konstituierung des Martin-Luther-Komitees der DDR – nicht zu verwechseln mit dem am 7. Dezember 1978 gegründeten Luther-Komitee der Evangelischen Kirchen in der DDR[74] – in seiner Funktion als Vorsitzender dieses Gremiums am 13. Juni 1980 zum Ausdruck: „Zu den progressiven Traditionen, die wir pflegen und weiterführen, gehören das Wirken und das Vermächtnis all derer, die zum Fortschritt, zur Entwicklung der Weltkultur beigetragen haben, ganz gleich, in welcher sozialen und klassenmäßigen Bindung sie sich befanden".[75] Zu diesen Persönlichkeiten gehöre auch Luther, der die „Leitideen des 16. Jahrhunderts in entscheidendem Maße" prägte. Honecker würdigte den „ganzen" Luther, wenn er auf den eigenständigen Charakter seiner theologischen Positionen hinwies und auf ihre Bedeutung für die Reformation und deren gesellschaftliche Konsequenzen aufmerksam machte. Der Luther in der Zeit des Bauernkrieges wird nicht mehr als „Fürstenknecht" gezeichnet; von seiner „Tra-

---

wicklungen, Persönlichkeiten und Tatsachen, die im Laufe der Geschichte unseres Volkes entstanden sind, wobei hier weiter zwischen dem revolutionären und dem humanistischen Erbe zu differenzieren ist." Die dritte Komponente des DDR-Traditionsbildes umfasst „die positiven Resultate des Wirkens, die von herrschenden Ausbeuterklassen, von Schichten, Gruppen und ihren Vertretern herrühren, Leistungen, Werte, die dem historischen Fortschritt gedient haben, bewahrungswürdig sind und volle Aufmerksamkeit und Pflege verdienen", BARTEL (wie Anm. 67), S. 133-134.

[73] BRÄUER (wie Anm. 1), S. 26.

[74] Zur Entstehungsgeschichte des kirchlichen und staatlichen Luther-Komitees, den beiderseitigen Bemühungen um eine vernünftige Koordination der verschiedenen Veranstaltungen aufseiten des Staates wie der evangelischen Kirche zu Luthers 500. Geburtstag sowie den Verläufen der Luther-Ehrungen siehe insbesondere DOHLE (wie Anm. 61), S. 54-92.

[75] ERICH HONECKER, „Unsere Zeit verlangt Parteinahme für Fortschritt, Vernunft und Menschlichkeit". Ansprache bei der Konstituierung des Martin-Luther-Komitees der DDR am 13. Juni 1980, in: Neues Deutschland, 14. Juni 1980, S. 3.

[76] Ebd.

gik" wird gesprochen, die darin zu sehen sei, dass „er in den Widerspruch geriet zwischen seiner Rolle als Initiator einer großen revolutionären Bewegung und seinem Unvermögen, deren gesellschaftliche Gesetzmäßigkeit zu erkennen".[76] Die hier erkennbare Verortung Luthers in der marxistischen Gesellschaftsformationstheorie darf aber nicht übersehen lassen, dass auch dem Reformator der Jahre nach dem Bauernkrieg eine differenziertere Bewertung zuteil wurde – so Erich Honecker: „Nach der grausamen Niederschlagung des Bauernkrieges rang Martin Luther jedoch zäh und beharrlich um die Fortführung der Reformation".[77]

Diese neue, von der Parteiführung, ja vom Generalsekretär des ZK der SED selbst verkündete und damit von höchster Stelle sanktionierte Gesamtschau auf Luther bildete in der Folge auch die autoritative Orientierungslinie für die Gestaltung der Feiern und wissenschaftlichen Veranstaltungen aus Anlass des 500. Luther-Geburtstages. Hierbei ist darauf aufmerksam zu machen, dass die DDR-Historiker nicht bzw. nicht mehr im Blick auf die Ergebnisse ihrer Forschungsarbeit streng weisungsgebunden arbeiteten. Sie arbeiteten wohl in einem Spannungsfeld von politischen Erwartungen „von oben", wissenschaftlichem Diskurs untereinander und letztlich verbindliche Entscheidung durch höhere Instanzen von Partei und Staat. Brendler hat diesen komplexen Entscheidungsprozess, der sich im Falle der Erarbeitung der 15 „Thesen über Martin Luther" gut rekonstruieren lässt,[78] 1993 mit den Sätzen auf den Punkt gebracht: „Die Historiker konnten mitreden und wurden um ihre Meinung gefragt, aber sie hatten nicht zu entscheiden".[79]

Die „Thesen über Martin Luther" wurden ausgearbeitet von einer Arbeitsgruppe von Gesellschaftswissenschaftlern der Akademie der Wissenschaften (AdW), genauer einer „Arbeitsgruppe zur Koordinierung der wissenschaftlichen Vorbereitungsarbeiten zum Luther-Jubiläum" der AdW der DDR, und von Universitäten unter Leitung von Horst Bartel, Direktor des Zentralinstituts für Geschichte der Akademie der Wissenschaften der DDR. Ein erster Entwurf stammt übrigens von Gerhard Brendler.[80] Beachtenswert, wenn auch nicht überraschend ist im Blick auf unser Thema, dass die bereits von Honecker skizzierte Gesamtcharakteristik Luthers in den – zunächst in der theoretischen Zeitschrift der SED „Einheit" (September), sodann in der „Zeitschrift für Geschichtswissenschaft" im Oktober 1980 veröffentlichten – „Thesen" ihren Niederschlag findet. Diese Annahme lässt sich festmachen an den Ausführungen zu den Themen „Selbständigkeit der Theologie im Blick auf die Reform der Kirche" (These I), „Neubestimmung von Luthers Klassenposition" (These II), „verständnisvollere Bewertung Luthers im Bauernkrieg" (These VI) sowie auch „differenzierte Bewertung des ‚alten Luther'" (These VII).[81] Dass diese neuen Momen-

---

[77] Ebd., S. 3.
[78] Roy (wie Anm. 8), S. 190-197, hier insbesondere S. 190-191.
[79] Gerhard Brendler, Luther im Traditionskonflikt der DDR, in: Horst Dähn / Joachim Heise (Hrsg.), Luther und die DDR. Der Reformator und das DDR-Fernsehen 1983, S. 21-52, hier S. 22.
[80] Zur Entstehungsgeschichte der „Thesen über Luther" siehe Roy (wie Anm. 8), S. 190-191.

te darüber hinaus in der von Brendler 1983 vorgelegten – immerhin also zweiten – marxistischen Luther-Biographie „Martin Luther. Theologie und Revolution" ihren Stellenwert haben, kann hier nur noch benannt werden.[82] In hohem Maße beachtenswert ist aber, dass Brendler noch viel stärker als Zschäbitz den Theologen Luther in den Blick nimmt.[83] Der der marxistischen Geschichtswissenschaft gegenüber unverdächtige Siegfried Bräuer schreibt in einem Aufsatz „Zur Begegnung zwischen marxistischer und theologisch-kirchlicher Lutherforschung in der DDR. Versuch einer Zwischenbilanz": „In dem gut lesbaren narrativen Lutherbuch, das viele zitierfähige Formulierungen enthält, gelingt dem marxistischen Historiker ein erstaunlicher Nachvollzug von Luthers Theologie aus respektvoller Distanz".[84]

Kehren wir zur Ausgangsthese zurück, so können wir feststellen: Es hat bemerkenswerte Veränderungen des marxistischen Lutherbildes gegeben – Veränderungen, die aus einer ganzen Reihe von Neubewertungen resultieren, etwa im Blick auf Luthers Stellung zu Müntzer, in Bezug auf die Rolle der Theologie im historischen Prozess, im Blick auf Luthers Stellung im Bauernkrieg und seine kulturellen und sozialpolitischen Leistungen nach 1526. Diese Neubewertungen waren in der Sichtweise der Politik aber auch der Wissenschaft darüber hinaus geeignet, den „ganzen" Luther mit seinen Verdiensten, seinem Versagen, seinen Widersprüchen zu zeigen, ihn in das „progressive" Erbe der DDR aufzunehmen und auf diese Weise die Legitimationsgrundlagen für den Herrschaftsanspruch der Partei zu erweitern.

---

[81] Zur Kritik an den 15 „Thesen über Luther" aus westdeutscher geschichtswissenschaftlicher Sicht siehe HARTMUT LEHMANN, Die 15 Thesen der SED über Martin Luther, in: Alexander Fischer / Günther Heydemann (Hrsg.), Geschichtswissenschaft in der DDR, Bd. II: Vor- und Frühgeschichte bis Neueste Zeit, Berlin 1990, S. 215-234.
[82] BRENDLER (wie Anm. 79), S. 49-50.
[83] GERHARD BRENDLER, Martin Luther. Theologie und Revolution, Berlin 1983, Kap. 1-6, S. 9-185.
[84] SIEGFRIED BRÄUER, Zur Begegnung zwischen marxistischer und theologisch-kirchlicher Lutherforschung in der DDR. Versuch einer Zwischenbilanz, in: Claus-Jürgen Roepke (Hrsg.), Luther 83. Eine kritische Bilanz, München 1984, S. 137-157, hier S. 145.

Siegfried Bräuer

Die Lutherfestwoche vom 19. bis 27. August 1933 in Eisleben

Ein Fallbeispiel en detail

„Nicht der Nationalsozialismus allein war unserer Heimat das Herzstück des Jahreserlebens und nicht die Erinnerung an den Luthergeist allein; das Tiefste und Beste gab dem Mansfelder Lande die Verschmelzung von beiden, die im Gleichklang zeugte von der zielbewussten Energie eines Adolf Hitler und der weltaufwühlenden Tiefe eines Martin Luther. Fast könnte man eine Fügung des Schicksals darin sehen, dass der Weg beider Erscheinungen sich 1933 kreuzte."[1] Diese Summe glaubte ein Chronist in Luthers Heimat für das Jahr 1933 ziehen zu können. Nicht nur seine Sicht des Geschehens, sondern das Lutherjubiläum von 1933 überhaupt ist mit dem nationalsozialistischen Staat der Vergessenheit anheim gefallen. Nach wenigen marginalen Bemerkungen brachte das Lutherjubiläum von 1983 den Beginn der Aufarbeitung des reichhaltigen Quellenmaterials.[2] Von den überregionalen Lutherwochen in Eisleben (19. – 27. August 1933), Wittenberg (9. – 13. September 1933) und Coburg (30. Oktober – 2. November 1933) haben bislang nur die Festtage der Lutherstadt Wittenberg eine Darstellung gefunden.[3]

Im Berliner Evangelischen Sonntagsblatt wurde die Eisleber Lutherwoche als „Vorfeier" bezeichnet.[4] Das dürfte kaum dem Selbstverständnis der Veranstalter entsprochen haben, zumal sie früher als andere Luther-Städte oder gar kirchliche und staatliche Gremien begonnen hatten, sich auf das besondere Jubiläum einzustellen. Als Geburts- und Sterbestadt Luthers besaß Eisleben eine besondere Lutherfesttradition. Eine Würdigung des 450. Ge-

---

[1] Feiertage im Mansfeldischen 1933, in: Mansfelder Heimat-Kalender. Jahrbuch für das Mansfelder Land und die benachbarten Kreise 13 (1934), S. 87-89, hier: S. 87.
[2] SIEGFRIED BRÄUER, Der „Deutsche Luthertag 1933" und sein Schicksal, in: Horst Bartel u. a. (Hrsg.), Martin Luther. Leistung und Erbe, Berlin 1986, S. 423-434; DERS., Das Lutherjubiläum 1933 an den deutschen Universitäten I., in: Theologische Literaturzeitung 108 (1983), Sp. 641-662; DERS., „Wir erheben aufs Tiefste entrüstet Einspruch". Die Lutherehrung der Deutschen Christen 1933 in Sachsen und der Protest von Dresdner Schülerinnen, in: Neues Archiv für Sächsische Geschichte 64 (1993), S. 151-174.
[3] SIEGFRIED BRÄUER, Der urdeutsche und tief christliche Reformator. Zur Planung und Vorbereitung der Wittenberger Luther-Festtage 1933, in: STEFAN OEHMIG (Hrsg.), 700 Jahre Wittenberg. Stadt, Universität, Reformation, Weimar 1995, S. 544-563.
[4] Berliner Evangelisches Sonntagsblatt 55 (1933), Nr. 34, 20. August (ohne Paginierung: Evangelisch-Kirchlicher Anzeiger).

burtstages des bedeutendsten Eislebers über das übliche Ausmaß hinaus legte sich nahe, wenngleich die Dimension im Gefälle der Ereignisse des Jahres 1933 nicht vorherzusehen war.

1. Eisleben und Luthergedenken im Vorfeld des Jahres 1933

Unvergessen bei der älteren Generation der Eisleber war die Feier von Luthers 400. Geburtstag im Jahre 1883, vor allem der damalige historische Festzug.[5] Der 10. November wurde weiterhin begangen. Drei Elemente bildeten das Kontinuum des jährlichen Gedenkens: Schulfeiern, ein abendlicher „Zapfenstreich" des Arbeitervereins und eine Familienfeier des Evangelischen Bundes. Kriegsbedingt relativ ruhig verlief die Eisleber Reformationsfeier 1917. Sie war, wie überall, auf den nationalen Ton gestimmt.[6] In der Nachkriegszeit riss diese Tradition teilweise ab oder wurde stark reduziert. Der deutschnationale Bundesdirektor des Volkskirchlichen Laienbundes in Dresden, Kurt Diete, erinnerte anlässlich der Lutherwoche von 1933 „an die Luther-Geburtstage 1919 bis 1921, als die seit Jahrhunderten üblichen Schulfeiern ausfielen, weil Eisleben ‚rot' regiert wurde und die meisten Bürger, die heute so viel reden, im Mauseloch versteckt saßen".[7] Zum Gedenken an den Bauernkrieg von 1525 fanden zu Pfingsten 1925 in Eisleben Rote Müntzer-Tage statt. Im kommunistischen Aktionsprogramm für Thüringen und Mitteldeutschland sollten sie den Höhepunkt bilden. Vor 15 000 Teilnehmern wurde Berta Lasks „Thomas Münzer. Dramatisches Gemälde des deutschen Bauernkrieges von 1525" uraufgeführt, in dem Luther mehrfach mit Friedrich Ebert und Gustav Noske verglichen wird, Müntzer jedoch mit Karl Liebknecht und Lenin. Als im 5. Akt Luther seine Genugtuung über die Anwendung der Folter gegen Müntzer zum Ausdruck brachte, hatte laut Textbuch ein Zuschauer aufzuspringen und zu rufen: „Du Noske! Du Bluthund!"[8] Die überwiegende Anzahl der Teilnehmer waren keine Eisleber. Sie stammten vermutlich nicht einmal aus

---

[5] Ludwig Schulze, Wie die 4. Jahrhundert Feier der Geburt Martin Luthers am 9. und 10. November 1883 in Eisleben begangen wurde, in: 1933 – 450 Jahre Martin Luther. Festausgabe der Eisleber Zeitung aus Anlaß der Eisleber Lutherfestwoche vom 19. bis 27. August. Verantwortlich: Superintendent Alfred Valentin. Eisleben, am 18. August (Ernting) 1933, S. 4 f.; Waldemar Mühlner, Der Mensch der Gegenwart und Luther, in: Das Eisleber Lutherbuch 1933, hrsg. von Hermann Etzrodt und Dr. Kurt Kronenberg, Eisleben-Lutherstadt 1933, S. 73-81, hier: S. 74.

[6] Vgl. Mühlner (wie Anm. 5), S. 74; Zur 400-jährigen Jubelfeier der Reformation, in: Eisleber Zeitung vom 31. Oktober 1917.

[7] K[urt] D[iete], Die Lutherwoche in Eisleben, in: Sonntagsruf! Deutsch-Evangelisches Familienblatt für unser Wissen und Wirken im Dritten Reich 1 (1933), S. 2.

[8] Berta Lask, Thomas Münzer. Dramatisches Gemälde des deutschen Bauernkrieges von 1525, in: 1525. Dramen zum deutschen Bauernkrieg, Berlin und Weimar 1975, S. 309-358, hier: S. 355.

der Mansfelder Region, sondern waren Mitglieder linker Gruppen, die am Pfingstsonnabend mit Sonderzügen angereist waren.[9]

Der Eisleber Magistrat von 1925 teilte die Lutherauffassung der Veranstalter des Roten Münzer-Tages keineswegs. Am 1. Dezember 1925 beschloss er, dass die amtliche Bezeichnung der Stadt künftig „Eisleben Lutherstadt" lauten soll. Die Stadtverordneten gaben am 17. Dezember 1925 ihre Zustimmung hierzu. Zu ihnen gehörte der Rechtsanwalt und Notar Ernst Mehliß (1877-1949), der sich wenige Jahre darauf bei der Planung und Durchführung der Lutherfestwoche engagiert beteiligte. In der ausführlichen Begründung heißt es zuerst: „Eisleben ist die Lutherstadt". Danach wird die Erwartung genannt, dass der neue Name „auch manchen Ortsfremden den Luthergedenkstätten unserer Stadt zuführen" und dazu beitragen werde, dass Luther „in der Geschichte des deutschen Geistes als Vorbild und Kraft über die Jahrhunderte hin in unserem Vaterlande und der ganzen Welt" fortwirke. Schließlich erhoffte man sich, auf diese Weise die häufige Verwechslung Eislebens mit Alsleben und Eilsleben zu beheben.[10]

Das Anliegen, den Fremdenverkehr zu beleben und der wirtschaftlichen Not der Stadt entgegenzuwirken, erweist sich bald als der eigentliche Antrieb, Luthers 450. Geburtstag in besonderer Weise zu begehen. Früher als die Verkehrsämter anderer Lutherstädte wurde der Verkehrsverein in Eisleben hierfür aktiv.[11] In seiner Vorstandssitzung am 26. Juni 1931 beschloss er: „1933: 450-jährigen Geburtstag Luthers vorbereiten. Schon jetzt anfangen. Reklame etwa 1932".[12] Bald schon wurde eine Erweiterung der Abendveranstaltung für die Lutherfeier von 1932 in den Blick gefasst, zumal bekannt war, dass die großzügiger gestalteten Feiern am 10. November in Erfurt, Nordhausen und Sangerhausen erhöhten Fremdenverkehr bewirkt hatten. Der Leiter des Verkehrsamtes, Otto Schrader, war der Auffassung, dass „die Erweiterung der jetzigen Feier zu einer Massenkundgebung der evangelischen Erwachsenen Angelegenheit der Kirche" sei, musste aber feststellen, dass seine An-

---

[9] KLAUS KINNER, Marxistische deutsche Geschichtswissenschaft 1917 bis 1933. Geschichte und Politik im Kampf der KPD, Berlin 1982, S. 385-387 (= Akademie der Wissenschaften der DDR, Schriften des Zentralinstituts für Geschichte, 58); RUDOLF HUB, Die frühbürgerliche Revolution in Deutschland in der Geschichtspropaganda der Presse der deutschen Arbeiterbewegung und des deutschen Imperialismus anläßlich der Vierhundertjahrfeiern der beiden Höhepunkte, in: Weltwirkung der Reformation. Internationales Symposium anläßlich der 450-Jahr-Feier der Reformation in Wittenberg vom 24. bis 28. Oktober 1967, hrsg. von Max Steinmetz und Gerhard Brendler, Bd. 1, Berlin 1969, S. 129-168, hier: S. 156 f.; BODO NICKEL, PETER WELKER, 50. Jahrestag der Roten Münzer-Tage in Eisleben, hrsg. von der Kreisleitung Eisleben der SED, Kommission zur Erforschung der Geschichte der örtlichen Arbeiterbewegung, Eisleben 1975.

[10] Stadtarchiv Eisleben (= StAE), D XVI 26 Lutherfestwoche (Beglaubigte Abschrift vom 19. Januar 1926). Die postamtliche Zustimmung zur Bezeichnung „Eisleben / Lutherstadt" konnte nicht erlangt werden. Im Juli 1933 erhielt der Magistrat auf seinen Antrag einen ablehnenden Bescheid vom Preußischen Minister des Inneren, vgl. Eisleber Tageblatt, Nr. 160, 12. Juli 1933, S. 7.

[11] Vgl. BRÄUER (wie Anm. 3), S. 546 f.

[12] StAE, D XVI 21 Luthergeburtstagsfeier 1932 (Auszug aus der Niederschrift der Vorstandssitzung).

regungen von dieser nicht aufgegriffen wurden. So plädierte er am 11. Juni 1932 dafür, dass sich der Magistrat der Sache annehmen sollte, gab konkrete Hinweise und empfahl, wegen der Teilnahme des evangelischen Männervereins und des Jungfrauenvereins mit Superintendent Alfred Valentin Verhandlungen aufzunehmen.[13] Der Magistrat, dem bereits ein Beihilfegesuch des Arbeiter-Vereins für den Zapfenstreich am 10. November vorlag, wandte sich Ende Juni/Anfang Juli an die Vereine und Schulen der Stadt mit der Bitte um Teilnahme an der erweiterten Feier zu Luthers Geburtstag.[14]

Nach Eingang einer größeren Anzahl von Zusagen hat der Magistrat, vermutlich Ende August, die Presse über den Stand der Dinge informiert. Die „Leipziger Neuesten Nachrichten" sorgten am 1. September 1932 mit einer Meldung für die entsprechende Multiplikation. Tags darauf lud Bürgermeister Dr. Felix Waltsgott „einige Vertreter der in Frage kommenden Kreise und Vereine" ein, um mit ihnen die Feier des Luthergeburtstages 1932 zu besprechen. Die vorgelegte Festordnung wurde gebilligt und eine Reihe von Einzelfragen geklärt. Der Magistrat stimmte am 13. September der Festordnung und den Vereinbarungen zu und sicherte das Vorhaben finanziell ab.[15] Am 17. September tagte der vorbereitende Ausschuss erneut. Bürgermeister Waltsgott berichtete über die Planung zum Luthertag, Rechtsanwalt Mehliß gab Auskunft über die Pläne für das Lutherjahr 1933 und die Absicht, mit den Vorbereitungen so bald als möglich zu beginnen. Das *Eisleber Tageblatt*, amtliches Verordnungsblatt für den Stadtkreis Eisleben, den Mansfelder Seekreis und das übrige Mansfelder Land, stellte seine Meldung über diese Sitzung bereits unter die Überschrift „Vorbereitungen über das Lutherjahr 1933".[16]

In den folgenden Wochen entfaltete vor allem das städtische Verkehrsamt viele Aktivitäten, um der „Luthergeburtstagsfeier in vergrößertem Maßstab zum Erfolg zu verhelfen, das hieß vor allem eine größere Anzahl Fremde nach hier zu ziehen und dadurch den Geschäftsverkehr zu beleben". Mit dieser Begründung wandte sich Schrader am 28. September an den Eisleber Verkehrsverein mit der Bitte um Unterstützung bei der angestrebten Illuminierung von Wohnungen und Geschäften sowie der Werbung, auch außerhalb der Stadt.[17] Dem Evangelisch-Sozialen Presseverband für die Provinz Sachsen in Halle wurden Unterlagen zum Luthertag übermittelt, verbunden mit der Bitte um Pressewerbung und der Propagierung einer Gesellschaftsfahrt nach Eisleben. Der Presseverband regte dar-

---

[13] StAE, D XVI 19 Lutherfestwoche 1933, Vorstandsakten. Zum 1880 in Hardehausen/Westfalen geborenen Valentin vgl. Pfarrer-Jahrbuch für die Provinz Sachsen und die Stolbergischen Grafschaften, hrsg. vom Ev. Konsistorium der Prov. Sachsen, Jg. 1938, Magdeburg 1938, S. 222. Er war seit 1929 Pfarrer und Superintendent in Eisleben-St. Nikolai.

[14] StAE, D XVI 21 und StAE, D XVI 21 (wie Anm. 12).

[15] StAE, D XVI 21 (wie Anm. 12), Protokoll der Sitzung vom 2. September 1932 mit dem von Waltsgott abgezeichneten Magistratsbeschluss.

[16] Eisleber Tageblatt, Nr. 271, 18. September 1932.

[17] StAE, D XVI 21 (wie Anm. 12).

über hinaus von sich aus bei der Mitteldeutschen Rundfunkgesellschaft eine Übertragung der Feier am 10. November an.[18] Materialien und die Anregung, für eine Gesellschaftsfahrt zu werben, gingen auch an die Saalezeitung in Halle. Kurz vor dem Fest veröffentlichten die Hallischen Nachrichten die Meldung „Luther-Geburtstagsfeiern in Eisleben", in der die Feier von 1932 „als Auftakt zu den großen Kundgebungen der evangelischen Glaubenswelt im nächsten Jahre" bezeichnet wird. Sie informierten auch über den Reichsbahnbeschluss, Sonntagsfahrkarten nach Eisleben im Umkreis von 125 km auszugeben.[19] Das Reisebüro der „Leipziger Neuesten Nachrichten" organisierte Busfahrten zu den „Luther-Gedenk-Stunden" am 31. Oktober 1932 in Wittenberg und am 10. November 1932 in Eisleben.[20] Die Schulen in Eislebens Umgebung, die sich bereits in jüngster Zeit an den Lutherfeiern am 10. November beteiligt hatten, wurden diesmal mit Hilfe des Schulrates in besonderer Weise aktiviert.[21]

In der Ortspresse wurde die Bevölkerung am 9. November noch einmal ausführlich über den Verlauf des Festtages informiert.[22] In der Auswertungssitzung des engeren Vorbereitungsausschusses am 17. November 1932 „wurde einmütig festgestellt, dass die öffentliche Luthergeburtstagsfeier über alles Erwarten das Interesse der Bevölkerung gezeigt habe". Am Fackelzug sollen sich mehr als 1 000 Personen beteiligt haben. Einige kritikwürdige Punkte stellte der Pfarrer von St. Annen, Johannes Noack, am 12. November in einem Papier für den Magistrat zusammen. Er meinte auch: „Da es sich um den größten Theologen Deutschlands handelt, so wäre vielleicht auch zu erwägen, theologische Wünsche und Erfahrungen noch etwas stärker als bisher zu berücksichtigen".[23] Das ist eine der wenigen Äußerungen zum inhaltlichen Anliegen der Lutherfeier von 1932. Politische

---

18   Ebd., Schrader an den Ev.-Soz. Presseverband für die Prov. Sachsen, 28. September 1932; Ev.-Soz. Presseverband an die Mitteldeutsche Rundfunkgesellschaft, 18. Oktober 1932.
19   Ebd., Schrader an Saalezeitung/Halle, 18. Oktober 1932; Hallische Nachrichten, Nr. 263, 8. November 1932.
20   Ebd., Reisebüro der „Leipziger Neuesten Nachrichten" an Verkehrsamt Eisleben, 10. Oktober 1932 und Schraders Antwort vom 11. Oktober 1932; ebd., Schriftleitung der Leipziger Neuesten Nachrichten an Verkehrsamt, 13. Oktober 1932 (Abdruck der Einladung zur Busfahrt).
21   Ebd., Schrader an Schulrat, 11. Oktober 1932.
22   Ebd., Pressemitteilung vom 9. November 1932: Luthergeburtstagsfeierlichkeiten.
23   Ebd., Protokoll des engeren Ausschusses vom 17. November 1932; ebd, Noack an Stadtrat Glein, 12. November 1932; Amtliches Einwohner- und Geschäftshandbuch der Lutherstadt Eisleben 1933/34, Eisleben 1934, S. XVI (1932: Kurze Chronik). Zu Noack (1878-1942) vgl. Pfarrer-Jb. 1938 (wie Anm. 13), S. 222; MARTIN ONNASCH, Pfarrer und Gemeinde im Kirchenkampf der Kirchenprovinz Sachsen. Der Fall „Johannes Noack" in Eisleben und die Bekennende Gemeinde in Helbra, in: Herbergen der Christenheit 12 (1979/80), S. 139-150. Er war seit 1928 Pfarrer an St. Annen in Eisleben. 1933 wurde er als Mitglied der Bekennenden Kirche beurlaubt, 1940 wurde er verhaftet, zu 30 Monaten Haft verurteilt (Heimtückegesetz) und aus dem kirchlichen Dienst entlassen. Nach der vorzeitigen Haftentlassung aus gesundheitlichen Gründen starb Noack 1942 in Berlin.

Intentionen haben in den archivalischen Unterlagen ebenfalls kaum Niederschlag gefunden. Im Mittelpunkt steht das Bestreben, Luther als Krisenhelfer angesichts der wirtschaftlichen Notlage in Anspruch zu nehmen. Davon sind zunächst auch die Vorüberlegungen zur Feier von Luthers 450. Geburtstag geprägt gewesen.

2. Die Planung und Vorbereitung der Eisleber Lutherfestwoche 1933

Der erwähnte Beschluss des Eisleber Verkehrsvereins vom Sommer 1931, bereits mit der Vorbereitung von Luthers 450. Geburtstag zu beginnen und die Reklame etwa 1932 in Gang zusetzen, ist bei der Arbeit für den Luthertag 1932 auf städtischer Ebene zunehmend berücksichtigt worden. Anders fielen zunächst die Reaktionen zentralkirchlicher Stellen aus, als sich Superintendent Valentin am 12. September 1932 an den Evangelischen Oberkirchenrat in Berlin wandte. Da vermutlich bei Eisleben als Geburtsstadt der Schwerpunkt der Feiern zu Luthers Jubiläumsgeburtstag liege und auch das Ausland rechtzeitig informiert werden müsse, sei die engste Zusammenarbeit mit den obersten kirchlichen Stellen notwendig. Er bitte deshalb um Auskunft über die Pläne der zentralkirchlichen Institutionen für den 10. November 1933 und über die diesbezüglichen Erwartungen an ihn. Nachdem der Evangelische Oberkirchenrat die Anfrage am 15. Oktober an den Deutschen Evangelischen Kirchenausschuss weitergeleitet hatte, beschloss dieser am 24./25. November, auf eine zentrale Planung zu verzichten und sich mit örtlichen Feiern zu begnügen. Zur Begründung verwies er auf die Vielzahl der Reformationserinnerungstage in jüngster Zeit, das Gustav-Adolf-Jubiläum 1932 und „die allgemeine Lage des Vaterlandes". Das wurde Valentin am 30. Dezember 1932 mit dem Ausblick auf „eine Feier größeren Stils" zum 500. Geburtstag Luthers mitgeteilt.[24] Am gleichen Tag, noch in Unkenntnis der Berliner Entscheidung, wandten sich Bürgermeister Waltsgott für den Magistrat und Superintendent Valentin für den Kirchenkreis in beiden Eisleber Zeitungen mit einem „Aufruf an die evangelische Bevölkerung von Eisleben und Umgebung zur Beteiligung an der nächstjährigen Jubiläumsfeier anläßlich der 450sten Wiederkehr des Geburtstages Dr. M. Luthers". Sie wiesen darauf hin, dass Eisleben mehr noch als früher „in den Mittelpunkt kirchlichen und religiösen Interesses gestellt und das Ziel und der Treffpunkt aller evangelischen Kreise des In- und Auslandes" sein werde. Stadt und Kirche hätten als Hauptträger bereits die Vorarbeiten für eine Lutherfestwoche vom 20. – 27. August mit Bühnenfestspiel und historischem Umzug begonnen. Zum 10. November sei ebenfalls eine besondere Ausgestaltung geplant. Um möglichst weite Kreise der Bevölkerung zur Mitarbeit heranzuziehen, bäten sie um entsprechende Erklärungen durch Schulen, Vereine, Innungen usw. bis zum

---

[24] Vgl. Bräuer (wie Anm. 2), S. 424.

15. Januar 1933. Danach werde ein Festausschuss gebildet. Bis zum gesetzten Termin meldeten nur der Städtische Singverein, der Verein der ehemaligen Schüler des Luthergymnasiums, die St. Annengemeinde sowie der Lehrerverein und die Mädchen-Volksschule ihre Bereitschaft zur Mitwirkung. Bis zum 1. Februar kamen noch vier Nachmeldungen.[25]

Bevor die Bereitschaftserklärungen ausgewertet und ein Festausschuss gebildet werden konnte, kam es am 30. Januar 1933 zur Machtübernahme Adolf Hitlers. Publikationen, wie und in welchem Tempo sich dieses einschneidende Ereignis in Eisleben auswirkte, fehlen. In der marxistischen Literatur wurde vor allem die gewaltsame Aktion der Nationalsozialisten gegen das Büro der Unterbezirksleitung der KPD in Eisleben am 12. Februar 1933 hervorgehoben.[26] Die Aufforderung des Reichsministers für Propaganda und Volksaufklärung, Joseph Goebbels, an die „nationalen Verbände", die Konstituierung des neuen Reichstages in der Potsdamer Garnisonkirche durch Fackelzüge zu würdigen, wurde auch in Eisleben befolgt. Straßen waren illuminiert und durch Transparente mit Heil-Wünschen auf Hitler und Hindenburg überspannt. Deren Porträts schmückten auch die Schaufenster. Auf dem Scherbelberg wurde ein Freudenfeuer angezündet. Bekannt sind außerdem Reaktionen von Schulen auf die neuen Machtverhältnisse. Im Lyzeum ist das Porträt Friedrich Eberts durch eine Darstellung der Kaiserproklamation von 1870 im Spiegelsaal von Versailles ersetzt worden. In der Aula der städtischen Mittelschule wurden Bildnisse von Luther, Friedrich II., Hindenburg und Hitler aufgehängt.[27] Hatten an der ersten nationalsozialistischen Versammlung in Eisleben am 7. März 1930 28 Personen teilgenommen, so zählte die NSDAP im Sommer 1933 inzwischen fast 2 800 Mitglieder.[28] Früher als Wittenberg, am 7. April 1933, beschloss Eisleben, Reichspräsident Hindenburg und Reichskanzler Hitler das Ehrenbürgerrecht zu verleihen. Hindenburgs positive Antwort stammt vom 20. April. Hitler nahm die Ehrung einen Tag später mit „besten Glückwünschen für das Blühen und Gedeihen von Eisleben" an.[29]

---

[25] StAE, D XVI 12 Lutherfestwoche 1933, Vorakten und Festspiele. Valentin flankierte diese erste „Werbung" mit einem längeren Artikel über die Berg- und Lutherstadt Eisleben, die seit der „Weltkirchenkonferenz für praktisches Christentum zu Stockholm" zunehmend von Fremden besucht werde. Das werde 1933 erst recht der Fall sein. Über die Lutherwoche vom 20. – 27. August gab er die gleichen Informationen wie im Aufruf, vgl. StAE, D XVI 19 (wie Anm. 13).

[26] Vgl. z. B. ERICH NEUSS u. a., Mansfelder Land. Ergebnisse der heimatkundlichen Bestandsaufnahme im Gebiet um Leimbach, Hettstedt, Friedeburg, Mansfeld, Lutherstadt Eisleben, Dederstedt, Holdenstedt, Hornburg und Seeburg, Berlin 1982, S. 124 (= Werte unserer Heimat, 38).

[27] Vgl. WERNER FREITAG, Der „Tag von Potsdam" und seine Feier in der Provinz Sachsen und in Anhalt, in: Sachsen und Anhalt. Jahrbuch der Historischen Kommission für Sachsen-Anhalt 21 (1998), S. 267-285, hier: S. 271 f.

[28] Eisleber Tageblatt, Nr. 157, 8. Juli 1933: „Der Tag der alten Parteigarde".

[29] Amtliches Einwohner- und Geschäftshandbuch (wie Anm. 23), S. VI; StAE, A 181 und 182. Wittenberg ernannte beide Politiker am 19. April 1933 zu Ehrenbürgern, vgl. BRÄUER (wie Anm. 3), S. 557.

Über die Position der kirchlichen Kreise Eislebens im Aufwind der nationalen Erhebung ist bislang wenig bekannt. Es ist anzunehmen, dass auch sie von der Parole von der neuen Volksgemeinschaft fasziniert waren. Bei den von der Reichskirchenpolitik gesteuerten Neuwahlen für die Gemeindekirchenräte und Gemeindevertretungen errangen die Deutschen Christen in der Kirchenprovinz Sachsen etwa 75 % aller Sitze. Von dieser Umgruppierung der kirchlichen Verhältnisse blieb Eisleben nicht verschont. Superintendent Valentin gehörte schon bald zu den führenden Deutschen Christen der Kirchenprovinz.[30] Die Kirchgemeinden St. Petri-Pauli, St. Andreas und St. Nikolai hatten zu den Kirchenwahlen am 23. Juli, wie es damals unter politischem Druck vielfach geschah, Einheitslisten eingereicht, in denen die Deutschen Christen zu mindestens 80% vertreten waren. Eine Wahl erübrigte sich hier.[31] In St. Annen sorgte Pfarrer Johannes Noack dafür, dass eine Alternativliste vorgelegt wurde. Durch politische Manipulationen besetzten schließlich die Deutschen Christen sämtliche Plätze.[32]

Auf die Planung und Vorbereitung der Lutherfestwoche wirken sich die neuen politischen Gegebenheiten zunächst wenig aus, obgleich im Amt des Bürgermeisters ein zweimaliger Wechsel vollzogen wurde. Waltsgott beendete seine kommunale Leitungstätigkeit in Eisleben bereits am 3. Januar 1933 nach genau 12 Jahren. Am 4. Januar trat Dr. jur. Günther Moeller das Amt eines kommissarischen Bürgermeisters an. Er wurde am 20. April durch Ernst Heinrich abgelöst, der erst am 17. August 1933 endgültig zum Bürgermeister gewählt.[33] Alle drei Persönlichkeiten an der Spitze des Magistrats haben sich für das festliche Begehen des Lutherjubiläums eingesetzt, ohne dass durch den Wechsel entscheidende Akzentveränderungen erkennbar würden.

Zunächst scheinen vor allem Superintendent Valentin und Verkehrsamtsleiter Schrader für die Kontinuität im Vorhaben Lutherfestwoche Sorge getragen zu haben. Valentin gewann den Eisleber Kunstmaler und Studienrat Arno Hofmann, zugleich Vorsitzender der

---

[30] Vgl. ONNASCH (wie Anm. 23), S. 140; KURT MEIER, Die Deutschen Christen, Halle 1965, S. 82; DERS., Der evangelische Kirchenkampf, Bd. 2, Halle 1976, S. 212.

[31] Eisleber Tageblatt, Nr. 168, 21. Juli 1933: „Keine Kirchenwahlen in Eisleben". Von den Mitgliedern für den Gemeindekirchenrat in St. Petri-Pauli gehörte der Bergmann Ernst Lorenz dem Festausschuss an; ebd. Nr. 169, 22. Juli 1933: „Die Kirchenwahlen in Eisleben". Zum Festausschuss aus der Liste der Deutschen Christen für St. Andreas als Älteste Sparkassendirektor Otto Gäbler und Mittelschulkonrektor Franz Kern, als Gemeindeverordnete Fahrsteiger Willy Schröder, Redakteur Dr. Krömmelbein und Lehrer Beßler; aus St. Nikolai als Ältester Rechtsanwalt und Notar Ernst Mehliß, als Gemeindevertreter Buchdruckereibesitzer August Winkler, Rechnungsdirektor Otto Schrader und wohl auch Handelsgärtner Fritz Bindseil.

[32] Eisleber Tageblatt, Nr. 169, 22. Juli 1933: „Versammlung der Deutschen Christen". Die treibende Kraft gegen die Pfarrer Noack und Bruno Gleiniger (St. Nikolai, er vertrat Noack bei Ortsabwesenheit) war der Ortsgruppenleiter der Deutschen Christen, Studienrat Dr. Ferdinand Roßner. Alle drei gehörten dem Festausschuss an.

[33] Vgl. Amtliches Einwohner- und Geschäftshandbuch (wie Anm. 23), S. V. Eisleber Tageblatt, Nr. 192, 18. August 1933.

Mansfelder Kunstvereinigung, und kündigte ihm „einen Gedankenaustausch mit allen denen [...], die sich zu dieser Mitarbeit bereit erklärt haben", an. Der neue kommissarische Bürgermeister Dr. Moeller lud zu „einer Besprechung über die Weiterführung der Angelegenheit betreffend Bildung eines Ortsausschusses für die Feierlichkeiten aus Anlaß des Gedenkjahres 450 Jahre Martin Luther" am 25. Januar 1933 ein.[34] Moellers Unterschrift für den Magistrat neben der Valentins für den Kirchenkreis findet sich auch unter einem neuen „Aufruf an die Bevölkerung von Stadt und Land, betreffend die Geburtstagsfeierlichkeiten in Eisleben 1933", der zunächst das Datum vom 15. Februar 1933 trug. Bevor Schrader seinen Entwurf am 2. Februar in der Magistratssitzung vorlegte, gab er Valentin die Möglichkeit, Verbesserungen einzubringen. Die von Valentin korrigierte Eingangspassage lautet: „Die Zeitverhältnisse in unserem Vaterlande sind durchaus nicht geeignet, Festlichkeiten zu begehen. Wir glauben aber dennoch, die 450-jährige Wiederkehr des Geburtstages des größten Eislebers, ja des größten Deutschen, Dr. Martin Luther, nicht vorüber gehen lassen zu dürfen, ohne derselben würdig zu gedenken. In diesem Glauben trägt uns die Hoffnung sowohl wie die Gewissheit, dass eine reiche Befruchtung und Belebung kirchlichen und religiösen Lebens von diesen Feiern ausgehen und den Ernst wie die Notwendigkeit der Vertiefung in Luthers Geist und Glauben erkennen lassen möge".[35] Im Einzelnen werden bereits die Lutherfestwoche vom 20. – 27. August und der Fackelzug am 10. November erwähnt. Für die Bewältigung der Aufgaben angesichts des zu erwartenden Besuches „vieler evangelische(r) Kreise des In- und Auslandes" werde die Mitarbeit und finanzielle Hilfe vieler benötigt. Am 18. Februar übersendet Moeller den Entwurf Regierungspräsident Sommer in Merseburg mit der Bitte, wie einer seiner Vorgänger 1883, den Ehrenvorsitz zu übernehmen und seine Zustimmung zur Unterzeichnung des Aufrufes zu erteilen. Moeller schließt sich der seit 1932 vertrauten Zielstellung an: „Durch die Veranstaltungen glauben wir, das Geschäftsleben, das hier völlig darnieder liegt, etwas beleben zu können". Am 21. Februar erklärt sich Sommer gern bereit, den Ehrenvorsitz zu übernehmen, da die Umgebung Eislebens sowohl seine Heimat, als auch die seiner Vorfahren sei. Zu diesen habe im 17. Jahrhundert sogar ein Angehöriger der Familie Luthers gehört. Angesichts „der Notlage unseres Volkes mahnt er zur für die Gesundung unseres Volkes erforderlichen Sparsamkeit". Da alle Superlative leicht zum Widerspruch reizten, schlägt er vor, auf die Aussage von Luther als dem „größten Deutschen" zu verzichten.[36] Moeller folgt diesem Rat, als er den Aufruf, nun datiert auf den 18. März, dem *Eisleber*

---

[34] StAE, D XVI 24 Lutherfest -Festzug-1933. Valentin an Hofmann, 14. Januar 1933; StAE D XVI 12 (wie Anm. 25), Moeller an Valentin, 23. Januar 1933 (Einladung zum 25. Januar).
[35] StAE, D XVI 12 (wie Anm. 25), Schrader an Valentin, 28. Januar 1933; ebd., der korrigierte Entwurf. Der zitierte letzte Satz bei Schrader lautete ursprünglich: „Wir ersehen hierbei, dass das Gedenken an Dr. M. Luther dazu beitragen möge, die so notwendige Volksversöhnung anzubahnen".
[36] StAE, D XVI 12 (wie Anm. 25). Dr. jur. Friedrich Ludwig Robert Sommer, geb. 1883, war von 1932 bis 1942 Regierungspräsident in Merseburg, vgl. Degeners Wer ist's, 10. Ausg., Berlin 1935, S. 1515.

Tageblatt zum Abdruck gibt. Außer Sommer, Moeller und Valentin sind 46 „Vertreter des Magistrats, des Kirchenkreises und der größeren Berufs- und Wirtschaftsgruppen" vertreten.[37]

Am 23. März 1933 fand die konstituierende Sitzung des Gesamt-Festausschusses statt. Einleitend wies Stadtrat Bernhard Keller, der als Beauftragter des Magistrats die Auswahl der Mitglieder des Gesamtausschusses getroffen hatte, „auf die nationale Erhebung hin, die jetzt das deutsche Volk ergriffen habe und gab der Freude Ausdruck, daß gerade unter solchen günstigen [...] Auspizien dies schöne Werk der Vorbereitungen zur Jubiläumsfeier begonnen werde". Diese erste Würdigung des Eisleber Lutherjubiläums unter dem Aspekt der neuen politischen Situation fiel erstaunlich nüchtern aus. Das gilt auch für Valentins Zeitungsbericht über die Sitzung, in dem er die zur Sparsamkeit nötigende wirtschaftliche Situation als Chance deutete, bei den Veranstaltungen den Ton auf das Innerliche zu legen: „Luthers Geist soll dem [...] Geschlecht von heute wieder nahe gebracht werden, Luthers Leben ein Vorbild für deutsch-evangelisches Familienleben sein, Luthers Glauben der Glaube des neuen Deutschland, das jetzt frühlingsgleich zu neuem Ostern auferstanden ist und sich gewaltig erhoben hat". Keller wurde in der Sitzung zum Vorsitzenden, Valentin zu seinem Stellvertreter und Schrader zum Schriftführer gewählt. Auf Antrag von Oberregierungsrat Otto wurde eine stärkere Beteiligung von Arbeitern beschlossen und deshalb die Bildung der Unterausschüsse auf die nächste Sitzung verschoben.[38]

Diese zweite Sitzung fand am 28. März statt. Verhandelt wurden vor allem die Bildung der Unterausschüsse und die Verabschiedung von Richtlinien für die gesamte Ausschusstätigkeit. In den Richtlinien werden einleitend erneut Eisleben als „Mittelpunkt kirchlichen und religiösen Interesses" im Jubiläumsjahr 1933 und die Notwendigkeit, wegen der Zeitverhältnisse die „zu veranstaltenden Feierlichkeiten [...] bescheiden aber in würdiger

---

[37] StAE, D XVI 12 (wie Anm. 25) und Eisleber Tageblatt, 22. März 1933 (?): Der Gesamtausschuss: Keller, Stadtrat; Bindseil, Stadtrat; Glein, Stadtrat; Becker, Landrat; Beßler, Lehrer; Biallawons, Studiendirektor; Böhme, Arbeiterinvalide; Dr. Borchers, Hüttendirektor; Dr. Ebert, Oberstudiendirektor; Ehrenthal, Reg.-Assessor: Frohberg, Botenmeister; Gäbler, Stadtsparkassendirektor; Galle, Pfarrer; Gagelmann, Provinzialbaurat; Gleiniger, Pfarrer; Günther, Pfarrer; Hagena, Pfarrer; Heinemann Oberpfarrer; Helmers, Frau Oberin a. D.; Heyer, Bergschuldirektor; Hofmann, Studienrat; Jud, Lehrer; Kern, Mittelschullehrer; Dr. Krömmelbein, Schriftleiter; Dr. Kühlhorn, Oberstudienrat; Lehmann, Reichsbank-Direktor; Link, Rektor; Mehliß, Rechtsanwalt; Noack, Pfarrer; Ochsler, Baumeister; Otto, Ober-Regierungsrat; Otto, Professor; Rühlemann, Konrektor i. R; Scheidemann, Major a. D.; Schneider, Franz, Buchdruckereifaktor; Schneider, Fritz, Buchdruckerei und Zeitungsverlag; Sattler, Paul, Hauptschriftleiter; Schrader, Rechnungsdirektor; Schroeck, Frau; Schwab, Bankdirektor; Spielberg, Rittergutspächter; Stahl, Generaldirektor; Steinkopf, Schulrat; Valentin, Frau; Freiherr v. d. Recke; Busso von Wedel, Rittergutsbesitzer; Winkler, Buchdruckereibesitzer (zur Fassung vom 15. Februar sind hinzugekommen: Ehrenthal und Gleiniger).
[38] [ALFRED] VALENTIN, Das 450-jährige Jubiläum der Geburt Dr. Martin Luthers in Eisleben, in: Eisleber Zeitung, 24. März 1933. Kellers Rede ist ebd. am 25. März gedruckt worden; StAE, D XVI 12 (wie Anm. 25), Protokoll, Anwesenheitsliste und weitere Unterlagen zum 23. März.

Form auszugestalten", genannt.[39] In seinem Bericht betonte Valentin die Verpflichtung Eislebens, den „Gedenkfeiern ein ganz besonders weihevolles Gepräge" zu geben, deren tiefster Sinn und Zweck nicht in der Vermehrung des Fremdenverkehrs bestehe, sondern in dem Ziel, „dass der Luther wieder durchs deutsche Land geht – und wäre es auch nur im Zorn –, dass der Luther dem deutschen Volk wieder lebendig werde, nachdem derselbe so tief und so lange im Grabe gelegen hat".[40] Über die Sitzung des Hauptausschusses am 28. April berichtete Valentin, dass am 2. Mai über das Programm der Lutherfestwoche entschieden werde. Von dem zum gleichen Termin tagenden Festzugsausschuss teilte er die Entscheidung mit, „dass Kinder und Schulen [...] in dem Festzug als solchen nicht mitverwendet werden"; auch „die Beteiligung der Frauenwelt am Festzuge" werde „nur eine beschränkte sein können". Beide Gruppen sollten an bevorzugter Stelle Spalier bilden. Bei dieser Entscheidung dürften praktische Erfordernisse genauso mitgewirkt haben wie der männerbündische Charakter des Nationalsozialismus und die nationalsozialistische Festkultur.[41] Nachdem Valentin am 30. April die Bevölkerung erneut zur finanziellen Unterstützung der Lutherfestwoche aufgefordert und der Synodalvorstand des Kirchenkreises auf seine Initiative eine Beihilfe von 1 000 Mark bewilligt hatte, wandte sich der Festausschuss am 6. Mai mit dem gleichen Anliegen „An alle evangelischen Volksgenossen in Luthers Heimat". Der in der Überschrift nun deutlicher erkennbare Einfluss der nationalsozialistischen Sprachregelung prägt auch den Text des Aufrufes: „Luthers Heimat, in Schmach und Schanden geraten durch 14 Jahre marxistischer Herrschaft, niedergedrückt durch wirtschaftliche Not und Sorgen, soll wieder zu Ehren kommen durch das Gedenken an den größten Sohn, der ihr entsprossen, den gewaltigen Glaubenshelden, der zugleich einer der ersten Wegbereiter und mutigsten Bekenner deutschen Nationalbewußtseins gewesen ist. Aus ganz Deutschland und aus dem Auslande germanischen Stammes werden zu den Feiern [...] die Gäste zusammenströmen".[42]

Dem Gesamtfestausschuss blieben Entscheidungen zu praktischen Fragen nicht erspart. So beschloss er am 13. Juni, von dem allgemeinen Festabzeichen mit der Umschrift „Ein feste Burg ist unser Gott" 30 000 Stück anfertigen zu lassen.[43] Die Hauptlast der konkreten Vorbereitungsarbeiten lag jedoch bei den Unterausschüssen. Früh trafen Angebote

---

[39] StAE, D XVI 12 (wie Anm. 25): Protokoll und Richtlinien vom 28. März 1933. Nach dem korrigierten Protokoll hieß der Propagandaausschuss ursprünglich Presseausschuss (ebd.).

[40] [Alfred] Valentin, Zur Jubelfeier des 450. Geburtstages Dr. Martin Luthers, in: Eisleber Zeitung, 29. März 1933.

[41] [Alfred] Valentin, Zur Vorbereitung des Lutherjubiläums und seiner Festlichkeiten, in: Eisleber Zeitung, 29./30. April 1933; vgl. auch Eisleber Tageblatt, 29. April 1933 (Der Luther-Festzug am 20. August).

[42] Eisleber Tageblatt, 6. Mai 1933 (An alle evangelischen Volksgenossen [...]); [Alfred] V[alentin], Nachklänge zur vorgestrigen Sitzung des Gesamtausschusses zur Vorbereitung der diesjährigen Lutherfeierlichkeiten, in: Eisleber Zeitung, 30. April 1933.

[43] StAE, D XVI 19 (wie Anm. 13), Protokoll vom 13. Juni 1933.

für Festabzeichen und Briefschlusssiegelmarken ein.⁴⁴ Werbeangebote begleiteten die ganze Zeit der Vorbereitung der Lutherwoche, z. B. für Postwerbestempel, Kerzen mit Lutherbild und Großkunstfeuerwerk.⁴⁵ Der Gedanke, eine Luther-Gedenkmünze herauszubringen, entstand in Eisleben selbst. Verkehrsamt, Verkehrsverein und Valentin bemühten sich vom Februar an um eine Genehmigung, die schließlich vom Reichsminister der Finanzen am 27. April 1933 erteilt wurde.⁴⁶ Daneben beteiligten sich Eisleber Vereine und Gruppierungen mit eigenen Aktionen an der Werbung für die Lutherfestwoche. Der Eisenbahnverein forderte andere Ortsvereine zu Sonderfahrten im Sommerhalbjahr nach Eisleben auf und verband damit Vorschläge für die Besichtigung der Lutherstätten, desgleichen für Wanderrouten im Mansfelder Gebiet. Der Motorsportclub propagierte eine Luthersternfahrt mit Wertung während der Festwoche.⁴⁷ In zunehmendem Maße wurde der Propagandaausschuss für Bitten um Bildmaterial, für Fotogenehmigungen, aber auch für die Erlaubnis von Tonfilmaufnahmen in Anspruch genommen.⁴⁸

Als es sich abzeichnete, dass die musikalischen Aufgaben für die Lutherwoche größere Aufmerksamkeit beanspruchten, wurde Anfang Mai 1933 ein Musikausschuss gegründet. Das Amt des Obmanns übernahm Pfarrer Johannes Noack. Am 28. Juni legte der Ausschuss „seine Resultate dem Hauptausschuß für die genaue Festfolge zur endgültigen Festsetzung vor". Ausführlich wird begründet, dass „Luthers Hauptlied" bzw. „Luthers Heldengesang" „Ein feste Burg" nur nach der amtlich festgelegten Originalmelodie von 1531/35 gesungen werden darf. Für die Einzelveranstaltungen wurde die „ausgiebige Verwendung von Liedern und Melodien Luthers oder doch seines Zeitalters" empfohlen. Auch die Musikkapellen im Festzug sollten vor allem Lutherlieder „im marschmäßigen Rhythmus" spielen (Ein feste Burg; Erhalt uns Herr; Verleih uns Frieden; Ach Gott vom Himmel; Aus

---

44 StAE, D XVI 9, Lutherfestwoche-Angebote-1933, Paalmann & Grone/Lüdenscheid, 15. September; Schüler & Keller/Leipzig, 3. Januar 1933.

45 StAE, D XVI 9 (wie Anm. 44), Deutsche Reichs-Postreklame GmbH/Bezirksdirektion Halle, 6. Juni 1933; ebd., Lüneburger Wachsbleiche J. Börstling A. G., 21. Juni 1933; ebd., J. F. Eisfeld, Pulver- und pyrotechnische Fabriken/Silberhütten-Anhalt, 25. Juli 1933 (u. a. Sonderangebot „Deutscher Aufbruch").

46 StAE, D XVI 10 Lutherfestwoche – Propaganda – 1933, Preußisches Staatsministerium an Verkehrsamt, 17. Februar 1933; Mehliß an Reichsminister der Finanzen (11. März 1933); Verkehrsamt an Reichsminister der Finanzen, 23. März 1933; Reichsminister der Finanzen/Dr. Olschner an Verkehrsverein, 27. April 1933 (Genehmigung); Evangelisches Zentralarchiv Berlin (= EZA) 7/3079, Valentin an Ev. Oberkirchenrat, 17. März 1933.

47 StAE, D XVI 9 (wie Anm. 44), Eisleber Eisenbahn-Verein an andere Eisenbahn-Vereine, o. D.; ebd., Motorsportclub Eisleben e. V., Teilnahmebedingungen, o. D.; StAE, D XVI 10 (wie Anm. 46), Motorsportclub Eisleben an Magistrat, 17. Juni 1933 (Ehrenpreis-Bewilligung).

48 StAE, D XVI 10 (wie Anm. 46), Keystone View Company/Berlin an den Magistrat, 7. Juni 1933 (Foto-Aufnahmen); Evangelischer Bund/Pressestelle-Berlin an Verkehrsamt, 22. Juni 1933 (Bildmaterial); Funk-Illustrierte für Süddeutschland/Stuttgart an Bürgermeisteramt, 18. Juli 1933 (Klischees); The Associated Press/Berlin an den Magistrat, 22. August 1933 (Fotogenehmigung); Harzer Verkehrsverband/Wernigerode an Verkehrsamt, 5. April und 30. Juni 1933 (Tonfilmaufnahmen); Fox Tönende Wochenschau A. G./Berlin an Bürgermeisteramt, 3. August 1933 (Tonfilmaufnahmen).

tiefer Not; Christ lag in Todesbanden; Nun bitten wir den Heilgen Geist; Dies sind die heilgen zehn Gebot; Nun freut euch, lieben Christen). Eine weitere Folge von Lutherliedern wird für die Chöre während des Festzuges auf dem Marktplatz, an Luthers Sterbehaus, am westlichen Ende der Lutherstraße und an Luthers Geburtshaus genannt. Die Schüler der Staatlichen Lutherschule und die Kurrende sollen innerhalb des Festzuges ebenfalls Lutherlieder singen. Selbst bei den Konzerten in den Gartenlokalen nachmittags und bei den Abendveranstaltungen soll durch Lutherlieder der Zusammenhang mit der bekannten Idee der Lutherwoche gewahrt werden. Für die Schulgottesdienste am 21. August werden „kindertümliche Lutherlieder" genannt. Außerdem soll ein Massenchor von 2 000 Schülern einstimmig mit Kapellenbegleitung „Ein feste Burg" singen. Ein „Riesensprechchor von 400 Mittelschülern" soll „Ein Knabe wandert über Land" von Conrad Ferdinand Meyer vortragen. Die Reaktionen des Gesamtausschusses kennen wir nicht. Noacks Antrag, auf dem Marktplatz eine Erklärung über das Lutherlied „Komm Heil'ger Geist, Herre Gott" abgeben zu können, lehnte der Vorstand am 12. August ab.[49]

Fragen zur Mitwirkung von Kapellen wurden im Festzugsausschuss behandelt. Ihm wurde das Angebot des Mandolinen-Orchesters Melodia, die Regelung der Kosten für die Bergkapelle Oberröblingen und die Bereitschaft der SA-Kapelle der Untergruppe Halle-Merseburg, 35 Mann zur Verfügung zu stellen, zugeleitet.[50] Acht berittene Fanfarenbläser sollte das 10. (Preußische) Reiterregiment Züllichau ausleihen. Bei der Besorgung der Reiterei stand Studienrat Hofmann Major a. D. Otto Scheidemann zur Seite.[51] Die Beschaffung der Kostüme für den historischen Teil des Festzuges (Die Einholung Luthers in Eisleben durch die Grafen von Mansfeld 1546) übertrug Hofmann nach einer Anfrage bei mehreren Firmen der Berliner Firma Peter A. Becker & Co.[52] Für die Ausgestaltung des zweiten Festzugteiles (Wie sich das heutige Mansfeld zu seinem Luther bekennt) mussten die Teilnehmer aus Handwerk, Gewerbe und Vereinen selbst sorgen. Hofmann wies in der Tagespresse darauf hin, dass alles, was an Reklame erinnere, zu vermeiden sei. Er veröffentlichte Ratschläge, z. B. für die Bäckerinnung (ein ganz großes Martinshorn), die Gärtner (Lutherwappen aus Blumen), für das Bauhandwerk (Modell der Petrikirche), für den Bergbau (heilige Barbara und Wappen). Wegen der vielen Beteiligten musste er die Presse für die Information über Probentermine u. ä. zu Hilfe nehmen.[53]

---

[49] StAE, D XVI 24 Feierlichkeiten aus Anlaß des 450. Geburtstags von Dr. Luther. Einladung zur 2. Sitzung des Musik-Ausschusses vom 18. Mai 1933; Noack: Resultate des Musik-Ausschusses, 26. Juni 1933; StAE, D XVI 19 (wie Anm. 13), Protokoll der Vorstandssitzung vom 12. August 1933. Zu Noacks Konflikt mit den Deutschen Christen seit Ende Juli 1933 vgl. Anm. 31 und 33.
[50] StAE, D XVI 24 (wie Anm. 34).
[51] Ebd., Keller an den Adjutanten des 10. Reiterregiments, 8. Juli 1933; Scheidemann an „Kamerad Hofmann", 13. Juli 1933.
[52] Ebd., Angebot der Firma Becker von 1932 an.
[53] Ebd., Zeitungsausschnitte, z. B. vom 29. Juni (Der Lutherfestzug), vom 1. und 4. August 1933.

Am 6. Juni 1933 teilte Hofmann dem Gesamtausschuss seine Absicht mit, eine kleine Druckschrift über den Festzug herauszubringen. Sie enthält Informationen über den Festzugsausschuss, die für Kostüme, Perücken und Frisuren zuständigen Firmen, einen Bericht über Luthers Einholung in Eisleben 1546, eine genaue Aufstellung der Personen und Gruppen des historischen Festzugteiles (insgesamt 216 Personen), einen knappen Hinweis zum zweiten Festzugteil und eine Aufzählung der Straßen, durch die sich der Zug bewegen soll. Eine Liste in den Ausschussakten enthält die Zusagen von 54 Gruppierungen mit mehr als 2 400 Personen für den zweiten Teil des Festzugs. Sie gewährt einen Einblick in das erstaunlich breit gefächerte korporative Leben dieser Kleinstadt mit ca. 25 000 Einwohnern.[54]

Der Gesamtausschuss hatte nicht nur die von Entscheidungen der Unterausschüsse zu bestätigen, er musste darüber hinaus selbst Regelungen beschließen, vor allem aber hatte er sich einiger gewichtiger Fragen anzunehmen. Relativ früh fand sich eine befriedigende Lösung bei der Suche nach einem geeigneten Festspiel. Der Kaiser-Verlag/München schlug, wie kurz zuvor den Wittenbergern, Hanns Johsts Lutherspiel Propheten den Eislebern zur Aufführung vor. Er ehielt eine Absage, weil sich der Festausschuss für „ein eigens für die hiesigen Verhältnisse geschriebenes Stück eines einheimischen Schriftstellers" entschieden habe.[55] Dieselbe Antwort erhielten der Zittauer Pastor Lic. Gerhard Fuchs auf das Angebot seines Hörspiels Luthers Höllenfahrt" und der nationalistische

---

[54] StAE, D XVI 24 (wie Anm. 34), Der Festzug der Lutherstadt Eisleben zur Feier des 450. Geburtstags Dr. Martin Luthers am 20. August 1933; ebd., Liste mit Zusagen (P = Personen): Maler- und Lackierer-Innung 20 P, Sattler- und Tapezierer-Zwangsinnung Festwagen und Fahne, Verein zum guten Zweck 50-60 P, Verein Fidelio 40 P, Verein „Geselligkeit" 25-30 P, Verein Freundschaftsbund Eisleben 40 P, Unterstützungsverein Wilhelma 20-25 P, Bund der Kinderreichen 50, Naturheilverein 20, Kriegerverein 30 P und 4 Fahnen, Wehrwolf mit Spielmannszug 60 P, Jungdeutscher Orden 100, Landwehrverein 25 P, Karola-Verein 13 P, Mandolinenorchester „Melodia" 30 P, Mandolinenorchester „Harmonia" 25 P, M. G. V. Volksliederkranz 20 P, Vereinigte Gartenbaubetriebe 30 P, Fleischer-Innung 90 P, Fleischer-Gesellen-Bruderschaft 30 P, Friseur-Zwangs-Innung 30 P, Verein ehemaliger 27er 40 P, Verein ehemaliger Garde 25 P, Militär-Verein 40 P, Technische Nothilfe Ortsgruppe Eisleben 20 P, Verein ehemaliger Pioniere 20 P, Marine-Verein 20 P, Infanterie-Verein 30-40 P, Spielmannszug eingegliedert in Jungdeutschen Orden 12 P, Hitler-Jugend Ortsgruppe 500 (400 männlich, 100 weiblich) P, Spielmannszug der SA Sturmbann IV/36 28 P, Verein für deutsche Schäferhunde 26 P, Vaterländischer Frauenverein 8-10 (Antrag auf Diensttracht), Kapelle des Jungdeutschen Ordens 20 P, Jugendgruppe des Kyffhäuserbundes Trommlerzug, Bergkapelle 30 P, Trommler- und Pfeiferchor der Lutherschule 15 P, Musikzug der NSDAP 24 P, Gesangverein Glückauf 30 P, Bergschüler mit Trommeln und Pfeifen 40-50 P, Lehrerverein 100 P, Verein deutscher Post- und Telegraphenbeamten 30 P, Verein ehemaliger Schüler und Schülerinnen der Mittelschule 10 P, Radfahr-Club „Pfeil" 15 P, Spielvereinigung 50 P, Turnerbund 100 P, Deutscher Kegler-Bund 30-40 P, Verein für Bewegungsspiele 10 P, Freiwillige Feuerwehr 70 P, M. T. V. Eisleben 100 P, Altstädter Schützengilde 50 P, Neustädter Schützengilde 50 P, Nussler Schützengilde 40 P, Männergesangverein Volksliedertafel 35 P.
[55] StAE, D XVI 12 (wie Anm. 25), Kaiser-Verlag/München an Verkehrsamt, 6. März 1933 und Antwort o. D.; zu Wittenberg vgl. BRÄUER (wie Anm. 4), S. 547.

Schriftsteller und Major a. D. Waldemar Müller-Eberhard in Oberschreiberhau auf eine entsprechende Anfrage für sein Stück Luther der Lebendige.[56] Der „einheimische Schriftsteller" war der 1880 in Leimbach bei Eisleben geborene Eisleber Mittelschul-Konrektor Franz Kern, der dem Gesamtausschuss angehörte. Von ihm waren 1908 das dramatische Gedicht Germanenglaube und 1928 die Dichtungen in Mansfelder Mundart „Silwer unger Wacken" erschienen.[57] Die Probenarbeiten konnten zwar rechtzeitig beginnen, Mitte Juni fehlte aber noch immer eine fachkundige Regieleitung, bis schließlich Hilfe aus Berlin durch den Regisseur und ehemaligen Hofschauspieler Hanns Pauli kam.[58]

Größere Schwierigkeiten bereitete der Plan, eine Festschrift herauszubringen. In der Vorstandssitzung des Festausschusses am 21. Juni 1933 wird er zum ersten Mal erörtert. Es stellt sich dabei heraus, dass die *Eisleber Zeitung* bereits mit diesem Gedanken an Valentin herangetreten ist und das *Eisleber Tageblatt* ebenfalls eine Festschrift plant. Tags darauf bekräftigt der Vorstand in Anwesenheit der beiden Vertreter der Eisleber Zeitung, Rose und Voigt, sowie Schriftleiter Dr. Krömmelbein vom *Eisleber Tageblatt* die Absicht, selbst eine Festschrift herauszugeben. Die Möglichkeit, dass Valentin die Leitung des Vorhabens übernimmt, wird ebenfalls erwähnt. Krömmelbein, der zugleich als Obmann den Propagandaausschuss vertritt, weist auf die Problematik einer Festschrift des Vorstandes in zwei Zeitungen hin. Darauf teilt Rose mit, dass die *Eisleber Zeitung* nur eine kostenlose Sonderbeilage für ihre Abonnenten bringen wolle, die bereits in Arbeit sei. Abschließend spricht sich der Vorsitzende Keller noch einmal für eine Festschrift des Festausschusses aus. Zu den Spannungen im Vorstand hierüber äußerte er sich am 23. Juni in einem Brief an Studienrat Hofmann. Er informierte ihn, dass das Festschriftprojekt in greifbare Nähe gerückt sei und er in der Sitzung widersprochen habe, mit der Leitung Valentin zu betrauen. Dieser sei doch im Hauptamt Seelsorger und Superintendent, schreibe für die *Eisleber Zeitung*, sei Vorstandsmitglied und klage ohnehin ständig über Arbeitsüberlastung. Er bat Hofmann, Fühlung zu dem publizistisch erfahrenen Studienrat Dr. Johannes Gutbier vom ehemaligen Luthergymnasium in dieser Sache aufzunehmen.[59] Vermutlich gab der Vorstand das Projekt einer eigenen Festschrift auf, als bekannt wurde, dass die beiden Oberröblinger stud. theol. Hermann Etzrodt und Gerichtsassessor Dr. Kurt Kronenberg *Das Eisleber Lutherbuch* 1933 vorbereiteten. Beide waren als Autoren fachkundiger Heimat-

---

[56] StAE, D XVI 12 (wie Anm. 25), Fuchs an Magistrat, 9. Mai 1933 und Antwort vom 22. Mai 1933; Müller-Eberhard an Magistrat, 13. Mai 1933 und Antwort vom 10. Juli 1933.
[57] Kürschners Deutscher Literatur-Kalender 1943, Berlin 1943, Sp. 540. Zu Kern als Kirchenältester auf der Einheitsliste der Deutschen Christen vgl. Anm. 31.
[58] StAE, D XVI 19 (wie Anm. 13).
[59] Ebd., Protokoll der Vorstandssitzungen vom 21. und 22. Juni 1933; StAE, D XVI 24 (wie Anm. 34), Keller an Hofmann, 23. Juni 1933.

bücher bekannt und standen in Beziehung zum Mansfelder Heimatverlag Ernst Schneider in Eisleben, in dem auch das *Eisleber Tageblatt* erschien.[60]

Die Herausgeber hatten sich der nationalen Erhebung zugewandt, mussten aber erfahren, dass es nicht einfach war, von Repräsentanten des neuen Staates Geleitworte für ihr Lutherbuch zu bekommen. Als Reichspräsident von Hindenburg aus Vorsicht eine Stellungnahme des Evangelischen Oberkirchenrats (EOK) in Berlin einholte und dieser sich zunächst Druckfahnen erbat, war das Erscheinen des Buches vor der Festwoche gefährdet. Nachdem Etzrodt am 27. Juli die ersten acht Korrekturbogen mit einer Information über den Gesamtaufriss an den EOK geschickt hatte und am 6. August das Geleitwort noch immer nicht eingetroffen war, drängte er auf Beschleunigung und fügte hinzu: „Ich habe mit dem Lutherbuch dem Ausdruck geben wollen, wofür ich mich seit Jahren […] einsetze: Glaube und Heimat, den unversiegbaren deutschen Kraftquellen, die je eben Luther so gewaltig und stark machten und die wir zur Grundlage des gesamten völkischen Erziehungswerkes machen müssen. Wer das will, aus heiliger Verpflichtung heraus, dem kann es nur um die Sache gehen, […] sei er auch […] ohne Examen".[61]

Größere Schwierigkeiten begegneten dem Festwochenausschuss bei seinem Bemühen, Zusagen von Vertretern der Reichsregierung für eine Teilnahme an der Lutherwoche zu erlangen. Wahrscheinlich ist das Anliegen, Hitler und weitere Regierungsmitglieder für

---

[60] Vgl. Hermann Etzrodt und Dr. Kurt Kronenberg, Die Herrschaft Röblingen. Geschichte und Geschichten der alten Seedörfer des ehemaligen Salzigen Sees Oberröblingen, Unterröblingen, Amsdorf und Wansleben, Eisleben 1931; Hermann Etzrodt, Mansfeld. 15 Skizzen aus der Geschichte der Grafschaft Mansfeld, Eisleben 1932. Der 1905 in Aupitz bei Weißenfels geb. Pfarrersohn Kronenberg hatte Jura studiert und 1932 das Assessorexamen abgelegt. 1934 trat er in den kirchlichen konsistorialen Dienst in Magdeburg, Berlin, Breslau und Berlin, 1942 schied er als Oberkonsistorialrat aus und studierte nach dem Kriegsdienst Theologie. Er wurde 1946 in der Ev.-Luth. Landeskirche Braunschweig ordiniert und war ab 1954 Pfarrer in Bad Gandersheim, vgl. Otto Lerche, Verzeichnis der Mitglieder und wissenschaftlichen Mitarbeiter des Ev. Oberkirchenrats 1850-1950, in: Hundert Jahre Ev. Oberkirchenrat der Altpreußischen Union 1850-1950, Berlin-Spandau 1950, S. 171-194, hier: S. 184; Georg Seebaß und Friedrich-Wilhelm Freist, Die Pastoren der Braunschweigischen Ev.-Luth. Landeskirche seit Einführung der Reformation, Bd. 1 und 2, Wolfenbüttel 1969 und 1974, Bd. 1, S. 121 und 221, Bd. 2, S. 170; Kürschners Deutscher Gelehrten-Kalender 1970, Berlin 1970, S. 1608. Der 1909 in Hollenstedt/Provinz Hannover geb. Pfarrersohn Etzrodt wurde 1936 Hilfsprediger und 1936 Pfarrer in Alberstedt bei Oberröblingen und starb 1941 in einem Feldlazarett in Rußland, vgl. Pfarrer-Jb. 1938 (wie Anm. 13), S. 324.

[61] EZA 7/3079, Etzrodt an EOK, 8. August 1933; ebd. der weitere einschlägige Briefwechsel mit Etzrodt und Kronenberg. Etzrodt wandte sich auch persönlich an Hindenburg, sandte ihm eines seiner früheren Heimatbücher und bemühte sich zu erläutern, dass die Aufstände der lauteren und bodenständigen Mansfelder erst „demagogisch und unheilbringend" wurden, „als sie sich art- und volksfremden Elementen anvertrauten". Das sei jetzt vorbei. Der EOK befürwortete ein Geleitwort nach Kenntnis der Druckfahnen wärmstens und übermittelte dem Büro des Reichspräsidenten auf Anforderung auch den Text hierfür. Etzrodt bat den EOK in gleicher Sache beim Reichsminister des Inneren Wilhelm Frick und bei Kultusminister Bernhard Rust zu intervenieren (ebd., 27. Juli 1933).

einen Besuch der Lutherfestwoche zu gewinnen, in der Festausschusssitzung am 2. Mai 1933 erörtert worden. Am 3. Mai veröffentlichte der Evangelische Pressedienst die Nachricht: „Wie aus Eisleben mitgeteilt wird, haben Reichskanzler Adolf Hitler und andere Regierungsmitglieder ihr Erscheinen zu dem Eisleber Lutherfest in Aussicht gestellt". Im Reichsboten vom 9. Mai hat diese Meldung schon eine Steigerung erfahren, wenn davon die Rede ist, dass auch „eine Anzahl anderer Reichs- und Staatsminister […] ihr Erscheinen zu dem Eislebener Lutherfest bestimmt in Aussicht gestellt" hätten.[62] Magistrat und Festausschuss nahmen erstmalig am 24. Mai 1933 Kontakt mit der Reichskanzlei wegen der Lutherfestwoche auf. In einer einleitenden Passage hielten sie sich wörtlich an den oben zitierten Text des Aufrufes „An alle evangelischen Volksgenossen in Luthers Heimat" vom 6. Mai 1933, um dann den „sehnlichste[n] Wunsch der Bevölkerung" nach der Teilnahme des Reichspräsidenten und der Regierung vorzutragen. Sie bekundeten die Absicht, die Einladungen dem Reichspräsidenten, dem Reichskanzler und Ministerpräsident Göring persönlich zu überreichen und erbaten einen Termin hierfür. Am 27. Mai antwortete Ministerialrat Richard Wienstein, dass Hitler die vorgesehene Einladung mit Dank zur Kenntnis genommen habe, aber seine Abwesenheit von Berlin von der dienstlichen Situation abhängig sei. Wienstein sagte zu gegebener Zeit weitere Nachricht zu und bat zugleich im Namen Hindenburgs und Görings, von einer persönlichen Übergabe der Einladung abzusehen.[63] Die Unterzeichnung der künstlerisch gestalteten offiziellen Einladungen an Reichspräsidenten und Reichskanzler vom 1. Juni 1933 (mit Festprogramm als Anlage) durch den Vorstand wurde laut Protokoll vom 8. Juni 1933 im Amtszimmer des Bürgermeisters vollzogen.[64] Hindenburg antwortete am 18. Juni 1933 mit einer Absage wegen „dienstlicher Inanspruchnahme".[65] Staatssekretär Lammers von der Reichskanzlei wiederholte dagegen am 20. Juni 1933 Wiensteins Mitteilung und fügte hinzu, dass die beiliegende Einladung für die Reichsregierung an den Reichsminister des Innern „zum weiteren Befinden" übersandt worden sei. Von dort erging am 3. Juli 1933 wohl ein ähnlich hinhaltender Bescheid an den Festausschuss.[66] Offenbar sahen sich die Eisleber angesichts dieser Situation genötigt, selbst in Berlin zu intervenieren. In der Vorstandssitzung vom 21. Juni 1933 teilte Heinrich mit, „dass einige Herren aus Eisleben im Ministerium für Volksaufklärung und Propaganda Rücksprache genommen" hätten. Das Ministerium habe Material für die

---

[62] Evangelischer Pressedienst vom 3. Mai 1933, Nr. 18, Ausgabe B; Der Reichsbote, Nr. 107, 9. Mai 1933.
[63] StAE, D XVI 12 (wie Anm. 25), Magistrat und Festausschuss an Reichskanzlei, 24. Mai 1933 und Antwort Wienstein vom 27. Mai 1933. Durchschläge im Bundesarchiv Koblenz (= BAK), R 43 II/168, Bl. 2 f.
[64] BAK, R 43 II/168, Bl. 6r; StAE, D XVI 19 (wie Anm. 13), Protokoll des Vorstands vom 8. Juni 1933.
[65] StAE, D XVI 12 (wie Anm. 25).
[66] Ebd., Hans Heinrich Lammers an Festausschuss, 20. Juni 1933 (Eingangsvermerk Heinrichs vom 22. Juni). Durchschlag im BAK, R 43 II/168, Bl. 32; StAE, D XVI 10 (wie Anm. 46), Reichsminister des Innern/i. V. Staatssekretär Hans Pfundtner an Festausschuss, 18. August 1933.

Medien erbeten und Hitlers Besuch der Lutherwoche in Aussicht gestellt. Goebbels komme bestimmt.[67]

Der kirchenpolitische Konflikt um die Reichsbischofsfrage, die Einsetzung von Ministerialdirektor August Jäger als Staatskommissar für die evangelischen Landeskirchen Preußens (24. Juni 1933) und die Kirchenwahlen am 23. Juli 1933, durch die auch in Eisleben die Deutschen Christen das Übergewicht erhielten, haben eine zügige Klärung, welche Repräsentanten des Staates zur Lutherwoche tatsächlich zu erwarten waren, nicht vorangebracht. Nicht nur Eisleber, auch Auswärtige waren besonders daran interessiert, einen festen Termin von Hitlers Besuch der Lutherwoche zu erfahren.[68] Zum 8. August 1933 berief der Vorstand des Festausschusses eigens zur Frage der Regierungszusagen eine Sitzung ein. Man war „einstimmig der Ansicht, dass alles versucht werden" müsse, um „Vertreter der Regierungen und der obersten Kirchenleitung" nach „hier zu bekommen". Es solle „deshalb in Gemeinschaft mit der Ortsleitung der NSDAP eine Kommission möglichst sehr bald" versuchen, mit den in Frage kommenden Herren in Berlin zu sprechen.[69] In der Vorstandssitzung am 12. August erstattete Bürgermeister Heinrich Bericht über die Berlinreise zu den staatlichen und kirchlichen Behörden. Im Propagandaministerium erfuhren die Eisleber, dass die persönliche Teilnahme von Goebbels, der sich im Urlaub befand, fraglich sei. Es werde aber ein Vertreter entsandt; ebenso werde auch das Kultusministerium handeln. Im Preußischen Staatsministerium wurde die Abordnung nicht zugelassen. Vom Reichsinnenministerium werde Oberregierungsrat Dr. Hans Fabricius kommen. „Bezüglich des Führers" wurde den Eislebern in Berlin geraten, „mit Telegrammen nochmals anzuregen". Der Vorstand beschloss darauf, diesen Rat sofort zu befolgen und in einigen Tagen eventuell erneut ein Telegramm zu schicken.[70] Ohne darauf Bezug zu nehmen, teilte Oberregierungsrat Dr. Hoffmann am 15. August dem Festausschuss und dem Magistrat mit, der Reichskanzler sei bis Anfang September im Urlaub und somit verhindert, den

---

[67] StAE, D XVI 19 (wie Anm. 13), Protokoll des Vorstands vom 21. Juni 1933.
[68] Vgl. z. B. StAE, D XVI 10 (wie Anm. 46).
[69] StAE, D XVI 19 (wie Anm. 13), Protokoll des Vorstands vom 8. August 1933.
[70] Ebd., Protokoll des Vorstandes vom 12. August 1933. Neben dem Gesamtvorstand nahmen Dr. Krömmelbein, Frau Mehliß, Stadtrat Sonntag, Stadtverordnetenvorsteher Florstedt und Stadtverordneter Schröder an der Sitzung teil. Einige von ihnen werden mit in Berlin gewesen sein. Zum Propagandaministerium wurde die Eisleber Abordnung von dem NSDAP-Reichstagsabgeordneten des Wahlkreis 11 / Merseburg, Hans Wolkersdörfer, begleitet. Goebbels kehrte erst am Abend des 17. August aus Heiligendamm nach Berlin zurück und eröffnete tags darauf die Funkausstellung, vgl. Die Tagebücher von Joseph Goebbels. Sämtliche Fragmente, hrsg. von ELKE FRÖHLICH i. A. des Instituts für Zeitgeschichte u. in Verbindung mit dem Bundesarchiv, T. 1, Bd. 2, München, New York, London, Paris 1987, S. 459. Zu Wolkersdörfer (1893-1966), der von 1930 bis 1945 dem Reichstag angehörte, vgl. M. d. R. Die Reichstagsabgeordneten der Weimarer Republik in der Zeit des Nationalsozialismus, hrsg. von MARTIN SCHUMACHER, 3. erweiterte und überarbeitete Aufl., Düsseldorf 1994, Nr. 1754.

Feiern beizuwohnen.[71] Wohl noch ohne Kenntnis dieses Bescheids gaben Bürgermeister, Superintendent und Festausschuss am 16. August erneut ein Telegramm an Hitler auf, diesmal außerdem flankiert durch Telegramme an Goebbels und Stabsführer Rudolf Heß. Die Absagen bzw. die Zusage für Fabricius ergingen ebenfalls telegraphisch. Das Goebbelsministerium schrieb außerdem am 23. August einen brieflichen Bescheid.[72] Für Irritationen sorgte kurzzeitig das preußische Kultusministerium. Minister Rust war ebenfalls telegraphisch eingeladen worden und sagte am 14. August aus Bayreuth seine Teilnahme an der „Lutherkundgebung" zu. Sein persönlicher Adjutant Willy Burmeister schrieb tags darauf dem Festausschuss eine Absage. Heinrich machte den Adjutanten am 16. August auf den offensichtlichen Irrtum aufmerksam und wies darauf hin, dass die Zusage des Ministers der Bevölkerung bereits bekannt gegeben worden sei. An Rust in Bayreuth wurde gleichzeitig ein Telegramm aufgegeben, das von Bürgermeister, Superintendent und Festausschuss, aber auch durch den Stadtverordneten Schröder im Auftrag der Deutschen Christen und der Nationalsozialisten unterzeichnet war.[73] Rust war das einzige Regierungsmitglied im Ministerrang, mit dessen Teilnahme an der Lutherwoche tatsächlich gerechnet werden konnte.

Das monatelange Wechselbad von Sympathie und Distanz gegenüber der Lutherfestwoche, das der Eisleber Festausschuss von seiten der zentralen Regierungsstellen und ihrer Repräsentanten erlebte, war vor allem durch die kirchenpolitische Situation bedingt. Der sich anbahnende Konflikt um die angestrebte Reichskirche, das Amt eines Reichsbischofs und den Machtanspruch der Deutschen Christen wird den Eislebern nicht unbekannt geblieben sein, so dass sie sich die Reaktionen erklären konnten. Sicherlich hat bei den Absagen der Ministerien schließlich nicht der aktuelle Stand des kirchenpolitischen Konflikts den Ausschlag gegeben, sondern die generelle Kursänderung, die Hitler in einer unveröffentlichten Rede am 5. August 1933 auf dem Obersalzberg vor hohen Parteifunktionären auf Dauer vorgegeben hat. Es sollte von jetzt an eine Doppelstrategie gelten. Der Staat sollte den Kontakt zur Kirche weiterhin pflegen, die Partei hingegen sollte sich neutral verhalten, besser noch auf Distanz zur Kirche gehen. Diese neue Strategie, die bei den Wittenberger Lutherfesttagen noch deutlicher Wirkung zeigt, konnte der Eisleber Festausschuss nicht ahnen.[74]

---

71 StAE, D XVI 12 (wie Anm. 25), Reichskanzlei/Hoffmann an Festausschuss, 15. August 1933. Durchschlag und ein Begleitschreiben zur Kenntnisgabe an den Reichsminister des Inneren im BAK, R 43 II/168, Bl. 33r.
72 Vgl. StAE, D XVI 10 (wie Anm. 46), Telegramme an Goebbels, Göring, Frick und Heß, o. D., sowie die Antworttelegramme vom 18. August 1933 und der Brief vom 23. August 1933.
73 Ebd., Telegramm Rusts vom 14. August 1933, Schreiben Burmeisters vom 15. August 1933 und Heinrichs Antwort vom 16. August 1933 sowie Telegramm an Rust in Bayreuth vom gleichen Tag. Zu Rust vgl. ULF PEDERSEN, Bernhard Rust. Ein nationalsozialistischer Bildungspolitiker vor dem Hintergrund seiner Zeit, Braunschweig / Gifhorn 1994. Pedersen übergeht Rusts kirchenpolitische Aktivitäten, vgl. ebd. S. 92 f.
74 Vgl. LEONORE SIEGELE-WENSCHKEWITZ, Nationalsozialismus und Kirche. Religionspolitik von Partei und Staat bis 1935, Düsseldorf 1974, S. 127-131; BRÄUER (wie Anm. 3), S. 557 f.

Direkter wahrnehmbar ist dagegen das Verhalten des Festausschusses in der Reichsbischofsfrage. Nachdem Friedrich von Bodelschwingh am 26./27. Mai 1933 durch die Vertreter der Landeskirchen zum Reichsbischof „bestimmt" worden war, erörterte der Festausschuss am 21. Juni 1933 zwar die Frage einer Einladung an den „Gegenkandidaten", Hitlers Bevollmächtigten Wehrkreispfarrer Ludwig Müller, setzte aber den Beschluss darüber aus.[75] Am 28. Juni 1933 ließ Müller das Kirchenbundesamt in Berlin durch die SA besetzen und übernahm mit diesem Handstreich die Leitung des Kirchenbundes. Er setzte eine Kommission zur Ausarbeitung einer Reichskirchenverfassung ein, deren Ergebnis am 11. Juli 1933 vom Kirchenbundesrat angenommen wurde. Noch bevor die neue Verfassung am 14. Juli Reichsgesetz wurde, teilte Keller, der Vorsitzende des Festausschusses, Hofmann mit: „Heute haben wir auch offiziell den Herrn Wehrkreispfarrer Müller eingeladen und ihn gebeten, eine Ansprache oder eine Predigt zu halten".[76] Als der preußische Kirchensenat am 4. August 1933 beschlossen hatte, Müller zum Präsidenten des Evangelischen Oberkirchenrats zu wählen und ihm die Amtsbezeichnung Landesbischof zu verleihen, beschloss der Vorstand des Festausschusses in seiner Sitzung am 8. August 1933, ein Glückwunsch-Telegramm zu schicken und darin um den Besuch der Lutherwoche am 19. oder 20. August zu bitten. In einem persönlichen Gespräch konnte die erwähnte Eisleber Abordnung in Berlin die Zusage erhalten, dass Müller, „der Schirmherr der Glaubensbewegung", am 20. August 14 Uhr eine Rede von ca. 20 Minuten halten werde. Von der Reichsleitung der Deutschen Christen trafen die Eisleber nur Joachim Hossenfelders Stellvertreter, Pfarrer Fritz Loerzer, an, der seinen Besuch „zum Tag der Frauen" (Mittwoch 23. August) zusagte. Loerzer empfahl, hierzu auch die Eisenacher Oberin der Neulandbewegung Guida Diehl einzuladen. Der rührige „Reichskulturwart" der Deutschen Christen, Alfred Bierschwale, der für den Arbeitsausschuss „Deutscher Luthertag 1933" zuständig war und in dem die Abordnung „geradezu die Seele für die Werbung für die Lutherfeiern in Eisleben" sah, versprach, bereits am 19. August zu kommen.[77] Am 13. August 1933 schlug Bürgermeister Heinrich für die Festrede Müllers eine zeitliche Variante vor: 16 Uhr nach Beendigung des Festzuges. Zwei Tage darauf teilte der Evangelische Oberkirchenrat noch einmal Müllers Teilnahme mit und informierte darüber, dass der EOK durch Generalsuperintendent Karl Lohmann/Magdeburg vertreten werde. Lohmann übernahm auch die Vertretung der Einstweiligen Leitung der Deutschen Evangelischen Kirche.[78]

---

75   StAE, D XVI 19 (wie Anm. 13), Protokoll des Vorstands vom 21. Juni 1933; zum Terminus „bestimmt" vgl. Dokumente zur Kirchenpolitik des Dritten Reiches. Bd. 1, bearb. von CARSTEN NICOLAISEN, München 1971, S. 55.

76   StAE, D XVI 24 (wie Anm. 34), Keller an Hofmann, 13. Juli 1933; zu Müller vgl. THOMAS MARTIN SCHNEIDER, Reichsbischof Ludwig Müller. Eine Untersuchung zu Leben, Werk und Persönlichkeit, Göttingen 1993, S. 138-146 (= AKiZ, Reihe B 19).

77   StAE D XVI 19 (wie Anm. 13), Protokoll des Vorstands vom 12. August 1933 (Vormittag und Nachmittag). Die Einladung an Guida Diehl erging am 13. August 1933, vgl. StAE, D XVI 10 (wie Anm. 46).

Die Einladung der Ehrengäste auf Landesebene scheint ebenfalls nur schleppend vorangekommen zu sein. Am 22. Juni hatte Bürgermeister Heinrich dem Festausschuss eine Liste vorgelegt, in der die Gauleitung der NSDAP (Gauleiter Staatsrat Rudolf Jordan, SS-Standartenführer Altner, SS-Hauptführer Kuhn, SS-Sturmbannführer Pögel, kommissarischer Landrat Pape als Gaufachberater für Kommunalpolitik), NSDAP-Kreisleiter Ludolf von Alvensleben, aber auch leitende Beamte des Landes und Bürgermeister größerer umliegender Städte aufgeführt wurden.[79] Erst am 14. Juli 1933 beschloss der Vorstand, die persönlichen Einladungen an die Ehrengäste „sehr bald" auszufertigen.[80] Das hatte eine Reihe von Absagen, vor allem aus dem Kreis von Bürgermeistern, zur Folge.[81] In der überregionalen Öffentlichkeit trat die kirchliche Presse dem Festausschuss mit Meldungen und Kurzberichten werbend an die Seite.[82] Selbst der Völkische Beobachter wies in seinen Nachrichten aus Kunst und Wissenschaft ohne alles ideologische Beiwerk darauf hin, dass im Mittelpunkt der Eisleber Lutherfeiern das Festspiel „Der Bergmann Gottes" von Franz Kern stehe.[83] Auch das Festprogramm wurde außerhalb Eislebens abgedruckt, z. B. im Mitgliederblatt des Evangelischen Bundes und in der Mitteldeutschen Nationalzeitung.[84] Große organisierte Reisegruppen stimmten Eisleben auf die Lutherfestwoche schon in den beiden Vormonaten ein.[85]

---

[78] StAE, D XVI 10 (wie Anm. 46); EZA I A2/429.

[79] Ludolf von Alvensleben (1901-1970), Eigentümer von Schloss und Gut Schochwitz, war 1933 Kreisleiter der NSDAP im Mansfelder Seekreis, Landtags- und Reichstagsmitglied, 1934 wurde er Führer der 46. SS-Standarte in Dresden, später Chefadjutant des Reichsführers der SS und Chef der Deutschen Polizei, 1943 SS-Gruppenführer und Generalmajor der Polizei, berüchtigt als Führer des Selbstschutzes im Reichsgau Danzig-Westpreußen, Flucht nach Südamerika, vgl. Degeners Wer ist's (wie Anm. 36), S. 19. Enzyklopädie des Nationalsozialismus, hrsg. von WOLFGANG BENZ, HERMANN GRAML und HERMANN WEISS, 2. Aufl., München 1998, S. 819; REINHARD HENKYS, Die nationalsozialistischen Gewaltverbrechen. Geschichte und Gericht, Stuttgart, Berlin 1964, S. 81 und 249. In Eisleben, Jüdenhof 1, unterhielt Ludolf von Alvensleben eine Nationalsozialistische Buchhandlung, vgl. Amtl. Einwohner- u. Geschäftshandbuch (wie Anm. 23), S. 167.

[80] StAE, D XVI 10 (wie Anm. 46), Heinrich an Festausschuss, 22. Juni 1933; StAE, D XVI 19 (wie Anm. 14), Protokoll des Vorstands vom 14. Juli 1933.

[81] StAE, D XVI 10 (wie Anm. 46), Absagen z. B. aus Berlin, Dresden, Erfurt, Leipzig, Naumburg, Wittenberg (Landrat), auch von Generalfeldmarschall von Mackensen.

[82] Vgl. z. B. Sächsisches Kirchenblatt 33 (1933), Nr. 28, 14. Juni: „Lutherjubiläum in Eisleben"; Berliner Evangelisches Sonntagsblatt 55 (1933), Nr. 31, 30. Juli: „Vorausblick auf Lutherjubiläum in Eisleben"; Glaube und Heimat 10 (1933), Nr. 32, 6. August: „Das Lutherjubiläum in Eisleben".

[83] Völkischer Beobachter, 11. Juli 1933. 2. Beiblatt.

[84] Evangelischer Bund zur Wahrung der deutsch-protestantischen Interessen E. V. Mitgliederblatt 47 (1933), S. 6: „Festfolge für die Lutherfestwoche"; Mitteldeutsche Nationalzeitung vom 17. August 1933: „Die Eisleber Lutherfestwoche".

[85] Evangelisches Sonntagsblatt aus Bayern 49 (1933), 9. Juli 1933, S. 341 f.: „Eine Lutherfahrt im Lutherjahr 1933"; VICTOR BODE: Im Lutherlande, in: Hannoversches Sonntagsblatt 66 (1933), 12. November, S. 706 f.

3. Die Publikationen für die Lutherfestwoche

Das als Faltblatt gedruckte Programm lag wahrscheinlich zu Pfingsten, am 4. Juni 1933, vor. Eine blass gehaltene Zeichnung des Eisleber Marktplatzes als Hintergrund mit einer dagegen abgesetzten großen und scharf konturierten Wiedergabe des Gestalt Luthers vom Eisleber Denkmal, ohne Sockel, füllt die Titelseite aus. Außer der Terminangabe enthält sie nur noch den Text: „Feierlichkeiten aus Anlaß des 450-jährigen Geburtstages des Reformators Dr. Martin Luther in Eisleben". Genauso sachlich ist die Festfolge auf den beiden Innenseiten gehalten. Mit Angabe der Uhrzeit wird knapp und sachlich über die Veranstaltungen informiert:

Sonnabend (19. August):

    Arbeitssitzung des Provinzverbandes des Evangelischen Bundes
    Eröffnung durch den Bürgermeister im Festzelt
    Festspiel von Franz Kern auf dem Marktplatz
    Wiedersehensfeier ehemaliger Ober-Realschüler

Sonntag (20. August):

    Festgottesdienste. Festprediger in der Andreaskirche: Generalsuperintendent D. Lohmann
    Festakt des Evangelischen Bundes und der Bevölkerung vor dem Lutherdenkmal.
        Festredner: Bundesdirektor Dr. Fahrenhorst.
    Begrüßung durch staatliche, städtische und kirchliche Behörden. Mitwirkung der
        Kirchenchöre
    Festzug; 1. Teil historisch, 2. Teil: Wie das heutige Mansfeld sich zu seinem Luther
        bekennt. Musikalische Umrahmung: Gesangvereine und Kapellen. Danach Konzert
        in allen Gartenlokalen
    Festspielaufführung
    Bundesabend des Evangelischen Bundes

Montag (21. August):

    Tag der Jugend. Festgottesdienste für die Schulen
    Kundgebung vor dem Lutherdenkmal
    Besichtigung von Lutherstätten und Lutherausstellung
    Kinderfest
    Vorführung des Lutherfilms
    Festspielaufführung

Dienstag (22. August):

> Festspielaufführung
> Bachkantate in der Andreaskirche (Städtischer Singverein)

Mittwoch (23. August):

> Tag der Evangelischen Frauenhilfe. Festgottesdienst in der Nikolaikirche (Festprediger: Generalsuperintendent D. Eger)
> Festspielaufführung
> Kirchenkonzert in der Nikolaikirche (Männergesangverein)

Donnerstag (24. August):

> Aufführung des Lutherfilms
> Festspielaufführung

Freitag (25. August):

> Bachkantate in der Andreaskirche (Städtischer Singverein)
> Festspielaufführung

Sonnabend (26. August):

> Zusammenkunft der evangelischen Jugend
> Wiedersehensfeier der ehemaligen Luther-Gymnasiasten
> Zusammenkunft der Evangelischer Vereine der Umgebung

Sonntag (27. August):

> Festgottesdienst für die evangelische Jugend in der Andreaskirche (Festprediger: Provinzial-Jugendpfarrer Bergmann)
> Gesangsaufführungen vor dem Lutherdenkmal und in den Gärten (Männergesangvereine und Deutscher Sängerbund)
> Festspielaufführung

Auf der Rückseite sind nur Hinweise über zusätzliche Veranstaltungen an allen Tagen (Führungen durch die Lutherstätten, Gesellschaftsfahrten nach Mansfeld mit Besichtigungen, Zielfahrten des Motorsportklubs) zu finden.[86]

---

[86] StAE, D XVI 12 (wie Anm. 25) und BAK, R 43 II/168, Bl. 9 f. Hans Kysers Stummfilm „Luther. Ein Film der deutschen Reformation", an dessen Drehbuch der Berliner Hofprediger Bruno Doehring mitgearbeitet hat, ist bereits 1927 uraufgeführt worden und musste auf Einspruch der Katholischen Kirche in Bayern stark gekürzt werden, vgl. DIETMAR SCHMIDT, „Glaubenskriege" um Lutherfilme. Der Reformator auf Bildschirm

In ganz anderer Diktion ist der ebenfalls auf Pfingsten datierte Einladungsdruck gehalten, der vom Vorstand des Festausschusses (Heinrich, Keller, Valentin, Schrader) unterzeichnet ist. Er beginnt mit emphatischen Worten: „Evangelische Glaubensgenossen! In unseren Tagen nationaler und religiöser Erneuerung wächst des großen Reformators Persönlichkeit und Bedeutung zu sieghafter Kraft empor. Dr. Martin Luthers deutscher Christenglaube ist wieder geistliche Macht aller evangelischen Christen geworden. Das Lutherjahr 1933 [...] soll breitesten evangelischen Kreisen zum persönlichen Erlebnis werden. Die Lutherstadt Eisleben, in der Wiege und Bahre dieses Gottesstreiters standen, lädt zur Wallfahrt an die geheiligten Stätten der Luthererinnerung ein".

An „die Mitkämpfer in breiter Glaubensfront", die Ortsgruppen des Evangelischen Bundes, des Gustav-Adolf-Vereins, der Evangelischen Frauenhilfe, der Evangelischen Arbeitervereine, der Evangelischen Jungmänner, Jünglings- und Jungfrauenvereine wird die Losung gerichtet: „Auf zur Lutherstadt Eisleben!" Die Stadt habe „gerüstet, unvergeßliche Erlebnisse in die Seele jedes Einzelnen zu senken". Diese verheißungsvolle Ankündigung mündet erneut in eine Proklamation: „Evangelisches Glaubenserlebnis an Luthers Stätten: dass es erlebt wird – unser Eifer und Mühen, dass es gehört wird – Euer Wille und Ziel. Kraft und Wucht dieses Bekenntnisses muß von evangelischen Massen, von der Heerschar treuer Glaubensbrüder ausstrahlen. Das ganze evangelische Deutschland, die ganze evangelische Welt soll aufhorchen vor solchem sieghaften Bekennermut [...] So sei die Losung: Das evangelische Deutschland 1933 in der Lutherstadt Eisleben!"[87]

Beide Möglichkeiten, die sachliche Information, aber auch der gedrechselte hymnische NS-Feierstil, sind nebeneinander vom Festausschuss für seine Verlautbarungen genutzt worden. In den Festschriften haben die sachlichen reformations- und heimatgeschichtlichen Informationen das Übergewicht, obgleich die Herausgeber bzw. verantwortlichen Redakteure ihre Parteinahme für den neuen Staat nicht verbergen. Ihrem Eisleber Lutherbuch 1933, der sachlich gewichtigsten Publikation zur Eisleber Lutherfestwoche, konnten Etzrodt und Kronenberg nach einigen Mühen vier Geleitworte voranstellen. Reichspräsident von Hindenburg begrüßt das Vorhaben, mit dem Buch dem größten Sohn des Mans-

---

und Leinwand, in: Martin Luther. Reformator-Ketzer-Nationalheld? Texte, Bilder, Dokumente in ARD und ZDF. Materialien zu Fernsehsendungen. München 1983, S. 258-276, hier: S. 266-271. Kysers Film wurde 1933 erneut propagiert, z. B. von der Reichsfilmstelle des Deutschen Luthertages 1933 (Wolf Fischötter-Roon) vgl. EZA, EKD B 3/413.

[87] StAE, D XVI 12 (wie Anm. 25). Einladung und Programm der „Lutherwoche in Mansfeld vom 18. bis 25. Juni 1933", die mehr für die Ortsebene konzipiert war, nahm zugleich die Gelegenheit wahr, „den deutschen Arbeiter der Stirn und der Faust zu angenehmem Sommeraufenthalt" einzuladen. Insgesamt ist das Programm konventionell (z. B. Festspiel „Um Glauben und Gewissen. Zum Gedächtnis der Protestation zu Speyer" von dem Landauer Dekan und Oberkirchenrat Karl Munzinger und Lutherfilm von Kyser). Es gehörten allerdings auch der Gesang des Deutschlandliedes (1. Strophe) nach der Festrede von Superintendent Martin Beberstedt und ein Vortrag mit Aussprache über kirchliche Gegenwartsfragen von Generalsuperintendent Lohmann dazu, vgl. StAE, D XVI 26 (wie Anm. 10).

felder Landes „aufs neue ein Denkmal in den Herzen seiner Deutschen zu setzen". Denn: „Luthers Glaube und Tatenmut sind uns heute nötiger denn je!" Hindenburg übernahm damit den Entwurf des EOK wortwörtlich.[88] Als zweiter Repräsentant des Staates macht Reichsinnenminister Wilhelm Frick in seinem Geleitwort auf „den herrlichen Dreiklang" aufmerksam, in dem sich dem deutschen Protestantismus 1933 „Vergangenheit und Gegenwart zu gewaltiger Einheit tiefreligiösen Erlebens" füge: Im Gedenken an Jesu Tod vor 1900 Jahren, schicke er sich gemeinsam mit dem Weltprotestantismus an, Luthers Geburt vor 450 Jahren festlich zu begehen. Das Schicksal wolle es nun, „dass das Volk, in dessen Mitte die Wiege der Reformation stand", zum Luthertag rüste „aus ureigenstem Erlebnis epochaler Umwälzungen heraus". Er empfiehlt darauf „das neue Haus", das sich das evangelische Deutschland mit der Deutschen Evangelischen Kirche in schwerem Ringen gebaut habe, als „eine gütige Fügung" zu verstehen. Denn „Millionen erkalteter Herzen" hätten endlich wieder etwas „von der Macht religiöser Kräfte" gespürt und den Weg zurück zur Kirche gesucht. Der gesunde Sinn des Volkes werde das noch Unausgeglichene zurecht bringen im Sinne Luthers und seiner Helfer. Mit dem „Losungswort des Humanismus", zu den Quellen zurückzukehren, verschränkt Frick in seinem Schlussappell noch einmal das reformatorische Geschehen mit dem nationalen in der Gegenwart: „Mitten im deutschen Volkstum liegen die Wurzeln seiner [d. h. Luthers] titanischen Kraft, deutsche Art und deutsches Geschlecht gaben ihm sein Blut, das in heißem Ringen um Höchstes und Letztes ein ganzes Volk zu weltgeschichtlicher Mission emporhob. Möge Allen, die es in diesem Jahr nach Eisleben an geweihte Stätte hinzieht, dies Erlebnis zu Vorsatz und Tat in echtem Luthergeist werden".[89] Fricks legalistische Kirchenpolitik hat sein Geleitwort genauso geprägt wie die nationalprotestantische Tradition und die „Pseudomonumentalität" des nationalsozialistischen Stils.[90]

Ohne Schwierigkeiten konnten die Herausgeber die beiden Geleitworte aus dem kirchlichen Bereich erlangen. Für den „Landesbischof der Evangelischen Kirche der altpreußischen Union" boten die Bitte der Herausgeber und die Einladung zur Eisleber Luther-Festwoche willkommene Gelegenheiten, seine Position in der kirchlichen Öffentlichkeit

---

[88] Eisleber Lutherbuch (wie Anm. 5), S. III: Abbildung der handschriftlichen Unterzeichnung ebenfalls bei den anderen Geleitworten; zu Hindenburgs Religiosität vgl. Zeugnisse deutscher Frömmigkeit von der Frühzeit bis heute, hrsg. von OTTO EBERHARD, Leipzig 1938, S. 393-395. Zum Entwurf vgl. Anm. 61.
[89] Ebd., S. IV f. (datiert: 31. Juli 1933).
[90] Zu Fricks legalistischer Kirchenpolitik und religiöser Prägung vgl. GÜNTER NELIBA, Wilhelm Frick. Der Legalist des Unrechtsstaates. Eine Biographie, Paderborn u. a. 1992, S. 128-137 (im Anschluss an die Sekundärliteratur, ohne Berücksichtigung der Stellungnahmen zum Lutherjubiläum). Bei seiner Rede zur Eröffnung der Wittenberger Luther-Festtage am 10. September 1933 nahm Frick den Duktus seines Geleitwortes wieder auf. Der Missbrauch der reformatorischen Theologie ist aber deutlicher erkennbar, wenn er als entscheidend „die harte Auseinandersetzung und Arbeit jedes einzelnen mit und an sich selbst, sein ureigenster Kampf um das, was Luther vor Gott nannte, die unermüdliche Gewissensschärfung an den strengen Gesetzen der religiösen Ethik" beschwor, vgl. Sächsische Schulzeitung 101 (1933), 123 f.

zu festigen. Er begnügt sich damit, die Bedeutung von Reformation und Luther für die Deutschen einzuhämmern, indem er in seinem kurzen Text dreizehn mal das Adjektiv „deutsch" verwendet. Nur im Blick auf die deutsche Sprache geht er über verschwommene Andeutungen hinaus, wenn er den Versuch unternimmt, in Luthers Übersetzung der Engelverkündigung von Lukas 2, 10 f. die „echte germanische Heldenstrophe" aufzuweisen. Nichts als hohles Pathos ist auch sein Schluss: „Das Lutherjahr 1933 ist der neue Entschluss und der neue Weg unserer evangelischen Kirche, das Evangelium unseren deutschen Brüdern so zu verkünden, dass sie es hören und verstehen".[91]

Ein anderer Stil und eine andere theologische Fundierung begegnen dem Leser im Geleitwort „de[s] Generalsuperintendent[en] der Provinz Sachsen" Karl Lohmann. „Kerndeutsch nach Wesen und Art", stellt auch er Luther den Lesern vor Augen, um dann die eigentliche Intention anzuzeigen: „Aber was die Zeit bewegt und erfüllt, das sieht er unter dem Gesichtspunkt der Ewigkeit". Selbst wenn er am Schluss das Ringen des Volkes um innerste Erneuerung erwähnt, vergisst er nicht die Quellen zu benennen, zu denen Luther weist, den Glauben und das Wort Gottes. Lohmanns national-protestantische Überzeugung befähigte ihn, sich dem nationalen Aufbruch zu öffnen, hielt ihn aber zugleich zurück, sich den kirchenpolitischen Gruppierungen anzuschliessen.[92]

Die nationale Überhöhung Luthers, aber auch seine Inanspruchnahme durch den Nationalsozialismus finden sich, wenn auch sehr unterschiedlich, in den Sachbeiträgen des Lutherbuches wieder. Der Abdruck aus Will Vespers Erzählung „Luthers Jugendjahre" von 1918 ist noch dem nationalen Luthermythus verpflichtet.[93] Ganz anderer Art ist die Wiedergabe eines Kapitels aus Ricarda Huchs Luthers Glaube, das noch zwei Jahre vor Vespers Erzählung erschien und eher wie ein Vorbote der Lutherrenaissance wirkt. Huch wollte nichts anderes als „Mut machen, den Adlerweg des Glaubens zu betreten, der, pfeilerlos und geländerlos, doch der sicherste zum Ziel" sei. Mit Sicherheit ist den Herausgebern nicht bekannt gewesen, dass die Schriftstellerin wenige Wochen zuvor, am 9. April 1933, aus Protest gegen das, „was die jetzige Regierung als nationale Gesinnung vorschreibt", ihren Austritt aus der Sektion für Dichtkunst an der Preußischen Akademie der Künste erklärte.[94]

---

[91] Eisleber Lutherbuch, S. V f. (wie Anm. 5). Zu Müllers Denken vgl. SCHNEIDER (wie Anm. 76), S. 284-295.
[92] Eisleber Lutherbuch (wie Anm. 5), S. VII f. Zu Lohmann (1878-1945), der noch 1933 von seinem Amt beurlaubt wurde, aber ins Konsistorium zurückkehren konnte vgl. Verantwortung für die Kirche. Stenographische Aufzeichnungen und Mitschriften von Landesbischof Hans Meiser 1933-1955. Bd. 1, bearb. von HANNELORE BRAUN und CARSTEN NICOLAISEN, Göttingen 1985, S. 541 (= AKiZ, A, 1).
[93] Eisleber Lutherbuch (wie Anm. 5), S. 1-3: 10. November 1483 (wie Anm. 6). Die NSDAP nahm schon vor 1933 Vespers Werk für sich in Anspruch. Im Völkischen Beobachter vom 25. November 1932 wurde „Martin Luthers Jugendjahre" als „eine Prosadichtung von mythischer Tiefe und leuchtender Glaubensstärke" gepriesen. Zu Vesper vgl. HILTRUD HÄNTZSCHEL, Will Vesper, in: Literatur-Lexikon. Autoren und Werke in deutscher Sprache, hrsg. von Walther Killy, Bd. 12, Gütersloh / München 1992, S. 19 f.

Mit „Luther der Mansfelder" eröffnet Etzrodt die Reihe der sieben reformationsgeschichtlich angelegten Beiträge. In archaisierendem Stil, unter Verwendung naturromantischer Elemente, stellt er Luther als bodenständig und „arteigen" vor. In der Summe heißt das: „Luther war im tiefsten Sinne völkisch". Auch im Glauben habe er nach Mansfelder Art gründliche Arbeit gemacht: „Denn Luther hatte zwei große Kraftquellen: Heimat und Glauben".[95]

Johannes Ficker, der Hallenser Kirchenhistoriker und Lutherforscher, ergänzt Etzrodts Ausführungen mit seinem Beitrag „Luthers ‚Heimat und Vaterland'" der mit seinem Beginn, „Deutschland ist Heimat und Vaterland für Luther. An Deutschland erging seine Sendung" sich nur scheinbar auf der gleichen Ebene bewegt. Fickers Darstellung ist an den Quellen orientiert und mit den entsprechenden wissenschaftlichen Nachweisen versehen.[96] Ohne kurzschlüssige Vergegenwärtigung kommt der Greifswalder Kirchenhistoriker Hermann Wolfgang Beyer aus. Obgleich er damals zu den Unterstützern Ludwig Müllers gehörte, gelangt er in enger Anlehnung an den jungen Ranke in seinem Beitrag „Die geheime Deutung von Luthers Leben" zu dem Ergebnis, die geheime Deutung bestehe in der Wiederentdeckung des Wunders, „dass der Mensch im Glauben an die Verheißung der Schrift der Gotteskindschaft gewiß werden" könne.[97] Gleichfalls ohne direkte Bezugnahme auf das Jahr 1933 ist der Beitrag des Herausgebers Kronenberg über „Obrigkeit und Reformation in Luthers Vaterland". Kronenberg hat wohl als Erster die Bedeutung der gräflichen Räte und Kanzler für die Reformation hervorgehoben. Seine Darstellung zeigt Quellenkenntnis, vereinfacht aber das reformatorische Geschehen und ist im einzelnen korrekturbedürftig.[98] Einen eigenständigen und quellengegründeten montangeschichtlichen Forschungsbeitrag mit dem Titel Vater Luther der Hüttenmeister hat der Hallenser Schriftsteller Hanns Freydank beigesteuert. Seine Ergebnisse sind, leider meist kritiklos, in die Lutherdarstellungen bis in die Gegenwart übernommen worden.[99] Nur die bekannten Fakten über Luthers Geburt in Eisleben, vor allem aber über die letzte Reise des gesundheit-

---

[94] Eisleber Lutherbuch (wie Anm. 5), S. 25-30: RICARDA HUCH, Von Luthers Glauben (wie Anm. 5); Abdruck aus: RICARDA HUCH, Luthers Glaube. Briefe an einen Freund, Leipzig 1933, S. 21-27 (gekürzt); zum „Adlerweg" vgl. ebd., S. 263. Zu Huchs Akademieaustritt vgl. INGE JENS, Dichter zwischen rechts und links. Die Geschichte der Sektion für Dichtkunst an der Preußischen Akademie der Künste dargestellt nach den Dokumenten, München 1979, S. 211.

[95] Eisleber Lutherbuch (wie Anm. 5), S. 4-15, hier: S. 15.

[96] Ebd., S. 16-24, hier: S. 16.

[97] Ebd., S. 31-37, hier: S. 37. Zu Beyer vgl. Verantwortung für die Kirche, Bd. 1 (wie Anm. 92), S. 511; ECKHARD LESSING, Zwischen Bekenntnis und Volkskirche. Der theologische Weg der Evangelischen Kirche der altpreußischen Union (1922-1953) unter besonderer Berücksichtigung ihrer Synoden, ihrer Gruppen und der theologischen Begründungen, Bielefeld 1992, S. 205-211 (= Union und Confessio, 17).

[98] Eisleber Lutherbuch (wie Anm. 5), S. 44-56. Kronenberg verzichtet auf Nachweise.

[99] Ebd., S. 57-72. Zur Kritik vgl. FRITZ WÖHLBIER, Richtigstellung zum Eisleber Lutherbuch, in: Mein Mansfelder Land 8 (1933), S. 321-323. 329-332.

lich angeschlagenen Reformators berichtet Franz Kern in dem Beitrag „Luther und Eisleben – Zufall oder innere Verbundenheit?"[100] Kenntnisreich informiert schließlich in gut lesbarer Form Georg Kutzke, Chefarchitekt in Bochum-Weitmar, über die „Eisleber Lutherstätten". Fast zwei Jahrzehnte zuvor hatte der damals noch in Eisleben tätige Architekt ein profundes Heimatbuch veröffentlicht. Die Bemerkung von der „urgermanisch-unbekümmerte[n] Plastik" der Grabplatte des Grafen Burchard fehlt dort noch. Sie ist aber auch sein einziges Zugeständnis an die Sprachregelung des Jahres 1933.[101]

Deutlichere Merkmale dieses besonderen Jahres weist Studienrat Johannes Gutbiers Beitrag „Das Luthergymnasium" auf. Gutbier nimmt die Gelegenheit wahr, noch einmal das erst ein Jahr zurückliegende Ende der humanistischen Bildungsstätte durch den „Marxismus und seine Helfershelfer" zu beklagen und die Forderung zu erheben: „In die Lutherstadt gehört das Luthergymnasium, die Stätte, in der auf Grund der humanistischen Bildungsarbeit die Formung des deutschen Menschen im völkischen Sinne und seine Erziehung zum Staate hin das Ziel sein soll". Mit den Eislebern hofft er, dass im Lutherjahr das Gymnasium wieder eröffnet wird, „erfüllt vom Geiste unseres Reformators Martin Luther und geleitet im Geiste unseres Führers Adolf Hitler".[102] In zwei Beiträgen wird der Leser ganz auf die Bedeutung Luthers für die Gegenwart eingestimmt. „Luther und wir" überschreibt der Direktor des Evangelischen Bundes in Berlin, D. Wilhelm Fahrenhorst seine Ausführungen. Er setzt bei der „Beobachtung eines Fremdrassigen", nämlich Heinrich Heines, ein, dass Luther der „deutscheste Mann" der deutschen Geschichte sei und große Gegensätze in sich vereine. Der Schlüssel hierfür sei, dass Luther der Mann mit Gott gewesen sei. Angesichts der Gegensätze in der Gegenwart könne das Fazit nur heißen, „von Luther lernen, alles aus Gott zu tun, uns in allem in die Gemeinschaft derer hineinzustellen, die aus der Gottverbundenheit leben". Dieser Appell zielt deutlich auf die Auseinandersetzungen um die Deutschen Christen.[103] Weniger die innerkirchlichen Disharmonien, mehr die allgemeine Bedeutung Luthers hat der Helftaer Rektor Waldemar Mühlner mit seinem bereits erwähnten Beitrag Der Mensch der Gegenwart und Luther im Blick. Nach einer Skizze über frühere Jubiläen, und zeitorientierte Lutherdeutungen plädiert er für den nunmehr relevanten überzeitlichen Luther, den er folgendermaßen charakterisiert: „Der Glaubenskämpfer, der Held, der Herzenskündiger, der Heimatsucher, der Deutsche, der Seher eines neuen Deutschland, der geistige und geistliche Führer, der

---

[100] Eisleber Lutherbuch (wie Anm. 5), S. 82-88. Kern schließt: „und mit dem Opfertode besiegelte der getreue Eckart des Mansfelder Landes seine Liebe zur Heimat".

[101] Eisleber Lutherbuch (wie Anm. 5), S. 100-114; GEORG KUTZKE, Aus Luthers Heimat. Vom Erhalten und Erneuern, Jena 1914, S. 124.

[102] Eisleber Lutherbuch (wie Anm. 5), S. 115-128.

[103] Eisleber Lutherbuch (wie Anm. 5), S. 38-43. Zu Fahrenhorst (1873-1941), seit 1925 Direktor des Evangelischen Bundes, vgl. WALTER FLEISCHMANN-BISTEN, Der Evangelische Bund in der Weimarer Republik und im sogenannten Dritten Reich, Frankfurt/M. u. a. 1989, S. 95 f. (= Europäische Hochschulschriften, R. 23, 372).

Prophet der persönlichen Freiheit – das ist der überzeitliche Luther, der uns und den Geschlechtern nach uns noch viel zu sagen hat".[104] Erneut lassen sich Anleihen beim NS-Gedankengut und -wortschatz feststellen, aber ein neues nationalsozialistisch konzipiertes Lutherbild fehlt. Das trifft, bei Unterschieden im einzelnen, auf das Eisleber Lutherbuch insgesamt zu.

Das Titelblatt der Lutherfestausgabe des *Eisleber Tageblattes* vom 18. August 1933 zeigt über der Silhouette einer Teilansicht der Stadt ein von Curt Mücke / Sondershausen gezeichnetes Lutherporträt nach der bekannten Darstellung von 1528 aus der Werkstätte Cranachs. Als Text ist ihm beigegeben: „Zum 450. Geburtstage Dr. Martin Luthers 1483-1933. Eisleber Lutherwoche". Ein Hinweis auf den Herausgeber fehlt mit gutem Grund, denn das Inhaltsverzeichnis weist aus, dass der Inhalt der Lutherfestnummer mit dem Eisleber Lutherbuch weitgehend identisch ist. Hinzugekommen sind nur drei weitere Grußworte, zwei Beiträge der Repräsentanten von Kommune und Kirche und ein zweiter über das Luthergymnasium von demselben Autor.[105] Außerdem sind noch ein kurzer Text von Bierschwale, empfehlende Annotationen zu volkstümlichen Titeln der Luther-Literatur sowie die Festfolge und eine Information über die Mitglieder des Festausschusses aufgenommen worden. Die Abfolge der Beiträge ist in der Lutherfestnummer neu geordnet worden. Wenn der Verlag in dieser Publikation aber mit einer Anzeige für das Eisleber Lutherbuch wirbt, ohne auf die große Übereinstimmung hinzuweisen, ist das zumindest ein ungewöhnliches Geschäftsgebahren.[106]

Die sechs Geleitworte sind durch Rahmen und Überschriften besonders hervorgehoben. Im Inhaltsverzeichnis richtet sich die Reihenfolge nach den Ebenen. Der Staat erhält gegenüber der Kirche die Priorität. Fricks Geleitwort „Der Dreiklang des Lutherjahres" steht am Anfang, Müller folgt mit „Luthers deutsches Evangelium". An die „Reichsebene" schließt sich die Provinzialregierung in Person des Oberpräsidenten Dr. Kurt Melcher an mit dem Geleitwort „Luther der Deutsche". „Als der politische Führer der Lutherprovinz grüßt er aus dem Gefühl heraus, daß Luther [...] nicht nur der Mann der Kirche, sondern aller Deutschen ist, die seines deutschen Geistes sind". Im „Jahr der großen deutschen Revolution, die auch – wie alle Revolutionen – aus einem Glauben geboren" sei, „dem Glauben an Deutschland, an deutsche Kraft, an deutsches Führertum und darum an deutsche Zukunft trotz aller Not der Zeit" sei Luther wieder lebendig als der deutsche Mann, der keinen andern Weg gehen könne als den seiner Überzeugung. Diesen Weg gehe auch

---

[104] Eisleber Lutherbuch (wie Anm. 5), S. 73-81, hier: S. 79.
[105] JOHANNES GUTBIER, Die Bedeutung des Eisleber Gymnasiums, in: Zum 450. Geburtstage Dr. Martin Luthers 1483-1933. Eisleber Tageblatt, 18. August 1933, Lutherfestgabe, S. 12 f. Die inhaltlichen Informationen werden teilweise erneut referiert.
[106] Ebd., S. 12.

das junge Deutschland der Gegenwart.[107] Der Merseburger Regierungspräsident Sommer, der Ehrenvorsitzende des Festausschusses, äußert sich in seinem Geleitwort zum Thema „Luther und der Staat". Luther habe den starren Autoritätsstandpunkt der mittelalterlichen katholischen Lehre ebenso abgelehnt wie die individualistische radikal-freiheitliche Auffassung. Den Staat habe er vielmehr als gottgewollte Ordnung, verantwortlich für das soziale und moralische Wohl aller, gewürdigt. Er habe „so gegensätzliche Gedanken germanischen und christlichen Geistes zu einer Einheit" verschmolzen und schon „Gedankenreihen angedeutet, die ganz in der Richtung unseres nationalsozialistischen Gedankengutes liegen".[108] Bereits mit der Überschrift „Luther, ein Führer zur Volksgemeinschaft" kündigt sich ein anderer Ton im Geleitwort des kommissarischen Landeshauptmanns der Provinz Sachsen, Kurt Otto, an. „Mit Stolz" erinnert er daran, dass „die wichtigsten Wallfahrtsstätten der evangelischen Christen in der Provinz Sachsen" liegen. Eisleben werde überall bei Evangelischen, besonders bei den germanischen Nachbarvölkern im Norden, ehrfürchtig genannt. Dem Lutherjahr 1933 sei soeben „durch den starken Willen und Schutz des Führers Adolf Hitler" mit der evangelischen Reichskirche „ein großer Inhalt gegeben worden". Den evangelischen Laien und entschiedenen Nationalsozialisten bewege vor allem Luther als Volksmann und als Mann der unbekümmerten, wagenden Tat, der rückhaltlose Einsatz eines ganzen Mannes für seine Idee. Daraus leitet Otto schließlich den Appell ab: „jeder Volksgenosse soll sich ihn ins Herz schreiben, der noch um bürgerliche und vermeintliche Rechte trauert und dem der Gedanke des Opfers noch fremd ist".[109] Lohmanns Geleitwort mit der Überschrift „Luther der Bote Gottes" ist nur im Inhaltsverzeichnis an letzter Stelle platziert, in der tatsächlichen Abfolge steht es noch vor dem des Landeshauptmanns.[110]

Vor den Block der aus dem Lutherbuch übernommenen Beträge sind die beiden Begrüßungstexte des Superintendenten und des Bürgermeisters gestellt. Nach Valentins Überzeugung weist der Ruf „Luther lebt" auf „die große Linie, auf die sich die evangelische Kirche in der Neuordnung der inneren deutschen Dinge, in dem geistigen und seelischen Umbruch der Nation, der das größte Gottesgeschenk dieser Zeit ist, gestellt sieht, auf der sie bewusst und freudig mitgehen muß, und auf der ihr der Mann Führer und Sender zugleich sein kann und will, dessen Geburtstag heuer zum 450. Male wiederkehrt: Martin

---

[107] Ebd., S. 2 (die Geleitworte Fricks und Müllers: S. 1 und 5). Melcher (1881-1970) war seit 1932 Polizeipräsident in Berlin, 1933 wurde er Oberpräsident der Provinz Sachsen, bereits 1934 aus verwaltungsorganisatorischen Gründen in den Ruhestand versetzt, vgl. Deutsche Biographische Enzyklopädie, Bd. 7, München 1998, S. 51.

[108] Zum 450. Geburtstage (wie Anm. 105), S. 7. Sommers ideologische Anpassungsbemühungen wirken aufgesetzt. Zu Sommer vgl. Anm. 36.

[109] Zum 450. Geburtstage (wie Anm. 105), S. 11. Zu Otto (geb. 1887), seit 1933 Landeshauptmann der Provinz Sachsen und Vorsitzender des Gauparteigerichts der NSDAP Gau Halle-Merseburg vgl. Degeners Wer ist's, 10. Ausgabe (wie Anm. 37), S. 1176.

[110] Zum 450. Geburtstage (wie Anm. 105), S. 9.

Luther, der Deutscheste aller Deutschen und der Frommste aller Frommen". Was Gott so zusammengefügt habe, Deutschtum und Christentum, Nation und Religion in wundervoller Personalunion in der Gestalt Luthers, das solle der Mensch nicht durch sogenannte Neutralität oder Objektivität scheiden. „Heute heißt es: der großen Sache sich ganz hingeben; ohne Rücksichten, ohne Zweifel [...]; die Forderung dieses Zeitgeschehens heißt Totalität! Ganzheit! nicht nur des deutschen Staates, sondern auch des deutschen Menschen. Ganzheit in Herz und Seele, in Glauben und Gottvertrauen. Der Luther geht wieder durchs deutsche Land. Luther lebt!"[111]

„Willkommen in Eisleben" überschreibt Heinrich schlicht seinen Text, um dann um so kräftiger die Parallelität der Ereignisse herauszustellen. Er würdigt die engagierte Pflege der Lutherstätten und die Vorbereitung des Jubiläums, die Unterstützung durch Gewerbe und Industrie als Frucht der „Einwirkung der nationalen sozialistischen Revolution". Diese habe den uralten guten Eigenschaften der Mansfelder vollkommen zum Durchbruch verholfen. Klassenhass und zu einem beachtlichen Teil auch die unseligen Standesdünkel seien verschwunden. Stolz und dankbar schauten die Mansfelder auf den Volkskanzler, der wie Luther als Sohn des Volkes in einem harten Leben herangebildet und bestimmt worden sei, dem staatlichen und kirchlichen Leben für Jahrhunderte neue Gestalt und Richtung zu geben. Die Eisleber wollten den ausländischen Besuchern zeigen, „dass das Vertrauen der deutschen Männer und Frauen zum Führer grenzenlos sei und die in gewissen Ländern mit Hilfe von geflüchteten Volksverrätern entfachten Hetzereien vollkommen grund- und wirkungslos" seien. Im Gegenteil, es herrschten „wieder der Glaube an Gott, Volk und Vaterland, Blut und Boden und an die Sendung des deutschen Volkes", es herrschten „auch wieder alte deutsche Zucht und Ordnung". Zuletzt drückt der Bürgermeister die Erwartungen aus auf das „Erscheinen von hohen und höchsten Personen des kirchlichen und staatlichen Lebens" und sogar den „Besuch des Führers selbst [...]. Den Führer zu sehen und sprechen zu hören, wäre wohl der Gipfel der Lutherfestwoche".[112]

Der kurze Beitrag des Berliner Vertreters der Deutschen Christen, Alfred Bierschwale, wurde erst gegen Ende in den Block der Abdrucke aus dem Eisleber Lutherbuch eingefügt. Unter der Überschrift Luther als Wegbereiter deutscher Einheit behauptet der Autor, Luther habe in Eisleben schon früh durch das Zusammentreffen von Niedersachsen, Thüringern und Franken den Unstern der deutschen Zwietracht kennen gelernt und später darüber nachgesonnen, „wie eine deutsche Volkseinheit zu schaffen wäre". Durch die einheitliche deutsche Schriftsprache sei er „zum Wegbereiter für den deutschen Kämpfer aus dem deutschen Braunau" geworden. Hitler habe Luthers Werk vollendet. Die deutsche

---

[111] Ebd., S. 2.
[112] Ebd., S. 6.

Einheit sei zur unabänderlichen Tatsache geworden.[113] Die Spannung zwischen der traditionellen Lutherverehrung und der Inanspruchnahme des Reformators für das nationalsozialistische Deutschland hat gegenüber dem Eisleber Lutherbuch noch zugenommen. Kennzeichnend hierfür ist auch der Abdruck eines Hitler- und eines Lutherzitates.[114]

Die von Valentin verantwortete Festausgabe der *Eisleber Zeitung* ist insgesamt weniger aufwendig gestaltet als die Lutherfestgabe des *Eisleber Tageblattes*. Die Titelseite schmückt eine fotografische Abbildung des Eisleber Lutherdenkmals. Auf Geleitworte und Zitate ist verzichtet worden, ebenfalls auf die Information über den Festausschuss, auf Literaturhinweise und auf Werbung. Dafür wird eine Skizze des Marktplatzes mit der Zuschauerbühne für das Festspiel geboten. Die Wiedergabe der Festfolge dokumentiert gegenüber der anderen Festzeitung ein späteres Stadium. Dem Bürgermeister ist am Sonnabend, den 19. August, nur noch die Begrüßung zugedacht. Die Eröffnung ist nun „Pfarrer Hossenfelder, Berlin, Reichsleiter der Glaubensbewegung ‚Deutsche Christen'" zugeordnet worden. Beim Festgottesdienst in der Andreaskirche am Sonntag, den 20. August, wird neben dem Prediger auch Valentin als Liturg genannt. Dem Festredner Fahrenhorst am Lutherdenkmal folgt „der Reichskulturreferent der Glaubensbewegung ‚Deutsche Christen': Bierschwale, Berlin" als Redner. Zum Festzug ist ergänzt: „Nach dem Festzuge auf dem Wiesenplatz: Ansprache des Landesbischofs und Präsidenten des Evang. Oberkirchenrats Ludwig Müller, Berlin". Die Angabe über Konzerte in den Gartenlokalen fehlt nunmehr. Statt einer sind zwei Aufführungen des Festspiels vorgesehen. Zwei Festspielaufführungen finden auch am Mittwoch, den 23. August, statt. Als Festprediger in der St. Petrikirche wird für diesen Tag der Geschäftsführer der evangelischen Reichsfrauenhilfe Pfarrer Lic. Hans Hermenau, Potsdam genannt. Jugendgottesdienste werden am Sonntag, den 27. August, auch in der Petri-Pauli-Kirche und in der Annenkirche gehalten. Prediger sind Reichsjugendwart D. Erich Stange, Cassel und Oberkonsistorialrat Friedrich Peter, Berlin.[115]

Die Autoren der Festausgabe stammen aus Eisleben und dem Mansfelder Land, nur zwei aus dem weiteren Gebiet der Landeskirche. Generalsuperintendent Lohmann eröffnet die Reihe der 15 Originalbeiträge. Er setzt das oft zitierte Lutherwort „Für meine Deutschen bin ich geboren" über seine Ausführungen, ohne den historischen Zusammenhang zu erläutern. Seine eher traditionelle Schilderung von Luthers Leben und Werk unter nationalem Aspekt nimmt nur an wenigen Stellen die NS-Sprachregelung auf, z. B. wenn

---

[113] Ebd., S. 20. Bierschwale, dessen Funktionsangaben wechseln, firmiert hier als Reichsrundfunkreferent der Glaubensbewegung „Deutsche Christen". Im Oktober 1933 verlor er seine Ämter, vgl. BRÄUER (wie Anm. 2), S. 427.

[114] Zum 450. Geburtstage (wie Anm. 105), S. 7: ADOLF HITLER, Mein Kampf, 107.-111. Aufl. München 1934, S. 416 f: Bedeutung von Glauben und höherer Ideale für die Festigung der menschlichen Existenz (Bd. 2, 1. Kap.: Weltanschauung und Partei); ebd., S. 15. Das Lutherzitat wendet sich gegen Eigennutz und plädiert für Nächstenliebe, d. h. für den Nutzen, die Ehre und das Heil anderer.

[115] 1933-450 Jahre (wie Anm. 5), S. 20.

er „Luthers enge Gebundenheit an sein Volk und Volkstum erwähnt, vom Jahr der deutschen Wende, der unserem Volke wie ein Wunder geschenkten nationalen Erhebung und Erneuerung" schreibt und hofft, dass „in der Stunde der nationalen Erneuerung und Einigung des deutschen Volkes Luthers Geist und Glaube ihm als ganzem Volke neues inneres Erlebnis wird".[116] In keiner Weise anfällig für Gedanken und Begrifflichkeit des Nationalsozialismus erweist sich die Schilderung des Lutherjubiläums von 1883 in Eisleben durch den emeritierten Lehrer Schulze. Es ist gewiss kein Zufall, dass Schulze ausgerechnet diese beiden Hausinschriften von damals wörtlich wiedergibt: „Reformation ist Rückkehr zur wahren Kirche Christi, die nicht bezweckt, ein Reich von dieser Welt zu gründen [...] Hier stehe ich. Ich kann nicht anders!" Letztere habe sich am Geschäftshaus eines Israeliten in der Sangerhäuser Str. 16 befunden. Auf die Mahnung zur Gewissensfreiheit und Duldung, mit denen er seinen Erinnerungsbericht abschließt, ist noch zurückzukommen.[117] Gleichfalls ohne Bezug zu neuen politischen Situation hat der Pfarrer zu St. Petri-Pauli, Paul Günther, der dem Festausschuss angehörte, zwei Beiträge geschrieben, die geschichtliche Darstellung „Luthers Taufkirche" und das Gedicht „Das Eisleber Luther-Geläut".[118] Die „Luther-Erinnerungen aus der Kronenkirche in Eisleben", einer ehemaligen Gruftanlage von 1538 auf dem Friedhof mit künstlerisch wertvollen hölzernen Begräbnistafeln, des in der Lokalgeschichtsschreibung bekannten Konrektors i. R. Carl Rühlemann sind ebenfalls in diesem Zusammenhang zu erwähnen. Nur gegen Ende zollt der Autor dem Dritten Reich Tribut mit dem Halbsatz über das Jahr „der nationalen Erhebung und Einigung unseres deutschen Vaterlandes und des Zusammenschlusses unserer evangelischen Volksgenossen auf kirchlichem Gebiete".[119] Diese Einschränkung entfällt bei der fachkundigen Darstellung Fritz Wöhlbiers: „Die Luther im Mansfelder Bergbau", mit der er das legendäre Bild vom armen Hans Luther auf Grund der montangeschichtlichen Quellen zurechtrückt.[120] Der Helbraer Pfarrer Friedrich Schmidt wehrt in seinem Beitrag über „Luther und die deutsche Frömmigkeit" die Höherwertung eines nordisch-deutschen, wie eines mystisch deutschen Glaubens ab und stellt dem „die urwüchsige Kraft" von Luthers deutschem Glaubenszeugnis gegenüber.[121]

---

[116] Ebd., S. 2 f. Zum Lutherwort, das nur die deutschen Wartburgschriften begründen soll, vgl. D. MARTIN LUTHERS WERKE, Kritische Gesamtausgabe. Briefwechsel, Bd. 2, Weimar 1931, S. 397, 24.
[117] SCHULZE (wie Anm. 5), S. 4 f.
[118] Vgl. 1933-450 Jahre (wie Anm. 5), S. 5 f., S. 6. Zu Günther vgl. Pfarrer-Jb. 1938 (wie Anm. 13), S. 222.
[119] Vgl. 1933-450 Jahre (wie Anm. 5), S. 6 f. Rühlemann (1864-1947) war Vorsitzender des Geschichts- und Altertumsvereins, Ratsarchivar, Museumsleiter und gehörte dem Festausschuss an, vgl. HELMUT LOHMEIER, Carl Rühlemann, Pfleger und Förderer Mansfelder Altertümer, in: Neue Mansfelder Heimatblätter 3 (1993), S. 13-16.
[120] Vgl. 1933-450 Jahre (wie Anm. 5), S. 7-9. Vgl. auch Anm. 99.
[121] 1933-450 Jahre (wie Anm. 5), S. 9 f. Zur kirchenpolitischen Krise, die Schmidts Weggang auslöste, vgl. ONNASCH (wie Anm. 23), S. 143-148.

Auf diese traditionellen bzw. moderat gegenwartsbezogenen Würdigungen Luthers folgen drei Artikel, deren Autoren deutlicher Partei für den Nationalsozialismus nehmen. C. W. Franke aus Eisleben stellt in „Martin Luther und der Nationalsozialismus" Luther als Kämpfer vor, dessen Leben so wesensverwandte Züge mit dem Werden des Nationalsozialismus enthalte, dass sich Vergleiche von selbst ergäben. Franke skizziert ein dramatisches Bild von einem zerrissenen Deutschland zu Luthers Zeiten: „[…] durchseucht von den Folgen der Inquisition, die die geistige Freiheit der Deutschen in drückende Fesseln schlugen […]. Das Christentum vermochte die Lockerung deutscher Ehr- und Sittenbegriffe nicht mehr aufzuhalten. Undeutsche Hohlheit machte sich breit. Bis dann Martin Luther dem Christentum wieder Ziel und Richtung gab". Wenn man sich Luthers Leben vor Augen halte und die gegenwärtigen Erfahrungen, dann sei es so, „als säße der Reformator unter uns, und trüge uns auf, seine Mission fortzusetzen, Deutschland frei und groß und wieder wahrhaft deutsch zu machen […]. Wir sehen Luther als Kämpfer, Führer und Reformator. Da drängt sich uns mit elementarer Wucht die Erkenntnis in Herz und Gemüt, daß wir in der nationalsozialistischen Bewegung eine zweite Reformation im Sinne der Erneuerung des Deutschtums zu erblicken haben, deren Verwirklichung uns wieder ein großer Kämpfer und Führer beschert – Adolf Hitler!" Hitlers analoge Entwicklung und Charakterzüge, sein Kampf gegen den Materialismus des „jüdischen Demagogen Marx", seine „Kraft der überzeugenden Rede", seine überkonfessionelle „Pflege wahren Volksgottestumes" rufe weltweit grenzenloses Staunen und Anerkennung hervor. Franke schließt geradezu hymnisch: „Welcher gewaltige, starke und doch feine, zarte Zweiklang: ,Luther und Hitler!' Gewaltig und stark im Handeln und Streben für das Deutschtum, fein und zart in der Erfassung der deutschen Seele […] Luther und Hitler: Wegbereiter des Deutschtums, Vorbilder für alle Deutschen, Retter aus Not und Qual! – Luther der Reformator, Hitler der Erneuerer, Schöpfer des Dritten Reiches!"[122] Nur durch die Diktion unterscheidet sich davon ein weiterer Vergleich, den der Hettstedter Rektor H. Straßburger in seinem Beitrag Dr. Martin Luther und Adolf Hitler als Schöpfer neuer Erziehungsformen anstellt. Er meint, wenn nicht alles täusche, könne man die erreichte Volksgemeinschaft schon als geistige Wiedergeburt bezeichnen, der Luther und Hitler den Stempel aufgedrückt hätten. Hitler gehe es um die untrennbare Einheit von Nationalismus und Sozialismus, um die unvergänglichen Kräfte im Rassischen und in der Geschichte des Volkes, um eine heldische Pädagogik. Letztere pflege „starken und leidenschaftlichen Willen, Willen zur rassischen Reinheit und Einheit, Willen zu Volk und Wehr, Willen zum Gemeinnutz und Niederringen des Eigennutzes". Luthers Erziehungsgedanken seien ganz ähnlich. Er habe „den sentimentalen Christus […] durch den heldischen Christus" ersetzt, der mit den führenden Geistern seiner Zeit abrechnete, die Massen zu unerhörten Leistungen führte. Luther habe das heldische Christentum zur Erziehungsgrundlage des deut-

---

[122] 1933-450 Jahre (wie Anm. 5), S. 11 f.

schen Wesens gemacht. Straßburger stellt „eine glückliche und untrennbare Vermählung des Christentums mit dem Nationalsozialismus" fest und folgert: „Luther und Hitler, die Gestaltgeber unserer Zeit".[123] Im kurzen Artikel Luther, der deutsche Profet verzichtet der Unter-Gauleiter der Glaubensbewegung „Deutsche Christen" Max Mantey, Pfarrer zu St. Johannis in Halle, auf einen Vergleich zwischen Luther und Hitler, hebt aber um so kräftiger Luthers Bedeutung für das Deutschland Adolf Hitlers hervor, z. B. „seine Mahnungen gegen allen jüdischen Geist", seine tief religiöse Begründung des „heilige[n] Recht[s] der Notwehr", seine Lehre vom Staat und Beruf, seine innige Verknüpfung der Religion mit dem Volkstum, sein Verständnis von Blut und Boden sowie von Volk und Rasse als „gottgewollte Gegebenheiten".[124]

Obgleich Superintendent Valentin ebenfalls auf der Seite der Deutschen Christen steht, fehlen in seinen beiden Beiträgen für die Festausgabe Äußerungen, die mit denen Manteys vergleichbar sind. Schon in seinem Zeitungsartikel vom Dezember 1932 hatte er auf das ökumenische Interesse für die Lutherstadt Eisleben seit der Stockholmer Weltkirchenkonferenz von 1925 hingewiesen. Nun rückte er erneut das Lutherjubiläum in das Licht dieser kirchlichen Einheitsbewegung unter der Überschrift „Luther und der ökumenische Gedanke unserer Zeit".[125] Im Beitrag „Das Eisleber Luther-Denkmal" gibt Valentin nur einen Abriss der Geschichte des Denkmals und seines Bildprogramms.[126]

Ähnlich sachbezogen hat der Lehrer Willi Hundertmark, Kantor und Organist zu St. Petri-Pauli, seinen Artikel Luther als Musiker angelegt. Am Ende aber gleitet auch er über in die Sehnsucht der Gegenwart „nach einer Kirche, die wirklich Kirche ist, […] die, wills Gott, einmal im dritten Reiche Adolf Hitlers die ganze evangelische Kirche erfassen" möge.[127] Mittelschulrektor Reinhold Hasse, der dem Festausschuss angehört, rahmt seine eigentlich sachbezogenen Ausführungen über Luther und der volksdeutsche Männerchor unserer Zeit durch eine doppelte Verankerung in der politischen Situation ein. Am Anfang stellt er die Verbindung von den seit langem „deutschempfindenden Männerchöre[n]" zum Neubau und Aufbau von Volk und Vaterland mit seinen nationalen kulturellen Aufgaben her. Nachdem er Luthers Musizierfreudigkeit und Verdienste um die Volkssprache gewürdigt hat, weist er am Ende auf die neue Aufgabenstellung hin: „Im Geiste Luthers und unseres Führers will der Männerchor ein williger Helfer im Neubau unseres Volk-

---

[123] Ebd., S. 12 f. Straßburger war NSDAP-Mitglied und Deutscher Christ.
[124] Ebd., S. 13 f. Zum 1893 geborenen Mantey vgl. Pfarrer-Jb. 1938 (wie Anm. 13), S. 247; MEIER (wie Anm. 30), S. 344; ders. (wie Anm. 30), S. 212; zu Manteys Mitarbeit im Evangelischen Bund vgl. FLEISCHMANN-BISTEN (wie Anm. 103), S. 88 f., 388 f., 563.
[125] Vgl. Anm. 25; 1933-450 Jahre (wie Anm. 5), S. 14 f.
[126] 1933-450 Jahre (wie Anm. 5), S. 17 f. Zum Verhältnis der deutschen Kirchen zur Ökumene 1933 vgl. ARMIN BOYENS, Kirchenkampf und Ökumene 1933-1939. Darstellung und Dokumentation, München 1969; BRÄUER (wie Anm. 3), S. 558-562.
[127] 1933-450 Jahre (wie Anm. 5), S. 15 f.

stums und unserer Nation sein!"[128] Rektor i. R. August Engler setzt mit seiner Skizze „Die Blumenstadt Eisleben und die Pflanzenwelt der Umgebung", in der weder Luthers Name, noch irgend ein Begriff aus dem Vokabular des Dritten Reiches erscheint, den Schlusspunkt der Beiträge. Es ist bemerkenswert, dass diese Festausgabe mit der Jahreszahl 1933 an der höchsten Stelle des Titelblattes mit diesem Zweizeiler schließt:

> „Der Welten Kleines ist wunderbar und groß,
> Und aus dem Kleinen bauen sich die Welten."[129]

Zu Beginn der Lutherfestwoche lag auch der Druck von Kerns Festspiel „Der Bergmann Gottes" vor. Der Autor war mit der Eisleber Lutherüberlieferung vertraut, wie sein Beitrag im Eisleber Lutherbuch beweist. Die neuere Lutherforschung ist ihm offenbar nicht bekannt.[130] Das erste der sechs Bilder seines Lutherspiels verlegt er in die Stadt Mansfeld. Hans Luther feiert mit anderen Hüttenmeistern, Bergleuten, Mädchen, Frauen und Kindern Pfingsten. Luther ist der Sprecher der Hüttenmeister, mit dem sich zunächst als „leutseliger Herr" Graf Günther von Mansfeld „gemütlich" unterhält. Der Graf erfährt auf seine Frage nach dem aussichtsreichen jungen Magister Luther, dass dieser mit Freunden einen Ausflug in den Harz macht.[131] Die Hoffnungen des an einer starken Obrigkeit interessierten Hans Luther richten sich aber auf Graf Albrecht, der danach mit der Überzeugung auftritt: „Die Masse muß eine starke Hand über sich fühlen, aber man muß die Menschen auch von innen heraus bessern". Martin Luther, nach dem sich Graf Albrecht ebenfalls erkundigt hat, kehrt mit den Freunden zurück. Diese kritisieren seine grübelnde Furcht vor Gottes Zorn. Luthers Vater hält sie für eine Folge des Müßiggangs, seine Mutter für Einwirkungen des Bösen, denen sie mit einem Opfer für St. Anna begegnen will.[132] Das zweite Bild spielt vor dem Augustinerkloster in Erfurt. Luther begegnet dem Kind Florentina von Oberweimar, das ins Kloster Helfta gebracht wird, und nimmt Abschied von seinen Freunden. Dem skeptischen Klosterpförtner hält er entgegen, dass Gott im Donner zu ihm gesprochen habe und alles von ihm fordern dürfe.[133] Das dritte Bild führt vor ein Gasthaus in Wittenberg. Ein Wanderbursche vertritt die Überzeugung, nur

---

[128] Ebd., S. 16 f.
[129] Ebd., S. 18 f.
[130] Vgl. FRANZ KERN, Schriften über den Bauernkrieg in Luthers Werken, in: Forschung und Leben. Schriften des Schönburgbundes 2 (1928), S. 166-172.
[131] FRANZ KERN, Der Bergmann Gottes. Ein Lutherspiel in 6 Bildern, Eisleben 1933, S. 5-15, hier: S. 7-9. Zu der wohl legendären engen Beziehung Hans Luthers zu Graf Günther vgl. die handschriftliche Geschichte Ratzebergers über Luther und seine Zeit mit literarischen, kritischen und historischen Anmerkungen zum ersten Male hrsg. von CHR[ISTIAN] GOTTH[OLD] NEUDECKER, Jena 1850, S. 42 f.; OTTO SCHEEL, Martin Luther. Vom Katholizismus zur Reformation, Bd. 1, Tübingen 1916, S. 96.
[132] KERN (wie Anm. 131), S. 16-20.
[133] Ebd., S. 16-20.

Luther könne dem Volk den Weg zu Gott zeigen und Religion sei Volkssache. Florentina ist inzwischen Novizin und gesteht ihrer Gefährtin, sie möchte nicht Nonne werden. Ein Ablasskrämer bietet seine Ware feil, erregt Unmut und wird von einem kurfürstlichen Rat ausgewiesen, weil es um mehr gehe als um Eigennutz. Die bisherigen Akteure ziehen ab, Luther kommt und schlägt die Thesen an die Kirchentür. Als sich erneut Studenten, Handwerker und Landsknechte sammeln, sagt er: „Ich wähnte mich allein. Nun habe ich die rechten Helfer um mich: die Jugend, die Arbeit und das Schwert".[134]

Das vierte Bild findet im Hof einer Herberge in Worms statt. Luther hat seinen Bruder Jakob bei sich, der ihm die Bibel nachträgt und dem er verspricht: „Wenn ich heimkomme, will ich Münzen schlagen aus Gottes Wort, und eitel deutsche Worte sollen darauf stehen. Die deutsche Bibel soll beim lieben Brote liegen in jedem Hause". Als Glapion, der kaiserliche Beichtvater, Luther mit der Aussicht auf ein hohes kirchliches Amt zu gewinnen sucht, wird er auf das allgemeine Priestertum verwiesen und bekommt zu hören: „Aus dem Volke soll Gottes Reich erwachsen". Darauf bringt ihm Martin Bucer das Angebot, mit dem heimlichen Einverständnis des Kaisers von Franz von Sickingens Ebernburg aus Zeugnis für seine Überzeugung abzulegen. Er aber meint, er sei es den Deutschen schuldig, vor Kaiser und Reich zu stehen. Während Luther in der Laube von Bläsern die Melodie „Ein feste Burg ist unser Gott" „wie aus himmlischer Ferne" hört, sie mit der Laute aufnimmt und das Lied niederschreibt, geraten draußen drei Mädchen in ein Wortgefecht mit einem Dominikaner. Auf seine Drohung mit der Hölle, entgegnet der hinzutretende Landsknecht: „Besser deutsch in der Hölle, als undeutsch im Himmel". Als Luther vom Reichsmarschall zur Sitzung des Reichstages geholt wird, „fällt die volle Morgensonne auf Martins bleiches Gesicht. Unsichtbare Chöre blasen: ‚Ein feste Burg ist unser Gott'"[135]

Das fünfte Bild ereignet sich auf einem Platz in Eisleben 1525. Unter den geflohenen Helftaer Nonnen findet der Eisleber Prediger Kaspar Güttel seine Gefährtin. Katharina von Bora, die ebenfalls in Eisleben weilt, ist erstaunt, dass es Luther wagt, den heranziehenden Aufständischen entgegenzutreten. Meinhard, „ein junger Eisleber", verliest Thomas Müntzers berühmten revolutionären Aufruf. Luther richtet nichts aus. Erst bei der Nachricht, dass Graf Albrecht vor dem Hohen Tor stehe, fliehen die Aufständischen. Auf Luthers Klage, dass sein Schacht ausgerechnet in seinem Vaterland eingestürzt sei, entgegnet sein Vater mit „schlichter Feierlichkeit", dass ein Luther gleich wieder fest zupacke und fügt hinzu: „Und du bist mehr als ein Luther, mein Sohn: du bist der Bergmann Gottes, und dein Silber schmelzt unser Herrgott aus". Dieser Trost erinnert Luther an den

---

[134] Ebd., S. 21-32, hier: S. 29 und 31. Die Szene enthält weitere kurze Nebenhandlungen.
[135] Ebd., S. 33-44, hier: S. 35, 37, 40, 44. Zu den mit dichterischer Freiheit gestalteten Versuchen, Luthers Auftritt auf dem Reichstag zu verhindern, vgl. MARTIN BRECHT, Martin Luther. Sein Weg zur Reformation 1483-1521, Berlin 1986, S. 428 f. Die Auffassung, dass „Ein feste Burg ist unser Gott" zum Wormser Reichstag 1521 entstanden sei, die u. a. der Eisleber Historiker Hermann Größler vertreten hat, gilt seit Wilhelm Luckes Untersuchung von 1923 als widerlegt, vgl. WA Bd. 23, S. 185-229.

alten Wunsch seines Vaters und er fragt mit „plötzlichem Entschluss" die ihm von Wittenberg her bekannte Katharina von Bora, ob sie sein „ehelich Gemahl" werden wolle. Sie ist „zuerst bestürzt, dann demütig" und sagt ja. Auch Güttel erhält von seiner Walpurga nun das Jawort. Luther dazu: „Treue Hirten müssen ein neues Volk in Zucht nehmen; das junge Geschlecht wird frei sein und deutsch".[136]

Im sechsten Bild über Luthers letzte Tage in Eisleben erinnert ihn sein Bruder Jakob an das Wort des Vaters vom Bergmann Gottes. In einem letzten Gespräch mit Graf Albrecht und Gräfin Anna verstärken sich bei dem geschwächten Reformator die Todesahnungen. Dem Grafen, der das Schwert wohl zu führen verstehe, kündigt er an, dass „das Evangelium [...] bald ein Schwert brauchen" werde. Der erste Glockenschlag, der den Feierabend ankündigt, veranlasst ihn, zu warnen: „wehe dem Volke, das den Feiertag begehret!" Beim zweiten Glockenschlag erhebt sich Luther und spricht Graf Albrecht für die kommende Kriegszeit den Trost aus Psalm 46, 5 zu: „Dennoch soll die Stadt Gottes fein lustig bleiben". Der Graf kündigt an, eine Münze mit der Umschrift „Dennoch!" schlagen zu lassen. Zum dritten Glockenschlag spricht daraufhin Luther das Schlusswort: „Dennoch!" Unter dem Feierabendgeläut singt eine Kurrende das Lutherlied Erhalt uns, Herr, bei deinem Wort, das von Musik und allgemeinem Gesang aufgenommen wird.[137]

Gesang durchzieht, vom fünften Bild abgesehen, das ganze Stück. Fünfzehn mal insgesamt erklingen vor allem Volkslieder und Bergreihen, deren Texte und Melodien teilweise Kern selbst geschaffen hat. Mit diesem Element, der Beteiligung von 48 handelnden Personen, einer geschickten Konzentration auf fünf Stationen und der an Luther orientierten archaisierenden Sprache reiht sich Kerns Stück ein in die Tradition der erfolgreichen nationalen Lutherfestspiele seit dem 19. Jahrhundert. Der Theaterausschuss des Deutschen Luthertages 1933 nahm es in seine Liste der zu empfehlenden Lutherspiele für große Bühnen auf. Bekannt ist, dass zumindest das Stadttheater Liegnitz Interesse an einer Aufführung zeigte.[138] Mit seinem inflationären Gebrauch von „deutsch" blieb Kern noch auf der Linie des nationalen Lutherverständnisses. Da er dem Begriff „Volk" den gleichen

---

[136] KERN (wie Anm. 131), S. 45-51, hier: S. 48, 50 f. Zur Situation 1525 vgl. SIEGFRIED BRÄUER, Bauernkrieg in der Grafschaft Mansfeld – Fiktion und Fakten, in: Martin Luther und der Bergbau im Mansfelder Land. Aufsätze, hrsg. von Rosemarie Knape i. A. der Stiftung Luthergedenkstätten in Sachsen-Anhalt, Lutherstadt Eisleben 2000, S. 121-157.
[137] KERN (wie Anm. 131), S. 53-58, hier: S. 58.
[138] Vgl. EZA 1/C 3/262: Theaterausschuß des Deutschen Luthertages 1933, Verzeichnis von Lutherspielen; StAE, D XVI 12 (wie Anm. 25): Intendanz des Stadttheaters Liegnitz an den Eisleber Oberbürgermeister, 7. September 1933. Die Lutherfestspiele sind weder als Thema der Literaturgeschichte noch der Kirchengeschichte oder der Lutherrezeption beachtet worden.

Rang einräumte, bot er auch Ansatzpunkte für eine Interpretation in nationalsozialistischem Sinne. Die Verlagswerbung wies hierzu recht eindeutig den Weg.[139]

Zeigen Einladung, Festprogramm, Festschriften und Festspiel noch das Bild einer Gemengelage von traditionell nationaler und neuer nationalsozialistischer Lutherauffassung, so lassen bereits die Grußworte staatlicher und kirchlicher Persönlichkeiten für das *Eisleber Lutherbuch* und die Lutherfestausgabe des *Eisleber Tageblattes* ahnen, welche der beiden Linien durch die Festredner verstärkt wird. Der Preußische Ministerpräsident Göring, der sich bisher für die Lutherfestwoche als wenig zugänglich erwiesen hatte, meldete sich zur Eröffnung doch noch mit einem Glückwunsch in der Mitteldeutschen Nationalzeitung. Er brachte zum Ausdruck, dass der an dem Reformator bewunderte „kämpferische Geist deutschen Widerstandes" eine besondere Verpflichtung sei, sich „des großen Kampfes der deutschen Männer jener Zeit würdig zu erweisen".[140]

4. Die Eröffnung der Lutherfestwoche am 19. August

Die Begrüßung bei der Eröffnung der Festwoche am Sonnabendabend (19. August) im Zelt auf der Festwiese übernahm Bürgermeister Heinrich. Er dankte den Besuchern für die Würdigung des Mannes, der vor über 400 Jahren dem Verfall und der Gottlosigkeit im deutschen Volk Einhalt gebot. Luther habe „einen Glauben gegeben, so verständlich und doch so groß, dass der Kampfeswillen seiner Deutschen auch für Blut, Boden und Kultur daran erstarkte". Das evangelische Mansfelder Land habe schon zur Zeit des „geistesverachtende[n] Marxismus" durch eine Luthergedenkfeier dem „Zerstörungswillen der Gottlosigkeit" entgegen gewirkt. Inzwischen sei dem deutschen Volke in „Adolf Hitler ein Mann erstanden, der, wie Dr. Martin Luther, in der Entwicklung der deutschen Kirche und Nation ungeheure Wirkungen ausgelöst" habe und noch auslösen werde. „Der Geist, den Adolf Hitler im deutschen Volk geweckt" habe, trage auch die Lutherfestwoche, die „Sammelpunkt und Sprachrohr der gesamten evangelischen Christen (!) sein" möchte.[141] Anschließend begrüßte Kreisleiter von Alvensleben, der inzwischen auch dem Festausschuss angehörte, die Versammelten im Namen der NSDAP: Nach vierzehnjährigem Kampf gegen die Volksverderber breche jetzt „eine Zeit an, in der auch in Deutschland

---

[139] Zum 450. Geburtstage (wie Anm. 105), S. 29: „Vom Heimattum steigen diese 6 Bilder hinauf in das Ringen um die deutsche Seele und berühren sich so mit dem völkischen Wollen der Gegenwart. Jugend, Arbeit, Schwert sind die Helfer, die der einsame Luther nach dem Thesenanschlag um sich sieht. Der Ausklang der Dichtung mahnt, im Kampfe um die heiligsten Güter nie den Feierabend zu wünschen".
[140] Völkischer Beobachter, 23. August 1933, 2. Beiblatt; Sächsische Schulzeitung 101 (1933), S. 98 f.
[141] StAE, D XVI 19 (wie Anm. 13): Begrüßungsrede Bürgermeister Heinrich am Sonnabend (Druck). Eisleber Tageblatt, Nr. 194, 21. August 1933, S. 1 f.

wahres Christentum gepflogen" werden könne. Unter lebhaftem Beifall sprach er die Bitte an die Regierung aus, das „von jenen roten Burschen" weggenommene Luthergymnasium der Stadt wiederzugeben. Er gedachte der gefallenen und gestorbenen Vorkämpfer der nationalsozialistischen Erhebung, am herzlichsten aber Adolf Hitlers mit dem Wunsche: „Möge Gott ihn uns erhalten zum Segen der protestantischen Kirche, zum Segen des deutschen Volkes, zum Segen der ganzen Welt".[142]

Danach ergriff der Reichsleiter der Deutschen Christen, Joachim Hossenfelder, das Wort: „Luther ist nicht tot. Luther lebt! Luthers Geist, Wille und heldische Glaubenshaltung ersteht jetzt in der Glaubensbewegung Deutsche Christen". Dem Schicksal sei für diesen Mann aus dem Volke zu danken, „der in heiliger Gottesleidenschaft sein Volk im innersten packte". Die Parallele liegt für Hossenfelder auf der Hand: „In dem ungeheuren Umbruch der Zeit ist unser Volk aufgewühlt bis ins Innerste wie nurmehr in den Tagen der Reformation. Ein Schrei der Gottessehnsucht bricht aus Millionen heraus. Wir Deutschen Christen hören diesen Schrei und geben ihm die Antwort des deutschen Propheten Luther". Die Toten der grauen und braunen Armee seien die Saat, die jetzt täglich zur Ernte reife im Glauben und Dienst. Hossenfelder fordert dazu auf, Gott als Deutsche zu suchen, in deutscher Sprache zu beten, in der Art des deutschen Volkes zu glauben. Das bedeute keine Preisgabe der Bibel Luthers. Hossenfelder verschweigt nicht, dass Luther „das Größte geschenkt wurde, was einem Menschen geschenkt werden kann: Die Erkenntnis Gottes in Christo". Dieser Satz bleibt jedoch formelhaft. Er wird zugedeckt von den zeitbezogenen Tönen, die ihm aber lebhaften Beifall einbrachten.[143]

Oberregierungsrat Dr. Hans Fabricius, der Vertreter des Reichsministeriums des Inneren, geht in seiner Rede zunächst auf Fricks Ministertätigkeit in Thüringen ein. Seine Empfehlung eines Schulgebets habe damals „ein Wutgeheul bei den roten Genossen" ausgelöst, und sei auch von den damals herrschenden theologischen Kreisen nicht verstanden worden. Inzwischen sei durch den Nationalsozialismus die Bahn für die deutsche Reichskirche frei gemacht worden. Mit diesem Einigungswerk sei „die beste und schönste Ehrung auch dem Geiste Martin Luthers dargebracht worden". Die Nationalsozialisten ehrten „in Luther den deutschen Mann, den Kämpfer, den Helden". Sie forderten, „dass die Kirche verdeutscht werde". Ihnen sei es bereits gelungen, die entfremdeten Massen

---

[142] Ebd., S. 2.

[143] Ebd. Auch die auswärtige Presse berichtete über Hossenfelders Rede, vgl. z. B. Kreuz-Zeitung, Nr. 213, 20. August 1933: „Die Luther-Festwoche in Eisleben. Mit einer Ansprache Hossenfelders eröffnet"; Vossische Zeitung, Morgenausgabe, 20. August 1933: „Eisleben feiert Luther"; Berliner Tageblatt, 21. August 1933: „Luther-Tage in Eisleben"; Deutsche Allgemeine Zeitung, 20. August 1933: „Von unserem Sonderberichterstatter: Die Eisleber Luther-Festwoche eröffnet". Zu Hossenfelder (1899-1976) vgl. Verantwortung für die Kirche, Bd. 1 (wie Anm. 92), S. 530: 1932 Mitbegründer und erster Reichsleiter der Glaubensbewegung Deutsche Christen, Mai 1933 Hilfsreferent im Preußischen Kultusministerium, September 1933 u. a. Bischof von Brandenburg, Dezember 1933 Amtsenthebung und Wartestandversetzung.

wieder für die Kirche zu interessieren. Es sei nun Aufgabe der Kirche, „den frei gemachten Weg zu beschreiten und den Sieg zu vollenden". Ohne seelische Erneuerung, auch durch „Rückfindung zu Gott und zum christlichen Glauben" könne Hitlers Werk keinen Bestand haben. Das Hakenkreuz habe „die Eiskrusten von den Herzen der Deutschen" geschmolzen und sie empfänglich gemacht „für die Aufgaben des Christenkreuzes. Erst durch das Hakenkreuz sei es wieder möglich gemacht worden, das Christenkreuz den Volksgenossen wieder näher zu führen". Fabricius schloss deshalb mit dem Vers eines nationalsozialistischen Kampfliedes:

> „Das Hakenkreuz im weißen Feld
> Auf feuerrotem Grunde
> Hat uns mit frischem Mut beseelt.
> Es schlägt in unserer Runde.
> Kein Herz, das feig die Treue bricht.
> Wir fürchten Tod und Teufel nicht,
> Mit uns ist Gott im Bunde."

Ungeachtet ihres kämpferischen Tones, sind die Ausführungen im Urteil des *Eisleber Tageblatts* nur mit dem Prädikat einer „dankbar aufgenommenen Rede" bedacht worden.[144]

Unmittelbar danach überbrachte der Abgeordnete Wolkersdörfer die Grüße der nationalsozialistischen Reichstagsfraktion und der Deutschen Arbeitsfront. Er behauptete, Hitler und seine Getreuen hätten „sich in den schweren Jahren ihres Kampfes den Reformator und Revolutionär Martin Luther [...] stets zum Vorbild und Beispiel genommen". Seine Rede endete: „Unser liebes deutsches Volk, unser Vaterland und sein Führer Adolf Hitler: Sieg Heil!" Der Berichterstatter fügt hinzu: „Begeistert stimmte die Festversammlung in den Heilruf ein und sang anschließend den ersten Vers des Horst Wessel-Liedes".[145] Nur an dieser Stelle wurde bei der Eröffnung ein NS-Lied gesungen. Die Veranstaltung wurde sonst durch geistliche Musik und zwei Bergmannslieder gegliedert.[146] Nach dem

---

[144] Eisleber Tageblatt, S. 2, nur Abdruck der beiden ersten und letzten Liedzeilen, vollständig in: Völkischer Beobachter, 22. August 1933: „Die Lutherwoche in Eisleben" (Auszug aus der Rede). Zu Fabricius (1891-1945) vgl. M. d. R. (wie Anm. 70), S. 351 Nr. 351; NELIBA, (wie Anm. 90), S. 53, 163, 169 u. ö.; Klassiker in finsteren Zeiten 1933-1945. Eine Ausstellung des Deutschen Literaturarchivs im Schiller-Nationalmuseum Marbach am Neckar von BERNHARD ZELLER u. a., Bd. 1, Stuttgart 1983, S. 142-144. 432 f. (= Marbacher Kataloge, 38).
[145] Eisleber Tageblatt (wie Anm. 141), S. 2. Zu Wolkersdörfer vgl. Anm. 70.
[146] Eisleber Tageblatt, S. 1-3: Auftakt durch die SA-Kapelle Fickert: Festouvertüre „Ein feste Burg", nach der Rede von Alvensleben: Chorgesang des Bergmannvereins „Glück auf": „Der Herr ist mein Licht und mein Heil" von Ernst Richter, nach Hossenfelders Rede: Zwei Bergmannslieder, nach dem Horst-Wessel-Lied kleine Pause und danach vom Quartett des Städtischen Singvereins von Adam Gumpeltzhaimer „Lobt Gott getrost", von Johann Walter „Mit Fried und Freud", von Hans Leo Haßler „Nun freut euch", nach Valentins Rede zwei Liedsätze: „Komm, heiliger Geist" von Haßler und „Ein feste Burg".

Horst-Wessel-Lied wurde durch drei bekannte geistliche Chorlieder zu der „groß angelegten Rede" von Superintendent Valentin übergeleitet.

Als Sinn der Lutherfestwoche proklamierte Valentin ein öffentliches Bekenntnis „für evangelisches Christentum und deutsches Volkstum". Dazu müsse das Banner entfaltet werden, das Luther im deutschen Volk entrollt habe. Sein Erbe sei ein Doppeltes: „Deutsch sein und protestantisch sein". Für diese „Erbmasse geistiger und kultureller Art" zu werben und zu kämpfen, sei der Zweck der Festwoche. Valentin erinnerte an die Irrwege in Politik und Wirtschaft. Der Hauptirrweg sei aber die Trennung von Gott und Geschichte in den letzten Jahren. Nun habe das Schicksal es noch einmal gnädig gefügt. Im letzten Augenblick sei das Volk zur Besinnung gekommen und Gott habe den Retter geschickt, desgleichen die „Geistesehe zwischen Volkstum und Christentum gerade in seiner evangelischen Ausprägung". Valentin forderte, dieses Glück weiter zu tragen in das neue Deutschland. Zum Glauben solle es werden: „Wir glauben wieder an Deutschland und seine gottgewollte geschichtliche Bedeutung". Nicht „eine kurze Lutherwoche" werde eröffnet, „sondern eine ganze Lutherzeit". Valentin schloss mit dem Gelübde: „Wir bleiben unserem Luther treu, jetzt und zu allen Zeiten, das schwören wir dir heut aufs neu, du Gottesmann hilf streiten. Der Feind dringt mächtig auf uns ein, will uns das Liebste rauben, wir stehen auf Erden ganz allein im Kampf um unseren Glauben. Aufs Schlachtpanier wir schreiben: Ein feste Burg ist unser Gott, das Reich muß uns doch bleiben."[147] Nach stürmischem Beifall und dem von Stadtrat a. D. Keller betonten Eisleber „Herzenswunsch", das Luthergymnasium wieder zu eröffnen, wurde die Veranstaltung mit dem Gesang von „Ein feste Burg ist unser Gott" beschlossen. Sie konnte von einer großen Menschenmenge durch Lautsprecherübertragung auf dem Marktplatz mit verfolgt werden. Anschließend fand unter Scheinwerferbeleuchtung die Uraufführung von Kerns Lutherfestspiel statt.

5. Der erste Höhepunkt der Lutherfestwoche am 20. August

Der Festsonntag (20. August) begann mit dem Glockengeläut aller Stadtkirchen. Im Gottesdienst von St. Andreas, der durch den Rundfunk übertragen wurde, predigte Generalsuperintendent Lohmann über 2. Kor. 6, 9: „Als die Sterbenden, und siehe, wir leben". Er ging zunächst darauf ein, dass die religiös verankerte Hoffnung des deutschen Volkes in einer gärenden Zeit durch Luthers Glaubenserfahrung eine sieghafte Kraft zur Erneuerung erhielt. Dann schlug er den Bogen zur Gegenwart: „Das Lutherjahr 1933 ist das Jahr der gewaltigsten und tiefsten Bewegung, die unser deutsches Volk […] erlebt hat. Noch ein-

---

[147] Ebda., S. 2 f.; Auszug auch als Einblattdruck in StAE D XVI 19 (wie Anm. 13).

mal erleben wir unter einem Führer von Gottes Gnade das Werden einer neuen Zeit", in der es „um ein Neuwerden des ganzen Volkes [...] aus den tiefsten und heiligsten Kräften, die Gott allein [...] geben und erhalten" könne, gehe. Nun stehe wieder Luther vor den Menschen, „der kerndeutsche Mann, der fromme, glaubensstarke Streiter und Held". Dieser Ruf sei nun aufzunehmen und weiterzutragen. Obgleich Einzelne und Volk dem Gesetz des Sterbens unterworfen seien, gelte: „auch Sterben ist nicht nur Schicksal, [...] sondern noch vielmehr ein Trotzen und Wagen, wenn wir bereit sind, alles, was wir sind und haben, zum Opfer zu bringen, damit wieder Leben werde, damit unser Volk lebt aus der Lebensfülle, die unerschöpflich aus Gott quillt, aus der ewigen Kraft und Gnade seines Heilswillens in dem lebendigen Heiland Jesus Christus. So schreitet wieder Luther durchs deutsche Land, und wir scharen uns um ihn [...]. Mit Luther glauben, bekennen, wagen wirs: Als die Sterbenden, und siehe, wir leben. Amen".[148] Noch einen Schritt weiter im Missbrauch biblischer Texte gingen die beiden Prediger in den parallelen Gottesdiensten in St. Petri-Pauli und in St. Nikolai, Lic. Dr. Hans Hohlwein, Pfarrer in Eilenburg, und der Hallenser DC-Pfarrer Mantey. Im Anschluss an Matth. 6, 32: „Wer mich bekennet vor den Menschen, den will ich bekennen vor meinem himmlischen Vater", erklärte Hohlwein Luther zum leuchtenden Vorbild christlichen Bekenntnismutes für alle Zeiten, besonders eindrücklich im Bild als Rittersmann dargestellt, der dem evangelischen Christentum die Wache hält. „Durch Adolf Hitler, den großen Bekenner, sei jetzt ein neuer religiöser Geist, aber auch neue religiöse Qual im deutschen Volke aufgebrochen". Die Gegenwart verlange eine kämpferisches Bekennen zu Christus.[149] Mantey knüpfte an Röm. 1, 16: „Ich schäme mich des Evangeliums von Christo nicht" an und stellte „Luther und unseren kämpferischen Reichskanzler Adolf Hitler als Befreier der Menschheit gegenüber". Luthers Evangelium bedeute Mitarbeit an der Neugestaltung von Staat und Kirche.[150] Zugeständnisse an die politische Situation scheint die Predigt des Torgauer Superintendenten Karl Barbe über Matth. 5, 6: „Selig sind die, die da hungert und dürstet nach Gerechtigkeit, denn sie sollen satt werden", in St. Annen kaum geboten zu haben. Es wird nur berichtet, dass nach Meinung des Predigers Luthers Sinn nach Gerechtigkeit vor Gott stand und dass er damit auch der tiefen Sehnsucht des Volkes in der Gegenwart den Weg gewiesen habe.[151] So unterschiedlich die Prediger ihre Akzente setzten, den Abschluss mit dem Gesang von Ein feste Burg hatten alle vier Gottesdienste gemeinsam.

Mit dem Festakt des Evangelischen Bundes am Vormittag auf dem Marktplatz begann der zweite Teil der Lutherfeier am Sonntag. Die Stahlhelmkapelle spielte Luthers Komm heiliger Geist, Herre Gott, die vereinigten Kirchenchöre sangen Johann Walters „Wach

---

148 Eisleber Tageblatt (wie Anm. 141), S. 3.
149 Eisleber Tageblatt (wie Anm. 141), S. 3. Zu Hohlwein vgl. RGG, 3. Aufl., Registerband (1965), Sp. 100; KURT MEIER, Der evangelische Kirchenkampf, Bd. 1, Halle 1976, S. 470 und 473.
150 Eisleber Tageblatt (wie Anm. 141), S. 3. Zu Mantey vgl. Anm. 124.
151 Eisleber Tageblatt (wie Anm. 141), S. 3. Zu Barbe vgl. Pfarrer-Jb. 1938 (wie Anm. 13).

auf, wach auf, du deutsches Land". In seiner Begrüßung nannte Bürgermeister Heinrich als Ziel der Festtage: „Dem Glauben an Blut und Boden solle ein Auftrieb gegeben werden". Dann dankte er dem Volkskanzler, der den „Luthergeist […] erst wachgerufen" habe. NSDAP-Kreisleiter von Alvensleben erinnerte an den blutigen Terror der „Banden von Max Hölz" und meinte, „dass es in Deutschland keine Lutherfeiern und kein evangelisches Christentum mehr gäbe, wenn nicht Adolf Hitler gekommen wäre". Deshalb habe „jeder wahre Christ" in Hitlers Geist „zu handeln, zu opfern und zu sterben. Es lebe Adolf Hitler! Brausend klang der Gruß der Glaubensgenossen für ihren Führer zum Himmel auf".[152]

Bundesdirektor Fahrenhorst stellte die Frage, was Luther „in einer Zeit des stürmischen Aufbruchs" zu sagen habe. Rhetorisch wirkungsvoll gab er die Antwort: „Wenn er von seinem Postament herniederstiege, der Mann von Erz […], und die deutsche Welt von heute überschaute: Seine Augen würden strahlen und sein Mund würde jubeln: ‚Gut so, du liebes deutsches Volk, gut so!'". Er habe sie „zum Bewusstsein ihres Deutschtums" bringen wollen und frage: „Habt ihr's nun endlich begriffen, dass Deutschsein eine besondere Gnade von Gott ist, […] die es […] zu wahren und zu mehren gilt gegen alles, was welsch und undeutsch ist?". Luther habe als Erster zur klaren Erkenntnis des Unterschieds zwischen dem romanischen und dem deutschen Menschen geführt. Der romanische Mensch nehme richtunggebende Schranken, Gesetze und Dogmen willig an, der germanische Mensch sei dagegen von ungestümem Freiheitsdrang erfüllt. Wenn heute das Volk wieder als des Mannes bestes Gut erkannt werde, würde wieder Luthers „klares Auge freudig blitzen", und er würde zum Werk der Einigkeit mahnen. Dieses Werk habe äußerlich teilweise nur „mit Zwang und Gewalt geleistet werden" können. Nun müsse es im Geiste Luthers gefestigt und erhalten werden. „Wenn Martin Luther […] dem ‚Führer' von heute begegnen würde, dem unser aller Herzen dankbar schlagen, – tief würde er ihm in die Augen schauen, und die beiden Hände würde er ihm drücken: ‚Dank dir, du deutscher Mann! Du bist Blut von meinem Blute, Art von meiner Art. Wir beide gehören eng zusammen!' Wahrhaftig, sie gehören zusammen, Martin Luther und Adolf Hitler, die Reformation von 1517 und die deutsche Erneuerung von 1933". In der Erkenntnis dieser Zusammengehörigkeit richtete der Redner erneut seinen dankbaren und treuen Gruß an Hitler, um dann fortzufahren: „Luthers Flammenaugen aber schauen tiefer in unsere Zeit hinein, und wieder sehen wir sie hell aufleuchten in strahlender Freude: ‚Gut so, ihr Deutschen! Kirche wollt ihr? Gut so! Nichts ist nötiger für das Leben und den Bestand eines Volks; denn nur dann hat es Aussicht auf Bestand, wenn es seines Lebens Wurzeln tief hinabsenkt zu den Grundwassern, die aus der Ewigkeit quellen. Und eine geeinte evangelische deutsche Kirche habt ihr geschaffen! Auch ich habe sie gewollt, aber die Wirrnis meiner Zeit ließ sie nicht erstehen.

---

[152] Eisleber Tageblatt (wie Anm. 141), S. 4 f.

Haltet sie fest, diese Kirche!"«[153] Diese Kirche sei nun von innen her durch Volksmission allein mit geistlichen Mitteln aufzubauen. Für „eine deutsche Kirche für die Deutschen von heute", doch nicht für die eines falsch verstandenen „Germanentums", habe Luther mit den Grund gelegt. Ihr Verhältnis zum Staat, solle durch ein Gesetz geregelt werden. Römisches dürfe in einer deutschen evangelischen Kirche keinen Platz haben. Das sei ins Werk zu setzen. Der Redner schloss: „Martin Luther sei unser Führer dabei, und unsere Losung das Lied:

> ‚In die Freiheit aus dem Kerker, hell ans Licht aus dunklem Schacht;
> Der ist allen Feinden stärker, den der Glaube stark gemacht.
> Herr Gott, Lass ein neues Pfingsten wehen durch dein Volk und Haus,
> Dass vom Ärmsten und Geringsten Segensströme fließen aus.
> Martin Luther, Gottesflamme, Geist und Glauben dein Panier,
> Bester Held aus deutschem Stamme, geh voran: wir folgen dir!'

So segne uns das Wort, mit dem wir uns heute grüßen, in seinem letzten und tiefsten Sinn: Heil!"[154] Fahrenhorsts „packende, ganz volkstümliche und gewissensschärfende Rede" orientierte sich an der Verlautbarung der Bundesführer des Evangelischen Bundes aus diesen Tagen, dass „die Treuwacht-Arbeit des Evangelischen Bundes" gegen Rom, Gottlosenbewegung und Freidenkertum, Sektenwesen und Aberglauben sowie falsche völkische Religiosität auch im Dritten Reich unaufgebbar sei. Das Bekenntnis zum Dritten Reich, zur neuen Deutschen Evangelischen Kirche und zur Zusammenarbeit mit den Deutschen Christen war eingeschlossen.[155]

---

[153] Evangelischer Bund zur Wahrung der deutsch-protestantischen Interessen E. V. Mitgliederblatt 47 (1933), Nr. 5, „Ansprache am Eislebener Luthersonntag, dem 20. August 1933, gehalten von Bundesdirektor D. Fahrenhorst" (Aus dem Reichsboten, Nr. 193, 25. August 1933), hier: S. 4 f. Die Wiedergabe der Rede im Eisleber Tageblatt (wie Anm. 141), S. 5, stimmt nicht völlig mit der im Mitteilungsblatt überein. Sie weist einige Druckfehler auf, aber auch Kürzungen und inhaltliche Veränderungen. Vor „Geistliche Dinge wollen geistlich gerichtet und getrieben sein," fehlt der Satz: Im staatlichen Leben sind sie heute unentbehrlich, aber Macht und Gewalt, Kommando und Diktat, oder das Ziehen falscher Parallelen zu der im politischen Leben heute vollberechtigten Totalitätsforderung des Staates im Leben und Aufbau der Kirche hinein können auf einen dauernden Erfolg nicht rechnen". Da der „Reichsbote" seit 1928 dem Evangelischen Bund gehörte, dürfte hier ein klarer Fall von Selbstzensur vorliegen. Vgl. auch BAK, R 43 II/168 (wie Anm. 63), Bl. 36 f: Wolff's Telegraphisches Büro 84 (Nr. 1998, 20. August 1933, Erste Nacht-Ausgabe): „Die Festansprache Dr. Fahrenhorsts am Luther-Denkmal in Eisleben". Stark gekürzte und fehlerhafte Fassung, deren Themenangabe „Luther, der Lebendige, heute bei uns!" aber von der auswärtigen Presse aufgegriffen wurde, vgl. Kreuz-Zeitung, Nr. 213 A, 21. August 1933; Berliner Tageblatt, 21. August 1933.
[154] Ev. Bund, Mitgliederblatt (wie Anm. 153), S. 6.
[155] Diete (wie Anm. 7), S. 2; Ev. Bund, Mitgliederblatt (wie Anm. 153), S. 1-3: Mitteilung der Bundesführer, unterzeichnet vom leitenden „Dreimännerkollegium", Präsident Friedrich Conze, Direktor Fahrenhorst, Prof. Hermann Wolfgang Beyer. Conze war zusammen mit Fahrenhorst in Eisleben. Zur Situation vgl. Walter

Generalsuperintendent Lohmann überbrachte „die Grüße der kirchlichen Behörden der Provinz, des Landes und des Reiches". Darauf sangen die Kirchenchöre das Trutzlied Luthers (Ein feste Burg) und Bierschwale, der DC-Vertreter im Reichsarbeitsausschuss des Deutschen Luthertages 1933, vermeldete die Absicht, von 1934 an den 31. Oktober in Deutschland zum Staatsfeiertag zu erklären und als Protestantentag zu feiern. „Mit dem gemeinsamen Lied ‚Nun danket alle Gott' schloss die erhebende Feierstunde".[156]

Über die dritte Phase mit dem Festzug informiert der Eisleber Berichterstatter ebenfalls ausführlich. Er meint, wer die große und begeisterte Menschenmenge miterlebt habe, „dem schien es, als ob diese Menschen ihren Doktor Martinus in leiblicher Gestalt erwarteten. In diesem Augenblick wanderten die Gedanken vieler in die Ferne zu ihrem Führer, zu dem Volkskanzler Adolf Hitler, der nicht nur das Werk der Einigung Deutschlands vollbrachte, sondern in der Seele der Deutschen den Glauben wieder entfachte". Wo Luther, dargestellt von Rechtsanwalt Ernst Mehliß, im Prachtwagen der Mansfelder Grafen im historischen Teil des Festzuges erschien, sei er „von Jubel und Ehrerbietung begrüßt" worden. Den Gegenwartsteil des Zuges führten die Bergleute an, über denen „die alten Bergmannsfahnen und die Fahne der Erhebung, die sie nun vereint einer besseren Zukunft entgegenführen werden", flatterten. Die weiteren Gruppen der Berufsstände, Arbeitsgemeinschaften, Kampfbünde, kirchlichen Verbände, Schulen, Sportler, Schützen, Innungen, des Arbeitsdienstes und Technischen Hilfsdienstes, am Schluss die Frauenvereine, weitere Soldatenbünde und schließlich der Stahlhelm haben ebenfalls ihre Banner, Wimpel und Fahnen mitgeführt.[157]

Mit der großen Kundgebung auf der Festwiese begann die vierte Phase, die Bürgermeister Heinrich eröffnete. Oberpräsident Melcher als Vertreter der preußischen Regierung ging in seiner Ansprache auf Luthers besonderes Verhältnis zur Provinz Sachsen ein. In dem Reformator, der mit Bismarck und Friedrich dem Großen zu den ganz „großen Spitzenleistungen" des deutschen Volkstums gehöre, sähen die heutigen Deutschen der nationalen Erhebung vor allem „den Deutschen und den Führer". Wie Luther sich eine neue Welt des Glaubens gebaut habe, so werde heute eine neue Welt des deutschen Volkstums erbaut, „auf daß wie von Luthers Werk so auch von dem jungen Deutschland unserer Zeit das Wort gelte, daß am deutschen Wesen die Welt genesen solle". Der Berichterstatter notierte lebhaften Beifall.[158]

FLEISCHMANN-BISTEN, HEINER GROTE, Protestanten auf dem Wege. Geschichte des Evangelischen Bundes, Göttingen 1986, S. 117-133 (= Bensheimer Hefte, 65).
[156] Eisleber Tageblatt (wie Anm. 141), S. 6.
[157] Ebd., S. 6.
[158] Ebd. S. 6 f. Vermutlich hat Melcher sein Schlusszitat nicht der originalen Fassung aus Emanuel Geibels „Deutschlands Beruf" entnommen („Und es mag am deutschen Wesen / Einmal noch die Welt genesen"), sondern dem viel gelesenen Buch des nationalliberalen Theologen, Publizisten und Politikers PAUL ROHRBACH, Der deutsche Gedanke in der Welt, Leipzig 1912, in der Schlagwortform „Am deutschen Wesen wird die Welt genesen".

Superintendent Valentin begrüßte darauf den „preußischen Landesbischof" Ludwig Müller mit der seltsamen Formel: „Ich übermittle Ihnen […] das Fühlen von Tausenden von deutschen Christen, deren Herzen Ihnen entgegenschlagen im Takte des großen Herzens Martin Luthers". Müller stellte eingangs den Bau einer deutschen evangelischen Kirche als Erfüllung eines Luther-Wunsches dar. Dies sei der gewaltigen Bewegung zu verdanken, für die der Name „Partei" unzutreffend sei. Für seine Begründung erhielt Müller stürmischen Beifall: „Denn wir stehen zusammen, weil wir glauben an die Zukunft unseres Volkes, weil wir vertrauen dem Mann, den Gott uns geschenkt hat, weil wir gelernt haben zu gehorchen und Treue zu halten." Die Menschen der Gegenwart müßten erleben, „daß diese Freiheitsbewegung etwas tief Innerliches, aus der deutschen Seele heraus Geborenes" sei. Das seien auch Auswirkungen der Person Luthers, die nur aus den Kämpfen seiner Zeit zu verstehen sei wie die Führerpersönlichkeit Hitlers aus der nun zurückliegenden Not. Dieselben inneren Kräfte führten heute zur Gewißheit, dass das Volk der Reformation „eine ganz große welthistorische Aufgabe zu erfüllen" habe. Wo der neue Staat mit der neuwerdenden Kirche Schulter an Schulter in den Kampf gehe, da werde in der Gewissheit, dass Gott mit ihnen sei, die Welt aus den Angeln gehoben und der Sieg für Wahrheit, für starkes christliches Leben müsse ihnen werden. Für diese Verheißung erntete der Redner starken Beifall. Ebenso für die Erwartung, dass einstige Gegner zu besten Kämpfern für die neue Bewegung werden könnten. Im Blut des Volkes liege noch viel einfache, starke, unkomplizierte Frömmigkeit, die das Starke, Gute und Anständige wolle. Müller fordert deshalb dazu auf, dafür zu sorgen, dass im Leben nicht gepfuscht werde, dann werde das getan, was wirklich fromm und ehrlich sei. Erneut reagierte die Menge mit starkem Beifall. Auf die oft volksfremden Formen der bisherigen Kirche und die Verhetzung durch christusfeindliche Elemente eingehend, forderte er dazu auf, wie den Staat, nun auch die Kirche aus dem Volke heraus zu erobern und zu erneuern. Es sei „jetzt in dieser Zeit auf das zu hören, was der ewige Gott zum deutschen Volke spricht". Das untermauert Müller durch zwei Äußerungen Hitlers ihm gegenüber. Am Abend der Berufung zum Reichskanzler, habe Hitler ihm in einem kurzen persönlichen Austausch gesagt, für ihn sei das alles wie ein Wunder Gottes. Und bei anderer Gelegenheit habe er gestanden, dass er die Nachricht vom (Märtyrer-)Tod eines SA-Mannes nur durch sein Gottvertrauen ertragen könne. Müller forderte die Hörer auf, diesem Beispiel zu folgen bei ähnlichen Erfahrungen. Er wolle ihnen ebenfalls für den Alltag das Wort des Heilands mitgeben, an das er sich selbst halte: „Ich bin dazu in die Welt gekommen, dass ich für die Wahrheit Zeugnis ablegen soll. Wer aus der Wahrheit ist, der höret meine Stimme" (Joh. 18, 37). In missbräuchlicher Anwendung dieser Bibelstelle forderte Müller die Menge auf: „Kämpft darum, dass auch ihr aus der Wahrheit seid. Und wenn ihr aus der Wahrheit heraus wollt, werdet ihr immer Kämpfer sein. Unsere Kirche muß wieder eine Kirche des Kampfes werden, weil wir so Gottes Stimme hören, hören wir die Wahrheit, die da ewig ist." Nach dieser Antwort auf dem Ruf zur Wahrheit werde der höchste Richter einmal fragen und nicht nach der Konfessionszugehörigkeit. Abschließend erbat Müller Gottes Segen für „eine deutsche, evangelische, starke Kirche […], in der wieder tapfere, fromme, ehrliche Innerlichkeit ihr Wesen hat". Darauf folgten ein Gebet und der Gesang der letzten Strophe des Lutherliedes. Wenn der Berichterstatter des *Eisleber Tageblattes* von einer „die Herzen mitreißenden und packenden Rede" schreibt, so spricht das gegen sein Urteilsvermögen und gegen das vieler Teilnehmer an dieser Kundgebung zu Ehren Luthers.[159] Im Erfassen von Luthers Anliegen und im theologischen Gehalt blieben Müllers Ausführungen mit ihren platten Schlagworten unter dem Niveau der Rede des Nichttheologen Fahrenhorst.

Bei der Schulfeier am Montag, dem 21. August wurde der Dank an den Führer für den Aufbruch in der deutschen Jugend, die noch vor kurzem unter dem „Einfluß marxistischer Verzieher dahinlotterte und dahinsiechte", herausgestellt. Bürgermeister Heinrich bemühte nach den Schulgottesdiensten bei der Kundgebung am Lutherdenkmal wiederum den Vergleich zwischen Luther und Hitler. Wie Luther gegen die Geschäftemacherei der damaligen Kirche angekämpft habe, so habe Hitler Deutschland wieder sauber gemacht und im Volke den Luthergeist wieder geweckt. Superintendent Valentin richtete seine Ansprache vor allem auf Luther aus, bot aber mit seinem Grundgedanken „aus geistig großen Menschen spricht der Herr im Himmel" genügend Ansatzpunkte für weiterreichende Überlegungen.[160] Weder dem Tag der Schuljugend, noch dem der Evangelischen Frauenhilfe am Mittwoch, dem 23. August, wurde eine besondere Bedeutung zugemessen. Diese war dem Donnerstag mit dem Auftritt des Preußischen Staatsministers und Ministers für Wissenschaft, Kunst und Volksbildung vorbehalten.

6. Der zweite Höhepunkt am 24. August und der Abschluss der Lutherfestwoche

Während Eisleben am Sonntag, dem 20. August, den ersten Höhepunkt seiner Festwoche erlebte, sprach Kultusminister Rust in Hannover auf einem Treffen des Volksbundes für das Deutschtum im Ausland. Ohne in seinem geschichtlichen Rückblick auf Luther Bezug

---

[159] Eisleber Tageblatt (wie Anm. 141), S. 7; stark gekürzte Wiedergaben u. a.: Wolff's Telegraphisches Büro, Bl. 37 (wie Anm. 153); Kreuz-Zeitung, 21. August 1933: „Der Luther-Sonntag in Eisleben. Landesbischof Müller spricht am Lutherdenkmal (!) über deutsches Christentum"; Berliner Tageblatt, 21. August 1933; Vossische Zeitung, 21. August 1933, Abend-Ausgabe: „Landesbischof Müller auf dem Luthertag"; Neues Magdeburger Tageblatt, 21. August 1933: „Bischof Wehrkreispfarrer Müller sprach in Eisleben. Vollendet wird das Werk, das Luther begann"; Der Angriff, Nr. 195, 21. August 1933: „Der Luthertag in Eisleben. Ein (!) Ansprache des Landesbischofs Wehrkreispfarrer Müller"; vgl. auch Dietes (wie Anm. 7) Urteil über Müllers Rede: „allen verständlich und männlich kernig".
[160] Eisleber Tageblatt, Nr. 145, 22. August 1933: „Luthertag der Mansfelder Jugend".

zu nehmen, pries er Hitler, der das deutsche Volk nach „der schweren Zeit der Zersetzung durch Judentum und Marxismus [...] wieder zu den Quellen von Blut und Boden" führe.[161] Sein Besuch der Lutherfestwoche am Donnerstag, dem 24. August, wurde als zweiter Höhepunkt angesehen. Die Regie dieser Kundgebung lag in den Händen der politischen Führung (Gauleiter Jordan, Landeshauptmann Otto, Kreisleiter von Alvensleben, Stadtrat Schröder), die kurz nach 14:00 Uhr den Minister unter dem Glockengeläut von St. Andreas einholten. Im Beisein von Magistrat, Stadtverordneten, Geistlichkeit und Vorstand des Festausschusses boten Bürgermeister und Superintendent den Willkommensgruß. Rust schritt die Front der angetretenen Ehrenkompanie der SA und des Ehrensturms der SS ab. Nach einer kurzen Erholungspause begab er sich zu den ca. 25 000 auf der Festwiese Versammelten. Der Badenweiler Marsch erklang, eine Ehrenwache der Bergleute präsentierte, Kinder überreichten Blumen, der Schülersprechchor trug Conrad Ferdinand Meyers Lutherlied vor. Dann folgte die Begrüßung durch Valentin im Namen des Festausschusses. Kreisleiter von Alvensleben grüßte als Repräsentant der NSDAP und meldete die hundertprozentige Treue dieses Gebiets zum Führer. Er schloss mit „Sieg Heil!"

In seiner Rede knüpfte Rust an Meyers „Lutherlied" an, verglich die Weltmission des Zimmermannssohnes aus Nazareth, des Bergmannssohnes aus Eisleben und des Waisenjungen aus Braunau. Luther sei nicht nur „der religiöse Reformator gewesen, er war auch der völkische Revolutionär, der begriff, dass Gott nicht nur zu uns spricht durch sein Wort, sondern auch durch das Volk". Ihm sei die kulturelle Einheit zu verdanken, die Reichseinheit und die einheitliche evangelische Landeskirche seien ihm versagt geblieben. Um diese Einheit der Kirche zu schaffen, habe er, Rust, ohne Veranlassung anderer in Preußen den Kirchenkommisar eingesetzt und nach Sicherung der Einheit diesen auch wieder zurückgezogen. Rust ging dann auf die unentrinnbare Schicksalsfrage der Volksgemeinschaft ein und wandte sich im Stile eines Bußpredigers direkt an Luthers Landsleute: „Ihr Bergmannsöhne von Eisleben, die ihr unter der roten Fahne gestanden habt, wenn ihr jemals im Innern euch eurem großen Stadt- und Dorfgenossen Luther verbunden gefühlt habt, wie konntet ihr jemals den Begriff des Volkstums verlassen?". Luther habe gezeigt, dass alles von unserem deutschen Volkstum aus aufgebaut werden müsse. Es sei eine Schicksalsfrage, ob die Kirche den Volkstumsgedanken hundertprozentig aufnehmen und so Luthers Werk fortsetzen wolle oder nicht. Rust formulierte apodiktisch: „Die evangelische christliche Kirche Luthers, sie wird eine deutsche Kirche sein, oder sie wird nicht sein". Die Verwirklichung der Reichskirche sei dem Staat zu verdanken, dessen diesbezügliche Aufgabe damit zu Ende sei. Erreicht werden müsse aber noch, dass der katholische Deutsche sein Haupt beuge „vor dem Deutschen Luther, und vor dem Kämpfer und Sieger Martin Luther". Nachdem Rust zuvor den Superintendenten mehrfach angesprochen hatte, wandte er sich an die „deutschen Jungens und Mädels", die er an den Führer

---

[161] Vossische Zeitung, 21. August 1933, Abend-Ausgabe: „Kultusminister Rust beim VDA".

wies. Wie Luther einst gehe er den Weg des furchtlosen Glaubens an den höchsten Gott. Den müsse das ganze deutsche Volk gehen, denn die Gefahr für Volk und Vaterland sei noch nicht gebannt. Es komme auf die Bereitschaft des Einzelnen an, „das Leben hinzugeben, auf dass sein Volk lebe". Denen, die einst zur roten Fahne geschworen hätten, sage er, an erster Stelle stehe das Wort Volk. Krieg sei kein Ziel, aber der Pazifismus werde bekämpft, denn wenn es sein müsse, müsse „der Einzelne sein Leben hingeben, auf dass das Volk lebe". Wer wie die Väter denke, sei auch bereit, sich auf die letzte Strophe des Lutherliedes einzustellen („Nehmen sie den Leib […] das Reich muß uns doch bleiben"). Rust übersetzte sie für die Gegenwart: „Die letzte Folgerung im Leben liegt nicht im Marschieren und im Heilrufen, sie liegt in dem stahlharten Entschluss: Ich bin bereit, wenn es sein muß, für mein Volk zu sterben!" Rust vertrat anschließend die Auffassung, dem Christentum fehle es noch an der Tat, um dann zu definieren: „Christentum ist Tat, und Volksgemeinschaft ist Tat und immer wieder Tat und nichts als Tat". Ohne Übergang forderte er auf: „So laßt uns in dieser Stunde unseren Blick […] hinüberrichten, dorthin, wo der Führer Tag und Nacht, bescheiden und anspruchslos, fleißig […] auch für euch sorgt und an euch denkt". Die Zeiten seien vorüber, wo man Luther und Hitler nicht in einem Atemzug nennen durfte. Jetzt gelte: „Sie gehören zusammen. Sie sind vom selben echten deutschen Schrot und Korn. Das Volk trägt sie auf den Händen". Die Mission eines großen Mannes sei es, seinem Volk eine Sehnsucht zu erfüllen, die still in ihm lebe. Rust schloss mit den Worten: „darum senden wir Lutheraner und deutsche Frauen und Männer und Kinder […] dem Führer des 20. Jahrhunderts unseren Gruß. […] Unserem Führer ein dreifaches Siegheil!" Der Berichterstatter ergänzt: „Jauchzend klang der Heilruf aus 25 000 Kehlen […]. Brausend ertönte das Horst-Wessel-Lied und dann Luthers Trutz- und Schutzlied ‚Ein feste Burg ist unser Gott'. Mit einem Siegheil auf Minister Dr. Rust schloss Kreisleiter von Alvensleben die erlebnisreiche Kundgebung".[162]

Das rhetorische Niveau Müllers unterschritt Rust nicht. Mit seinen Vergleichen zwischen Luther und Hitler bewegte er sich jedoch auf der gleichen Ebene. Die Passagen, in denen er noch stärker als Müller auf die „rote Vergangenheit" des Mansfelder Landes einging und mit denen er offenbar die Situation einigermaßen zutreffend beschrieben hat, sind von der auswärtigen Presse ausgelassen worden.[163] Von wenigen Ausnahmen abgesehen, berichtete auch nur die Ortspresse über Rusts weitere Aktivitäten in Eisleben. Kerns

---

[162] Eisleber Tageblatt, Nr. 198, 25. August 1933, S. 1 f. Vgl. die Sonderausgabe des Eisleber Tageblatts vom 26. August 1933: Die Eisleber Lutherwoche im Bild; von 22 Abbildungen ist der Besuch Rusts mit sechs Abbildungen vertreten, Fahrenhorst und Müller erhalten nur je eine Abbildung.

[163] Stark gekürzte Abdrucke: Völkischer Beobachter, Nr. 237, 25. August 1933: „Martin Luther und Adolf Hitler. Kultusminister Rust auf der Luther-Woche"; Sächsische Schulzeitung (wie Anm. 142), S. 99 f.; National-Zeitung, Nr. 234, 26. August 1933: „Im Geiste Luthers. Pg. Rust über Staat und Kirche"; Mitteldeutsche National-Zeitung, Nr. 198, 25. August 1933: „Zur Lutherwoche. Ein großer Tag in Eisleben. Der Kultusminister Pg. Rust an den Lutherstätten". Zu Rust vgl. Anm. 73.

Festspiel beeindruckte ihn so stark, dass er den Autor, der ihm in der Pause vorgestellt wurde, während des 2. Teiles an seiner Seite Platz nehmen ließ. Er verschob auch seine Abreise, um sich das Stück bis zum Ende ansehen zu können. Besichtigungen blieben ebenfalls nicht ohne Wirkung auf ihn. Mit Ehrengeschenken, der Lutherplakette von Moshage, die ihm Valentin überreichte, und der Lutherrose, die ihm Keller für den Festausschuss übergab, verließ er Eisleben erst am späten Abend.[164]

Mit einem Treffen der evangelischen Jugend der Provinz Sachsen erhielt der Abschluss der Lutherfestwoche am Abend des 26. August und am Sonntag, dem 27. August noch einmal einen besonderen Akzent. Verbandsführer Dompediger Heinrich Wind/Halle gab bei der Eröffnung mit der Devise „Die evangelische Jugend steht mit dem Herzen hinter der neuen Zeit und ihrem Führer" die inhaltliche Richtung vor. Sie wurde auch, wenngleich in unterschiedlicher Intensität, durch die Prediger in den Jugendgottesdiensten des nächsten Tages fortgeführt, durch Provinzialjugendpfarrer Walter Bergmann/Magdeburg, Reichsjugendwart Erich Stange/Kassel und Oberkonsistorialrat Friedrich Peter/Berlin, der wenige Tage darauf DC-Bischof in Magdeburg wurde. In der anschließenden Kundgebung am Lutherdenkmal bekräftigte Bürgermeister Heinrich vor mehreren tausend Jugendlichen, dass das deutsche Volk „auch für die Zukunft lebendigen Luthergeist brauche". Der Magdeburger Generalsuperintendent Johannes Eger, der wenige Tage später im Zuge der Umgestaltung der Kirchenleitung in den Ruhestand geschickt wurde, vertrat hier noch ungebrochen die gleiche Linie: „Luther hat uns gelehrt, dass echtes Deutschbewußtsein ohne Frömmigkeit nicht möglich ist. Gewollte Gottlosigkeit ist undeutsch". Mit einer Aufführung des Festspiels Der Reformator durch die Kampfschar Hutten wurde diese letzte Kundgebung der Festwoche abgeschlossen.[165] Focko Lüpsen, Chefredakteur des Evangelischen Pressedienstes (epd), der in Eisleben zugegen war, schwärmte in seinem Rückblick: „Es war ein schönes und ergreifendes Sinnbild, wie die deutsche Jugend sich hier um das Standbild des größten Sohnes ihrer Heimat scharte. Deutsche Jugend um Luther! Ein Bild, das in die Zukunft weist".[166] Bei aller Aufgeschlossenheit für den nationalen Aufbruch, waren auch in Eislebens erste Ahnungen von kommenden Konflikten um die Selbstständigkeit der christlichen Jugendorganisationen vorhanden. Am Sonntag versammelten sich „80 junge Führer von

---

[164] Eisleber Tageblatt (wie Anm. 162), S. 2. Abbildung der Lutherplakette (neben der Hitler-Plakette von Jäckel) als Lauchhammer-Bildguss z. B. in: Christenkreuz und Hakenkreuz 1 (1933), Heft 4, S. 27.
[165] M[AX] M[ANTEY], Dem Gedächtnis Martin Luthers in Eisleben. Glänzender Verlauf der Eisleber Luther-Festwoche, in: Ein feste Burg. Sonntagsblatt für die evangelischen Gemeinden im Kirchenkreis Wittenberg 10 (1933), Nr. 36, 1933, S. 3. Zu Wind und Bergmann vgl. Pfarrer-Jb. 1938 (wie Anm. 13), S. 259 und S. 46.
[166] Dr. F[OCKO] L[ÜPSEN], Eisleben feiert Dr. Martin Luther, in: Das evangelische Königsberg, 10 (1933), Nr. 35, S. 4 f.; auch in: Glaube und Heimat 10 (1933) Nr. 36, S. 3 und in: Evangelisches Sonntagsblatt für Bonn und Umgegend 1933, Nr. 18, S. 535 f.

18 – 25 Jahren […] in der alten Sakristei um ihren Reichsführer D. Erich Stange" und besprachen „sorgenvoll, aber gläubig ihre große herrliche Aufgabe".[167]

Besorgnisse wegen möglicher bevorstehender kirchenpolitischer Konflikte sind den Presseberichten über die Eisleber Lutherfestwoche sonst nicht zu entnehmen. Der positive Eindruck ist einhellig. Das Urteil des epd hat durchaus exemplarischen Charakter: „Die ganze, sonst so beschaulich daliegende Stadt hatte sich verändert, sie stand für ein paar Tage im Mittelpunkt des protestantischen Deutschlands. In diesen großartigen Rahmen fügt sich nun der innere Gehalt der Lutherfestwoche ein […] es schwang bei allen Feiern, zu denen das Volk in Massen herbeiströmte, etwas mit von dem ureigensten Erlebnis einer großen inneren Umwälzung".[168] In Eisleben wurde diese Auffassung ohnehin vertreten. Bereits zwei Tage nach der Festwoche veröffentlichte der Magistrat in der Presse eine Danksagung an alle Einwohner, insbesondere die Mitwirkenden. Er traf dabei die Feststellung, „dass die Festtage in jeder Weise würdig verlaufen seien und dass die Bevölkerung und die Gäste Unvergeßliches erlebt" hätten.[169] Auch finanziell war die Festwoche ein Erfolg. Sie erbrachte einen Überschuss, wegen dessen Verwendung sich Vorstand und Finanzausschuss des Festausschusses noch einige Male treffen mussten. Als der Stadt ein wertvolles Lutherbild aus der Cranachschule angeboten wurde, konnten 1000 RM für den Erwerb zur Verfügung gestellt werden.[170] Der Restbetrag von fast 4350 RM wurde zum größten Teil für eine Weihnachtsbescherung von Kindern der evangelischen Gemeinden, Weihnachtsfeiern der Herberge zur Heimat und des Bundes der Kinderreichen sowie für einen noch zu bildenden Marktfestspielfonds bestimmt. Auch das Katharinenstift in Wittenberg erhielt eine Zuwendung.[171] Von einer inhaltlichen Auswertung der Lutherfestwoche ist nichts zu lesen.

---

[167] DIETE (wie Anm. 7), S. 1. Vgl. ERICH STANGE, Neuordnung im evangelischen Jungmännerwerk, in: Führerdienst 9 (1933), S. 145-147; LUDWIG MÜLLER, An das Evangelische Jugendwerk Deutschlands, in: ebd., S. 193; Sieben Fragen über das Evangel. Jungmännerwerk im Dritten Reich, in: ebd., S. 194 f. Zur Eingliederung der evangelischen Jugend in die Hitler-Jugend im Dezember 1933, vgl. Dokumente zur Kirchenpolitik, Bd. 1 (wie Anm. 75), S. 181-184.
[168] L[ÜPSEN] (wie Anm. 166), S. 4.
[169] StAE, D XVI 19 (wie Anm. 13): Der Magistrat (Heinrich) an alle Zeitungen, 29. August 1933.
[170] Ebd.: Protokoll der Sitzung von Vorstand und Finanzausschuss vom 12. Oktober 1933; ebd.:Protokoll der Sitzung des Vorstands vom 14. November 1933; ebd.: Protokoll der Sitzung von Vorstand und Finanzausschuss vom 15. Dezember 1933; StAE, XVI 24 (wie Anm. 34).
[171] StAE, D XVI 19 (wie Anm. 13): Protokoll der Sitzung von Vorstand und Finanzausschuss vom 15. Dezember 1933.

7. Summierende Beobachtungen

Das Evangelische Deutschland. Kirchliche Rundschau für das Gesamtgebiet des Deutschen Evangelischen Kirchenbundes, (Berlin) zog bereits kurz vor Ende der Lutherfestwoche Bilanz: Die Luthergedächtnisfeiern in Eisleben „haben unter außerordentlicher Beteiligung der evangelischen Bevölkerung Mitteldeutschlands, vor allem der Jugend, einen eindrucksvollen Verlauf genommen. Am Haupttag waren wohl 50 000 Menschen in dem malerischen Städtchen zusammengeströmt, darunter die Formationen der SA und des Stahlhelms, die langen Züge der Mansfelder Bergleute und die Scharen der Jugendbünde".[172] Die für den Beginn der Festwoche veröffentlichten Zahlen über den „lebhafte[n] Verkehr" bestätigen diese Meldung. Die Eisenbahn beförderte am Sonnabend, dem 19. August, 3 278 Personen nach Eisleben, am Sonntag, dem 20. August, kamen in fünf Sonderzügen 7 021 an. Die Reichspost beförderte mit ihren Kraftwagen außerdem über 3 000 Eislebenfahrer.[173] Die ursprüngliche Absicht, durch das Lutherjubiläum den Fremdenverkehr zu intensivieren, ist weit über die Erwartungen hinaus in Erfüllung gegangen, wenngleich diese Intention durch den politischen Umschwung des Jahres 1933 schon während der Vorbereitung der Festwoche in den Hintergrund rückte.

Die Bild-Sonderausgabe des *Eisleber Tageblattes* bestätigt mit fünf Abbildungen von den Kundgebungen auf dem Marktplatz die dicht gedrängten Menschenansammlungen. Die zivile Kleidung überwiegt bei weitem, nur die staatlichen und städtischen Repräsentanten sowie die Parteivertreter tragen Uniform. Außerdem wird der Festspielautor Kern in Stahlhelmuniform gezeigt. Beim Fahnenschmuck des Marktplatzes beherrscht die Hakenkreuzfahne keineswegs das Bild. Die blau-weißen Stadtfahnen scheinen sogar in der Überzahl gewesen zu sein, obgleich es im Bericht über den Festakt des Evangelischen Bundes heißt: „Über allem aber flatterte im Morgenwind das sieghafte Sonnenzeichen, das Hakenkreuzbanner".[174] Damit wird die Quellenfrage relevant. Es ist bereits darauf aufmerksam gemacht worden, dass die Wiedergabe der Reden in der Presseberichterstattung nicht einheitlich ist. Neben Hör- und Verstehensfehlern gibt es große Unterschiede bei der Auswahl der wörtlichen Passagen und bei den Kürzungen. In vielen Fällen tritt dabei die politische oder kirchenpolitische Position der Berichterstatter fast unverhüllt zu Tage. Ähnlich verhält es sich mit Überschriften oder der verwendeten Terminologie. Beispielsweise berichtet *Wolff's Telegraphisches Büro* von der „Kundgebung" auf der Festwiese am Sonntag, dem 20. August. Die *Kreuz-Zeitung* und das *Berliner Tageblatt* schreiben verstärkend von „einer öffentlichen Kundgebung". Das *Eisleber Tageblatt*, das als Überschrift

---

[172] Das Evangelische Deutschland 10 (1933), S. 309.
[173] Eisleber Tageblatt (wie Anm. 141), S. 8.
[174] Ebd., S. 4; zur Sonderausgabe des Eisleber Tageblatt vgl. Anm. 162.

"Die große Kundgebung auf der Wiese" wählt, stellt eingangs klar, dass es sich um die "Kundgebung der Glaubensbewegung Deutsche Christen" handelte.[175] Ludwig Müller wurde aber von dem Deutschen Christen Valentin nur als preußischer Landesbischof begrüßt, nicht in seiner Funktion als Schirmherr der Glaubensbewegung Deutsche Christen.[176] Von einer Prägung dieser Veranstaltung oder gar der gesamten Eisleber Lutherfestwoche durch die kirchenpolitische Gruppierung der Deutschen Christen, lassen die Berichte nichts erkennen, selbst wenn sie mit mehreren ihrer Repräsentanten unter den Rednern vertreten war.

Wann Superintendent Valentin den Deutschen Christen beigetreten ist, ist nicht bekannt. Mitglied der NSDAP wurde er nach eigener Aussage im Mai 1933. Die Machtübernahme der Deutschen Christen in den Eisleber Gemeindekirchenräten im Zuge der "Kirchenwahlen" vom 23. Juli wurde bereits erwähnt, auch der in diesem Zusammenhang ausbrechende offene Konflikt in St. Annen und vor allem zwischen Pfarrer Noack und den von Valentin unterstützten Deutschen Christen.[177] Unter den Eisleber Pfarrern konnte der Superintendent keinen Parteigänger finden.[178] Anders sah es bei den Gemeindegliedern, voran im Kreise der Lehrer, aus. Studienrat Dr. Ferdinand Roßner, der Ortsgruppenleiter

---

[175] Wolff's Telegraphisches Büro, Bl. 37 (wie Anm. 153); Kreuz-Zeitung und Berliner Tageblatt (wie Anm. 158); Eisleber Tageblatt (wie Anm. 141), S. 6.

[176] Eisleber Tageblatt, S. 6 f (wie Anm. 141).

[177] Wegen seiner NSDAP-Mitgliedschaft ist Valentin am 21. Mai 1945 vom amerikanischen Stadtkommandanten als Pfarrer und Superintendent entlassen worden. Die Bekenntnispfarrer, insbesondere Georg Galle von St. Andreas, gaben ihm auch eine Mitschuld an der Verfolgung Noacks. Valentin wies das mit Nachdruck zurück, vgl. z. B. zur NSDAP-Mitgliedschaft: EZA 7/8602, Valentin an Oberbürgermeister Büchner, 9. Juli 1945: Er sei im Mai 1933 der NSDAP beigetreten, also "in dem innerlichen Miterleben des Anbruchs einer Zeit, von der wohl die allermeisten Deutschen Gutes für unser Volk erhofften. Es geschah ferner in dem festen Vertrauen auf das Wort Hitlers, dass er die beiden großen christlichen Konfessionen [...] schützen und fördern und dass er mit ihnen sein Reich aufbauen wolle. Es geschah dies im Hinblick auf das in § 24 des Parteiprogramms besonders herausgestellte positive Christentum. Es geschah endlich auch aus dem Empfinden, dass die evangelische Kirche [...] nicht neben dem Geschehen im Volke stehen dürfe, sondern dasselbe unter das Licht einer Verantwortung vor dem Ewigen stellen müsse". Im Laufe der Jahre habe er zu vielem "im innersten Widerspruch gestanden". Weil er die Rathenau-Täter öffentlich als Mörder bezeichnet habe, sei er durch ein Kreis- und Gaugericht der NSDAP zeitweise aus der Partei ausgeschlossen worden. Auch gegen kirchenfeindliche Äußerungen des letzten Kreisleiters habe er sich gewendet.

[178] Vgl. EZA 7/9194: Studienrat Georg Mehldau, Kreisobmann der DC, intervenierte am 15. Oktober 1934 bei Reichsbischof Müller, als für die wieder zu besetzende 1. Pfarrstelle zu St. Petri-Pauli ein angeblicher Notbundpfarrer vorgesehen war. Der zu 100% zu den DC gehörende Gemeindekirchenrat drohte mit der Niederlegung aller kirchlichen Ämter. Mehldaus weitere Begründung: "Es dürfte ferner ins Gewicht fallen, dass in der Lutherstadt sich nur zwei deutsch-christliche Pfarrer (Herr Superintendent Valentin und Herr Pfarrer Brandt) befinden. Wir brauchen unbedingt einen Stärkezuwachs der DC-Pfarrer. Ein weiterer Notbundpfarrer ist für [...] Eisleben wie für den Lutherkirchenkreis untragbar". Zu Karl Brandt vgl. Pfarrer-Jb. 1938 (wie Anm. 14), S. 224. Zur Bekennenden Kirche gehörten die Pfarrer Noack, Gleininger und Galle. Zu Galle vgl. Pfarrer-Jb. 1938 (wie Anm. 13), S. 221.

der Glaubensbewegung Deutsche Christen, wurde in den Festausschuss aufgenommen, als dieser durch über 30 weitere Mitglieder, vor allem aus Arbeiterkreisen und der neuen politischen Elite Eislebens, seine endgültige Gestalt erhielt.[179] Für eine auffällige Umfunktionierung der Lutherfestwoche sorgten die neuen politischen und kirchenpolitischen Aktivisten im Festausschuss offenbar nicht. Ihrem Einfluss wird die allmähliche und insgesamt relativ späte nationalsozialistische Diktion bei Beschlüssen, Aufrufen, Artikeln, Grußworten und Reden im wesentlichen zu verdanken sein. Die literarische Gattung bzw. die Textsorte ist bei den offiziellen Äußerungen durchaus mit zu bedenken, desgleichen die Situation Ende August 1933. Die Übernahme des Arierparagraphen für den Bereich der Kirche, geschah erst bei der Tagung der Preußischen Generalsynode vom 4. – 6. September 1933.[180] Zumindest der Konflikt um die Reichsbischofsfrage und die Machtübernahme Müllers im Kirchenbundesamt wurden im Festausschuss wahrgenommen und entsprechend berücksichtigt. Die kirchenpolitische Doppelstrategie Hitlers nach den Kirchenwahlen und der neuen Kirchenverfassung, die auf regionaler und lokaler Ebene nur als scheinbare Neutralitätsbestrebungen erfahren wurden, konnte kaum durchschaut werden. In Gestalt der schwierigen und weitgehend vergeblichen Bemühungen, die oberste Ebene der Staatsführung zum Besuch der Festwoche zu bewegen, ist der Festausschuss davon berührt worden. Das wird ihn irritiert, aber in den Erwartungen an den nationalen Aufbruch kaum ernüchtert haben.

Im Festausschuss ist eine Tendenz zur Harmonie wirksam gewesen, zumindest war die Absicht vorherrschend, Gegensätze, um eines positiven Gesamteindrucks willen, zu minimieren und mögliche Störungen schon im Vorfeld abzufangen. Radikale Kreise der NSDAP scheinen nicht ohne weiteres mit dem ausgleichenden Trend bei der Planung und Vorbereitung der Jubiläumsfeierlichkeiten einverstanden gewesen zu sein. Wenn der Vorsitzende des Festausschusses, Stadtrat a. D. Keller, am 13. Juli Studienrat Hofmann schrieb, es gebe viel Arbeit und viele Hindernisse, dann hat er nicht nur auf technische Schwierig-

---

[179] Vgl. Zum 450. Geburtstage (wie Anm. 105), S. 17: „Der Festausschuß der Eisleber Lutherwoche". Neu im Ausschuss (vgl. Anm. 37) sind: Adamus, Bergmann; von Alvensleben, Landwirt; Aster, Holzbildhauer; Buchwald, Korbmacher; Dölz, Ingenieur, Dr. Dreykluft, kommissar. Landrat; Erbsmehl, Hüttenmann; Florstedt, Stadtverordnetenvorsteher; Gerner, Alfred, Badewärter; Giesecke, Geschirrführer,; Gottschalk, Monteur; Graf, Sattlermeister; Große, Bergmann; Hasse, Mittelschulrektor; Hennecke, Bürstenmachermeister; Herrmann, Stadtrat; Hildmann, Elektroingenieur; Kirchner, Bäckermeister; Dr. Krutschinski, Beigeordneter; Lorenz, Bergmann; Mehliß, Frau Lona; Möller, Georg, Bergmann; Pretsch, Sparkassenangestellter; Reuter, Bankdirektor a. D.; Dr. Roßner, Studienrat; Schröder, Fahrsteiger; Schütze, Stadtrat; Sonntag, Stadtrat; Struthmann, Krankenpfleger; Telle, Arbeiter; Tischendorf, Bergschlosser; Wege, kommissar. Landrat in Mansfeld; Wiebach, Kraftfahrer; Winter, Hüttenarbeiter. Nicht mehr im Ausschuss sind: Glein, Stadtrat; Ehrenthal, Regier.-Assessor; Jud, Lehrer; Otto, Oberregierungsrat (vermutlich identisch mit dem inzwischen zum Landeshauptmann ernannten Kurt Otto, vgl. Anm. 109).
[180] Vgl. Dokumente zur Kirchenpolitik (wie Anm. 75), S. 130 f.; zur veränderten Situation bei der Wittenberger Lutherfeier 14 Tage später, vgl. BRÄUER (wie Anm. 3).

keiten angespielt. Drei Tage zuvor hatte er Hofmann mitgeteilt, dass bei der letzten Sitzung der Obleute der Unterausschüsse sämtliche Nationalsozialisten fehlten.[181] Am Tag vor dem Beginn der Festwoche wandte sich der Prokurist der Mansfeld A. G. mit einer Beschwerde an Kreisleiter von Alvensleben, weil er als Nationalsozialist, Amtswalter und Kirchenältester von St. Petri-Pauli keine Einladung zur Eröffnungsfeier erhalten habe. Seine Kollegen, „die der nationalsozialistischen Partei nicht angehören, weder Kirchenvertreter sind noch Ehrenämter bekleiden", seien dagegen offiziell eingeladen worden.[182] Der oben genannten Absicht diente auch der Beschluss des Festausschusses vom 3. August, der zeigte, dass die städtischen Verhältnisse noch nicht so im nationalsozialistischen Sinne gefestigt waren, wie die regionalen und lokalen Festredner (z. B. von Alvensleben) vorgeben: „In der Lutherfestwoche werde gegen das Bettlerunwesen auf den Straßen polizeilich vorgegangen werden, auch etwaige kommunistische Terrorgruppen würden rücksichtslos bekämpft".[183]

Es fällt auf, dass die 1933 so brisante Judenfrage sowohl in den Festschriften, als auch von den Festrednern nahezu übergangen worden ist, selbst Kern geht in seinem Festspiel nicht darauf ein. In seinem 6. Bild über Luthers letzte Tage in Eisleben hätte sich ein historisch belegter Anlass ergeben. Luther hat bekanntlich am Ende seiner letzten Predigt in aller Schärfe gegen die Ablehnung Jesu durch die Juden Stellung genommen.[184] Das ist nie ganz vergessen worden. Die Problematik ist bei den Planungen für die Festwoche auch nicht zufällig übersehen worden. Die beiden Herausgeber des Eisleber Lutherbuches 1933 zeichneten immerhin vom November 1933 an verantwortlich für eine neue Beilage zum *Eisleber Tageblatt* unter dem Titel „Mansfelder Sippenkunde", in der Etzrodt mit seinem Aufsatz „Die arische Großmutter" „die Richtigkeit der Bevölkerungspolitik unseres Führers" vertrat.[185] Die Harmonisierungstendenz im Festausschuss musste eine Belastungsprobe durchstehen, als zur Frage des Häuserschmucks im Juli 1933 konkrete Entscheidungen zu treffen waren. Keller informierte am 10. Juli 1933 Studienrat Hofmann: „Wegen

---

[181] StAE, D XVI, 24 (wie Anm. 33): Keller an Hofmann, 13. und 10. Juli 1933. Vgl. auch ebd., D XVI 19 (wie Anm. 13).

[182] StAE, D XVI 10 (wie Anm. 46): Grempler an von Alvensleben, 18. August 1933.

[183] StAE, D XVI 19 (wie Anm. 13).

[184] WA Bd. 51, S. 195 f.: Vermahnung wider die Juden; MARTIN BRECHT, Martin Luther. Die Erhaltung der Kirche 1532-1546, Berlin 1990, S. 335-345.

[185] HERMANN ETZRODT, Die arische Großmutter, in: Mansfelder Sippenkunde 2 (1934), Nr. 5, S. 33-36, hier: S. 34; Etzrodt wollte „den kommenden Generationen ein wirklich völkisch-sozialistisches Bewusstsein einhämmern" (ebd. S. 35). Etzrodt und Kronenberg haben in ihrem genealogischen Publikationsorgan auch eine Reihe historisch zuverlässiger Beiträge über Familien der Region veröffentlicht.

Etzrodt gehörte zu den 15 Kandidaten des Wittenberger Predigerseminars, die am 28. Oktober 1934 dem Reichsbischof mitteilten, dass sie sich dem Bruderrat der Bekennenden Kirche unterstellten und daraufhin vom Seminar verwiesen wurden, PETER FREYBE, Gemeinschaft und Freundschaft im Predigerseminar Wittenberg, in: Luther und seine Freunde. Wittenberger Sonntagsvorlesungen, Wittenberg 1998, S. 125-139, hier: S. 134 f.

der Dekoration der Häuser ist ein sehr großer Riß entstanden. Der ‚Mansfelder' brachte einen Artikel, worin angekündigt wurde, dass die jüdischen Fenster schwarz angestrichen würden. Na, usw. Sie wissen ja, wie das so geht". Drei Tage später konnte er Entwarnung geben und Hofmann mitteilen, dass Bürgermeister Heinrich und Superintendent Valentin „die Sache mit Alvensleben ins Reine gebracht" hätten.[186] Der Festausschuss war nämlich bereit, „die Schmückung der am Markt und an den Lutherhäusern gelegenen Grundstücke jüdischer Geschäfte aus Mitteln des Ausschusses zu übernehmen". Es würden dabei Flaggen in den Stadtfarben verwendet.[187] War es dem Festausschuss auch gelungen, wenigstens für die Festtage Ruhe in die offensichtlich auch in Eisleben strittige „Judenfrage" zu bekommen, so musste er sich weiterhin gegen einige Vorwürfe auswärtiger Firmen zur Wehr setzen, er habe beispielsweise dem „jüdischen" Berliner Kostümverleih Becker & Co den Vorzug vor einer Firma gegeben, deren Inhaber Nationalsozialist sei.[188] Bei dieser Strategie der Konfliktvermeidung in der „Judenfrage" während der Festtage spielte wohl die gleiche Rücksichtnahme auf die Außenwirkung, insbesondere auf ausländische Besucher, eine Rolle, die kurze Zeit darauf bei den Lutherfeiern in Wittenberg zu beobachten war.[189]

In der zeitgeschichtlichen Forschung besteht seit längerem Übereinstimmung darüber, dass sich die nationalsozialistische Gleichschaltungspolitik nicht sofort flächendeckend durchsetzte. In Justiz und Verwaltung waren noch Jahre Elemente der Kontinuität wirksam. Es wird nicht verwundern, dass das erst recht auf das Lutherjubiläum von 1933 zutrifft. Grundbestandteile der überlieferten Festkultur boten sich gerade in Eisleben mit seiner Tradition der Feier von Luthers Geburtstag organisch an. Sie setzten sich nach einer kurzen Durststrecke unter einem linksorientierten Stadtregiment bald wieder durch, wobei ökonomische Erwartungen, nationale Hoffnungen und Sehnsucht nach geistiggeistlicher Orientierung als Triebkräfte dabei nicht zu übersehen sind. Die Auswertung der lokalen Quellen hat gezeigt, wie lange bis in die Sprachgestaltung hinein die traditionellen Vorstellungen und Ziele prägend waren. Bei der Konzipierung des Festzuges dominierte das stark in der Erinnerung haftende Vorbild des historischen Festzuges von 1883, der die Einholung Luthers 1546 abbilden sollte. Diesem ersten Teil wurde neu ein zweiter hinzugefügt: Wie das heutige Mansfeld sich zu seinem Luther bekennt. Selbst hier waren die Elemente der herkömmlichen Festkultur vorherrschend, bei den Teilnehmern (Behörden, Vereine, Verbände, Innungen) genauso wie bei den mitgeführten Attributen (Symbole, Fahnen, Festwagen) und der begleitenden Musik (reformatorische Choräle, Bergmannslieder, Volkslieder). Da SA und SS zur Verstärkung der Polizei als Ordnungskräfte eingesetzt wurden, scheinen sie zumindest im Umzug nicht das Bild beherrscht zu haben. Einen etwas anderen Anblick boten die Kundgebungen. Die Vertreter von Staat, Land und Kommune traten in Uniform auf. Vor den Rednern waren ebenfalls Uniformierte angetreten. Bereits in den schriftlichen Grußworten überwog die Bezugnahme auf die nationale Erhebung und den Führer. Mit noch stärkerer Intensität kam das in den Reden in den Kundgebungen zum Ausdruck. Es hat den Anschein, als ob die lokalen Vertreter, z. B. Superintendent und Bürgermeister, durch die Anwesenheit der Repräsentanten der Landes- und Reichsebene, vermutlich auch durch die Mechanismen von Massenveranstaltungen, mitgerissen worden wären. Wurde in der Phase der Vorbereitung das traditionelle Vokabular fast problemlos allmählich durch zeitbedingte Begriffe angereichert, so kehrte sich mit dem Beginn der Festwoche das Verhältnis um. Es ist unverkennbar, dass der Prozess der gedanklichen und sprachlichen Gleichschaltung vorankommt. Die Propagierung der Volksgemeinschaft, auf die auch die Festredner immer wieder Bezug nahmen, wird daran nicht unbeteiligt gewesen sein.

Als im September 1933 die Vorbereitung der Feiern zum Gedenken an Luthers Geburtstag vom 9. – 11. November in Angriff genommen wurde, waren die Veränderungen offensichtlich. Studienrat Dr. Roßner nahm als Ortsgruppenleiter der Deutschen Christen und als Repräsentant des Kampfbundes für deutsche Kultur das Heft in die Hand. Ihm zur Seite stand der einflussreiche zweite Mann der NSDAP nach von Alvensleben, der Standortälteste Reuter. Der kirchenmusikalische Auftakt sollte „gleichzeitig als Gedenkfeier für die Münchener Opfer vor 10 Jahren ausgestaltet werden". Valentin regte an, hierfür einen Redner aus der NSDAP zu bestimmen. Der Bürgermeister übernahm diesen Dienst. Die Wahl des Redners bei der Abendkundgebung auf dem Markt am 10. November (Luthers Geburtstag) wurde dem Standortältesten Reuter überlassen. Für die Abendveranstaltung des Kampfbundes für deutsche Kultur am 11. November war Roßner als Redner vorgesehen.[190] Selbst der finanzielle Überschuss der Novemberveranstaltung fand eine völlig andere Verwendung als im Falle der Lutherfestwoche. Auf Antrag des SS-Oberführers Altner/Halle wurden 300 RM „zur Beschaffung von Mäntel für den SS-Abschnitt XVI angesichts des neueinsetzenden Frosts" bestimmt. Den Rest erhielt die örtliche Leitung der Hitlerjugend.[191] Als die Feiern des Deutschen Luthertages 1933 auf Anordnung Hitlers wegen der Volksabstimmung zur Außenpolitik und der Reichstagswahl auf den 19. November verschoben werden mussten, blieb auch Eisleben von Verschiebungen und Ausfall vorgesehener Veranstaltungen nicht verschont. Die Eisleber Tradition der Feiern zu Luthers

---

[186] StAE, D XVI 24 (wie Anm. 34).
[187] Eisleber Tageblatt, Nr. 163, 15. Juli 1933: „Die Ausschmückung des Marktes beim Lutherfest".
[188] Den Vorwurf erhob die Hallenser Firma Zeugner & Riedel mehrfach. Bis in den November 1933 verlangte sie hartnäckig Auskunft über den christlichen Charakter der Berliner Firma, vgl. StAE, D XVI 12 (wie Anm. 25).
[189] Vgl. BRÄUER (wie Anm. 3), S. 558-562.
[190] StAE, D XVI 14 Städtisches Verkehrsamt – Deutscher Luthertag 1933: Protokoll des geschäftsführenden Ausschusses (13. Oktober 1933), vgl auch ebd.: Protokoll der ersten „Erörterung über die Veranstaltungen aus Anlaß des deutschen Luthertages 1933" (29. September 1933).
[191] Ebd.: Altner an Heinrich, 24. Januar 1934; Heinrich an Stadtsparkasse, 17. Februar 1934.

Geburtstag erwies sich aber als so stark, dass der geschäftsführende Ausschuss beschloss: „Die Schulgottesdienste und die Feier der Schulen sollen wie alljährlich am 10. November stattfinden, da dies keine Einrichtung ist, die durch den Deutschen Luthertag geschaffen wird".[192] Nirgends wird erkennbar, dass die reichspolitischen Maßnahmen in Eisleben Verunsicherungen gegenüber der nationalsozialistischen Regierung und ihrem Führer hervorgerufen hätten. Die insgesamt problemlose Kooperation mit den Nationalsozialisten vor Ort und das Erlebnis der Volksgemeinschaft bei den Lutherfeiern werden eher zur weiteren Festigung des Verhältnisses der kleinstädtischen Bevölkerung zum NS-Staat und seiner Führung beigetragen haben. Am 4. April 1936 übermittelte Hitler dem Oberbürgermeister seinen Dank für die bekundete Treue. Nahezu alle Wähler hatten sich bei der so genannten Reichstagswahl am 29. März 1936 für Hitlers Politik entschieden.[193]

In dem bereits erwähnten Rückblick auf die Eisleber Lutherfestwoche hebt der Chefredakteur des epd hervor, einhellig hätten in Eisleben die Führer der nationalsozialistischen Bewegung im Mansfelder Land, die Repräsentanten der Reichs- und Staatsbehörden, aber auch die Führer der Kirche „an die glückliche Fügung erinnert, dass das Lutherjahr 1933 im Zeichen der großen nationalen Wende stehe und dass der Kämpfergeist des Volksmannes Martin Luther in der großen Volksbewegung Adolf Hitlers wiedererstanden sei".[194] Die von Lüpsen vermiedene direkte Parallelisierung von Luther und Hitler wurde in einigen schriftlichen Beiträgen und in mehreren Reden vollzogen. Luther als Vorläufer Hitlers, als typologisch zu verstehender Vorentwurf für den Führer in einem nahezu eschatologischen Ausmaß, das ist der eigentlich neue Beitrag der Lutherfestwoche zur Lutherrezeption. Mögen andere Aspekte ebenfalls häufig vorkommen – Luther als Mann des Volkes, das aktionistische Verständnis Luthers als Kämpfer oder vor allem Luther als Deutscher, – sie waren alle bereits in der nationalistischen Lutherrezeption präsent und erlebten 1933 eine neue Konjunktur.[195] Doppelbiographien sind seit der Antike bekannt. Neu war, dass 1933 Redner, Publizisten, ja sogar Kirchenhistoriker mit ihrem Vergleich von

---

[192] Ebd.: Protokoll des geschäftsführenden Ausschusses vom 25. Oktober 1933. Es heißt weiter: „Am 11. November sollen die Veranstaltungen wie vorgesehen ebenfalls stattfinden, nur fällt der Vormittagsgottesdienst weg".
[193] StAE, A 187. Das Plebiszit erbrachte reichsweit 99% Ja-Stimmen.
[194] Lüpsen (wie Anm. 166), S. 5. Lüpsens Behauptung, Lohmann habe die religiöse Sendung des deutschen Reformators in den Mittelpunkt seiner Festpredigt gestellt, ist mit dem im Eisleber Tageblatt abgedruckten Text nicht zu belegen (vgl. Anm. 148).
[195] Zum deutschen Luther vgl. GOTTFRIED MARON, Luther 1917. Beobachtungen zur Literatur des 400. Reformationsjubiläums, in: Zeitschrift für Kirchengeschichte 93 (1982), S. 177-221, hier: S. 190-198; HARTMUT LEHMANN, Das Lutherjubiläum 1883, in: Luthers bleibende Bedeutung, hrsg. von Jürgen Becker, Husum 1983, S. 93-116.

Luther und Hitler an diese Tradition anknüpften.[196] Die Kurzlebigkeit dieser neuen Variante in der Lutherrezeption war damit jedoch auch schon abzusehen.[197]

Es lag nahe, dass bei den Eisleber Feiern auch immer wieder Luthers Lebensgang herangezogen wurde. Sein Werk kam hauptsächlich in Gestalt seiner Taten im Kampf gegen die Überfremdung des Glaubens oder im Bemühen um den Neubau des völkischen und kirchlichen Lebens (Sprache, Bibelübersetzung, Lieder u. a.) in den Blick. Ein unreformatorischer voluntaristischer Zug ist den meisten Äußerungen über Luther zur Eisleber Festwoche eigen. Zentrale theologische Anliegen des Reformators sind überhaupt nicht oder nur in schlagwortartiger Form zur Sprache gekommen. Es kann mit guten Gründen behauptet werden, dass der Theologe Luther während der Festwoche meistens abwesend war. Dem emeritierten Lehrer Ludwig Schulze blieb es vorbehalten, in seinem Festzeitungsbeitrag zu mahnen, mit Luthers Mut für das evangelische Bekenntnis, für Gewissensfreiheit und Duldung einzutreten.[198] Ein zentraler Zwischenruf eines Theologen, wie ihn Paul Schempp 1933 mit „Die Kirche in Familie und Volk" wagte, ist in Eisleben nicht zu entdecken. Die Halbmonatsschrift für reformatorisches Christentum, Junge Kirche, schloss mit einem Auszug daraus das Jahr 1933 ab. Dazu gehören diese Klarstellungen: „Wer aus dem Kampf Luthers um die Reinheit der Verkündigung einen Kampf um eine deutsche Kirche und um ein deutsches Christentum macht, der begeht nicht nur eine Geschichtsfälschung, sondern Abfall vom Evangelium […] Gottes Wort macht durch Gottes Geist rechte Deutsche in einer Kirche, die nur und ausschließlich die Stimme ihres Hirten hören will, aber rechtes Deutschtum trägt schlechterdings nichts bei zum rechten Christen-

---

[196] Vgl. vor allem Hans Preuß, Luther und Hitler, in: Allgemeine Evangelisch-Lutherische Kirchenzeitung 66 (1933), Sp. 970-973, 994-999. Zur Hoffnung auf Luther als Krisenhelfer nach 1918 vgl. ders., Martin Luther. Der Prophet, Gütersloh 1933, S. 257: „Größe und Schrecken des Weltkrieges und das Elend des […] Verbrecherspiels der deutschen Revolution erschütterten die Gemüter […] aufs tiefste. Wie man aber Superlative von Schrecknissen und Irrationalitäten erlebt hatte, so sah man sich auch nach Superlativen von Rettern um. Dabei schaute man auch in die Geschichte, und da erschien Martin Luther".

[197] Nicht dieser Vergleich wurde Valentin nach dem Ende des Dritten Reiches zur Last gelegt. Aber in einem Artikel der Eisleber Zeitung vom 2. Juli 1945 wurde er beschuldigt, den Satz vertreten zu haben: „Christus und Hitler seien nun die einzigen und unteilbaren Grundlagen alles kirchlichen und religiösen Lebens in Deutschland". Valentin erklärte gegenüber dem neuen Oberbürgermeister: „Niemals habe ich eine so […] religiös ganz unmögliche und geschmacklose Redewendung ‚Christus und Hitler' gebraucht. Niemals habe ich neben die Göttliche und allein gültige Autorität des Herrn Christus irgendwelche menschliche Autorität als gleichbedeutend gestellt. Niemals habe ich […] meine Predigten zu einer Vermengung von christlichen und politischen Gedanken oder zu einer Verherrlichung des Nationalsozialismus oder gar zur Bekämpfung von Personen, die dem letzteren nicht angehörten, mißbraucht", vgl. EZA 7/8602 (wie Anm. 177). Obgleich er lutherisch argumentiert, erwähnt Valentin Luther hier nicht.

[198] Vgl. Anm. 5 und 117.

tum".[199] So blieb die Akzentveränderung, die das Lutherverständnis unter der Vorbereitung auf die Festwoche in Eisleben erfuhr, zumindest öffentlich wahrnehmbar, unwidersprochen: Vom Krisenhelfer zum Wegbereiter Hitlers. Deformationen Luthers waren letztlich beide Auffassungen. Darin war die Eisleber Lutherfestwoche von 1933 bei allen traditionsgeleiteten und situationsbedingten besonderen Konturen zugleich exemplarisch für die Lutherrezeption im Jubiläumsjahr 1933.[200]

---

[199] Junge Kirche 1 (1933) Sonderheft 19a, 7. Dezember 1933, S. 411. Zu Schempp vgl. SÖREN WIDMANN, Paul Schempp (1900-1959), in: Wir konnten uns nicht entziehen, hrsg. von Rainer Lächele und Jörg Thierfelder, Stuttgart 1998, S. 351-377.
[200] Die Ausnahmen sind zählbar, vgl. z. B. KARL BARTH, Lutherfeier 1933, München 1933; ERNST WOLF, Martin Luther, das Evangelium und die Religion, München 1934 (= Theologische Existenz heute 4 und 6); [HERMANN] M[ULERT], Jubiläen, in: Die Christliche Welt 47 (1933), Sp. 969 f.
  Frau Rosemarie Knape / Eisleben erteilte bereitwillig Auskünfte und ermöglichte einen unkomplizierten Zugang zu den Quellen. Für diese Unterstützung ist zu danken.

Anhang

Orts- und Personenregister

Aachen 333
Abusch, Alexander 374
Ahles; *Pfarrer* 108, 123
Adelaide 232
Adler, Felix 166
Alba, Herzog von 352
Alberstedt (bei Oberröblingen) 406
Albrecht, *Erzbischof von Mainz* 19, 261
Albrecht VII., *Graf von Mansfeld* 349, 426-428
Aleander, Hieronymus; *päpstlicher Legat* 14, 48, 51-52, 54, 56, 268
Alsleben 393
Altenburg 27, 151
Altenstein (Ort) 15, 334
Altenstein, Karl Sigismund Franz Freiherr vom Stein zum; *Kultusminister* 245, 298, 300-303, 305, 313
Althaus, Paul 73
Alvensleben, Ludolf von 411, 429, 431, 434, 439 f., 445-448
Ammon, Friedrich Wilhelm Philipp von; *Oberhofprediger* 128-130
Amsdorf, Nikolaus von 22, 78
Amsterdam 352, 354
Anton; *König von Sachsen* 129, 131-136, 140, 148
Anton, Gotthelf August; *Oberlehrer* 150
Apel; *Doktor* 69
App, Peter Wilhelm 44
Arnold, Emanuel 203
Arnswald, Bernhard von 331, 334f.
Asche, Sigfried 325, 335, 341
Ascher, Saul 169 f.
Assisi 22
Auerstädt 85

Augsburg 30, 37 f., 40, 89, 128, 130, 132 f., 137-140, 148, 150, 247, 349, 369
August (der Starke); *Kurfürst von Sachsen, König von Polen* 24, 146, 294,
Augustin; *Heiliger* 30 f., 177 f., 292
Augustinus s. *Augustin*
Auma 151

Baar, Jindřich Š. 207
Babylon 155
Bach, Johann Sebastian 123, 377, 413
Baden-Baden 97
Baden-Durlach 98, 116
Badstübner, Ernst 317
Baeck, Elias 40, 467
Baeck, Leo 109, 175-181, 187 f., 197
Bainton, Roland H. 81, 471
Ballin, Albert 274
Bartel, Horst 387-391
Barth, Karl 187, 451
Bartning, Otto; *Privatier* 114 f.
Basel 25
Bauer, Wilhelm; *Pfarrer* 101
Bauer, Yehuda 186
Baumann; *Lehrer* 96
Baumgärtel, Max 319, 323 f., 329 f., 333, 335 f., 339
Baumgarten, Hermann 54 f.
Baumgärtner, Hieronymus 70
Bautzen 149
Bayreuth 409
Beberstedt; *Superintendent* 414
Bechstein, Ludwig 334
Beck, Ulrich 238

Orts- und Personenregister

Beckmann, Wilhelm 58, 93
Beethoven, Ludwig van 377
Begas, Reinhold 92
Beiendorf 155
Bellmann, Rudi 385
Benkard, Ernst 345, 348-350, 366-367
Benjamin, Walter 31, 275-277
Berger, Christian Gottlieb 87, 89
Bergmann, Walter; *Provinzialjugendpfarrer* 413, 441
Berlin 25, 28 f., 51, 64, 66, 88, 92, 94, 101, 109, 114, 121, 152, 173, 178, 188, 193, 230 f., 233 f., 244, 248 f., 267, 270, 272 f., 275 f., 289, 298, 300 f., 304, 307, 311, 353, 356, 360 f., 374 f., 376 f., 386, 391, 395 f., 403, 405-408, 410 f., 413, 418, 420-422, 430, 435, 438, 441, 443 f., 446-448, 469, 471
Bern 213
Beyer, Hermann Wolfgang 435
Beyschlag, Willibald 245, 253
Beza, Theodor 212, 219, 221 f.
Bierschwale, Alfred 410, 419, 421 f., 436
Bismarck, Otto Fürst von 119, 243, 331, 339, 436
Blanckmeister, Franz 66, 150
Blücher, Gebhardt Leberecht von 86
Bobstadt 115
Bochum-Weitmar 418
Bocskay, Etienne 221 f.
Bode, Wilhelm 271 f.
Bodelschwingh, Friedrich von 410
Bohlen-Krupp-Halbach, Freiherr von 270
Böhmer, Heinrich 37, 44, 47
Bolinus, Andreas 25
Bolsec, Hieronymus 212
Bonhoeffer, Dietrich 192
Bora, Katharina von (= Käthe = Catharina) 15, 27, 63-68, 70 f., 74, 76-81, 121-123, 261, 270, 293, 341, 427 f.
Borgeaud, Charles 211, 215-219, 223 f.
Börne, Ludwig 172, 377
Borsig, Johann Friedrich 92
Bouchard, Henry 219
Bradford 234
Brandenburg, Erich 54
Brandt, Karl 444
Bräuer, Siegfried 63, 364, 373-376, 378, 381, 384-386, 388, 390-393, 396 f., 404, 409, 422, 425, 428, 445, 448

Braun, Elise; *Pfarrfrau* 112
Braunau 421, 439
Bräunlein, Peter J. 233
Braunstein; *Stadtvikar* 117
Bremen 123
Brendler, Gerhard 383, 386 f., 389 f., 393
Brennhausen; *Wegebaumeister* 305-308, 310, 470
Breslau 152, 406
Brisger, Eberhard; *Prior* 293
Brunelleschi, Filippo 348
Buber, Martin 171
Buchner, Georg Paul 42-44, 468
Buchwald, Georg 49-51, 53 f.
Bucer, Martin 427
Buhle, Carl 154 f.
Büjard; *Sekretär* 114
Bülow, Ludwig Friedrich Viktor Hans Graf von; *Minister* 301
Burmeister, Willy; *Adjutant* 409

Cajetan; *Kardinal* 37, 39-42
Callenberg 155
Calvin, Johannes 90, 100, 110, 171, 187, 211-214, 216-219, 221-224, 261, 275, 361
Campe, Friedrich 42, 44, 326, 361
Carl Alexander, *Großherzog von Sachsen-Weimar-Eisenach* 330 f., 333, 338 f., 342,
Carl August, *Großherzog von Sachsen-Weimar-Eisenach* 324, 327
Carl Wilhelm, *Herzog von Anhalt-Zerbst* 27
Carlowitz, Hans Georg von 153
Cassai, Georg Michael 24
Cassel *s.* Kassel
Cenninis, Cennino 347
Chantre, Auguste 215-217
Chemnitz 149
Chicago 165 f., 262
Choisy, Eugène 215 f.
Christian IV.; *König von Dänemark* 352
Christus, Jesus 17, 58, 103, 160, 171 f., 176-178, 184, 188, 279, 424, 433, 450
Cincinnati 164, 183
Clemens VI.; *Papst* 19
Clingenstein, Carl 90

Orts- und Personenregister

Clouet, François 349
Coburg 11, 36, 326, 356, 391, 467 f.,
Cohen, Hermann 179-182, 192
Coligny, Gaspard de; *Admiral* 217, 221
Columbia 166
Comenius, Johannes Amos 207
Conze, Friedrich 435
Cranach, Barbara 70
Cranach (d. Ä.), Lukas 20 f., 30, 37, 44, 77, 282, 333, 340 f., 347, 359, 363, 419, 442
Credé, Wilhelm 305
Criegern, Hermann Ferdinand von 160
Cromwell, Oliver 217, 221, 223
Cyrill; *Heiliger* 202, 207 f.

Dähling, Heinrich Anton 44
Danzig 269, 411
Dehio, Georg 315
Delitzsch, Franz 158
Den Haag 222, 329
Deutsch, Gotthard 183
Devrient, Otto 94, 121-123
Diana (Lady Di); *Princess of Wales* 230
Dickie, James J. 271
Dieck, Alfred 347, 361, 363
Diehl, Guida 410
Diest, Gustav von 246, 248 f., 250, 253, 255-257, 259
Diete, Kurt 392, 435, 438, 442
Dietrich, Eduard 290, 469
Disteli, Marin 44
Dittmar, Louise 78
Doehring, Bruno 413
Doering, Hilke 236
Doll, Karl Wilhelm; *Prälat* 100, 102, 104, 113-115
Donath, Alfred 271 f.
Dorner, August 245, 249, 251, 253, 259 f.
Drahodubice 208
Drake, Friedrich 92
Dresden 31, 88, 128, 130, 132, 136, 138-141, 143, 145-147, 149-153, 155-158, 264, 392, 411
Dubnow, Simon 165, 168, 189 f.
Dubois, Charles 219, 468
Düfel, Hans 252, 256
Dufour; *General* 211 f.

Dunkmann, Karl 16 f., 53, 260, 270
Durych, Jaroslav 209
Dürer, Agnes 349
Dürer, Albrecht 18, 22, 339, 348 f.
Düsseldorf 93, 240

Ebernburg 427
Ebert, Friedrich 392, 397
Ecken, Johann von der 39
Eckernförde 274
Edinburgh 222
Eger, Johannes; *Generalsuperintendent* 413, 441
Eichhorn, Johann Albrecht Friedrich; *preußischer Kultusminister* 289, 302-313, 315
Eilenburg 433
Einsiedel, Detlef von 129, 148
Eisenach 16, 42, 111, 254, 320-324, 327, 329-331, 333-335, 340, 410, 470
Eisleben 15, 85-96, 109, 318, 347, 349, 361, 391-451
Elisabeth (von Thüringen); *Heilige* 20, 34, 317, 320 f., 322 f., 325, 331
Emmendingen 116, 118
Ende, Karl Heinrich Konstantin von 131, 134 f., 149
Engels, Friedrich 377, 380
Engler, August; *Rektor* 426
Ense, Karl August Varnhagen van 303
Eppingen 116
Erasmus (von Rotterdam) 351
Erfurt 95, 254, 342, 360, 393, 426, 471
Etzrodt, Hermann 392, 405 f., 414, 417, 446
Euler, Leonhard 377

Fabricius, Hans; *Oberregierungsrat* 408 f., 430 f.
Fahrenhorst, Wilhelm 412, 418, 422, 434 f., 438, 440
Falk, Adalbert 244 f.
Farel, Guillaume 221
Fatio, Olivier 213-215
Fazy, Henri 217 f.
Fehl; *Konsistorialrat* 369
Ferdinand; *König* 148
Feuchtwanger, Lion 193
Feuchtwanger, Ludwig 192 f.
Feuerbach, Anselm 36, 78

Ficker, Johannes 27, 37, 345, 354 f., 363, 366, 369, 417, 471
Fichte, Johann Gottlob 109, 170, 172
Florenz 349, 351
Foschepoth, Josef 377, 384
Franck, Sebastian 382
François, Etienne 12, 230, 317, 369
Franke, C. W. 424
Franz I.; *König von Frankreich* 349
Frauenstein; *Superintendent* 150
Freiburg 97, 116, 118, 378
Freybe, Albert 73
Freydank, Hanns 417
Freytag, Gustav 65
Frick, Wilhelm; *Reichsminister* 406, 409, 415, 419 f., 430
Fricke, Gustav Adolf 159
Friedberg 265
Friedländer, Saul 186 f.
Friedrich I., *Großherzog von Baden* 55, 106
Friedrich II. (der Große); *König von Preußen* 397, 436
Friedrich III.; *Kaiser* 92, 258
Friedrich III.; *Kurfürst von Brandenburg* 360
Friedrich III. (der Weise); *Kurfürst von Sachsen* 14, 18-21, 32, 47, 60, 148 f., 292 f., 320
Friedrich August I.; *König* 139, 145 f.
Friedrich August I.; *Kurfürst* 130, 146, 148
Friedrich August II.; *König* 148 f.
Friedrich August III.; *Herzog* 145
Friedrich (von Sachsen); *Kurfürst – s. Friedrich III. (der Weise)*
Friedrich Wilhelm; *deutscher Kronprinz* 92, 241, 256-258
Friedrich Wilhelm; *Kurfürst von Brandenburg* 222
Friedrich Wilhelm I.; *König von Preußen* 257
Friedrich Wilhelm II.; *Kaiser* 169
Friedrich Wilhelm III.; *König von Preußen* 86, 88-90, 93, 96, 296, 300 f.
Friedrich Wilhelm IV.; *König von Preußen* 304, 306 f., 310, 312 f., 314 f.
Friedrich, Woldemar 60 f., 468
Fritze, Johannes; *Stadtpfarrer* 343, 345 f., 367 f.
Frommel, Emil; *Hofprediger* 58, 102, 121, 254, 257
Frundsberg, Georg von; *Landknechtführer* 41, 46 f., 58

Fuchs, Gerhard 404
Fürnberg, Louis 339 f.
Fürstenberg 97
Furtenagel, Lukas 347-351, 363, 365, 471

Gabelentz, Hans von der 319, 328, 339
Gaismaier, Michael 379
Galimberti, P.; *Antiquitätenhändler* 335
Galle, Georg 400, 444
Gandersheim, Bad 406
Gause, Gottlieb; *Bauinspektor* 305-308, 311, 470
Gautier, Lucien 216
Gehe, Friedrich August 318
Geibel, Carl 265, 269 f.
Geibel, Emanuel 436
Geiger, Abraham 168, 170 f., 174 f., 177
Geiger, Ludwig 188
Gelzer, Heinrich 45, 468
Genf 211-225, 468
Georg (der Bärtige); *Herzog* 148
Georgi, Otto Robert 158 f.
Geroldseck 97
Gersdorff, Wolf von 251, 273 f., 276 f.
Giusto; *Gebrüder* 349
Glauchau 153
Glock, Wilhelm; *Pfarrer* 119, 121
Goebbels, Joseph 397, 408 f.
Goethe, Johann Wolfgang von 16, 32, 89, 109, 159, 172, 267, 331, 377
Goldhagen, Daniel Jonah 185 f.
Göring, Hermann 407, 409, 429
Gottschalch, Friedrich; *Handlungsgehilfe* 133
Graetz, Heinrich 168, 178, 188
Greenaway, Peter 235
Grégr, Eduard 205-207
Greifswald 417
Greiner; *Stadtpfarrer* 108, 117 f.
Grimma 148 f.
Grisar, Hartmann 55-57
Groningen 235
Großhartmannsdorf 153
Größler, Hermann 427
Großmann, Christian Gottlob Leberecht 132 f., 151, 154, 158

Großörner 88
Gründler, Gottfried August 27
Gumpeltzhaimer, Adam 431
Günther; *Graf von Mansfeld* 426
Günther, Paul; *Pfarrer* 400, 423
Gurlitt, Cornelius 260, 315
Gustav Adolph; *König von Schweden* 352 f.
Gutbier, Johannes; *Studienrat* 405, 418 f.
Güttel, Kaspar; *Prediger*

Habermas, Jürgen 239
Hagen, Karl 50
Hager, Kurt 375 f.
Hahne, Hans 343, 345, 363-366, 369, 471
Halle an der Saale 19 f., 26, 26, 30, 241, 243 f., 296, 306, 343-347, 351, 353, 357, 359-363, 366 f., 369, 376, 383, 394 f., 403, 417, 420, 425, 433, 441, 448, 471
Hamburg 13, 58, 147, 231, 272, 468
Hänlein, Albrecht 122, 124
Hannover 122, 235, 239, 347, 406, 411, 439
Hardehausen / Westfalen 394
Harleß, Adolph von 158
Harnack, Adolf von 51, 56, 175
Haßler, Hans Leo 431
Hasse, Hermann Gustav 150
Hasse, Reinhold; *Mittelschulrektor* 425
Haug, *Direktor* 123
Hausrath, Adolf 48, 51, 65, 121
Havlíček-Borovský, Karel 206
Haun, Horst 376
Hegel, Georg Wilhelm Friedrich 171, 298, 303, 377
Heidelberg 48, 55, 78, 97 f., 100, 109, 111, 116-119, 121
Heiligendamm 408
Heine, Heinrich 172, 377, 418
Heinrich (der Fromme); *Herzog von Sachsen* 148, 150, 155
Heinrich II.; *König von Frankreich* 349
Heinrich IV.; *König von Frankreich* 221, 352
Heinrich VII., *König von England* 349 f., 471
Heinrich, Ernst; *Bürgermeister* 398, 407-411, 414, 420, 429, 434, 436, 438, 441, 443, 447 f.
Helbing, Albert; *Hofprediger* 105 f.
Helbra 395, 423
Helfta; *Kloster* 418, 426 f.

Helmholtz, Hermann von 377
Herder, Johann Gottfried 172
Hermann I., *Landgraf* 320, 339
Herrmann, Wilhelm 179
Hermelink, Heinrich 49
Hermenau, Hans; *Pfarrer* 422
Herrig, Hans 47, 94, 122
Herzog, Christiane 79, 91
Hess, Moses 172
Heß, Rudolf 409
Hettstedt 397, 424
Heubner, Heinrich Leonhard 67
Heucher, Johann Heinrich 24
Hieronymus; *Heiliger* 354-356
Hindenburg, Paul von Beneckendorf und von 397, 406 f., 414 f.
Hinzpeter, Georg 276
Hiroshima 232
Hirsch, Emil Gustav 165-166, 170
Hirsch, Samuel 165, 178
Hitler, Adolf 185, 367, 391, 397, 406-410, 418, 420-422, 424 f., 429-431, 431, 433 f., 434, 436-441, 444 f., 448-451
Hitzig; *Stadtpfarrer* 108
Hofmann, Arno; *Studienrat* 398-400, 403-405, 410, 445-447
Hofmann, Friedrich Gottlob 68 f., 76 f.
Hohensachsen 115
Hohlwein, Hans; *Pfarrer* 433
Holdheim, Samuel 188
Hollenstedt; *Provinz Hannover* 406
Hölz, Max 434
Honecker, Erich 385 f., 388 f.
Hossenfelder, Joachim 410, 422, 430 f.
Hottinger, Christlieb Gotthold 102
Hoyer IV.; *Graf von Mansfeld* 349
Huch, Ricarda 416 f.
Humbold, Alexander von 377
Humbold, Wilhelm von 33, 297, 377
Hummel, Johann Erdmann 42-44, 467
Hundertmark, Willi; *Lehrer* 425
Hus, Johannes 14, 199-210

Ibsen, Henrik 77

Orts- und Personenrgister

Jäger, August; *Ministerialdirektor* 408
Jakob I.; *König von England* 352
Jamnitzer, Wenzel 349
Janssen, Johannes 57, 242
Jaspers, Karl 185
Jena 85, 121, 123, 170, 296, 378
Jerôme; *König von Westfalen* 93
Jerusalem 18 f., 275
Joachim II., *Kurfürst von Brandenburg* 279
Johann Friedrich (der Beständige); *Kurfürst von Sachsen* 22, 148 f., 293, 295, 270
Johann Georg II.; *Kurfürst von Sachsen* 26
Johst, Hanns 404
Jöhstadt 156 f.
Jonas, Justus 22, 92 f., 347, 349, 350 f.
Jordan, Julius 22, 24, 28, 30, 243-246, 256, 262, 273, 276 f., 280-282, 288, 292
Jordan, Rudolf; *Gauleiter* 411, 439
Jost, Isaak Markus 168, 188
Juckoff, Paul 277

Kaditz 138
Kahnis, Karl Friedrich August 158
Kalchschmidt, Karl Theodor; *Pfarrer* 121, 125
Kant, Immanuel 150, 169, 172, 180, 182
Karl II.; *König von England* 353
Karl IV.; *Kaiser* 19
Karl V.; *Kaiser* 32, 35, 40 f., 43 f., 52, 54 f., 60 f., 218, 265, 268-270, 274 f., 317, 469
Karlsruhe 101, 105 f., 109-111, 114, 116, 118 f., 121 f.
Kassel 422
Kawerau, Gustav 65, 190, 242, 260 F., 280
Keil, Carl 92
Keil, J. G. 269
Keller, Bernhard 400, 403, 405, 410, 414, 432, 441, 445 f.
Kern, Franz 398, 400, 405, 411 f., 418, 426, 428, 432, 440, 443, 446
Kiel 159, 274
Kirchheim 103
Kirnbach 115
Klenze, Leopold von 41 f., 89
Klettgau 97
Klewitz, Wilhelm Anton von; *Oberpräsident* 300, 305

Knaake, Joachim 259
Knox, John 221 f., 361
Koch, David 77
Koch, Johann Michael 322 f.
Koch, Robert 377
Kögel, Rudolf 257
Kollár, Jan 202
Köln 93, 330
König, Gustav 44 f., 58, 67, 74, 468
Königsberg 193, 244, 441
Konstanz 97, 117 f., 202-204, 207, 209
Kopenhagen 153, 239
Körber, Gustav; *Pfarrer* 121
Köstlin, Julius 20, 45, 49-51, 57, 65, 241 f., 253
Kramer, Ludwig von 72, 468
Krauss, Samuel 190, 192
Kressen, Ludger 331
Kroker, Ernst 15, 65, 67-70
Kronenberg, Kurt; *Gerichtsassessor* 392, 405 f., 414, 417, 446
Krug, Wilhelm Traugott 131 f., 134 f., 140-143, 149 f.
Kuczynski, Jürgen 375 f.
Kugler, Franz Theodor 311
Kuhn, Friedrich Otto 94
Kutzke, Georg 418
Kyrieleis, Hermann 275
Kyser, Hans 413 f.

Ladenburg-Weinheim 116
Lammers, Hans Heinrich; *Staatssekretär* 407
Lamparter, Eduard 191 f., 195
Landowski, Paul 219
Längin; *Stadtpfarrer* 105
Lask, Berta 392
Laubegast 150
Laverrièrre, Alphonse 219 f., 468
Lazarus, Moritz 181
Ledderhose, Karl Friedrich; *Pfarrer* 120 f.
Lehmann, Gottfried Arnold 297, 326, 361, 469 f.
Leibniz, Gottlieb Wilhelm Freiherr von 377
Leipzig 13, 15, 37, 40, 58, 64, 73, 112, 127-143, 148-151, 153-155, 158-160, 164, 233, 244, 264, 268, 270, 281, 296, 320, 361, 378, 384, 394 f.
Lenin, Wladimir Illjitsch 377, 392

Orts- und Personenrgister

Lenoir, Alexandre 29, 33
Lessing, Gotthold Ephraim 234, 345, 377
Leulitz 150
Lewin, Reinhold 189, 192
Lichtenstein 153
Lichtwark, Alfred 272
Liebe, Christian Gottlob 357-359, 369, 471
Liebknecht, Karl 377, 392
Liebknecht, Wilhelm 377
Liegnitz 428
Lipsius, Richard Adelbert 254
Lissa 178
Löber, Heinrich 154 f.
Lobsinger, Hans 349
Loerzer, Fritz; *Pfarrer* 410
Lohmann, Karl; *Generalsuperintendent* 410, 412, 414, 416, 420, 422, 432, 436, 449
Lommatzsch, Karl Heinrich 249
London 273, 354, 361, 468, 470
Lorck, Melchior 356
Lörrach 105, 109
Löwenstern, Baron Wilhelm von 44, 360 f., 468 f.
Lucke, Wilhelm 427
Ludendorff, Erich 367
Ludendorff, Mathilde 345 f., 367-369
Ludwig XII., *König von Frankreich* 349
Lufft, Hans 355, 471
Luise; *Großherzogin von Baden* 106
Lüpsen, Focko 441, 449
Luthardt, Christoph Ernst 73 f., 76
Luther, Hans 423, 426
Lützen 136
Luxemburg, Rosa 377
Luzern 33

Maaßen, Karl G. 302
Machl; *Musikdirektor* 123
Magdeburg 19 f., 85, 152, 155, 243, 245 f., 249, 252, 255, 256, 260, 315, 406, 410, 441, 470
Manhattan *s. New York*
Maimonides 182
Mainz (= Maynz) 19, 52, 97, 261, 324
Malraux, André 32
Mann, Karl; *Pfarrer* 99 f.

Mannheim 78, 99, 102, 105, 107-110, 112, 116-118, 122-124
Mansfeld 85-96, 349, 361, 391, 394, 397, 399 402 f., 405 f., 411-415, 417 f., 421-423, 426, 428 f., 436, 438, 440, 443, 445-447, 449
Mantey, Max; *Pfarrer* 425, 433
Marburg 42 f., 74, 179, 182, 233
Marienthron 67, 79
Martin; *Bürgermeister* 93
Martin, Jean-Hubert 240
Marx, Karl 200, 377, 380, 424
Masaryk, Thomáš G. 199
Matthäus; *Evangelist* 277, 355 f., 471
Mauermann, Ignatz Bernhard 130, 149
May, Eduard Gustav 44
Medings, Wichmann von 146
Mehldau, Georg; *Studienrat* 444
Mehliß, Ernst 393 f., 398, 400, 402, 408, 436, 445
Meinardi, Andreas 18, 21 f.
Meißen (= Meissen) 148, 321
Meißner, D. Konrad Benjamin 153
Melanchthon, Philipp 24, 27, 47, 69, 74, 87, 90, 100, 110, 122, 148, 159 f., 267, 278
Melbourne 232
Melcher, Kurt 419 f., 436
Mendelssohn, Moses 169 f., 173
Merseburg 12, 91, 149, 154, 243, 245 f., 248, 250 f., 260, 277, 289, 300, 302, 305 f., 311, 399, 403, 408, 420
Method; *Heiliger* 202, 207 f.
Meurer, Moritz 47, 67, 155 f., 158
Meusel, Alfred 374-376, 378 f.
Meyer, Conrad Ferdinand 403, 439
Michelet, Jules 172, 223
Michelfeld 112
Miethke, Jürgen 48
Mittweida 151
Moeller, Bernd 63, 242
Moeller, Günther; *Bürgermeister* 398-400
Möller, Karl Ludwig; *Generalsuperintendent* 252, 255
Monnier, Philippe 215
Monod, Eugène 219, 220, 468
Morgan, John Pierpont; *Millionär* 269-274
Moritz; *sächsischer Herzog* 351
Moritz (von Oranien) 352

Orts- und Personenregister

Moritz von Sachsen; *Kurfürst* 148 f.
Mosbach 101
Motz, Friedrich C. A. 302
Mozart, Wolfgang Amadeus 377
Mücke, Curt 419
Mückenloch 121
Mügeln 150
Mühlner, Waldemar; *Rektor* 392, 418
Müller, Ludwig; *Reichsbischof* 194, 410, 416 f., 419 f., 422, 437 f., 440, 442, 444 f.
Müller-Eberhard, Waldemar 405
Müllheim 116
München 22, 27, 234, 259, 404, 448
Müntzer, Thomas 57, 373-377, 379-382, 387, 390, 392 f., 427
Munzinger, Karl; *Oberkirchenrat* 414
Myers, David 180
Mylau 158

Nagasaki 232
Nantes 221 f.
Napoleon 85, 136, 145, 147, 271
Naumburg 411
Nazareth 176, 438
Neckarbischofsheim 116
Neckarmühlbach 115
Nepomuk, Johann von; *Heiliger* 202, 207
Neustadt a. d. H. 120
Neuzelle 149
New York 12, 166, 183, 230, 236, 272, 468
Nicolovius, Georg Heinrich 298
Niklashausen 115
Nimbschen 67
Noack, Johannes 395, 398, 400, 402 f., 444
Nordhausen 393
Noske, Gustav 392
Novalis 86, 173
Nürnberg 28 f., 35, 70 f., 94, 153, 329, 334, 338, 348

Oberblauenthal 150
Oberman, Heiko A. 184
Oberröblingen 403, 406
Obersalzberg 409

O'Neill, Mark 233
Otto, Kurt 420, 439, 445
Otto, Rudolf 233
Oxford 25, 310

Paine, Crispin 31, 234, 236-238, 468
Palacký, František 202 f., 208
Paris 19, 24, 33, 86, 129, 131, 217, 219 f., 230, 354, 468
Patrick, Philipp Heinrich 27
Pauli, Hanns 405
Paulus; *Heiliger* 40, 121, 154, 177 f., 181
Pawlowna, Maria 330
Perry County / Illinois 152
Peter I. (der Große); *Zar von Russland* 24, 26
Peter, Friedrich; *Oberkonsistorialrat* 422, 441
Pforta 148
Pforzheim 116 f.
Philipp der Großmütige; *Landgraf von Hessen* 47
Philipp II. 218
Philippin (geb. Sysangin), J. D. 359
Philippson, Martin 168, 173
Pirckheimer, Willibald 337-339, 341 f., 470
Pirna 149
Plato 29, 31, 182
Plauen 150
Plinius 356
Plockhorst, Bernhard 67
Plüddemann, Hermann Freihold 58-60, 468
Podebrad, Georg von 207
Pomian, Krzysztof 12, 18
Potschappel 149
Potsdam 16, 397, 422
Prange, Friedrich Wilhelm 90 f.
Prag 19, 26, 203 f., 209 f.
Pratau 150
Pretzsch / Provinz Sachsen 155
Preuss, Hans 47 f., 272, 280, 450
Prießnitz 151
Prokop; *Heiliger* 208
Psolmaier, David 353
Puchmayer, Antonín 201

Quast, Ferdinand von 307
Quiccheberg, Samuel 25

Rabus, Ludwig 37, 40, 466
Rade, Martin 51, 179, 242
Radnice 209
Raffael 272
Rambach, Johann Jacob 359
Ranke, Leopold von 45, 48 f., 58, 172, 417
Ranft, Andreas 79 f.
Rebhan, Nicolaus 322 f.
Redslob, Edwin 32, 281 f.
Reichenbach / Vogtland 160
Reinhard, Franz Volkmar; *Oberhofprediger* 151
Reinhardtsgrimma 156
Rendtorff, Trutz 73
Reymond, Auguste 215, 220, 468
Reymond, Maurice 219
Richter, Ernst 431
Rieger, František 205
Riehl, Wilhelm Heinrich 74
Riessers, Gabriel 173
Rietschel, Ernst 35 f., 89
Rietschel, Georg 253-255
Rietschel, Johannes 155
Ritgen, Hugo von 329, 331, 338 f., 341, 470
Ritschl, Albrecht 72, 182, 253
Ritter, Friedrich August 91, 306
Ritter, Gerhard 378
Roden, Johann Limberg von 321, 323
Rogge, Bernhard 58, 252 f., 257 f.
Rohrbach, Paul 436
Rohrhurst 123
Rom 22, 120, 122, 159, 213, 224, 368, 435
Roosevelt, Theodore 216
Rosenzweig, Franz 170 f., 175
Roßner, Ferdinand; *Studienrat* 398, 444 f., 448
Roth, Johann Michael 40
Roth, Joseph 231
Rothback, Th. 329 f., 470
Rothe, Richard 125
Rotterdam 351
Roy, Martin 375, 380 f., 385, 389
Ruckhaber; *Stadtpfarrer* 108, 123

Rüdel, Karl Ernst Gottlieb 151
Rudelbach, Andreas Gottlob 153, 155, 158
Rüdiger, Johann Anton 357-359, 471
Rudolstadt 335
Rüdesheim 159
Rudolf I.; *Herzog von Sachsen-Wittenberg* 19
Rudolph, Georg 323
Rühlemann, Carl 87, 95, 423
Rust, Bernhard; *Kultusminister* 406, 409, 438-440

Sack, Friedrich Samuel Gottfried 151 f.
Salmenitz, Felicitas von 358
Sältzer, Friedrich Wilhelm 325, 470
Sangerhausen 393
Sasse, Hermann 146
Schadow, Gottfried 89, 92, 289, 292, 294, 298 f., 325, 327 f., 361, 469 f.
Schaper, Fritz 92
Scheib, Asta 71
Scheibel, Johann Gottfried 152 f.
Scheidemann, Otto 400, 403
Schempp, Paul 450 f.
Scherr, Johann 249
Schild, Carl Heinrich Theodor; *Bürgermeister* 18, 244-246, 248, 250, 253, 255 f., 258, 262
Schiller, Friedrich 109, 159, 345, 377, 431
Schilling, Johannes 159
Schinkel, Karl Friedrich 289, 297 f., 300, 305-307
Schirgiswalde 149
Schlegel, Friedrich 173
Schleiermacher, Friedrich 178
Schmaltz, Moritz Ferdinand; *Pfarrer* 147-149, 151
Schmidt-König, Fritz 67, 71
Schmieder, Heinrich; *Predigerseminarsdirektor* 248 f., 253
Schnee, Gottfried Heinrich 88
Schneeberg 150
Schleuen, Johann David 359
Schochwitz, *Schloss und Gut* 411
Scholem, Gershom 196 f.
Schollbrunn 115
Schönberg 150
Schöne, Lucas 346 f., 353
Schönherr, Albrecht 386

Schrader, Otto 393-395, 398-400, 414
Schröder, Hugo 254
Schubert, Hans von 35, 55, 62
Schuckmann, von; *Innenminister* 89
Schulpforta 151
Schultze, Leopold 245 f., 252
Schulze, Hagen 12, 230, 317
Schulze, Ludwig; *Lehrer* 392, 423, 450
Schwabe, Johann Gottlob Samuel 16, 324, 327
Schweitzer, Albert 73
Schwentzke 123
Schwerdgeburth, Carl August 58, 67
Seekatz, Ludwig 40
Seelfisch, D. Johann Samuel; *Archidiakonus* 155
Seelig; *Hauptlehrer* 107
Semler, Johann Salomo 172
Servet, Michel 215
Seubert, *Major* 123
Shakespeare, William 16, 159
Sickingen, Franz von 44, 427
Siegele-Wenschkewitz, Leonore 167, 184, 409
Siemens, Werner von 92
Siemering, Rudolf 92
Siena, Bernadino da 348
Sievershausen 148
Simmel, Georg 175, 273
Simon; *Stadtpfarrer* 123
Sommer, Robert; *Regierungspräsident* 399 f., 420
Sophie; *Großherzogin von Sachsen-Weimar-Eisenach* 330, 333, 338
Slagelse 153
Spalatin, Georg 14, 20-22, 268 f., 279
Spanheim, Frédéric 213
Speyer 97, 414
Spitzemberg, Hildegard Freifrau Hugo von 274
St. Petersburg 233
Stahl, Friedrich Julius 188
Stalin, Jossif Wissarjonowitsch 377
Stange, Erich; *Reichsjugendwart* 422, 441 f.
Stapel, Wilhelm August 306
Štastný, Alfons 206, 208
Stein, Karl Freiherr vom und zum 302
Steinheim, Salomon Ludwig 173
Steinmetz, Max 378-381, 383 f., 393
Stephan, Martin 152

Stern, Sigismund 173 f.
Stichert (Stichart), Franz Otto 154, 156 f.
Stockholm 397, 425
Stoecker, Adolf; *Hofprediger* 195
Stolpe, Manfred 385
Stotternheim 41 f.
Stramberg / Mähren 152
Straßburg 27, 37 f., 97
Strobel, Richard; *Bankier* 273
Stüler, Friedrich August 287-316, 468, 470
Stuttgart 191
Sysang, Johann Christoph 357 f., 470
Sysangin, J. D.; *siehe Philippin*
Szekeres, Viv 232

Tábor 204, 209
Taillens, Jean 219 f., 468
Taylor, Francis Henry 271 f.
Tetzel, Johannes 40, 90, 165
Thälmann, Ernst 377
Thielicke, Helmut 73
Thiersch, Heinrich Wilhelm Josias 74
Thoma, Albrecht; *Religionslehrer* 54, 102, 106 f., 117, 119, 122
Thulin, Oskar 12, 17, 21, 30, 36, 38, 279 f., 282, 363, 466
Tiemann; *Kommissarienrat* 299
Torrigiani, Pietro 349 f., 471
Třebizský, Václav Beneš 206
Treitschke, Heinrich von 53, 180, 200, 210
Treu, Martin 18, 30, 63, 66, 78, 85, 93, 253, 275
Trillhaas, Wolfgang 73
Trier, Richard von 41
Troeltsch, Ernst 178 f., 210, 223
Tussaud, Madame 343, 353, 361
Tyls, Kajetan 203
Tzschirner, Heinrich Gottlieb 131, 151

Untzer, Peter 346

Valentin, Alfred; *Superintendent* 394, 396-402, 405, 414, 420, 422, 425, 431 f., 437-439, 441, 444, 447 f., 450

Vallette, Gaspard 215
Vater, Abraham 24 f.
Veltheim, Friedrich Wilhelm Werner von 86
Venedig 19
Verner, Paul 386
Vesper, Will 416
Virchow, Rudolf 29
Vogelsang, Erich 180, 189, 193-195
Vogt, Jakob 20
Vohenstrauß 151

Walch, Christian Wilhelm Franz 63
Waldenburg 153, 155, 244
Walter, Johann 431, 433
Waltsgott, Felix; *Bürgermeister* 394, 396, 398
Wanderer, Friedrich 94
Warmholz, Otto 44
Wartburg 37, 40-44, 53, 58, 133, 170, 200, 262, 317-342, 356, 360 f., 11, 375, 423, 470 f.
Washington 12, 230, 232
Websky, Julius 259
Wehlen 147
Weimar 16, 259, 269, 324, 329-331, 333, 342
Weimar, Wilhelm 48, 58
Weiß, Bernhard 260
Weißenfels 155, 406
Wenzel; *Heiliger* 19, 208, 210
Werdau 156
Werner, Anton von 60, 468
Werner, Gottleb Wilhelm; *Oberstadtschreiber* 137, 139, 141
Werner, Zacharias 44, 47, 52
Wernigerode 378, 402
Wertheim; *Grafschaft* 98
Wien 147, 190, 201, 230, 270, 348 f.
Wienstein, Richard; *Ministerialrat* 407
Wilhelm (von Oranien) 217, 221
Wilhelm I.; *Prinz* 352
Wilhelm I.; *König* 91 f.
Wilhelm I.; *Kaiser* 58, 92, 96, 255-257
Wilhelm II.; *Kaiser von Deutschland* 34, 95, 269 f., 276
Wilhelm III.; *König* 222
Williams, Roger 221

Wise, Isaac Meyer 165 f.
Wind, Heinrich; *Domprediger* 441
Winter, Ingelore M. 78
Wintersteiner, Marianne 70 f.
Wittenberg 10, 12-14, 16-28, 30, 32, 34 f., 37, 41 f., 51, 58, 60-67, 77 f., 80, 88 f., 92-96, 109, 121 f., 148, 151, 155 f., 172, 182, 239, 241-262, 265, 269, 273-278, 280-283, 287-313, 315, 318, 320 f., 328, 342, 345, 354 f., 358, 360, 364, 375 f., 378, 381, 383, 391, 393, 395-397, 404, 408, 411, 415, 426, 428, 441 f., 445-447, 468-471
Wöhlbier, Fritz 417, 423
Wohlfeil, Rainer 375
Worms 10, 14, 35-61, 89, 91 f., 109, 122, 217, 264, 268, 317, 320, 375, 427, 467 f.
Wuarin, Albert 216
Würzburg 97

Zeitz 281
Zeller, Eva 78
Zerrener, Karl Christoph Gottlieb; *Probst* 155
Zetkin, Clara 377
Ziegler, T. 328 f., 470
Zittau 404
Zittel; *Dekan* 105, 119 f.
Žižkas, Jan 204
Zschäbitz, Gerhard 381, 384 f., 388, 390
Züllichau 403
Zunz, Leopold 169, 173, 188
Zürich 33, 217
Zweig, Stefan 266 f., 269
Zwickau 149
Zwingli 33, 90, 100, 110, 171, 187, 217, 222

Abbildungsverzeichnis

Dem Verlag „Evangelische Verlagsanstalt" ist es in fast allen Fällen gelungen, die Inhaber der Bildrechte ausfindig zu machen. Bei noch ausstehenden Ansprüchen ist der Verlag selbstverständlich bereit, diese abzugelten.

ARMIN KOHNLE

Abb. 1: „Doctor Martini Luthers offentliche verher zu worms …" (1521)
Aus: *Martin Luther auf dem Reichstag zu Worms. 12 Flugschriften, zusammengestellt und mit einem Nachwort von Eva-Maria Stelzer, Leipzig 1983, Titelblatt.*

Abb. 2: „Ain anzaigung wie D. Martinus Luther zuo Wurms auff dem Reichstag eingefaren durch K. M. Jn aygner person verhoert vnd mit jm darauff gehandelt" (1521)
Aus: *Oskar Thulin, Martin Luther. Sein Leben in Bildern und Zeitdokumenten, München, Berlin 1958, S. 53.*

Abb. 3: „Doctor Martini Luthers offenliche Verhör zuo Worms im Reichstag Red Vnd Widerred …" (1521)
Aus: *Karl Schottenloher, Denkwürdige Reformationsdrucke mit dem Bilde Luthers, in: Zeitschrift für Bücherfreunde NF 4/2 (1913), S. 221-231, S. 225*

Abb. 4: Ludwig Rabus (1557/58)
Aus: *Ludovicus Rabus, Historien der Heyligen, Außerwölten Gottes Zeugen, Bekennern und Martyrern …, 8 Tle. in 4 Bänden, Straßburg 1557–1558, Teil 4, Bl. LXXb*

Abb. 5: Elias Baeck (1730)
Aus: *Joachim Kruse / Minni Maedebach, Luthers Leben in Illustrationen des 18. und 19. Jahrhunderts, Kunstsammlungen der Veste Coburg, 23. April bis 5. Oktober 1980, S. 43 Nr. 8.9*

Abb. 6: Johann Erdmann Hummel, D. Martin Luthers Verherrlichung (1806)
Aus: *Joachim Kruse / Minni Maedebach, Luthers Leben in Illustrationen des 18. und 19. Jahrhunderts, Kunstsammlungen der Veste Coburg, 23. April bis 5. Oktober 1980, S. 59 Nr. 18*

ABBILDUNGSVERZEICHNIS

Abb. 7:   Georg Paul Buchner (1817)
          Aus: *Joachim Kruse / Minni Maedebach, Luthers Leben in Illustrationen des 18. und 19. Jahrhunderts, Kunstsammlungen der Veste Coburg, 23. April bis 5. Oktober 1980, S. 79 Nr. 25*

Abb. 8:   Baron Wilhelm von Löwenstern (nach 1827)
          Aus: *Joachim Kruse / Minni Maedebach, Luthers Leben in Illustrationen des 18. und 19. Jahrhunderts, Kunstsammlungen der Veste Coburg, 23. April bis 5. Oktober 1980, S. 107 Nr. 34.7.1*

Abb. 9:   Gustav König (vierziger Jahre des 19. Jahrhunderts)
          Aus: *Dr. Martin Luther, der deutsche Reformator. In bildlichen Darstellungen von Gustav König. In geschichtlichen Umrissen von Heinrich Gelzer, Hamburg, Gotha 1851, Abb. XXII*

Abb. 10: Hermann Freihold Plüddemann, Luther vor dem Reichstag zu Worms (1864)
          Aus: *Stiftung Luthergedenkstätten*

Abb. 11: Anton von Werner (1877)
          Aus: *Im Morgenrot der Reformation, hrsg. von Julius von Pflugk-Harttung, 4. Aufl. Basel 1922, nach S. 440*

Abb. 12: Woldemar Friedrich, Wandgemälde für das Wittenberger Melanchthon-Gymnasium (1898)
          Aus: *Heinrich Kühne / Peter Kühn, Lutherstadt Wittenberg, Bindlach 1995, S. 82.*

ANGELIKA DOERFLER-DIERKEN

Abb.:   Aus: *Das Lob des Tugendsamen Weibes. Sprüche Salomonis 31, Vers 10-31. 30 Compositionen von Ludwig von Kramer. Ausgeführt in 8 Heliogravuren und 22 Tondruckbildern. Mit poetischer Einleitung von Karl Gerok, 2. Aufl. München 1885. Nachdruck Dortmund 1977 (= Die bibliophilen Taschenbücher, 7), S. 22 f.*

CHRISTOPH STROHM

Abb.:   Das im Wettbewerb des Jahres 1908 siegreiche Modell der Lausanner Architekten Charles Dubois, Alphonse Laverrièrre, Eugène Monod und Jean Taillens sowie des Pariser Bildhauers Auguste Reymond, aus: *Les Jubilés de Genève en 1909, Genf 1909, S. 37.*

ROSMARIE BEIER-DE HAAN

Abb.:   Charles Addams, Cartoon „He wants to know if he can make a small sacrifice in front of it …", The New Yorker Collection 1941; in: *Crispin Paine, Godly Things. Museums, Objects and Reli-gion, hrsg. von Crispin Paine, London 2000, (Frontispiz).*

ABBILDUNGSVERZEICHNIS

STEFAN LAUBE

Abb. 1: Monumentalisierter Lutherbrief im Erker, aufgestellt am 7. 7. 1916
Bestand: *Stiftung Luthergedenkstätten (Postkarte)*

Abb. 2a: Brief Luthers an Karl V. (Anrede bzw. Adresse)
Bestand: *Stiftung Luthergedenkstätten I 5 / 1387*

Abb. 2b: Brief Luthers an Karl V. (erste Seite)
Bestand: *Stiftung Luthergedenkstätten I 5 / 1387*

Abb. 3: Massenanziehung in den dreißiger Jahren
Bestand: *Stiftung Luthergedenkstätten (Fotografie)*

ANNEMARIE NESER

Abb. 1: Lutherhaus, Ansicht der Nordfassade, Fotographie, ca. 1993,
Bestand: *Stiftung Luthergedenkstätten*

Abb. 2: Bildnis F. A. Stüler von Franz Krüger, Skizze zur Parade von 1839
Bestand: *SMPK Berlin, Kupferstichkabinett*

Abb. 3: Lutherhaus, Ansicht der Nordfassade, Das hintere Gebäude des Augustei worin Luthers Wohnung,
Lithographie v. Eduard Dietrich, um 1826/28,
Bestand: *Stiftung Luthergedenkstätten*

Abb. 4: Lutherhaus, Ansicht der Nordfassade, Fotografie, 1.V.20. Jhd.
Bestand: *Stiftung Luthergedenkstätten*

Abb. 5: Lutherhaus, Ansicht der Südfassade, Fotografie, 1.V.20. Jhd.
Bestand: *Stiftung Luthergedenkstätten*

Abb. 6: Grundriss der Stadt Wittenberg, angefertigt unter Berücksichtigung der Angaben aus dem Jahr 1623
Bestand: *Stadtarchiv Wittenberg, Karte Nr. 60.*

Abb. 7: Ansicht des Katharinenportals von Johann Gottfried Schadow, Kupferstich, um 1825,
in: *G. Schadow, Wittenbergs Denkmäler der Bildnerei, Baukunst und Malerei. Wittenberg 1825, Zeichnung Nr. 5.*

Abb. 8: Situationsplan Augusteum, 1780,
Bestand: *Stiftung Luthergedenkstätten*

Abb. 9: Lutherhaus, Ansicht der Nordfassade, Kupferstich von Gottfried Arnold Lehmann, um 1815,
Bestand: *Stiftung Luthergedenkstätten*

Abbildungsverzeichnis

Abb. 10: Ansicht der Lutherstube, Blickrichtung Westen, Stich von J. G. Schadow, 1843,
in: *G. Schadow, Wittenbergs Denkmäler der Bildnerei, Baukunst und Malerei. Wittenberg 1825*, Zeichnung Nr. 6.

Abb. 11: Lutherhaus, Aufriss der Nordfassade, G. Gause, Brennhausen, 1844/45,
Bestand: *Stiftung Luthergedenkstätten*

Abb. 12: Lutherhaus, Aufriss der Nordfassade, F. A. Stüler, 1.V.20. Jh.,
Bestand: *Stadtgeschichtliches Zentrum Wittenberg, BOA 189.*

Abb. 13: Lutherhaus, Ansicht der Nordfassade, Fotografie,
Bestand: *Stiftung Luthergedenkstätten*

MARTIN STEFFENS   *(alles Bestand: Wartburg-Stiftung Eisenach)*

Abb. 1: Blick in die heutige Lutherstube

Abb. 2: Friedrich Wilhelm Sältzer (Entwurf): Obergeschossgrundriss der Vogtei mit der Eintragung von geplanten Einbauten in der Lutherstube, 1817, Umzeichnung

Abb. 3: G. A. Lehmann: Ansicht der Lutherstube auf der Wartburg

Abb. 4: Blick in die Lutherstuberstube der Wartburg; Rekonstruktion der ursprünglichen Gestaltung der Lutherstube, Stahlstich der Kunstanstalt des Bibl. Institut Hildburghausen, um 1840

Abb. 5: Blick in die Wittenberger Lutherstube, historische Fotografie um 1900

Abb. 6: T. Ziegler (?): Blick in die Lutherstube der Wartburg, Bleistiftzeichnung um 1861

Abb. 7: Th. Rothback: Blick in die Lutherstube der Wartburg, kolorierte Lithographie vor 1842

Abb. 8: Obergeschossgrundriss der Vogtei, mit der Eintragung zur Nutzung einzelner Räume, 1884

Abb. 9: C. W. Arldt: Die Lutherstube auf der Wartburg, kolorierte Lithographie um 1845

Abb. 10: Die Lutherstube auf der Wartburg, Blick auf die Ostwand, altguaschierte Lithographie nach 1853

Abb. 11: Die Lutherstube der Wartburg im Zustand vor 1953, Blick auf die Nordwand, historische Fotografie

Abb. 12: Blick in das Pirckheimerstübchen mit der Ausstattung des 19. Jahrhunderts, Fotografie um 1900

Abb. 13: Blick in das mittlere Reformationszimmer (Entwurf: Hugo von Ritgen), Fotografie um 1900

Abb. 14: Die Lutherstube der Wartburg, Fotografie nach 1953

Abbildungsverzeichnis

UTA KORNMEIER

Abb. 1: Die Lutherfigur in der Marienbibliothek in Halle, Fotografie von Fritz Möller, 1917
Bestand: *Stiftung Luthergedenkstätten 4° XIX 8413e*

Abb. 2: Luther auf dem Totenbett, Tuschezeichnung von Lukas Furtenagel
Bestand: *Stiftung Luthergedenkstätten, Faksimile;*
Original: *Kupferstichkabinett, SMPK, Berlin*

Abb. 3: Funeraleffigie Heinrichs VII. von Pietro Torrigiani aus Gips und Holz, 1509
Undercroft Museum, Westminster Abbey, London, Postkarte

Abb. 4: Rückseite des Titels der tschechischen Ausgabe von Luthers Vom Anbeten des Sakraments, Holzschnitt 1523
aus: *Johannes Ficker: Älteste Bildnisse Luthers, Sonderdruck aus der Zeitschrift des Vereins für Kirchengeschichte der Provinz Sachsen, Magdeburg 1920, Tafel 13*

Abb. 5: Luther als Evangelist Matthäus bei der Bibelübersetzung, Neues Testament, gedruckt von Hans Lufft, Wittenberg 1530, Holzschnitt
aus: *Roland H. Bainton: Martin Luther, Berlin 1983, S. 161*

Abb. 6: Luther am Tischpult schreibend, anonymer Kupferstich, gegen 1680
Bestand: *Stiftung Luthergedenkstätten 4° V 527*

Abb. 7: Martinus Lutherus Doctor et Professor Theologiae. Wittenbergensis, Kupferstich von Johann Christoph Sysang, wohl vor 1730
Bestand: *Stiftung Luthergedenkstätten 4° IV 5523*

Abb. 8: D. Martin Luther. So sahe Luther aus …, Kupferstich von Christian Gottlob Liebe nach Johann Anton Rüdiger, 1736
Bestand: *Stiftung Luthergedenkstätten fl. III 874*

Abb. 9: LUTHER / auf der Wartburg / nach dem Original-Wachsabguss in der Marienbibliothek in Erfurth, Lithographie von Wilhelm Baron von Löwenstern, vor 1827
Bestand: *Stiftung Luthergedenkstätten qrfl. IVa 6016 10*

Abb. 10: Die Lutherfigur in der Marienbibliothek zu Halle, Fotografie von Fritz Möller, 1917
Bestand: *Stiftung Luthergedenkstätten 4° XIX 8413a*

Abb. 11: Kopf der Lutherfigur, Fotografie von Fritz Möller, 1917
Bestand: *Stiftung Luthergedenkstätten 4° XIX 8414b*

Abb. 12: Hans Hahnes Rekonstruktion der Totenmaske Luthers, Gips, 1926, Foto
Bestand: *Stiftung Luthergedenkstätten*

Autorenliste

Dr. Rosmarie Beier-de Haan, Deutsches Historisches Museum, Unter den Linden 2, 10117 Berlin

Prof. Dr. Siegfried Bräuer, Nordendstr. 61, 13156 Berlin

Prof. Dr. Horst Dähn, Universität Stuttgart, Institut für Sozialwissenschaften, Abteilung für Politische Theologie und Politikfeldanalyse, Keplerstr. 17, 70174 Stuttgart

Priv.-Doz. Dr. Angelika Dörfler-Dierken, Achtern Diek 16, 22927 Großhansdorf

Dr. Karl-Heinz Fix, Evangelische Arbeitsgemeinschaft für Kirchliche Zeitgeschichte, Schellingstr. 3, 80799 München

Wolfgang Flügel, M. A., Ulberndorfer Weg 17, 01277 Dresden

Dr. Markus Hein, Evangelische Fakultät der Universität Leipzig, Emil-Fuchs-Str. 1, 04105 Leipzig

Priv.-Doz. Dr. Armin Kohnle, Historisches Seminar der Universität Heidelberg, Grabengasse 3-5, 69117 Heidelberg.

Dr. Stefan Laube, Stiftung Luthergedenkstätten in Sachsen-Anhalt, Collegienstr. 54, 06886 Lutherstadt Wittenberg

AnneMarie Neser, M. A., Helmstedter Str. 23, 19717 Berlin

Dr. (des.) Uta Kornmeier Stiftung Luthergedenkstätten in Sachsen-Anhalt, Collegienstr. 54, 06886 Lutherstadt Wittenberg

Priv.-Doz. Dr. Martin Schulze Wessel, Martin-Luther-Universität Halle-Wittenberg, Fachbereich Geschichte, Kröllwitzer Str. 44

Martin Steffens, M. A., Finowstr. 9, 12045 Berlin

Prof. Dr. Christoph Strohm, Ruhruniversität Bochum, Evangelisch-theologische Fakultät, Universitätsstr. 150, 44780 Bochum

Dr. Martin Treu, Stiftung Luthergedenkstätten in Sachsen-Anhalt, Collegienstr. 54, 06886 Lutherstadt Wittenberg

Dr. Udo Wennemuth, Landeskirchliches Archiv in Baden, Blumenstr. 1-7, 76133 Karlsruhe

Dr. Christian Wiese, Universität Erfurt, Institut für Religionswissenschaft, Nordhäuser Str. 63, 99089 Erfurt

Dichtung und Wissenschaft im 16. Jahrhundert

Walther Ludwig (Hg.)
Die Musen im Reformationszeitalter

Hardcover, 324 Seiten
ISBN 3-374-01859-9

Im Mittelpunkt einer Tagung in Wittenberg standen die Beziehungen der evangelischen Theologie des 16. Jahrhunderts zur humanistischen Bildung, Dichtung und Wissenschaft.

Dieser Tagungsband behandelt die spannungsreiche und wechselvolle Situation des Humanismus in dem durch Luthers Thesenanschlag und das Trienter Konzils begrenzten Zeitraums.

EVANGELISCHE VERLAGSANSTALT
Leipzig

www.eva-leipzig.de

Luther – groß gefeiert

Rosemarie Knape / Martin Treu (Hg.)
**Preußische Lutherverehrung
im Mansfelder Land**

Hardcover, 318 Seiten mit zahlr. Abb.
ISBN 3-374-01922-6

In einer Ausstellung anlässlich des 300. Jahrestages der Thronbesteigung Friedrichs I. als König in Preußen befasste sich die Stiftung Luthergedenkstätten mit den spezifischen Formen preußischer Lutherverehrung im Mansfelder Land während des 19. Jahrhunderts.

Der reich bebilderte Katalog vermittelt eine vielfältige Ansicht aus historischem, kunstgeschichtlichen und heimatgeschichtlichen Blickwinkel auf Gedenkstätten und Denkmäler des großen Reformators.

EVANGELISCHE VERLAGSANSTALT
Leipzig

www.eva-leipzig.de

Melanchthons Heubtartikel

Philipp Melanchthon
Heubtartikel Christlicher Lere
Melanchthons deutsche Fassung
seiner „Loci theologici"

Hardcover, 508 Seiten mit zahlr. Abb.
ISBN 3-374-01950-1

Mit seinen „Theologischen Grundbegriffen" schuf der junge Melanchthon die erste evangelische Glaubenslehre, die von Luther als wichtigste Lektüre gleich nach der Bibel empfohlen wurde. Im Alter von 55 Jahren begann Philipp Melanchthon dann mit einer eigenen deutschen Übersetzung seines Werkes, die in diesem Band nun erstmals nach dem Autograph und Originaldruck von 1553 vervollständigt herausgegeben wird.

Herausgegeben von Ralf Jenett und Johannes Schilling.

EVANGELISCHE VERLAGSANSTALT
Leipzig

www.eva-leipzig.de